SIEGFRIED BAUER

Quantitative Sektoranalyse als Entscheidungshilfe für die Agrarpolitik

Volkswirtschaftliche Schriften

Herausgegeben von Prof. Dr. J. Broermann, Berlin

Heft 280

Quantitative Sektoranalyse als Entscheidungshilfe für die Agrarpolitik

Ein dynamisches Analyse- und Prognosesystem für die Landwirtschaft in der Bundesrepublik Deutschland (DAPS)

Von

Dr. Siegfried Bauer

DUNCKER & HUMBLOT / BERLIN

Die Durchführung dieser Untersuchung wurde von der Deutschen Forschungsgemeinschaft im Rahmen des DFG-Schwerpunktprogramms „Konkurrenzvergleich landwirtschaftlicher Standorte“ finanziell unterstützt

Gedruckt 1979 bei fotokop, wilhelm weihert, Darmstadt
Printed in Germany

ISBN 3 428 04362 6

INHALTSVERZEICHNIS Seite

Seite

Seite

VERZEICHNIS DER ABBILDUNGEN

VERZEICHNIS DER ÜBERSICHTEN

VERZEICHNIS DER SCHAUBILDER

EINLEITUNG UND ÜBERBLICK

Die vorliegende Arbeit beschäftigt sich mit der Erstellung, Überprüfung und exemplarischen Anwendung eines dynamischen Analyse- und Prognosesystems für den Agrarsektor (DAPS) in der Bundesrepublik Deutschland. Das Modellsystem dient

- der Analyse des agrarsektoralen Entwicklungsprozesses im Sinne der positiven Theorie,
- der Wirkungsanalyse agrarpolitischer Maßnahmen und
- der Vorausschätzung wahrscheinlicher Entwicklungen des Agrarsektors bei unterschiedlichen gesamt- und weltwirtschaftlichen Rahmenbedingungen und bei unterschiedlichen agrarpolitischen Instrumenteinsätzen.

Die Arbeit gliedert sich in vier Teile.

In Teil A werden die konzeptionellen Grundlagen für das dynamische Analyse- und Prognosesystem entwickelt. Ausgehend von der Zielsetzung, die tatsächliche Entwicklung des Agrarsektors und die wichtigsten Interdependenzen und Differenzierungen im sektoralen Entwicklungsprozeß in einem Modell zu erfassen, werden zunächst die wirtschaftstheoretischen Modellanforderungen und die Grundprinzipien einer geeigneten Analysemethode diskutiert. Anschließend sollen die Grundzüge des dynamischen Analyse- und Prognosesystems vorgestellt werden. Dabei ist einmal auf die zentralen Problembereiche im agrarsektoralen Entwicklungsprozeß Bezug zu nehmen, zum anderen ist nach geeigneten Methoden zur modellmäßigen Erfassung der wichtigsten Interdependenzen zu fragen. Im Anschluß daran wird auf die politikbezogenen Anwendungsmöglichkeiten des dynamischen Modellsystems eingegangen. Schließlich werden die wichtigsten Voraussetzungen und einige praktische Probleme der empirischen Analyse diskutiert. Sie bildet den Gegenstand der Teile B, C und D.

Teil B dient der Darstellung des agrarsektoralen Entwicklungsprozesses auf prozeßanalytischer Basis. Ausgehend von den verfügbaren Informationen und von produktionstheoretischen Grundüberlegungen werden in einer Folge von Schritten die Entstehung der landwirtschaftlichen Produktion, der Einsatz von Vorleistungen sowie die Verflechtungen zwischen den einzelnen Produktionsbereichen analysiert. Zur differenzierten Analyse des Faktoreinsatzes wird ein System von agrartechnologischen Verfahren und darauf aufbauend ein differenziertes Faktoreinsatzmodell entwickelt. Diese Modellsysteme dienen weiterhin zur Analyse der funktionalen Einkommensverteilung nach dem Grenzproduktivitätsprinzip (Schattenpreise). Im letzten Abschnitt wird die agrarsektorale Einkommensverwendung näher untersucht. Die Ergebnisse dieses Teils der Arbeit stellen die Grundlage des dynamischen Modellsystems dar. Sie dienen weiterhin der Komplettierung der agrarstatistischen Informationsbasis und bilden die Grundlage für partielle problembezogene Analysen.

In Teil C der Arbeit werden die Verhaltensweisen der Landwirte analysiert. Dabei werden zunächst verhaltenstheoretische Grundüberlegungen angestellt, die zu einer Spezifizierung der relevanten Entscheidungsvariablen und Bestimmungsfaktoren führen. Neben den beobachtbaren Informationen, wie z.B. Preise und Löhne, werden die in Teil B ermittelten Schattenpreise und verschiedene Größen aus der Einkommensverwendungsrechnung als erklärende Faktoren herangezogen. Die speziellen Annahmen und die Ergebnisse der einzelnen ökonometrisch geschätzten Verhaltensfunktionen werden in der Arbeit dargestellt und diskutiert.

Teil D dient der Zusammenfassung (Synthese) der in den vorangegangenen Teilen erstellten Modellbausteine zu einem geschlossenen Modellsystem. Der methodische Kern des Systems besteht in einer Verknüpfung von aktivitätsanalytischen und ökonometrischen Modellansätzen. Mit Hilfe des Modellsystems wird dann der tatsächliche Entwicklungsverlauf des Agrarsektors in den letzten beiden Jahrzehnten untersucht. Die ex-post-Prognose dient einmal dem Test des Modellsystems auf Realitätsabbildung und zum anderen der inhaltlichen Analyse. Auf der Basis des getesteten Modellsystems wird der agrarsektorale Entwicklungsverlauf bei veränderten Agrarpreisen (Preisniveauanhebung, Preisniveausenkung, Milchpreissenkung, Getreidepreissenkung) und bei veränderten gesamtwirtschaftlichen Bedingungen (erhöhte Arbeitslosigkeit, verstärkte allgemeine Preissteigerung, Wachstumsabschwächung) exemplarisch analysiert.

Den Abschluß der Arbeit bilden einige zusammenfassende Schlußfolgerungen hinsichtlich der politikbezogenen Modellanwendung und der Weiterentwicklung des Modellsystems.

Die vorliegende Arbeit versucht, über die theoretischen Grundlagen, die methodischen Aspekte und die empirischen Probleme bei der Erstellung des dynamischen Modellsystems, sowie in exemplarischer Weise über problembezogene Modellanwendungen zu informieren. Im Rahmen dieser Arbeit kann nicht auf alle Detailprobleme, Einzelannahmen und differenzierten Ergebnisse eingegangen werden. Wegen der generellen Begrenzungen bei der Darstellung von komplexen Modellsystemen in traditionellen Dokumentationsformen ist eine Beschränkung auf die wichtigsten Problembereiche erforderlich. Um dem interessierten Leserkreis die Erfahrungen und Ergebnisse dieses mehrjährigen Forschungsprojekts aufzuzeigen, wurde eine Gliederung gewählt, die sich an verschiedenen Lesergruppen ausrichtet. Während in Teil A mehr die theoretisch-methodischen Probleme sektoraler Modelle diskutiert werden, wenden sich die Teile B und C unter methodisch-empirischen Gesichtspunkten einzelnen Problembereichen zu. Die inhaltlichen Analysen dieser Teile bieten jeweils für sich eine Basis für partielle Auswertungen und weiterführende Analysen, wie beispielhaft angedeutet wird. Teil D soll vor allem den Lesern, die an den praktischen Anwendungsmöglichkeiten des Modellsystems interessiert sind, einen problembezogenen Überblick geben.

Teil A: KONZEPTION EINES DYNAMISCHEN SEKTORMODELLS

Die sektorale Wirtschaftspolitik versucht, die wirtschaftliche Entwicklung einzelner Sektoren in gezielter Weise zu beeinflussen. Eine wichtige Voraussetzung für eine rationale Gestaltung der sektoralen Wirtschaftspolitik ist die Analyse und Prognose der sektoralen Entwicklung innerhalb des gesamtwirtschaftlichen Entwicklungsverlaufs. Die Sektoranalyse steht dabei zwischen den traditionellen Bereichen der Volkswirtschaftslehre: der Mikro- und Makroökonomie. Sie ist deshalb im wesentlichen auf das Analyseinstrumentarium dieser beiden Bereiche angewiesen. Die Hauptschwierigkeiten bestehen in der Verbindung von mikro- und makroökonomischen Analysemethoden zu einem Analysekonzept, das eine fundierte Basis für die Analyse sektoraler Interdependenzen und für die Erklärung sektoraler Entwicklungsabläufe liefert.

In diesem Teil der Arbeit wird ein Konzept eines allgemeinen Sektormodells vorgestellt, das auf verschiedenen mikro- und makroökonomischen Theorien und Methoden aufbaut. Die systemtheoretische Struktur des allgemeinen Modells wird im wesentlichen von wirtschaftstheoretischen Grundannahmen bestimmt. Das "dynamische Analyse- und Prognosesystem (DASS)" stellt eine spezifizierte Form des allgemeinen Modellsystems für den Agrarsektor dar. Der Aufbau dieses quantitativen Modellsystems wird zusätzlich von der ökonomischen und agrarpolitischen Fragestellung und von den verfügbaren Daten bestimmt.

1. Allgemeine Überlegungen zur Erstellung dynamischer Modellsysteme

"Die wirtschaftliche Entwicklung ist das Resultat der Entscheidung von Menschen"[1]. Ausgangspunkt jeder ökonomischen

---

1) Krelle, W., Erfahrungen mit einem ökonometrischen Prognosesystem für die Bundesrepublik Deutschland, (Mathematical Systems in Economics 12), Meisenheim 1974. S. 1.

problemorientierten Analyse ist daher der Versuch, die wirtschaftliche Entwicklung und damit die Ergebnisse der Entscheidungen der betrachteten Wirtschaftseinheiten systematisch zu beschreiben. Der Informationsgehalt der beschreibenden Darstellung wirtschaftlicher Vorgänge wird umso höher sein, je präziser die ökonomischen Größen, über die in der Realität tatsächlich entschieden wird, erfaßt werden können. Darüber hinaus ist die systematische Beschreibung wirtschaftlicher Vorgänge eine Voraussetzung für die Erklärung von Entwicklungsabläufen, denn "gelingt es, diese Entscheidungen zu einem Teil als Verhalten von statistischen Kollektiven darzustellen, das von bewußten Entscheidungen einzelner Personen bzw. Personengruppen gesteuert wird, so kann man hoffen, das wirtschaftliche Gesamtsystem in einem Modell zu erfassen und die Parameter ökonometrisch zu bestimmen"[2]. Die folgenden Überlegungen sollen diesen allgemeinen Ausgangspunkt im Hinblick auf die Erstellung eines dynamischen Modellsystems für die Landwirtschaft weiter konkretisieren[3].

1.1 Wirtschaftstheoretische Grundannahmen und Modellanforderungen

Das Hauptaussageziel der dynamischen Sektoranalyse besteht in der Erklärung und Vorausschätzung von Produktion, Faktoreinsatz und Einkommen im Zeitablauf in Abhängigkeit von den gesamtwirtschaftlichen Rahmenbedingungen und der wirtschafts- und agrarpolitischen Einflußnahme. In Verfolgung dieser Zielsetzung ergeben sich folgende modelltheoretische Anforderungen an die zu wählende Untersuchungsmethode:

---

2) Krelle, W., Erfahrungen ..., S. 1.
3) Die räumliche Differenzierung wird hier nicht explizit berücksichtigt. Quantitative Sektormodelle, die eine regionale Differenzierung beinhalten,stehen im Mittelpunkt des DFG-Schwerpunktprogramms "Konkurrenzvergleich landwirtschaftlicher Standorte". Siehe dazu: Bauersachs, F., Henrichsmeyer, W., (Hrsg.), Beiträge zur quantitativen Sektor- und Regionalanalyse im Agrarbereich, Agrarwirtschaft (Sonderheft 76 und 77, im Druck).

- Positiver Modellcharakter zur Erklärung von beobachtbaren wirtschaftlichen Tatbeständen und Entwicklungen,
- Dynamische Betrachtungsweise zur Erfassung von Entwicklungsabläufen,
- Erfassung der Interdependenzen innerhalb und zwischen den Problembereichen Produktion, Faktoreinsatz und Einkommen,
- Explizite Berücksichtigung von agrarpolitischen Instrumentvariablen.

P o s i t i v e   A n a l y s e

Unter positiver Ökonomik versteht man im allgemeinen die Erklärung des beobachtbaren wirtschaftlichen Geschehens. Ein positives Modellsystem muß geeignet sein, die historische Entwicklung zu erklären und die künftige Entwicklung vorauszuschätzen. Da man Aussagen über die Realität nur mit Hilfe von (explizit formulierten oder implizit unterstellten) Modellvorstellungen machen kann und in einem Modell nur die wichtigsten Zusammenhänge erfassen kann, bezieht sich jede ökonomische Analyse auf einen Ausschnitt des wirtschaftlichen Geschehens. Wie bei jeder ökonomischen Analyse, gelten auch die Aussagen, die ein positives Sektormodell liefert, nur dann, wenn die spezifizierten Rahmenbedingungen zutreffen, die den im Modell betrachteten Ausschnitt abgrenzen.

Gegenüber normativen Analysen können die Ergebnisse positiver Analysen an der Realität getestet werden. Ein grundlegender Bestandteil der positiven Analyse besteht daher im Versuch, realitätsnahe Verhaltenshypothesen zu finden. Dabei lassen sich prinzipiell zwei Vorgehensweisen unterscheiden:

a) Man postuliert bestimmte Verhaltensweisen (z.B. Gewinnmaximierung)in Form von ökonomischen Gleichgewichtsbedingungen. Diese werden dann zur Lösung von technologischen Gleichungen und Definitionsgleichungen verwendet. Die Ergebnisse dieser Gleichgewichtsmodelle können (im Falle beobachtbarer Variablen) an der Realität getestet werden. Diese Vorgehensweise findet häufig in der theoretischen Analyse und bei der Untersuchung von einfachen Phänomenen Verwendung.

b) Man formuliert bestimmte Verhaltenshypothesen (Verhaltensfunktionen) und versucht diese empirisch zu überprüfen, bevor sie zur Lösung eines Modell verwendet werden. Zur

Spezifizierung von allgemein formulierten Annahmen kann man sich dabei ökonometrischer Methoden bedienen. Während postulierte Verhaltensweisen im allgemeinen auf einfachen Entscheidungsregeln beruhen, können empirisch geschätzte Verhaltensfunktionen mehrere Einflußfaktoren enthalten und prinzipiell dynamische Anpassungsvorgänge (z.B. adaptive Verhaltensweisen, Verzögerungen bei physischen Transformationsprozessen) abbilden. Ein Modellsystem, das auf empirisch geschätzten Verhaltensfunktionen aufbaut, ist vor allem für die Analyse komplexer Phänomene von Vorteil, denn bei der Modellerstellung können unmittelbar alternative Hypothesen getestet werden.

In dieser Arbeit soll die Vorgehensweise b) gewählt werden, die in methodischer Hinsicht zu einer empirisch ausgerichteten Analyse führt. Die Ergebnisse dieser Analyse stellen dann keine allgemeinen Aussagesysteme im Sinne der Wirtschaftstheorie dar; sie beziehen sich vielmehr auf konkrete Reaktionen des untersuchten Systems in Bezug auf veränderte Umweltbedingungen. Bei der Konzipierung des dynamischen Sektormodells wird zu prüfen sein, was einzelne Elemente der im wesentlichen auf gewinnmaximierenden Verhaltensweisen aufbauenden Wirtschaftstheorie zur Erklärung tatsächlicher Zustände und Entwicklungen beitragen können.

Wenn man nicht von einzelnen Individuen, sondern von einem statistischen Kollektiv von Entscheidungsträgern (eines Wirtschaftssektors) und dessen Aktionen ausgeht, so kann es als Aufgabe der positiven Analyse angesehen werden, bestimmte Regelmäßigkeiten zwischen den ökonomischen Variablen festzustellen. Bei der Herausarbeitung der Beziehungen zwischen den ökonomischen Variablen des betrachteten Systems wird dabei von

- definitorischen Zusammenhängen,
- technologischen Transmissionsgleichungen und
- rational begründbaren Grundhypothesen über Verhaltensbeziehungen

auszugehen sein.

Ein Modell im Sinne des positiven Ökonomik muß in der Lage sein, ökonomische Ungleichgewichte, wie sie in der Realität vorkommen können, abzubilden. Bei der modellmäßigen Analyse ökonomischer Ungleichgewichte (Economic disequilibrium analysis) spielen adaptive Verhaltenshypothesen[4] und zeitliche Verzögerungen bei der Informationswahrnehmung und -verarbeitung, der Entscheidungsbildung und der Durchführung von Aktionen sowie bei der physischen Transformation eine entscheidende Rolle[5]. Die Tatsache, daß in der Wirtschaft laufend Veränderungen und Anpassungen vorgenommen werden, läßt sich im wesentlichen daraus erklären, daß in der Realität ein permanentes Ungleichgewicht vorliegt, wodurch definitionsgemäß laufend Aktionen ausgelöst werden[6]. Der Anpassungsprozeß tendiert dann jeweils zu einem gedanklich vorstellbaren ökonomischen Gleichgewicht. Wenn sich die ökonomischen Rahmenbedingungen jedoch laufend ändern, wie dies in einer dynamischen Wirtschaft der Fall ist, wird das ökonomische Gleichgewicht permanent von den realen Strukturen abweichen.

Der Unterschied zwischen der tatsächlichen Situation und dem hypothetischen Gleichgewicht läßt sich dabei gedanklich als ein Bestimmungsfaktor für die Geschwindigkeit von Anpassungsvorgängen auffassen. Analog zum physikalischen Gesetz der Trägheit, kann man auch bei vielen ökonomischen Strukturen eine starke Beharrlichkeit festzustellen, die für die Erklärung tatsächlicher Strukturen und für die Wirkungsanalyse politischer Maßnahmen (positive Analyse) von besonderer Bedeutung ist.

Die Rolle positiver Modelle im politischen Entscheidungsprozeß läßt sich nach DAY wie folgt kennzeichnen: "The adaptive

---

4) Siehe dazu auch: Day, R.H., Adaptive Processes and Economic Theory, in: Day, R.H., Groves, T. (Hrsg.), Adaptive Economic Models, New York - San Francisco - London 1975, S. 1-38.

5) Demgegenüber sind Gleichgewichtsmodelle durch einen Satz von vorgegebenen Gleichgewichtsbedingungen charakterisiert, die bei gegebenen technologischen Bedingungen und gegebenen Rahmenkonstellationen das Niveau der Entscheidungsvariablen bestimmen. Definitionsgemäß stellt das Ergebnis dieser Modelle eine optimale Situation innerhalb der bestehenden Bedingungen dar.

6) HEIDHUES führt dazu aus: "Disequilibrium is seen here as a condition that forces individuels, groups and governments to take actions and find new courses, to respond to challenges posed from the outside, and to react and adapt to new conditions in the environment". Heidhues, T., Change: A permanent phenomenon in Agriculture, in: European Review of Agricultural Economics, Vol. 3 (1976), S. 153.

modeller can assist the policy-maker in determining how an economic system is likely to respond (or adapt) over time to actions he may take"[7]. Durch ein solches kontrolliertes Experimentieren mit Hilfe eines positiven Modells können dem Entscheidungsträger relevante Zusammenhänge des realen Systems aufgezeigt und die zentralen Ziel-Mittelbeziehungen verdeutlicht werden. Darüber hinaus stellen positive Analysen eine wichtige Voraussetzung für die Untersuchung der Beziehungen zwischen den wirtschaftlichen Zielen im Sinne der normativen Ökonomik und damit generell für eine rationale Gestaltung der Wirtschaftspolitik dar.

Dynamische Analyse

Im Gegensatz zur statischen Analyse, die sich der Erklärung von ökonomischen Zuständen zu einem bestimmten Zeitpunkt widmet, stellt sich die dynamische Analyse die Aufgabe, wirtschaftliche Entwicklungen im Zeitablauf zu erklären. Die Erklärung des beobachtbaren wirtschaftlichen Geschehens im Sinne der positiven Analyse ist eng mit einer dynamischen Betrachtungsweise verbunden, denn viele beobachtbare ökonomische Phänomene lassen sich nur dann erklären, wenn man explizit den historischen Entwicklungsprozeß analysiert, der einen bestimmten ökonomischen Zustand hervorgebracht hat[8]. Ein wesentliches Kennzeichen dynamischer Modelle ist die explizite Berücksichtigung des Faktors Zeit in Form von dynamischen Beziehungen zwischen den sozioökonomischen Variablen des betrachteten Systems. Die dynamischen Beziehungen können phy-

---

7) Day, R.H., Notes on adaptive economic theory, in: European Review of Agricultural Economics, Vol. 3 (1976), S. 261.

8) Unter Systematikgesichtspunkten sind die Begriffe statische und dynamische Betrachtungsweise streng vom Begriffspaar einer stationären bzw. evolutorischen Wirtschaft zu trennen. Wenn man weiterhin zwischen positiven und normativen Analysen sowie zwischen Gleichgewichts- und Ungleichgewichtsmodellen unterscheidet, so ergibt sich eine vierdimensionale Systematik, in die sich prinzipiell jedes Modell einordnen läßt. Vgl. dazu auch Ott, A.E., Einführung in die dynamische Wirtschaftstheorie, Göttingen 1963, S. 9-31.

sischer Art (z.B. bei mehrjährigen Investitionsgütern) und/ oder verhaltensmäßiger Art (z.B. verzögerte Anpassungsreaktionen) sein.

Die Bedeutung dynamischer Analysen ist in modelltheoretischer Hinsicht vor allem darin zu sehen, daß wirtschaftliche Abläufe (dynamische Prozesse) modellmäßig abgebildet werden[9]. Wenn man von einer diskreten Betrachtung (Periodenanalyse) ausgeht - wie dies bei empirischen Untersuchungen im allgemeinen der Fall ist - so hat die dynamische Analyse zu zeigen, wie der Zustand des ökonomischen Systems im Zeitraum t aus dem Zustand des vorangegangenen Zeitraums t-1 hervorgeht. Hinsichtlich der problembezogenen Analyse tatsächlicher Entwicklungsprozesse und Anpassungsprozesse bei veränderten Rahmenbedingungen und Politikmaßnahmen sind die typischen Eigenschaften dynamischer Modelle von besonderer Bedeutung. Während bei statischen (komparativ-statischen) Modellen stets eine "unendlich große Reaktionsgeschwindigkeit" und damit eine "unendlich kleine Anpassungszeit" unterstellt ist, zeichnet sich die dynamische Analyse durch "endliche Reaktionsgeschwindigkeiten" und eine "endliche bis unendlich große Anpassungszeit" aus[10]. Ein wesentliches Ziel der dynamischen Analyse ist es, Aussagen über die Anpassungsgeschwindigkeit des ökonomischen Systems bei veränderten Umweltbedingungen abzuleiten. Die Bedeutung derartiger Aussagen für die Beurteilung und zeitliche Dosierung von wirtschaftspolitischen Maßnahmen ist in einer Welt wirtschaftlicher Instabilitäten unmittelbar einsichtig.

Bei der Erstellung dynamischer Modellsysteme sind ökonomisch basierte Hypothesen über die dynamischen Beziehungen zwischen den verschiedenen Variablen des ökonomischen Systems zu ent-

---

9) OTT kennzeichnet den Charakter wie folgt, "In der dynamischen Analyse wird also die kausale Verknüpfung der einzelnen Situationen ersichtlich: Das Gestern erklärt das Heute und das Heute das Morgen". Ott, A.E., ..., S.29.

10) Diese Formalhypothesen zur Unterscheidung von statischen und dynamischen Analysen gehen auf R. FRISCH zurück. Zitiert nach: Ott, A., Einführung ..., S. 21.

wickeln und zu testen sowie die Eigenschaften des Systems zu überprüfen. Während bei statischen Modellen, vor allem bei statischen Gleichgewichtsmodellen, in weiten Teilen auf eine ausformulierte und teilweise überprüfte Wirtschaftstheorie zurückgegriffen werden kann, ist die dynamische Wirtschaftstheorie, soweit sie für die Analyse tatsächlicher Entwicklungen herangezogen werden kann, vergleichsweise wenig entwickelt[11]. NERLOVE bemerkt dazu: "The real world ist dynamic; our theories are largely static or comparatively static"[12].

Die Probleme bei der Erstellung dynamischer Modellsysteme lassen sich wie folgt konkretisieren:

- Gegeben ist die beobachtbare Entwicklung der zu erklärenden Zustandsvariablen Z im Zeitablauf.

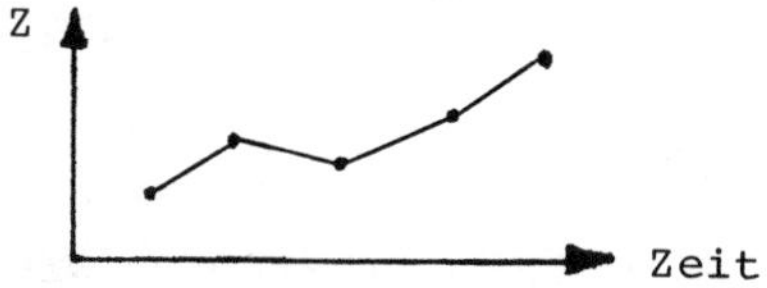

- Die dynamische Analyse bezieht sich auf die Erklärung des Übergangs von Zustand Z_{t-1} zum Zustand Z_t bei gegebenen Rahmenbedingungen R. Das analytische Problem besteht im Auffinden eines Transformators T, der die Beziehungen zwischen den bekannten Zuständen und den Rahmenbedingungen beschreibt.

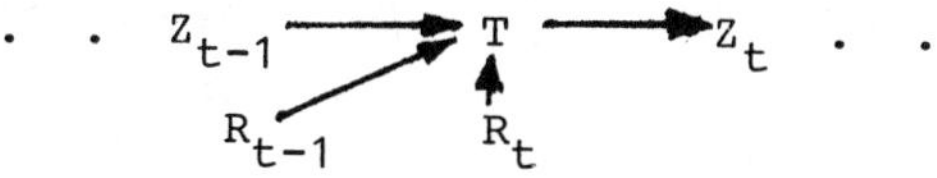

- Die Struktur des Transformators T hängt entscheidend von der Differenzierung und Komplexität des betrachteten Systems ab. Wenn nicht nur eine Zustandsvariable, sondern eine Reihe von interdependenten Variablen $Z = \{Z_1 \dots Z_n\}$ betrachtet wird, so spricht man von einer dynamischen Systemanalyse, wobei der Transformator T aus verschiedenen Teilsystemen bestehen kann, die miteinander in Verbindung stehen.

---

11) SAMUELSON führt dazu aus: "Statics and dynamics differ in many ways, so that the investigator must develop new ways of looking at things in a dynamic world", Samuelson, P.A., Dynamic Process Analysis, in: Ellis, H.S. (Hrsg.), A Survey of Contemporary Economics, Philadelphia-Toronto 1949, S. 354.

12) Nerlove, M., The Dynamics of Supply: Estimation of Farmer's Response to Price, Baltimore 1958, S. 24.

Ausgehend von dieser allgemeinen Problemkennzeichnung werden die Vorgehensweise und die Analyseprinzipien, die dem Aufbau des dynamischen Agrarsektormodells zugrundeliegen, in Abschnitt 1.2 näher erläutert.

Systemanalytische Betrachtungsweise

Der Entwicklungsablauf in einem Wirtschaftssektor ist durch verschiedene Interdependenzen zwischen den Bereichen Produktion (Angebot und Nachfrage), Faktoreinsatz (Vorleistungsnachfrage, Faktormobilität) und Einkommen (Entstehung, Verwendung, Verteilung) gekennzeichnet. Für die Erklärung der wesentlichen Linien und der wichtigsten strukturellen Veränderungen im sektoralen Entwicklungsablauf ist die Berücksichtigung der Wechselwirkungen zwischen und innerhalb dieser Bereiche von großer Bedeutung. Die Komplexität der Betrachtung wird einmal von der Abgrenzung zu anderen Wirtschaftsbereichen (Schnittstellen des Systems) und zum anderen vom Ausmaß der Differenzierung und der modellmäßigen Erfassung intrasektoraler Interdependenzen bestimmt. Wenn man von einer produkt- und faktordifferenzierten Analyse ausgeht und die wichtigsten Wechselwirkungen betrachten will, so ist gleichzeitig eine sektoral geschlossene Betrachtung erforderlich. So lassen sich z.B. Rückkopplungen, die von seiten der Nachfrage und Preisbildung bei einzelnen Produkten auf den sektoralen Entwicklungsverlauf ausgehen, nur dann sinnvoll abbilden, wenn das Gesamtangebot und die Gesamtnachfrage erfaßt wird. Die Beziehungen zwischen Produktion und Sektoreinkommen können bei differenzierter Betrachtung nur dann geschlossen erfaßt werden, wenn alle Produktkategorien berücksichtigt werden.

In dieser Arbeit soll von einer geschlossenen und differenzierten Betrachtung der wichtigsten Interdependenzen im agrarsektoralen Entwicklungsverlauf ausgegangen werden. Die Beziehungen zwischen den einzelnen Bereichen werden dabei nicht simultan (wie etwa bei Gleichgewichtsmodellen), sondern durch ein System von dynamischen Verkopplungen mit unterschiedlichen Verzögerungen erfaßt (dynamische Systemanalyse). Gegenüber partiellen Marktmodellen eignen sich derartige dynamische Sektormodelle vor allem zur Abbildung von Wirkungsketten im Zeitablauf. So lassen sich z.B. von einer bestimmten Preispolitik folgende Primärwirkungen und Rückwirkungen auf den agrarsektoralen Entwicklungsprozeß erwarten:

Preispolitik → Produktion → Angebot → Preise
↑ ↓
t=t+1 ← Faktoreinsatz ← Einkommen

Das Beispiel der Agrarpreispolitik verdeutlicht, daß für die Wirkungsanalyse vieler agrarpolitischer Maßnahmen eine produkt- und faktordifferenzierte Betrachtungsweise und die Berücksichtigung dynamischer Interdependenzen erforderlich ist. Die Systemanalyse stellt dabei einen allgemeinen Bezugsrahmen für die Strukturierung der einzelnen Subsysteme und für die Verkopplung der einzelnen Modellkomponenten dar.

Berücksichtigung von Instrumentvariablen

Die explizite Einbeziehung von Instrumentvariablen stellt für einen Wirtschaftsbereich wie den Agrarsektor, der durch vielfältige staatliche Eingriffe gekennzeichnet ist, eine notwendige Voraussetzung für eine kausale Erklärung der tatsächlichen Entwicklung im Sinne der positiven Ökonomik dar. Dies gilt sowohl für produkt- und faktorspezifische Maßnahmen, wie z.B. die landwirtschaftliche Preispolitik, die Produktkontingentierung (Zuckerrüben) oder produktionsabhängige bzw. auflagengebundene Subventionen (Abschlachtprämie, Förderung der Faktormobilität) als auch für staatliche Transferzahlungen (Steuerpolitik, Sozialpolitik, direkte Einkommensübertragungen). Während durch die erste Kategorie von Maßnahmen die Produktions- und Faktoreinsatzstruktur spezifisch beeinflußt wird, wirken die letztgenannten Maßnahmen zunächst auf die Einkommenslage der Landwirte, wobei sich aber Rückwirkungen auf die Produktionsentwicklung und den Faktoreinsatz ergeben können. Dementsprechend ist beim Aufbau des dynamischen Modellsystems zwischen einer spezifischen Beeinflussung der Entscheidungen von Landwirten und einem staatlichen Eingriff in den Einkommenskreislauf zu unterscheiden. Die Instrumentvariablen stellen im ersten Fall erklärende Variablen der Verhaltensfunktionen und gleichzeitig Variablen von Definitionsgleichungen und im zweiten Fall ausschließlich Bestandteile von Definitionsgleichungen dar.

Die Erklärung der tatsächlichen Entwicklung unter Berücksichtigung von Instrumentvariablen führt unmittelbar zu einer Überprüfung der Wirksamkeit von eingesetzten Maßnahmen, die eine wichtige Grundlage für eine Effizienzkontrolle darstellt.

Darüber hinaus ist die Berücksichtigung von Instrumentvariablen eine notwendige Voraussetzung für die Analyse von Ziel-Mittel-Beziehungen mit Hilfe des Modellsystems. Während z.B. der Wirkungsanalyse unterschiedlicher Transferzahlungen prinzipiell keine besonderen Schwierigkeiten im Wege stehen, lassen sich gesicherte Aussagen über die (Anreiz- und Signal-) Wirkung von produktions- und faktoreinsatzabhängigen bzw. auflagengebundenen Maßnahmen nur ableiten, wenn diese bereits in der ex-post-Periode eingesetzt waren[13]. Ist dies nicht der Fall, so wird - wie in der Wirkungsanalyse üblich - die Formulierung zusätzlicher Hypothesen erforderlich, die allerdings nicht auf Realitätsnähe getestet werden können.

1.2 Allgemeine Kennzeichnung der Analysemethode

Ausgehend von den im letzten Abschnitt diskutierten Grundeigenschaften und Modellanforderungen soll im folgenden die prinzipielle Vorgehensweise zur Erstellung des dynamischen Modellsystems diskutiert werden.

---

13) Dabei ist, wie bei jedem Modell, der Korridor möglicher Instrumentvariationen durch den Gültigkeitsbereich der Beziehungen des Modells eingeschränkt.

Das Grundproblem bei der dynamischen Sektoranalyse (im oben definierten Sinne) ergibt sich aus der Schwierigkeit, aus den vorhandenen Informationen konsistente und geschlossene Strukturen abzuleiten, die eine Basis für die Quantifizierung der produktions-, verhaltens- und kreislauftheoretischen Beziehungen des sektoralen Entwicklungsprozesses bilden können. Zusätzliche methodische Probleme resultieren aus dem Tatbestand, daß ein großer Teil der wirtschaftstheoretischen Erklärungsmodelle auf nichtbeobachtbaren Variablen aufbaut, oder, wie NERLOVE bemerkt: "The chief difficulty im empirical work in economics, it appears to me, is that theory rarely deals with variables which can be observed. The problem to be solved is to relate the unobserved variables of the theory to variables which can actually be observed"[14].

Für eine modellmäßige Abbildung der tatsächlichen sektoralen Entwicklung unter Berücksichtigung der wichtigsten inter- und intrasektoralen Interdependenzen gilt es also zunächst, eine Analysemethode zu entwickeln, die es erlaubt, die meist lückenhaften beobachtbaren Informationen mit wirtschaftstheoretischen Erklärungsmodellen in Verbindung zu bringen. Vor allem wegen der verschiedenen kreislauftheoretischen Zusammenhänge im sektoralen Entwicklungsprozeß ist dabei von einem geschlossenen Gesamtkonzept auszugehen, welches eine schrittweise Erstellung der einzelnen Modellbausteine ermöglicht[15].

Theoretische Grundvorstellungen

Das in dieser Arbeit verfolgte Analysekonzept baut auf folgenden Grundvorstellungen über den sektoralen Entwicklungsprozeß auf:

---

14) Nerlove, M., Dynamics ..., S. 24.
15) Die alternative Vorgehensweise, die sich auf die partielle Erstellung von Modellen für einzelne Produkte und Faktoren und auf eine anschließende Verkopplung der partiellen Modelle bezieht, scheint weniger erfolgversprechend, denn hier ergeben sich erhebliche Schwierigkeiten bei der Berücksichtigung von Konsistenzbedingungen und dynamischen Kreislaufzusammenhängen.

- Die beobachtbaren Zustandsvariablen Z, die den wirtschaftlichen Entwicklungsprozeß kennzeichnen, sind das Ergebnis von physischen und monetären Transformationsprozessen T, die durch die Entscheidungen der Wirtschaftssubjekte E ausgelöst und durch Zufallsfaktoren F (z.B. Wetter) beeinflußt werden.

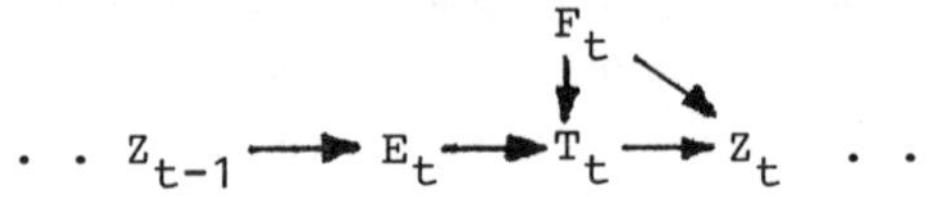

- Die in der Periode t realisierten Entscheidungen E stellen eine zielgerichtete Auswahl aus dem potentiellen Entscheidungsspielraum ER_t dar ($E \in ER$). Der jeweils relevante Entscheidungsspielraum der Wirtschaftssubjekte hängt vom bisherigen Entwicklungsverlauf und den in der Vergangenheit getroffenen Entscheidungen sowie von den rechtlichen und institutionellen Bedingungen ab.
- Die Wirtschaftssubjekte versuchen in jeder Periode, die bestehende Situation in Richtung auf ein ökonomisches Gleichgewicht zu verändern. Wegen des bestehenden Risikos und aufgrund von adaptiven und traditionellen Verhaltensweisen einer Reihe von Wirtschaftssubjekten wird das jeweilige ökonomische Gleichgewicht im statistischen Kollektiv nicht vollständig angestrebt bzw. erreicht.
- Der Entscheidungsprozeß (Auswahl von Entscheidungsalternativen und Festlegung des Niveaus der Entscheidungsvariablen) wird maßgeblich vom ökonomischen Anreiz, der auf die Änderung bestehender Strukturen hinwirkt, und von den jeweils bestehenden Umweltbedingungen gesteuert.
- Einen Ausdruck für den ökonomischen Anreiz zur Veränderung bestehender Strukturen stellt das Ergebnis einer ökonomischen Bewertung des bestehenden Zustandes dar. Die ökonomische Bewertung liefert Informationen über die Änderung des Zielerreichungsgrades bei einer marginalen Änderung der Entscheidungsvariablen.

Wenn man von diesen Grundvorstellungen ausgeht, so läßt sich der Übergang des beobachtbaren Zustandes von einer Periode zur anderen gedanklich in mehreren Schritten vorstellen (vgl. Abb. 1).

Abb. 1: Stufen des wirtschaftlichen Ablaufs

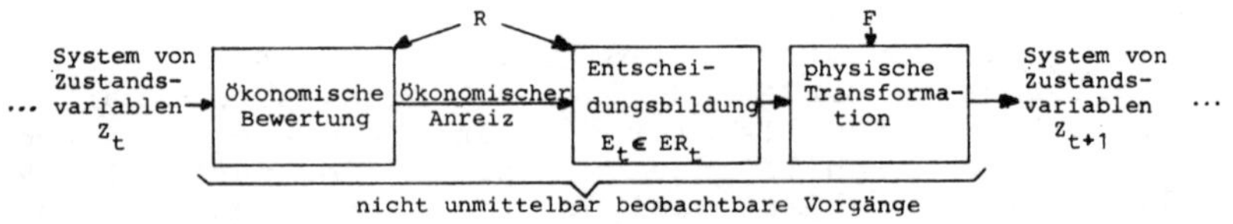

Der sektorale Entwicklungsprozeß ergibt sich dabei in Abhängigkeit von einem gegebenen Ausgangszustand Z_o, den Rahmen- bzw. Umweltbedingungen R und den Zufallseinflüssen F. Unmittelbar beobachten lassen sich lediglich die Zustandsvariablen und die Rahmenbedingungen. Ein Modellsystem, das in der Lage sein soll, den Entwicklungsprozeß auf der Basis der dargelegten Beziehungen abzubilden, muß jedoch im Prinzip die einzelnen Stufen als Modellbestandteile berücksichtigen. Wenn man von den komplexen Zusammenhängen ausgeht, die sich bei einer Übertragung dieser Grundvorstellungen auf den agrarsektoralen Entwicklungsprozeß ergeben, so ist unmittelbar einsichtig, daß ein entsprechendes quantitatives Analysemodell nicht auf <u>einer</u> bestimmten empirischen Untersuchungsmethode aufbauen kann. Vielmehr ist für die einzelnen Modellbestandteile die Methode zu wählen die in der Lage ist, die jeweils erfaßten Problembereiche in weitestgehender Annäherung an die Realität abzubilden. Das in dieser Arbeit verfolgte Analysekonzept läßt sich global durch die Begriffe Analyse und Synthese umreißen.

A n a l y s e

Der Analyse kommt die Aufgabe zu, den beobachtbaren Entwicklungsprozeß in seine wichtigsten Teile zu zerlegen, nichtbeobachtbare Strukturen abzuleiten und Zusammenhänge zwischen den einzelnen Teilen (Stufen des Entwicklungsprozesses) herzustellen. Wenn man die beobachtbaren Entwicklungen als das Ergebnis synthetischer Vorgänge in der Realität auffaßt, so ist die Modellanalyse als der umgekehrte Vorgang zu verstehen. Sie hat die beobachtbare Entwicklung in die bestimmenden Elemente und Bestandteile zu zerlegen und nach den Bedingungen und den Mustern zu fragen, unter denen bestimmte Ereignisse zustandegekommen sind. Eine Analyse, die diesen Aufgaben gerecht wird, läßt sich in folgenden Schritten vorstellen:

- <u>Konsistente Beschreibung</u> der Zustände und Strukturen des untersuchten Systems. Dabei sind zunächst - ausgehend von den verfügbaren Informationen - die relevanten Differenzierungen bei den physischen und monetären Strukturen des untersuchten Systems abzuleiten. Der nächste Schritt besteht in der Erstellung einer konsistenten Informationsbasis unter Verwendung aller verfügbaren statistischen Informationen. Zur Schließung von Datenlücken können verschiedene partielle Konsistenzmodelle (z.B. zur Ermittlung konsistenter Produktionsstrukturen und zur Ableitung der prozeßspezifischen Verteilung sektoraler Aggregate) verwendet werden. Dabei sind bereits bestimmte Vorstellungen über produktionstheoretische Zusammenhänge zu entwickeln. Konkrete Hypothesen über die Verteilung statistischer Aggregate auf einzelne Teilkomponenten lassen sich z.B. aus speziellen Fallstudien, aus betrieblichen Informationen und aus Kalkulationsdaten ableiten. Neben den Interdependenzen innerhalb einer Periode sind die Verflechtungen zwischen den verschiedenen Perioden, die sog. physischen dynamischen Beziehungen (z.B. bei mehrjährigen Produktionsverfahren oder bei Investitionsgütern), zu berücksichtigen. Das Ergebnis dieser Interdependenzanalyse bildet ein quantifiziertes sektorales Kreislaufsystem auf prozeßanalytischer Basis für die einzelnen Perioden des Untersuchungszeitraums.

- Ökonomische Bewertung der Produktions- und Faktoreinsatzstrukturen. Die einzelnen Elemente dieses differenzierten Informationssystems können zunächst zu neuen ökonomischen Größen zusammengefaßt werden. So läßt sich z.B. die prozeßspezifische Nettoproduktion ("Einkommensbeiträge" der Produktionsverfahren) ermitteln. Unter Heranziehung zusätzlicher Annahmen lassen sich auf der Basis der Grenzproduktivitätstheorie Informationen über den ökonomischen Anreiz zur Änderung bestehender Produktions- und Faktoreinsatzstrukturen ableiten. In modelltheoretischer Hinsicht geht es bei diesem Analysebereich um die Konstruktion eines Modells (Schattenpreissystem), das in Abhängigkeit von den beobachtbaren Zustandsvariablen, den produktionstechnischen Zusammenhängen, den intrasektoralen Verflechtungen zwischen den Produktions- und Faktoreinsatzbereichen und den Rahmenbedingungen einen Satz von Schattenpreisen ermittelt, der die jeweilige ökonomische Ausgangssituation kennzeichnet.

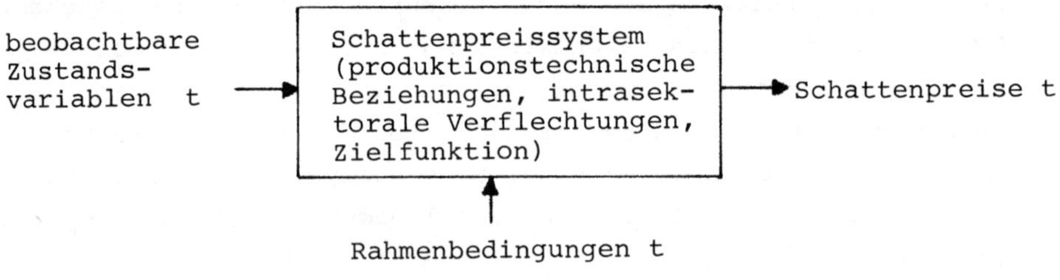

- Analyse der in einer Periode getroffenen Entscheidungen. Wie einleitend erwähnt, ist die beobachtbare wirtschaftliche Entwicklung das Resultat der Entscheidungen der Wirtschaftssubjekte. Die getroffenen Entscheidungen kommen jedoch nicht immer durch die Änderung beobachtbarer Variablen zum Ausdruck. So spielen z.B. bei der Entwicklung der sektoralen Faktorkapazitäten autonome Änderungen (z.B. altersbedingtes Ausscheiden von Arbeitskräften, technischer Verschleiß von Kapitalgütern) eine Rolle. Bei mehrjährigen Produktionsprozessen liegt die Entscheidung über die Einleitung der Produktion mehrere Perioden vom Zeitpunkt des Produktionsausstoßes entfernt. Bei Bestandsmassen ist sowohl über das Niveau der Zugänge als auch der Abgänge zu entscheiden. Im Hinblick auf die Erklärung des sektoralen Entwicklungsablaufs gilt es also, die Entscheidungsstrukturen zu identifizieren und die Niveaus der Entscheidungsvariablen in den einzelnen Perioden zu bestimmen.
- Analysen der Verhaltensweisen. Wenn man für die Analyse der Verhaltensweisen der Wirtschaftssubjekte von den vorangegangenen Analyseschritten ausgeht, so eröffnen sich breitere Untersuchungsmöglichkeiten, als wenn man lediglich statistische Informationen zur Analyse heranzieht. Zunächst ist die explizite Bezugnahme auf die Entscheidungsvariablen (z.B. Flußgrößen) von Bedeutung. Für die Erklärung der Verhaltensweisen können bei diesem Konzept Hypothesen entwickelt werden, die von verschiedenen Schichten entscheidungsrelevanter Informationen (wie z.B. Marktpreise, Input-Outputkoeffizienten, Einkommensbeiträge einzelner Produktionsbereiche, Schattenpreise, Einkommen, exogene Rahmenbedingungen) ausgehen. Die mit Hilfe statistisch-ökonometrischer Methoden quantifizierten Verhaltensmodelle sind dann auf ihre ökonomische Plausibilität zu überprüfen und im Sinne der positiven Theorie auf ihre Realitätsabbildung zu testen. Als Ergebnis dieser Analyse sind verhaltenstheoretisch begründete und empirisch abgesicherte Entscheidungsmodelle für die einzelnen Entscheidungsvariablen des Systems anzustreben.

Bei den einzelnen Analyseschritten wird das Prinzip verfolgt, zusätzliche Informationen über das "innere Gefüge" des sektoralen Entwicklungsprozesses zu erarbeiten, die dann eine Basis für die Erklärung der beobachtbaren Entwicklung darstellen können. Wie bei den einzelnen Analyseschritten bereits erwähnt, ist dabei von verschiedenen Modellhypothesen und Theorieelementen sowie von unterschiedlichen quantitativen Methoden auszugehen. Bei der empirischen Analyse geht es dementsprechend nicht um die Anwendung bestimmter Methoden auf ein geeignetes Problem, sondern um die jeweilige Auswahl und Anwendung geeigneter Methoden für die modellmäßige Erfassung bestimmter Phänomene im Entwicklungsprozeß.

S y n t h e s e

Während bei der Analyse die zu beobachtende Entwicklung in die relevanten Teile zerlegt und auf dieser Basis produktionstheoretische und verhaltenstheoretische Zusammenhänge quantifiziert werden, geht es bei der Synthese um die Zusammenführung der einzelnen Modellbausteine zu einem Modellsystem, das die beobachtbare sektorale Entwicklung abbilden kann. Voraussetzung für diese Synthese ist natürlich, daß bei der Analyse der einzelnen Problembereiche gewisse Konventionen über den Differenzierungsgrad und die Schnittstellen zwischen den Bereichen eingehalten werden. Zur Verkoppelung der einzelnen in sich geschlossenen Submodelle und zur Schließung kreislauftheoretischer Zusammenhänge dient ein System von Definitionsgleichungen.

Für den Ablauf des Gesamtsystems sind verschiedene intertemporale Beziehungen (physische und monetäre Transformationsprozesse, Informationen aus den Vorperioden) zu formulieren. So kann z.B. die Entwicklung der Faktorkapazitäten durch ein dynamisches Bestandsaufbaumodell, welches die Faktoreinsatzentscheidungen in den einzelnen Perioden und autonome Bestandsveränderungen einbezieht, beschrieben werden.

Die in der Analyse erarbeiteten Zusammenhänge zwischen den einzelnen Problembereichen kommen erst in der Synthese in ihrer Gesamtheit zum Tragen. Die Modellsynthese verfolgt das Ziel, den sektoralen Entwicklungsprozeß in seiner Gesamtheit unter Berücksichtigung der wichtigsten inter- und intrasektoralen Interdependenzen abzubilden. Entsprechend ist das synthetisierte Modellsystem daran zu testen, wie genau die beobachtbare Entwicklung abgebildet wird und wie das System auf exogene Einwirkungen (veränderte Rahmenbedingungen) reagiert.

Im Vergleich zur Anwendung konventioneller Methoden auf partielle Problembereiche und auch gegenüber der quantitativen Analyse auf der Basis allgemein formulierter Gleichgewichtsmodelle bzw. auf der Grundlage aggregierter Sektormodelle erfordert die hier verfolgte Analysemethode einen höheren Untersuchungsaufwand. Eine Vorgehensweise, die durch einen sequenziellen Prozeß der Hypothesengewinnung und der quantitativen Analyse gekennzeichnet ist, eröffnet jedoch eine wesentlich größere Flexibilität in der Auswahl und Anwendung problemadäquater Modelle und Untersuchungsmethoden. Wegen der Grenzen, die sich bei der Konstruktion und Anwendung abstrakter allgemeingültiger Modelle auf komplexe reale Phänomene ergeben[16], wird hier bewußt eine empirisch ausgerichtete Vorgehensweise gewählt.

2. Grundzüge des dynamischen Analyse- und Prognosesystems (DASS)

In diesem Abschnitt werden die systemtheoretische Grundstruktur und die allgemeinen Eigenschaften des dynamischen Analyse- und Prognosesystem vorgestellt. Der systemanalytische Modellansatz dient dabei zur

- Kennzeichnung der wichtigsten Objektbereiche und der Interdependenzen im wirtschaftlichen Entwicklungsprozeß (Abschnitt 2.1),
- Konkretisierung der diskutierten Modellanforderungen (Abschnitt 2.2),
- Einordnung der einzelnen Modellteile, die in der empirischen Analyse erarbeitet werden (Abschnitt 2.2),
- Verdeutlichung der modellmäßig erfaßten Zusammenhänge und Kennzeichnung der exogenen und endogenen Variablen des Gesamtsystems (Abschnitt 2.3),
- Einordnung des quantitativen Modellsystems in das politikbezogene Analysekonzept (Abschnitt 3).

---

16) HAYEK bemerkt dazu: "Wir müssen uns von dem Aberglauben frei machen, die Welt habe so beschaffen zu sein, daß es möglich ist, durch unmittelbare Beobachtung einfache Regelmäßigkeiten zwischen allen Phänomenen zu entdecken, und daß dies eine notwendige Voraussetzung für die Anwendung wissenschaftlicher Methoden sei". Hayek, F.A. von, Die Theorie komplexer Phänomene, Tübingen 1972, S. 35.

2.1 Systemtheoretische Darstellung der zentralen Problembereiche

Ein Modell, das den sektoralen Entwicklungsverlauf auf produkt- und faktorspezifischer Ebene erklären will, muß zum einen die wichtigsten produktionstechnischen Zusammenhänge sowie die zentralen kreislauftheoretischen Zusammenhänge im Zeitablauf erfassen und zum anderen das Produktions- und Faktoreinsatzverhalten der Landwirte im Sinne der positiven Theorie abbilden. Ein derartiges Modell ist so zu formulieren, daß sektorspezifische Besonderheiten und Ausprägungen (wie z.B. bestimmte Marktformen,spezifische Instabilitätsformen, sektorale Politikmaßnahmen) abgebildet werden können und daß spezifische Sektorprobleme im gesamtwirtschaftlichen Entwicklungsprozeß (z.B. sektorale Schrumpfungsprozesse, gehemmte Faktormobilität, disparitäre Sektoreinkommen) erfaßt werden können.

Für die Spezifizierung eines solchen Systems ist zunächst von Modellvorstellungen über die wichtigsten Zusammenhänge im sektoralen Entwicklungsprozeß auszugehen. Dabei sind die folgenden Problembereiche zu betrachten:

a) Entstehung der Produktion,
b) Verwendung der Produktion und Preisbildung,
c) Vorleistungseinsatz (Verbrauchsgüter),
d) Faktoreinsatz,
e) Einkommensentstehung,
f) Einkommensverwendung,
g) Einkommensverteilung.

Dem systemanalytischen Modellansatz kommt zunächst die Aufgabe zu, die relevanten Interdependenzen zwischen und innerhalb der einzelnen Problembereiche zu systematisieren. Dabei sind zu berücksichtigen: Verflechtungen,die innerhalb einer Wirtschaftsperiode bestehen und dynamische Zusammenhänge zwischen den einzelnen Bereichen, die im Zeitablauf wirksam werden. Diese Kreislaufbeziehungen können

- mengenmäßige Transaktionen und Beziehungen (z.B. Input-Output-Beziehungen, Bilanzgleichungen, Warenströme),
- wertmäßige Beziehungen (z.B. Einkommensrechnungen) sowie
- Informationsströme und Verhaltensbeziehungen

Übersicht 1 : Zentrale Problembereiche und Interdependenzen im agrarsektoralen Entwicklungsprozeß

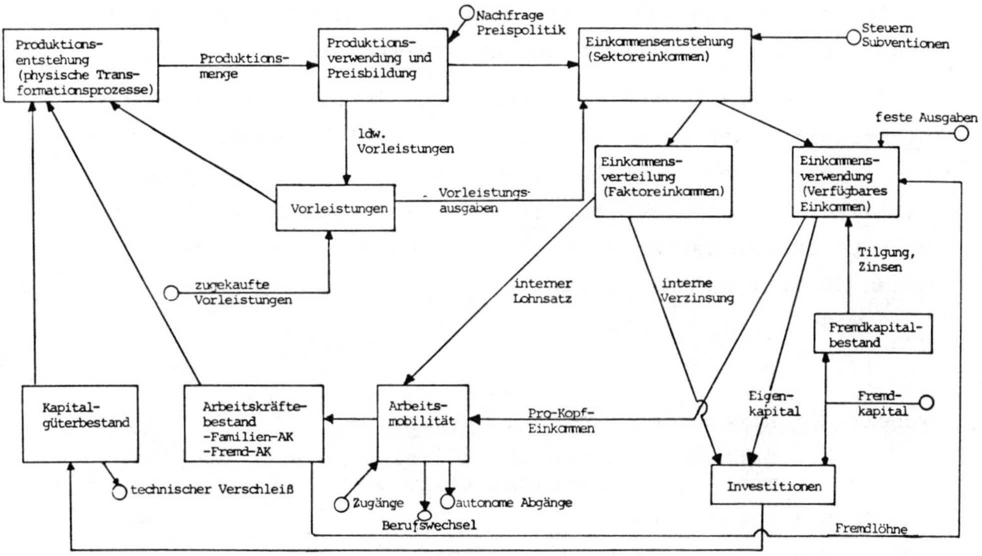

darstellen. Übersicht 1 gibt einen Überblick über die relevanten mengen- und wertmäßigen Beziehungen zwischen den einzelnen Problembereichen. Die dargestellten Zusammenhänge bilden ein Grundraster für den Aufbau des dynamischen Analyse- und Prognosesystems. Diese grobe Struktur läßt bereits die wichtigsten Interdependenzen im sektoralen Entwicklungsprozeß erkennen, obwohl der Übersichtlichkeit wegen zunächst die verschiedenen Informationsströme und verhaltensmäßigen Beziehungen nicht berücksichtigt wurden. Weiterhin bildet dieses Interdependenzgefüge eine Grundlage für die Identifizierung spezifischer Ansatzstellen von veränderten Umweltkonstellationen wie etwa:
- gesamtwirtschaftliche Bedingungen,
- wirtschaftspolitische Maßnahmen,
- technische Neuerungen.

Im Hinblick auf den Aufbau eines systemtheoretischen Modellansatzes sollen im folgenden die zugrundeliegende Betrachtungsweise bei den einzelnen Problembereichen (vor allem die erforderliche Differenzierung sowie die daraus resultierenden Anforderungen an den Komplexitätsgrad der Betrachtung) konkretisiert werden und gleichzeitig methodische Überlegungen über geeignete Modellansätze angestellt werden.

a) Zur modellmäßigen Beschreibung der Entstehung der landwirtschaftlichen Produktion sowie zur Erfassung der produktionstechnischen Input-Output-Beziehungen soll von einem aktivitätsanalytischen Modellansatz ausgegangen werden. Die gesamte landwirtschaftliche Produktion Y ergibt sich bei einem derartigen Ansatz aus:

$$Y = \sum_{i=1}^{N} X_i \cdot a_i \cdot P_i$$

wobei: X = Niveau der Produktionsprozesse,

a = Outputkoeffizienten (definiert als Produktionsmenge je Prozeßeinheit),

P = Produktpreise,

N = Anzahl der Produktionsprozesse.

Im Hinblick auf die differenzierte Abbildung der Produktionsentstehung im landwirtschaftlichen Sektor[17)] hat dieser Ansatz folgende Vorteile[18)]:

- Die gesamte landwirtschaftliche Produktion läßt sich in sich relativ homogene Güter unterteilen.

---

17) Vgl. dazu auch: Henrichsmeyer, W., Quantitative Sektoranalysen als agrarpolitische Entscheidungshilfen, Bericht zum Abschlußkolloquium des DFG-SP "Konkurrenzvergleich landwirtschaftlicher Standorte", Bonn 1977, Bauersachs, F., Mehrstufiges Modellsystem für regions-, betriebs- und produktspezifisch differenzierte Sektoranalysen im Agrarbereich, Forschungsbericht des DFG-SP "Konkurrenzvergleich landwirtschaftlicher Standorte", Nr.129 , Bonn 1977.

18) Die produktionstheoretischen Implikationen und die Möglichkeiten der Beschreibung unterschiedlicher produktionstechnischer Zusammenhänge werden in Abschnitt 1, Teil B, im einzelnen behandelt.

- Kurzfristige Instabilitäten bedeuten häufig Schwankungen in den Outputkoeffizienten und/oder den Preisen; die Quellen der Instabilitäten können unmittelbar identifiziert werden.
- Die Niveaus der Prozesse geben unmittelbar die Entscheidungen der Landwirte hinsichtlich der Gestaltung der Produktionsstruktur wieder.
- Eine Änderung der Gesamtproduktion kann die physischen und monetären Kreislaufzusammenhänge unterschiedlich beeinflussen, je nachdem, ob sie durch Änderungen der Outputkoeffizienten oder durch Änderungen der Produktionsniveaus ausgelöst wird.
- Da die Entstehung der sektoralen Gesamtproduktion auf der Basis absoluter Größen beschrieben wird, können die bekannten Indexprobleme, die sich bei aggregierter Betrachtung stets störend auswirken[19)], weitgehend umgangen werden.
- Die prozeßanalytische Darstellung der Produktionsentstehung läßt einige Ansatzstellen agrarpolitischer Maßnahmen, wie z.B. Preispolitik oder produktions- bzw. prozeßniveaugebundene (etwa anbauflächenabhängige) Transferzahlungen, erkennen.

Auf die Möglichkeiten der Beschreibung produktionstheoretischer Zusammenhänge in einem prozeßanalytisch aufgebauten Modell und auf die spezifische Ausgestaltung in dieser Arbeit wird noch einzugehen sein.

b) Bei der Verwendung der landwirtschaftlichen Produktion lassen sich folgende Positionen unterscheiden:

- Verkäufe an andere Sektoren bzw. an Endverbraucher,
- Intrasektoraler Verbrauch (landwirtschaftliche Vorleistungen),
- Eigenverbrauch (Konsum der Landwirte),
- Bestandsveränderungen.

Die geschlossene Bilanzierung der Verwendung ist vor allem für die modellmäßige Abbildung der Agrarpreisbildung (Verkäufe = inländisches Marktangebot) und für die Erfassung der Vorleistungszusammensetzung (siehe unten) von Bedeutung.

---

19) Vgl. dazu auch: Bauer, S., Zur Analyse der Preis- und Einkommensentwicklung in der Landwirtschaft, in: Berichte über Landwirtschaft, Bd. 55 (1977), S. 249-275.

Wenn man von einem fixierten Produktionsvolumen in jeder Periode ausgeht, so kann die Agrarpreisbildung bei gegebenen Nachfragebedingungen durch kurzfristige Entscheidungen über die Aufteilung der Produktionsmenge in einigen Produktionsbereichen (z.B. Getreide, Kartoffel) beeinflußt werden. Die Verwendung der Produktion und die Agrarpreisbildung sind also simultan zu betrachten. Die mittel- und längerfristigen Markt- und Preisentwicklungen hängen entscheidend von den Nachfrage- und Außenhandelsbedingungen sowie von dem Spielraum, der durch die agrarische Preis- und Marktpolitik gesetzt wird, ab. Die Bedeutung einer modellmäßigen Erfassung der Produktionsverwendung und Agrarpreisbildung für die Erklärung und Abbildung sektoraler Entwicklungsprozesse ist einmal in den unmittelbaren Wirkungen auf das Agrareinkommen und zum anderen in den Rückwirkungen auf Produktion und Faktoreinsatz zu sehen.

Einer quantitativen Erfassung des Problembereichs stehen jedoch erhebliche methodische Schwierigkeiten entgegen. Diese bestehen in der modellmäßigen Abbildung der Zusammenhänge zwischen Produktionsverwendung und Preisbildung bei einem Produkt und in der gleichzeitigen Berücksichtigung der Wechselbeziehungen zwischen den Produktbereichen (z.B. Kreuzpreiselastizitäten, Budgetbeschränkungen). Weitere Probleme ergeben sich, wenn gleichzeitig die Einflüsse, die vom Verarbeitungssektor und Handel auf die Agrarpreisbildung ausgehen, explizit in einem Modell erfaßt werden sollen[20].

c) Der <u>Vorleistungseinsatz</u> stellt wertmäßig den bedeutendsten Inputfaktor in der landwirtschaftlichen Produktion dar. Zur modellmäßigen Erfassung der wichtigsten Interdependenzen im agrarsektoralen Entwicklungsprozeß ist eine Unterscheidung nach

---

20) Ein derartiges Modell müßte die Nachfrage und Preisbildung auf Verbraucherstufe und gleichzeitig die Handelsspannen erklären.

- der Homogenität der einzelnen Vorleistungsprodukte,
- der Herkunft (Vorleistungen landwirtschaftlicher bzw. gewerblicher Herkunft),
- den Marktverflechtungen (eigenerzeugte bzw. zugekaufte Vorleistungen),
- den produktionstheoretischen Zusammenhängen (ertragssteigernde Vorleistungen bzw. Arbeitshilfsmittel) sowie
- der Produktbezogenheit (produktspezifische Vorleistungen, austauschbare Vorleistungen)

von Vorteil. Um zu einer Systematisierung der Vorleistungsverflechtungen zu gelangen, ist einmal die Aufkommensseite (Herkunft, Marktverflechtungen) und zum anderen die Verwendungsseite (Zuordnung zu Produktionsbereichen) zu betrachten. Auf der Aufkommensseite sind dabei die Beziehungen zum Problembereich der Produktionsverwendung sowie zu den Vorleistungsmärkten herauszuarbeiten. Die Verwendungsseite bezieht sich auf den Vorleistungsverbrauch der Produktionsprozesse bzw. der Arbeitsverfahren im Falle der Arbeitshilfsmittel. Zur Abbildung dieser Zusammenhänge soll im wesentlichen auf prozeßanalytischen Ansätzen aufgebaut werden.

d) Dem Prinzip nach ist auch beim <u>Faktoreinsatz</u> eine Aufkommens- und eine Verwendungsseite zu unterscheiden und zu analysieren, da auf beiden Bereichen spezifische Kräfte einwirken, die den agrarsektoralen Entwicklungsprozeß steuern. Die "Aufkommensseite" bezieht sich dabei im wesentlichen auf

- die Herkunft der Faktoren: landwirtschaftliche Haushalte (sektoreigene Faktoren) bzw. nichtlandwirtschaftliche Haushalte (Fremdfaktoren),
- die verschiedenen Kategorien der Faktorbestände (wie z.B. männliche und weibliche Arbeitskräfte),
- die verschiedenen Komponenten der Faktormobilität (wie z.B. autonome Abgänge, Neuzugänge, Wechsel in andere Sektoren).

Diese Differenzierungen sind vor allem für die Erklärung des sektoralen Arbeits- und Kapitaleinsatzes im Zeitablauf von Bedeutung. Die Entwicklung des Faktorbestandes ergibt sich dabei aus den verschiedenen Faktorkategorien, die ihrerseits autonomen Veränderungen und Faktoreinsatz- bzw. Mobilitätsentscheidungen (Zugänge, Wechsel in andere Sektoren) unterliegen. Durch diese Differenzierungen sollen gleichzeitig die spezifischen Kreislaufbeziehungen zu anderen Bereichen (z.B. Zusammenhang zwischen Eigenkapitalbildung und Einkommensverwendung) erfaßt werden.

Die "Verwendungsseite" betrifft den Einsatz der Faktoren in den verschiedenen Produktionsbereichen. Dabei interessiert einmal die Verteilung der sektoralen Faktormengen auf die einzelnen Produktionsprozesse und zum anderen der produktionstechnische Transformationsprozeß in den verschiedenen Produktionsverfahren (prozeßspezifische Input-Output-Beziehungen). Zur methodischen Beschreibung dieser Beziehungen in einem prozeßanalytischen Modellansatz werden spezifische produktionstheoretische Hypothesen entwickelt, die das dem Modellsystem zugrundeliegende Technologiekonzept kennzeichnen (Abschnitt 3.1, Teil B).

e) Die Einkommensentstehungsrechnung bezieht sich hier auf die Ermittlung des Sektoreinkommens (in etwa vergleichbar mit dem Bruttoinlandsprodukt zu Marktpreisen). Wenn man von den Differenzierungen ausgeht, wie sie im Zusammenhang mit der Produktionsentstehung, der Produktionsverwendung und dem Vorleistungseinsatz diskutiert wurden, so handelt es sich dabei im wesentlichen um ein System von Definitionsgleichungen, wobei zusätzlich die jeweiligen (modellexogenen bzw. -endogenen) Preise zu berücksichtigen sind. Der prozeßanalytische Modellansatz bietet auch die Möglichkeit der Erstellung einer produktspezifischen Einkommensentstehungsrechnung (= Summe der Einkommensbeiträge der Produktionsprozesse multipliziert mit den Prozeßumfängen), die für viele agrarpolitische Überlegungen von Nutzen sein kann.

f) Das oben definierte Sektoreinkommen steht nicht ausschließlich für Konsum- und Eigenkapitalbildung der Landwirte zur Verfügung. Bei einer geschlossenen Betrachtung der sektoralen Einkommensverwendung sind weitere Positionen zu berücksichtigen:

- Ausgaben für Faktoren nichtlandwirtschaftlicher Haushalte,
- Steuern und Transferzahlungen,
- Ausgaben für die soziale Sicherung,
- Tilgung des aufgenommenen Fremdkapitals.

Die Ausgaben für Fremdfaktoren ergeben sich dabei unmittelbar aus den Eigentumsverhältnissen (siehe Punkt d) und den Lohnsätzen für die Fremdfaktoren. Ebenso hängen die Tilgungsausgaben von der Faktoreinsatzstruktur (Höhe des Fremdkapitals und Fristigkeit der Kredite) ab. Auf der Basis dieser unmittelbaren Kreislaufzusammenhänge sowie der jeweiligen sozialen und finanzpolitischen Rahmenbedingungen läßt sich das verfügbare Einkommen ermitteln, welches zur Erklärung der Konsum- und Sparsumme der Landwirte heranzuziehen ist.

Eine derartige Einkommensverwendungsrechnung stellt einmal eine Grundlage für eine differenzierte Beurteilung der Einkommensentwicklung in der Landwirtschaft und zum anderen eine Basis für die Erklärung der Faktormobilität dar. Für die Kette der ökonomischen Wirkungen sind vor allem die unmittelbaren wechselseitigen Zusammenhänge zwischen der Einkommensverwendung und dem Faktoreinsatz im Zeitablauf sowie die weitergehenden Wirkungen auf die Produktionsentwicklung und die Rückwirkungen auf die Einkommensentstehung von Bedeutung (vgl. auch Übersicht 1).

g) Die funktionale <u>Einkommensverteilung</u> gibt Auskunft über die Anteile der einzelnen Faktoren am gesamten Faktoreinkommen. Sie kann entweder auf der Basis tatsächlicher Lohnsätze (wenn die einzelnen Faktoren getrennt entlohnt werden) oder auf der Basis modellmäßig ermittelter Wertgrenzprodukte erstellt werden. Durch die Gegenüberstellung beider Einkommensverteilungsrechnungen lassen sich Disparitäten in der sektoralen Faktorentlohnung aufdecken. Diese Entlohnungsdisparitäten können einmal einen Maßstab für die Beurteilung der Allokationseffizienz darstellen und zum anderen zur Erklärung tatsächlicher Veränderungen in der Produktions- und Faktoreinsatzstruktur beitragen.

Wenn man zunächst einmal unterstellt, daß die Entscheidungen tatsächlich von den internen Faktorentlohnungen beeinflußt werden, so kommt der funktionalen Einkommensverteilung auf der Basis der monetären Grenzproduktivitäten eine zentrale Stellung für die Steuerung des sektoralen Entwicklungsablaufs und die modellmäßige Erfassung der Interdependenzen zwischen den oben diskutierten Problembereichen zu: Einerseits hängt die funktionale Einkommensverteilung von der Produktionsstruktur, dem Vorleistungs- und Faktoreinsatz sowie von den entsprechenden Produkt- und Faktorpreisen ab, andererseits ergeben sich bei dynamischer Betrachtung dann wiederum Rückwirkungen von der Einkommensverteilung auf Produktion und Faktoreinsatz. Da die funktionale Einkommensverteilung verschiedene Faktoren, die auf den sektoralen Entwicklungsprozeß einwirken, zusammenfaßt und gleichzeitig die wichtigsten Interdependenzen im Entwicklungsprozeß berücksichtigt, ist sie als ein zentrales Element von quantitativen Modellen, die komplexe Phänomene beschreiben sollen, anzusehen.

In methodischer Hinsicht soll die Einkommensverteilung nach dem Grenzproduktivitätsprinzip mit Hilfe eines aktivitätsanalytischen Modellansatzes beschrieben werden.

2.2 Entwicklung der modelltheoretischen Grundkonzeption

Im letzten Abschnitt wurden die wichtigsten Differenzierungen und Interdependenzen zwischen und innerhalb der einzelnen Problembereiche aufgezeigt und die zentralen physischen sowie monetären Kreislaufbeziehungen dargestellt. Im Hinblick auf die Abbildung dieser Zusammenhänge in einem quantitativen Modell ist nun zu fragen, welche Methoden der empirischen Analyse zugrundegelegt werden sollen. Dabei ist insbesondere zu prüfen, wie die relevanten produktionstheoretischen Zusammenhänge abgebildet werden können und wie sich die tatsächlichen Verhaltensweisen der Wirtschaftssubjekte modellmäßig erfassen lassen. Wie bereits deutlich gemacht wurde, erscheint ein aktivitätsanalytischer Modellansatz zur Abbildung bestimmter (produktionstechnischer) Zusammenhänge im agrarsektoralen Entwicklungsprozeß besonders geeignet.

2.2.1 Methodische Einordnung

Im Mittelpunkt jeder Modellanalyse, die sich zum Ziel setzt, tatsächliche Strukturen bzw. Entwicklungen im Sinne der positiven Theorie zu erklären, steht die Frage, auf welcher methodischen Basis die Verhaltensweisen der Wirtschaftssubjekte erfaßt werden sollen. Wenn man - wie in dieser Arbeit - von einem aktivitätsanalytischen Modellansatz zur Beschreibung der Technologie ausgeht, so würde sich zunächst einmal eine Formulierung als mathematisches Optimierungsmodell (Gleichgewichtsmodell) anbieten. Diesem Modellansatz liegt jedoch grundsätzlich eine postulierte Verhaltenshypothese, wie z.B. Gewinnmaximierung, zugrunde. Die Ergebnisse solcher Modelle hängen bekanntlich von den Koeffizientenstrukturen, der Zielfunktion und dem Beschränkungsvektor ab. Wenn man davon ausgeht, daß die relevanten Modellbeschränkungen und die Modellkoeffizienten häufig nicht im einzelnen bekannt sind, so können die ermittelten Gleichgewichtsergebnisse nur in bezug auf die spezifischen (numerischen) Annahmen interpretiert werden. Die Abweichungen zwischen der ermittelten "optimalen" und der tatsächlichen Situation können dann nicht ausschließlich auf die postulierte Verhaltenshypothese zurückgeführt werden, so daß die Testbarkeit der Verhaltensannahme erheblich eingeschränkt ist. Diese Probleme spielen insbesondere bei aggregierten Gleichgewichtsanalysen eine große Rolle, da hier zusätzlich Aggregationsfehler auftreten können, deren Einfluß sich nicht ohne weiteres isolieren läßt.

Die Möglichkeiten der Erklärung tatsächlicher Entwicklungen auf der Basis ökonomischer Gleichgewichtsmodelle wurden bislang nur ansatzweise getestet[21)]. Aus den genannten Gründen scheinen derartige Ansätze zur Erklärung gesamtsektoraler Entwicklungsabläufe wenig erfolgversprechend. Hingegen wurden in den letzten beiden Jahrzehnten Konzepte entwickelt, die darauf hinauslaufen, die postulierten Verhaltenshypothesen durch empirische Verhaltensfunktionen zu ersetzen. Diese Modellansätze gehen im wesentlichen auf die Arbeiten von HENDERSON[22)] und DAY[23)] zurück. In methodischer Hinsicht weiterentwickelt und empirisch verschiedentlich getestet wurde vor allem das Konzept der Flexibilitätsbegrenzungen[24)].

Bei diesem Modellkonzept wird jedoch nicht explizit auf empirische Verhaltensfunktionen bezug genommen, sondern lediglich der Gültigkeitsbereich von postulierten Verhaltenshypothesen durch zusätzliche Modellbegrenzungen (flexibility constraints) eingeschränkt[25)]. Damit werden implizit Verhaltensfunktionen unterstellt, die in einem bestimmten Abschnitt vollständige ökonomische Anpassung zulassen und in einem anderen Abschnitt ökonomische Anpassungen ausschließen. So hat z.B. die Preis-Angebots-Funktion in einer Periode t bei einem derartigen Modell folgende Form (Abb. 2):

---

21) Einige Versuche in dieser Richtung beziehen sich auf die Verwendung von Ergebnissen ökonomischer Gleichgewichtsmodelle zur ökonometrischen Schätzung von Angebotselastizitäten. Siehe z.B. Shumway, C.R., Talpaz, H., Verification of Linear Programming Solutions, with Emphasis on Supply Implications, in: Southern Journal of Agricultural Economics, 1977, S. 1-8, Shumway, C.R., Chang, A., Linear Programming versus Positively Estimated Supply Functions: An Empirical and Methodological Critique, in: American Journal of Agricultural Economics, Vol. 59 (1977), S. 344-357.

22) Henderson, J.M., The Utilization of Agricultural Land: A Theoretical and Empirical Inquiry, in: The Review of Economics and Statistics, Vol. 41 (1959), S. 242-260.

23) Day, R.H., Recursive Programming and Production Response, Amsterdam 1968.

24) z.B. Heidhues, T., Entwicklungsmöglichkeiten landwirtschaftlicher Betriebe unter verschiedenen Preisannahmen (Berichte über Landwirtschaft, Sonderheft 181), Hamburg-Berlin 1966, de Haen, H., Dynamisches Regionalmodell der Produktion und Investition in der Landwirtschaft, (Agrarwirtschaft, Sonderheft 43), Hannover 1971.

25) DAY Charakterisiert die Lösungsvorschrift bei Modellen mit flexibility constraints wie folgt: "The simple behavioral rule is used: 'Do not increase or decrease a choice variable by more than a given percentage amount in any one period.'" Day, R.H., Some adaptive models, in: European Review of Agricultural Economics, Vol. 3-2/3 (1976), S. 332.

Abb. 2: Kurzfristige Preis - Angebotsbeziehungen in einem Optimierungsmodell und in einem rekursiven Modell mit Flexibilitätsbegrenzungen

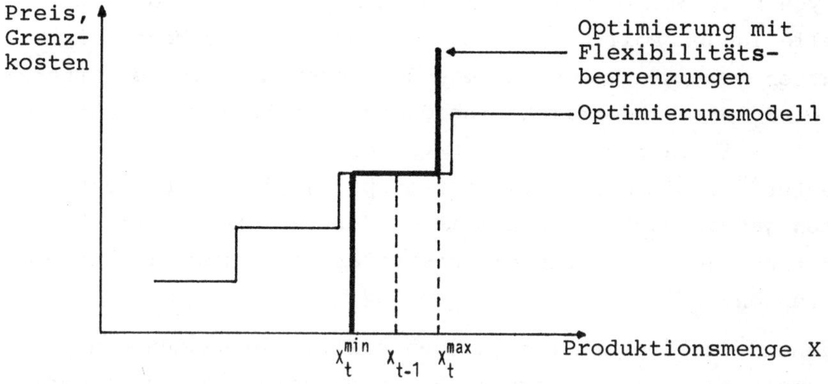

Der kurzfristige Anpassungsspielraum (Lösungsraum) ist dabei durch das realisierte Niveau der Vorperiode und durch die Flexibilitätskoeffizienten α^{min} und α^{max} definiert:

$$X_t^{min} = X_{t-1} \cdot \alpha^{min} \leq X_t \leq X_{t-1}\ \alpha^{max} = X_t^{max} \quad .$$

Aufgrund der dynamischen Beziehungen ist damit auch der langfristige Anpassungskorridor festgelegt. Die Abbildungsgenauigkeit der ex-post-Entwicklung hängt bei diesem Modellansatz entscheidend von der Spezifizierung der Flexibilitätsbeschränkungen ab. Eine starke Einengung des Lösungsspielraums bedeutet jedoch gleichzeitig eine Begrenzung im Einsatz dieser Modelle zur Analyse der Auswirkungen unterschiedlicher Rahmenbedingungen und wirtschaftspolitischer Instrumente. Wenn z.B. bereits in der Ausgangslösung die Flexibilitätsgrenze beschränkend wirkt, so treten bei noch so drastischen Änderungen exogener Größen keine Modellreaktionen auf. Ist dies nicht der Fall, so können relativ kleine Instrumentänderungen bereits kräftige Anpassungen erzeugen.

Es zeigt sich also, daß bei diesen Modellen ein trade off zwischen der Erfassung tatsächlicher Entwicklungen (ex-post und ex-ante Prognose) und den Möglichkeiten der Wirkungsanalyse besteht. Für die praktische Anwendbarkeit derartiger Modelle in der Politikanalyse sind gerade beide Modelleigenschaften zusammen von grundlegender Bedeutung. In der Literatur wird verschiedentlich eine ökonomisch basierte Schätzung der Flexibilitätskoeffizienten vorgeschlagen und teilweise getestet[26]. Die oben diskutierten prinzipiellen Einwände gelten jedoch auch für die meisten der bislang empirisch getesteten Modelle mit ökonomisch basierten Flexibilitätsbegrenzungen.

Ausgehend von diesen Überlegungen soll im folgenden ein Modellansatz entwickelt werden, der vom Konzept her geeignet ist, tatsächliche Entwicklungsprozesse im sektoralen Interdependenzgefüge abzubilden und der gleichzeitig in der Lage ist, Auswirkungen veränderter Umweltbedingungen aufzuzeigen. In methodischer Hinsicht geht es dabei um die Verknüpfung eines aktivitätsanalytischen Modellansatzes zur Beschreibung produktionstechnischer Interdependenzen mit einem ökonometrischen Modell zur Erfassung der Verhaltensweisen.

2.2.2 Verknüpfung von aktivitätsanalytischen Modellen und empirischen Verhaltensfunktionen

Dem hier zu entwickelnden Modellansatz liegen folgende Grundgedanken zugrunde: Die Dualwerte (Schattenpreise) eines mathe-

---

26) Vorgeschlagen wurden ökonometrische Schätzungen auf der Basis der Dualwerte der Modellbegrenzungen bzw. auf der Basis der beobachtbaren ökonomischen Rahmenbedingungen. Die letztgenannte Form wurde empirisch getestet. Siehe dazu z.B.: Sahi, R.K., Craddock, W.J., Estimation of Flexibility Coefficients for Recursive Programming Models - Alternative Approaches, in: American Journal of Agricultural Economics, Vol. 56 (1974), S. 344-350. Miller, Th. A., Evaluation of Alternative Flexibility Restraint Procedures for Recursive Programming Models used for Prediction, in: American Journal of Agricultural Economics, Vol. 54 (1972), S. 68-76.

matischen Programmierungsmodells drücken prinzipiell den ökonomischen Anreiz zur Einschränkung bzw. Ausdehnung von Produktion und Faktoreinsatz aus. Für die Änderung bestehender Produktions- und Faktoreinsatzstrukturen ist der ökonomische Anreiz maßgebend, der diesen Strukturen zugehörig ist. Gelingt es nun, mit Hilfe eines Programmierungsmodells gleichzeitig die tatsächlichen Produktions- und Faktoreinsatzstrukturen und die zugehörigen Schattenpreise abzubilden, so können mit Hilfe ökonometrischer Methoden empirische Verhaltensfunktionen geschätzt werden, welche die Entwicklung der Produktions- und Faktoreinsatzstruktur in Abhängigkeit von den Schattenpreisen beschreiben. Die Verknüpfung dieser beiden Modellteile erfolgt dann über die Schattenpreise des Programmierungsmodells und über die mit Hilfe der Verhaltensfunktionen ermittelten Produktions- und Faktoreinsatzstrukturen. Wenn man zunächst von den Modellkomponenten absieht, die zur Beschreibung der anderen Problembereiche (Preisbildung, Einkommensverwendung u.dgl.) dienen, so ergibt sich folgender Modellablauf:

Abb. 3: Verkoppelung von Aktivitätsanalysemodellen mit empirischen Verhaltensfunktionen

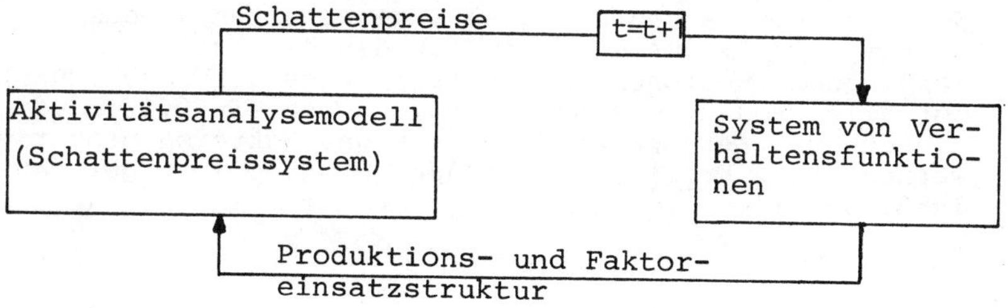

Die Eigenschaften des Systems hängen von den Möglichkeiten der Abbildung plausibler Schattenpreisstrukturen bei gegebenen Produktions- und Faktoreinsatzstrukturen im Aktivitätsanalysemodell und vom Erklärungsbeitrag der Schattenpreise in den Verhaltensfunktionen ab. Die konkreten Eigenschaften werden von der Ausgestaltung und Verkopplung der beiden Modellteile bestimmt. So lassen sich z.B. verzögerte Anpassungsreaktionen durch dynamische Verhaltensfunktionen mit verzögerten endogenen Variablen berücksichtigen. Die Substitutionsvorgänge auf der Produkt- und Faktoreinsatzseite hängen von den produktionstechnischen Interdependenzen des Schattenpreissystems und den ökonometrisch geschätzten Parametern der Verhaltensfunktionen ab, die den Einfluß der einzelnen Schattenpreise auf die verschiedenen Entscheidungsvariablen angeben[27].

2.2.3 Empirische Verhaltensfunktionen

Damit der tatsächliche sektorale Entwicklungsablauf und der wahrscheinliche Anpassungsprozeß bei veränderten Umweltbedingungen im Modell angemessen erfaßt werden können, müssen die jeweiligen Marktbedingungen und die spezifischen sektoralen Besonderheiten (z.B. Wettbewerbsstellung, Verbundproduktion, Absatzrisiko, Verflechtungen von Betrieb und Haushalt,

---

27) Gegenüber einfachen Produktionsfunktionen, lassen sich die produktionstheoretischen Eigenschaften dieses Systems nur im Zusammenhang mit den explizit formulierten Verhaltensfunktionen analysieren. Dies gilt nach KRELLE für alle Produktionsmodelle, die durch ein System von Gleichungen für mehrere Produkte und Faktoren beschrieben werden. Vgl. Krelle, W., Produktionstheorie, Tübingen 1969, S. 211.

Auslastung und Beweglichkeit der Produktionskapazitäten u. dgl.) im quantitativen Modell ihren Niederschlag finden. In dem oben skizzierten Modellansatz lassen sich diese Faktoren teilweise im Schattenpreissystem und teilweise bei den Verhaltensfunktionen berücksichtigen.

Wenn man von Verhaltensweisen ausgeht, die sich tendenziell an ökonomischen Rentabilitätskriterien orientieren, so bedeutet dies, daß sowohl die Schattenpreise als auch die tatsächlichen Marktpreise den Entscheidungsprozeß bestimmen[28]. Für die Gesamtheit der Entscheidungsvariablen des Systems (m Produkt- und n Faktorkategorien) ergibt sich dann das folgende allgemeine System von Verhaltensgleichungen[29]:

$$X_t = f\,(P_t \ldots P_{t-\tau}, SP_{t-1} \ldots SP_{t-\alpha})$$

$$V_t = f\,(Q_t \ldots Q_{t-\tau}, SQ_{t-1} \ldots SQ_{t-\alpha})$$

wobei:

X_t:	Vektor der Niveaus der Produktionsverfahren bzw. der Produktionsmengen in Periode t
$P_{t-1} .. P_{t-\tau}$:	Vektoren der Produktpreise für die Periode von t bis $t-\tau$
$SP_{t-1} .. SP_{t-\alpha}$:	Vektoren der Schattenpreise der Produkte für die Perioden t-1 bis $t-\alpha$
V_t:	Vektor der sektoralen Faktoreinsatzmengen in der Periode t
$Q_{t-1} .. Q_{t-\tau}$:	Vektoren der Lohnsätze der einzelnen Faktorkategorien für die Perioden t bis $t-\tau$
$SQ_{t-1} .. SQ_{t-\alpha}$:	Vektoren der Schattenpreise der einzelnen Faktorkategorien für die Perioden t-1 bis $t-\alpha$,
τ :	max. Verzögerungsdauer der Marktpreise,
α :	max. Verzögerungsdauer der Schattenpreise.

28) Auf die Erweiterung der Verhaltensfunktionen um den Einfluß zusätzlicher Faktoren wie z.B. Liquidität, gesamtwirtschaftliche Bedingungen u.dgl. wird in Abschnitt 1, Teil C eingegangen.

Durch die Verkoppelung eines solchen Verhaltensmodells mit einem Schattenpreissystem lassen sich prinzipiell die Wechselwirkungen zwischen Produktion und Faktoreinsatz sowie die Auswirkungen und Rückwirkungen von veränderten Umweltbedingungen und wirtschaftspolitischen Instrumenten im Zeitablauf untersuchen. So kann man z.B. bei einer dauerhaften Anhebung eines Produktpreises folgende Effekte unterscheiden:

- Periode t:
  a) Verhaltensfunktionen: auslösender Primäreffekt (Anstieg der Produktionsmenge),
  b) Schattenpreissystem: Wirkungen auf die Schattenpreise (Auswirkungen der veränderten Knappheitsverhältnisse und Substitutionsvorgänge),
- Periode t+1:
  a) Verhaltensfunktionen: Einfluß der erhöhten Produktpreise (Primäreffekt) und der veränderten Schattenpreise der Periode t (Sekundäreffekt) auf die Produktions- und Faktoreinsatzentscheidungen,
  b) Schattenpreissystem: Wirkungen der veränderten Produktions- und Faktoreinsatzstrukturen auf die Schattenpreise
- Periode t+2: (im Prinzip wie Periode t+1).

Der zeitliche Anpassungverlauf ergibt sich dabei durch verschiedene Einzeleffekte, die sich teilweise überlagern und abschwächen und teilweise verstärken können[30].

Gegenüber dem Konzept der flexibility constraints läßt sich das dargestellte System von Verhaltensfunktionen mit Hilfe bekannter ökonometrischer Methoden im Prinzip eindeutig quantifizieren. Voraussetzung für die ökonometrische Schätzung der Verhaltensfunktionen ist die Generierung von Schattenpreisen für die bestehenden Produktions- und Faktoreinsatzstrukturen in der Beobachtungsperiode.

---

29) Auf die produktionstheoretischen Konsistenzbedingungen, die u.a. sicherstellen, daß die Faktoreinsatzmengen zur Durchführung der Produktion ausreichen, wird im folgenden Abschnitt eingegangen.

30) Das Prinzip der überlagernden Einzeleffekte ist auch für die Herausarbeitung kausaler Abhängigkeiten im tatsächlichen Entwicklungsprozeß von Bedeutung.

2.2.4 Struktur des Schattenpreissystems

Das aktivitätsanalytische Produktionsmodell dient

- der Beschreibung der produktionstechnischen Zusammenhänge, vor allem der Substitutionsmöglichkeiten auf der Produkt- und Faktoreinsatzseite, der Wirkungen technischer Fortschritte sowie der Effekte von Größendegressionen (scale-Effekte),
- der Beschreibung von Vorleistungs- und Zwischenproduktverflechtungen,
- der Ermittlung von Faktorverbrauchsstrukturen sowie
- der Ermittlung der funktionalen Einkommensverteilung nach dem Grenzproduktivitätsprinzip bei gegebenen sektoralen Produktions- und Faktoreinsatzmengen (ökonomische Bewertung)

Im folgenden soll die formale Struktur eines prozeßanalytischen Modellansatzes, der den oben genannten Anforderungen gerecht wird, skizziert werden. Dabei wird von folgender Gliederung der Prozesse und der Modellrestriktionen ausgegangen:

(1) Gliederung der Prozesse. Zur Abbildung der wichtigsten produktionstechnischen Zusammenhänge wird hier grundsätzlich zwischen Produktionsprozessen und Faktoreinsatzprozessen unterschieden. Die Produktionsprozesse dienen zur Abbildung der Beziehungen zwischen Output und ertragssteigernden Vorleistungen sowie zur Erfassung der Zwischenproduktverflechtungen. Die Produktionsprozesse erzeugen entweder Endprodukte oder Zwischenprodukte oder gleichzeitig beide Produktkategorien (Koppelproduktion). Die Faktoreinsatzprozesse (Arbeitsverfahren) beschreiben technologisch mögliche und technisch effiziente Faktoreinsatzkombinationen. Für jeden Produktionsprozeß werden prinzipiell mehrere Faktoreinsatzprozesse formuliert, um die substitutiven Beziehungen zwischen den Produktionsfaktoren zu berücksichtigen. Die Produktions- und Faktoreinsatzprozesse sind dabei in geeigneter Weise miteinander zu verkoppeln. Weiterhin werden Investitionsprozesse formuliert, die dem verschleißbedingten Ersatz bzw. der Erweiterung des Kapitalgüterbestandes dienen. Je nach den spezifischen Annahmen über die Auslastung der Produktionsfaktoren im Produktionsprozeß und den Opportunitätskosten, die bei Nichtnutzung zu berücksichtigen sind (wie z.B. Freizeitwert), kann es sich als zweckmäßig erweisen, zusätzliche Prozesse zu formulieren, die das Verhältnis von Auslastungsgrad und planungsrelevanten Opportunitätskosten beschreiben[31]. Dem unten skizzierten Modellansatz für den landwirtschaftlichen Sektor liegt die Annahme zugrunde, daß die planungsrelevanten Opportunitätskosten der Arbeit vom Auslastungsgrad der Arbeit abhängig sind.

---

31) Auf diesen Problemkomplex und die spezifische Modellformulierung wird in Abschnitt 4, Teil B näher eingegangen.

(2) Gliederung der Produkte und Faktoren (Modellrestriktionen). Folgende Gruppen von Restriktionen (Nebenbedingungen) werden prinzipiell unterschieden:

- Endprodukte,
- Zwischenprodukte,
- Maschinen und Gebäudebestände,
- Arbeitskräftebestand,
- Landwirtschaftliche Nutzfläche,
- Investitionssumme,
- Zusätzliche Begrenzungen (z.B. zur Approximation nichtlinearer Beziehungen).

Die End- und Zwischenproduktbegrenzungen dienen dabei zur Festlegung der Niveaus der Produktionsprozesse. Damit ist gleichzeitig das Gesamtniveau der Faktoreinsatzprozesse definiert. Innerhalb des Spielraums, wie er durch die vorhandenen Faktorkapazitäten (Maschinen und Gebäude, Arbeitskräfte, Investitionssumme) und durch zusätzliche Modellrestriktionen[32] bestimmt wird, läßt sich dann das Niveau der einzelnen Faktoreinsatz- und Investitionsprozesse entsprechend den Grenzproduktivitätsbedingungen ermitteln.

In Übersicht 2 ist die Grundstruktur eines prozeßanalytischen Schattenpreissystems, das die oben diskutierten Differenzierungen beinhaltet, dargestellt. Die produktionstheoretischen Eigenschaften des gekennzeichneten Teilsystems hängen entscheidend von der spezifischen Ausgestaltung, der empirischen Quantifizierung und der Eingliederung in das gesamte Analyse- und Prognosesystem ab. Die Reaktionseigenschaften des Schattenpreissystems (Änderung der Schattenpreise bei veränderten Produktions- und Faktoreinsatzstrukturen) werden maßgeblich vom Differenzierungsgrad der Produktions-, Faktoreinsatz- und Investitionsprozesse sowie der zugehörigen Modellbegrenzungen bestimmt.

Die Verkopplung mit dem oben skizzierten Verhaltensmodell erfolgt einerseits über die physischen Modellbegrenzungen und andererseits über die Schattenpreise dieser Begrenzungen. Die sektoralen Produktions- und Faktoreinsatzstrukturen, wie sie durch die Verhaltensfunktionen beschrieben werden, stellen einen Teil der Modellbegrenzungen dar. Es gelten nämlich

---

32) Solche Modellbegrenzungen können z.B. dazu dienen, Einführungs- und Verbreitungsvorgänge bei technischen Neuerungen zu erfassen.

Übersicht 2: Grundstruktur eines prozeßanalytischen Schattenpreissystems[1)]

Prozesse / Begrenzungen	Produktionsprozesse	Faktoreinsatzprozesse (Arbeitsverfahren)	Investitionsprozesse	Nichtnutzung von Faktoren (z.B. Arbeit)	Modellbegrenzungen
Zielfunktion	z^1	z^2	z^3	z^4	
Endprodukte	A				= a
Zwischenprodukte	S				= s
Arbeitserledigung	F	FL			≤ 0
(Boden)	B				≤ b
Maschinen- u. Gebäudekapazitäten		G	I		≤ c
Arbeitskräfte		AK		NA	= d
Investitionssumme			P		= e
zusätzliche Begrenzungen			C	N	= f

1) Auf die zeitliche Indizierung der Variablen wurde der Übersichtlichkeit halber verzichtet.

<u>Erläuterungen zu Übersicht 2:</u>

z^1 Zeilenvektor der Zielfunktionswerte der Produktionsprozesse (Einkommensbeiträge bzw. ertragssteigernde Vorleistungsaufwendungen),

z^2 Zeilenvektor der Zielfunktionswerte der Faktoreinsatzprozesse (Aufwendungen für Arbeitshilfsmittel),

z^3 Zeilenvektor der Zielfunktionswerte der Investitionsprozesse (diskontierte Kosten für Abschreibungen pro Jahr),

z^4 Zeilenvektor der Zielfunktionswerte für die Nichtnutzung von Faktoren im Produktionsprozeß (z.B. Freizeitwert, außerlandwirtschaftliche Faktornutzung),

A Matrix der Outputkoeffizienten der Produktionsverfahren (Endprodukte),

S Matrix der Zwischenproduktverflechtungen zwischen den Produktionsprozessen (Output- bzw. Inputkoeffizienten),

F Matrix der Anspruchskoeffizienten der Produktionsverfahren an die Faktoreinsatzprozesse,

B Matrix der Bodenanspruchskoeffizienten der Produktionsverfahren,

FL Matrix der Leistungskoeffizienten der Arbeitsverfahren,

G Matrix der Anspruchskoeffizienten der Arbeitsverfahren an Maschinen- und Gebäudekapazitäten,

AK Matrix der jahresdurchschnittlichen und saisonalen Arbeitskoeffizienten der Arbeitsverfahren,

P Matrix der Anschaffungspreise der Investitionsgüter je Einheit der Investitionsprozesse (differenziert nach Maschinen und Gebäuden und nach der Lebensdauer der Investitionsgüter),

C Matrix der Diffusionskoeffizienten der Investitionsprozesse,

NA Matrix der Faktorverbrauchskoeffizienten der Nichtnutzungsaktivitäten,

N Koeffizientenmatrix zur Abbildung nichtlinearer Beziehungen

a Vektor der Endproduktionsmengen bzw. der Niveaus der Produktionsprozesse

s Vektor der Zwischenproduktmengen (in den Vorperioden produzierte Zwischenprodukte, bzw. zugekaufte Vorleistungen, bzw. Zwischenprodukte die in der jeweiligen Periode produziert werden),

b Vektor der vorhandenen Bodenflächen (u.U. differenziert nach einzelnen Nutzungsarten),

c Vektor der vorhandenen Maschinen- und Gebäudekapazitäten.

d Vektor der vorhandenen jahresdurchschnittlichen und saisonalen Arbeitskapazitäten,

e Vektor der jährlichen Investitionssumme (differenziert nach Investitionsbereichen),

f Vektor modelltechnischer Begrenzungen (Nichtlinearitätsbegrenzung u.dgl.),

I Einheitsmatrix

folgende Definitionen:

$$X = \begin{bmatrix} a \\ \hline s \end{bmatrix} \quad \text{Produktionsniveaus}$$

$$V = \begin{bmatrix} b \\ \hline d \\ \hline e \end{bmatrix} \quad \text{Faktoreinsatzniveaus}$$

Die restlichen Modellbegrenzungen, wie z.B. die Maschinen- und Gebäudekapazitäten (Vektor c), lassen sich mit Hilfe eines dynamischen Bestandsaufbaumodells, welches von den Investitionsstrukturen in den Vorperioden ausgeht, beschreiben.

Bei der konkreten Ausformulierung des Modells können sich jedoch Abweichungen von diesen allgemeinen Definitionen ergeben. So können z.B. die Niveaus einzelner Produktionsverfahren über Zwischenproduktverflechtungen festgelegt werden (Verbundproduktion). Bei mehrjährigen Produktionsprozessen erscheinen im Vektor s die in der Vorperiode bereits produzierten Mengen (rekursive Verkopplung). In beiden Fällen werden die Niveaus der Produktionsprozesse nicht unmittelbar durch die Verhaltensfunktionen bestimmt. Je nach Formulierung der Prozesse und je nach den spezifischen produktionstheoretischen Annahmen können weitere Modifizierungen vorgenommen werden. Wenn man z.B. als Prozeßeinheit für die Verfahren der landwirtschaftlichen Bodenproduktion eine bestimmte Fläche des Faktors Boden definiert, wie dies in der landwirtschaftlichen Betriebsplanung üblich ist, so ergeben sich die entsprechenden Prozeßniveaus über das Nutzflächenverhältnis, welches durch den Vektor b bestimmt ist. In diesem Fall würden sich die Entscheidungsvariablen nicht auf die Produktionsmenge (Vektor a bzw. s), sondern auf die Aufteilung des Faktors Boden auf die verschiedenen Nutzungsrichtungen beziehen. Auf die spezielle Ausgestaltung des agrarsektoralen Schattenpreissystems wird im Zusammenhang mit der Erarbeitung und Quantifizierung von spezifischen produktionstheoretischen Beziehungen in Teil B dieser Arbeit näher eingegangen.

Das oben dargestellte Schattenpreissystem läßt sich mit Hilfe des Simplex-Algorithmus lösen, vorausgesetzt, daß die Modellkoeffizienten in konsistenter Weise quantifiziert sind[33]. Die Lösung des Schattenpreissystems führt dann in Abhängigkeit von den sektoralen Produktions- und Faktoreinsatzniveaus des Verhaltensmodells sowie den prozeßspezifischen Produktionsfunktionen in jeder Periode zu folgenden Ergebnissen:

---

33) Auf die Probleme und Vorgehensweisen bei der Quantifizierung konsistenter Ausgangsstrukturen wird in Teil B im einzelnen eingegangen.

- Schattenpreise der begrenzend wirkenden Modellbeschränkungen, insbesondere: interne Faktorentlohnung, interne Kosten der Arbeitserledigung, Bodenrenten, Schattenpreise der Zwischen- und Endprodukte (Grenzkosten bzw. Differenz zwischen Grenzkosten und tatsächlichen Marktpreisen),
- Unterauslastung der Arbeitskräfte sowie der Maschinen- und Gebäudekapazitäten: nicht begrenzend wirkende Modellbeschränkungen (wie z.B. Maschinen- und Gebäudebestände der niedrigeren Mechanisierungsstufen) bzw. Niveaus der Aktivitäten "Nichtnutzung von Faktoren",
- Niveaus der Faktoreinsatz- und Investitionsprozesse: Struktur der Mechanisierung und Aufteilung der sektoralen Investitionssumme.

Je nach Formulierung der Zielfunktion sind die Schattenpreise unterschiedlich zu interpretieren. Die Zielfunktionswerte des Vektor z^1 können sich entweder auf die variablen Produktionskosten oder auf die spezialkostenfreien Deckungsbeiträge der Produktionsverfahren beziehen. Im ersten Fall sind die Schattenpreise der Endprodukte als die Grenzkosten der Produktion zu interpretieren; im zweiten Fall geben sie die Differenz zwischen den Grenzkosten der Produktion und den tatsächlichen Marktpreisen an. Die zweite Formulierung hat den Vorteil, daß aufgrund der Zwischenproduktverflechtungen auch indirekte Preiseffekte berücksichtigt werden können. Wenn die Niveaus der Produktionsverfahren ausschließlich durch Entscheidungen über die Aufteilung eines bestimmten Faktors bestimmt werden (Beispiel: landwirtschaftliche Flächennutzung), so gibt die interne Entlohnung des betreffenden Faktors in den einzelnen Nutzungsrichtungen den ökonomischen Anreiz für die Ausdehnung bzw. Einschränkung der einzelnen Produktionsverfahren an.

Das oben skizzierte Schattenpreissystem geht von den tatsächlichen Produktionsstrukturen und den tatsächlichen sektoralen Faktoreinsatzmengen aus. Die interne Struktur des Faktoreinsatzes (Niveau und Relation der Arbeitsverfahren und der einzelnen Investitionsaktivitäten) wird innerhalb der Diffusionsbegrenzungen (bei technischen Neuerungen) nach Optimalitätskriterien bestimmt[34]. Diese Formulierung liegt vor allem in der Datenbasis begründet. Die verfügbaren Informa-

34) Der Lösungsraum des Modells wird durch den Freiheitsgrad bei den Arbeitsverfahren und Investitionsprozessen sowie durch die variable Auslastung der Faktoren bestimmt.

tionen über den sektoralen Entwicklungsprozeß werden in das Modell aufgenommen; fehlende Informationen werden durch Hypothesen ersetzt. Wenn z.B. die tatsächliche Investitionsstruktur bekannt wäre, könnte man diese im Schattenpreissystem berücksichtigen und die Entwicklung dieser Strukturen mit ökonometrischen Verhaltensfunktionen erklären.

2.3 Systemtheoretisches Gesamtkonzept

Der im letzten Abschnitt vorgestellte Modellansatz bildet einen Hauptbestandteil des dynamischen Analyse- und Prognosesystems. Wie in Abschnitt 2.1 aufgezeigt, sind zur Erklärung des Gesamtprozesses der sektoralen Entwicklung zusätzlich verschiedene Kreislaufzusammenhänge sowie verschiedene dynamische Interdependenzen zu berücksichtigen.

Übersicht 3: Schematischer Aufbau des dynamischen Analyse- und Prognosesystems

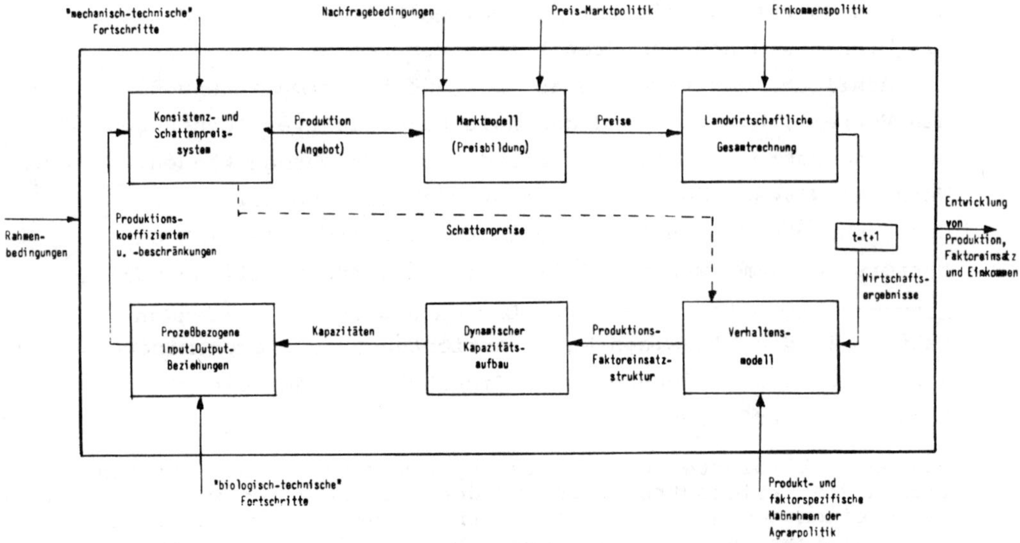

Das systemanalytische Ablaufschema (Übersicht 3) verdeutlicht die Struktur des dynamischen Analyse- und Prognosesystems in seiner Gesamtheit. Das dargestellte System dient der differenzierten Beschreibung des agrarsektoralen Entwicklungsprozesses in Abhängigkeit von

- der jeweiligen Ausgangssituation,
- den gesamt- und weltwirtschaftlichen Rahmenbedingungen,
- der wirtschafts- und agrarpolitischen Einflußnahme und
- den technologischen Veränderungen im Zeitablauf.

Die endogenen Variablen, die zur Beschreibung des sektoralen Entwicklungsprozesses dienen, ergeben sich unmittelbar aus dem Differenzierungsgrad der einzelnen Modellkomponenten. Die dynamischen Eigenschaften des Gesamtsystems werden neben den bereits diskutierten Reaktionen des Produktionsmodells von Rückkopplungen bestimmt, die sich aufgrund

a) des Marktmodells,
b) der Gesamtrechnung,
c) des Kapazitätsaufbaumodells und
d) eines Modells zur Beschreibung technologischer Veränderungen

ergeben.

Zur Charakterisierung des Gesamtsystems soll im folgenden die Struktur dieser Modellkomponenten kurz gekennzeichnet werden[35].

(a) Marktmodell: Wenn man zunächst vereinfachend davon ausgeht, daß die gesamte Endproduktion an andere Wirtschaftssektoren bzw. direkt an Haushalte verkauft wird, so steht dem kurzfristig gegebenen Angebot eine Nachfrage gegenüber, die sich durch das folgende allgemeine System von Nachfragefunktionen beschreiben läßt:

$$N = f\,(P, VE, BE)$$

N = Vektor der nachgefragten Mengen,
P = Vektor der zugehörigen Produktpreise,
VE = verfügbares Einkommen
BE = inländische Bevölkerung.

---

35) Auf die inhaltliche Charakterisierung dieser Problembereiche wurde in Abschnitt 2.1 eingegangen.

Geht man von einem kurzfristigen Marktgleichgewicht aus, so läßt sich das Nachfragegleichungssystem in ein System von interdependenten Preisbestimmungsgleichungen (inverse Nachfragegleichungen) umformen[36]. Unter der Bedingung, daß ein Gleichgewicht N = e (e = Endproduktionsmenge) besteht, gilt dann:

$$P = f\ (e, VE, BE)\ .$$

Ein solches Agrarmarktmodell wird bei kurzfristigen Angebotsschwankungen vermutlich zu starken Preisausschlägen führen, wenn man die bekannten Größenordnungen partiell geschätzter Preiselastizitäten zugrundelegt. Da die Agrarpreisentwicklung in starkem Maße von der staatlichen Preispolitik beeinflußt wird, sind neben den oben genannten Faktoren auch die entsprechenden Politikvariablen in einem Marktmodell für Agrarprodukte zu berücksichtigen.

Dabei können die staatlich festgesetzten Marktordnungspreise entweder als erklärende Variable in das Gleichungssystem aufgenommen oder als Nebenbedingung formuliert werden. Im zweiten Fall würden bei einem Unterschreiten der Interventionspreise bzw. einem Überschreiten der Richtpreise nicht die modellmäßig ermittelten Gleichgewichtspreise, sondern die festgesetzten Preisgrenzen gelten.

Wie in Abschnitt 2.1 bereits erläutert, ist bei verschiedenen Produkten eine explizite Betrachtung der Verwendung der Produktionsmenge, vor allem der Eigennachfrage des landwirtschaftlichen Sektors, erforderlich. Schließlich sind zur Erklärung der inländischen Agrarpreisbildung auch der Außenhandel sowie die staatliche und private Lagerhaltung von Bedeutung.

---

36) Ein derartiges Preisbestimmungsmodell wurde kürzlich für die USA entwickelt und getestet. Siehe dazu: Heien, D., Price Determination Processes for Agricultural Sector Models, in: American Journal of Agricultural Economics, Vol. 49 (1977) S. 126-132.

Die Rückwirkungen, die sich durch die Nachfrage und Preisbildung auf den Produktmärkten für den Agrarsektor ergeben, sind insbesondere zur vollständigen Erklärung zyklischer Entwicklungen und bei der Vorausschätzung längerfristiger Sektorentwicklungen, die entscheidend von den Nachfrageverhältnissen gesteuert werden, bedeutsam.

Wegen der verschiedenen Schwierigkeiten, die einer quantitativen Erfassung der Agrarpreisbildung in einem dynamischen Sektormodell entgegenstehen, soll in dieser Arbeit zunächst von exogen vorgegebenen Produktpreisen ausgegangen werden. Bei der Konzipierung des Modellsystems ist jedoch zu berücksichtigen, daß sich ein zu einem späteren Zeitpunkt erstelltes und empirisch getestetes Submodell, welches die Agrarpreisbildung abbildet, in das Gesamtsystem integrieren läßt.

(b) Das <u>Submodell "Sektorale Gesamtrechnung"</u> dient zur Ermittlung der Einkommensentstehung und -verwendung sowie zur Beschreibung der Einkommensverteilung. Es beinhaltet im wesentlichen eine systematische Zusammenfassung der Ergebnisse von anderen Modellteilen und eine hierarchische Ergebnisverdichtung. So werden z.B. die Produktions- und Vorleistungsmengen des Produktionsmodells und die Preise des Marktmodells bzw. die exogen vorgegebenen Preise für die Darstellung der monetären Output- und Vorleistungsstruktur sowie des Sektoreinkommens herangezogen. Die Faktoreinsatzstrukturen und die zu zahlenden Löhne für Fremdfaktoren sowie die Schattenpreise der Produktionsfaktoren stellen eine wesentliche Grundlage für die Erstellung der Einkommensverwendungs- und -verteilungsrechnung dar. Die finanzielle Situation wird schließlich von den Aufwendungen für die soziale Sicherung, dem Besteuerungssystem sowie durch die Kapitaldienstbelastung und die Finanzierung der Investitionen beeinflußt. Diese Größen werden durch gesondere Teilmodelle bestimmt oder exogen vorgegeben, soweit es sich um politisch festgesetzte Aktionsparameter handelt.

(c) Das Kapazitätsaufbaumodell dient zur Beschreibung von Bestandsgrößen (Zwischenprodukte, Faktorbestände). Die Veränderungen der Bestandsgrößen hängen von den autonomen Abgängen und den Entscheidungen über die Zugänge sowie über den intersektoralen Faktortransfer ab.

Diese verschiedenen Veränderungen spielen bei den einzelnen Bestandsgrößen eine unterschiedliche Rolle. So ergibt sich z.B. der jeweilige Bestand an bestimmten Maschinen- und Gebäudeaggregaten aus der Summe der Investitionen zwischen den Perioden t-L und t (L = maximale Lebensdauer), wenn man eine Veräußerung dieser Kapitalgüter an andere Sektoren ausschließt. Auf die verschiedenen Mobilitätskomponenten, die die Entwicklung des Arbeitskräftebestandes bestimmen, wurde bereits hingewiesen.

In unmittelbarer Beziehung zur Entwicklung der Struktur in der landwirtschaftlichen Tierproduktion steht die Entwicklung der Tierbestände. Die Zugänge beziehen sich im wesentlichen auf die Nachzucht von Jungtieren (Produktion in den Vorperioden). Die Abgänge betreffen den Verkauf von Alttieren und beeinflussen somit die kurzfristig verfügbare Produktionsmenge. Die explizite Berücksichtigung von Tierbestandsgrößen und die modellmäßige Erklärung von Zugängen und Abgängen ist vor allem für die gleichzeitige Erfassung von kurz-, mittel- und längerfristigen Produktionsreaktionen erforderlich.

Entsprechend der konkreten Ausgestaltung der einzelnen Mobilitätskomponenten müssen die oben dargestellten Verhaltensfunktionen, die zur Beschreibung der Mobilitätsabläufe dienen, stärker differenziert werden.

(d) Modell zur Beschreibung technologischer Veränderungen. Diese Modellkomponente dient zur Ermittlung der Produktionskoeffizienten der einzelnen Prozesse und steht daher in engem Zusammenhang mit dem Produktionsmodell. Technologische Veränderungen können dabei entweder bei den Produktionsprozessen oder bei den Faktoreinsatzprozessen ansetzen.

Die Substitutionsbeziehungen zwischen den Produktionsfaktoren werden im zugrundeliegenden Produktionsmodell durch die Formulierung alternativer Faktoreinsatzprozesse erfaßt. In diesem Submodell soll der Einfluß mechanisch-technischer Fortschritte sowie der Einfluß von scale-Effekten auf die Koeffizienten der Faktoreinsatzprozesse erfaßt werden. Dabei wird von folgenden Annahmen ausgegangen:

- Das Auftreten mechanisch-technischer Fortschritte bedeutet, daß neue Arbeitsverfahren (Faktoreinsatzprozesse) zur Verfügung stehen. Die Realisierung der neuen Verfahren ist mit Neuinvestitionen verbunden (faktorgebundener Fortschritt).
- Scale-Effekte ergeben sich durch Änderungen der Betriebsgrößenstruktur im landwirtschaftlichen Sektor. Der Betriebsstrukturwandel führt zu einer Verschiebung der Substitutionskurven im sektoralen Durchschnitt.

Die Koeffizienten der Produktionsprozesse ändern sich im Zeitablauf aufgrund von biologisch-technischen Fortschritten und aufgrund veränderter Vorleistungs- und Zwischenproduktaufwendungen. Diese typisch ertragsgesetzlichen Beziehungen lassen sich prinzipiell durch prozeßspezifische neoklassische Produktionsfunktionen beschreiben. Da für den landwirtschaftlichen Sektor bisher keine Erfahrungen in der Quantifizierung derartiger Funktionen vorliegen, wird in der ersten Version des dynamischen Analyse- und Prognosesystems von exogen vorgegebenen Koeffizienten der Produktionsverfahren ausgegangen.

3. Politikbezogene Anwendung des dynamischen Analyse- und Prognosesystems

Eine wichtige Voraussetzung für die Verwendung dynamischer Modellsysteme zur Analyse agrarpolitischer Ziel- Mittel-Beziehungen ist die Fähigkeit des Modells, reale Entwicklungen und Wirkungen von agrarpolitischen Maßnahmen auf die Landwirtschaft hinreichend genau abzubilden.

Die Einsatzmöglichkeiten eines quantitativen Modellsystems für die praktische Politikanalyse hängen entscheidend vom gewählten Komplexitäts- und Differenzierungsgrad des Modells ab.[37] Denn "wegen der allgemeinen Interdependenz ökonomisch relevanter Tatbestände und Größen ist es notwendig, die wirtschaftspolitischen Maßnahmen als 'zusammenhängendes Ganzes' zu betrachten"[38]. Wegen der spezifischen und unterschiedlichen Ansatzstellen der verschiedenen wirtschafts- und agrarpolitischen Maßnahmen und der unterschiedlichen Auswirkungen eröffnet sich mit zunehmendem Komplexitäts- und Differenzierungsgrad des Modells ein breiteres Spektrum der Analysemöglichkeiten.

Wenn man ein dynamisches Modellsystem auf sektoraler Ebene ohne explizite Berücksichtigung regionaler und betrieblicher Differenzierungen quantifiziert, so sind die Anwendungsmöglichkeiten auf Probleme beschränkt, die für den Gesamtsektor von Bedeutung sind. Im folgenden soll der Beitrag eines solchen Sektormodells zur agrarpolitischen Entscheidungsfindung erläutert werden.

Vorausgesetzt, daß das gekennzeichnete Modell in problemadäquater Form spezifiziert werden kann und die theoretischen und empirischen Testkriterien erfüllt werden, sind es vor allem folgende Faktoren und Eigenschaften die zusammengenommen die Verwendungsmöglichkeiten in der praktischen Politikanalyse bestimmen:

- sektorale Geschlossenheit,
- Produktdifferenzierung,
- differenzierte Betrachtung des Faktoreinsatzes und der Faktormobilität,

---

37) Der Beitrag quantitativer Modelle zur agrarpolitischen Entscheidungsfindung wurde auf der 16.Internationalen Konferenz der Agrarökonomen ausgiebig diskutiert. Siehe dazu: <u>Dams, T.,Hunt, K.E.,</u>(Hrsg.) Decision-Making and Agriculture,Oxford 1977, insbesondere die Beiträge von G.L. JOHNSON (Contribution of Economists to a Rational Decision-Making Process in the field of Agricultural Policy, S. 25 ff), M. PETIT (The Role of Models in the Dicision Process in Agriculture, S. 62 ff) und L.FOLKESSON (The Role of Models in the Formulation of Agricultural Policy).

38) <u>Krelle, W., Martienson, K., Schloenbach, K.,</u> Ökonometrische Modelle, ein Hilfsmittel wirtschaftspolitischer Entscheidungsfindung, in: Futurum. Zeitschrift für Zukunftsforschung, Bd. 2 (1969), S. 539.

- Berücksichtigung von Substitutionsvorgängen auf der Produkt- und Faktoreinsatzseite,
- Differenzierung nach den physischen Mengen der einzelnen Produkte und Faktoren, sowie nach den entsprechenden Preisen und Wertgrößen,
- geschlossene und differenzierte Betrachtung der Einkommensentstehung, -verwendung und -verteilung,
- Berücksichtigung von physischen und monetären Kreislaufzusammenhängen innerhalb und zwischen den einzelnen Zeitperioden,
- Erfassung der Verhaltensweisen mit Hilfe empirischer Verhaltensfunktionen unter Berücksichtigung zeitlicher Verzögerungen und dynamischer Anpassungsvorgänge.

Agrarpolitische Wirkungsanalyse

Eine Vielzahl von agrarpolitischen Instrumenten setzt unmittelbar bei den einzelnen landwirtschaftlichen Produkt- und Faktormärkten an (Preispolitik, Mengenpolitik, Investitionsförderung, Mobilitätsförderung u.dgl.). Für die zielbezogene Beurteilung der zentralen agrarpolitischen Maßnahmen ist daher eine nach Produkten und Faktoren differenzierte Betrachtung unter Berücksichtigung der relevanten Substitutionsbeziehungen erforderlich. Dabei sind die Maßnahmen, die auf den Produktmärkten ansetzen, wie auch die Maßnahmen, die auf die Faktormärkte gerichtet sind, jeweils hinsichtlich ihrer Wirkungen auf die Produktions- und Faktoreinsatzstruktur sowie hinsichtlich ihrer Einkommenseffekte zu untersuchen.

Ferner ist im allgemeinen davon auszugehen, daß auch einkommenspolitische Maßnahmen wie z.B. Steuerpolitik, direkte Einkommensübertragungen, Sozialpolitik u.dgl. spezifische Allokationswirkungen zeigen können. Solche Maßnahmen setzen bei der Einkommensentstehung bzw. -verwendung an. In geschlossenen Sektormodellen lassen sich auch die Wirkungen dieser Maßnahmen untersuchen.

Die Gesamtwirkungen von agrarpolitischen Maßnahmen ergeben sich im allgemeinen aus verschiedenen direkten und indirekten Effekten, die sich ohne ein formales Modell nicht in ihrer Gesamtheit überblicken lassen. Im dynamischen Analyse- und

Prognosesystem ergibt sich die Gesamtwirkung einer veränderten Maßnahme durch folgende Effekte:

- (kurzfristiger) Primäreffekt (z.B. Auswirkungen erhöhter Preise auf das Einkommen),
- primärer Anpassungseffekt (z.B. steigende Produktion, zunehmende Investitionen, geringere Abwanderung von Arbeitskräften),
- Folgeeffekte (Einfluß der Anpassungen auf das Einkommen und die Konkurrenzsituation von Produktion und Faktoreinsatz),
- Rückwirkungen (Anpassung von Produktion und Faktoreinsatz aufgrund der veränderten Ausgangslage und des veränderten ökonomischen Anreizes).

Der zeitliche Anpassungsverlauf und die Anpassungsgeschwindigkeit bei veränderten Maßnahmen werden dabei von der Abfolge der einzelnen Effekte sowie vom Ausmaß und von der Richtung der Einzelwirkungen bestimmt. Der Beitrag, den ein derartiges quantitatives Modell im Prozeß der agrarpolitischen Entscheidungsfindung leistet, besteht in der systematischen Analyse der Zielwirkungen alternativer Maßnahmenkombinationen. Das dynamische Modellsystem bietet dabei prinzipiell die Möglichkeit, folgende Zieleffekte zu untersuchen:

- Wirkung bestimmter Maßnahmen auf die vorrangig angestrebten Ziele,
- Nebenwirkungen auf andere Zielbereiche,
- Längerfristige Konsequenzen von Maßnahmen, die zur kurzfristigen Erreichung von bestimmten Zielen eingesetzt werden (z.B. jährliche Agrarpreisfestsetzungen),
- Kurzfristige Nebeneffekte von Maßnahmen, die zur Erreichung langfristiger Ziele erwogen bzw. eingesetzt werden.

Verschiedene agrarpolitische Maßnahmen setzen bei bestimmten Betrieben (z.B. Investitionsförderung) bzw. in bestimmten Regionen (z.B. Bergbauernprogramm) an und beeinflussen in spezifischer Weise den agrarsektoralen Strukturwandel. Die Zielwirkungen solcher Maßnahmen lassen sich mit dem skizzierten Sektormodell nur unzureichend analysieren.

S t u f e n   d e r   M o d e l l a n w e n d u n g

Die Wirkungen von agrarpolitischen Maßnahmen lassen sich durch bestimmte Parameterkonstellationen des Modellsystems allein nicht ausreichend kennzeichnen, denn das Ausmaß und die Geschwindigkeit von Anpassungen (Reagibilität) hängen entscheidend von

- der Komplexität des Modells,
- den autonomen Veränderungen von Modellparametern,
- den jeweiligen Rahmenbedingungen sowie von
- der jeweiligen Ausgangssituation und dem bisherigen Entwicklungsverlauf ab.

Dementsprechend werden für eine laufende Politikanalyse und -beratung folgende Stufen bei der Anwendung des dynamischen Analyse- und Prognosesystems unterschieden:

a) Prognose der ex-post-Entwicklung bei gegebenen Rahmenbedingungen. Diese Stufe dient im wesentlichen dem laufenden Test des Modells in bezug auf Realitätsabbildung sowie der Aktualisierung des Modellsystems.

b) Analyse der Wirkungen veränderter agrarpolitischer Instrumente und veränderter Rahmenbedingungen in der ex-post-Periode (Diagnose). Dabei läßt sich einmal die Reaktionsfähigkeit des Modellsystems testen und zum anderen der Einfluß einzelner Instrumente und Rahmendaten unter politikbezogenen Gesichtspunkten auswerten (Wirkungsanalyse). Neben der tatsächlichen historischen Entwicklung des betrachteten Sektors lassen sich bei dieser Analyse verschiedene Entwicklungsabläufe bei alternativen Niveaus der exogenen Variablen aufzeigen. Innerhalb des Spektrums der verschiedenen Entwicklungspfade erscheint der tatsächliche Entwicklungsprozeß als das Ergebnis der speziellen Ausprägung der eingesetzten Instrumente und der Rahmenbedingungen. Diese Untersuchungen stellen einmal eine Basis für die Erfolgskontrolle von wirtschaftspolitischen Maßnahmen und zum anderen eine wichtige Voraussetzung für die Analyse künftiger Entwicklungen und für die Beurteilung der Wirkungen wirtschaftspolitischer Maßnahmen unter künftigen Rahmenkonstellationen dar. In Teil D dieser Arbeit werden solche Analysen mit Hilfe des erstellten Modellsystems exemplarisch vorgeführt.

c) Analyse der aktuellen Ausgangslage (Situationsanalyse). Die künftige kurz- und mittelfristige Entwicklung wird in hohem Maße von der jeweiligen Ausgangssituation des betrachteten Sektors bestimmt. Während die beobachtbaren Informationen lediglich den jeweiligen aktuellen Zustand des Realsystems (sog. Momentaufnahme) kennzeichnen, läßt sich anhand des Modellsystems der jeweilige Zustand aus dem Prozeß der historischen Entwicklung heraus erklären. Für die Beurteilung der aktuellen wirtschaftlichen Lage sind dabei die Faktoren, welche die spezielle Ausprägung im wesentlichen bestimmt haben (wie etwa systematische oder zufällige Schwankungen einzelner Mengen und Preise), von großer Bedeutung. Die modellmäßige Situationskennzeichnung aus der vergangenen Entwicklung heraus liefert gegenüber der ausschließlichen Heranziehung einzelner beobachtbarer Informationen eine fundierte Basis für die Abschätzung künftiger Entwicklungstendenzen, vor allem, wenn dynamische Beziehungen (wie z.B. bei mehrjährigen Produktionsprozessen oder bei den Produktionskapazitäten) eine wichtige Rolle spielen.

d) Prognose der künftigen Entwicklung und Wirkungsanalyse von Maßnahmen unter künftigen Bedingungen. Dieser Anwendungsbereich von Modellsystemen steht in unmittelbarer Beziehung zur praktischen Politikberatung. Die Hauptprobleme betreffen die Vorausschätzung der modellexogenen Variablen. Wegen der generellen Unsicherheit bezüglich der gesamtwirtschaftlichen Entwicklung empfiehlt es sich, von alternativen Rahmenbedingungen auszugehen. Wenn man von einer bestimmten Grundkonstellation von vorgegebenen agrarpolitischen Maßnahmen ausgeht (status quo Prognose), so lassen sich entsprechend der jeweiligen Zielrealisierung die verschiedenen Instrumentvariablen variieren und die Konsequenzen einzelner Politikalternativen aufzeigen. Der Wirkungsanalyse von Maßnahmen, die sich jeweils in der aktuellen politischen Diskussion befinden, kommt dabei besondere Bedeutung zu.

e) Prognose der wahrscheinlichen agrarpolitischen Maßnahmen. Voraussetzung für eine solche Analyse wäre ein zusätzliches Submodell, welches die Verhaltensweisen der Agrarpolitiker beschreibt. Ein derartiges Modell könnte auf dem mathematischen Instrumentarium der Kontrolltheorie[39] aufbauen. Die Auswahl und Dosierung agrarpolitischer Maßnahmen könnte dabei eine Funktion der gesetzten Ziele und des jeweiligen Zielerreichungsgrades sein. Wenn man dabei nicht von den tatsächlichen, sondern von rationalen Verhaltensweisen der Agrarpolitiker ausgeht, so kommt man zu einem Kontrollmodell, welches den optimalen agrarpolitischen Instrumenteinsatz ermittelt. Über die Konstruktion und Anwendung derartiger Modelle liegen allerdings bisher kaum empirische Erfahrungen vor. In der vorliegenden Arbeit wird auf diesen Bereich nicht weiter eingegangen.

---

39) Einen Überblick über das Instrumentarium der Kontrolltheorie geben z.B. Chow, G.C., Analysis and Control of Dynamic Economic Systems, New-York-London-Sydney-Toronto 1975. Theil, H., Optimal Decision Rules for Government and Industry, Amsterdam 1968.

4. Zur empirischen Analyse: Voraussetzungen und praktische Probleme

B e g r e n z u n g e n   b e i   d e r   M o d e l l - e r s t e l l u n g

Die Möglichkeiten der empirischen Ausgestaltung und der Differenzierung des dynamischen Analyse- und Prognosesystems werden von folgenden Faktoren bestimmt:

- von den verfügbaren Daten, einschließlich dem Stand der Aufbereitung (Kontinuität von Zeitreihen, Konsistenz unterschiedlicher Statistiken),
- von der verfügbaren personellen Analysekapazität, vor allem von den Erfahrungen mit der Erstellung komplexer Modellsysteme und den Möglichkeiten der Informationsverarbeitung durch die Modellbearbeiter,
- von den technischen Möglichkeiten (Computerkapazitäten; verfügbare Computer-Software, EDV-verfügbare Daten und statistische Informationssysteme, technische Unterstützung bei den Programmier- und Rechenarbeiten),
- vom Stand der empirischen Forschung in den zentralen Problembereichen und nicht zuletzt
- vom Stand der empirisch überprüfbaren Wirtschaftstheorie, vor allem der dynamischen Wirtschaftstheorie und der Theorie des strukturellen Wandels.

Wegen der Begrenzungen, die sich aus all diesen Faktoren derzeit für eine umfassende Analyse der agrarsektoralen Entwicklung ergeben, ist bei der empirischen Modellerstellung ein Kompromiß zwischen den theoretischen Anforderungen (z.B. Differenzierung nach Regionen und Betriebsgruppen) und den realisierbaren Möglichkeiten anzustreben. Die Situation läßt sich etwa so kennzeichnen: "... daß von den vorhandenen Möglichkeiten:

- nach dem Raum zu differenzieren,
- dynamische Beziehungen zu berücksichtigen,
- nach der Betriebsgröße zu differenzieren,
- unterschiedliche Verhaltensweisen zu berücksichtigen,
- nichtlinearen Beziehungen Rechnung zu tragen,

jeweils nur eine oder zwei hinreichend berücksichtigt werden können"[40].

Die bei dieser Arbeit gegebenen Bedingungen ließen von vorneherein lediglich eine Quantifizierung des dynamischen Modellsystems auf sektoraler Ebene sinnvoll erscheinen. Die empirischen Analysen, deren theoretische und methodische Grundlagen sowie deren Hauptergebnisse in den folgenden Teilen B, C und D dargestellt werden, müssen dabei vor dem Hintergrund folgender Bedingungen gesehen werden:

- Die auf sektoraler Ebene vorhandene Datenbasis ist nicht auf EDV-Trägern verfügbar, sondern liegt in verschiedenen Statistiken verstreut vor. Dabei sind weder alle Zeitreihendaten voll vergleichbar, noch ist die Konsistenz verschiedener Statistiken sichergestellt. Entsprechend war ein erheblicher Arbeitsaufwand für die Aufnahme der erforderlichen Daten auf EDV-Träger, für die Bildung konsistenter Zeitreihen und für die inhaltliche Abstimmung unterschiedlicher Daten erforderlich.
- Zur Durchführung der empirischen Arbeiten im Rahmen eines DFG-Forschungsvorhabens (2 Jahre Modellerstellung, 1 Jahr Test und Auswertung) konnte in einigen Teilen auf die programmtechnische Unterstützung technischer Mitarbeiter zurückgegriffen werden. In methodischer Hinsicht konnten teilweise Erfahrungen bei der Erstellung und Anwendung regional gegliederter (statischer) Sektormodelle[41] verwertet werden.
- In programmiertechnischer Hinsicht erwies sich die Verwendung eines Modellgenerators zur Erstellung prozeßanalytischer Modelle (Autor: F.Bauersachs) als arbeitssparend und zweckmäßig. Zur Ermittlung differenzierter Koeffizientenstrukturen mit Hilfe verschiedener Konsistenzmodelle, zur problembezogenen Ausgestaltung des Schattenpreissystems sowie für die ökonometrische Schätzung der Verhaltensfunktionen und zur Verkopplung der einzelnen Modellteile waren umfangreiche Programmier- und Testarbeiten erforderlich.

4o) Weinschenck, G., Weindlmaier, H., Möglichkeiten und Grenzen der Anwendung von Systemanalyse und Simulation in der landwirtschaftlichen Sektoranalyse. Arbeitsbericht Nr. 75/1, Stuttgart-Hohenheim 1955, S. 59.

41) Zum Aufbau und einigen Ergebnissen dieser Modelle siehe Bauersachs, F., Mehrstufiges Modellsystem....
Bauersachs, F., Regionale Anpassungserfordernisse der Landwirtschaft unter "künftigen" Bedingungskonstellationen: Ergebnisse komparativ-statischer Modellrechnungen für 1985. Forschungsbericht des DFG-SP "Konkurrenzvergleich landwirtschaftlicher Standorte", Nr. 143 , Bonn 1977.

- Vorliegende Ergebnisse von empirischen Forschungen konnten nur in begrenztem Maße verwertet werden. Für den Bereich der Mechanisierung erwiesen sich die intensiven Vorarbeiten einer Hohenheimer Arbeitsgruppe[42] als besonders nützlich.

Die Analyseergebnisse, die in dieser Arbeit vorgestellt werden, beziehen sich auf die erste (vorläufige) Version des dynamischen Analyse- und Prognosesystems. Diese Modellversion soll in verschiedener Hinsicht weiter ausgewertet und hinsichtlich ihrer ex-ante Prognoseeigenschaften getestet werden. Die dabei gewonnenen Erfahrungen sind dann zur Überprüfung und evtl. Überarbeitung der zentralen Modellteile heranzuziehen.

Informationsgrundlage und Differenzierungsgrad

Die empirische Grundlage für die Analyse der agrarsektoralen Entwicklung in der Bundesrepublik Deutschland bildet im wesentlichen die landwirtschaftliche Gesamtrechnung. Daneben werden verschiedene ergänzende Statistiken, wie z.B. über die Produktionsstruktur (Bodennutzungs- und Erntestatistik, Viehbestandsstatistik, Schlachtstatistik u.dgl.), über die Produkt- und Faktorpreise, den Faktoreinsatz sowie über die Verwendung der Produktion und über intrasektorale Verflechtungen (Produktbilanzen, Futterwirtschaft u.dgl.) herangezogen.

Die empirische Analyse bezieht sich auf den Zeitraum von 1955/56 bis 1975/76. Als konkrete Zeitintervalle (Perioden) werden Wirtschaftsjahre (1. Juli bis 30. Juni) gewählt. Die ex-post-Analyse über zwei Jahrzehnte kann eine ausreichende Grundlage für mittel- und längerfristige Prognosen liefern.

---

42) Eine Übersicht über diese Arbeiten gibt: Reisch, E., Ein geschlossenes System agrartechnologischer Verfahren, Bericht zum Abschlußkolloquium des DFG-SP "Konkurrenzvergleich landwirtschaftlicher Standorte", Bonn 1977.

Hinsichtlich der ökonometrischen Schätzung quantitativer Zusammenhänge (z.B. dynamischer Verhaltensfunktionen) bestehen bei den 21 Beobachtungswerten noch genügend Freiheitsgrade, auch wenn mehrere Variable als erklärende Faktoren herangezogen werden.

In engem Zusammenhang mit der Komplexität der einzelnen Analysebereiche steht der zu wählende Aggregations- bzw. Differenzierungsgrad der einzelnen Teilmodelle. Die Differenzierung auf der Produktseite orientiert sich weitgehend an den verfügbaren Informationen aus der landwirtschaftlichen Gesamtrechnung. In Produktionsbereichen, in denen mehrjährige Produktionsverfahren von Bedeutung sind, wie z.B. in der Rindviehhaltung, werden verschiedene zeitlich abgegrenzte Teilprozesse formuliert. Dabei sind an der Herstellung des Endprodukts mehrere Produktionsprozesse, die in verschiedenen Wirtschaftsjahren Ansprüche an Faktoren und Vorleistungen stellen, beteiligt.

Bei der Gliederung auf der Faktoreinsatzseite ist einmal zu unterscheiden nach dem "Aufkommen der Faktoren" und nach der "Verwendung" in einzelnen Produktionsbereichen. Weiterhin soll zwischen dem Faktorbestand und der Mobilität der Faktoren differenziert werden. Über den Kapitaleinsatz der gesamten Landwirtschaft und über den Maschinen- und Gebäudebestand in den einzelnen Produktionsbereichen sind relativ wenig und meist nicht sehr verläßliche Informationen verfügbar. Entsprechend wird hier der Versuch unternommen, auf der Basis von partiellen Randinformationen und von speziellen Hypothesen ein quantitatives Informationsgerüst über den Maschinen- und Gebäudebestand in einzelnen Produktionsbereichen, differenziert nach einzelnen Technologiestufen, abzuleiten. Das gleiche gilt im Prinzip für die Ermittlung des Arbeitskräfteeinsatzes in den einzelnen Produktionsbereichen sowie für die Vorleistungsverflechtungen. Zur differenzierten Abbildung der Mobilität der landwirtschaftlichen Arbeitskräfte werden die Arbeitskräftekategorien: männliche Familienarbeitskräfte, weibliche Familienarbeitskräfte und Fremdarbeitskräfte sowie gleichzeitig die Mobilitätsformen: Zugang jüngerer Arbeitskräfte, Berufswechsel in andere Wirtschaftssektoren und autonomer (im wesentlichen altersbedingter) Abgang unterschieden. Die Änderung des Kapitalgüterbestandes ergibt sich durch den technischen Verschleiß (autonome Komponente) und durch die Tätigung von Bruttoinvestitionen. Diese werden von der Finanzierungsseite her weiter unterschieden nach der Eigenkapitalbildung der Landwirte und Aufnahme von kurz-, mittel- und langfristigen Krediten.

Die Gliederung der Einkommensentstehungs-, Einkommensverwendungs- und Einkommensverteilungsrechnung ist im wesentlichen durch die Gliederung auf der Produkt- und Faktoreinsatzseite bestimmt.

Da im Vergleich zu regional- bzw. betriebsgruppengegliederten Untersuchungen für den Gesamtsektor eine breitere Datenbasis verfügbar ist, können in einem ersten Schritt der empirischen Analyse auf sektoraler Ebene verschiedene Modellansätze getestet werden. Die mit Hilfe des Modellsystems auf sektoraler Ebene komplettierte Informationsbasis kann dabei einerseits für die Ermittlung von Input-Output-Strukturen und von Entwicklungstendenzen der Modellparameter bei tiefer gegliederten Modellen herangezogen werden[43]. Auf der anderen Seite können die Erfahrungen bei der Modellerstellung und -anwendung für die Konzipierung und die Erstellung differenzierter dynamischer Modellsysteme von Nutzen sein. Auf Möglichkeiten und Grenzen der Weiterentwicklung des dynamischen Analyse- und Prognosesystems wird am Schluß dieser Arbeit näher eingegangen.

---

43) So wurden beispielsweise für Modellrechnungen zur Ermittlung regionaler Anpassungserfordernisse verschiedene Informationen aus dem dynamischen Analyse- und Prognosesystem verwendet. Siehe dazu: Bauersachs, F., Regionale Anpassungserfordernisse ...

Teil B: ANALYSE SEKTORALER INTERDEPENDENZEN: PRODUKTION, FAKTOREINSATZ, EINKOMMEN

In diesem Teil der Arbeit soll eine differenzierte Beschreibung und Analyse der Entwicklung von Produktion, Faktoreinsatz und Einkommen im landwirtschaftlichen Sektor der Bundesrepublik Deutschland in den letzten 20 Jahren gegeben werden. Gleichzeitig sollen die den Entwicklungsprozeß bestimmenden Bedingungskonstellationen und beeinflussenden Faktoren herausgearbeitet und zu operationalen quantitativen Variablen zusammengefaßt werden (Interdependenzsystem). Ausgehend von den folgenden produktionstheoretischen Grundüberlegungen wird dabei eine prozeßanalytische Beschreibung der Produktions- und Faktoreinsatzentwicklung im landwirtschaftlichen Sektor angestrebt. Im Mittelpunkt der empirischen Analysen in diesem Teil der Arbeit steht die Erstellung des Schattenpreissystems, des dynamischen Kapazitätaufbaumodells sowie der Einkommensentstehungs- und -verwendungsrechnung.

1. Produktionstheoretische Grundlagen

In diesem Abschnitt soll ein zusammenfassender Überblick über das zugrundeliegende produktionstheoretische Modellkonzept gegeben werden. Dabei werden die wichtigsten produktionstheoretischen Grundlagen des Modellsystems zunächst im Gesamtzusammenhang dargestellt. In den nächsten Abschnitten wird auf die inhaltliche Spezifizierung und Ausgestaltung sowie auf die Probleme der empirischen Erstellung des Modellsystems näher eingegangen.

Die Transformation der Faktoreinsatzmenge in die Ausbringungsmenge wird im produktionstheoretischen Sinne als Produktionsprozeß bezeichnet. Die produktionstechnischen Beziehungen zwischen der Faktoreinsatzmenge und der Ausbringungsmenge lassen sich dabei allgemein durch folgende mathematische Funktion kennzeichnen[1]:

---

1) Siehe auch: Krelle, W., Produktionstheorie ..., S. 8.

$$f(Y_1, Y_2, \ldots, Y_m, V_1, V_2, \ldots, V_n) = 0$$

$Y_1 \ldots Y_m$ = Ausbringungsmengen der m Produkte

$V_1 \ldots V_n$ = Faktoreinsatzmengen der n Faktoren

Für die explizite Formulierung und für die Quantifizierung derartiger Produktionsfunktionen sind folgende Phänomene von besonderer Bedeutung:

a) die Substitutionsmöglichkeiten zwischen den Produktionsmengen bei gegebenen Faktoreinsatzmengen,

b) die Substitutionsbeziehungen zwischen den Faktoreinsatzmengen (technische Austauschfähigkeit zwischen den Faktoren bei konstanten Ausbringungsmengen),

c) die Wirkung technischer Fortschritte,

d) Effizienzunterschiede in verschiedenen Betriebsgrößen (scale-Effekte).

Die Bedeutung und die Wirkungen dieser verschiedenartigen produktionstechnischen Beziehungen lassen sich nicht unmittelbar aus den Beobachtungen der Realität ableiten. Während die zu beobachtende Entwicklung als das Gesamtergebnis dieser verschiedenen Effekte unter den jeweiligen Rahmenbedingungen (Produkt- und Faktorpreise u.dgl.) und den Verhaltensweisen der Wirtschaftssubjekte aufzufassen ist, lassen sich über die genannten Phänomene lediglich plausibel erscheinende Hypothesen aufstellen. Auf der Basis dieser Hypothesen können die produktionstechnischen Input-Output-Beziehungen quantitativ ermittelt werden. Der Realitätsbezug der Hypothesen läßt sich dann an der modellmäßigen Abbildung der beobachtbaren Entwicklung und der Reaktion des Modellsystems testen. Dem Produktionsmodell des Analyse- und Prognosesystems liegen die im folgenden erörterten produktionstheoretischen Annahmen über die genannten Phänomene zugrunde.

(a) Substitutionsbeziehungen zwischen den landwirtschaftlichen Produkten

Der Verbundcharakter der landwirtschaftlichen Produktion stellt ein typisches und in seiner Ausprägung bedeutsames Phänomen des Agrarbereichs dar. Die Verbundproduktion ist durch eine gemeinsame Nutzung von Produktionsfaktoren und durch Zwischenproduktverflechtungen der einzelnen Produktionsbereiche gekennzeichnet. BRANDES und WOERMANN unterscheiden folgende Arten der Verbundproduktion[2]:

- parallele Produktion,
- alternative oder konkurrierende Produktion,
- Kuppelproduktion.

Eine parallele Produktion liegt dann vor, wenn die Ausbringungsmenge eines Produktes ohne Einschränkung der Herstellung eines anderen Erzeugnisses ausgedehnt werden kann. Voraussetzung ist dabei, daß mindestens ein gemeinsam genutzter Produktionsfaktor nicht ausgelastet ist. Während bei der alternativen Produktion die Ausdehnung der Produktion eines Gutes nur bei einer Einschränkung der Herstellung eines anderen Produktes möglich ist, spricht man von einer Kuppelproduktion, wenn mit der Herstellung eines Gutes gleichzeitig ein oder mehrere andere Produkte anfallen.

Der Verbundcharakter der landwirtschaftlichen Produktion ist durch das gleichzeitige Vorhandensein dieser verschiedenartigen Beziehungen gekennzeichnet. Dabei können zwischen den einzelnen Produktionsbereichen unterschiedliche Beziehungen existieren. Als ein Beispiel für substitutive Beziehungen kann die Produktion unterschiedlicher Getreidearten angesehen werden. Die Kuppelproduktion ist im Bereich der Tierhaltung besonders ausgeprägt (Zweinutzungstiere). Daneben können in einem Produktionsbereich gleichzeitig verschiedenartige Beziehungen von Bedeutung sein. So kann zum Beispiel die Herstellung zweier Produkte um die gemeinsam genutzten Produktionsfaktoren konkurrieren, wobei gleichzeitig Kuppelprodukte (Zwischenprodukte) hergestellt bzw. beansprucht werden (z.B. Milch-, Rindfleischproduktion). Je nach der Flexibilität des Produktionsprozesses und den vorherrschenden ökonomischen Bedingungen kann dabei die eine oder andere Beziehung von größerer Bedeutung sein.

---

2) Brandes, W., Woermann, E., Theorie und Planung des landwirtschaftlichen Betriebes, Hamburg-Berlin 1969, S. 61 ff.

Insgesamt ist also von komplexen und verschiedenartigen produktionstechnischen Beziehungen zwischen den einzelnen landwirtschaftlichen Produktionsbereichen auszugehen. Zur modellmäßigen Beschreibung dieser Beziehungen wird dementsprechend ein flexibles produktionstechnisches Konzept zugrundegelegt, welches die Interdependenzen zwischen den einzelnen Produkten erfassen kann. Als ein derartiges Konzept kann die Aktivitätsanalyse angesehen werden.

Die Substitutionsbeziehungen zwischen den Produkten werden in einem derartigen Ansatz durch die Kombinationsmöglichkeiten der Produktionsprozesse beschrieben. Diese hängen von den Substitutionsbeziehungen beim Faktoreinsatz und von den Zwischenproduktverflechtungen ab.

Die Entwicklung der sektoralen Gesamtproduktion sowie der Anteile einzelner Produkte am gesamten Output ergibt sich bei diesem Ansatz durch die Veränderung der Prozeßniveaus und durch die Veränderung der Outputkoeffizienten. Diese beiden Veränderungen können einmal durch unterschiedliche Faktoren hervorgerufen werden, zum anderen sind unterschiedliche Effekte auf den Entwicklungsprozeß zu erwarten. Das im allgemeinen Teil skizzierte Produktionsmodell dient zunächst einmal zur systematischen und geschlossenen Beschreibung der Prozeßniveau- und Outputveränderungen unter Berücksichtigung der oben diskutierten Beziehungen zwischen einzelnen Produkten.

Die produktionstheoretische Bedeutung und die spezifischen Eigenschaften von aktivitätsanalytischen Modellansätzen sind im allgemeinen und speziell für die Landwirtschaft in der Literatur mehrfach abgehandelt[3)].

(b) <u>Substitutionsmöglichkeiten zwischen den Faktoreinsatzmengen</u>

Während bei den aggregierten Produktionsfunktionsanalysen für den landwirtschaftlichen Sektor[4)] im allgemeinen unterstellt wird, daß alle Produktionsfaktoren beliebig substituierbar sind, wollen wir davon ausgehen, daß gleichzeitig

- substitutive Beziehungen,
- limitationale Beziehungen und
- nicht eindeutige Beziehungen

zwischen verschiedenen Faktoreinsatzmengen (Produktionsfaktoren, Vorleistungen) existieren können[5]. Die relative Bedeutung der einzelnen Beziehung ist bei gesamtsektoraler und prozeßspezifischer Betrachtungsweise unterschiedlich.

Als ein Beispiel für substitutive Beziehungen kann der Einsatz von Arbeit und Kapital angesehen werden. Weiterhin können zwischen verschiedenen Vorleistungskomponenten, wie zum Beispiel zwischen dem Wirtschaftsfutter- und dem Kraftfuttermitteleinsatz relevante Substitutionsbeziehungen vorliegen. Limitationale Beziehungen können zum Beispiel zwischen dem Kapitaleinsatz und dem Einsatz bestimmter Vorleistungen (Energie, Reparaturen und Unterhaltung von Maschinen und Gebäuden) bestehen.

---

3) Siehe dazu z.B. Dorfman, R., Samuelson, P.A., Solow, R.M., Linear Programming and Economic Analysis, New York 1958, S. 130 ff. Schneider, E., Einführung in die Wirtschaftstheorie, Teil II, 11. durchges. Auflage, Tübingen 1967, Beckmann, M., Grundbegriffe der Produktionstheorie vom Standpunkt der Aktivitätsanalyse, in: Weltwirtschaftliches Archiv 75 (1955), S. 33 ff., Helma, G., Einstufige Entscheidungsmodelle in der Produktionsplanung, in: Henn, R. u.a. (Hrsg.) Operations-Research-Verfahren, Bd.I: Die Produktion, 13. Aufl. 1967, S. 47 ff. Gutenberg, E., Grundlagen der Betriebswirtschaftslehre, Bd.1, Berlin 196o, S. 195 ff. Manne, A.S., Markowitz, H. (Hrsg.),Studies in Process Analysis, New York-London 1963. Kehrberg, E., Reisch, E., Wirtschaftslehre der landw. Produktion, 2. Aufl., München-Basel-Wien 1969, S. 156 ff. Zapf, R., Zur Anwendung der linearen Optimierung in der landw. Betriebsplanung (Berichte über Landwirtschaft, Sonderheft 179, Hamburg-Berlin 1965. Henrichsmeyer, W., Das sektorale und regionale Gleichgewicht der landwirtschaftlichen Produktion, Hamburg-Berlin 1966, S. 32 ff.

4) Siehe dazu etwa die Arbeiten von Schrader, H., Produktionsfunktionen des Agrarsektors, Meisenheim 1973, Tangermann,S., Ein ökonometrisches Modell für den Agrarsektor der Bundesrepublik Deutschland, in: Agrarwirtschaft 23 (1974),S.285-295. Becker, H.,Produktionstheoretische und empirische Analyse des Faktoreinsatzes im Agrarsektor unter besonderer Berücksichtigung der Beziehungen zwischen Bodennutzungspreisen und technischen Fortschritten (Agrarwirtschaft Sonderheft 65),Hannover 1976, Bremen,L,v.,Probleme einer prognostischen Verwendung substitutionaler Produktionsfunktionen (Agrarwirtschaft, Sonderheft 70), Hannover 1977.

Nicht eindeutige Beziehungen bestehen z.B. zwischen dem Einsatz von ertragssteigernden Vorleistungen und dem Einsatz von Kapital bzw. Arbeit. So können zum Beispiel Aufwendungen zur chemischen Unkrautbekämpfung den Arbeitskräftebedarf reduzieren, während beispielsweise erhöhte Düngemittelaufwendungen weitgehend unabhängig vom Arbeitseinsatz sein können.

Die verschiedenen Beziehungen zwischen den eingesetzten Faktormengen lassen sich eher konkretisieren, wenn man - wie oben bereits dargelegt - von einer Gliederung der landwirtschaftlichen Produktion nach Produktionsprozessen ausgeht. Jedes Produktionsverfahren läßt sich dann durch eine Produktionsfunktion kennzeichnen, welche die relevanten prozeßspezifischen Input-Output-Beziehungen beschreibt. Von besonderer Bedeutung sind dabei die Substitutionsbeziehungen zwischen Arbeit und Kapital und die Annahmen über die Wirkungen erhöhter Vorleistungsaufwendungen. Der Vorleistungseinsatz wird wegen seiner unterschiedlichen Beziehung in "ertragssteigernde Vorleistungen" (Düngemittel, Kraftfutter usw.) und "Arbeitshilfsmitteln" (Energie, Reparaturen, Unterhaltung usw.) gegliedert. Der Einsatz von "Arbeitshilfsmitteln" ist eng mit dem Kapitaleinsatz verbunden ("faktorbezogene Vorleistungen"). Im allgemeinen wird hier von folgenden Beziehungen ausgegangen:

Abb. 4: Substitutive und limitationale Beziehungen beim Faktoreinsatz

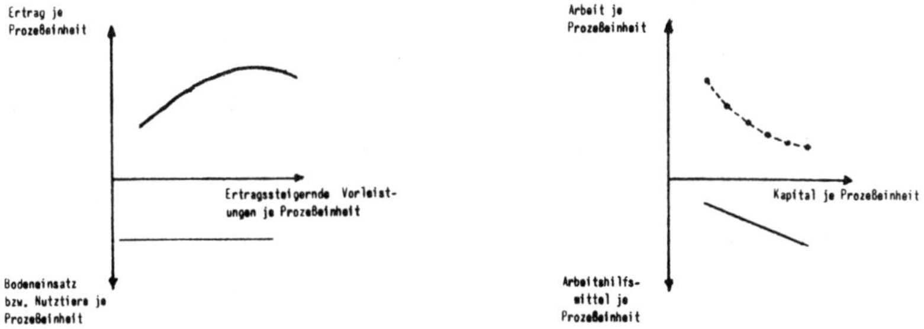

5) Siehe dazu auch: Johansen,L.,Production Functions.An Integration of Micro and Macro,Short Run and Long Run Aspects, Amsterdam-London 1972, Krelle,W., Ersetzung der Produktionsfunktion durch preis- und kapazitätsabhängige Produktionskoeffizienten,in: Jahrbücher für Nationalökonomie und Statistik, Bd. 176 (1964), S. 289 ff.

Gegenüber der traditionellen Formulierung von Ertrags-Aufwands-Beziehungen (Bezug auf eine Produkteinheit) werden in diesem Ansatz alle Input- und Outputgrößen auf eine Prozeßeinheit (1 ha Anbaufläche bzw. 1 Tier) bezogen. Wie die oben skizzierten Zusammenhänge zum Ausdruck bringen, läßt sich dadurch der Produktionsprozeß durch verschiedenartige Faktor-Faktor-Beziehungen und Faktor-Produkt-Beziehungen darstellen. In produktionstheoretischer Hinsicht bedeutet dies, daß sich gleichzeitig substitutive und limitationale Beziehungen berücksichtigen lassen.

Der abnehmende Ertragszuwachs je Prozeßeinheit bei zunehmendem Einsatz ertragssteigernder Vorleistungen (Düngemittel, Pflanzenschutz, Futtermittel usw.) kann durch eine neoklassische Produktionsfunktion beschrieben werden. Der Bereich der relevanten Ertrags-Aufwands-Beziehungen kann jedoch durch physische Grenzen (Aufnahmefähigkeit der Tiere bzw. Pflanzen) bei gegebenen technologischen Beziehungen und durch die ökonomischen Bedingungen weitgehend eingeengt sein.

Die Substitutionsverhältnisse zwischen dem Arbeits- und dem Kapitaleinsatz je Prozeßeinheit werden durch unterschiedliche Arbeitsverfahren abgebildet, die jeweils durch eine feste Kombination von Arbeit und Kapital gekennzeichnet sind (typische Maschinen- und Gebäudeaggregate. Mit dem Kapitaleinsatz verbunden ist eine bestimmte Einsatzmenge von Arbeitshilfsmitteln (limitationale Beziehung).

Nach den bisherigen Ausführungen lassen sich die landwirtschaftlichen Produktionsverhältnisse bei gegebenem Stand der Produktionstechnik kennzeichnen durch

- die Möglichkeiten der Kombination der Produktionsprozesse (Anbaustruktur, Anzahl der Tiere in den einzelnen Produktionsbereichen),
- die möglichen Arbeitsverfahren zur Durchführung der Produktion (Substitutionsverhältnisse zwischen Arbeit und Kapital einschließlich Arbeitshilfsmittel),
- die ertragsgesetzlichen Beziehungen zwischen dem Einsatz ertragssteigender Produktionsmittel und dem Output je Prozeßeinheit (spezielle Intensität).

Diese verschiedenen produktionstechnischen Substitutionsbeziehungen können zunächst einmal getrennt voneinander betrachtet werden. Bei der Erklärung gesamtsektoraler Abläufe ist jedoch zu berücksichtigen, daß Substitutionsvorgänge in einem Bereich (z.B. Arbeitseinsparung im Getreidebau) zu Anpassungen in anderen Bereichen (z.B. Ausdehnung der Schweineproduktion) führen können.

(c) Wirkung des technischen Fortschritts

Der technische Fortschritt verändert die Produktionsfunktion im Zeitablauf und zwar derart, "daß bei gleichem Einsatz der originären Faktoren Boden und Arbeit mehr Endprodukte einer bestimmten Art erzeugt werden können"[6]. Da die Veränderung der Produktionsfunktion im allgemeinen nicht unabhängig von den Handlungen der Wirtschaftssubjekte erfolgt, wird hier davon ausgegangen, daß der technische Fortschritt in der Landwirtschaft weder autonom noch (faktor-) neutral auftritt. Die zugrundeliegende Ausgangshypothese unterstellt vielmehr verschiedene Arten von technischen Neuerungen[7]. Die Unterscheidung von

- biologisch-technischen Fortschritten,
- mechanisch-technischen Fortschritten und
- organisatorisch-technischen Fortschritten

ist für die Analyse des agrarsektoralen Entwicklungsprozesses von zentraler Bedeutung. Der organisatorisch-technische Fortschritt bezieht sich im wesentlichen auf die Realisierung von biologisch- und mechanisch-technischen Fortschritten und auf die Verhaltensweisen der Wirtschaftssubjekte hinsichtlich der Gestaltung des Produktionsprogramms und der Faktoreinsatzstrukturen[8].

---

6) Krelle, W., Produktionstheorie ..., S. 117.

7) Zur allgemeinen Klassifikation und Definition des technischen Fortschritts siehe z.B. Ott,A.E.,Technischer Fortschritt, Bd.10, Göttingen 1959, S. 302, Krelle, W., Produktionstheorie ..., S.117 ff. Eine allgemeine Kennzeichnung der Bedeutung und der Wirkung des technischen Fortschritts in der Landwirtschaft gibt Willer in:Willer,H., Technischer Fortschritt und Landwirtschaft.Formen und Messung des technischen Fortschritts, Hamburg-Berlin 1967.

8) Siehe dazu auch die Ausführungen in Teil C.

Während der <u>biologisch-technische</u> Fortschritt auf eine Steigerung der landwirtschaftlichen Produktion im Zeitablauf hinwirkt, führt der <u>mechanisch-technische</u> Fortschritt zu einer tendenziellen Verringerung des Arbeitseinsatzes und zu einem zunehmenden Kapitaleinsatz in der Landwirtschaft. Die unterschiedliche Lebensdauer der Faktoren, die als Träger des technischen Fortschritts anzusehen sind (Verbrauchsfaktoren bzw. Bestandsfaktoren), beeinflußt die Geschwindigkeit, mit der technische Neuerungen realisiert werden. Aufgrund der längeren Lebensdauer der Bestandsfaktoren (Maschinen, Gebäude) ist im allgemeinen davon auszugehen, daß verschiedene Techniken gleichzeitig genutzt werden und daß die Veränderung des durchschnittlichen Technologieniveaus relativ langsam vor sich geht.

Trotz dieser unterschiedlichen Wirkung kann sich im Entwicklungsprozeß eine gegenseitige Beeinflussung bei der Realisierung der Fortschritte ergeben. So kann zum Beispiel eine Ertragssteigerung zu Einkommenszuwächsen führen, welche die Investitionen und damit die Realisierung mechanisch-technischer Fortschritte in den Folgeperioden beeinflußt. Tritt der technische Fortschritt bei den einzelnen Produktionsprozessen in unterschiedlichem Maße auf, so ergibt sich c.p. ein ökonomischer Anreiz zur Änderung der Produktionsstruktur und bei unterschiedlichen Faktorintensitäten der Prozesse auch eine Änderung der Faktoreinsatzstruktur.

Entsprechend der oben dargestellten verschiedenartigen Faktoreinsatzbeziehungen gehen wir von folgenden allgemeinen Fortschrittskonzepten aus:

Abb. 5: Wirkungen biologisch-technischer und mechanisch-technischer Fortschritte

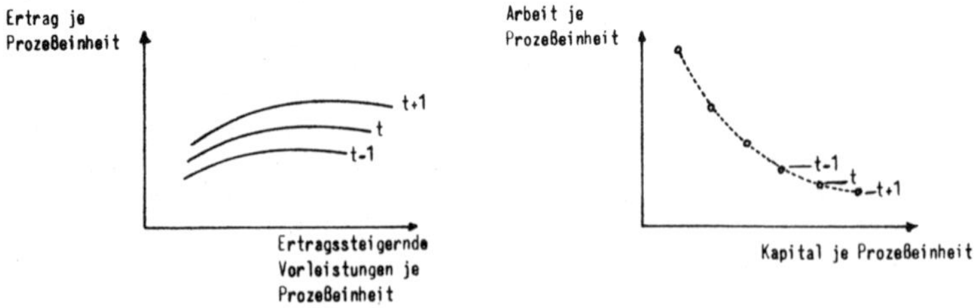

"biologisch-technischer" Fortschritt "mechanisch-technischer" Fortschritt

Die unterstellten Fortschrittseffekte beziehen sich jeweils auf eine Prozeßeinheit eines bestimmten landwirtschaftlichen Produktionsbereichs. Der biologisch-technische Fortschritt (züchterische Fortschritte, bessere Betriebsmittel u.dgl.) führt zu einer Verschiebung des Ertragsgesetzes, d.h. der Beziehung zwischen dem prozeßspezifischen Output und den ertrags- bzw. leistungssteigernden Aufwendungen (Träger des Fortschritts) je Prozeßeinheit. Änderungen der Erträge können sich im Zeitablauf durch biologisch-technische Fortschritte und durch erhöhte Vorleistungsaufwendungen ergeben. Der mechanisch-technische Fortschritt verändert die Möglichkeiten der Kombination der Faktoren Arbeit und Kapital je Prozeßeinheit. Durch die Entwicklung neuer Maschinen und Geräte sowie durch neuartige Gebäude (Träger des Fortschritts) wird der technisch-effiziente Substitutionsbereich erweitert. Die Substitutionskurve wird also nicht gleichmäßig verschoben. Die Realisierung der arbeitssparenden technischen Fortschritte ist mit einem erhöhten Kapitaleinsatz verbunden.

(d) Scale Effekte

Die unterschiedlichen Betriebsgrößen in der Landwirtschaft sind durch einen unterschiedlichen Arbeits- und Kapitaleinsatz je Outputeinheit gekennzeichnet. Der zu beobachtende Strukturwandel in der Landwirtschaft (Tendenz zu größeren Einheiten) läßt eine höhere Effizienz bei den Produktionsfaktoren Arbeit und Kapital in größeren Betrieben vermuten. Da der Übergang zu größeren Betrieben meist mit der Einführung neuer Produktionstechniken verbunden ist, lassen sich scale-Effekte und technische Fortschritte auf der Basis aggregierter Daten schwer ursächlich voneinander trennen[9]. Die hier zugrundeliegende Ausgangshypothese bezieht sich auf die höhere Effizienz der Produktionsverfahren Arbeit und Kapital in größeren Betrieben.

---

9) Dies gilt vor allem, wenn der Betriebsstrukturwandel relativ kontinuierlich verläuft und der technische Fortschritt im Zeitablauf relativ gleichmäßig wirkt.

Abb. 6: Substitutionbeziehungen in unterschiedlichen Betriebsgrößen

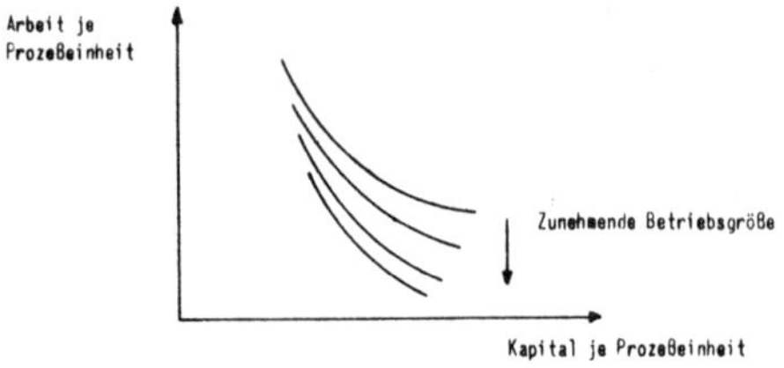

Die betriebsgrößenspezifischen Substitutionsverhältnisse sollen durch typische Arbeitsverfahren in unterschiedlichen Betriebsgrößen und bei unterschiedlichen Faktorintensitäten erfaßt werden. Die Arbeitsverfahren beziehen sich sowohl auf realisierte Faktorkombinationen als auch auf verfügbare (technisch-effiziente) Verfahren. Das Auftreten von scale-Effekten ist auf die unterschiedliche Größe der Maschinen- und Gebäudeaggregate, auf die unterschiedliche Auslastung der Kapazitäten sowie auf die unterschiedlichen Parzellengrößen in der Bodenproduktion bzw. Bestandsgrößen in der Tierproduktion zurückzuführen.

Im Vergleich zum mechanisch-technischen Fortschritt führt der scale-Effekt nicht zu einer Erweiterung der Substitutionskurve, sondern zu einer generellen Verschiebung zum Ursprung. Durch den Übergang zu größeren Betriebseinheiten können also die Faktoren Arbeit und Kapital effizienter genutzt werden. Die Veränderungen der Betriebsstruktur als auslösende Kraft für das Auftreten von scale-Effekten ist im starken Maße mit der Nutzung von organisatorisch-technischen Fortschritten in der Landwirtschaft verbunden.

Zusammenfassend läßt sich feststellen, daß für eine realitätsnahe Erfassung der produktionstechnischen Zusammenhänge in der Landwirtschaft verschiedenartige Beziehungen zwischen den landwirtschaftlichen Produkten, den eingesetzten Faktoren sowie zwischen Produktion und Faktoreinsatz auf differenzierter Ebene zu berücksichtigen sind. Diese produktionstechnischen Beziehungen lassen sich nicht durch eine bestimmte Produktionsfunktion (etwa durch eine neoklassische Produktionsfunktion), sondern lediglich durch ein System von verschiedenen Gleichungen hinreichend beschreiben[10]. In den folgenden Abschnitten werden die hier vorangestellten allgemeinen Überlegungen weiter konkretisiert. Dabei sollen die entsprechenden Technologieparameter auf der Basis der verfügbaren Informationen und mit Hilfe von speziellen Annahmen quantitativ ermittelt werden.

2. Dynamisches Konsistenzsystem der landwirtschaftlichen Produktion auf prozeßanalytischer Basis

2.1 Allgemeine Kennzeichnung und methodische Einordnung

Für eine beschreibende Analyse der Produktionsentwicklung interessieren insbesondere folgende Fragen:

(1) Welche Größen sind als die zentralen Entscheidungsvariablen anzusehen und wie ist in der Vergangenheit entschieden worden? Dabei soll versucht werden, möglichst nahe an den Entscheidungsprozeß heranzukommen. Unabhängig von der Größe der betrachteten Kollektive sind realitätsnahe Entscheidungsvariablen zugrundezulegen. Als solche werden die Größen aufgefaßt, die tatsächlich die Grundlage der Entscheidungen der Landwirte bilden, wie etwa Anbauumfänge (in Hektar), Anzahl der Milchkühe oder der gehaltenen Schweine und nicht Outputgrößen wie etwa Produktionswert oder Betriebsertrag, die sich mehr auf das Ergebnis des Wirtschaftsprozesses beziehen[11].

---

10) Wir kommen somit zum gleichen Ergebnis wie KRELLE: "Die Produktionskoeffizienten ... beschreiben approximativ eine Gesetzmäßigkeit der Produktion, die nicht mehr durch eine einzige Produktionsfunktion wiedergegeben werden kann, sondern nur durch eine Produktionsbeziehung in Form eines Gleichungssystems". Krelle, W., Ersetzung der Produktionsfunktion ...., S. 317.

11) Diese Größen werden häufig bei aggregierten Modellen verwendet.

(2) Welcher Entscheidungsspielraum steht in den einzelnen Perioden zur Verfügung, d.h. welcher Bereich von alternativen Handlungen wäre überhaupt möglich gewesen? Diese Frage ist vor allem für die Analyse der Dynamik mehrjähriger Produktionsprozesse von Bedeutung.

(3) Welche physischen Beziehungen bestehen zwischen den verschiedenen Produktionsbereichen innerhalb einer Periode und im Zeitablauf? In diesem Abschnitt werden diese Fragen insbesondere im Zusammenhang mit den Zwischenproduktverflechtungen (z.B. Wirtschaftsfutter, Kälber u.dgl.) sowie den Vorleistungsverflechtungen behandelt; im nächsten Abschnitt werden die wechselseitigen Beziehungen zum Faktoreinsatz näher untersucht.

Zur Beantwortung dieser Fragen soll ein prozeßanalytisch aufgebautes Konsistenzmodell entwickelt werden. Im folgenden wird die Grundstruktur eines solchen Modells näher erläutert.

Folgende Definitionen bzw. Annahmen sollen gelten:[12)]

(1) Die sektoralen Produktionsmengen der N in sich homogenen Güter sollen den Vektor Y beschrieben werden.

$$Y = \begin{bmatrix} y_1 \\ \cdot \\ \cdot \\ y_n \\ \cdot \\ \cdot \\ y_N \end{bmatrix}$$

(2) Für die Produktion dieser N Güter kommen M Produktionsverfahren (Prozesse) zum Einsatz, wobei für jedes Gut mehrere Verfahren eingesetzt werden können, so daß gilt: M > N. Die Niveaus (Produktionsumfänge) der M Produktionsverfahren lassen sich durch den Vektor X darstellen.

$$X = \begin{bmatrix} x_1 \\ \cdot \\ \cdot \\ x_m \\ \cdot \\ \cdot \\ x_M \end{bmatrix}$$

12) Der Übersichtlichkeit wegen wird hier auf die zeitliche Indizierung verzichtet.

(3) Jeder Produktionsprozeß produziert bestimmte Gütermengen, welche durch die Outputkoeffizienten a gemessen werden. Für M Prozesse und N produzierte Güter ergibt sich folgende Matrix:

$$A = \begin{bmatrix} a_{1,1} & \cdots & a_{1,m} & \cdots & a_{1,M} \\ \vdots & & \vdots & & \vdots \\ a_{n,1} & \cdots & a_{n,m} & \cdots & a_{n,M} \\ \vdots & & \vdots & & \vdots \\ a_{N,1} & \cdots & a_{N,m} & \cdots & a_{N,M} \end{bmatrix}$$

Die sektorale Produktionsmenge ist dann definiert als:

$$Y = A \cdot X$$

(4) Für die Durchführung der Produktion werden Produktionsmittel (kurzlebige Wirtschaftsgüter) benötigt. Die erforderliche Menge des Produktionsmittls l (l = 1, ... L) zur Durchführung des Produktionsprozesses m wird durch den Inputkoeffizienten $v_{l,m}$ gemessen. Für alle Verfahren und Inputgüter ergibt sich folgende Inputmatrix:

$$V = \begin{bmatrix} v_{1,1} & \cdots & v_{1,m} & \cdots & v_{1,M} \\ \vdots & & \vdots & & \vdots \\ v_{l,1} & \cdots & v_{l,m} & \cdots & v_{l,M} \\ \vdots & & \vdots & & \vdots \\ v_{L,1} & \cdots & v_{L,m} & \cdots & v_{L,M} \end{bmatrix}$$

Die gesamten Inputmengen der L Inputgüter werden durch den Vektor

$$Z = \begin{bmatrix} z_1 \\ \vdots \\ z_l \\ \vdots \\ z_L \end{bmatrix}$$

erfaßt, so daß gilt:

$$Z = V \cdot X \; .$$

(5) Die Inputmengen können entweder zugekauft oder im Sektor selbst produziert werden. Bezeichnet man die zugekauften Inputs mit Z^G und die in der Landwirtschaft produzierten Inputmengen Z^L so gilt:

$$Z = Z^G + Z^L \; .$$

Die produzierten Gütermengen können dementsprechend entweder verkauft werden oder als Inputmengen in den Produktionsprozeß zurückfließen. Die verkauften Gütermengen Y^N (Nettoproduktion) ergeben sich aus:

$$\begin{bmatrix} Y^N \end{bmatrix} = \begin{bmatrix} Y \end{bmatrix} - \begin{bmatrix} \frac{Z^L}{O} \end{bmatrix}$$

O = Nullvektor

(6) Zur technischen Durchführung der Produktion (Gütertransformation) werden Arbeit und Kapital (Maschinen und Anlagen) benötigt. Dabei unterstellen wir, daß für jeden Produktionsprozeß mehrere Technologieverfahren mit unterschiedlichen Relationen von Arbeit und Kapital zur Verfügung stehen. Auf den Problembereich Technologie und Faktoreinsatz werden wir in Abschnitt 2 näher eingehen. An dieser Stelle wollen wir lediglich eine Matrix definieren, welche die Verbindung von Produktion und Faktoreinsatz sicherstellen soll. Der Koeffizient $f_{m,k}$ soll dabei den Anspruch des Produktionsverfahrens m an die Verfahren der Arbeitserledigung, welche die Substitutionsverhältnisse von Arbeit und Kapital zum Ausdruck bringen, beschreiben. Die K Mechanisierungsbereiche können mehrere, hinsichtlich ihres Arbeits- und Kapitaleinsatzes weitgehend homogene Produktionsverfahren zusammenfassen[13].

$$F = \begin{bmatrix} f_{1,1} & \cdots & f_{m,1} & \cdots & f_{M,1} \\ \vdots & & \vdots & & \vdots \\ f_{1,k} & \cdots & f_{m,k} & \cdots & f_{M,k} \\ \vdots & & \vdots & & \vdots \\ f_{1,K} & \cdots & f_{m,K} & \cdots & f_{M,K} \end{bmatrix}$$

Das Verhältnis zwischen den eingesetzten Faktoren Arbeit und Kapital ergibt sich in jedem Mechanisierungsbereich aus den verfahrensspezifischen Faktorintensitäten und aus dem Verhältnis der realisierten Mechanisierungsstufen. Bei den Produktionsprozessen der pflanzlichen Produktion sind natürlich zusätzlich die Inputkoeffizienten für Boden zu berücksichtigen.

---

13) Siehe dazu auch Abschnitt 2.3.

(7) Die bisherigen Definitionen beziehen sich lediglich auf physische Größen. Für die ökonomische Kennzeichnung der Produktionsverhältnisse müssen aber zusätzlich Preise und Wertgrößen definiert werden. Deshalb bestimmen wir einen Vektor von Outputpreisen P und einen Vektor von Inputpreisen Q für die unterschiedenen Güterarten:

$$P = \begin{bmatrix} p_1 \\ \vdots \\ p_n \\ \vdots \\ p_N \end{bmatrix} \qquad Q = \begin{bmatrix} q_1 \\ \vdots \\ q_l \\ \vdots \\ q_L \end{bmatrix}$$

Der gesamte monetäre Output Y^M und der monetäre Input Z^M sind dann definiert als:

$$Y^M = Y' \cdot P,$$ [14]

$$Z^M = Z' \cdot Q.$$

Für die Nettoproduktion bzw. den Nettoinput gilt entsprechend:

$$Y^{N,M} = Y^{N'} \cdot P,$$

$$Z^{G,M} = Z^{G'} \cdot Q.$$

Damit ist gleichzeitig das Bruttoinlandsprodukt des landwirtschaftlichen Sektors (BIPL) definiert:

$$BIPL = \underbrace{Y^M - Z^M}_{\text{Bruttorechnung}} = \underbrace{Y^{N,M} - Z^{G,M}}_{\text{Nettorechnung}}$$

Anhand dieser Definition lassen sich die Entstehung und Verwendung der Produktion sowie die Inputstruktur und damit die komplette Einkommensentstehung beschreiben. Die aggregierten Größen der landwirtschaftlichen Gesamtrechnung sind dabei in ein nach Gütern und Prozessen differenziertes Konsistenzmodell zu überführen, welches auf produktionstheoretischen Überlegungen aufbaut. Diese Zusammenhänge wollen wir noch einmal in einem Schema verdeutlichen (Abb. 7).

---

14) Y' stellt die Transponierte von Y, also einen Zeilenvektor dar.

Abb. 7 : Schematische Darstellung der landwirtschaftlichen Gesamtrechnung auf der Basis von Input-Output-koeffizienten

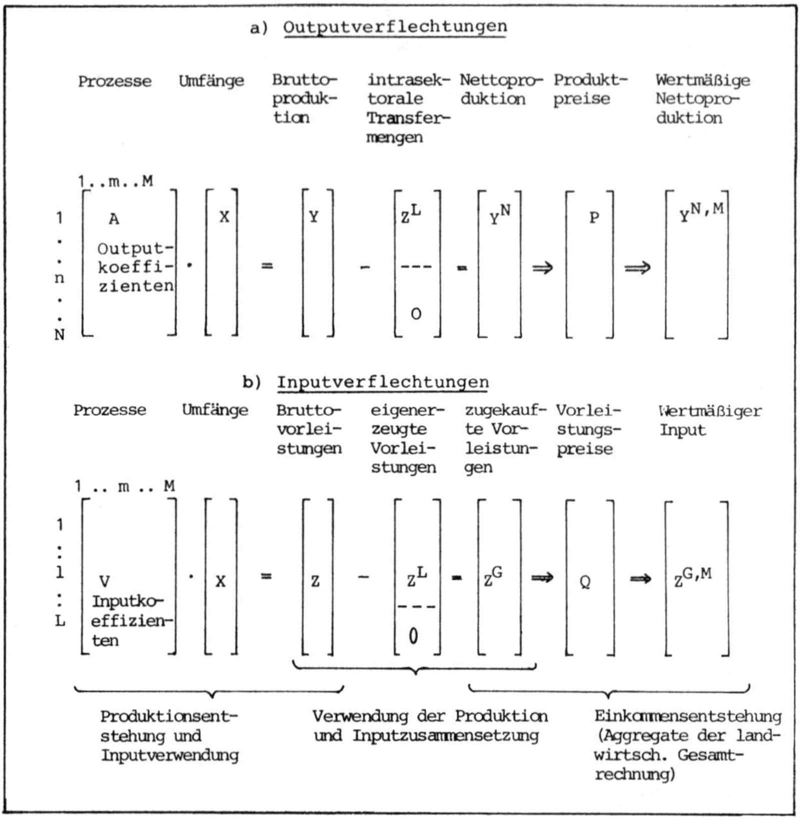

Diese Form der prozeßanalytischen Darstellung der landwirtschaftlichen Gesamtrechnung hat den Vorteil, daß sich neben der güterbezogenen Einkommensrechnung eine prozeßbezogene Einkommensrechnung durchführen läßt. Formal werden die prozeßspezifischen "Einkommensbeiträge" D_m (m= 1, ... M), die prozeßspezifischen Produktionswerte PW_m und die prozeßspezifischen Vorleistungsaufwendungen VA_m wie folgt ermittelt:

$$A' \cdot P = PW = \begin{bmatrix} pw_1 \\ \vdots \\ pw_m \\ \vdots \\ pw_M \end{bmatrix}$$

$$V' \cdot Q = VA = \begin{bmatrix} va_1 \\ \vdots \\ va_m \\ \vdots \\ va_M \end{bmatrix}$$

$$PW - VA = D = \begin{bmatrix} d_1 \\ \vdots \\ d_m \\ \vdots \\ d_M \end{bmatrix}$$

oder:

$$D = \left[A' \;\vdots\; - V' \right] \cdot \begin{bmatrix} P \\ \hline Q \end{bmatrix} .$$

Das Bruttoinlandsprodukt des landwirtschaftlichen Sektors läßt sich dann entsprechend aus den prozeßspezifischen "Einkommensbeiträgen" und den Prozeßniveaus ermitteln.

$$BIPL = D' \cdot X$$

Das sektorale Einkommen kann somit nach dem Prinzip der doppelten Verbuchung von zwei Seiten her berechnet werden. Diese Form der Darstellung der Produktionsverhältnisse und der Einkommensentstehung bietet eine geeignete Grundlage für die empirische Analyse der produktionstechnischen Interdependenzen in der Landwirtschaft[15].

---

15) Ein ähnlich strukturiertes Konsistenzsystem für landwirtschaftliche Betriebsgruppen bildet die Basis für ein kurzfristiges Vorausschätzungs- und Simulationssystem, welches gegenwärtig vom BML zur Einkommensanalyse und -prognose Verwendung findet. Siehe dazu: Bauer, S., Ein kurzfristiges Vorausschätzungs- und Simulationssystem für die Betriebsgruppen des Agrarberichts. Referat zum 5. Kontaktstudium der Landwirtschaftlichen Fakultät, Bonn 1977.

Die empirische Basis für die folgende quantitative Analyse bilden die geschlossenen, allerdings hochaggregierten Informationen aus der landwirtschaftlichen Gesamtrechnung. Diese monetären Informationen lassen sich unter Zuhilfenahme der Daten aus der Preisstatistik in physische Größen transformieren (siehe Abb. 7). Eine weitere, allerdings weniger geschlossene Schicht von Informationen, sind die Daten aus der Bodennutzungs- und Erntestatistik. Dabei lassen sich einzelne originäre Angaben über die produktionstechnischen Koeffizienten nutzbar machen. Das entsprechende Gegenstück für die Tierproduktion stellen die Viehbestands-, die Schlacht- und die Fleischstatistik dar. Im Vergleich zu den Statistiken über die Bodenproduktion genügen die Statistiken über die Tierproduktion weit weniger den produktionstheoretischen Anforderungen. Einige ausgewählte Hinweise über die intrasektoralen Verflechtungen, sowie die Produktionsverwendung und die Inputzusammensetzung geben die Statistiken "Produktbilanzen"[16] und "Futterwirtschaft"[17].

Die konsistente und differenzierte Beschreibung der ex-post-Entwicklung im Produktionsbereich bildet die Grundlage für die weiteren Stufen des Modellaufbaus. Das hier verfolgte Prinzip zur Erstellung konsistenter Ausgangsstrukturen läßt sich allgemein wie folgt kennzeichnen: Ausgehend von den wichtigsten Differenzierungen bei den zentralen Problembereichen wird zunächst eine Grobstruktur für einzelne Konsistenzmodelle entworfen. Danach werden die vorliegenden statistischen Daten hinsichtlich ihres Informationsbeitrages überprüft. Die Feinstrukturierung der Konsistenzmodelle stellt einen Kompromiß zwischen den theoretischen Anforderungen und den datenmäßigen Begrenzungen dar. Bei der Quantifizierung der Konsistenzmodelle werden alle statistischen Daten in das System

---

16) Bundesministerium für Ernährung, Landwirtschaft und Forsten (Hrsg.),Statistisches Jahrbuch über Ernährung,Landwirtschaft und Forsten in der Bundesrepublik Deutschland, verschiedene Jahrgänge.

17) Bundesministerium für Ernährung,Landwirtschaft und Forsten (Hrsg.),Futterwirtschaft in der Bundesrepublik Deutschland, verschiedene Jahrgänge.

integriert. Das geschlossene System von definitorischen Beziehungen, das den Konsistenzmodellen zugrundeliegt, erlaubt bereits eine erste Komplettierung der Informationsbasis. Fehlende Informationen über bestimmte Koeffizientenstrukturen werden mit Hilfe von Hypothesen, die aus Norm- und Kalkulationsdaten bzw. aus partiellen Untersuchungen (Fallstudien u.dgl.) abgeleitet werden, überbrückt. Die hypothetischen (inneren) Strukturen werden den (statistischen) Randdaten so angepaßt, daß sich konsistente statische bzw. dynamische Kreislaufbeziehungen ergeben. Die Ergebnisse der Konsistenzmodelle werden schließlich auf ihre Plausibilität überprüft.

In den folgenden Abschnitten werden die spezifischen Vorgehensweisen zur differenzierten Darstellung der Produktionsverhältnisse in der Landwirtschaft beschrieben und die jeweiligen Ergebnisse dargestellt.

2.2 Entwicklung der landwirtschaftlichen Produktion

Wegen der Unterschiede hinsichtlich der dynamischen Beziehungen, der Qualität der Daten sowie der unterschiedlichen Faktorbeanspruchung sollen zunächst Bodenproduktion und Tierproduktion getrennt abgehandelt werden. Dabei konzentrieren wir uns hier auf die prozeßbezogene Darstellung agrarsektoraler Interdependenzen. Die "großen Linien" der agrarsektoralen Entwicklung werden anhand aggregierter Größen in Teil D dieser Arbeit im Zusammenhang mit der Analyse sektoraler Abläufe dargestellt und diskutiert.

2.2.1 Bodenproduktion

Die Gliederung der Produktionsverfahren erfolgt hier in enger Anlehnung an die verfügbaren Statistiken. Dabei werden 19 Produktionsverfahren unterschieden, wie auch aus Übersicht 4 hervorgeht. Diese Gliederung scheint auch den produktionstheoretischen Anforderungen zu genügen. Eine Untergliederung der Getreideaktivitäten in Sommer- und Wintergetreide erscheint auf sektoraler Ebene nicht notwendig, da jeweils eine

Anbauart weit überwiegt. Die Aktivität "Sonstige pflanzliche Produkte" ist aus Konsistenzgründen erforderlich. Sie bezieht sich auf die Produkte Hopfen, Tabak, Blumen, Zierpflanzen, Baumschulerzeugnisse, Sämereien und Champignons und ist - gemessen am landwirtschaftlichen Produktionswert - von einiger Bedeutung. Die Abgrenzung des landwirtschaftlichen Sektors orientiert sich also an der landwirtschaftlichen Gesamtrechnung.

Die Produktionsniveaus werden in Hektar (ha) Anbaufläche gemessen. Bei der Ermittlung der entsprechenden Zeitreihen ergeben sich einige Probleme wegen der unterschiedlichen Abgrenzung des Bundesgebietes (mit bzw. ohne Saarland oder Berlin) und z.T. wegen der Änderungen der Anbauflächengliederung. Durch einige Korrekturen konnte eine hinreichende zeitliche Vergleichbarkeit der entsprechenden Reihen hergestellt werden.

Die Summe aller Prozeßniveaus in der Bodenproduktion ergibt definitionsgemäß die landwirtschaftlich genutzte Fläche. Faßt man die Niveaus der beiden Aktivitäten 14 und 15 (Wiesen und Weiden) zusammen, so erhält man die Grünlandfläche in der BRD. Die Summe der Prozeßniveaus der übrigen Produktionsverfahren ergibt die gesamte Ackerfläche.

Die Outputkoeffizienten (Erträge) werden in dz bzw. KSTE[18)] je ha Anbaufläche gemessen[19)]. Diese Erträge werden z.T. aus gewichteten Einzelangaben berechnet, z.T. von den sektoralen Produktionsmengen aus den Produktbilanzen bzw. aus der landwirtschaftlichen Gesamtrechnung abgeleitet.

Die Ertragskoeffizienten bei den Futterbauverfahren (13 bis 18) stellen Ergebnissen von partiellen Konsistenzrechnungen

---

18) KSTE =Kilostärkeeinheiten.
19) Eine Ausnahme bildet das Verfahren 19 (Sonstige pflanzliche Produktion). Hier wird der Ertrag als monetärer Output zu konstanten Preisen (Basis 1962/63) je ha gemessen.

dar. Diese Konsistenzrechnungen sind notwendig, weil sich aus den statistischen Angaben nicht ohne weiteres die Grundfutterproduktion in KSTE ableiten läßt. Das Prinzip dieser Konsistenzrechnung in der Futterwirtschaft sei im folgenden kurz erläutert[20]: Den Ausgangspunkt der Überlegungen stellt eine Bilanzgleichung dar, welche die gesamte Futterlieferung mit dem gesamten Futterverbrauch zum Ausgleich bringt.

$$\underbrace{\sum_{i=LA}^{LE} X_i \cdot a_i}_{\text{Futteranfall FA}} = \underbrace{\sum_{j=TA}^{TE} X_j \cdot b_j}_{\text{Futterverbrauch FV}}$$

wobei: X_i den Umfang des Futterbauverfahrens i (einschließlich Verfahren, bei denen Futter als Nebenprodukt anfällt, wie z.B. Zuckerrüben),

a_i den Futterertrag in KSTE je ha des Futterbauverfahrens i,

X_j den Umfang des futterverbrauchenden Prozesses j in der Tierproduktion,

b_j den Futterverbrauch in KSTE je Prozeßeinheit j,

LA - LE die Anzahl der futterliefernden Prozesse und

TA - TE die Anzahl der futterverbrauchenden Prozesse darstellt.

Aus der Statistik sind zunächst lediglich die Produktionsumfänge im Futterbau bekannt. Die Ermittlung des Futterverbrauchs wird in Abschnitt 2.4 beschrieben, so daß wir hier zunächst davon ausgehen, daß der Futterverbrauch FV bekannt sei. Das Problem reduziert sich dann auf die Ermittlung der Ertragskoeffizienten im Futterbau. Dazu verwenden wir als ergänzende Informationen

- die statistisch ausgewiesenen Futterbauerträge in dz Grünmasse bzw. Heuwert je ha Anbaufläche a_i^{st},

---

2o) Dieses Prinzip wird in dieser Arbeit öfter angewendet und sei deshalb hier an einem konkreten Beispiel ausführlicher dargestellt.

- einen KSTE - Schlüssel k zur Umrechnung der Grünmasse - bzw. Heuwerterträge in KSTE - Einheiten[21].

Daraus läßt sich nun ein vorläufiger Futterertrag in KSTE - Einheiten je ha Anbaufläche a_i^h ermitteln:

$$a_i^h = k_i \cdot a_i^{st} \qquad i = LA \ldots LE .$$

Der gesamte vorläufige Futteranfall FA^h ergibt sich aus:

$$FA^h = \sum_{i=LA}^{LE} a_i^h \cdot X_i \quad .$$

Da dieser Futteranfall i.d.R. nicht mit dem Futterverbrauch FV übereinstimmt, errechnen wir einen Korrekturfaktor r

$$r = FV/FA^h$$

und multiplizieren damit alle vorläufigen Futterertragskoeffizienten

$$a_i = a_i^h \cdot r \qquad i = LA \ldots LE .$$

Die Entwicklungstendenzen der auf diese Weise ermittelten konsistenten Futterertragskoeffizienten sind in Übersicht 4 dargestellt.

Die Preise werden in DM je dz Produkteinheit angegeben. Für die Ermittlung der Preisreihen gilt im Prinzip das gleiche wie bei den Produktionsumfängen bzw. den Ertragskoeffizienten: Teilweise können sie direkt aus der Statistik entnommen werden, teilweise sind sie indirekt aus anderen Größen (wert- und mengenmäßige Angaben) abzuleiten.

Die Produktionsumfänge und die Ertragskoeffizienten werden mit den in den Produktbilanzen ausgewiesenen Mengen auf physische Konsistenz überprüft. Leider lassen sich die prozeßspezifischen Produktionswerte nicht auf monetäre Konsistenz mit der Gesamtrechnung überprüfen, da diese die intrasektoral verbrauchten Mengen nicht in den Produktionswert einbezieht und je nach Verwendung (Verkauf, Eigenverbrauch, Bestandsveränderung) unterschiedliche Preise verwendet.

---

21) Entnommen aus: KTBL-Taschenbuch für Arbeits- und Betriebswirtschaft, hrsg. v. Kuratorium für Technik und Bauwesen in der Landwirtschaft, Hiltrup 1969, S. 241.

Übersicht 4: Struktur und Entwicklung wichtiger Kennziffern in der landwirtschaftlichen Bodenproduktion

Produktionsaktivitäten (Kurzbezeichnungen)		Umfang der Prozesse			Erträge			Preise		
		in 1000 ha 1974/75	∅ Wachstumsraten[1)]	∅ Standardabw. d. Wachstumsraten[2)]	in dz bzw. KSTE je ha 1974/75	∅ Wachstumsrate[1)]	∅ Standardabw. d. Wachstumsrat.[2)]	in DM je dz 1974/75	∅ Wachstumsraten[1)]	∅ Standardabw. der Wachstumsraten[2)]
1. Weizen	WEIZ	1631	2,0	3,28	47,6	3,33	12,95	42,60	0,38	3,42
2. Roggen	ROGG	735	- 3,93	4,75	36,6	2,87	13,03	39,90	0,38	3,74
3. Gerste	GERS	1665	3,86	3,75	42,3	3,45	14,21	40,40	- 0,14	3,60
4. Hafer	HAFE	1159	- 0,57	5,10	40,2	2,89	9,28	39,80	0,95	3,90
5. Mais	MAIS	108	20,9	20,26	48,4	3,28	7,67	45,90	1,16	6,25
6. Hülsenfrüchte	HÜLS	23	- 2,83	9,82	32,3	2,75	9,04	61,90	0,08	10,36
7. Kartoffeln	KART	467	- 4,76	3,24	261,3	0,96	9,16	15,84	4,35	24,64
8. Zuckerrüben	ZURB	369	1,88	4,65	449,4	3,31	16,83	8,0	1,65	8,23
9. Ölfrüchte	OELF	110	11,50	17,90	22,0	0,96	12,86	82,0	0,51	4,65
10. Gemüse	GEMÜ	111	- 2,79	3,78	148,9	1,81	10,46	52,70	4,73	23,19
11. Obst	OBST	83	1,23	5,13	276,0	-	-	82,60	-	-
12. Wein	WEIN	99	1,71	1,27	70,3	-	-	98,80	4,80	54,36
13. Klee	KLEE	311	- 4,25	3,84	2767,5	1,83	5,08			
14. Wiesen	WIES	3284	- 0,58	1,81	2191,4	1,45	6,04			
15. Weiden	WEID	2150	0,41	1,32	2693,0	1,35	5,05			
16. Grünmais	GMAI	381	13,0	15,77	6239,6	3,79	7,06			
17. Futterrüben	FRUE	271	- 3,81	2,44	6502,5	2,39	9,15			
18. Zwischenfrüchte	ZWIS	550	0,85	7,80	1050,7	0,58	12,87			
19. Sonstige pfl. Produktion	SOPF	555	0,72	10,44	7434,0[4)]	5,75	9,52			

1) Durchschnitt der jährlichen Wachstumsraten von 1955/56 bis 1974/75
2) Standardabweichung der jährlichen Wachstumsraten von der durchschnittlichen Wachstumsraten
3) Definiert als Summe der Produkte Hopfen, Tabak, Blumen und Zierpflanzen, Baumschulerzeugnisse, Sämereien und Champignons
4) Verkaufserlöse je ha in konstanten Preisen

In Übersicht 4 sind einige Kennziffern über die Struktur und die Entwicklung der Prozeßniveaus, der Erträge und der Preise zusammengefaßt[22)]. Dabei werden jeweils das gegenwärtige Niveau[23)], die durchschnittlichen jährlichen Wachstumsraten und die Standardabweichungen der jährlichen von den durchschnittlichen jährlichen Wachstumsraten angegeben. Der letzte Koeffizient soll dabei die Instabilitäten bei den einzelnen Reihen zum Ausdruck bringen.

Die Unterschiede in den durchschnittlichen jährlichen Wachstumsraten bei den Prozeßniveaus geben über die Veränderungen der Struktur der Bodennutzung im Analysezeitraum Aufschluß.

---

22) Die aufbereiteten Zeitreihendaten sowie die Einzelergebnisse sind in einem gesonderten Materialband zusammengestellt. Bauer,S.,Zintl,E.,Materialien zur wirtschaftlichen Entwicklung des Agrarsektors (1955-1975). Empirische Grundlagen und Ergebnisse des dynamischen Analyse- und Prognosesystems (DASS),(Schriftenreihe des Lehrstuhls für Volkswirtschaftslehre und Agrarpolitik), Bonn 1977.

23) Die Daten für das letzte Jahr 1975/76 haben z.T. vorläufigen Charakter, so daß wir uns hier zur Kennzeichnung der gegenwärtigen Situation auf das Jahr 1974/75 beziehen.

So zeigt sich z.B. ein relativ starker Rückgang bei den Produktionsverfahren Roggen, Kartoffeln, Klee (einschließlich Luzerne) und Futterrüben[24]. Zu den stark expandierenden Verfahren gehören: Mais (≙ Körnermais), Ölfrüchte, Grünmais, Gerste und Weizen. Neben diesen langfristigen Entwicklungstendenzen sind für die Beurteilung und die modellmäßige Erfassung der Dynamik der landwirtschaftlichen Produktion auch die kurzfristigen Schwankungen von Bedeutung, da generell nicht auszuschließen ist, daß diese Schwankungen die mittelfristigen Entwicklungen beeinflussen.

Bei den Erträgen zeigen sich durchweg positive langfristige Veränderungen. Diese Ertragssteigerungen können im wesentlichen als Ausdruck biologisch-technischer Fortschritte und erhöhter Vorleistungsaufwendungen angesehen werden. Wegen der starken jährlichen Schwankungen sind die durchschnittlichen Wachstumsraten bei Obst und Gemüse verzerrt. Wie die Ergebnisse zeigen, sind die Produktionsverfahren mit relativ hohen durchschnittlichen Ertragssteigerungen weitgehend identisch mit den Produktionsverfahren, die einen langfristig expandierenden Produktionsumfang zeigen. Die langfristigen Veränderungen der Produktionsanteile in der Bodenproduktion folgen also im großen und ganzen den Veränderungen der prozeßspezifischen Bodenproduktivität.

Die Getreidepreise haben sich während der Betrachtungsperiode nur geringfügig verändert. Wegen der starken Preisschwankungen sind die durchschnittlichen Veränderungsraten bei den übrigen Verfahren des Marktfruchtbaus leicht überschätzt. Trotz hoher Ertragsschwankungen im Getreidebau zeigen die Getreidepreise nur relativ geringe Instabilitäten im Zeitablauf. An diesen Zahlen zeigt sich, daß die Getreidepreise in starkem Maße von der Preispolitik, vor allem von den Bestrebungen zur Preisstabilisierung, beeinflußt sind.

---

24) Eine durchschnittliche Veränderungsrate von 3.5 % (-3.5 %) entspricht dabei in etwa einer Verdoppelung (Halbierung) der jeweiligen Variablen im Analysezeitraum.

2.2.2 Tierproduktion

Während in der Bodenproduktion die Produktionsdauer im allgemeinen ein Jahr beträgt (Produktionsrhythmus) und somit der zeitlichen Differenzierung des Konsistenzmodells entspricht, ist die Produktionsdauer bei den einzelnen Verfahren der tierischen Produktion unterschiedlich. Im Gegensatz zur Bodenproduktion ist die Produktionsdauer (der Zeitraum von der Einleitung eines Produktionsprozesses bis zur Fertigstellung des Endprodukts) nicht als eine fixe Größe, sondern als eine Entscheidungsvariable der Landwirte anzusehen. So kann z.B. ein Rindermastprozeß etwa 15 bis 30 Monate dauern, eine Milchkuh kann eine Nutzungsdauer von 3 bis 6 Jahren haben. Die Kenntnis der Produktionsdauer ist für die Erfassung der Produktionsverhältnisse in der tierischen Produktion von grundlegender Bedeutung. Sie spielt bereits für die problemadäquate Definition der Produktionsverfahren in der Tierhaltung eine entscheidende Rolle. Erst auf dieser Basis läßt sich eine sinnvolle prozeßspezifische zeitliche Zuordnung der Faktoransprüche (wie etwa Arbeit, Gebäude, Futter und sonstige Zwischenprodukte) sowie der Leistungsabgabe (wie z.B. Milch, Fleisch) vornehmen und die Dynamik der Produktionsentwicklung verfolgen. In der sektoralen Statistik werden diese zentralen Größen über den Produktionsablauf nicht erfaßt.

Deshalb sollen im folgenden - ausgehend von den verfügbaren statistischen Daten und unter Zuhilfenahme von mikroökonomischen Informationen - konsistente Strukturen und Entwicklungen der landwirtschaftlichen Tierproduktion abgeleitet werden. Diese Strukturen können zunächst lediglich auf Plausibilität überprüft werden. Der Vorteil einer differenzierten Vorgehensweise kann an der modellmäßigen Abbildung der Entwicklung sektoraler Aggregate direkt gemessen werden[25].

Insbesondere im Hinblick auf die Dynamik der Produktionsentwicklung und die Erfassung dieser Entwicklungen in einem

---

25) Auf diesen Problembereich wird in Teil D dieser Arbeit näher eingegangen.

Produktionsmodell mit jährlichen Zeitintervallen ist die Unterscheidung zwischen Produktionsverfahren mit einer Produktionsdauer von weniger als einem Jahr und mit einer Produktionsdauer von über einem Jahr von besonderer Bedeutung.

(1) Ist die Produktionsdauer kürzer als ein Jahr, wie z.B. bei der Schweinemast oder der Geflügelmast, so kann der Produktionsprozeß mehr als einmal in einem Jahr durchgeführt werden. Dies bedeutet wiederum, daß neben den sehr kurzfristigen Entscheidungen über die Produktionsdauer und damit über den Absatzzeitpunkt mehrere Entscheidungen über den Produktionsumfang (z.B. gemessen an der Anzahl der Tiere) innerhalb eines Jahres zu treffen sind. Wenn man sich nun lediglich auf ein Wirtschaftsjahr bezieht, so lassen sich der gesamte Produktionsumfang, die Produktionsmenge und der Faktorinput zwar noch fehlerfrei darstellen, für die Beschreibung und die modellmäßige Erfassung der Dynamik der Produktionsentwicklung ergeben sich bei dieser zeitlichen Aggregation jedoch von vorneherein Begrenzungen. Liegen zudem noch starke zyklische und saisonale Mengen- und Preisschwankungen vor, so ist eine fehlerfreie Ermittlung von Wertgrößen (wie etwa Produktionswert, Deckungsbeiträge, prozeßspezifische Einkommensbeiträge) aus den Jahressummen bzw. Jahresdurchschnitten der Mengen und Preise nicht ohne weiteres möglich. Bei den Entscheidungen über den Produktionsumfang dieser kurzfristigen Prozesse ist im allgemeinen davon auszugehen, daß die Wirtschaftsergebnisse (Preise, Erlöse, Einkommen) des gerade abgeschlossenen Produktionsprozesses die neuen Planungen beeinflussen. Zum anderen kann aber der Entscheidungsspielraum durch das vorhandene, d.h. in der Vorperiode produzierte Jungtierpotential (z.B. Ferkel, Küken) begrenzt sein. Zieht man diesen Produktionsbereich mit in die Überlegungen ein, so wird die Produktionsdauer um den Zeitraum der Jungtierproduktion verlängert. Wenn man z.B. von einer 6-monatigen Dauer der Schweinemast bei gleichmäßiger jahreszeitlicher Verteilung ausgeht, so basiert die Hälfte der im Jahr t verkauften Schweine auf Ferkeln,die im Vorjahr produziert worden sind. Unter Berücksichtigung dieser Verzögerungen im Zwischenproduktbereich soll der Versuch unternommen werden, die Produktionsentwicklung auf Jahresbasis zu erklären. Wegen der unterschiedlichen Produktionsdauer bei den einzelnen Tierkategorien würde eine Untergliederung des Modells in kürzere Perioden zu erheblichen methodischen und datenmäßigen Problemen führen, insbesondere dann, wenn die gesamte Produktion, der Faktoreinsatz und das Einkommen simultan betrachtet werden sollen.

(2) Ist hingegen davon auszugehen, daß die Produktionsperiode im allgemeinen länger als ein Jahr ist, wie z.B. in der Rindviehhaltung, so läßt sich der gesamte Produktionsprozeß in mehrere Teilprozesse mit einer maximalen Länge von einem Jahr aufspalten. Diese einzelnen Teilprozesse lassen sich

dann über den Transfer von Zwischenprodukten bzw. Bestandsgrößen von einer Periode zur anderen miteinander verkoppeln. Die Entscheidungen in einer Periode beziehen sich somit auf den Umfang der Produktion von Zwischenprodukten bzw. die weitere Nutzung von Tierbeständen und den Umfang der Erstellung von Endprodukten. Die in einer Periode getroffenen Entscheidungen beeinflussen wieder den Entscheidungsspielraum und die mögliche Angebotsmenge in den Folgeperioden.

Die quantitative Erfassung dieser komplexen Zusammenhänge wird dadurch erschwert, daß die sektorale Statistik für die zentralen Bereiche der Tierproduktion nur sehr begrenzte Informationen über die Produktionsdauer, die Altersstrukturen, die Produktionsmenge (wie z.B. Mastendgewichte, Zu- und Abgänge bei den Beständen, Zwischenprodukttransfer, u.dgl.) liefert.

2.2.2.1 Rindviehhaltung

Aus den oben erwähnten Gründen ergeben sich für eine differenzierte Analyse der Produktions- und Angebotsentwicklung im Bereich der Rindviehhaltung größere Schwierigkeiten als in anderen Bereichen der landwirtschaftlichen Produktion. Um den Rahmen dieser Arbeit nicht zu sprengen, soll an dieser Stelle nur auf die für die weitere Entwicklung des sektoralen Interdependenzsystems unmittelbar relevanten Annahmen und Ergebnisse des Subkonsistenzmodells "Rindviehhaltung" eingegangen werden[26].

M i l c h k u h h a l t u n g

Die Entwicklung der Milchkuhhaltung spielt unter den gegenwärtigen Produktionsbedingungen (geringe Bedeutung der reinen Fleischproduktion) eine zentrale Rolle für den gesamten Rindviehsektor. In unmittelbarem Zusammenhang mit der Entwicklung

---

26) Das zugrundeliegende allgemeine flexible Modellsystem der sektoralen Rindviehproduktion, die verwendeten Datenquellen und speziellen Annahmen sowie die differenzierten Zwischen- und Endergebnisse der vorläufigen Modellrechnung sind an anderer Stelle beschrieben. Siehe: Bauer, S., Dynamische Konsistenzmodelle zur Analyse sektoraler Entwicklungen im Bereich der Rindviehproduktion, Manuskript, Bonn 1976.

der Kuhbestände stehen (a) die Milchproduktion und (b) die jährlich anfallenden Kälber, welche die Produktionsgrundlage für die Kalbfleisch- und Rindfleischproduktion bilden. Die jahresdurchschnittlichen Bestände sind in der Statistik ausgewiesen. Sie sollen für die Kennzeichnung des Umfangs des Verfahrens "Milchproduktion" verwendet werden. Für die Beschreibung des Übergangs einer Bestandsmasse B von einem Zeitpunkt t-1 zu einem Zeitpunkt t können zunächst im einfachsten Fall die Nettoveränderungen ΔB verwendet werden, so daß sich ergibt:

$$B_t = B_{t-1} + \Delta B_{t-1,t}$$

Diese Beziehung sagt jedoch relativ wenig aus über den Entscheidungsprozeß, der zu dieser Veränderung geführt hat.Einen besseren Einblick in den Entscheidungsprozeß erhält man, wenn man die Entscheidungsvariablen als Flußgrößen (Bewegungsmassen, Bruttoveränderungen) formuliert. Die Bestandsentwicklung läßt sich aus den Beständen der jeweiligen Vorperiode und den Zu- (Z) und Abgängen (A) beschreiben:

$$\underbrace{B_t = B_{t-1}}_{\text{Bestandsgrößen}} \quad + \quad \underbrace{Z_{t-1} - A_t}_{\substack{\text{Flußgrößen} \\ \text{(Entscheidungsvariable).}}}$$

In der Milchviehhaltung ergeben sich die Zugänge aus den in der Vorperiode aufgezogenen Färsen, welche annahmegemäß zu Beginn der Periode t in den Kuhbestand überwechseln. Die Abgänge beziehen sich auf die Schlachtungen von Altkühen. Die Kuhbestandsentwicklung über eine längere Zeitperiode wird dann von einem bestimmten Ausgangsbestand B_o und den Entscheidungen über die Zu- und Abgänge im betrachteten Zeitraum bestimmt. Ist die Verweildauer τ eine konstante Größe, so ist der Abgang determiniert $(A_t = Z_{t-\tau-1})$ und die Bestandsentwicklung wird lediglich von den Entscheidungen über den Zugang bestimmt. Aufgrund einer detaillierten Untersuchung der Bestandsentwicklung und der Abgänge kann diese Hypothese nicht aufrecht erhalten werden; vielmehr erscheint es plausibler, davon auszugehen, daß der Abgang eine relevante Entscheidungsvariable darstellt. Dies bedeutet wiederum, daß die durchschnittliche Verweildauer (bzw. die Umtriebsrate) eine endogene Größe darstellt, die im Zeitablauf variieren kann.

Ausgehend von den statistischen Informationen über die Milchkuhbestände MKUH und über die Schlachtungen an Altkühen AKUH (Schlachtstatistik) läßt sich die Färsenaufzucht FARS rechnerisch ermitteln:[27)]

$$FARS_{t-1} = MKUH_t - MKUH_{t-1} + AKUH_t \ .$$

Die tatsächliche Entwicklung der jahresdurchschnittlichen Milchkuhbestände, der Altkuhschlachtungen und der errechneten effektiven Färsennachzucht sind für den Beobachtungszeitraum in Abbildung 8 dargestellt.

Abb. 8: Entwicklung der Zugänge, Abgänge und Bestandsgrößen in der Milchviehhaltung (in Mio Stück)

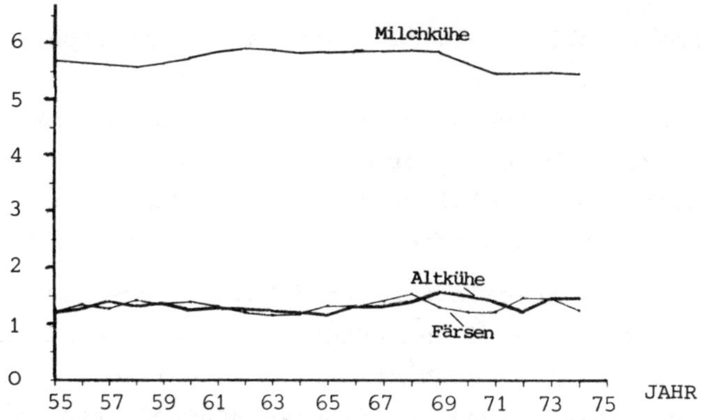

Für eine geschlossene Betrachtung der physischen Beziehungen ist der Reproduktionsprozeß "Färsenaufzucht" im Zeitablauf weiterzuverfolgen. Wenn wir eine Aufzuchtdauer von etwa 30 Monaten unterstellen, werden die Färsen etwa in der Mitte des Wirtschaftsjahres t-3 als Kälber geboren. Von der Geburt bis zum Übergang in den Kuhbestand werden folgende Phasen durchlaufen:

---

27) Die verwendeten Kurzbezeichnungen werden auch bei den folgenden Ableitungen und Definitionen sowie bei der Ergebnisdarstellung benutzt.

1. Periode t-3: Aufzucht 0 - 6 Mon. $FAR1_{t-3}$
2. Periode t-2: Aufzucht 6 - 18 Mon. $FAR2_{t-2}$
3. Periode t-1: Aufzucht (Zulassung) 18-30 Mon. $FARS_{t-1}$

Da über die geborenen Kälber keine statistischen Ausweisungen vorliegen, können wir auf diese Weise bereits einen Teil der geborenen Kälber in der Periode t-3 rechnerisch ableiten, denn es gilt:

$$FAR1_{t-3} = FAR2_{t-2} = FARS_{t-1} \ .$$

Diese konkrete Betrachtung auf der Basis von Jahreswerten ist natürlich eine starke Vereinfachung, da in Wirklichkeit kontinuierliche Veränderungen von Bestands- und Flußgrößen vorliegen, welche auf einem Prozeß nahezu stetiger Entscheidungen beruhen.

R i n d e r m a s t

In der Rindermast sollen folgende Endprozesse unterschieden werden:
- männliche Tiere, Schlachtalter 1/2 - 1 1/2 Jahre VMA1
- männliche Tiere, Schlachtalter > 1 1/2 Jahre VMA2
- weibliche Tiere, Schlachtalter 1/2 - 1 1/2 Jahre VWE1
- weibliche Tiere, Schlachtalter > 1 1/2 Jahre VWE2

Die Formulierung von jeweils zwei Produktionsprozessen mit unterschiedlicher Mastdauer und unterschiedlichen Mastendgewichten (Spezifizierung erfolgt weiter unten) soll u.a. dazu dienen, die Entwicklung der Rindfleischproduktion durch eine unterschiedliche Kombination der beiden Prozesse beschreiben und darauf aufbauend erklären zu können. Bei dieser Gliederung der Rindermast läßt sich eine sachgerechtere Zuteilung des Produktionsmittelaufwandes in den einzelnen Perioden vornehmen. Wenn wir ähnlich wie bei der Färsenaufzucht vereinfachend davon ausgehen, daß alle Kälber in der Mitte eines Wirtschaftsjahres anfallen, so lassen sich die oben aufgeführten Prozesse in jährliche Teilprozesse mit einer maximalen Aufzucht- bzw. Mastdauer von einem Jahr aufspalten, wie folgendes Schema verdeutlichen soll:

Abb. 9: Dynamische Strukturen in der Rinderaufzucht und Rindermast

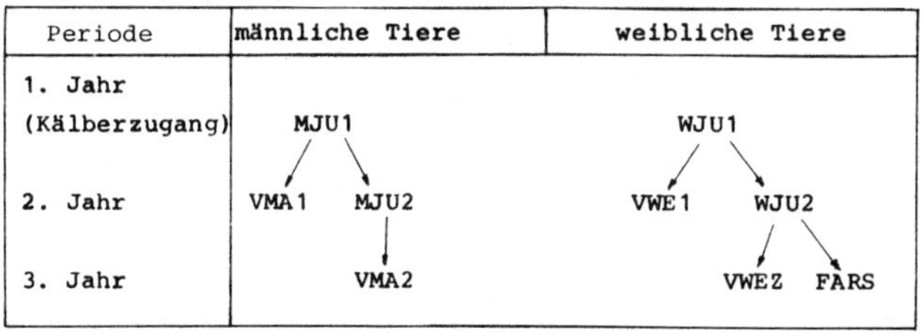

Die für die Rindermast verfügbaren Kälber (MJU1, WJU1) werden also im ersten Jahr (Geburtsjahr) bis zu einem Alter von 6 Monaten aufgezogen. Sie können im zweiten Jahr ausgemästet und mit einem Alter von 6-18 Monaten (VMA1 bzw. VWE1) verkauft werden.Alternativ dazu können sie während des gesamten zweiten Jahres bis zu einem Alter von 18 Monaten gemästet bzw. aufgezogen (MJU2 bzw. WJU2) und als Zwischenprodukte in das dritte Jahr transferiert werden. Die noch verfügbaren männlichen Tiere gehen dann im 3. Jahr in die Endmast (VMA2) und werden mit einem maximalen Alter von 2 1/2 Jahren geschlachtet[28].
Bei den weiblichen Tieren im Alter von etwa 18 Monaten (WJU2) ist zu entscheiden, ob diese zur Ergänzung des Milchkuhbestandes verwendet werden sollen (Zeitpunkt der Zulassung), oder ob die Tiere ausgemästet und verkauft werden sollen.
Die Färsennachzucht ist dabei sowohl im Zusammenhang mit der Kuhbestandsentwicklung (Reproduktion) als auch im Zusammenhang mit der Jungrinderaufzucht und Rindermast (Produktionsalternative) zu sehen. Dabei wird bis zu einem Alter von 18 Monaten nicht zwischen Färsenmast und Färsenaufzucht unterschieden.

Im folgenden sollen (a) die Prozeßniveaus und die zeitlichen Transformationsbeziehungen sowie (b) die Mastdauer und die Mastendgewichte in der Rindermast quantifiziert werden.

---

28) Die Verwendung als Zuchtbullen wird hier nicht explizit berücksichtigt.

(a) Dynamische Beziehungen und Prozeßniveaus

An direkt verwertbaren Informationen können zunächst lediglich die Angaben über die jährlich geschlachteten Tiere verwendet werden. Die statistischen Ausweisungen sind nach Altkuhschlachtungen, männlichen Tieren (Bullen und Ochsen) und weiblichen Tieren gegliedert.

Wenn man diese Angaben den Umfängen der definierten Produktionsprozesse gegenüberstellt, so ergeben sich folgende Bedingungsgleichungen:

$$SM_t = VMA1_t + VMA2_t ,$$
$$SW_t = \underbrace{VWE1_t + VWE2_t}_{\text{Umfänge der Prozesse}} .$$

statistisch ausgewiesene Schlachtungen

Zur Quantifizierung der Prozeßniveaus soll - unter Einhaltung der obigen Bedingung - die Viehbestandsstatistik als eine weitere Informationsquelle herangezogen werden. Dabei gehen wir davon aus, daß die zum Zeitpunkt t erfaßten Bestände an 1-2 jährigen Tieren zum Zeitpunkt t+1 bzw. später geschlachtet werden. Diese Annahme scheint gerechtfertigt, da wir von der Junizählung, welche am Ende des betrachteten Wirtschaftsjahres liegt, ausgehen. Wegen der bekannten Fehler bei den Viehbestandszählungen wollen wir diese Angaben lediglich als Orientierungsgrößen heranziehen. Die daraus abgeleiteten Werte bezeichnen wir als hypothetische Werte. So lassen sich für die männlichen Tiere folgende Relationen ableiten:

$$VMA2_t^h = BM12_{t-1},$$
$$VMA1_t^h = BMO1_{t-1} - BM12_t ,$$

wobei: $VMA2^h$, $VMA1^h$ die hypothetischen Prozeßumfänge für männliche Masttiere,

BM12 den Bestand an männlichen Tieren in der Altersklasse 1 bis 2 Jahre (Junizählung),

BMO1 den Bestand an männlichen Tieren in der Altersklasse bis 1 Jahr[29] (Junizählung)

darstellen sollen. Aus den hypothetischen Umfängen lassen sich nun hypothetische Schlachtungen SM^h errechnen:

$$SM_t^h = VMA1_t^h + VMA2_t^h \quad .$$

Durch Bezug auf die tatsächlichen Schlachtungen SM ergibt sich ein Korrekturfaktor r:

$$r_t = SM_t/SM_t^h \, ,$$

welcher dann zur Ermittlung des endgültigen Prozeßumfangs verwendet wird:

$$VMA1_t = VMA1_t^h \cdot r_t \, ,$$

$$VMA2_t = VMA2_t^h \cdot r_t \, .$$

Die Umfänge der Teilprozesse sind dann wie folgt definiert:

$$MJU2_{t-1} = VMA2_t \, ,$$

$$MJU1_{t-2} = VMA1_{t-1} + MJU2_{t-1} \, .$$

Die gleiche Vorgehensweise läßt sich auch auf die weiblichen Tiere übertragen, wobei hier die bereits ermittelten Umfänge der Färsenaufzucht in den einzelnen Perioden, die in den Bestandsgrößen der Viehzählung mitenthalten sind, berücksichtigt werden.

Der Korrekturfaktor r_t $(t = 1, \ldots, T)$ kann dabei als Maß für die Fehler der Bestandsstatistik angesehen werden, vorausgesetzt, daß die Zahlen der Schlachtstatistik stimmen. So ergeben sich für die Jahre von 1958/59 bis 1974/75 für die männlichen Tiere Korrekturfaktoren in Höhe von 1.05 bis 1.2 und für die weiblichen Tiere in Höhe von 0.95 bis 1.3[30]. Diese Abweichungen stimmen mit den bekannten Fehlern bei der Viehbestandsstatistik größenordnungsmäßig überein, so daß diese Zwischenergebnisse (Darstellung und Interpretation siehe unten) eine sinnvolle Basis für die weiteren Überlegungen darstellen können.

---

29) Diese Größe läßt sich bei Annahme gleicher Altersverteilung aus den statistisch ausgewiesenen Angaben der Altersklasse 3 Mon. bis 1 Jahr berechnen:
$BMO1_t$ = BM (3 Mon. bis 1 Jahr) · 4/3.

3o) Die Einzelergebnisse sind zusammengestellt in: Bauer, S., Dynamische Konsistenzmodelle ... .

Um den physischen Kreislauf zu schließen, ist noch der Anschluß der Rindermast an die Kuhhaltung herzustellen. Ausgehend von den obigen Überlegungen wollen wir versuchen, den Kälberanfall zu rekonstruieren. Neben den bisher behandelten Verwendungsformen sind dabei zu berücksichtigen:

- Kälbermast,
- Kälberexport (Nutzkälber und Schlachtkälber),
- Kälberimport (Nutzkälber),
- Nutz- und Schlachtviehexport (lebend),
- Nutzviehimport .

Neben der Kälbermast ist der Außenhandel mit Kälbern von einiger Bedeutung (insbesondere zwischen bestimmten Regionen, z.B. von Bayern nach Italien). Vereinfachend fassen wir im folgenden die Kälbermast und den Saldo des Außenhandels an lebenden Kälbern (ohne Import von Schlachtkälbern, da hiervon die Landwirtschaft nicht direkt berührt wird) zu einer Aktivität KMAS zusammen[31]. Der Rindviehaußenhandel wurde bereits bei den jährlichen Schlachtungen berücksichtigt. Es wurde unterstellt, daß es sich dabei im wesentlichen um weibliche Nutztiere handelt. Die Aktivität VWE2 bezieht sich dann also auf das inländische Schlachtviehangebot und den Außenhandelssaldo[32].

Auf dieser Basis ergibt sich nun der jährliche verlustfreie Kälberanfall KALB durch folgende Beziehung:

$$KALB_t = MJU1_t + WJU1_t + KMAS_t$$

Dabei wird unterstellt, daß in der Kälbermast der Zeitpunkt der Geburt und der Schlachtung bzw. des Exports in das

---

31) Diese Vereinfachung ist auch deshalb notwendig, weil die Außenhandelsstatistik nicht nach dem Alter der Kälber unterscheidet.

32) Aufgrund der globalen statistischen Angaben über den Rindviehaußenhandel konnten hier keine weiteren sinnvollen Differenzierungen vorgenommen werden. Wegen der geringen Bedeutung des Außenhandels mit lebendem Rindvieh dürften jedoch die Ergebnisse davon wenig beeinflußt sein.

gleiche Wirtschaftsjahr fallen. Diese Annahme dürfte auch für die in den letzten Jahren stark expandierende "verlängerte Kälbermast" mit höheren Endgewichten noch zutreffen.

Bei gegebenem jährlichen Kuhbestand und unter Verwendung des ermittelten jährlichen Kälberanfalls läßt sich dann eine im Zeitablauf konsistente verlustfreie Abkalbequote KQ_t ermitteln:

$$KQ_t = KALB_t/MKUH_t \ .$$

Von entscheidender Bedeutung für die mittelfristigen Entwicklungsmöglichkeiten der Rindviehhaltung ist der Anteil der männlichen bzw. weiblichen Kälber an der Kälbermast. Diese Relation läßt sich nun ebenfalls aus den ermittelten Flußgrößen ableiten. Dabei unterstellen wir, daß die Wahrscheinlichkeit für die Geburt von männlichen und weiblichen Kälbern gleich groß ist. Der Anfall an männlichen Kälbern $KALM_t$ ist dann:

$$KALM_t = 0.5 \cdot KALB_t \ .$$

Der Rest der Kälber, der nicht aufgezogen wird ($KALM_t$-$MJU1_t$) steht dann definitionsgemäß für die Kälbermast zur Verfügung, so daß sich der Anteil von männlichen Kälbern in der Kälbermast KQKM errechnen läßt:

$$KQKM_t = (KALM_t - MJU1_t) \ / \ KMAS_t$$

Bevor im folgenden die verschiedenen Input- und Outputverflechtungen betrachtet werden, sollen die bisher diskutierten dynamischen Beziehungen des Produktionsablaufs in der Rindviehhaltung im Zusammenhang betrachtet werden. In Abbildung 10 sind die wichtigsten Variablen und die unmittelbar relevanten dynamischen Beziehungen für 4 Perioden[33] (Wirtschaftsjahre) skizzenhaft angegeben. Diese Darstellung ermöglicht es, die Verwendungsseite der in einer Periode geborenen Kälber im Zeitablauf zu verfolgen (<u>zeilenweise</u> Betrachtung).

---

33) Der besseren Übersichtlichkeit wegen wurde auf die zeitliche Indizierung verzichtet.

Abb. 10: Dynamischer Produktionsablauf in der Rindviehhaltung (Ausschnitt)

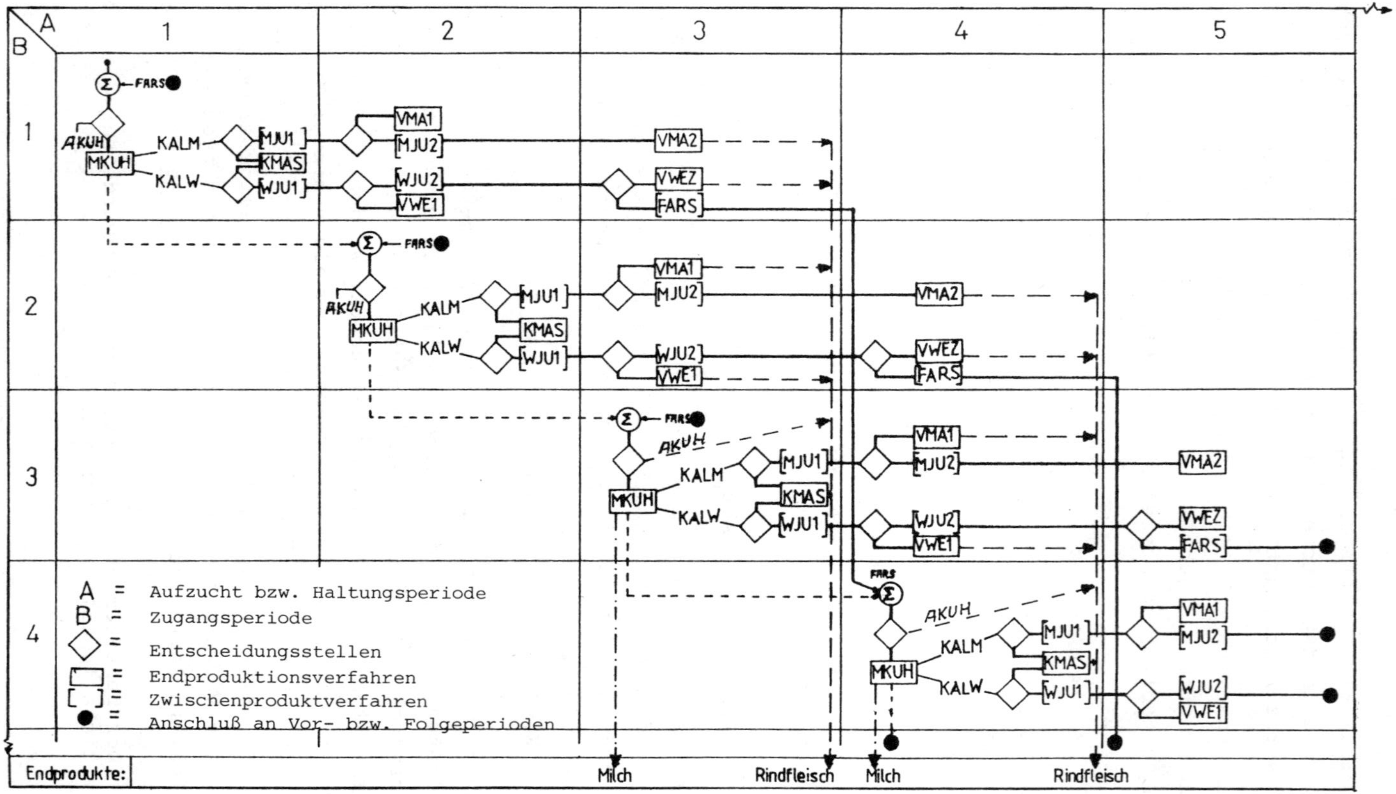

Dabei können die verschiedenen Entscheidungen über die weitere Verwendung der in einer bestimmten Periode geborenen Kälber verfolgt werden. Bei spaltenweiser Betrachtung lassen sich alle (hier berücksichtigten) Entscheidungen in einer Periode bei den verschiedenen Tierkategorien und Altersstufen verfolgen. Gleichzeitig soll die Struktur des sektoralen Rindviehangebots in einer Periode, die unter Berücksichtigung der Schlachtgewichte (siehe unten) das Rindfleischangebot ergibt, verdeutlicht werden. Zwei Beispiele sollen zur Erleichterung der Interpretation der folgenden empirischen Ergebnisse kurz erläutert werden:

(1) Zeilenweise Betrachtung der Zugangsperiode 2
Ausgangspunkt für die verschiedenen Produktionsprozesse, die in dieser Periode durchgeführt bzw. eingeleitet werden, ist der Kuhbestand und die verfügbaren trächtigen Färsen aus der Vorperiode 1. Ausgehend von diesem Kuhbestandspotential und der ökonomischen Situation wird die Entscheidung über den Umfang der Schlachtkühe getroffen. Dabei kann ein bestimmter Teil der Abgänge technisch determiniert sein. Außerdem können Färsen, die sich nicht zur Milchproduktion eignen (z.B. zu geringe Leistung), enthalten sein. Aus dem verbleibenden Milchkuhbestand ergibt sich unter Berücksichtigung der periodenspezifischen Abkalbequote der Anfall an männlichen und weiblichen Kälbern. Die nächste Entscheidung bezieht sich auf den Umfang der Kälbermast auf der Basis männlicher und weiblicher Tiere und im Zusammenhang damit auf den Umfang der entsprechenden Aufzuchtprozesse. Während die gemästeten Kälber in der gleichen Periode geschlachtet werden, wandern die aufgezogenen Kälber in die nächste Periode. In der Periode 2,3 ist nun zu entscheiden, ob die Tiere in die Endmast genommen und in dieser Periode verkauft werden sollen oder ob sie weiter aufgezogen (Magerviehaufzucht) und in die nächste Periode transferiert werden sollen. Während die männlichen Tiere in der Periode 2,4 ausgemästet und verkauft werden, können die noch vorhandenen weiblichen Tiere alternativ zur Färsennachzucht verwendet werden. Die Färsen werden in dieser Periode trächtig und stehen zu Beginn der Periode 5,5 zur Ergänzung des Kuhbestandes zur Verfügung. Auf der Basis des z.T. reproduzierten Kuhbestandes läuft in Periode 5,5 der gleiche Prozeß ab, wobei allerdings in den Zwischenperioden 3,3 und 4,4 bereits Prozesse der gleichen Art eingeleitet bzw. abgelaufen sind.

Gerade bei dieser zeilenweisen Betrachtung wird deutlich, welche einschränkenden Annahmen die diskrete Betrachtungsweise in sich birgt, besonders wenn man sich vergegenwärtigt, daß in der Realität täglich Entscheidungen der beschriebenen Art getroffen werden.

(2) Spaltenweise Betrachtung der Periode 4

Wenn wir diese Spalte von oben nach unten verfolgen, so erkennen wir gleichzeitig die folgenden Aktivitäten der Landwirte: Die aus der Vorperiode stammenden Jungbullen sind fertig zu mästen und zu verkaufen. Es ist zu entscheiden, welcher Anteil des weiblichen Jungviehs gedeckt und zur Färsennachzucht verwendet wird, und welcher Anteil gemästet und verkauft werden soll. Die in der Vorperiode geborenen, inzwischen 6 Monate alten Tiere können entweder in die Jungrindermast gehen oder zur Magerviehaufzucht verwendet werden. Der Unterschied liegt darin, daß erstere in der gleichen Periode verkauft werden, während die zweite Kategorie in die nächste Periode transferiert wird. Weiterhin ist bei gegebenem Ausgangsbestand an Milchkühen und bei einem gegebenen Bestand an tragenden Färsen über den Umfang der Kuhschlachtungen sowie schließlich über den Umfang der Kälbermast zu entscheiden.

Diese Entscheidungen auf den verschiedenen Stufen sind unmittelbar maßgebend für die Milch- und Rindfleischproduktion in dieser Periode. Die sektorale inländische Rindfleischproduktion RA ergibt sich aus folgender Definitionsgleichung:

$$RA_t = (KMAS_t - EXIMK_t) \cdot a_{1,t} + VMA1_t \cdot a_{2,t} + VWE1_t \cdot a_{3,1} + VMA2_t \cdot a_{4,t} + (VWE2_t - EXIMR_t) \cdot a_{5,t} + AKUH_t \cdot a_{6,t},$$

wobei die Koeffizienten a die jeweiligen Mastend- bzw. Schlachtgewichte je geschlachtetes Tier und die Variablen EXIMK bzw. EXIMR den Saldo aus Export und Import an Kälbern bzw. Rindern angeben.

Trotz der oben bereits erwähnten einschränkenden Annahmen scheinen die hier erfaßten produktionstechnischen Beziehungen eine bessere Grundlage für die Analyse der Dynamik der Rindfleischproduktion darzustellen als eine ausschließliche Betrachtung aggregierter Größen.

Übers.5: Niveau der Prozesse in der Rinderhaltung (in 1 000 Stck.)

MKUH=MILCHKUEHE	STCK	WJU1=W.JUNGVIEH -1/2 JAHRE	STCK	VWE1=VERKAUF W. J. 1	STCK
VKUH=ALTKUEHE	STCK	MJU2=M.JUNGVIEH 1/2-1.1/2 J.	STCK	VMA2=VERKAUF M. J. 2	STCK
KMAS=K.MAST EINSCHL. EXPORT	STCK	WJU2=W.JUNGVIEH 1/2-1.1/2 J.	STCK	VWEZ=VERKAUF W. 2 EINSCH.EX	STCK
MJU1=M.JUNGVIEH -1/2 JAHRE	STCK	VMA1=VERKAUF M. J. 1	STCK	FARS=FAERSEN-NACHZUCHT	STCK

NR	JAHR	MKUH	VKUH	KMAS	MJU1	WJU1	MJU2	WJU2	VMA1	VWE1	VMA2	VWEZ	FARS
1	1955/56	5691.00	1200.00	2276.00	883.00	1895.00	379.00	1710.00	370.00	285.00	380.00	318.00	1229.00
2	1956/57	5649.00	1271.00	2319.00	944.02	2103.52	476.00	1575.00	407.00	320.00	379.00	357.00	1353.00
3	1957/58	5607.00	1395.00	2192.00	1019.32	2115.32	573.02	1784.52	371.00	319.00	476.00	296.00	1279.00
4	1958/59	5567.00	1319.00	1966.00	1261.75	2116.57	628.54	1819.94	390.77	295.38	573.02	363.52	1421.00
5	1959/60	5635.00	1353.00	2073.00	1280.70	2221.01	749.75	1789.50	512.00	327.07	628.54	464.94	1355.00
6	1960/61	5734.00	1256.00	1975.14	1479.19	2159.83	768.68	1778.17	512.02	442.84	749.75	395.50	1394.00
7	1961/62	5846.00	1282.00	1873.01	1647.92	2183.60	899.73	1787.25	579.46	372.58	768.68	454.17	1324.00
8	1962/63	5907.00	1263.00	2225.12	1421.60	2022.82	941.60	1807.58	706.32	376.02	899.73	579.25	1208.00
9	1963/64	5878.00	1237.00	2100.16	1491.78	2081.51	775.22	1705.59	646.38	317.23	941.60	647.58	1160.00
10	1964/65	5826.00	1212.00	1846.20	1717.28	2179.20	826.87	1772.22	664.91	309.29	775.22	525.59	1180.00
11	1965/66	5835.00	1171.00	1701.58	1797.83	2264.40	1088.11	1866.24	629.16	312.96	826.87	442.22	1330.00
12	1966/67	5856.00	1309.00	1805.15	1817.42	2364.02	1137.73	1957.33	660.09	307.07	1088.11	531.24	1335.00
13	1967/68	5862.00	1329.00	1784.40	1788.53	2367.03	1174.08	2035.98	643.34	328.04	1137.73	534.33	1423.00
14	1968/69	5872.00	1413.00	1634.14	1911.00	2368.56	1245.60	1986.81	542.93	380.22	1174.08	484.98	1551.00
15	1969/70	5841.00	1582.00	1573.00	1942.36	2351.34	1305.68	2115.76	605.32	252.80	1245.60	679.81	1307.00
16	1970/71	5637.00	1511.00	1483.62	1945.17	2351.39	1313.62	2101.27	628.74	250.07	1305.68	886.76	1229.00
17	1971/72	5452.00	1414.00	1358.36	1981.13	2262.80	1326.17	2156.39	619.00	195.00	1313.62	866.87	1234.40
18	1972/73	5449.00	1237.39	1260.63	1993.33	2195.04	1671.13	2048.31	320.00	214.49	1326.17	672.89	1483.50
19	1973/74	5469.00	1463.50	1076.00	2121.18	2271.82	1593.33	1989.81	400.00	205.23	1671.13	581.61	1466.70
20	1974/75	5447.00	1488.70	1080.00	2129.50	2237.50	1578.18	2021.82	543.00	250.00	1593.33	723.81	1266.00
21	1975/76	5372.00	1341.00	1000.00	2138.00	2234.00	1536.00	2094.00	593.00	146.00	1578.10	646.00	1375.00
1	SUMME	108368.87	25506.57	33326.48	31700.99	42217.25	20073.04	36099.48	10381.44	5775.25	18873.85	10488.05	25299.59
2	MITT.WRT	5703.62	1342.45	1754.03	1668.47	2221.96	1056.48	1899.97	546.39	303.96	993.36	552.00	1331.56
3	WACHSABS	-11.22	12.09	-68.83	65.86	7.44	61.23	24.82	7.56	-3.89	67.46	20.38	-4.83
4	WACHSREL	-0.19	1 17	-3.88	4.92	0.40	7.49	1.49	3.59	-0.10	8.96	5.92	0.03
5	STAN.ABW	168.31	112.49	373.54	356.19	107.03	357.20	159.16	116.64	64.56	365.74	163.49	107.01
6	S.A.WRA	1.43	7.91	7.78	8.15	3.33	11.72	4.55	19.19	16.15	12.26	20.62	9.30

Die auf der Basis dieser Konsistenzbedingungen ermittelten Prozeßniveaus sind für den gesamten Analysezeitraum in Übersicht 5 dargestellt[34]. Die angegebenen Zahlen kennzeichnen die wichtigsten Strukturen und Entwicklungstendenzen der Rindviehhaltung in der BRD in den letzten beiden Jahrzehnten. Dabei kommen sowohl die Veränderungen bei den Endproduktionsverfahren (VMA1 bis VWE2) als auch die Entwicklung der Teil- bzw. Zwischenproduktprozesse zum Ausdruck. Die Hauptentwicklungstendenzen sind durch einen starken Rückgang der Kälbermast und durch eine kräftige Expansion der Mastprozesse mit höheren Endgewichten gekennzeichnet. In Abbildung 11 sind die

Abb. 11 : Struktur der Rinderschlachtungen von 1955/56 bis 1975/76 (in v.H. der gesamten Rinderschlachtungen)

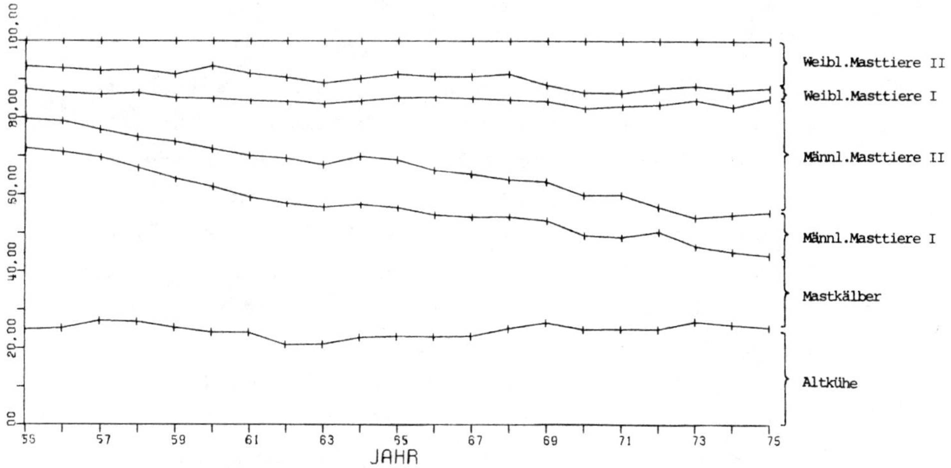

Anteile der Schlachtungen der einzelnen Tierkategorien an der Gesamtzahl der jährlich geschlachteten Tiere angegeben. Dabei kommt die Veränderung der Struktur der Rindfleischproduktion deutlich zum Ausdruck. Übersicht 6 enthält einige

34) Die angegebenen Zahlenwerte für das Jahr 1975/76 und z.T. für das Jahr 1974/75 haben vorläufigen Charakter.

Übersicht 6: Entwicklung einiger Relationen in der Rindviehaltung

Jahr	Abkalbequote KQ · 1oo	Anteil d. männlichen Kälber in d. Kälbermast in v.H.	Anteil d. Kälbermast an den verfügbaren Kälbern in v.H.	Abgang vom Kuhbestand in v.H. des Bestandes	Zugang zum Kuhbestand in v.H. des Bestandes	Färsenaufzucht in v.H. der weiblichen Jungtiere (WJU2)
1955/56	95.o	81.o	37.9	21.o	22.1	8o.5
1956/57	95.3	75.1	39.1	22.4	23.9	79.1
1957/58	95.5	74.3	37.3	24.8	24.1	81.2
1958/59	94.8	71.7	33.4	23.6	22.9	79.6
1959/6o	96.1	72.6	35.3	24.o	25.2	74.5
196o/61	98.9	67.2	34.o	21.9	23.6	77.9
1961/62	97.9	64.3	31.3	21.9	23.8	74.7
1962/63	97.5	64.5	36.5	21.3	22.4	67.5
1963/64	95.9	64.o	34.2	21.o	2o.5	64.2
1964/65	96.5	62.5	3o.5	2o.8	19.9	69.2
1965/66	98.5	63.5	28.7	2o.o	2o.2	75.o
1966/67	98.7	65.1	3o.4	22.3	22.3	71.5
1967/68	1o2.2	66.2	31.o	22.7	22.8	72.7
1968/69	1o1.3	64.o	28.2	24.1	24.2	76.2
1969/7o	1oo.7	63.2	27.1	27.o	26.5	65.8
197o/71	1oo.4	63.6	26.4	26.8	23.9	58.1
1971/72	1o2.5	6o.o	25.5	25.9	22.5	58.7
1972/73	1o2.9	58.1	23.7	22.7	22.6	68.7
1973/74	1o1.2	57.2	19.9	26.7	27.1	71.5
1974/75	1oo.8	56.8	19.6	27.3	26.9	63.6
1975/76	1o1.o	55.2	18.8	24.9	23.5	68.1

Relationen, die für die Entwicklung der Rindviehhaltung von zentraler Bedeutung sind. So zeigt sich etwa, daß der verlustlose Zugang an Kälbern während der Betrachtungsperiode um etwa 5-6 Kälber pro 100 Milchkühe angestiegen ist. Inwieweit diese Veränderung auf ein besseres Abkalbeergebnis und/oder auf eine Verminderung der Verluste zurückzuführen ist, kann hier nicht festgestellt werden. Im Hinblick auf die Entwicklung der Kuhbestände sind die relativen Abgänge $AKUH_t/MKUH_t$ und die Zugänge zum Kuhbestand $FARS_{t-1}/MKUH_t$ von Interesse. Die Relationen bestätigen die obige Hypothese, daß der Abgang an Altkühen als eine Entscheidungsvariable anzusehen ist, welche die Veränderung des Kuhbestandes in etwa gleichem Ausmaß beeinflußt wie die Änderungen bei der Färsenaufzucht. Der Spielraum, in dem die Färsenaufzucht kurzfristig ausgedehnt werden kann, kommt durch die letzte Relation $FARS_t/WJU2_{t-1}$ zum Ausdruck. Bei einem Anteil von 70 % sind dies maximal 40 % mehr Färsen. Das würde bei einer Zugangsrate von 0.2 (20 %) eine <u>kurzfristige</u> Steigerung der Milchkuhbestände um maximal 8 % bedeuten. Wenn man davon ausgeht, daß nicht alle Färsen zuchttauglich sind, so liegt die maximale jährliche Steigerung der Kuhbestände noch niedriger. Eine größere kurzfristige Reaktionsmöglichkeit besteht, wenn gleichzeitig der Abgang an Altkühen reduziert werden kann. Mittelfristig bestehen größere Anpassungsmöglichkeiten, wenn entsprechend mehr weibliche Jungtiere aufgezogen werden.

(b) Mastdauer und konsistente Mastendgewichte
Im letzten Abschnitt sind die Produktionsverfahren der Rindviehhaltung in bezug auf den dynamischen Ablauf der Rinderproduktion definiert worden. Eine exaktere Spezifizierung der Verfahren ist einmal für die prozeßbezogene Darstellung des Rindfleischangebots, zum anderen für die Quantifizierung des Produktionsmitteleinsatzes in der Rindermast und damit schließlich für eine prozeßspezifische Darstellung der Einkommensentstehung von Bedeutung. Ein weiteres wichtiges Kennzeichen der Rindermastverfahren ist die Mastdauer (Schlachtalter). Wegen der unmittelbaren Beziehungen zwischen Mastdauer und Mastendgewicht im Rinderwachstumsprozeß wollen wir im folgenden versuchen, beide Größen gleichzeitig zu ermitteln.

Dabei wird im allgemeinen von einem abnehmenden Ertragszuwachs mit zunehmender Mastdauer im Rinderwachstumsprozeß ausgegangen.

Abb. 12: Gewichtszuwachs und Mastdauer in der Rindfleischproduktion

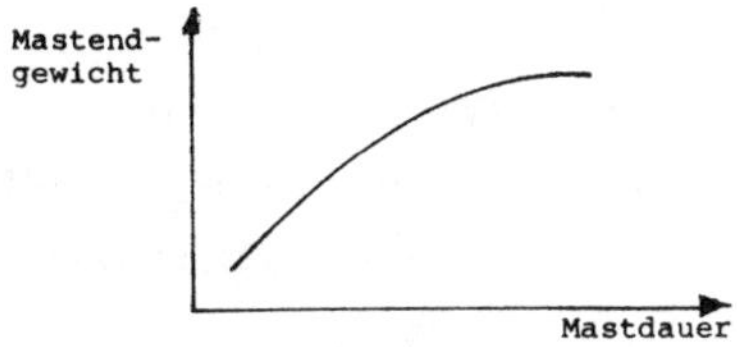

Gleichzeitig wird unterstellt, daß eine abnehmende Beziehung zwischen Ertragszuwachs und Aufwand an Produktionsmitteln V_i gilt.

Abb. 13: Endgewicht und Aufwand verschiedener Produktionsmittel in der Rindermast

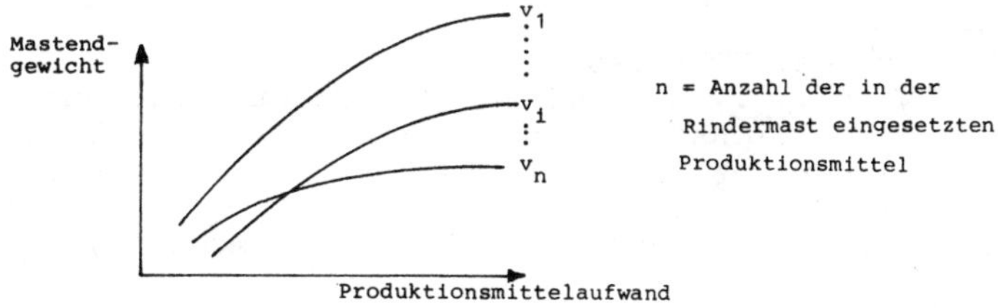

Diese Beziehungen können sich einmal im Zeitablauf ändern (Wirkung technischer Fortschritte) und zum anderen bei den verschiedenen Mast- und Haltungsverfahren unterschiedlich verlaufen. Zur Quantifizierung dieses Beziehungssystems werden mikroökonomische Kalkulationsdaten[35)] (Versuchs- und Erfahrungswerte) sowie Ergebnisse ökonometrischer Schätzungen von Produktionsfunktionen[36)] herangezogen. Dieses so konzipierte Produktionsfunktionssystem für die Rindermast ist an anderer Stelle beschrieben[37)]. Es stellt ein flexibles Simulationssystem dar, welches bei Untersuchungen auf unterschiedlichen Ebenen (einzelbetriebliche Planung, regionale, betriebsgruppenspezifische und sektorale Analysen) verwendet werden kann. Für die Ermittlung der Mastendgewichte und der Mastdauer sowie für die Ableitung des Futteraufwands (siehe unten) spielt das entwickelte Produktionsfunktionssystem eine zentrale Rolle. Dabei lassen sich für beliebige Mastabschnitte die relevanten Input-Output-Relationen ableiten.

Neben diesen produktionstechnischen Beziehungen wird von folgenden statistischen Datenreihen ausgegangen:

- Lebendgewicht aller geschlachteten Rinder inländischer Herkunft RA,
- Lebendgewicht aller geschlachteten Kälber inländischer Herkunft KA,
- Durchschnittliches Schlachtgewicht je Tier
  - . männliche Masttiere (Ochsen + Bullen) GM,
  - . weibliche Masttiere (3. Mon. bis 1. Kalb) GW,
  - . Kühe GK.

Das durchschnittliche Endgewicht der Kälbermast a_{KMAS} läßt sich aus diesen Angaben direkt ableiten:

$$a_{KMAS,t} = KA_t \;/\; (KMAS_t - EXIMR_t) \; .$$

35) Quelle: KTBL-Taschenbuch ...

36) Vogel, G., Ein Beitrag zur Quantifizierung der naturalen Produktionsfunktion des Stärkeeinheitenbedarfs in der Rindermast, in:Berichte über Landwirtschaft, Bd. 43 (1965), S. 33-54.

37) Bauer, S., Dynamische Konsistenzmodelle, ...

Dieses Endgewicht wird für die Ermittlung der Ertrags-Aufwands-Beziehungen des Kälbermastverfahrens unterstellt.

Um die Mastgewichte der übrigen Rindermastverfahren zu ermitteln, ist zunächst einmal die Rindfleischproduktion in Lebendgewicht für die männlichen und weiblichen Masttiere sowie für die Milchkühe zu bestimmen. Folgende Definitionsgleichung muß dabei gelten (Rindfleischbilanz):

$$RA_t = GM_t \cdot (VMA1_t + VMA2_t) \,/\, b_{M,t} + GK_t \cdot AKUH_t \,/\, b_{K,t} + GW_t \cdot (VWE1_t + VWE2_t) \,/\, b_{W,t} \,.$$

Die Koeffizienten b_M, b_W und b_K bezeichnen die Ausschlachtungsquoten, also die Relationen zwischen dem Schlachtgewicht und dem Lebendgewicht bei den einzelnen Tierkategorien. Diese Koeffizienten werden jedoch nicht statistisch erfaßt. Deshalb werden bestimmte Annahmen über die Relation der Ausschlachtquoten gemacht[38]. Die absoluten Quoten ergeben sich dann durch Niveauanpassungen nach dem oben bereits erwähnten Bilanzierungsverfahren.

Das Lebendgewicht der Schlachtkühe a_K ergibt sich dann aus:

$$a_{K,t} = GK_t \,/\, b_{K,t}$$

Die Schlachtgewichte für die jeweiligen Endmastprozesse in der Rindermast sind nicht analytisch zu ermitteln, da sich unendlich viele Kombinationen von Endgewichten vorstellen lassen, die alle den gleichen Fleischanfall ergeben. Folgende Bedingungsgleichungen müssen hier gelten:

$$\underbrace{GM_t \cdot (VMA1_t + VMA2_t) \,/\, b_{M,t}}_{\text{Rindfleischproduktion aus männlichen Tieren}} = \underbrace{VMA1_t \cdot a_{m1,t} + VMA2_t \cdot a_{M2,t}}_{\text{prozeßbezogener Fleischanfall}}$$

$$\underbrace{GW_t \cdot (VWE1_t + VWE2_t) \,/\, b_{W,t}}_{\text{Rindfleischproduktion aus weiblichen Tieren}} = \underbrace{VWE1_t \cdot a_{W1,t} + VWE2_t \cdot a_{W2,t}}_{\text{prozeßbezogener Fleischanfall}}$$

---

38) Bei den vorläufigen Rechnungen wird von den Relationen Kühe: Bullen: Färsen wie 1 : 1.06 : 1.1 ausgegangen.

Die Unbekannten dieser Gleichungen sind die Koeffizienten a. Die Gleichungen ließen sich bei Vorgabe der Relationen a_{M1}: a_{M2} und a_{W1}: a_{W2} lösen. Bei dieser Modellversion wurde jedoch ein anderer Weg beschritten, der hier kurz skizziert werden soll.

- Es werden bestimmte Annahmen über die Mastdauer bei den Intensivmastverfahren VMA1 und VWE1 gemacht[39].
- Aus dem oben bereits erwähnten Produktionsfunktionssystem werden die zugehörigen Mastendgewichte ermittelt, wobei aus den verschiedenen Alternativen eine bestimmte Mast- und Haltungsform auszuwählen ist[40].
- Bei vorgegebenen Mastendgewichten $a_{M1,t}$ und $a_{W1,t}$ lassen sich aus der obigen Bedingungsgleichung die Mastendgewichte $a_{M2,t}$ und $a_{W2,t}$ ermitteln.
- Unter Verwendung des Produktionsfunktionssystems wird nun die jeweils zugehörige Mastdauer ermittelt.

Damit sind die Outputkoeffizienten für die definierten Produktionsverfahren in geschlossener und konsistenter Form beschrieben. Gleichzeitig ist die Entstehungsseite der Rindfleischproduktion und damit ein Teil der Rindfleischbilanz in zeitlich konsistenter Weise dargestellt. Auf dieser Basis lassen sich wiederum verschiedene partielle Relationen errechnen, welche die Entwicklungen der Rindviehproduktion auf sektoraler Ebene charakterisieren. Einige dieser Relationen sind in Übersicht 7 angegeben. So zeigt sich etwa, daß die Endgewichte der Intensivmastverfahren bei konstanter Mastdauer kontinuierlich mit einer jährlichen Wachstumsrate von 0.5 % steigen (Wirkung des technischen Fortschritts).

---

39) Der ersten Modellversion liegen folgende vorläufige Annahmen über Mastdauer zugrunde: MJU1: 16 Monate, WJU1: 16 Monate.

40) Das Produktionsfunktionssystem besteht aus 12 verschiedenen Haltungsverfahren, die jeweils durch einen bestimmten Produktionsverlauf gekennzeichnet sind. Siehe dazu: Bauer,S., Dynamische Konsistenzmodelle ....

Übersicht 7: Lebendgewicht, Schlachtalter, tägliche Zunahmen und Ausschlachtquoten bei den Rindermastprozessen

LBL1=LEBENDGEWICHT BULLEN 1
LBL2=LEBENDGEWICHT BULLEN 2
LBLG=LEBENDGEWICHT BULLEN INSG.
LFA1=LEBENDGEWICHT FAERSEN 1
LFA2=LEBENDGEWICHT FAERSEN 2
LFAG=LEBENDGEWICHT FAERSEN INSG.
ALB2=ALTER BULLEN 2
ALF2=ALTER FAERSEN 2
ZUB1=TG.ZUNAHME B1
ZUB2=TG.ZUNAHME B2
ZUF2=TG.ZUNAHME F2
ABU%=AUSSCHL.BULLEN (% LEB.GEW.)
AFA%=AUSSCHL.FAERSEN "
AKU%=AUSSCHL.KUEHE "
AIG%=AUSSCHL.INSG. "

NR	JAHR	LBL1	LBL2	LBLG	LFA1	LFA2	LFAG	ALB2	ALF2	ZUP1	ZUB2	ZUF2	ABU%	AFA%	AKU%	AIG%
1	1955/56	392.12	547.10	470.00	316.80	533.00	430.00	27.00	30.00	733.58	619.00	529.50	0.53	0.52	0.50	0.49
2	1956/57	394.09	549.10	468.00	318.40	521.00	425.00	27.00	30.50	737.69	623.00	531.70	0.54	0.53	0.51	0.50
3	1957/58	396.07	551.10	480.00	320.00	532.00	437.00	27.00	29.41	741.81	626.00	534.10	0.56	0.54	0.52	0.50
4	1958/59	398.06	561.10	495.01	321.62	522.16	432.27	27.54	29.95	745.96	630.81	536.58	0.55	0.53	0.50	0.53
5	1959/60	400.06	586.52	501.06	323.24	568.91	512.33	28.30	29.18	750.13	643.66	586.49	0.54	0.52	0.49	0.51
6	1960/61	402.07	568.74	497.56	324.86	563.09	433.49	27.53	29.53	754.32	640.15	562.50	0.55	0.53	0.50	0.53
7	1961/62	404.09	539.10	481.07	326.49	509.39	429.50	26.35	29.10	758.53	631.37	537.70	0.58	0.56	0.53	0.56
8	1962/63	406.12	570.15	498.01	328.13	503.71	434.73	27.31	28.77	762.76	647.16	537.20	0.56	0.54	0.51	0.54
9	1963/64	408.16	561.21	498.91	329.78	489.90	435.17	26.86	28.19	767.01	646.86	531.91	0.56	0.54	0.51	0.54
10	1964/65	410.22	572.59	497.61	331.44	493.53	432.62	27.12	28.17	771.28	654.63	536.72	0.56	0.54	0.51	0.54
11	1965/66	412.28	572.12	503.05	333.10	525.86	443.00	26.97	29.04	775.58	657.74	557.78	0.56	0.54	0.51	0.54
12	1966/67	414.35	566.84	509.25	334.78	508.92	443.47	26.65	28.36	779.89	658.94	551.08	0.56	0.54	0.51	0.54
13	1967/68	416.43	566.10	512.04	336.46	514.18	445.27	26.49	28.38	784.23	661.95	556.85	0.56	0.54	0.51	0.54
14	1968/69	418.52	562.65	517.08	338.15	532.37	445.69	26.24	28.81	788.59	663.87	570.03	0.56	0.54	0.51	0.54
15	1969/70	420.63	568.42	520.09	339.85	485.93	443.72	26.31	27.24	792.97	669.57	545.73	0.56	0.54	0.51	0.54
16	1970/71	422.74	571.81	525.11	341.56	485.20	448.51	26.29	27.08	797.38	674.31	548.03	0.56	0.54	0.51	0.54
17	1971/72	424.86	569.99	525.73	343.27	494.55	450.87	26.10	27.23	801.80	676.96	556.50	0.56	0.54	0.51	0.54
18	1972/73	427.00	574.89	540.74	343.00	518.03	460.75	26.13	27.80	806.25	682.35	573.22	0.56	0.54	0.51	0.54
19	1973/74	429.15	587.07	541.05	346.73	506.03	458.56	26.40	27.30	810.72	690.67	569.04	0.57	0.55	0.52	0.55
20	1974/75	431.30	615.07	537.61	348.48	590.75	465.83	26.95	29.97	815.21	711.21	612.47	0.56	0.54	0.51	0.54
21	1975/76	433.47	587.00	540.00	350.23	580.00	470.00	26.00	29.00	819.73	720.00	620.00	0.60	0.0	0.0	0.0
1	SUMME	7836.19	10814.55	9648.96	6331.33	9955.85	8477.77	509.54	553.07	14742.08	12491.18	10535.61	10.71	10.24	9.69	10.16
2	MITT.WRT	412.43	569.55	507.84	333.23	523.99	466.20	26.82	29.11	775.90	657.43	554.51	0.56	0.54	0.51	0.53
3	WACHSABS	2.07	3.66	3.87	1.67	3.88	2.27	-0.00	-0.03	4.31	4.90	4.49	0.00	0.0	0.0	0.00
4	WACHSREL	0.50	0.67	0.79	0.50	1.08	0.68	0.01	0.08	0.56	0.74	0.85	0.35	0.12	0.02	0.46
5	STAN.ABW	11.63	16.00	20.61	9.40	41.87	19.41	0.58	1.92	24.23	23.30	21.17	0.01	0.01	0.01	0.02
6	S.A.WRA	0.00	2.69	1.62	0.00	9.21	5.93	1.93	6.20	0.00	1.02	3.63	2.68	1.96	2.23	2.58

Die Endgewichte der anderen Verfahren, die sich als Residualgrößen errechnen, sind stärkeren Schwankungen ausgesetzt. Langfristig ergeben sich auch bei diesen Verfahren plausible Entwicklungstendenzen. Die Endgewichte bei den weiblichen Tieren liegen bei den einzelnen Produktionsverfahren um etwa 10-20 % niedriger als bei den männlichen Tieren. Diesen Schlachtgewichten ist die Mastdauer bei den älteren Tieren gegenübergestellt. Die endogen ermittelte Größe bleibt im Gesamtzeitraum relativ konstant.

Als weitere mikroökonomische Kennziffern sind die implizit unterstellten täglichen Zunahmen bei den Verfahren MJU1, MJU2 und WJU2 ausgewiesen. Da sich auch hier plausible Entwicklungen zeigen, scheint das ermittelte Mengengerüst eine sinnvolle Basis für weiterführende Analysen darzustellen.

Weiterhin sind in Übersicht 7 die konsistenten Ausschlachtungsquoten, welche für die Ermittlung des aggregierten Rindleischangebots (in Schlachtgewichtseinheiten) herangezogen werden können, dargestellt.

Abb. 14: Entwicklung der Schlachtmengen in der Rindfleischproduktion (in t Lebendgewicht)

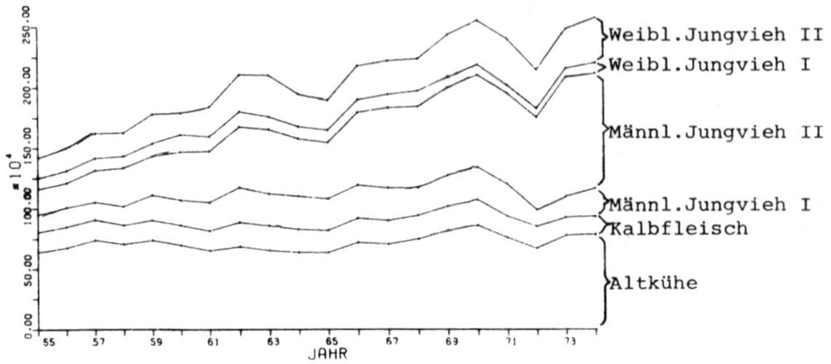

Abb. 15: Entwicklung der Schlachtmengen in der Rindfleischproduktion (in v.H.)

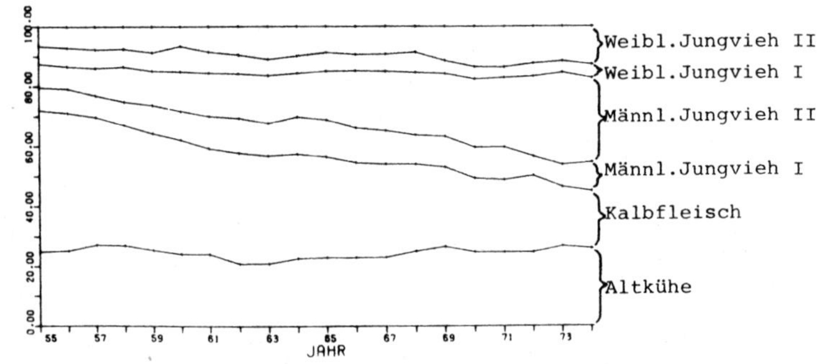

Die gesamte Rindfleischproduktion sowie die Produktionsmenge der einzelnen Verfahren gehen aus Abbildung 14 hervor. Über die relative Bedeutung der einzelnen Produktionsverfahren an der gesamten Rindfleischproduktion gibt Abbildung 15 Auskunft.

Für die Analyse des Produktionsmitteleinsatzes müssen auch die Gewichte der Teilprozesse bekannt sein. Diese sind zusammen mit allen anderen Outputkoeffizienten der Rindviehhaltung in Übersicht 8 angegeben. Der Gewichtszuwachs bei den einzelnen Prozessen ergibt sich dabei aus der Differenz zwischen den jeweils entsprechenden Teilprozessen.

Die Preise für die hier relevanten Produkte werden aus der Statistik übernommen. Dabei wird beim Rindfleischpreis eine

Differenzierung nach Kühen, Färsen und Bullen vorgenommen. Die Preisdifferenzierung leitet sich aus den durchschnittlichen Preisen an den Viehgroßmärkten ab. Das Niveau der Einzelpreise wird an den statistischen Durchschnittspreisen für Rinder angepaßt.

Übersicht 8: Erträge in der Rindviehhaltung (kg je Prozeßeinheit)

MKUH=MILCHKUEHE
VKUH=ALTKUEHE
KMAS=K.MAST EINSCHL. EXPORT
MJU1=M.JUNGVIEH -1/2 JAHRE
WJU1=W.JUNGVIEH -1/2 JAHRE
MJU2=M.JUNGVIEH 1/2-1.1/2 J.
WJU2=W.JUNGVIEH 1/2-1.1/2 J.
VMA1=VERKAUF M. J. 1
VWE1=VERKAUF W. J. 1
VMA2=VERKAUF M. J. 2
VWEZ=VERKAUF W. Z. EINSCH.EX
FARS=FAERSEN-NACHZUCHT

NR	JAHR	MKUH	VKUH	KMAS	MJU1	WJU1	MJU2	WJU2	VMA1	VWE1	VMA2	VWEZ
1	1955/56	3006.00	534.00	72.30	154.70	154.70	312.50	312.50	392.10	316.80	548.00	533.00
2	1956/57	2996.00	532.00	74.10	155.70	155.70	314.20	314.20	394.00	318.40	536.20	521.00
3	1957/58	3169.00	530.00	76.10	156.60	156.60	315.70	315.70	396.00	320.00	547.20	532.00
4	1958/59	3297.00	534.71	78.84	157.55	157.55	317.26	317.67	398.06	321.62	558.41	543.71
5	1959/60	3354.00	545.48	79.59	158.34	158.34	318.88	319.27	400.06	323.24	529.49	533.59
6	1960/61	3406.00	554.98	83.54	159.13	159.13	320.46	320.88	402.07	324.86	576.09	540.86
7	1961/62	3436.00	510.91	86.49	159.93	159.93	322.07	322.49	404.09	326.49	543.04	549.48
8	1962/63	3485.00	544.02	89.15	160.74	160.74	323.69	324.11	406.12	328.13	557.69	531.07
9	1963/64	3540.00	530.87	95.45	161.55	161.55	325.31	325.74	408.16	329.78	562.16	533.81
10	1964/65	3608.00	526.89	102.55	162.36	162.36	326.95	327.37	410.22	331.44	608.98	513.83
11	1965/66	3643.00	543.45	107.47	163.17	163.17	328.59	329.02	412.28	333.10	561.91	554.86
12	1966/67	3683.00	550.80	109.94	163.99	163.99	330.24	330.67	414.35	334.78	552.13	529.20
13	1967/68	3760.00	532.23	108.50	164.82	164.82	331.90	332.33	416.43	336.46	583.29	519.10
14	1968/69	3760.00	532.58	118.03	165.65	165.65	333.57	334.00	418.52	338.15	570.58	549.71
15	1969/70	3798.00	520.92	125.95	166.48	166.48	335.25	335.68	420.63	339.85	581.19	512.78
16	1970/71	3813.00	573.93	141.72	167.31	167.31	336.93	337.37	422.74	341.56	552.21	445.85
17	1971/72	3894.00	540.57	130.57	168.15	168.15	338.62	339.07	424.86	343.27	571.06	496.59
18	1972/73	3936.00	545.16	144.76	169.00	169.00	340.33	340.77	427.00	345.00	576.08	519.67
19	1973/74	3927.00	536.16	138.00	169.85	169.85	342.04	342.48	429.15	346.73	591.12	511.98
20	1974/75	3929.00	538.53	136.34	170.70	170.70	343.76	344.20	431.30	348.48	595.90	515.00
21	1975/76	0.0	0.0	0.0	171.56	171.56	345.48	345.93	433.47	350.23	-0.33	0.0
1	SUMME	68434.00	10224.17	2027.10	3101.02	3101.02	6245.71	6253.02	7836.04	6331.33	10754.70	9954.08
2	MITT.WRT	3601.79	538.11	106.69	163.21	163.21	328.72	329.11	412.42	333.23	566.04	523.90
3	WACHSABS	51.83	0.36	3.46	0.83	0.83	1.64	1.67	2.07	1.67	3.32	-0.33
4	WACHSREL	1.53	0.15	3.57	0.51	0.51	0.50	0.51	0.50	0.50	0.69	0.09
5	STAN.ABW	273.18	13.54	24.18	4.64	4.64	9.26	9.34	11.65	9.40	20.81	24.30
6	S.A.WRA	1.44	4.12	5.18	0.03	0.03	0.01	0.03	0.00	0.00	4.61	5.61

2.2.2.2 Veredelungsproduktion

Zur landwirtschaftlichen Veredelungsproduktion werden alle Tierproduktionsbereiche gerechnet, die nicht zur Rindviehhaltung gehören. Folgende Produktionsaktivitäten werden unterschieden:

- Zuchtschweinehaltung SWZU,
- Mastschweine (Futterbasis: Kartoffeln) SWKA,
- Mastschweine (Futterbasis: Getreide) SWGE,
- Eierproduktion EIER,
- Geflügelfleischproduktion GEFL,
- Sonstige Tierhaltung[41] SONT.

Die Prozeßumfänge werden weitgehend aus der Statistik übernommen. In den einzelnen Bereichen stehen jedoch unterschiedliche Informationen zur Verfügung.

---

41) Diese Abgrenzungsposition zur landwirtschaftlichen Gesamtrechnung umfaßt die Position Pferdefleisch, Schafe, Ziegen, Kaninchen, Wolle und Honig.

Der Produktionsumfang der Zuchtschweinehaltung wird als Bestand an Zuchtsauen aus der Dezember-Viehzählung definiert. Die jahresdurchschnittlichen Bestände, die eine bessere Grundlage für die Ermittlung des Prozeßniveaus bilden würden, sind in der Statistik leider nicht erfaßt.

Der Umfang der gesamten Mastschweineproduktion SWIN läßt sich aus der Schlachtstatistik (Anzahl der geschlachteten Schweine) ableiten. Hier sollen jedoch zwei Mastverfahren mit unterschiedlicher Futtergrundlage unterschieden werden. Empirische Grundlage für die Differenzierung stellen die Angaben aus den Produktbilanzen für Kartoffeln und Informationen aus der Futterwirtschaft dar. Während die Produktbilanz die Menge der verfütterten Kartoffeln ausweist, können aus der Futterwirtschaft Relationen über den Verbrauch von Futterkartoffeln in den einzelnen Tierkategorien abgeleitet werden, so daß sich die gesamte Menge der in der Schweinemast verwerteten Futterkartoffeln FKSCH errechnen läßt. Geht man nun von einem vorgegebenen Inputkoeffizienten $v_{FKSCH,SWKA}$ für Futterkartoffeln pro Mastschwein aus, so läßt sich der Umfang der Schweineproduktion auf der Basis von Futterkartoffeln ermitteln:

$$SWKA_t = FKSCH_t \; / \; v_{FKSCH,SWKA,t} \; .$$

Bei den vorläufigen Berechnungen wird ein Koeffizient von 7 (dz Kartoffeln pro Mastschwein) unterstellt. Als Ergänzung ist ein bestimmter Kraftfuttermitteleinsatz erforderlich, da es sich hier nicht um eine "reine" Hackfruchtmast handelt.

Der Umfang der Mastschweine auf Getreidebasis ist dann als Restgröße definiert:

$$SWGE_t = SWIN_t - SWKA_t$$

Die Outputkoeffizienten in der Schweinemast errechnen sich aus dem gesamten (statistisch ausgewiesenen) Schweinefleischanfall SA und dem Produktionsumfang

$$a_{SWIN,t} = SA_t \; / \; SWIN_t$$

Dabei kommt für die Kartoffelmast und die Getreidemast der gleiche Outputkoeffizient zum Ansatz.

Aus dem Umfang der Prozesse "Zuchtschweinehaltung" und "Mastschweine" läßt sich nun die Abferkelquote bestimmen. Wenn wir von einer gleichmäßigen Verteilung des Ferkelanfalls innerhalb eines jeden Wirtschaftsjahres und einer Mastdauer von etwa einem halben Jahr ausgehen, so ergeben sich die in Abbildung 16 angegebenen Beziehungen im Zeitablauf.

Abb. 16: Dynamische Beziehungen in der Schweinehaltung

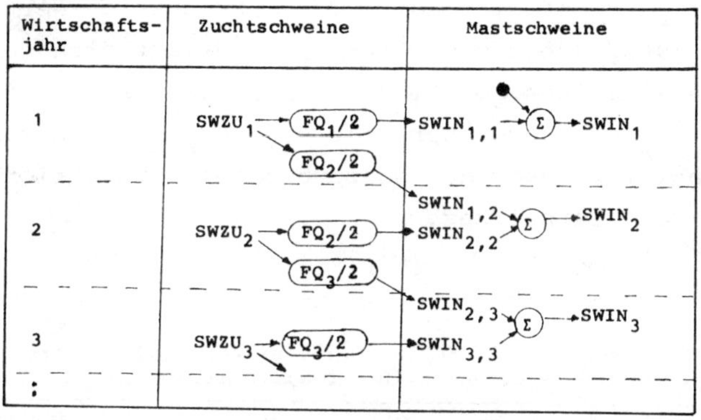

Die Abferkelquote FQ gibt die verlustlose Ferkelproduktion je Zuchtschwein und Jahr an. Der oben schematisch dargestellte Zusammenhang läßt sich in mathematischer Form wie folgt wiedergeben:

$$SWIN_t = SWZU_t \cdot FQ_t/2 + SWZU_{t-1} \cdot FQ_t/2$$

Eine Veränderung der Zuchtsauenhaltung in einer Periode wirkt sich also in der gleichen und in der nächsten Periode auf das Schlachtschweineangebot aus und zwar annahmegemäß in gleicher Höhe. Nach der obigen Gleichung errechnet sich nun die Abferkelquote aus:

$$FQ_t = SWIN_t \;/\; (SWZU_t/\,2 + SWZU_{t-1}/2).$$

Die errechnete Abferkelquote FQ_t gilt für die zweite Hälfte der Periode t und für die erste Hälfte der Periode t+1. Der zeitliche Ferkeltransfer, der sich aufgrund der unterstellten dynamischen Beziehungen ergibt, kann für die Erklärung zyklischer Entwicklungen in der Schweinehaltung von Bedeutung sein.

Der Umfang des Eierproduktionsverfahrens wird am Durchschnittsbestand an Legehennen gemessen. Diese Größe kann direkt aus der Statistik entnommen werden. Der Outputkoeffizient wird aus der Gesamtproduktion (gemessen in Gewichtseinheiten) und dem Prozeßniveau abgeleitet. Für die Geflügelmast gilt das entsprechende.

Der Produktionsumfang der Abgrenzungsposition "Sonstige tierische Produktion" wird auf 1000 DM Produktionswert in Preisen von 1963/64 bezogen. Entsprechend läßt sich der Umfang aus den einzelnen Positionen der landwirtschaftlichen Gesamtrechnung ableiten. Übersicht 9 enthält einige zusammengefaßte Kennziffern über die prozeßbezogene Produktionsentwicklung in der Tierhaltung.

Übersicht 9: Struktur und Entwicklung einiger Kennziffern der Produktionsverfahren in der Tierhaltung

Produktionsaktivitäten	Umfang der Prozesse			Leistung			Preise		
	in 1000 Stck. 1974/1975	Ø Wachstumsrate 1)	Standardabweichung 2)	kg je Einheit	Ø Wachstumsrate 1)	Standardabweichung 2)	DM je kg	Ø Wachstumsrate 1)	Standardabweichung 2)
20. Milchkühe	5447	- 0.19	1.43	3929	1.53	1.44	0.54	3.01	4.18
21. Altkühe	1488	1.17	7.91	538	0.15	4.12	2.64	3.53	8.63
22. Kälbermast[3)]	1080	- 3.88	7.78	136	3.57	5.18	5.06	3.94	5.75
23. M.-Jungvieh bis 6 Monate	2129	4.92	8.15	170	0.51	0.03	--	--	--
24. W.-Jungvieh bis 6 Monate	2237	0.40	3.33	170	0.51	0.03	--	--	--
25. M.-Jungvieh 6-18 Monate	1578	7.49	11.72	344	0.51	0.01	--	--	--
26. W.-Jungvieh 6-18 Monate	2021	1.49	4.55	344	0.51	0.03	--	--	--
27. Verkauf M.-Jungvieh I	543	3.59	19.19	431	0.50	0.00	3.58	3.73	8.11
28. Verkauf W.-Jungvieh I	250	- 0.1	16.15	348	0.50	0.00	2.83	2.71	8.72
29. Verkauf M.-Jungvieh II	1593	8.96	12.26	595	1.67	4.61	3.58	3.73	8.11
30. Verkauf W.-Jungvieh II	723	5.92	20.62	515	0.09	5.61	2.83	2.71	8.72
31. Färsennachzucht	1266	0.03	9.30	--	--	--	--	--	--
32. Zuchtschweine	2160	3.04	5.74	14.70[4)]	0.57	3.35	--	--	--
33. Mastschweine (Kart.)	8003	- 3.32	13.69	110.8	- 0.37	0.98	2.78	1.40	9.82
34. Mastschweine (Getr.)	23572	7.00	--	110.8	- 0.37	0.98	2.78	1.40	9.82
35. Hühner	64200	1.31	2.84	12.90	3.63	3.24	3.05	- 0.07	7.52
36. Geflügelmast	24916	8.28	12.72	15.90	2.40	3.24	1.85	- 1.65	7.63
37. Sonstiges	116	- 6.72	10.76	1000	--	--	1.20	1.73	5.13

1.) Durchschnitt der jährlichen Wachstumsrate von 1955/56 bis 1975/76
2.) Standardabweichung der jährlichen von der durchschnittlichen jährlichen Wachstumsrate
3.) Einschl. Export-Import
4.) Ferkel pro Zuchtschwein

Zusammenfassend läßt sich feststellen, daß für die geschlossene Kennzeichnung der Produktionsentwicklung in der Tierhaltung wesentlich komplexere Zusammenhänge zu berücksichtigen sind als in der Pflanzenproduktion. Die Schwierigkeiten ergeben sich aufgrund des ausgeprägten Verbundcharakters, der bedeutsamen dynamischen Beziehungen und aufgrund der lückenhaften Datenbasis. Gerade wegen der begrenzten statistischen Daten kommt dem Versuch der Integration unterschiedlicher Informationen zur geschlossenen und konsistenten Beschreibung des Produktionsablaufs besondere Bedeutung zu.

2.3 Entwicklung des Vorleistungseinsatzes

In diesem Abschnitt sollen - ausgehend von den oben definierten Produktionsprozessen und den vorliegenden Informationen über den Vorleistungseinsatz - die relevanten Inputkoeffizienten ermittelt werden. Dabei beziehen wir uns zunächst auf die zugekauften Vorleistungen des landwirtschaftlichen Sektors. Der Futtermittelaufwand (einschließlich der zugekauften Kraftfuttermittel) wird im nächsten Abschnitt im Zusammenhang mit den intrasektoralen Verflechtungen abgehandelt.

Übersicht 10: Gliederung des Vorleistungseinsatzes

1. Saatgut (Import)		erstrags-steigernde Vorleistungen
2. Pflanzenschutzmittel und chemische Produkte		erstrags-steigernde Vorleistungen
3. Stickstoffdüngemittel	Dünger	erstrags-steigernde Vorleistungen
4. Phosphordüngemittel	Dünger	erstrags-steigernde Vorleistungen
5. Kalidüngemittel	Dünger	erstrags-steigernde Vorleistungen
6. Kalkdünger	Dünger	erstrags-steigernde Vorleistungen
7. Dienstleistungen (Tierarzt u.dgl.)		erstrags-steigernde Vorleistungen
8. Viehzukauf (Import)		erstrags-steigernde Vorleistungen
9. Sonst. Vorleistungen		erstrags-steigernde Vorleistungen
10. Treibstoffe	Energie	Arbeits-hilfsmittel
11. Schmierstoffe	Energie	Arbeits-hilfsmittel
12. Brennstoffe	Energie	Arbeits-hilfsmittel
13. Elektrischer Strom	Energie	Arbeits-hilfsmittel
14. Unterhaltung Maschinen		Arbeits-hilfsmittel
15. Unterhaltung Gebäude		Arbeits-hilfsmittel

Die 15 Vorleistungspositionen werden in ertragsteigernde Vorleistungen und Arbeitshilfsmittel unterteilt. Während der Vorleistungseinsatz bei der ersten Teilmenge neben der ökonomischen Situation (Preisrelationen) direkt vom Produktionsumfang und/oder vom Niveau der Outputkoeffizienten abhängt, wird der Aufwand an Arbeitshilfsmitteln vom Mechanisierungsniveau (faktorbezogene Vorleistungen) bestimmt. Den Einsatz an Arbeitshilfsmitteln können wir an dieser Stelle ausklammern, da dieser Bereich im Zusammenhang mit der Mechanisierung und dem Faktoreinsatz (Abschnitt 3) näher erläutert wird.

Für die produktionsprozeßbezogenen Vorleistungspositionen lassen sich aus der Statistik die sektoralen Gesamtmengen Z und die dazugehörigen Durchschnittspreise Q ableiten. Dabei werden bei einzelnen Positionen direkt die physischen Mengen ausgewiesen, während andere, inhomogenere Produktgruppen lediglich als Volumengrößen zu erfassen sind.

Ausgehend von diesen sektoralen Gesamtmengen und den im letzten Abschnitt dargestellten Prozeßniveaus muß nun für jede Vorleistungskomponente und für jede Zeitperiode folgende Beziehung gelten:

$$Z_{i,t} = \sum_{j=1}^{M} X_{j,t} \cdot v_{i,j,t} \qquad \begin{array}{l} i = 1, \ldots 9 \text{ (Inputkomponenten)} \\ j = 1, \ldots M \text{ (Prozesse)} \\ M = 39 \text{ (Anzahl der Prozesse)} \end{array}$$

Die Unbekannten in diesem Gleichungssystem sind die Vorleistungskoeffizienten v. Das Hauptproblem liegt nun in der Quantifizierung dieser Koeffizienten unter der Bedingung, daß die Bilanzgleichung eingehalten wird. Für eine generelle Lösung dieses Problems läßt sich keine eindeutige Methode finden. Zweckmäßiger als die Anwendung rein formaler Methoden erscheint eine Vorgehensweise, die von einer Integration aller verfügbaren Teilinformationen bei den einzelnen Komponenten ausgeht. Diese Teilinformationen können sich z.B. auf Einzelbeobachtungen, auf Stichproben oder auf funktionale Beziehungen zwischen den Inputkoeffizienten und deren Bestimmungsfaktoren (prozeßspezifische Inputfunktionen) beziehen. Dabei sind für die einzelnen Produktionsprozesse und Vorleistungskomponenten im allgemeinen unterschiedlich abgesicherte Teilinformationen verfügbar. Zur Ermittlung konsistenter Vorleistungskoeffizienten kommen in dieser Arbeit zwei unterschiedliche Verfahren zur Anwendung:

a) Im einfachsten Fall werden einzelbetriebliche Kalkulationsdaten zur Bestimmung der Relationen zwischen den Vorleistungskoeffizienten v zugrundegelegt. Dieses Verfahren wird für die Vorleistungskomponenten Saatgut, Dienstleistungen, Viehzukauf und sonstige Vorleistungen verwendet.

b) Beim Düngemitteleinsatz und beim Pflanzenschutzaufwand lassen sich leistungsabhängige Vorleistungskoeffizienten ermitteln. Dabei werden für eine erste Annäherung einfache lineare Beziehungen zwischen den Output- und den Inputkoeffizienten unterstellt.

Für den Düngemitteleinsatz werden die prozeß- und düngeartenspezifischen Koeffizienten $e_{i,j}$ (Entzugszahlen) von BAUERSACHS[42] übernommen, der das gleiche Verfahren zur Ermittlung regionaler, fruchtspezifischer Düngeraufwendungen verwendet. Die entsprechenden Koeffizienten für den Pflanzenschutzaufwand werden aus Kalkulationsdaten abgeleitet. Die vorläufigen Inputkoeffizienten v^h ergeben sich dann aus:

$$v^h_{i,j,t} = \hat{a}_{j,t} \cdot e_{i,j}$$

i = 2, ... 6 (Vorleistungskomponenten),

j = 1, ... 19 (Anzahl der Bodenproduktionsprozesse),

t = 1, ... 21 (Anzahl der Wirtschaftsjahre in der Betrachtungsperiode),

e = unterstellte Aufwandsmengen je Outputeinheit.

---

42) Bauersachs, F., Zur empirischen Quantifizierung des regionalen und fruchtspezifischen Düngemittelaufwandes, Vorlage für die Diskussionsgruppe "Konkurrenzvergleich landwirtschaftlicher Standorte" der GEWISOLA-Tagung in Berlin, 1976.

Wegen der z.T. starken Ertragsschwankungen in der landwirtschaftlichen Bodenproduktion gehen wir hier von einem dreijährigen Mittel der Outputkoeffizienten aus. Im Gegensatz zur Methode a) können sich hier unterschiedliche Veränderungen der Inputkoeffizienten bei den einzelnen Prozessen im Zeitablauf ergeben.

Aus den vorläufigen Inputkoeffizienten, die nach den Verfahren a) und b) ermittelt wurden, läßt sich ein hypothetischer Vorleistungseinsatz ableiten. Durch die Gegenüberstellung zum tatsächlichen Einsatz ergeben sich die Korrekturfaktoren r, welche zur Anpassung des Niveaus der Inputkoeffizienten in jeder Periode verwendet werden.

$$r_{i,t} = \underset{\substack{\text{tatsächl.}\\ \text{Vorlei-}\\ \text{stungs-}\\ \text{einsatz}}}{z_{i,t}} \Big/ \underbrace{\left[\sum_{j=1}^{39} X_{j,t} \cdot v^h_{i,j,t}\right]}_{\text{hypothetischer Vorleistungseinsatz}}$$

$$v_{i,j,t} = v^h_{i,j,t} \cdot r_{i,t}$$

Dieses Verfahren kann natürlich modifiziert werden. Liegen z.B. gesicherte Informationen über die Vorleistungsaufwendungen bei einigen Prozessen vor, so können die restlichen Inputkoeffizienten den entsprechenden Bedingungen angepaßt werden.

Einige exemplarisch ausgewählte Inputkoeffizienten (Beispiel: Stickstoffaufwand in kg Reinnährstoff je ha Anbaufläche) sind in Übersicht 11 zusammengestellt. Abgesehen von kurzfristigen Schwankungen zeigen sich bei allen Produktionsverfahren eindeutige Entwicklungstendenzen. Während sich bei den Getreidebauverfahren in etwa eine Verdreifachung der Stickstoffaufwendungen ergibt, zeigt sich bei Kartoffeln und Zuckerrüben in etwa eine Verdoppelung innerhalb des Analysezeitraums. Die Ergebnisse für die anderen Vorleistungskomponenten sind gesondert zusammengestellt[43)]. Im großen und ganzen zeigen sich bei den anderen prozeßspezifischen Vorleistungsaufwendungen plausible Entwicklungstendenzen.

Übersicht 11: Stickstoff-Düngeraufwand bei den einzelnen Verfahren der Bodennutzung (kg/ha)

WEIZ=WEIZEN
ROGG=ROGGEN
GERS=GERSTE
HAFE=HAFER

MAIS=MAIS
HULS=HUELSENFRUECHTE
KART=KARTOFFELN
ZURB=ZUCKERRUEBEN

OELF=OELFRUECHTE
GEMU=GEMUESE
OBST=OBST
WEIN=WEIN

NR	JAHR	WEIZ	ROGG	GERS	HAFE	MAIS	HULS	KART	ZURB	OELF	GEMU	OBST	WEIN
1	1955/56	41.36	30.28	25.18	31.59	44.23	13.85	58.62	92.33	50.89	38.75	34.86	48.16
2	1956/57	46.52	33.77	28.27	35.12	49.49	15.46	64.54	101.21	56.41	42.54	38.01	54.90
3	1957/58	50.55	36.40	30.67	37.84	53.52	16.67	68.68	107.22	60.42	45.13	40.05	60.49
4	1958/59	51.53	36.80	31.22	38.24	54.28	16.85	68.55	106.54	60.71	44.91	39.58	62.51
5	1959/60	56.33	39.88	34.07	41.43	59.04	18.28	73.36	113.52	65.41	47.92	41.94	69.26
6	1960/61	56.22	39.48	33.95	41.00	58.63	18.10	71.69	110.45	64.35	46.69	40.59	70.09
7	1961/62	57.76	40.22	34.81	41.75	59.93	18.44	72.10	110.60	65.16	46.82	40.42	72.98
8	1962/63	72.61	50.13	43.69	52.03	74.96	23.00	88.74	135.52	80.74	57.45	49.27	93.01
9	1963/64	71.00	48.61	42.65	50.43	72.93	22.31	84.96	129.18	77.82	54.84	46.71	92.20
10	1964/65	75.24	51.09	45.13	52.99	76.91	23.46	88.16	133.45	81.29	56.74	47.99	99.06
11	1965/66	85.95	57.88	51.47	63.01	87.42	26.58	98.60	148.60	91.53	63.27	53.15	114.71
12	1966/67	88.82	59.31	55.10	61.47	89.88	27.25	99.75	143.67	93.22	63.82	53.25	120.16
13	1967/68	95.69	63.37	57.11	65.65	96.35	29.12	105.22	157.19	99.00	67.12	55.62	131.24
14	1968/69	95.54	62.74	56.93	64.97	95.72	28.85	102.85	152.97	97.42	65.41	53.84	132.83
15	1969/70	111.91	72.88	66.58	75.45	111.57	33.52	117.97	174.68	112.49	74.80	61.14	157.74
16	1970/71	119.75	77.33	71.12	80.04	118.78	35.58	123.58	182.19	118.64	78.13	63.43	171.11
17	1971/72	120.67	77.28	71.55	79.95	119.10	35.57	121.93	178.96	117.84	76.86	61.97	174.80
18	1972/73	127.92	81.23	75.72	84.02	125.62	37.41	126.55	184.92	123.12	79.53	63.69	187.84
19	1973/74	117.75	74.15	69.59	76.67	115.06	34.16	114.05	165.93	111.71	71.47	56.84	175.29
20	1974/75	130.23	81.33	76.84	84.06	126.62	37.48	123.50	178.89	121.78	77.16	60.95	196.53
21	1975/76	154.80	95.87	91.19	99.06	149.76	44.20	143.73	207.27	142.69	89.53	70.24	236.82
1	SUMME	1631.99	1063.89	974.49	1123.11	1645.83	498.09	1814.78	2721.69	1699.08	1160.60	968.45	2236.76
2	MITT.WRT	85.89	57.05	51.29	59.11	86.62	26.22	95.51	143.25	89.43	61.08	50.97	117.72
3	WACHSABS	4.65	2.64	2.70	2.72	4.29	1.22	3.28	4.32	3.63	1.92	1.27	7.87
4	WACHSREL	6.15	5.26	5.97	5.23	5.62	5.30	3.93	3.47	4.63	3.67	2.31	7.61
5	STAN.ABW	28.88	16.73	16.81	17.23	26.90	7.74	21.71	29.30	23.42	12.95	9.01	47.77
6	S.A.WRA	7.76	7.69	7.75	7.69	7.72	7.70	7.60	7.56	7.65	7.57	7.52	7.87

KLEE=KLEE
WIES=WIESEN
WEID=WEIDEN
GMAI=GRUENMAIS

FRUE=FUTTERRUEBEN
ZWIS=ZWISCHENFRUECHTE
SOPF=SONST. PFL. PRODUKTE

NR	JAHR	KLEE	WIES	WEID	GMAI	FRUE	ZWIS	SOPF					
1	1955/56	20.92	21.19	31.29	39.51	45.79	14.91	39.59	0.0	0.0	0.0	0.0	0.0
2	1956/57	27.94	23.39	34.54	43.63	52.22	16.35	45.68	0.0	0.0	0.0	0.0	0.0
3	1957/58	24.31	24.96	36.84	46.56	57.56	17.34	50.95	0.0	0.0	0.0	0.0	0.0
4	1958/59	24.16	24.97	36.86	46.61	59.51	17.24	53.29	0.0	0.0	0.0	0.0	0.0
5	1959/60	25.75	26.79	39.54	50.03	65.98	18.37	59.77	0.0	0.0	0.0	0.0	0.0
6	1960/61	25.06	26.25	38.74	49.03	66.79	17.89	61.21	0.0	0.0	0.0	0.0	0.0
7	1961/62	25.10	26.46	39.06	49.46	69.59	17.92	64.52	0.0	0.0	0.0	0.0	0.0
8	1962/63	30.77	32.65	48.19	61.05	88.72	21.97	83.22	0.0	0.0	0.0	0.0	0.0
9	1963/64	29.34	31.34	46.25	58.62	87.99	20.96	83.50	0.0	0.0	0.0	0.0	0.0
10	1964/65	30.32	32.60	48.11	61.01	94.58	21.66	90.81	0.0	0.0	0.0	0.0	0.0
11	1965/66	33.77	36.55	53.94	68.43	109.58	24.13	106.44	0.0	0.0	0.0	0.0	0.0
12	1966/67	34.03	37.07	54.71	69.43	114.84	24.32	112.85	0.0	0.0	0.0	0.0	0.0
13	1967/68	35.75	39.21	57.85	73.46	125.49	25.56	124.76	0.0	0.0	0.0	0.0	0.0
14	1968/69	34.80	38.42	56.69	72.02	127.07	24.89	127.81	0.0	0.0	0.0	0.0	0.0
15	1969/70	39.75	44.18	65.18	82.84	150.97	28.43	153.63	0.0	0.0	0.0	0.0	0.0
16	1970/71	41.47	46.40	68.45	87.04	163.84	29.67	168.67	0.0	0.0	0.0	0.0	0.0
17	1971/72	40.75	45.89	67.70	86.13	167.45	29.16	174.40	0.0	0.0	0.0	0.0	0.0
18	1972/73	42.12	47.75	70.44	89.65	180.03	30.15	189.70	0.0	0.0	0.0	0.0	0.0
19	1973/74	37.81	43.14	63.64	81.03	168.08	27.07	179.18	0.0	0.0	0.0	0.0	0.0
20	1974/75	40.77	46.83	69.08	88.00	188.54	29.20	203.34	0.0	0.0	0.0	0.0	0.0
21	1975/76	47.26	54.64	80.60	102.72	227.30	33.85	248.01	0.0	0.0	0.0	0.0	0.0
1	SUMME	618.78	674.86	995.83	1264.02	2138.85	442.28	2133.74	0.0	0.0	0.0	0.0	0.0
2	MITT.WRT	32.57	35.52	52.41	66.53	112.57	23.28	112.30	0.0	0.0	0.0	0.0	0.0
3	WACHSABS	0.99	1.30	1.92	2.47	7.57	0.71	8.76	0.0	0.0	0.0	0.0	0.0
4	WACHSREL	3.50	4.19	4.18	4.23	7.66	3.53	8.92	0.0	0.0	0.0	0.0	0.0
5	STAN.ABW	6.71	8.53	12.58	16.12	45.95	4.83	52.39	0.0	0.0	0.0	0.0	0.0
6	S.A.WRA	7.57	7.62	7.62	7.62	7.87	7.57	7.96	0.0	0.0	0.0	0.0	0.0

DATENQUELLE :
DATUM : 31.10.77

BEARBEITUNG :

Ausgehend von diesen konsistenten Vorleistungsaufwendungen und den entsprechenden durchschnittlichen Vorleistungspreisen bzw. -preisindizes läßt sich nun der prozeßspezifische monetäre Vorleistungseinsatz VE ermitteln:

$$VE_{j,t} = \sum_{i=1}^{9} v_{i,j,t} \cdot Q_{i,t} \,.$$

43) Bauer, S., Zintl, E., Materialien ....

Übersicht 12: Ertragssteigernde Vorleistungsaufwendungen je Prozeßeinheit (in jeweiligen Preisen)

WEIZ=WEIZEN
ROGG=ROGGEN
GERS=GERSTE
HAFE=HAFER

MAIS=MAIS
HULS=HUELSENFRUECHTE
KART=KARTOFFELN
ZURB=ZUCKERRUEBEN

OELF=OELFRUECHTE
GEMU=GEMUESE
OBST=OBST
WEIN=WEIN

KLEE=KLEE
WIES=WIESEN
WEID=WEIDEN
GMAI=GRUENMAIS

FRUE=FUTTERRUEBEN
ZWIS=ZWISCHENFRUECHTE
SOPF=SONST. PFL. PRODUKTE

NR	JAHR	WEIZ	ROGG	GERS	HAFE	MAIS	HULS	KART	ZURB	OELF
1	1955/56	89.61	76.17	70.12	78.25	114.38	86.42	157.97	266.17	126.16
2	1956/57	96.63	81.09	74.58	83.73	131.31	88.62	169.49	291.37	138.41
3	1957/58	105.85	87.88	81.02	90.58	146.86	95.61	182.54	315.28	148.83
4	1958/59	110.61	91.28	84.50	94.22	155.66	100.29	186.71	321.79	154.33
5	1959/60	127.98	104.61	97.08	108.14	178.91	115.66	210.54	357.81	175.72
6	1960/61	128.57	104.67	97.65	107.93	188.44	114.05	209.30	361.37	174.38
7	1961/62	131.44	106.61	99.76	110.07	192.86	116.24	209.78	356.38	176.87
8	1962/63	156.85	126.10	118.23	130.36	243.83	134.18	244.35	422.61	209.00
9	1963/64	170.46	136.36	128.32	141.32	275.26	147.24	260.15	449.98	226.19
10	1964/65	179.65	142.95	135.25	147.05	307.33	155.43	270.39	472.90	236.59
11	1965/66	196.71	154.35	146.68	159.52	353.23	164.13	289.56	511.05	254.09
12	1966/67	202.39	157.28	150.13	161.57	355.93	164.55	291.58	508.58	255.35
13	1967/68	210.04	161.89	155.23	165.95	392.13	168.48	297.81	524.06	261.15
14	1968/69	219.67	167.74	163.97	170.68	391.37	173.62	302.58	524.47	261.84
15	1969/70	244.28	183.67	179.80	186.19	476.01	188.11	329.65	582.71	285.19
16	1970/71	283.15	208.90	210.17	211.21	613.64	207.84	358.20	654.88	313.23
17	1971/72	295.76	219.44	222.32	224.35	689.53	222.27	373.30	681.92	331.05
18	1972/73	308.37	226.59	228.93	230.82	778.36	228.09	385.61	708.21	344.05
19	1973/74	334.38	247.04	248.94	247.29	905.91	258.90	418.03	773.91	370.46
20	1974/75	399.84	292.77	295.50	294.23	1074.36	311.53	479.76	872.67	439.46
21	1975/76	0.0	0.0	0.0	0.0	0.0	0.0	0.0	0.0	0.0
1	SUMME	3902.58	3001.43	2918.06	3066.09	7850.92	3154.85	5469.33	9692.71	4756.17
2	MITT.WRT	205.40	157.97	153.58	161.37	413.21	166.04	287.86	510.14	250.32
3	WACHSABS	16.85	11.76	12.27	11.69	52.39	12.38	17.24	32.29	16.72
4	WACHSREL	8.36	7.53	8.09	7.37	12.66	7.38	6.06	6.41	6.77
5	STAN.ABW	86.09	59.29	62.99	58.90	276.00	59.43	86.35	166.55	82.40
6	S.A.WRA	5.89	5.61	5.71	5.74	8.09	5.87	5.01	5.46	5.68

NR	JAHR	GEMU	OBST	WEIN	KLEE	WIES	WEID	GMAI	FRUE	ZWIS	SOPF
1	1955/56	262.83	263.78	202.70	97.58	69.16	98.01	131.79	146.98	65.45	130.12
2	1956/57	294.40	270.86	219.44	113.82	74.69	107.10	148.04	168.80	74.22	151.72
3	1957/58	323.27	296.27	240.29	123.23	79.76	115.03	160.73	189.02	79.68	170.11
4	1958/59	329.74	297.74	252.90	127.28	82.46	119.39	166.37	198.93	82.60	182.35
5	1959/60	359.22	332.44	291.67	138.87	93.50	136.64	187.22	227.27	91.71	213.43
6	1960/61	375.96	328.35	299.70	144.84	92.45	133.69	187.71	234.77	94.39	219.97
7	1961/62	364.07	315.04	307.58	142.83	93.45	135.29	188.05	237.18	93.99	227.62
8	1962/63	438.90	346.52	365.20	176.66	108.82	156.67	222.88	287.08	114.64	278.20
9	1963/64	469.28	355.94	398.38	193.16	117.15	169.84	242.58	315.86	124.85	313.39
10	1964/65	505.54	372.47	427.76	207.77	122.28	177.20	256.99	343.58	132.58	341.59
11	1965/66	553.73	399.44	469.56	225.64	130.03	187.72	276.28	382.86	142.49	378.34
12	1966/67	540.80	418.82	492.80	213.83	131.09	187.84	270.58	390.93	137.80	384.87
13	1967/68	568.15	432.16	518.67	222.77	133.50	191.04	278.96	415.20	142.21	408.62
14	1968/69	567.53	478.88	557.06	210.20	135.86	193.46	275.08	429.40	138.09	419.72
15	1969/70	650.45	535.35	627.01	237.53	146.70	209.12	305.51	497.64	152.09	479.55
16	1970/71	766.09	583.48	704.02	283.75	159.54	228.50	348.33	581.13	175.12	559.09
17	1971/72	801.14	590.25	757.27	302.59	169.17	240.89	366.96	616.38	187.39	604.48
18	1972/73	835.88	602.24	802.90	316.10	174.47	247.44	380.27	656.28	194.76	645.18
19	1973/74	942.16	720.25	934.61	341.55	190.88	272.15	416.82	753.34	211.43	735.62
20	1974/75	1029.26	789.17	1110.60	383.40	224.15	324.48	482.24	883.16	243.42	906.19
21	1975/76	0.0	0.0	0.0	0.0	0.0	0.0	0.0	0.0	0.0	0.0
1	SUMME	10715.55	8465.67	9777.41	4105.80	2459.97	3533.49	5161.61	7808.79	2613.44	7620.03
2	MITT.WRT	563.98	445.56	514.60	216.09	129.47	185.97	271.66	410.99	137.55	401.05
3	WACHSABS	40.83	28.79	49.51	14.98	8.30	12.08	18.57	39.69	9.40	41.91
4	WACHSREL	7.38	6.27	9.54	7.22	6.42	6.49	6.94	9.78	7.00	10.61
5	STAN.ABW	219.78	151.22	251.60	78.87	40.74	57.95	93.30	205.12	47.75	209.25
6	S.A.WRA	6.42	5.78	5.12	7.39	5.27	5.75	5.96	5.93	6.42	6.44

MKUH=MILCHKUEHE
VKUH=ALTKUEHE
KMAS=K.MAST EINSCHL. EXPORT
MJU1=M.JUNGVIEH -1/2 JAHRE

MJU2=M.JUNGVIEH 1/2-1.1/2 J.
WJU1=W.JUNGVIEH -1/2 JAHRE
WJU2=W.JUNGVIEH 1/2-1.1/2 J.
VMA1=VERKAUF M. J. 1

VWE1=VERKAUF W. J. 1
VMA2=VERKAUF M. J. 2
VWEZ=VERKAUF W. Z. EINSCH.EX
FARS=FAERSEN-NACHZUCHT

SWZU=ZUCHTSCHWEINE
SWKA=SCHWEINEMAST(KARTOFFEL)
SWGE=SCHWEINEMAST(GETREIDE)
EIER=HUEHNER

GEFL=GEFLUEGEL
STIE=SONSTIGE TIERPRODUKTE
SUMM=SEKTORMENGEN
KORF=KORREKTURFAKTOR

NR	JAHR	MKUH	VKUH	KMAS	MJU1	MJU2	WJU1	WJU2
1	1955/56	19.32	19.20	5.76	7.68	7.68	9.60	9.60
2	1956/57	19.42	19.30	5.79	7.72	7.72	9.65	9.65
3	1957/58	19.60	19.45	5.84	7.78	7.78	9.73	9.73
4	1958/59	20.00	19.83	5.95	7.93	7.93	9.91	9.91
5	1959/60	21.19	21.00	6.30	8.40	8.40	10.50	10.50
6	1960/61	23.27	23.06	6.92	9.22	9.22	11.53	11.53
7	1961/62	23.58	23.35	7.00	9.34	9.34	11.67	11.67
8	1962/63	29.06	28.80	8.64	11.52	11.52	14.40	14.40
9	1963/64	30.43	30.07	9.02	12.03	12.03	15.04	15.04
10	1964/65	31.81	31.52	9.46	12.61	12.61	15.76	15.76
11	1965/66	33.92	33.59	10.08	13.44	13.44	16.80	16.80
12	1966/67	34.93	34.71	10.41	13.89	13.89	17.36	17.36
13	1967/68	35.95	35.47	10.64	14.19	14.19	17.74	17.74
14	1968/69	38.00	36.99	11.10	14.79	14.79	18.49	18.49
15	1969/70	38.72	38.27	11.48	15.31	15.31	19.13	19.13
16	1970/71	40.88	40.13	12.04	16.05	16.05	20.07	20.07
17	1971/72	47.45	45.86	13.76	18.34	18.34	22.93	22.93
18	1972/73	50.05	48.08	14.42	19.23	19.23	24.04	24.04
19	1973/74	52.21	50.99	15.30	20.40	20.40	25.50	25.50
20	1974/75	58.09	55.22	16.57	22.09	22.09	27.61	27.61
21	1975/76	0.0	0.0	0.0	0.0	0.0	0.0	0.0
1	SUMME	648.57	635.69	190.71	254.28	254.28	317.84	317.84
2	MITT.WRT	34.14	33.46	10.04	13.38	13.38	16.73	16.73
3	WACHSABS	2.15	2.00	0.60	0.80	0.80	1.00	1.00
4	WACHSREL	6.41	6.13	6.13	6.13	6.13	6.13	6.13
5	STAN.ABW	11.75	11.10	3.33	4.44	4.44	5.55	5.55
6	S.A.WRA	5.66	5.39	5.39	5.39	5.39	5.39	5.39

NR	JAHR	VMA1	VWE1	VMA2	VWEZ	FARS	SWZU	SWKA	SWGE	EIER	GEFL	STIE
1	1955/56	9.60	9.60	9.60	9.60	15.42	15.41	5.79	5.79	0.20	2.14	192.17
2	1956/57	9.65	9.65	9.65	9.65	15.50	15.49	5.81	5.81	0.20	2.15	193.15
3	1957/58	9.73	9.73	9.73	9.73	15.63	15.62	5.86	5.86	0.21	2.17	194.69
4	1958/59	9.91	9.91	9.91	9.91	15.95	15.93	5.98	5.98	0.22	2.21	198.44
5	1959/60	10.50	10.50	10.50	10.50	16.89	16.87	6.34	6.34	0.23	2.35	210.17
6	1960/61	11.53	11.53	11.53	11.53	18.55	18.53	6.96	6.96	0.25	2.58	230.79
7	1961/62	11.67	11.67	11.67	11.67	18.79	18.77	7.05	7.05	0.26	2.61	233.68
8	1962/63	14.40	14.40	14.40	14.40	23.17	23.14	8.69	8.69	0.31	3.22	288.25
9	1963/64	15.04	15.04	15.04	15.04	24.24	24.20	9.09	9.09	0.34	3.38	301.09
10	1964/65	15.76	15.76	15.76	15.76	25.36	25.33	9.51	9.51	0.34	3.52	315.49
11	1965/66	16.80	16.80	16.80	16.80	27.04	27.00	10.14	10.14	0.37	3.76	336.23
12	1966/67	17.36	17.36	17.36	17.36	27.88	27.86	10.46	10.46	0.37	3.86	347.36
13	1967/68	17.74	17.74	17.74	17.74	28.61	28.57	10.74	10.74	0.40	4.00	355.19
14	1968/69	18.49	18.49	18.49	18.49	30.10	30.00	11.30	11.30	0.47	4.27	370.89
15	1969/70	19.13	19.13	19.13	19.13	30.84	30.80	11.57	11.57	0.43	4.30	383.14
16	1970/71	20.07	20.07	20.07	20.07	32.48	32.41	12.19	12.19	0.48	4.56	402.07
17	1971/72	22.93	22.93	22.93	22.93	37.48	37.32	14.08	14.08	0.62	5.36	460.19
18	1972/73	24.04	24.04	24.04	24.04	39.45	39.25	14.82	14.82	0.68	5.68	482.73
19	1973/74	25.50	25.50	25.50	25.50	41.40	41.28	15.54	15.54	0.63	5.86	511.17
20	1974/75	27.61	27.61	27.61	27.61	45.61	45.32	17.14	17.14	0.84	6.66	555.06
21	1975/76	0.0	0.0	0.0	0.0	0.0	0.0	0.0	0.0	0.0	0.0	0.0
1	SUMME	317.84	317.84	317.84	317.84	514.99	513.70	193.28	193.28	7.64	72.50	6369.76
2	MITT.WRT	16.73	16.73	16.73	16.73	27.10	27.04	10.17	10.17	0.40	3.82	335.25
3	WACHSABS	1.00	1.00	1.00	1.00	1.67	1.66	0.63	0.63	0.04	0.26	20.11
4	WACHSREL	6.13	6.13	6.13	6.13	6.31	6.27	6.32	6.32	8.67	6.63	6.16
5	STAN.ABW	5.55	5.55	5.55	5.55	9.21	9.14	3.46	3.46	0.18	1.36	111.68
6	S.A.WRA	5.39	5.39	5.39	5.39	5.54	5.60	5.66	5.66	11.12	6.00	5.41

Diese Ergebnisse sind in Übersicht 12 zusammengestellt. Es zeigt sich, daß der monetäre Vorleistungseinsatz je Prozeßeinheit bei den meisten Verfahren um das 3-4 fache innerhalb der 20jährigen Untersuchungsperiode ansteigt.

Der gesamte monetäre Vorleistungseinsatz GZ läßt sich nun alternativ aus den prozeßspezifischen Vorleistungsaufwendungen oder aus den Vorleistungskomponenten berechnen:

$$GZ_t = \sum_{j=1}^{N} X_{j,t} \cdot \underbrace{\sum_{i=1}^{9} V_{i,j,t} \cdot Q_{i,t}}_{\text{prozeßbezogener Vorleistungsaufwand}}$$

$$GZ_t = \sum_{i=1}^{9} Q_{i,t} \cdot \underbrace{\sum_{j=1}^{N} V_{i,j,t} \cdot X_{j,t}}_{\text{komponentenbezogener Vorleistungseinsatz}}$$

Wie diese Gleichungen zeigen, gehen beide Berechnungen von den gleichen konsistenten Einzelelementen aus. Sie unterscheiden sich lediglich in der Verbuchung der Zwischensummen[44]. Ausgehend von diesen Vorleistungsstrukturen lassen sich nun verschiedene problembezogene Auswertungen durchführen (z.B. Analyse der Vorleistungsproduktivitätsentwicklung, u.dgl.).

2.4 Intrasektorale Verflechtungen

Zur realistischen Beschreibung und Analyse der prozeßspezifischen Produktionsentwicklung im landwirtschaftlichen Sektor sind die physischen Verflechtungen zwischen den einzelnen Produktionsbereichen zu berücksichtigen. Auf die Ermittlung dynamischer Austauschbeziehungen innerhalb der Rindviehhaltung (Kälberanfall und Kälberverwendung, intertemporärer Jungviehtransfer, Kuhbestandsentwicklung u.dgl.) wurde in Abschnitt 2.2 im Zusammenhang mit der Bestimmung der Prozeßumfänge bereits eingegangen.

44) Vgl. dazu auch die Ausführungen in Abschnitt 2.1.

Im folgenden wollen wir uns einem weiteren wichtigen Bereich, nämlich den Verflechtungen innerhalb der Futterwirtschaft zuwenden. Dabei unterscheiden wir zwischen nichtmarktfähigem eigenerzeugtem Wirtschaftsfutter und zwischen marktfähigem (zugekauftem bzw. eigenerzeugtem) Kraftfutter. Bei beiden Futterkategorien wird jeweils die Seite des Futteraufkommens und die Seite der Futterverwendung betrachtet.

Kraftfuttereinsatz

Beim Kraftfuttermitteleinsatz können verschiedene Komponenten (wie z.B. Getreide, Soja, Fischmehl u.dgl.) unterschieden werden. Weitere relevante Differenzierungen betreffen die Herkunft der Futtermittel (z.B. selbsterzeugte, zugekaufte, importierte Futtermittel), den Verarbeitungszustand (einzelne Komponenten, Mischfuttermittel) sowie den Nährstoffgehalt der Futtermittel (Eiweiß, Stärke u.dgl.). Von besonderer Bedeutung ist schließlich der Futtermittelverbrauch, differenziert nach den einzelnen Tierarten. Im folgenden können nur einige dieser verschiedenen Differenzierungen berücksichtigt werden.

Die empirische Grundlage dieser Konsistenzrechnungen bildet im wesentlichen die Statistik "Futterwirtschaft"[45]. Sie weist den Kraftfuttermitteleinsatz differenziert nach "Getreide" und "sonstige Kraftfuttermittel" für folgende Tierarten aus:

- Pferde,
- Rindvieh,
- Schafe,
- Schweine,
- Geflügel.

Auf der Basis dieser Angaben soll der prozeßspezifische Kraftfuttereinsatz ermittelt werden. Die Vorgehensweise soll dabei am Beispiel der Rindviehhaltung verdeutlicht werden.

---

45) Bundesministerium für Ernährung, Landwirtschaft und Forsten (Hrsg.), Futterwirtschaft ....

Übersicht 13: Kraftfutteraufwendungen[1)] in der Rindviehhaltung (KSTE je Prozeßeinheit)

MKUH = Milchkühe
MJU1 = Mä. Jungvieh -1/2 J.
WJU1 = W. Jungvieh -1/2 J.
MJU2 = M. Jungvieh 1/2-1.1/2 J.
WJU2 = W. Jungvieh 1/2-1.1/2 J.
VMA1 = Verkauf m.J. 1
VWE1 = Verkauf w.J. 1
VMA2 = Verkauf m.J. 2
VWEZ = Verkauf w. 2 (einschl. Export)
FARS = Färsennachzucht
SUMM = Bilanzsumme in 1000 KSTE
KFAK = Korrekturfaktor

Jahr	MKUH	MJU1	WJU1	MJU2	WJU2	VMA1	VWE1	VMA2	VWEZ	FARS	SUMM	KFAK
1958/59	262.49	91.99	91.99	60.81	60.81	167.34	93.96	234.68	76.03	178.60	2411992.	0.79
1959/60	332.84	106.85	106.85	70.63	70.63	194.36	109.13	233.06	70.98	207.25	3008742.	0.85
1960/61	312.44	99.57	99.57	65.82	65.82	181.13	101.70	263.38	71.89	192.97	2933567.	0.81
1961/62	320.53	103.11	103.11	68.16	68.16	187.57	105.32	234.69	82.06	199.65	3081980.	0.81
1962/63	349.13	111.97	111.97	74.01	74.01	203.67	114.36	270.16	61.78	216.60	3378805.	0.85
1963/64	357.32	113.92	113.92	75.30	75.30	207.22	116.36	277.05	62.86	220.17	3422011.	0.84
1964/65	405.28	127.57	127.57	84.33	84.33	232.06	130.30	357.27	70.39	246.34	3876549.	0.92
1965/66	392.94	124.80	124.80	82.49	82.49	227.01	127.47	295.15	90.52	240.76	3830436.	0.87
1966/67	408.12	130.45	130.45	86.23	86.23	237.29	133.24	290.01	71.98	251.45	4089286.	0.88
1967/68	476.03	150.00	150.00	99.16	99.16	272.85	153.21	381.16	82.77	288.87	4846849.	0.98
1968/69	471.63	153.21	153.21	101.28	101.28	278.69	156.49	362.61	86.06	294.78	4887924.	0.97
1969/70	510.81	167.45	167.45	110.69	110.69	304.60	171,04	410.70	92.40	321.90	5304097.	1.03
1970/71	453.44	151.98	151.98	100.46	100.46	276.45	155.23	319.25	61.52	291.89	4613574.	0.91
1971/72	468.55	154.97	154.97	102.44	102.44	281.90	158.29	352.90	85.52	297.37	4710449.	0.90
1972/73	496.18	165.52	165.52	109.41	109.41	301.08	169.06	380.79	91.33	317.32	4959999.	0.93
1973/74	484.21	165.33	165.33	109.29	109.29	300.73	168.86	402.19	91.23	316.66	5125849.	0.90

1) einschließlich Futtergetreide

In Abschnitt 2.2 wurden die einzelnen Prozesse der Rindviehhaltung so weit konkretisiert, daß wir mit Hilfe des Produktionsfunktionssystems der Rindviehhaltung den prozeßspezifischen Kraftfuttermitteleinsatz ermitteln können. Diese vorläufigen Inputkoeffizienten werden dann nach dem bereits mehrfach erwähnten Bilanzierungsprinzip im Niveau so angepaßt, daß sich aus diesen Koeffizienten der gesamte Kraftfuttereinsatz in der Rindviehhaltung ergibt. Die Ergebnisse für den Rindviehbereich sind in Übersicht 13 dargestellt. Da der Korrekturfaktor in allen Jahren (mit Ausnahme des Jahres 69/70) kleiner als 1 ist, werden i.d.R. Niveaukorrekturen nach unten vorgenommen. Die konsistenten Inputkoeffizienten zeigen, daß der Kraftfuttereinsatz während der Betrachtungsperiode bei allen Produktionsverfahren ansteigt. Der gesamte Kraftfuttermitteleinsatz bei einem Rindermastverfahren läßt sich nun aus den Aufwandsmengen bei den einzelnen Teilprozessen ermitteln.

Ausgehend von der Relation "Getreide" zu "sonstigem Kraftfutter" in der Rindviehhaltung, die aus den Angaben der "Futterwirtschaft" ermittelt wird, lassen sich diese Inputkoeffizienten weiter differenzieren. Wendet man das gleiche Verfahren für die übrigen Tierarten und Produktionsverfahren an, so erhält man je eine Inputmatrix für Getreide und für sonstige Kraftfuttermittel. Die Inputmatrix für Getreide ist in Übersicht 14 angegeben.

Übersicht 14: Futtergetreideeinsatz in der Tierhaltung (dz je Prozeßeinheit)

MKUH = Milchkühe
MJU1 = M.Jungvieh -1/2 J.
WJU1 = W.Jungvieh -1/2 J.
MJU2 = M.Jungvieh 1/2-1.1/2 J.
WJU2 = W.Jungvieh 1/2-1.1/2 J.
VMA1 = Verkauf M.J.1
VWE1 = Verkauf W.J.1
VMA2 = Verkauf M.J.2
VWEZ = Verkauf W.J.2
FARS = Färsen-Nachzucht
SWZU = Zuchtschweine
SWKA = Schweinemast (Kartoffel)
SWGE = Schweinemast (Getreide)
EIER = Hühner
GEFL = Geflügel
STIE = sonstige Produkte

Nr.	Jahr	MKUH	MJU1	WJU1	MJU2	WJU2	VMA1	VWE1	VMA2	VWEZ	FARS	SWZU	SWKA	SWGE	EIER	GEFL	STIE
1	1955/56	1.30	0.35	0.35	0.30	0.30	0.80	0.40	1.30	0.25	0.80	6.30	1.70	3.80	0.30	0.30	28.00
2	1956/57	1.40	0.40	0.40	0.30	o.30	0.90	0.50	1.30	0.30	0.90	6.30	1.70	3.70	0.30	0.30	27.00
3	1957/58	1.50	0.45	0.45	0.40	0.40	0.95	0.50	1.40	0.35	1.00	6.40	1.70	3.65	0.30	0.30	26.00
4	1958/59	1.56	0.55	0.55	0.36	0.36	1.00	0.56	1.53	0.45	1.06	6.35	1.66	3.60	0.33	0.30	26.67
5	1959/60	1.92	0.62	0.62	0.41	0.41	1.12	0.63	1.92	0.50	1.19	6.85	1.81	3.61	0.35	0.30	21.67
6	1960/61	2.01	0.64	0.64	0.42	0.42	1.16	0.65	1.79	0.72	1.24	6.58	1.71	3.41	0.34	0.30	18.21
7	1961/62	1.84	0.59	0.59	0.39	0.39	1.08	0.61	1.40	0.33	1.15	5.89	1.52	3.30	0.30	0.28	13.42
8	1962/63	2.04	0.65	0.65	0.43	0.43	1.19	0.67	1.77	0.36	1.26	6.11	1.59	3.19	0.40	0.27	9.92
9	1963/64	2.24	0.72	0.72	0.47	0.47	1.30	0.73	1.81	0.39	1.38	6.62	1.74	3.48	0.41	0.28	8.34
10	1964/65	2.39	0.75	0.75	0.50	0.50	1.37	0.77	1.97	0.41	1.45	5.69	1.49	2.97	0.41	0.28	5.64
11	1965/66	1.95	0.62	0.62	0.41	0.41	1.13	0.63	1.59	0.34	1.20	5.45	1.41	2.81	0.41	0.27	6.24
12	1966/67	2.65	0.85	0.85	0.56	0.56	1.54	0.87	2.08	0.47	1.63	5.42	1.41	2.82	0.32	0.22	5.12
13	1967/68	3.58	1.13	1.13	0.75	0.75	2.05	1.15	2.72	0.62	2.17	5.73	1.49	2.98	0.36	0.24	4.54
14	1968/69	3.46	1.12	1.12	0.74	0.74	2.05	1.15	2.61	0.62	2.16	5.65	1.47	2.95	0.38	0.25	4.95
15	1969/70	3.73	1.22	1.22	0.81	0.81	2.22	1.25	2.86	0.67	2.35	5.89	1.53	3.07	0.39	0.26	4.29
16	1970/71	2.73	0.91	0.91	0.60	0.60	1.60	0.93	2.14	0.50	1.76	5.68	1.47	2.94	0.41	0.25	4.77
17	1971/72	2.72	0.90	0.90	0.59	0.59	1.63	0.92	2.05	0.50	1.72	5.78	1.49	2.98	0.45	0.25	4.60
18	1972/73	2.91	0.97	0.97	0.64	0.64	1.77	0.99	2.22	0.54	1.86	5.89	1.52	3.04	0.40	0.30	4.85
19	1973/74	3.19	1.09	1.09	0.72	0.72	1.98	1.11	2.59	0.60	2.09	6.50	1.50	3.00	0.50	0.28	4.95
20	1974/75	3.00	1.10	1.10	0.70	0.70	2.00	1.10	2.70	0.60	2.10	6.40	1.50	3.00	0.50	0.30	4.80
21	1975/76	3.00	1.10	1.10	0.80	0.80	2.00	1.20	2.80	0.60	2.20	6.30	1.50	2.90	0.30	0.30	4.60
1	Summe	46.82	15.28	15.28	10.20	10.20	28.10	15.72	38.45	9.27	29.67	115.18	29.71	60.50	7.20	5.23	205.98
2	MITT.WRT	2.46	0.80	0.80	0.54	0.54	1.48	0.83	2.02	0.49	1.56	6.06	1.56	3.18	0.38	0.28	10.84
3	WACHSABS	0.09	0.04	0.04	0.02	0.02	0.06	0.03	0.08	0.02	0.07	0.01	-0.01	-0.04	0.01	0.0	-1.23
4	WACHSREL	5.46	6.85	6.85	6.09	6.09	5.50	5.49	5.51	6.87	5.79	0.28	-0.51	-1.03	3.60	0.29	-8.19
5	STAN.ABW	0.72	0.25	0.25	0.15	0.15	0.43	0.24	0.49	0.13	0.46	0.43	0.12	0.30	0.06	0.02	8.52
6	S.A.WRA	15.80	15.30	15.30	16.87	16.87	14.51	14.89	17.05	23.12	14.55	6.28	6.21	5.08	12.63	7.86	13.50

Die auf dieser Basis ermittelten monetären Kraftfuttermittelaufwendungen sind in Übersicht 15 dargestellt. Dabei handelt es sich um Bruttogrößen, die sowohl die eigenerzeugten als auch die zugekauften Futtermittel beinhalten. Diesen Ergebnissen sind die Futtermittelaufwendungen der landwirtschaftlichen Gesamtrechnung gegenübergestellt, welche sich lediglich auf die zugekauften Mengen beziehen. Die Zahlen zeigen, daß der gesamte Kraftfutteraufwand bis Mitte der 60er Jahre etwa doppelt so hoch liegt wie die angegebenen monetären Zukäufe des Sektors. In den letzten Jahren beträgt der monetäre Anteil der zugekauften Futtermittel etwa 60 %. Dabei ist insbesondere eine starke Steigerung des Zukaufsanteils in der Schweineproduktion und in der Geflügelhaltung zu beobachten.

Übersicht 15: Entwicklung des Kraftfuttermitteleinsatzes in der Landwirtschaft (in Mio. DM)

Jahr	Bruttoaufwendungen (Ergebnisse der Konsistenzrechnungen)		Zugekaufte Kraftfuttermittel (Statistische Werte)
	Kraftfutter insgesamt	davon Getreide	
1955/56	4937.00	3032.00	1879.0
1956/57	5201.46	3198.20	2259.0
1957/58	5622.93	3484.28	2479.0
1958/59	5969.81	3955.40	2681.0
1959/60	6782.33	4362.17	3289.0
1960/61	6559.38	4215.23	2937.0
1961/62	7135.08	4370.12	3982.0
1962/63	8155.84	4878.36	4497.0
1963/64	8062.56	4755.73	4257.0
1964/65	9345.15	5271.68	5222.0
1965/66	9999.34	5177.73	6213.0
1966/67	10000.68	5363.80	5834.0
1968/69	10391.26	5683.13	5964.0
1969/70	11213.05	6338.72	6513.0
1970/71	11164.23	6242.86	6917.0
1971/72	11130.07	6267.07	6317.0
1972/73	12180.74	6742.51	7532.0
1973/74	12717.82	7099.30	8002.0
1974/75	12734.31	7267.84	7555.0
1975/76	-	-	-

W i r t s c h a f t s f u t t e r

Die statistische Erfassung der Wirtschaftsfutterproduktion und des Wirtschaftsfuttereinsatzes in der Tierproduktion ist - vermutlich wegen der nicht unmittelbaren Bedeutung für das Angebot an Agrarprodukten und die Einkommensentwicklung - bisher unzureichend. Da etwa 40 % der landwirtschaftlich genutzten Flächen ausschließlich der Futterproduktion dienen,und folglich ein relativ hoher Anteil von Arbeit und Kapital[46] in diesem Produktionsbereich eingesetzt wird, stellt der Mangel an statistischen Informationen, insbesondere für längerfristige Sektoranalysen, einen begrenzenden Faktor dar. Ausgehend von der vorliegenden Informationsbasis ist der folgende Versuch lediglich als ein erster Schritt zur Erstellung einer geschlossenen sektoralen Wirtschaftsfutterbilanz anzusehen. Dabei gehen wir zum einen vom Futterverbrauch bei den einzelnen Prozessen der Tierhaltung und zum anderen von der Produktionsmenge der Futterbauverfahren aus. Daneben werden die Angaben aus der "Futterwirtschaft" über den Wirtschaftsfutterverbrauch in einzelnen Bereichen der Tierproduktion berücksichtigt. Folgende Skizze soll die Zusammenhänge im futterwirtschaftlichen Bereich schematisch darstellen:

Abb. 17: Schematische Darstellung der Verflechtungen im Bereich Wirtschaftfutter

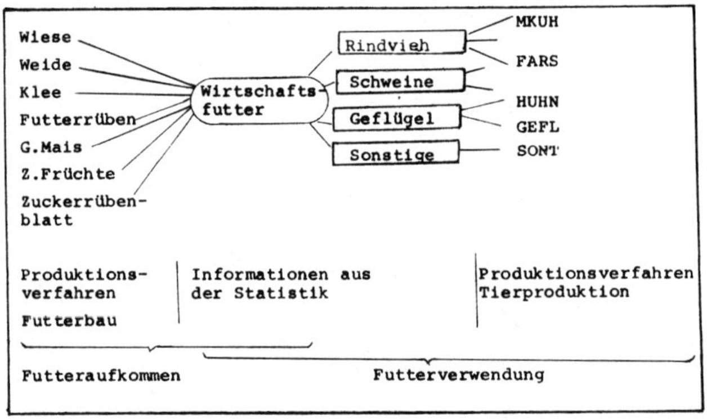

Bei der Ermittlung des prozeßspezifischen Futteraufkommens wird vom gesamten statistisch ausgewiesenen Futteranfall[47], den Prozeßumfängen und den Ertragsrelationen, welche aus der Erntestatistik abgeleitet werden, ausgegangen. Die auf dieser

46) Darauf wird in Abschnitt 3 noch weiter eingegangen.
47) Der gesamte Wirtschaftsfutteranfall ergibt sich aus den statistisch ausgewiesenen Positionen Grünfutter und Heu sowie sonstige Hackfrüchte (Futterhackfrüchte, Rübenblatt etc.).

Basis ermittelten konsistenten Futterbauerträge sind im Zusammenhang mit der Outputentwicklung in Abschnitt 2.2 bereits dargestellt worden.

Für die Ermittlung konsistenter Inputkoeffizienten bei der Futterverwendung können wir von den nach den Tierarten Rindvieh, Schweine, Geflügel und "Sonstige Tierhaltung" gegliederten Futterverbrauchsmengen ausgehen. Ähnlich wie bei der Kraftfutterbilanz werden die Relationen der Futterverbrauchskoeffizienten aus dem Produktionsfunktionssystem abgeleitet. Die anschließende Niveaukorrektur stellt sicher, daß Futterertrag und Futterverbrauch in einem konsistenten Verhältnis zueinander stehen.

Übersicht 16: Wirtschaftfutterverbrauch in der Viehhaltung (KSTE je Prozeß)

MKUH - MILCHKUEHE
MJU1 - M.JUNGVIEH-1/2 JAHRE
WJU1 - W.JUNGVIEH - 1/2 JAHRE
MJU2 - M.JUNGVIEH 1/2-1.1/2 J.
WJU2 - W.JUNGVIEH 1/2-1.1/2 J.
VMA1 - VERKAUF M.J.1
VWE1 - VERKAUF W.J.1
VMA2 - VERKAUF M.J.2
VWE2- VERKAUF W.Z.EINSCH.EX
FARS - FAERSEN-NACHZUCHT
SWZU - ZUCHTSCHWEINE
SWKA - SCHWEINEMAST (KARTOFFEL)
SWGE - SCHWEINEMAST(GETREIDE)
EIER - HUEHNER
GEFL - GEFLUEGEL
STIE - SONSTIGE PRODUKTE

NR JAHR	MKUH	MJU1	WJU1	MJU2	WJU2	VMA1	VWE1	VMA2	VWE2	FARS	SWZU	SWKA	SWGE	EIER	GEFL	STIE
1 1955/56	1550.0	180.0	180.0	585.0	590.0	580.0	570.0	980.0	1000.0	980.0	350.0	24.00	24.0	2.7	0.0	7000.0
2 1956/57	1580.0	178.0	178.0	575.0	580.0	570.0	560.0	970.0	1030.0	975.0	350.0	23.0	23.0	2.6	0.0	6950.0
3 1957/58	1600.0	175.0	175.0	570.0	575.0	565.0	555.0	960.0	1060.0	970.0	310.0	22.0	22.0	2.5	0.0	6900.0
4 1958/59	1617.0	179.0	179.5	577.3	578.1	571.8	559.0	948.0	1083.0	974.0	307.1	21.6	21.6	2.3	0.0	6874.8
5 1959/60	1534.7	159.2	159.2	534.4	535.1	520.5	514.3	955.0	1000.0	889.5	201.1	14.3	14.3	1.6	0.0	5954.5
6 1960/61	1590.0	171.8	171.8	567.4	568.1	558.2	547.5	929.5	1189.0	941.5	367.4	26.0	26.0	2.0	0.0	5744.6
7 1961/62	1646.7	175.4	175.4	589.0	589.8	576.7	567.2	767.2	1020.6	968.5	346.3	25.6	25.6	2.0	0.0	5366.8
8 1962/63	1560.9	162.0	162.0	560.4	561.2	543.2	537.5	863.7	929.2	910.7	319.6	22.33	22.33	1.8	0.0	4908.3
9 1963/64	1595.4	164.0	164.0	573.0	573.8	554.6	549.0	801.1	865.8	923.7	379.1	26.8	26.8	2.6	0.0	4232.6
10 1964/65	1586.3	155.0	155.0	574.3	575.1	543.7	545.9	831.3	870.4	909.9	332.9	23.7	23.7	2.4	0.0	3561.3
11 1965/66	1527.9	151.0	151.0	551.0	551.8	526.7	525.2	776.4	963.5	870.0	308.6	21.9	21.9	2.6	0.0	3704.3
12 1966/67	1692.6	164.2	164.2	611.5	612.4	581.4	581.4	818.5	962.5	955.7	384.9	26.1	26.3	2.5	0.0	3638.3
13 1967/68	1748.7	156.1	156.1	639.5	640.5	587.3	600.8	809.7	1021.3	976.1	266.3	18.9	18.9	2.0	0.0	2991.7
14 1968/69	1754.8	154.7	154.7	641.7	642.7	588.4	602.2	780.9	1103.8	970.8	316.7	21.3	21.3	2.1	0.0	3541.6
15 1969/70	1763.9	145.6	145.6	649.9	650.8	581.7	604.8	782.5	848.5	964.3	250.6	17.3	17.3	1.8	0.0	2864.7
16 1970/71	1882.6	168.3	168.3	684.4	685.4	636.3	644.3	852.9	862.0	1025.2	272.4	19.4	19.4	1.6	0.0	2963.6
17 1971/72	1824.5	159.3	159.3	663.6	664.6	613.4	623.2	798.6	863.6	983.2	272.3	18.9	18.9	1.5	0.0	3565.0
18 1972/73	1844.9	153.6	153.6	673.9	674.9	613.2	629.2	804.6	983.6	982.4	240.1	17.1	17.1	1.7	0.0	3530.1
19 1973/74	1945.6	161.7	161.7	709.3	710.3	647.6	662.5	889.2	942.6	1027.0	210.5	15.0	15.0	1.6	0.0	3909.8
20 1974/75	1950.0	144.5	144.5	718.3	719.4	630.5	662.1	946.9	1000.0	1011.0	210.1	14.8	14.8	1.7	0.0	3901.2
21 1975/76	1950.0	139.8	139.8	718.6	719.8	626.3	660.4	950.0	1000.0	998.8	205.8	14.5	14.5	1.6	0.0	3816.1
1 SUMME	32247.5	3079.6	3079.6	11664.8	11689.8	11010.8	11071.7	16287.4	18600.2	18229.5	5626.7	396.9	396.9	39.6	0.0	85102.6
2 MITT.WRT	1697.2	162.0	162.0	613.9	615.2	579.5	582.7	857.2	978.9	959.4	296.1	20.8	20.8	2.0	0.0	4479.0
3 WACHSABS	20.5	-1.8	-1.8	7.9	7.7	3.3	5.6	-1.2	-1.6	2.0	-6.6	-0.4	-0.4	-0.0	0.0	-169.4
4 WACHSREL	1.25	-0.9	-0.9	1.3	1.3	0.6	1.0	0.1	0.3	0.3	0.1	0.1	0.1	-1.1	0.0	-2.5
5 STAN.ABW	139.1	10.4	10.4	56.6	56.4	35.9	45.5	72.8	93.4	42.8	56.4	3.9	3.9	0.3	0.0	1395.5
6 S.A.WRA	4.1	7.0	7.0	4.4	4.4	5.0	4.5	7.2	10.1	4.5	25.9	25.1	25.1	15.9	0.0	11.4

Die konsistenten Inputkoeffizienten der Futterverwendung und der Tierhaltung sind in Übersicht 16 dargestellt. Von besonderer Bedeutung für die Analyse der Wettbewerbsfähigkeit der Produktionsverfahren sind die Relationen zwischen diesen Koeffizienten und die Veränderungen der einzelnen Koeffizienten.

Durch die explizite Berücksichtigung von technischen Fortschritten - in Form von besserer Futterverwertung und steigenden täglichen Zunahmen sowie durch die Berücksichtigung der jeweiligen Anfangs- und Endgewichte bzw. der Leistungen bei den einzelnen Prozessen - ergibt sich eine unterschiedliche Entwicklung des Wirtschaftsfutteraufwandes bei den einzelnen Produktionsprozessen. Wie sich hier zeigt, bedürfen die statistischen Ausweisungen der Wirtschaftsfutteraufwendungen im Bereich der Veredelungsproduktion u.U. einer ergänzenden Analyse. Bei dieser ersten Modellversion wird jedoch von den vorliegenden statistischen Randinformationen ausgegangen.

Auf der Basis dieser sektoral geschlossenen Informationsgrundlage lassen sich weiterführende Analysen durchführen, die sich etwa auf

- Veränderungen der Veredelungseffizienz (Futterverwertung),
- Veränderungen der Futtermittelinputstrukturen (z.B. Substitution von Wirtschaftsfutter und Kraftfutter),
- die Entwicklung der Futtermittelnachfrage,
- den Einfluß veränderter Futtermittelpreise auf die Konkurrenzfähigkeit der Verfahren der Tierproduktion (Veränderung der Deckungsbeiträge bzw. der Faktorverwertung) u.dgl.

beziehen.

2.5 Prozeßbezogene Gesamtrechnung

Auf der Grundlage der in den letzten Abschnitten ermittelten Input- und Outputstrukturen und unter Berücksichtigung der jeweiligen Preise lassen sich nun prozeßspezifische "Einkommensbeiträge" errechnen, die wiederum die Basis für die prozeßbezogene sektorale Gesamtrechnung darstellen. Da diese sektoralen "Einkommensbeiträge" jedoch nicht die technologiebezogenen Vorleistungen (Energie, Unterhaltung von Maschinen und Gebäuden u.dgl.), sondern nur die ertragssteigernden Vorleistungen enthalten, läßt sich an dieser Stelle der Beitrag des landwirtschaftlichen Sektors zum Bruttoinlandsprodukt noch nicht geschlossen abbilden[48].

---

48) Die geschlossene Abbildung der verschiedenen sektoralen Einkommensaggregate auf prozeßanalytischer Basis wird durch das im nächsten Abschnitt beschriebene Faktoreinsatzmodell ermöglicht.

Übersicht 17: Prozeßspezifische "Einkommensbeiträge" in der Landwirtschaft

WEIZ=WEIZEN HA
ROGG=ROGGEN HA
GERS=GERSTE HA
HAFE=HAFER HA
MAIS=MAIS HA
HULS=HUELSENFRUECHTE HA
KART=KARTOFFELN HA
ZURB=ZUCKERRUEBEN HA
OELF=OELFRUECHTE HA
GEMU=GEMUESE HA
OBST=OBST HA
WEIN=WEIN HA
KLEE=KLEE HA
WIES=WIESEN HA
WEID=WEIDEN HA
GMAI=GRUENMAIS HA
FRUE=FUTTERRUEBEN HA
ZWIS=ZWISCHENFRUECHTE HA
SOPF=SONST. PFL. PRODUKTE HA
=

NR	JAHR	WEIZ	ROGG	GERS	HAFE	MAIS	HULS	KART	ZURB	OELF	GEMU	OBST	WEIN	KLEE	WIES	WEID	GMAI	FRUE	ZWIS	SOPF
1	1955/56	0.0	0.0	0.0	0.0	0.0	0.0	0.0	0.0	0.0	0.0	0.0	0.0	0.0	0.0	0.0	0.0	0.0	0.0	0.0
2	1956/57	1047.29	811.14	986.66	739.31	920.46	849.05	1086.82	1663.49	1484.65	3714.20	13820.80	2295.16	-113.82	-74.69	-107.10	-148.04	-168.80	-74.22	2313.28
3	1957/58	1141.48	882.87	1054.32	699.34	927.46	670.82	933.78	2342.21	1501.17	3070.63	11251.20	3633.21	-123.23	-79.76	-115.03	-160.73	-189.02	-79.68	2529.89
4	1958/59	1008.52	817.59	1004.26	771.29	973.46	730.86	1035.67	2488.36	1143.17	2820.82	19782.00	4984.16	-127.28	-82.46	-119.39	-166.37	-198.93	-82.60	2760.56
5	1959/60	1228.65	888.47	1088.79	733.47	875.83	556.84	1473.26	1946.60	1249.52	3887.91	12650.60	6893.86	-138.87	-93.50	-136.64	-187.22	-227.27	-91.71	2784.75
6	1960/61	1251.58	887.33	1234.74	853.82	950.65	813.07	954.34	2661.87	1251.22	3256.37	15954.70	4720.30	-144.84	-92.45	-133.69	-187.71	-234.77	-94.39	2485.91
7	1961/62	1003.73	640.10	848.86	762.46	943.88	773.09	1244.53	2205.35	1182.73	4046.76	14465.30	4397.48	-142.83	-93.45	-135.29	-188.05	-237.18	-93.99	2625.32
8	1962/63	1241.46	874.46	1204.17	836.99	1008.34	889.81	1450.19	2105.26	1381.60	4142.14	17479.70	5653.73	-176.66	-108.82	-156.67	-222.88	-287.08	-114.64	3030.87
9	1963/64	1241.05	907.01	1077.99	871.39	1075.07	837.32	960.21	2666.23	1173.01	3724.45	19052.20	6159.24	-193.16	-117.15	-169.84	-242.58	-315.85	-124.85	3023.55
10	1964/65	1290.99	1028.58	1216.66	950.62	972.96	663.41	1184.22	2750.48	1189.01	3279.53	15839.30	5610.61	-207.77	-122.28	-177.20	-256.99	-343.58	-132.58	3143.05
11	1965/66	1034.41	758.27	960.00	843.71	941.57	696.94	1614.22	2270.48	1065.91	4956.50	15631.90	6121.40	-225.64	-130.03	-187.72	-276.28	-382.86	-142.49	2943.85
12	1966/67	1130.01	809.92	1025.23	887.48	1131.12	720.06	1554.19	2717.59	1124.05	5059.77	16677.00	7866.24	-213.83	-131.09	-187.84	-270.58	-390.93	-137.80	3114.60
13	1967/68	1314.61	934.72	1100.60	907.60	1200.27	867.19	1249.85	2966.41	1482.21	4794.11	15796.60	7131.33	-222.77	-133.50	-191.04	-278.96	-415.20	-142.21	3165.33
14	1968/69	1372.13	988.84	1159.14	963.94	1349.95	841.59	1570.93	2530.50	1732.08	5982.89	15244.90	7672.35	-210.20	-135.86	-193.46	-275.08	-429.40	-138.09	3408.15
15	1969/70	1281.35	985.43	1142.72	922.23	1065.85	902.75	2151.31	2663.63	1342.13	5682.50	14635.60	9089.98	-237.53	-146.70	-209.12	-305.51	-497.64	-152.09	3812.07
16	1970/71	1123.03	841.00	974.39	785.26	912.31	674.32	1828.94	2381.78	1252.01	5719.55	16608.00	9133.34	-283.75	-159.54	-228.50	-348.33	-581.13	-175.12	5284.34
17	1971/72	1423.18	990.60	1206.71	997.70	861.61	630.63	1602.33	2521.25	1416.20	6337.18	18748.00	10524.80	-302.58	-169.17	-240.89	-366.96	-616.38	-187.39	5367.09
18	1972/73	1222.77	982.50	1227.96	971.30	665.90	606.89	2526.32	2485.16	1368.83	6868.66	21565.10	10117.00	-316.10	-174.47	-247.44	-380.27	-656.28	-194.76	6123.60
19	1973/74	1416.71	1149.61	1224.37	1118.69	742.88	584.67	2345.15	2514.71	1166.30	8073.82	25974.00	10971.50	-341.55	-190.88	-272.15	-416.82	-753.34	-211.43	5516.31
20	1974/75	1563.32	1100.75	1365.73	1256.79	568.79	922.15	1390.47	2722.50	1364.54	6817.76	22008.40	5835.04	-383.40	-224.15	-324.48	-482.24	-883.16	-243.42	6527.81
21	1975/76	0.0	0.0	0.0	0.0	0.0	0.0	0.0	0.0	0.0	0.0	0.0	0.0	0.0	0.0	0.0	0.0	0.0	0.0	0.0
1	SUMME	23336.23	17279.20	21103.27	16873.46	18088.34	14231.44	28156.71	46603.81	24870.30	92235.44	323184.69	128810.37	-4105.80	-2459.97	-3533.49	-5161.61	-7808.79	-2613.44	69960.25
2	MITT.WRT	1228.22	909.43	1110.70	888.08	952.02	749.02	1481.93	2452.83	1308.96	4854.50	17009.72	6779.49	-216.09	-129.47	-185.97	-271.66	-410.99	-137.55	3682.12
3	WACHSABS	28.67	16.09	21.06	28.75	-19.54	4.06	16.87	58.83	-6.67	172.42	454.87	196.66	-14.98	-8.30	-12.08	-18.57	-39.69	-9.40	234.14
4	WACHSREL	3.27	2.91	3.11	3.55	-1.81	2.52	5.47	4.19	0.60	5.02	5.01	8.43	7.22	6.42	6.49	6.94	9.78	7.00	6.48
5	STAN.ABW	152.55	121.12	126.57	138.83	178.58	115.35	463.33	312.48	166.90	1495.57	3534.58	2394.70	78.87	40.74	57.95	93.30	205.12	47.75	1345.93
6	S.A.WRA	14.77	15.74	16.53	11.03	12.86	22.18	29.55	17.96	15.09	19.51	24.06	25.29	7.39	5.27	5.75	5.96	5.93	6.42	11.42

MKUH=MILCHKUEHE STCK
VKUH=ALTKUEHE STCK
KMAS=K.MAST EINSCHL. EXPORT STCK
MJU1=M.JUNGVIEH -1/2 JAHRE STCK
WJU1=W.JUNGVIEH -1/2 JAHRE STCK
MJU2=M.JUNGVIEH 1/2-1.1/2 J. STCK
WJU2=W.JUNGVIEH 1/2-1.1/2 J. STCK
VMA1=VERKAUF M. J. 1 STCK
VWE1=VERKAUF W. J. 1 STCK
VMA2=VERKAUF M. J. 2 STCK
VWEZ=VERKAUF W.2 . EINSCH.EX STCK
FARS=FAERSEN-NACHZUCHT STCK
SWZU=ZUCHTSCHWEINE STCK
SWKA=SCHWEINEMAST(KARTOFFEL) STCK
SWGE=SCHWEINEMAST(GETREIDE) STCK
EIER=HUEHNER STC
GEFL=GEFLUEGEL STCK
STIE=SONSTIGE PRODUKTE STCK

NR	JAHR	MKUH	VKUH	KMAS	MJU1	WJU1	MJU2	WJU2	VMA1	VWE1	VMA2	VWEZ	FARS	SWZU	SWKA	SWGE	EIER	GEFL	STIE	
1	1955/56	0.0	0.0	0.0	0.0	0.0	0.0	0.0	0.0	0.0	0.0	0.0	0.0	0.0	0.0	0.0	0.0	0.0	0.0	0.0
2	1956/57	805.32	778.70	125.33	224.63	206.41	572.76	544.50	672.21	535.03	910.60	929.15	-101.94	-410.67	175.56	89.31	3.68	10.92	-527.26	0.0
3	1957/58	947.65	791.44	137.00	221.84	203.52	580.93	552.52	681.92	547.77	940.43	959.22	-110.24	-420.10	147.61	63.05	5.22	11.71	-485.60	0.0
4	1958/59	930.31	877.57	160.62	268.53	251.90	646.76	624.86	766.46	614.33	1066.78	1092.50	-116.24	-420.10	173.47	88.43	5.67	11.60	-488.87	0.0
5	1959/60	933.15	896.70	159.28	277.50	251.89	663.24	624.44	775.84	611.29	987.78	1058.16	-132.54	-475.82	160.24	80.81	3.99	10.71	-260.13	0.0
6	1960/61	952.67	922.30	178.40	288.52	258.80	683.05	637.90	804.47	626.26	1147.30	1082.08	-126.79	-447.52	165.24	90.83	7.51	11.68	-159.01	0.0
7	1961/62	1006.60	866.23	177.53	280.45	231.87	686.93	612.53	805.68	599.19	1091.77	1086.06	-134.81	-445.81	160.22	80.77	8.13	11.76	98.65	0.0
8	1962/63	1040.70	787.33	162.56	236.09	220.53	647.43	624.22	744.55	606.26	1013.54	1069.46	-161.49	-491.51	156.21	81.29	6.18	8.83	158.82	0.0
9	1963/64	1137.78	872.85	197.29	296.27	245.56	732.81	655.18	854.31	638.75	1180.07	1121.09	-159.56	-510.96	177.82	99.93	6.39	11.54	292.91	0.0
10	1964/65	1148.44	1044.58	241.59	367.84	329.87	830.56	772.83	963.53	753.43	1444.48	1263.33	-187.01	-510.01	151.61	83.66	6.02	9.60	342.81	0.0
11	1965/66	1179.63	1042.14	238.14	352.47	274.51	857.28	737.57	997.45	717.51	1358.25	1302.43	-187.76	-550.27	185.06	120.00	7.38	9.56	426.43	0.0
12	1966/67	1176.89	1038.02	244.47	334.84	303.57	773.73	726.33	889.69	704.87	1188.80	1216.11	-193.71	-560.37	180.19	116.00	9.55	9.22	489.70	0.0
13	1967/68	1189.14	976.01	260.07	306.91	274.02	769.91	720.00	881.76	697.87	1254.48	1178.42	-202.24	-512.95	143.68	84.26	10.01	8.90	482.00	0.0
14	1968/69	1194.62	1076.24	311.79	369.95	312.22	869.22	780.91	1002.89	758.31	1389.06	1347.43	-209.36	-502.49	172.20	112.26	11.16	7.91	510.79	0.0
15	1969/70	1184.65	1039.69	329.02	367.78	293.93	856.13	742.81	978.29	716.47	1376.30	1192.25	-226.75	-517.61	199.30	136.29	7.49	8.18	574.27	0.0
16	1970/71	1253.60	1131.88	356.49	389.45	320.60	853.83	748.26	984.57	725.00	1295.39	1024.95	-210.73	-514.35	154.04	92.67	7.84	4.98	483.03	0.0
17	1971/72	1427.62	1186.58	353.19	437.42	356.97	945.43	821.99	1099.09	799.40	1500.23	1253.38	-217.94	-504.61	170.88	110.07	9.61	6.00	486.84	0.0
18	1972/73	1451.35	1388.97	477.90	573.22	475.55	1150.28	1000.41	1335.22	972.61	1828.95	1590.57	-259.65	-536.48	204.16	138.18	8.77	4.48	453.56	0.0
19	1973/74	1471.03	1261.83	438.56	488.41	347.43	1020.42	803.22	1162.78	769.49	1627.68	1267.45	-280.86	-565.40	224.57	159.66	9.61	6.16	390.98	0.0
20	1974/75	1690.47	1366.49	414.43	531.27	364.83	1117.35	860.80	1291.49	820.95	1815.92	1362.35	-274.87	-540.50	188.59	124.12	9.35	2.17	369.34	0.0
21	1975/76	0.0	0.0	0.0	0.0	0.0	0.0	0.0	0.0	0.0	0.0	0.0	0.0	0.0	0.0	0.0	0.0	0.0	0.0	0.0
1	SUMME	22121.59	19345.53	4963.65	6613.40	5523.98	15261.06	13591.27	17692.18	13214.77	24417.79	22396.37	-3494.50	-9437.52	3290.64	1951.79	143.55	165.91	3639.26	0.0
2	MITT.WRT	1164.29	1018.19	261.24	348.07	290.74	803.21	715.33	931.17	695.51	1285.15	1178.76	-183.92	-496.71	173.19	102.73	7.56	8.73	191.54	0.0
3	WACHSABS	49.18	32.66	16.06	17.04	8.80	30.25	17.57	34.40	15.88	50.30	24.07	-9.61	-7.21	0.72	1.93	0.32	-0.49	49.81	0.0
4	WACHSREL	4.35	3.50	7.48	5.77	4.41	4.13	2.99	4.10	2.84	4.53	2.84	5.93	1.68	1.50	4.65	8.43	-4.95	-4.32	0.0
5	STAN.ABW	223.96	185.10	107.97	100.72	66.68	167.46	113.59	189.70	106.59	272.60	159.61	54.95	47.87	20.80	24.76	2.09	2.82	379.84	0.0
6	S.A.WRA	5.81	8.53	11.99	14.03	16.17	8.78	9.43	9.45	9.62	11.74	12.24	7.74	5.58	15.20	24.49	27.89	24.18	48.91	0.0

Die in Übersicht 17 dargestellten "Einkommensbeiträge" der Produktionsprozesse fassen die verschiedenen Input- und Outputkoeffizienten zusammen. Neben den in Abschnitt 2.3 diskutierten Vorleistungsaufwendungen sind die gesamten Kraftfutterkosten auf der Aufwandsseite berücksichtigt. Entsprechend liegt den Verfahren der Bodenproduktion die gesamte marktfähige Produktion auf der Outputseite zugrunde. Produktionsverfahren ohne marktfähigen Output enthalten als negative "Einkommensbeiträge" die Summe der produktionsprozeßbezogenen monetären Aufwendungen. Die dargestellten Ergebnisse lassen die langfristigen Entwicklungstendenzen und die kurzfristigen Schwankungen erkennen. Eine relativ hohe Instabilität zeigt sich bei den Verfahren des Marktfruchtbaus (Ertragsschwankungen) sowie bei der Schweineproduktion (zyklische Preisschwankungen). Dagegen sind in der Rindviehproduktion, speziell bei der Milchkuhhaltung, relativ kontinuierliche Veränderungen der Einkommensbeiträge zu erkennen.

Zusammenfassend läßt sich feststellen, daß die gewählte Vorgehensweise zur Ermittlung konsistenter Input- und Outputstrukturen auf prozeßanalytischer Basis prinzipiell für eine differenzierte Beschreibung der agrarsektoralen Produktionsverhältnisse geeignet erscheint. Die empirischen Ergebnisse können jedoch nicht im statistischen Sinne getestet werden. Sie sind lediglich als ein vorläufiger Satz von konsistenten Strukturkoeffizienten anzusehen, welche der Komplettierung der agrarstatistischen Basis dienen sollen. Ergänzende Auswertungen und problembezogene Analysen in dem verschiedentlich angedeuteten Sinne sind vorgesehen. In dieser Arbeit wird von der oben erarbeiteten, vorläufigen Informationsbasis ausgegangen, um eine erste Modellversion eines dynamischen Agrarsektormodells aufzubauen und zu testen. Die Erfahrungen bei der Modellanwendung sollen dann neben den ergänzenden partiellen Analysen zur Verbesserung der Informationsbasis beitragen.

3. Mechanisierung und Faktoreinsatz in der Landwirtschaft

Ein wesentliches Kennzeichen wachsender Volkswirtschaften ist die Veränderung der Preisrelationen zwischen den Produktionsfaktoren Arbeit und Kapital sowie ein Wandel in den Verbrauchsstrukturen der Konsumenten. Der technische Fortschritt als die treibende Kraft im Wirtschaftsprozeß tritt in den einzelnen Wirtschaftsbereichen in einem unterschiedlichen Maße auf[49]. Diese Kräfte wirken auf einen ständigen Wandel der Wirtschaftsstruktur im gesamtwirtschaftlichen Wachstumsprozeß hin oder wie LIPSEY bemerkt: "Growth will normally result in a re-allocation of resources throughout the economy"[50].

Der landwirtschaftliche Sektor als ein schrumpfender Wirtschaftsbereich ist in besonderem Maße von der Faktormobilität, vor allem von der Abwanderung der Arbeitskräfte betroffen. Die Landwirtschaft weist im allgemeinen spezielle Kennzeichen hinsichtlich der Eigentumsverfassung und hinsichtlich der Entscheidungseinheit von Haushalt und landwirtschaftlichen Unternehmen auf, die ihn von vielen anderen Wirtschaftssektoren unterscheiden.

Aufgrund der Eigentumsverfassung sind die Mobilität der Produktionsfaktoren Kapital und Boden sowie der intrasektorale Strukturwandel (Wachstum bzw. Schrumpfung von Betrieben) eng mit der intersektoralen Mobilität der Arbeitskräfte verbunden. Von unmittelbarer Bedeutung für die Faktormobilität und den agrarsektoralen Strukturwandel sind folgende Faktoren:
- die Entwicklungen auf den landwirtschaftlichen Produktmärkten,
- die Entwicklungen auf den Faktormärkten,
  - . allgemeine Bedingungen auf dem Arbeits- und Kapitalmarkt,
  - . Altersstruktur und Ausbildung der landwirtschaftlichen Arbeitskräfte,
  - . Eigenkapitalbildung in der Landwirtschaft,

---

49) Siehe dazu auch: Henrichsmeyer, W., Sektorale und regionale Strukturwandlungen in einer wachsenden Volkswirtschaft, in: Schmitt, G., (Hrsg.) Mobilität der landwirtschaftlichen Produktionsfaktoren und regionale Wirtschaftspolitik, München-Bern-Wien 1972, S. 6.

50) Lipsey, R.G., An Introduction to positive Economics, London 1970, S. 811.

- Produktionsverhältnisse in der Landwirtschaft,
  - Substitutionsverhältnisse auf der Faktoreinsatzseite,
  - Flexibilität in der Nutzung der technischen Produktionsanlagen,
  - Technische Neuerungen und
  - Auslastung der Faktoren.

Ausgehend von diesen allgemeinen Überlegungen kommt der differenzierten Beschreibung der Faktoreinsatzstrukturen und der Faktoreinsatzbedingungen eine zentrale Rolle für die Analyse des agrarsektoralen Strukturwandels zu. Dabei sind die Faktoreinsatzstrukturen als das entsprechende Gegenstück zu den im letzten Abschnitt dargestellten Strukturen auf der Outputseite anzusehen. Während etwa bei aggregierten Produktionsfunktionen der Output als ein Gut aufgefaßt wird und auf der Inputseite im allgemeinen mehrere Faktoren unterschieden werden, soll hier dem Prinzip nach eine symmetrische Differenzierung auf der Input- und Outputseite angestrebt werden. Die einengende Annahme, daß sich die in der Realität zu beobachtenden Änderungen der Outputstruktur nicht auf den Faktoreinsatz auswirken (aggregierte Betrachtung), braucht bei dem hier verfolgten Konzept nicht aufrecht erhalten zu werden.

Die methodische Grundlage für eine differenzierte Abbildung der Faktoreinsatzstrukturen und die simultane Betrachtung der Entwicklung von Produktion und Faktoreinsatzstrukturen (Strukturwandel) bildet ein differenziertes Mechanisierungskonzept, welches im folgenden - aufbauend auf den allgemeinen produktionstheoretischen Überlegungen - konkretisiert werden soll. Anschließend wird kurz auf die Quantifizierung der zugrundeliegenden Substitutionsbeziehungen eingegangen. Im nächsten Abschnitt wird dann das Modell zur Beschreibung von differenzierten Faktoreinsatzstrukturen entworfen. Der darauffolgende Abschnitt dient der Darstellung und Interpretation einiger zentraler Ergebnisse. Auf der Basis dieser Ergebnisse soll schließlich eine exemplarische Modellauswertung vorgenommen werden.

3.1 Das Technologiekonzept

Die Technologien, die zur Durchführung eines Produktionsprozesses zum Einsatz kommen können, sind durch ein unterschiedliches Verhältnis von Arbeits- und Kapitaleinsatz je Einheit eines Produktionsverfahrens gekennzeichnet. Zur Konkretisierung der jeweiligen Arbeitsverfahren wird von einzelnen Maschinen- und Gebäudeaggregaten ausgegangen. Diese werden zu einzelnen Arbeitsgängen und diese wiederum zu einzelnen Mechanisierungs- oder Technologiestufen zusammengefaßt. Der Zusammenhang zwischen einzelnen Maschinen- und Gebäudeaggregaten und den Technologiestufen ist in Abbildung 18 schematisch dargestellt.

Abb. 18: Kennzeichnung der Vorgehensweise zur Ermittlung technologischer Koeffizienten für Mechanisierungsstufen aus technischen Einzelinformationen

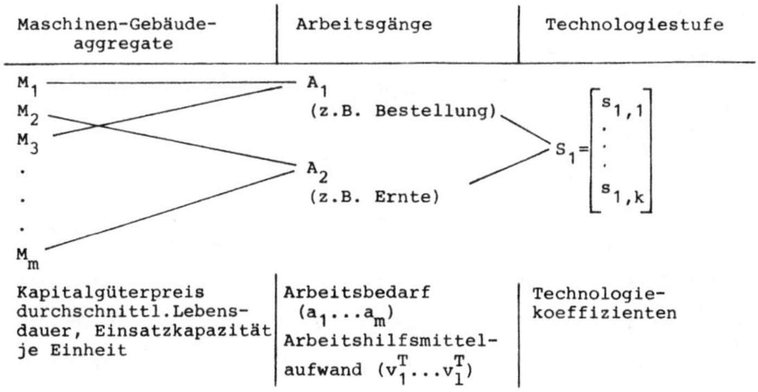

Eine Technologiestufe ist also durch verschiedene technologische Koeffizienten, welche aus den Einzelinformationen der eingesetzten Maschinen- und Gebäudeaggregate und der jeweiligen Arbeitsverfahren ermittelt werden, definiert[51]. Dabei wird für jeden Produktionsbereich und jede Mechanisierungsstufe von einem Leitmaschinen- bzw. Gebäudeaggregat[52] (z.B. Mäh-

---

51) Vgl. dazu auch: Röhner, M., Schmid, H., Mechanisierungsstufen, Vorlage für die Diskussionsgruppe "Konkurrenzvergleich landwirtschaftlicher Standorte" der GEWISOLA Tagung in Berlin, 1976.

52) Vgl. dazu auch: Woermann, E., Koch, R., Messung des Mechanisierungsgrades in landwirtschaftlichen Betrieben, in: Agrarwirtschaft, Bd. 9 (1960), S. 225-234.

drescher) ausgegangen, welches durch einen bestimmten Kapitalgüterpreis, eine bestimmte Lebensdauer und eine bestimmte Einsatzkapazität gekennzeichnet ist. Die übrigen ergänzenden Maschinenaggregate sind dann, gemessen an der Lebensdauer und der Einsatzkapazität der Leitmaschine anteilmäßig zu berücksichtigen.

Wenn man nun die zu einem Zeitpunkt relevanten Technologiestufen für die Durchführung eines Produktionsprozesses zusammenstellt, so läßt sich für jeden Produktionsbereich eine Substitutionsbeziehung zwischen Arbeit und Kapital konstruieren.

Abb. 19: Illustration: Substitutionsbeziehungen im Getreidebau (Arbeits- und Kapitalaufwand je ha Getreide bei typischen Mechanisierungsstufen)

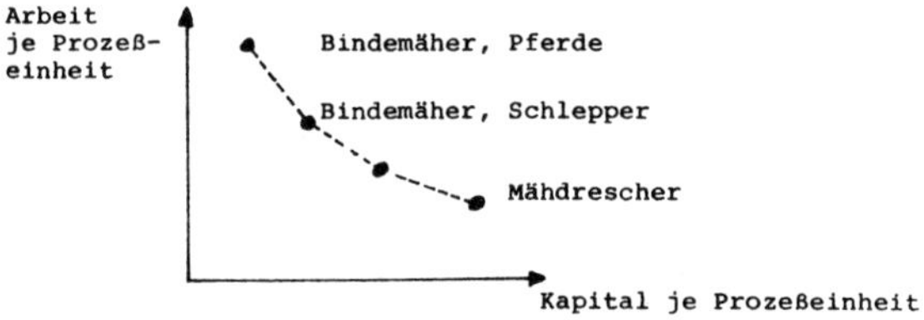

Diese Beziehungen kennzeichnen globale Zusammenhänge zwischen dem Kapital- und Arbeitseinsatz in einem Produktionsbereich. Der Arbeitseinsatz ist zu differenzieren nach dem Arbeitsaufwand zu einzelnen Jahreszeiten (Zeitspannen).Neben dem Kapitalaufwand und der Lebensdauer ist z.B. der Aufwand an Arbeitshilfsmitteln bei den einzelnen Mechanisierungsstufen zu berücksichtigen. Für die Ermittlung der optimalen Faktorkombination (Minimalkostenkombination) sind unter diesen Bedingungen die gesamten Kosten, die sich aus den verschiedenen Komponenten und den jeweiligen Preisen bzw. Lohnsätzen ergeben, von Bedeutung. Die für die Substitutionsvorgänge relevanten Lohn- und Zinssätze sind im Zusammenhang mit dem gesamten Faktoreinsatz zu sehen. Wir werden diesen Aspekt später wieder aufgreifen. Zunächst sollen die weiteren Differenzierungen des zugrundeliegenden Technologiekonzeptes aufgezeigt werden.

Wie oben bereits erwähnt, können die Faktorsubstitutionsbeziehungen in den einzelnen Produktionsbereichen unterschiedlich sein. Wenn wir beispielsweise zwei Produktionsbereiche zugrundelegen (Getreide, Milchkühe), so ergibt sich folgendes Substitutionskurvensystem:

Abb. 20: Denkbare Substitutionsbeziehungen in verschiedenen landwirtschaftlichen Produktionsbereichen

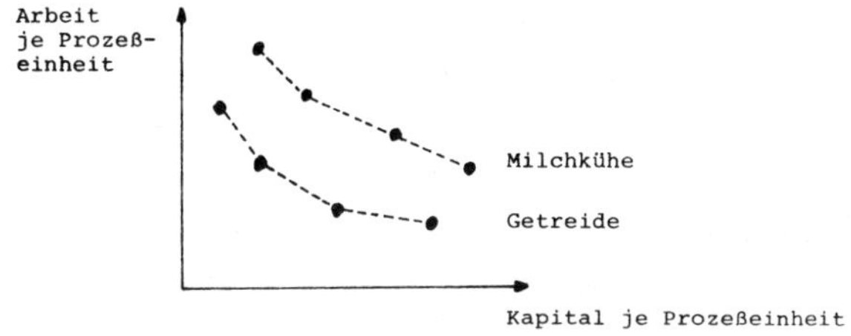

Wenn wir nun davon ausgehen, daß mit steigenden Betriebsgrößen die eingesetzten Faktoren Arbeit und Kapital effizienter genutzt werden, so ist eine Differenzierung nach Betriebsgrößenklassen vorzunehmen.

Das unterstellte Technologiekonzept läßt sich schematisch wie folgt darstellen:

Abb. 21: System von Technologiestufen in verschiedenen Betriebsgrößen und in verschiedenen Produktionsbereichen

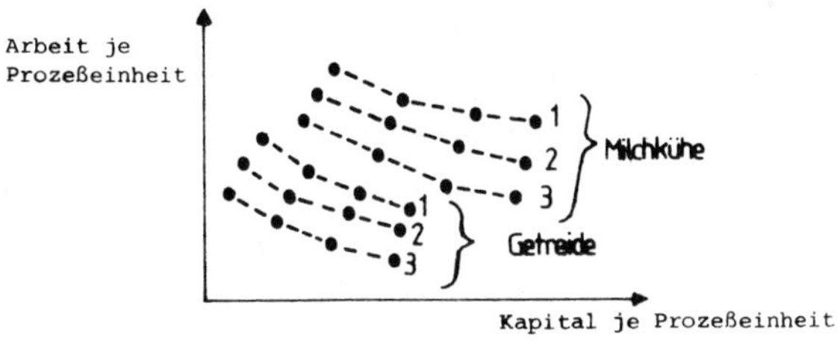

Betriebsgrößenhierarchie: 3>2>1

Die bisherigen Überlegungen zum Faktoreinsatz in der Landwirtschaft gehen von bestimmten Technologieniveaus zu einem Zeitpunkt aus. Der mechanisch-technische Fortschritt führt jedoch zu Veränderungen der Substitutionsbeziehungen im Zeitablauf. Wie in Abschnitt 1 bereits ausgeführt wurde, gehen wir hier nicht von autonomen, sondern von kapitalgebundenen Fortschritten aus, die im wesentlichen durch Neuinvestitionen realisiert werden. Die verfügbaren Technologien werden dabei vom Angebot (verbesserter) Investitionsgüter bestimmt. Neben der Herstellung neuer Investitionsgüter können dabei auch Qualitätsverbesserungen bei bekannten Technologien sowie Preissenkungseffekte beim Übergang zur Massenproduktion von Bedeutung sein. Der Preissenkungseffekt hängt dabei vom Ausmaß und der Geschwindigkeit der Realisierung verfügbarer Technologien (Adaptions- und Diffusionsprozesse) ab. Gegenüber anderen Technologiekonzepten wird hier zwischen der Veränderung von verfügbaren Technologien (technische Neuerungen) und der Realisierung verfügbarer Technologien (mechanisch-technische Fortschritte) unterschieden. Der Mechanisierungsprozeß, der die Realisierung von technischen Neuerungen umfaßt, hängt bei diesem Konzept von den jeweiligen ökonomischen Bedingungen ab.

Die Konsequenzen, die sich aus diesem Technologiekonzept hinsichtlich der modellmäßigen Abbildung des agrarsektoralen Entwicklungsprozesses ergeben, werden in Abschnitt 3.3 dargestellt. Zuvor soll jedoch kurz auf die empirische Grundlage zur Quantifizierung der Faktoreinsatzbedingungen eingegangen werden.

3.2 Ein geschlossenes System agrartechnologischer Verfahren

Aufbauend auf den in den letzten Abschnitten ausgeführten Überlegungen wird im folgenden der Versuch unternommen, die relevanten technologischen Beziehungen für den Agrarsektor der Bundesrepublik Deutschland zu spezifizieren. Dabei sollen einmal die wichtigsten technologischen Verfahren, die in den letzten beiden Jahrzehnten eingesetzt wurden, und zum anderen die Verfahren, die in Zukunft (etwa in den nächsten zehn Jahren) größere Bedeutung erlangen dürften, erfaßt werden. Die künftigen Verfahren werden dabei auf der Basis heute bereits verfügbarer Informationen formuliert (technologische Verfahren im versuchsweisen Einsatz bzw. bereits im Einsatz in anderen Ländern). Für die Strukturierung des Systems technologischer Beziehungen in der Landwirtschaft gehen wir von einer Gliederung nach Technologiebereichen, Technologiestufen und nach Betriebsgruppen aus.

Im allgemeinen könnte man bei der Gliederung nach Technologiebereichen die Produktionsprozeßgliederung zugrundelegen. Wegen der unterschiedlichen Homogenitätskriterien, die für die Gliederung der landwirtschaftlichen Produktion und des Faktoreinsatzes maßgebend sind, scheint dies jedoch nicht sinnvoll. Als problemadäquater ist eine Gliederung nach Technologiebereichen anzusehen, die vom Kriterium der Homogenität der Arbeitsverfahren (insbesondere hinsichtlich der Kapital- und Arbeitseinsatzstruktur) ausgeht. Bei der gegenwärtigen Modellversion werden folgende Technologiebereiche unterschieden:

	Kurzbezeichnung
1. Bodenbearbeitung (Grundarbeiten)	GMAS
2. Wintergetreide	MGTW
3. Sommergetreide	MGTS
4. Kartoffeln	MKAR
5. Zuckerrüben	MZRV
6. Winterfutter	MFUW
7. Sommerfutter	MFUS
8. Milchkühe	GMIL
9. Jungviehaufzucht und Rindermast	GRMA
10. Schweine	GSCH
11. Geflügel und sonstige Tierhaltung	GSON

Der Bereich "Grundarbeiten" bezieht sich auf alle Produktionsverfahren des Ackerbaus. Dieser Technologiebereich stellt Zugkräfte (Schlepper, Pferde) für die gesamte Bodenproduktion zur Verfügung. Außerdem werden diesem Bereich die Arbeitsgänge der allgemeinen Bodenbearbeitung im Ackerbau (Pflügen, einfache Saatbeetbereitung, Düngen, allgemeine Transportarbeiten u.dgl.) und die dazu erforderlichen Maschinen und Geräte zugerechnet.

Die übrigen Technologiebereiche in der Bodenproduktion unterscheiden sich vom Bereich "Grundarbeiten" durch einen stärkeren Grad der Spezialisierung. Sie umfassen alle Spezialmaschinen und Spezialarbeiten, die nicht bei den Grundarbeiten erfaßt sind. Die Bereiche Sommer- und Wintergetreide unterscheiden sich lediglich in der jahreszeitlichen Arbeitsverteilung.

Zur Durchführung des Produktionsverfahrens "Zuckerrüben" wird z.B. eine Einheit eines Arbeitsverfahrens aus dem Bereich "Grundmaschinen" und eine Einheit aus dem Bereich "Zuckerrüben" benötigt. Für den Sonderkulturbereich (Gemüse, Obst, Wein) werden lediglich Ansprüche an den Grundmaschineneinsatz unterstellt. Für die Spezialarbeiten und Spezialmaschinen werden in dieser Modellversion feste Kapital- und Arbeitskoeffizienten vorgegeben[53).]

Für die Jungviehaufzucht und die Rindermast wird lediglich ein Technologiebereich formuliert. Die einzelnen Produktionsverfahren können sich natürlich im Anspruch an diese Arbeitsverfahren unterscheiden.

Die Gliederung nach Technologiestufen ist nun unmittelbar für die Approximation der Substitutionsbeziehungen in den einzelnen Bereichen von Bedeutung. Für diese Gliederung sind sowohl die verfügbaren Informationen über charakteristische Maschinen- und Gebäudeelemente sowie Arbeitsverfahren und damit über die Kapital- und Arbeitskoeffizienten als auch die partiellen Informationen über die Ausgangsbestände an Maschinen und Gebäuden zu berücksichtigen.

Eine Grundlage für die Definition von Technologiestufen bildet die von WOERMANN und KOCH[54)] vorgeschlagene Gliederung, die sich generell auf vier Technologiestufen bzw. Mechanisierungsstufen bezieht. Diese im Jahre 1960 erstellte Gliederung kann als eine geeignete Basis für ex-post-Analyse, insbesondere in der ersten Hälfte des Untersuchungszeitraums, angesehen werden. Diese Gliederung wurde vom Statistischen Bundesamt für die Kennzeichnung der Mechanisierung im Rahmen der Landwirtschaftszählung 1960 verwendet[55)]. Die statistischen Ausweisungen geben

---

53) In späteren Modellversionen können natürlich auch für den Sonderkulturbereich technologische Substitutionsbeziehungen formuliert werden.

54) Woermann, E., Koch, R., Messung des Mechanisierungsgrades ...

55) Statistisches Bundesamt (Hrsg.), Landwirtschaftszählung vom 31. März 1960, Heft 11: Landwirtschaftliche Betriebe nach dem Stand der Mechanisierung (Land- und Forstwirtschaft, Fischerei, Fachserie B), Stuttgart-Mainz 1967.

zwar nicht unmittelbar Aufschluß über die Anfangsbedingungen unseres Analysezeitraums; da sie aber die einzige Informationsquelle über das realisierte Technologieniveau nach dem zugrundeliegenden Technologiekonzept darstellen, sind sie von besonderer Bedeutung.

Die 4 Technologiestufen reichen jedoch nicht für die Analyse künftiger Entwicklungen aus. Als eine weitere Informationsquelle werden deshalb neuere Untersuchungen von RÖHNER und SCHMID[56] über das gegenwärtige und künftige Technologie-

Übersicht 18: Allgemeine Kennzeichnung der Technologiestufen auf der Basis der Definitionen von Woermann und Koch sowie Röhner und Schmid

Technologiestufen	Kennzeichen des Technologieniveaus	Autoren
I	Stufe 1: Handarbeit schwach mechanisiert, nur tierische Zugkräfte, hoher Bedarf an Handarbeit	Woermann und Koch
II	Stufe 2: Handarbeit teilweise mechanisiert, Teilmotorisierung, vorwiegend tierische Zugkräfte	
III	Stufe 3: Handarbeit weitgehend mechanisiert, Teilmotorisierung, vorwiegend motorische Zugkräfte mittlererbis niedriger Bedarf an Handarbeit	
IV	Stufe 4: Handarbeit in hohem Maße mechanisiert, Vollmotorisierung, geringer Bedarf an Handarbeit	
V	Stufe I: im Durchschnitt realisierte Mechanisierung der Jahre 197o/72	Röhner und Schmid
VI	Stufe II: Mechanisierungsniveau, das durch Neuinvestitionen etwa im Zeitraum 1972/76 erreicht werden könnte	
VII	Stufe III: Mechanisierungsniveau um 198o und später	

Quelle: Woermann, E., Koch, R., Messung ... a.a.O., S. 225
Röhner, M., Schmid, H., Mechanisierungsstufen, a.a.O.S.2

56) Röhner,M.,Schmid,H., Mechanisierungsstufen ...
Röhner,M.,Arbeitsaufwand und Kosten für Arbeitsgänge in der Rindviehhaltung,Forschungsbericht des DFG-SP "Konkurrenzvergleich landwirtschaftlicher Standorte",Nr. 2O4, Stuttgart-Hohenheim 1974.

niveau in der Landwirtschaft herangezogen. Diese Autoren definieren 3 zusätzliche Mechanisierungsstufen, die bezüglich der allgemeinen Definition und der Kennzeichnung der Verfahren an die 4 Mechanisierungsstufen von WOERMANN und KOCH anschließen. Dem agrartechnologischen System werden somit - aufbauend auf diesen Vorarbeiten - 7 Technologiestufen zugrundegelegt, die in Übersicht 18 allgemein gekennzeichnet werden.

Diese Mechanisierungsstufen sind von den genannten Autoren hinsichtlich der zugrundeliegenden Maschinen- und Gebäudeausstattung für einige Bereiche der landwirtschaftlichen Produktion näher konkretisiert worden (Vgl. dazu Übersicht 19 und Übersicht 20).

Bei der Gliederung nach <u>Betriebsgrößenklassen</u> werden folgende 4 Gruppen unterschieden:

- unter 10 ha,
- 10 bis 20 ha,
- 20 bis 50 ha,
- über 50 ha

Übersicht 19: Kennzeichnung der Mechanisierung im Acker- und Futterbau

	Mechanisierungsstufe I	Mechanisierungsstufe II	Mechanisierungsstufe III
Allgemeine Beschreibung	Motorisierung mit teilweiser Handarbeit. Kleinflächen. Realisiert 1970/72	Vollmotorisierung (mit eventueller Handarbeit) Bei Spezialisierung Großflächen. Realisiert 1972/76	Vollmotorisierung und Automatisierung Großflächen. Realisiert um 1980
Grundausstattung	Motorische Zugkräfte mit ∅ Leistung 20 - 40 PS. 3-Punkt-Hydraulik, Zapfwelle, kleine Arbeitsbreiten	Motorische Zugkräfte mit ∅ Leistung 50 - 90 PS. Regelhydraulik, hydraulische Betätigung der Arbeitsgeräte vom Schlepper aus, mittlere Arbeitsbreite	Motorische Zugkräfte mit Leistungen über 90 PS. Regeltechnik an Arbeitsgeräten. Stufenloses Getriebe. Zentraler hydraulischer Antrieb. Große Arbeitsbreite
Spezialausstattung	Mähdrescher: gezogen oder SF bis 2,80 m Arbeitsbreite, Korntank, Strohbergung mechanisiert. Kartoffeln: Vorratsroder oder Sammelroder mit Handverlesen Zuckerrüben: Bunkerkopfroder mit Schwadablage, Rübenblattbergung Futterbau: Absätzige Arbeitsverfahren, vorwiegend Bodentrocknung, evtl. Belüftungstrockng.	Mähdrescher: SF, Arbeitsbreite ca.3 m, in spezialisierten Betrieben keine Strohbergung Kartoffeln: Vollernter mit automatischer Verleseeinrichtung Zuckerrüben: Bunkerkopfroder ein- oder zweireihig, Häckseln des Rübenblattes Futterbau: Geschlossene Bergungskette, Warmluft- Unterdachtrocknung	Mähdrescher: SF, große Arbeitsbreite, Regelkontrolle Kartoffeln: zweireihiger Vollernter, teilweise mit Überladevorrichtung Zuckerrüben: drei- bis sechsreihige Ernteverfahren mit Überladen auf Transportgespann Futterbau: Geschlossene Bergungskette. Heißluftrocknung

Quelle: Röhner,M., Schmid,H., Mechanisierungsstufen.... a.a.O., S.3

Schmid,H.,Arbeitsaufwand und Kosten für die Arbeitsgänge des Acker- und Futterbaus, Forschungsbericht des DFG-SP "Konkurrenzvergleich landwirtschaftlicher Standorte",Nr.206, Stuttgart-Hohenheim 1975.

Übersicht 20: **Kennzeichnung der Mechanisierungsstufen**

Mechanisierungs-Stufen	Leitmaschinen	Erläuterungen zu den Arbeitsverfahren
	1. Bodenkultur und Zugkraftgefüge (B)	
Stufe I:	Gespanngeräte	Alle Bodenbearbeitungs-, Bestellungs- und Pflegegeräte sind gespanngezogene Maschinen
Stufe II:	Schlepper	Bodenbearbeitung erfolgt durch Schlepperzug; Bestellung und Pflege durch Gespannzug
Stufe III:	Hackmaschine oder Vielfachgerät für Schlepperzug (Sz.)	Bodenbearbeitung und Pflege erfolgen durch Schlepperzug; Drillen geschieht durch Gespannzug; Stallmist wird mechanisch geladen; halbautomatische Pflanzmaschine
Stufe IV:	Drillmaschine Sz. Stalldungstreuer	Alle Bodenbearbeitungs- und Pflegegeräte der Stufe III; Bestellungsgeräte für Schlepperzug; Stalldungausfuhr mit Stalldungstreuer; vollautomatische Pflanzmaschine
	2. Mähfutterernte (M)	
Stufe I:	Grasmäher	Mähen mit Sense oder Grasmäher; Heuwenden von Hand; Zusammenschwaden von Hand oder mit Pferderechen; Auf- und Abladen von Hand
Stufe II:	Heuwender	Mähen mit Grasmäher oder Anbaumähbalken; Heuwenden mit Gabel- oder Schwadenwender; Auf- und Abladen von Hand
Stufe III:	Auflade- oder Abladegerät	Mähen mit Anbaumähbalken; Wenden und Schwaden mit kombiniertem Heuerntegerät; Auf- oder Abladen maschinell
Stufe IV:	Auflade- und Abladegerät	Mähen mit Anbaumähbalken; Wenden und Schwaden mit kombiniertem Heuerntegerät; Auf- und Abladen maschinell
	3. Getreideernte (G)	
Stufe I:	Grasmäher mit Handablage	Mähen mit Sense oder Grasmäher mit Handablage; Abladen in der Scheune von Hand
Stufe II:	Bindemäher	Bindemäher; Abladen in der Scheune mit Höhenförderer oder von Hand
Stufe III:	Mähdrescher mit Strohzerreißer oder Einmann-Drescher	Mähdrusch mit Strohbergung von Hand oder Zapfwellenbinder und „Ein-Mann-Drescher"
Stufe IV:	Mähdrescher mit Strohzerreißer oder Pick-Up-Presse oder Feldhäcksler	Mähdrusch und maschinelle Strohbergung oder nur teilweise Strohernte (Strohzerreißer) oder Schwadenmäher und Ernten mit Feldhäcksler
	4. Kartoffelernte (K)	
Stufe I:	Roden von Hand	Roden mit Hacke oder Rodepflug für Gespannzug
Stufe II:	Schleuderradroder	Gespann- oder Schlepperzug
Stufe III:	Vorratsroder	Schlepperzug
Stufe IV:	Vollerntemaschine	Schlepperzug
	5. Futterhackfruchternte (F)	
Stufe I:	Handroden	Transport mit Gespann
Stufe II:	Rodeschlitten	Transport mit Schlepper
Stufe III:	Frontladergabel für Futterrüben	Roden und Aufladen mit Spezialfrontladergabel; Transport mit Schlepper
Stufe IV:	Feldhäcksler	Futterhackfrüchte bestehen überwiegend aus Silomais, deren Ernte durch Einsatz des Feldhäckslers erfolgt
	6. Zuckerrübenernte (Z)	
Stufe I:	Gribbel	Handroden mit Gribbel; Aufladen von Hand
Stufe II:	Rodepflug	Roden mit Rodepflug; Köpfen mit Köpfschippe oder Köpfschlitten (Pommritzverfahren); Ladearbeiten von Hand
Stufe III:	Sammel- oder Sammelköpfroder	Rübenablage in Längs- oder Querschwad; Aufladen von Hand
Stufe IV:	Ladegeräte für Rüben und Blätter	Roden mit Sammel- oder Sammelköpfroder; Aufladen der Rüben und Blätter mit Ladegeräten
	7. Rindviehhaltung (R) [1]	
Stufe I:	Tränken aus Eimern	Handmelken, Langstand
Stufe II:	Selbsttränke	Handmelken, Mittellang- oder Kurzstand
Stufe III:	Melkanlage	Selbsttränke, Mittellang- oder Kurzstand
Stufe IV:	Mech. Entmistung	Maschinen und Einrichtungen der Stufe III u. mechanische Entmistungsanlage
	8. Schweinehaltung (S)	
Stufe I:	Tägl. Dämpfen des Futter, Langbucht	Bei Getreidemast wird Stufe I zu Stufe II erhoben
Stufe II:	Kartoffelsilo und Langbucht	Bei Getreidemast wird Stufe II zu Stufe III erhoben
Stufe III:	Kartoffelsilo Mistgangbucht	Bei Getreidemast wird Stufe III zu Stufe IV erhoben
Stufe IV:	Mech. Ausmisten oder Tiefaufstall	Einrichtungen der Stufe III und mechanisches Ausmisten

[1]) Entfallen mehr als 50 vH aller RGV auf Jung und Mastvieh, werden Stufe I, II, und III jeweils um eine Stufe höher bewertet.

Quelle: Woermann, E., Koch, R., Messung ..., a.a.O., S. 226.

Faßt man diese verschiedenen Differenzierungen zusammen, so ergeben sich 308 (11 · 7 · 4) originäre Arbeitsverfahren, die zur Kennzeichnung der agrarsektoralen Technologie verwendet werden sollen. Durch Interpolation bzw. Schätzung von Funktionen zwischen den Technologiestufen und den Größenklassen läßt sich eine unendliche Schar von technologischen Beziehungen bilden (kontinuierliche Betrachtung). Wir gehen jedoch im weiteren von einer diskreten Betrachtung und von originär erhobenen Arbeitsverfahren aus. Jedes dieser 308 Arbeitsverfahren wird durch verschiedene Koeffizienten gekennzeichnet, die eigentlich erst die technologischen Beziehungen zum Ausdruck bringen. Folgende Koeffizienten sind dabei von besonderer Bedeutung:

1. Arbeitseinsatz: Feldbestellung,
2. " Hackfruchtpflege, Heuernte,
3. " Getreideernte,
4. " Hackfruchternte,
5. " sonstige Zeit,
6. " Jahr insgesamt,

7. Anschaffungskosten (in konstanten Preisen),
8. Lebensdauer (durchschnittlich),
9. " (technisch maximal),
10. Einsatzkapazität (durchschnittlich),
11. " (technisch maximal),

12. Energieaufwand (in konstanten Preisen),
13. Unterhaltungsaufwand (in konstanten Preisen),
14. Reparaturaufwand (in konstanten Preisen).

Wenn man diese zusätzliche Gliederung nach einzelnen Inputkomponenten bzw. technischen Koeffizienten berücksichtigt, so ergeben sich über 4500 Koeffizienten, die das agrartechnologische System kennzeichnen. Da für die Quantifizierung dieser Koeffizienten von einzelnen Maschinenelementen und Arbeitsgängen ausgegangen wird, steigt die Anzahl der einzelnen Informationen auf ein Vielfaches. Bei den empirischen Arbeiten konnte z.T. von den bereits genannten Vorarbeiten ausgegangen werden, z.T. mußten die Koeffizienten aus Einzelinformationen errechnet werden[57].

In Abbildung 22 sind exemplarisch für die Technologiebereiche Grundmaschinen, Getreide, Milchkuhhaltung und Schweinehaltung die ermittelten Substitutionsverhältnisse anhand der ausgewählten Kennziffern Arbeitsaufwand pro Jahr und Prozeßeinheit (Ordinate) und Kapitalaufwand in konstanten Preisen pro Prozeßeinheit (Abszisse) dargestellt[58].

Die betriebsgrößenspezifischen Werte wurden entsprechend der oben dargestellten Vorgehensweise und unter Verwendung der erwähnten Informationsquellen originär erhoben. Dabei wurde vor allem auf die Erfassung technisch effizienter und mikroökonomisch plausibler Beziehungen Wert gelegt. Soweit die erhobenen Werte diesen Anforderungen nicht entsprachen, wurde auf dieser Ebene unter Berücksichtigung alternativer Arbeitsgänge eine Korrektur (Idealisierung) vorgenommen. Mangels geeigneter statistischer Informationen läßt sich lediglich die sektorale, nicht aber die betriebsgrößenspezifische Konsistenz überprüfen.

Die angegebenen Werte für den Arbeits- und Kapitalaufwand sollen für durchschnittliche Betriebsverhältnisse gelten. Dabei lassen sich verschiedene Punktwolken um die eingezeichneten Kurven vorstellen, welche die speziellen Verhältnisse in einzelnen Betrieben charakterisieren.

---

57) Dabei wurden u.a. folgende Quellen herangezogen: Kuratorium für Technik in der Landwirtschaft (Hrsg.), KTL-Kalkulationsunterlagen für Betriebswirtschaft, verschiedene Jahrgänge und Bände. Steffen, G., Die vermutlichen Endverfahren der landtechnischen Entwicklung und ihre arbeitswirtschaftlichen Auswirkungen (Berichte über Landtechnik, Bd. 59), München-Wolfratshausen 1960. Schäfer-Kehnert, W., Die Kosten des Landmaschineneinsatzes, (Berichte über Landtechnik, Bd. 74). München-Wolfratshausen 1963. Hesselbach, J., Zur Ermittlung arbeitswirtschaftlicher Daten hochmechanisierter Ernteverfahren (Berichte über Landtechnik, Bd. 122), München-Wolfratshausen 1968.

58) Die wichtigsten Modellkoeffizienten, die dieser ersten Modellversion zugrundeliegen, werden in einem gesonderten Materialband geschlossen zusammengestellt. Siehe dazu: Bauer, S., Zintl, E., Materialien ...

Abb. 22: Empirisch ermittelte Arbeits- und Kapitalaufwandsbeziehungen in einzelnen Betriebsgrößenklassen und im landwirtschaftlichen Sektor

Grundmaschinen | Getreide | Milchkühe | Schweine

a) Sektorale Durchschnittswerte

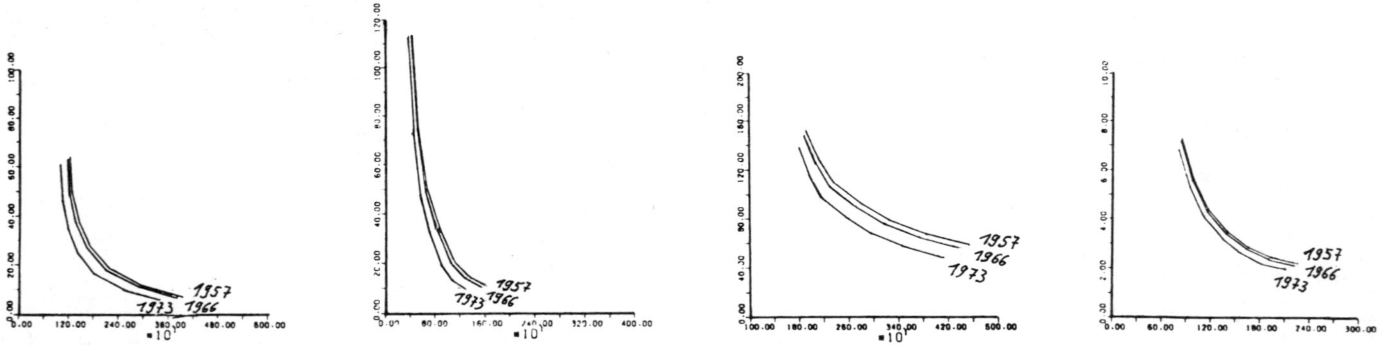

b) Betriebsgrößenspezifische Werte

Betriebsgrößenklassen:
1 = unter 10 ha
2 = 10 - 20 ha
3 = 20 - 50 ha
4 = über 50 ha

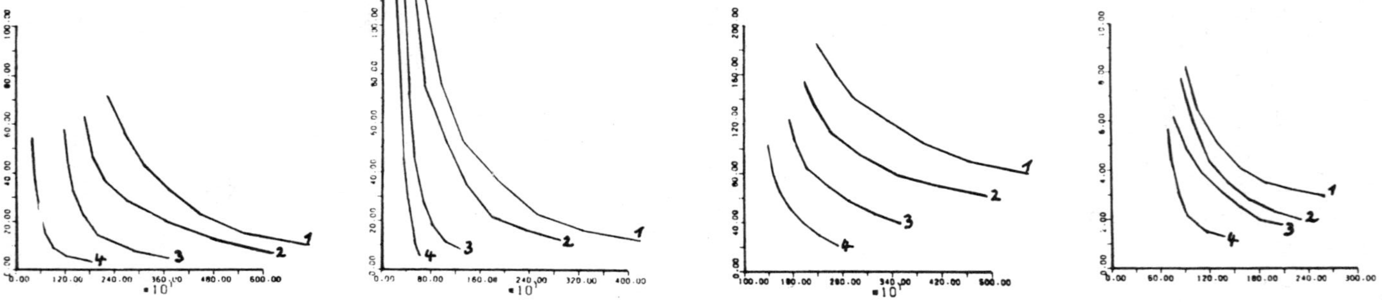

Weiterhin ist zu beachten, daß die eingezeichneten Kurven die relevanten Technologien im Zeitraum von 1950 bis etwa 1985 beschreiben sollen. Zu einem bestimmten Zeitpunkt gelten jeweils nur Teile dieser Substitutionsbeziehungen. So sind z.B. im Jahre 1958 lediglich die Stufen I bis IV von Bedeutung, die Stufe V kann erst Anfang der 60er Jahre realisiert werden. Die Technologiestufe VII ist für die Analyse künftiger Entwicklungen vorgesehen.

Für die Analyse der sektoralen Entwicklung werden bei dieser Modellversion aus dem betriebsgrößenspezifischen Arbeitsverfahren gewichtete sektorale Durchschnittswerte abgeleitet. Als Gewichtungsfaktoren werden die Flächenanteile der einzelnen vier Betriebsgrößenklassen herangezogen.

Änderungen der landwirtschaftlichen Betriebsgrößenstruktur wirken sich bei dieser Vorgehensweise also auf die sektordurchschnittlichen Technologiefunktionen aus (scale-Effekt). Abbildung 22 verdeutlicht diese Effekte für einige ausgewählte Technologiebereiche. In den einzelnen Technologiebereichen können dabei - in Abhängigkeit von den Unterschieden in den Betriebsgrößenklassen - unterschiedliche sektorale scale-Effekte auftreten. Aus den angegebenen Beziehungen lassen sich nicht unmittelbar die Substitutionsraten zwischen Arbeit und Kapital ableiten, denn zusätzlich sind die unterschiedliche Lebensdauer der Kapitalgüter und der Aufwand an Arbeitsmitteln zu berücksichtigen (siehe Abschnitt 3.3.1).

Die Realitätsnähe der ermittelten Technologiebeziehungen kann nicht unmittelbar überprüft werden. Die Plausibilität der Parameter läßt sich jedoch in zweifacher Hinsicht kontrollieren:

(1) Mit Hilfe von mikroökonomischen Maßstäben kann man überprüfen, ob die unterstellten Technologiestufen in durchschnittlichen Betrieben zu realisieren sind. Dabei können auch die Unterschiede zwischen den Betriebgsgrößen überprüft werden.

(2) Die ökonomische Relevanz der unterstellten Beziehungen für die modellmäßige Abbildung sektoraler Entwicklungsabläufe läßt sich an der Güte der Abbildung der ex-post-Entwicklung (anhand der statistischen Sektoraggregate) sowie an der Reak-

tionsfähigkeit des Sektors bei veränderten Rahmenbedingungen testen. Dieser Test kann jedoch erst anhand des Gesamtsystems durchgeführt werden.

Gegenüber der Schätzung von aggregierten Technologieparametern (z.B. bei neoklassischen Produktionsfunktionen) mit Hilfe von statistisch-ökonometrischen Methoden[59] bietet das hier zugrundeliegende System von agrartechnologischen Verfahren einen wesentlich tieferen Einblick in das "innere" technologische Gefüge im Agrarsektor. Die Verwendung von Mechanisierungsstufen auf sektoraler Ebene zur Beschreibung der Substitutionsverhältnisse im Agrarsektor bleibt aber auch noch unbefriedigend, wenn man sich z.B. nur die Unterschiede in der Faktorausstattung in verschiedenen Betriebsgrößen vergegenwärtigt. Eine Formulierung des Gesamtmodells auf Betriebsgruppenebene scheitert jedoch vorerst an der Datenbasis.

3.3 Modellsystem zur differenzierten Abbildung des Faktoreinsatzes in der Landwirtschaft

Im folgenden soll die Entwicklung des Einsatzes der Produktionsfaktoren Arbeit und Kapital sowie der Arbeitshilfsmittel differenziert nach einzelnen Technologiebereichen und Technologiestufen beschrieben werden. Wegen der Langlebigkeit der Kapitalgüter sind dabei dynamische Beziehungen zwischen den Zugängen (Investitionen), dem Kapitalbestand und den Abgängen (technisches Ausscheiden) zu berücksichtigen, die sich nicht durch "einfache" dynamische Konsistenzmodelle (wie etwa im Bereich der landwirtschaftlichen Produktion) erfassen lassen. Hinzu kommt, daß über die "inneren Strukturen" des Kapital- und Arbeitseinsatzes so gut wie keine statistischen Informationen vorliegen. Deshalb kommt einem Modellkonzept, welches auf eine differenzierte Abbildung der sektoralen Faktoreinsatzstrukturen abzielt, eine besondere Bedeutung für die

---

59) Auch ökonometrisch geschätzte Parameter können nicht unmittelbar auf Realitätsnähe, sondern lediglich hinsichtlich der modellmäßigen Beschreibung von postulierten Zusammenhängen getestet werden.

Analyse der agrarsektoralen Entwicklung zu. Bei der Konzeption dieses Modellsystems wird von dem im letzten Abschnitt dargestellten Technologiekonzept, von den in Abschnitt 2 beschriebenen Produktionsstrukturen und von den sektoralen Informationen über den Kapital- und Arbeitseinsatz ausgegangen.

3.3.1 Zentrale Hypothesen und Modellelemente

Im folgenden werden einzelne Hypothesen formuliert, die zu einem Faktoreinsatzmodell zusammengeführt werden, das konsistente und einigermaßen plausible Strukturen des Faktoreinsatzes abbilden soll. Eine zentrale Rolle spielen dabei die von JOHNSON[60] formulierte Theorie quasi-fixer Faktoren und das Konzept der Opportunitätskosten.

Dynamischer Bestandsaufbau der Kapitalgüter

Für die Entwicklung der Maschinen- und Gebäudekapazitäten und der Arbeitsverfahren im Analysezeitraum sind folgende Aspekte von besonderer Bedeutung[61].

(1) Die Anfangsbestände der Maschinen- und Gebäudekapazitäten in den einzelnen Technologiebereichen und Technologiestufen zu Beginn des Analysezeitraums lassen sich unter bestimmten Annahmen aus den Ergebnissen der Landwirtschaftszählung 1960[62] ableiten.

Abb.23: Entwicklung der Restkapazitäten und Neuinvestitionen bei gegebenem Produktionsniveau

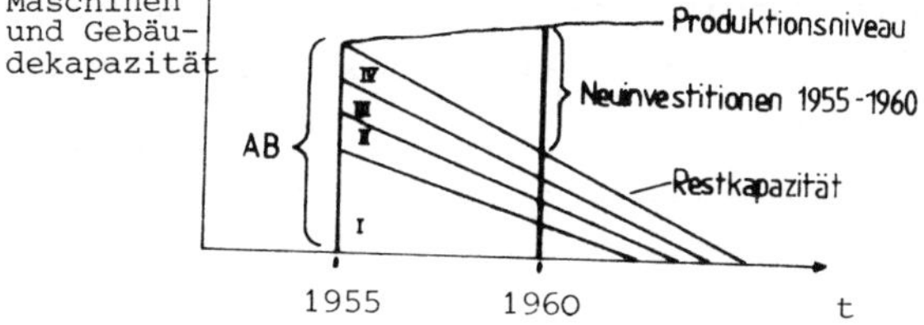

60) Johnson, G.L., The State of Agricultural Supply Analysis, in: Journal of Farm Economics, Bd. 42 (1960), S. 435-452.
61) Die folgenden Überlegungen werden der Einfachheit halber lediglich für einen Mechanisierungsbereich angestellt.
62) Statistisches Bundesamt, Landwirtschaftszählung ....

Die Anfangskapazität bei den einzelnen Technologiebereichen und Technologiestufen (relevante Stufen: I, II, III, IV) läßt sich aus dem statistisch erfaßten Maschinen- und Gebäudebestand im Jahre 1960 unter Berücksichtigung der Entwicklung der Restkapazitäten und der Investitionen in den Jahren von 1955 bis 1960 ermitteln (Abb. 23). Auf die Entwicklung der Investitionen wird weiter unten eingegangen. Für die Ermittlung der Anfangsbestände und der Investitionen in den ersten 5 Jahren wurde eine iterative Vorgehensweise gewählt, die sicherstellt, daß die errechneten Bestände im Jahre 1960 mit den Beständen der Statistik weitgehend übereinstimmen.

Bei Annahme einer gleichmäßigen Altersverteilung läßt sich die Entwicklung der Restkapazität R direkt aus dem Anfangsbestand AB und der durchschnittlichen Lebensdauer berechnen. Zwischen den Technologiestufen werden jedoch Unterschiede in der Alterszusammensetzung unterstellt. Dabei ist davon auszugehen, daß die vorhandenen Anfangskapazitäten bei den niedrigen Stufen ein höheres Durchschnittsalter aufweisen als die Bestände in den höheren Stufen.

Mathematisch läßt sich die Restkapazität R im Zeitraum t_o bis t_o + LA wie folgt errechnen:

$$R_{i,j,t} = (AB_{i,j,t_o} / LA_{i,j}) \cdot LA_{i,j} - (t-t_o)$$

i = Technologiebereich

j = Technologiestufe

$LA_{i,j}$ = Durchschnittliche Lebensdauer (Anfangsbestände).

(2) Bei bekannter Entwicklung der Produktionsstruktur lassen sich für den gesamten Untersuchungszeitraum die Mindestkapa-

Abb.24: Entwicklung von Ersatz- und Erweiterungsinvestitionen bei gegebenen Anfangsbeständen

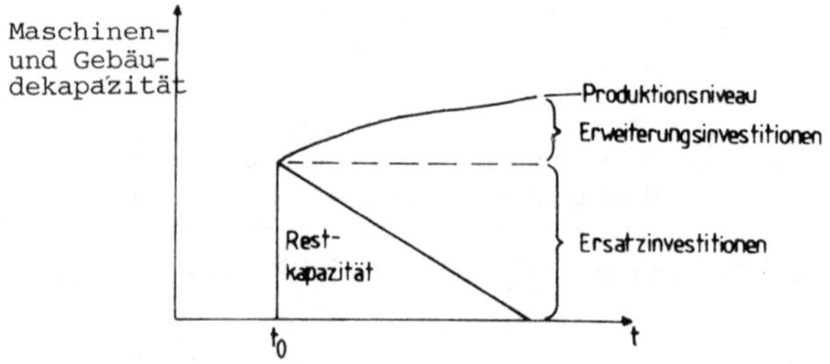

zitäten in jedem Technologiebereich ableiten. Gleichzeitig ist bei gegebener Entwicklung der Restkapazitäten der Mindestumfang der realen Investitionen bekannt. Diese lassen sich bezogen auf den Anfangsbestand in Ersatz- und Erweiterungsinvestitionen gliedern. Auf die Entwicklung der jährlichen Investitionsgrößen wird unten eingegangen.

(3) Die jährlichen Ersatz- und Erweiterungsinvestitionen können auf unterschiedlichem Technologieniveau getätigt werden. Entscheidend für das zu wählende Technologieniveau sind die diskontierten Arbeits- und Kapitalkosten einschließlich der Aufwendungen für Arbeitshilfsmittel bei den einzelnen Technologiestufen.

Abb.25: Kostenstrukturen der Arbeitsverfahren und optimale Investitionsalternaative

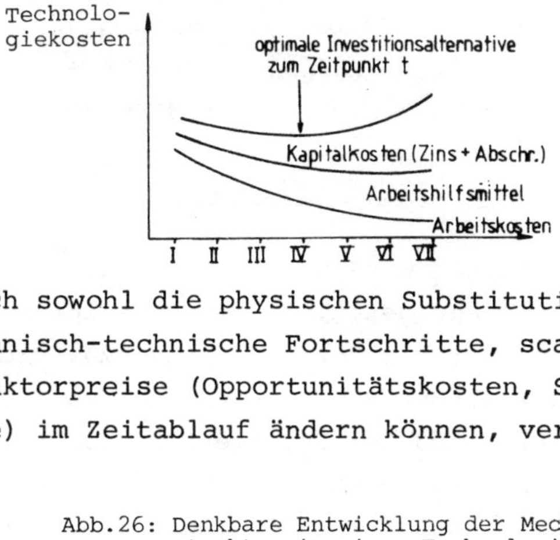

Da sich sowohl die physischen Substitutionsbeziehungen (mechanisch-technische Fortschritte, scale-Effekte) als auch die Faktorpreise (Opportunitätskosten, Schattenpreise, Marktpreise) im Zeitablauf ändern können, verschiebt sich das ge-

Abb.26: Denkbare Entwicklung der Mechanisierungsstruktur in einem Technologiebereich

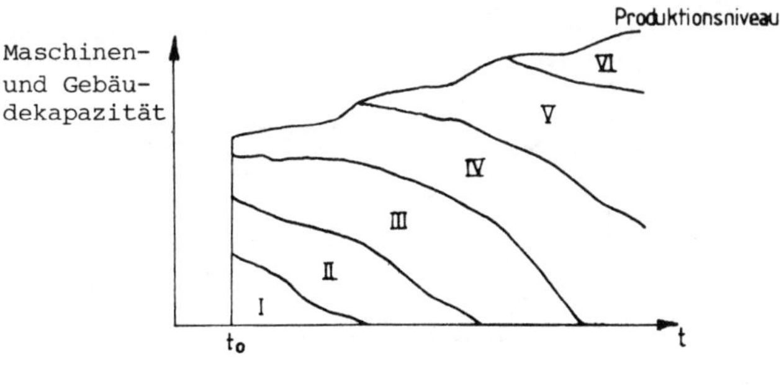

kennzeichnete Kostengefüge von einer Periode zur anderen. Der Mechanisierungsprozeß in der Landwirtschaft läßt sich für jeden Mechanisierungsbereich durch die in Abb. 26 skizzierte Entwicklung der Technologiestufen im Zeitablauf kennzeichnen.

(4) Der Übergang zu höheren Technologiestufen kann beschleunigt werden, wenn "Rationalisierungsinvestitionen" getätigt werden, die dazu führen, daß vorhandene Kapazitäten in niedrigeren Technologiebereichen nicht genutzt werden. Dies ist dann der Fall, wenn die interne Entlohnung vorhandener Maschinen und Geräte Null ist. Dabei gehen wir davon aus, daß eine Veräußerung landwirtschaftlicher Maschinen und Gebäude an andere Wirtschaftssektoren nicht erfolgt (Wiederveräußerungswert ist gleich Null).

Abb.27: Rationalisierungsinvestitionen und nicht ausgelastete Maschinen- und Gebäudekapazitäten

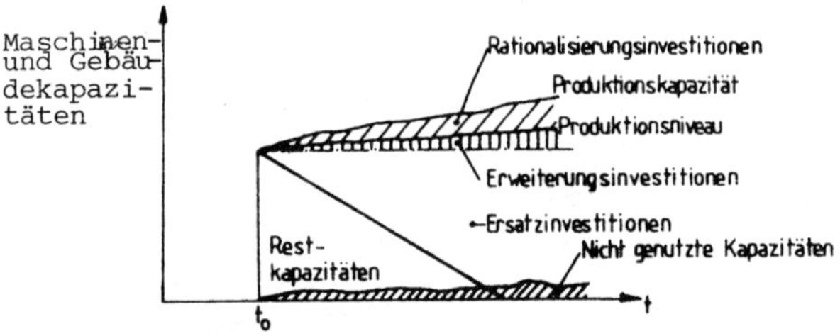

Rationalisierungsinvestitionen werden ebenso wie Ersatz- und Erweiterungsinvestitionen dann getätigt, wenn die interne Verzinsung gleich oder größer als der Marktzins bzw. die Opportunitätskosten für die alternative Verwendung des Investitionskapitals ist. Entsprechend der Theorie der quasi-fixen Faktoren lassen sich diese Zusammenhänge anhand von zwei Technologiestufen exemplarisch veranschaulichen (Abb. 28).

Abb.28: Modellinterne Verzinsung des gesamten Investitionskapitals und Kapitalverzinsung in unterschiedlichen Technologiestufen in Abhängigkeit vom Kapitaleinsatz

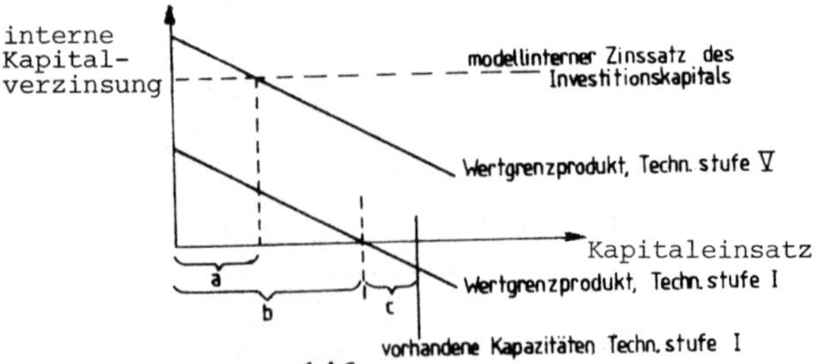

Die Strecke b+c soll die Kapazität bei der Technologiestufe I kennzeichnen. Dabei wird jedoch ein Teil der vorhandenen Kapazität nicht in der Produktion eingesetzt. Der Grad der Unterauslastung dieser Stufe ergibt sich aus: c/(c+b). Die Strecke a gibt die Investitionen in der Technologiestufe V in einer Periode an. Diese Investitionen werden so weit ausgedehnt, bis das Wertgrenzprodukt je Einheit Kapitaleinsatz bei diesem Verfahren gleich dem (internen) Zinssatz für das Investitionskapital ist. Die interne Verzinsung der jährlichen Investitionssumme hängt von den gesamten technischen Substitutionsbeziehungen und den ökonomischen Rahmendaten ab. Die Tätigung von Rationalisierungsinvestitionen wird im landwirtschaftlichen Sektor vornehmlich bei stark steigenden Lohnsätzen (Opportunitätskosten) von Bedeutung sein. Das Phänomen der Entstehung von Überkapazitäten in der Landwirtschaft bzw. die Tatsache, daß bei bestehenden Überkapazitäten im Agrarsektor Neuinvestitionen getätigt werden, kann also durch diese modifizierte Theorie quasi-fixer Faktoren erklärt werden.

(5) Die Kapitalkosten (Kosten für Abschreibungen und Zinsen) sind nur für die Tätigung von Investitionen, d.h. für die Auswahl der einzelnen Investitionsalternativen, von Bedeutung. Werden vorhandene Kapazitäten im Produktionsprozeß eingesetzt, so entstehen lediglich Arbeits- und Vorleistungskosten. Wenn die vorhandenen Maschinen- und Gebäudekapazitäten voll ausgelastet werden, so ergeben sich positive Renten für die bestehenden Kapazitäten, bei Nichtauslastung ist die Rente Null.

Abb.29: Kosten der Arbeitserledigung und Rente der Mashinen- und Gebäudebestände in unterschiedlichen Mechanisierungsstufen

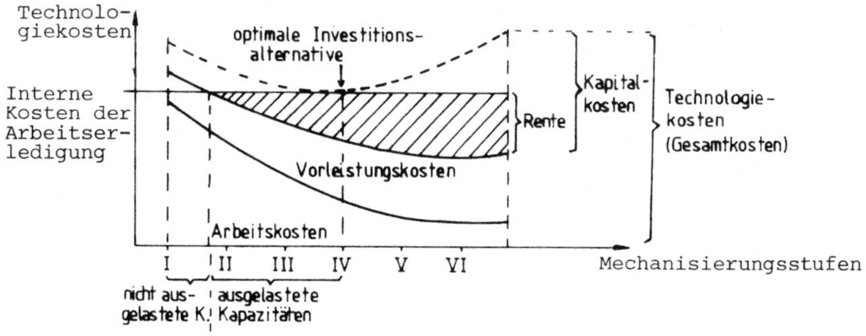

Das obige Schema verdeutlicht die ökonomischen Zusammenhänge zwischen dem optimalen Technologieniveau bei Investitionen, der Nichtnutzung von Technologiepotential, den Kosten des Technologieeinsatzes und den Renten der bestehenden Kapazitäten. Alle Arbeitsverfahren, die zum Einsatz kommen, haben die gleichen internen Kosten der Arbeitserledigung. Die Differenz zwischen diesen internen Kosten und den tatsächlichen Kosten ergibt die Kapitalrente für eine Technologieeinheit. Werden bei einer bestimmten Technologiestufe Investitionen getätigt, so entsprechen sich die Kapitalkosten und die Rente bzw. die internen Kosten der Arbeitserledigung und die Grenzkosten der Arbeitsverfahren. Liegen die Arbeitskosten und die Kosten für Arbeitshilfsmittel höher als die Kosten der Arbeitserledigung, so bleiben Kapazitäten ungenutzt.

(6) Zur Beschreibung der Maschinen- und Gebäudekapazitätsentwicklung müssen Annahmen über die Lebensdauer und über die Leistungsabgabe der Kapitalgüter gemacht werden. Für die im Analysezeitraum getätigten Investitionen wird folgende allgemeine Überlebensfunktion unterstellt:

Abb.30: Angenommene Überlebensfunktion der Investitionsgüter

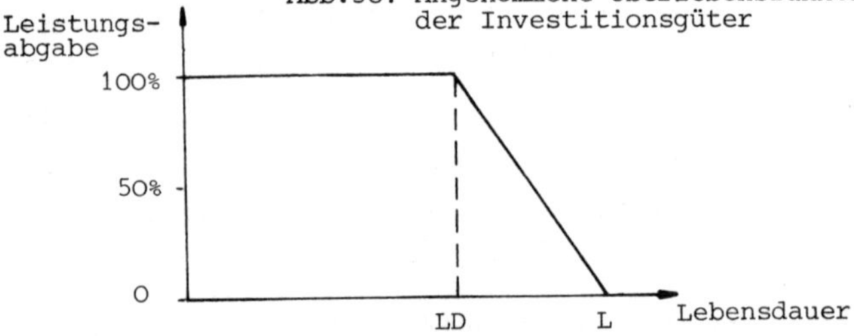

Die gesamte Lebensdauer eines Maschinen- und Gebäudeaggregats beträgt L (Jahre). Dabei wird bis zu einem Alter von LD von einer vollen Leistungsabgabe und für den Rest der Lebensdauer von einer linear abnehmenden Leistungsabgabe (Verschleiß, Unterschiede in der Nutzungsdauer u.dgl.) ausgegangen.
Die Kapazitäten KB lassen sich dann aus den Investitionen der Vorperiode INV und dem Restbestand der Anfangskapazitäten RB berechnen.

$$KB_{i,j,t} = \underbrace{RB_{i,j,t}}_{\text{Restbestand}} + \underbrace{\sum_{T=t-LD-1}^{t} INV_{i,j,T}}_{\text{volle Leistungsabgabe}} + \underbrace{\sum_{T=t-L}^{t-LD} INV_{i,j,T} \cdot \frac{T-t+L}{L-LD}}_{\text{abnehmende Leistungsabgabe}}$$

Die Investitionsjahrgänge t-LD-1 bis t werden also mit voller Einsatzkapazität (Leistungsabgabe) zum Maschinen- und Gebäudebestand in der Periode t gezählt, während bei den Investitionsjahrgängen t-L bis t-LD eine verminderte Einsatzkapazität unterstellt ist[63]. Die Variable INV kennzeichnet dabei den Umfang der getätigten Investitionen, gemessen in Kapazitätseinheiten (ha, Stallplatz u.dgl.).

Abb.31: Illustration des dynamischen Bestandsaufbaus der Maschinen und Gebäudekapazitäten

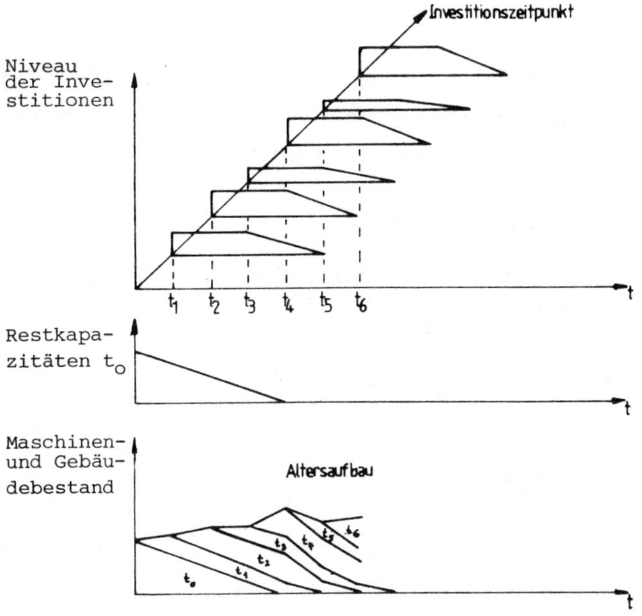

63) Die zugrundeliegende Lebensdauer L wird für jede Technologiestufe im Zusammenhang mit den übrigen Technologiekoeffizienten definiert. Bei dieser Modellversion ist generell unterstellt, daß die abnehmende Leistungsabgabe bei zwei Drittel der Lebensdauer beginnt: LD = 2/3 · L .

In Abbildung 31 ist der dynamische Bestandsaufbau der Maschinen- und Gebäudekapazitäten zur besseren Veranschaulichung der relevanten Zusammenhänge graphisch skizziert. Die einzelnen Investitionsjahrgänge zeigen innerhalb der gesamten Bestandsentwicklung einen ähnlichen Verlauf wie wir bereits bei den Technologiestufen innerhalb eines Technologiebereiches gesehen haben. Ein derartiger dynamischer Bestandsaufbau liegt jedem Arbeitsverfahren zugrunde. Diese dynamischen Zusammenhänge werden der differenzierten Beschreibung des agrarsektoralen Faktoreinsatzes zugrundegelegt. Darauf aufbauend ist die Entwicklung des Faktoreinsatzes zu erklären. Für die Dynamik des Systemverhaltens (Reinvestitionszyklus u.dgl.) sind der altersspezifische Bestandsaufbau und die Differenzierung nach Technologiestufen, Technologiebereichen und Investitionsjahrgängen (Altersaufbau) von besonderer Bedeutung.

(7) Eine zentrale Rolle für die Dynamik des Faktoreinsatzes spielt die Struktur der Investitionen in den einzelnen Jahren. Wenn wir von der gesamten sektoralen Investitionssumme INSEK ausgehen, muß folgende Bedingung gelten:

$$INSEK_t = \sum_{i=1}^{M} \sum_{j=1}^{N} INV_{i,j,t} \cdot PINV_{i,j,t}$$

$INV_{i,j,t}$: Umfang der Investitionen im Technologiebereich j, in der Technologiestufe i und in der Periode t (in physischen Einheiten),

$PINV_{i,j,t}$: Anschaffungspreis je physischer Einheit der Investitionen im Technologiebereich j, in der Technologiestufe i und in der Periode t,

$INSEK_t$: statistisch ausgewiesene Investitionssumme in jeweiligen Preisen in der Periode t.

Weiterhin muß sichergestellt werden, daß die Maschinen- und Gebäudekapazität in jedem Technologiebereich zur Durchführung der Produktion ausreicht. Die Mindestkapazität MK läßt sich aus den Produktionsumfängen und den Technologiekoeffizienten f errechnen:

$$MK_{j,t} = \sum_{i=m_j}^{n_j} X_{i,t} \cdot f_{i,j} \,.$$

Die Variablen m_j und n_j definieren die Produktionsverfahren, die zum Technologiebereich j gehören. Die tatsächliche Maschinen- und Gebäudekapazität muß gleich oder größer als die produktionsstrukturbedingte Mindestkapazität sein.

$$MK_{j,t} \leq KB_{j,t} = \sum_{i=1}^{M} KB_{i,j,t}$$

$$j = 1, \ldots N$$

Der Grad der Unterauslastung AUSQ in den einzelnen Technologiebereichen ist dann definiert als:

$$AUSQ_{j,t} = KB_{j,t} / MK_{j,t} - 1$$

$$j = 1, \ldots N$$

(8) Der Freiheitsspielraum bei der Aufteilung der Investitionssumme auf die einzelnen Technologiebereiche[64] hängt von der Entwicklung der Produktionsstruktur und von den aus den Vorperioden vorhandenen Kapazitäten ab. Innerhalb dieser Begrenzungen wird die Verteilung nach den in Punkt (3) bis (5) erwähnten Prinzipien bestimmt. Um extremen Rationalisierungsinvestitionen in einzelnen Technologiebereichen vorzubeugen, wird eine Nebenbedingung formuliert, die die maximalen jährlichen Investitionen in den einzelnen Bereichen in Abhängigkeit von dem Auslastungsgrad in der Vorperiode begrenzt (Abb.32).

Abb. 32: Maximale Investitionen in Abhängigkeit von der Unterauslastung in einem Technologiebereich (Prozentualer Anteil an den sektoralen Gesamtinvestitionen)

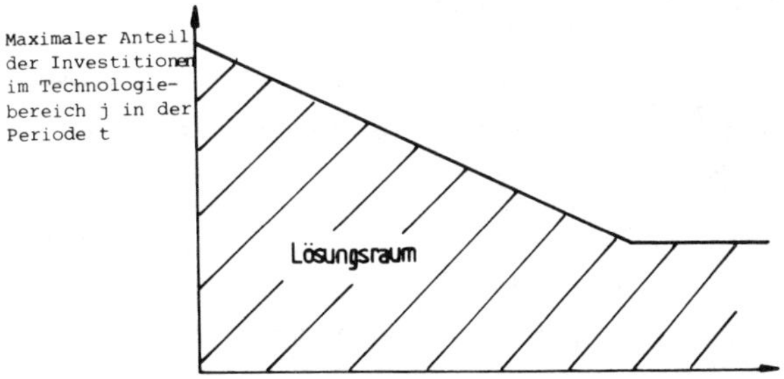

64) In der sektoralen Statistik wird die Aufteilung der Investitionen auf einzelne Produktionsbereiche nicht erfaßt.

Die entsprechenden Parameter werden aus verschiedenen Simulationsläufen im Untersuchungszeitraum abgeleitet. Die Parameter werden dabei so gesetzt, daß lediglich extreme Rationalisierungsinvestitionen, die sich nach den ökonomischen Prinzipien in einzelnen Bereichen ergeben können, eingegrenzt werden. In der gegenwärtigen Modellversion beträgt die Summe der maximalen Investitionen in den einzelnen Technologiebereichen das Doppelte der sektoralen Investitionssumme.

Da nach den Erkenntnissen der Innovations- und Diffusionstheorie die Einführung technischer Neuerungen nicht sprunghaft erfolgt, sondern sich entsprechend der unterschiedlichen Innovationsbereitschaft einzelner Landwirte schrittweise vollzieht, wird die Übernahme der jeweils höchsten Technologiestufe zusätzlich im Modell begrenzt (Abb. 33).

Abb. 33: Innovations und Diffusionsbegrenzungen bei einzelnen Technologiestufen in einem Technologiebereich

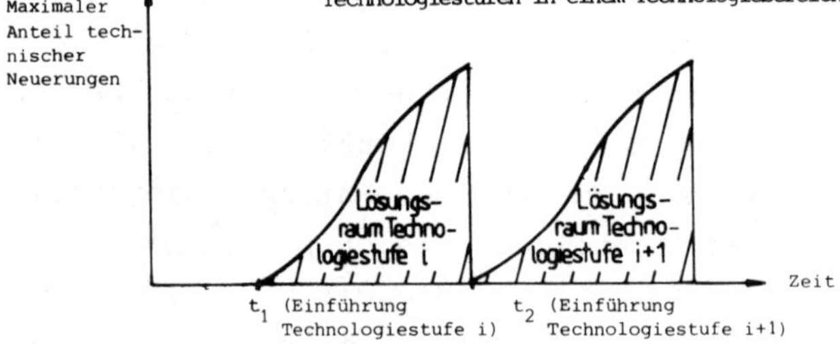

Dieser Diffusionsprozeß soll durch folgende Funktion beschrieben werden:

$$INV^N_{i,j,t} \leq a \cdot INV^N_{i,j,t-1} + b \cdot KB^N_{j,t-1} + c \cdot \sum_{i=1}^{M} KB_{i,j,t-1}$$

Die Koeffizienten a,b und c werden auf der Basis von Simulationsexperimenten gewonnen. Die maximale Realisierung eines neuen Technologieverfahrens INV^N beträgt im ersten Jahr einen bestimmten Anteil b am gesamten Maschinen- und Gebäudebestand im Technologiebereich j ($INV^N_{i,j,t-1} = 0$, $KB^N_{i,j,t-1} = 0$). Im zweiten Jahr kann die Neuerung in einem größeren Umfang eingeführt werden, da die Variablen $INV_{i,j,t-1}$ und $KB_{i,j,t-1}$ positive Werte annehmen. Durch die gleichzeitige Berücksichtigung der Vorjahresinvestitionen und des vorhandenen Bestandes an neueren Maschinen und Gebäuden ergibt sich im Zeitablauf ein zunehmender Freiheitsspielraum zur Übernahme von Neuerungen.

Arbeitseinsatzstruktur und Lohnsatz der Arbeit

Der Arbeitskräfteeinsatz im landwirtschaftlichen Sektor wird in Vollarbeitskräften (AK) gemessen. Die entsprechenden Zeitreihen können aus der Statistik (gegliedert nach Familien- und Fremdarbeitskräften und nach männlichen und weiblichen Arbeitskräften) übernommen werden. Nicht bekannt ist jedoch der Arbeitseinsatz in den einzelnen Produktions- bzw. Technologiebereichen sowie der Auslastungsgrad der Arbeitskräfte.

Von besonderer Bedeutung für die intrasektoralen Substitutionsvorgänge beim Faktoreinsatz, für die intersektoralen Mobilitätsentscheidungen und für die Entwicklung der Produktionsstruktur sind die Opportunitätskosten der Arbeit. Es wird von der Hypothese ausgegangen, daß die Landwirte auch dann mit Opportunitätskosten kalkulieren, wenn die Arbeitskräfte nicht voll ausgelastet sind. Zwischen dem Grad der Unterauslastung der Arbeitskräfte und den planungsrelevanten (kalkulatorischen) Lohnsätzen wird eine hypothetische Beziehung hergestellt.

Abb. 34: Planungsrelevante Lohnsätze in Abhängigkeit von der Unterauslastung der Arbeitskräfte

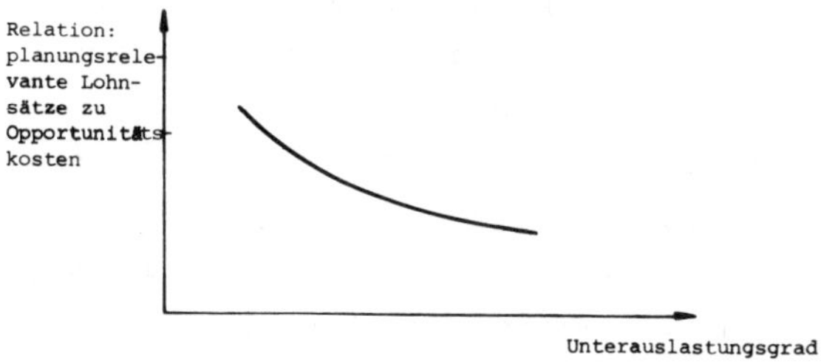

Je höher der Anteil der nicht ausgelasteten Arbeitskräfte ist, umso niedriger ist die Relation der planungsrelevanten Lohnsätze zu den tatsächlichen Opportunitätskosten (Annahme: durchschnittlicher Lohnsatz in der Volkswirtschaft). Dies

wiederum bedeutet, daß c.p. tendenziell eher in niedrigeren Technologiestufen investiert wird, daß die arbeitsintensiven Produktionsbereiche eher ausgedehnt werden und daß ein verstärkter Druck (gemessen als Unterschied zwischen den internen Lohnsätzen und den Opportunitätskosten) auf die Abwanderung von Arbeitskräften ausgeht. Für die Mobilität der Arbeitskräfte wird u.a. auch das tatsächlich erzielte Einkommen von Bedeutung sein. Wir werden auf diesen Zusammenhang in Teil C näher eingehen. Hier geht es zunächst um die Ermittlung der internen Lohnsätze, die für die Berechnung der Arbeits- und Kapitalkosten und - entsprechend dem oben beschriebenen Prinzip - für die Ableitung konsistenter Faktoreinsatzstrukturen benötigt werden. Dabei kommt folgendes iterative Verfahren zur Anwendung:

(1) In einem ersten Schritt wird die Entwicklung der Lohnsätze exogen vorgegeben. Der landwirtschaftliche Lohnsatz wird dabei als ein bestimmter Anteil am gesamtwirtschaftlichen Lohnsatz (durchschnittliche Bruttogehaltssumme je beschäftigtem Arbeitnehmer) definiert, d.h. es wird von vorneherein unterstellt, daß die Opportunitätskosten für Arbeit in der Landwirtschaft niedriger sind als in der Gesamtwirtschaft. Wenn man von exogen vorgegebenen Lohnsätzen, der tatsächlichen Entwicklung der Produktionsstruktur, dem Ausgangsniveau der Mechanisierung und der tatsächlichen Entwicklung der Investitionen und der Arbeitskräfte ausgeht, so läßt sich mit Hilfe der oben dargelegten Modellhypothesen die Entwicklung
- der verfahrensspezifischen Technologiestufen,
- der Investitions- und Arbeitseinsatzstruktur,
- der Auslastung der Maschinen- und Gebäudekapazitäten sowie
- der Auslastung der Arbeitskräfte

im Untersuchungszeitraum ermitteln. Das formale Modell, welches dabei zum Einsatz kommt, wird im nächsten Abschnitt näher beschrieben.

(2) Zur Überprüfung der Sensibilität des Faktoreinsatzmodells werden unter sonst gleichen Annahmen verschiedene Anteile des gesamtwirtschaftlichen Lohnsatzes getestet (z.B. 0.5, 0.7, 0.9).

Die Modellergebnisse der einzelnen Simulationsläufe dienen dabei zur Ermittlung von plausiblen Beziehungen zwischen dem Niveau der planungsrelevanten landwirtschaftlichen Lohnsätzen und dem Auslastungsgrad der landwirtschaftlichen Arbeitskräfte.

(3) Bei einem landwirtschaftlichen Lohnsatz in Höhe von 70 % des gesamtwirtschaftlichen Lohnsatzes zeigt sich im Durchschnitt der Beobachtungsperiode eine Unterauslastung der Arbeitskräfte von 10 %. Dieser Auslastungsgrad und der entsprechende Lohnsatz dienen zur Standardisierung der funktionalen Beziehung zwischen dem Auslastungsgrad und dem Relativlohn in der Landwirtschaft. Zur Ermittlung der Neigung dieser standardisierten Kurve wird der errechnete Auslastungsgrad bei alternativen Lohnsätzen herangezogen. Die Plausibilität dieser Annahmen kann anhand der Ergebnisse (Abschnitt 3.4) überprüft werden.
Die Hypothese über die interne Entlohnung und den Auslastungsgrad der Arbeit[65] ist für die Eigenschaften des Gesamtsystems von zentraler Bedeutung: Während die langfristige Entwicklung der landwirtschaftlichen Löhne im wesentlichen von der gesamtwirtschaftlichen Lohnentwicklung bestimmt wird, ergibt sich der interne Lohnsatz kurzfristig (d.h. bei gegebenen gesamtwirtschaftlichem Lohnniveau) in Abhängigkeit vom Grad der Unterauslastung. Die Dynamik des Modellablaufs wird nun entscheidend vom Einfluß des internen Lohnsatzes und des Auslastungsgrades auf die Veränderung der Produktions- und Faktoreinsatzstruktur bestimmt (Vgl. dazu auch Teil C).

3.3.2 Struktur des Faktoreinsatzmodells

Als formales Modell zur Abbildung der Faktoreinsatzstruktur dienen einperiodische, lineare Programmierungsmodelle, die durch die im letzten Abschnitt diskutierten dynamischen Be-

65) Wenn man einmal von Aggregationsfehlern absieht, so läßt sich die Unterauslastung der Arbeitskräfte auch als "versteckte Arbeitslosigkeit" in der Landwirtschaft interpretieren. Die Beziehung zwischen dem Auslastungsgrad und dem internen Lohnsatz könnte man dann als eine "Freizeitfunktion" kennzeichnen.

ziehungen im Zeitablauf rekursiv verkoppfelt werden. Dieses Modell stellt gleichzeitig einen wichtigen Baustein für das dynamische Sektormodell dar.

Abb.35: Struktur des Faktoreinsatzmodells[1)]

Restriktionen / Aktivitäten	Arbeitsverfahren 1 2 ... j ... M 1..i..N 1..i..N ... 1..i..N	Investitionen 1 2 ...j... M 1..i..N .. 1..i..N	Investitionsstruktur (max. Anteile)	Planungsrelevante Lohnsätze und Auslastung d. Arbeitskräfte	Modellbegrenzungen
Zielfunktion	variable Maschinenkosten	∅ jährl. Investitionskosten		$Z_1 \dots Z_K$	
Produktionsstruktur (Mindestkapazitäten) 1 . . M	1... 1 1... 1 . . . 1... 1				$\geq MK_1$: $\geq MK_M$
Maschinen- und Gebäudekapazitäten 1 1 : N : 1 : M N	1 1 1	-1 -1 . . . . . -1			$\leq KB_{1,1}$: $\leq KB_{M,N}$
Arbeitskräftebestand (Zeitspannen)	C . . . . . . C : : C C			1 . . 1 : : 1 . . 1	-A : -A
Investitionssumme		p . . . . . . p	1 -1		-INSEK -0
Nicht-Linearitätsbeschränkung				α ····α	-1
Max. Investitionen in den Technologiebereichen		111 111 111	β : β		≤ 0 : ≤ 0
Technische Neuerungen (max. Diffusionsgeschwindigkeit)		1 1 1	γ : γ		≤ 0 : ≤ 0
Zugkraftbilanzen	-1 1 . . . . . . 1 . . . -1 1 1				≤ 0 : ≤ 0

1) Auf die zeitliche und strukturelle Indizierung der Koeffizienten und Restriktion wird der Übersichtlichkeit halber verzichtet. Erläuterungen siehe Text.

(1) Die Arbeitsverfahren beziehen sich auf 11 Technologiebereiche und in der ex-post-Analyse auf jeweils 6 Technologiestufen. Diese 66 Verfahren sollen die Faktoreinsatzstruktur in der Landwirtschaft beschreiben. Die Zielfunktionswerte der Arbeitsverfahren beinhalten die Aufwendungen für Arbeitshilfsmittel. Die übrigen Kapitalkosten (Abschreibungen und Zinsen) spielen hier keine Rolle, da wir von einem Wiederveräußerungswert bestehender Kapazitäten von Null ausgehen. Die Leistung

der Arbeitsverfahren bezieht sich auf die Arbeitserledigung bei der landwirtschaftlichen Produktion. Voraussetzung für den Einsatz dieser Verfahren ist, daß Maschinen- und Gebäudekapazitäten vorhanden sind bzw. in der gleichen Periode investiert werden. Weiterhin stellen diese Verfahren Anspruch an vorhandene Arbeitskapazitäten.

(2) Die Investitionsaktivitäten beziehen sich auf 10 Technologiebereiche (zwischen Sommer- und Wintergetreide wird nicht differenziert) und auf die beim jeweiligen Stand der Technik möglichen Technologiestufen.
Folgende Technologiestufen stehen bei dieser Modellversion als Investitionsalternativen zur Verfügung:

1955/56 - 1957/58	I, II, III
1958/59 - 1962/63	II, III, IV
1963/64 - 1968/69	III, IV, V
1969/70 - 1975/76	IV, V, VI
(Zukunft)	(IV, V, VI, VII).

Als Zielfunktionswerte dienen die durchschnittlichen jährlichen Abschreibungen, berechnet aus den Anschaffungskosten zu jeweiligen Preisen und aus der durchschnittlichen Lebensdauer. Die Leistung dieser Investitionsaktivitäten besteht in der Erweiterung des vorhandenen Maschinen- und Gebäudebestandes. Die Verfahren stellen weiterhin Anspruch an die verfügbare Investitionssumme. Die einzelnen Investitionsbereiche werden in Abhängigkeit von der Auslastung in der Vorperiode in ihrem maximalen Anteil an der sektoralen Investitionssumme (Koeffizienten β) begrenzt. Die jeweils höchsten Technologiestufen werden zusätzlich durch die unterstellte Diffusionsfunktion in ihrer maximalen Ausdehnung eingeengt (Koeffizienten γ).

(3) Zur modellmäßigen Erfassung der planungsrelevanten Lohnsätze und der Auslastung der Arbeitskräfte wird ein nichtlinearer Ansatz, der von KUNKEL, GONZALES und HIWATIG[66] vor-

66) Kunkel, D., Gonzales, L., Hiwatig, M., Application of Mathematical Programming Models Simulating Competitive Market Equilibrium for Agricultural Policy and Planning Analysis, Contributed paper, International Conference of Agricultural Economists, Nairobi.Contributed Paper, Group I, 1976, S. 1-22 .

gestellt wurde, verwendet. Dieser Ansatz erlaubt eine approximative Abbildung von nichtlinearen Beziehungen in linearen Programmierungsmodellen. Voraussetzung hierfür ist ein kontinuierlich steigender oder fallender Funktionsverlauf (Abb. 36).

Abb. 36: Approximation nichtlinearer Beziehungen in einem LP-Ansatz (Lohnsatz und Auslastung der Arbeitskräfte)

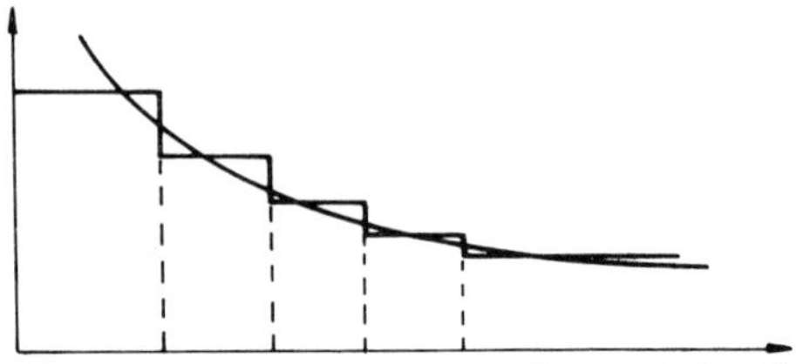

Als Zielfunktionswerte können bei diesem Modellansatz nicht einfach die Lohnsätze L übernommen werden. Sie sind für die einzelnen Stufen nach folgender Formel zu berechnen:

$$Z_1 = L_1$$

$$Z_k = \left[L_k \cdot U_k + \left(\sum_{n=1}^{k-1} (L_{n-1} - L_n) \cdot U_{n-1} \right) \right] / U_k$$

$$k = 1, \ldots K$$

L_k = planungsrelevanter Lohnsatz für Stufe k,
Z_k = Zielfunktionswert für Stufe k,
K = Anzahl der unterschiedenen Stufen.

Zusätzlich ist eine Nebenbedingung zu formulieren, die sicherstellt, daß der ursprüngliche Funktionsverlauf eingehalten wird (Koeffizienten α). Diese Nebenbedingung erhält als Dualwert die Differenz zwischen dem Zielfunktionswert Z und dem tatsächlichen Lohnsatz L. Der planungsrelevante Lohnsatz L ergibt sich dann als Dualwert für die Arbeit, so daß sich in Abhängigkeit von der Auslastung der Arbeitskräfte unterschiedliche Arbeitskosten einstellen. Wie aus dem Modellansatz hervorgeht, wirken sich die Dualwerte für Arbeit auch auf die interne Verzinsung des eingesetzten Kapitals und damit auf die gesamte duale Lösung des Modells aus.

(4) Der formale Modellansatz enthält folgende Begrenzungen:

- Produktionsniveaus,
- Bestand an Maschinen- und Gebäudekapazitäten in den einzelnen Technologiestufen und Technologiebereichen, errechnet aus den Investitionen der Vorperioden und/oder den Anfangsbeständen (siehe oben),
- Bestand an landwirtschaftlichen Vollarbeitskräften, untergliedert nach Zeitspannen,
- Investitionssumme der Landwirtschaft in jeweiligen Preisen,
- Investitionsbeschränkungen für die Technologiebereiche und für technische Neuerungen,
- Zugkraftbilanz.

Die Zahlenwerte über den Arbeitskräftebestand und die Investitionssumme werden für die einzelnen Jahre des Untersuchungszeitraums aus der Statistik übernommen. Die Produktionsniveaus errechnen sich aus den in Abschnitt 2 angegebenen Werten. Die zusätzlichen Begrenzungen über die maximalen Investitionen in den einzelnen Bereichen bzw. Stufen stellen Modellannahmen dar. Die formulierten Zugkraftbilanzen sollen gewährleisten, daß für den Einsatz hochtechnischer Spezialmaschinen in den einzelnen Bereichen des Ackerbaus die jeweils erforderlichen Antriebs- und Zugkräfte zur Verfügung stehen. Diese Bilanzierungsgleichungen sind notwendig, da die Zugkräfte (Schlepper etc.) - mit Ausnahme der variablen Zugkraftkosten bei Erledigung von Spezialarbeiten - den Grundmaschinen zugerechnet werden.

Die im letzten Abschnitt beschriebenen dynamischen Gleichungen des Maschinen- und Gebäudebestandsaufbaus werden zu einem Kapazitätsaufbaumodell zusammengefaßt, das zur rekursiven Verknüpfung des Faktoreinsatzmodells dient.

3.4 Modellmäßige Entwicklung der Faktoreinsatzstrukturen

Das im letzten Abschnitt beschriebene Modellkonzept erlaubt eine differenzierte Beschreibung der agrarsektoralen Struktur des Faktoreinsatzes. In diesem Abschnitt wollen wir die "Verwendungsseite" der Faktoren Arbeit und Kapital in der Landwirtschaft näher untersuchen[67]. Während hier zunächst denk-

67) In Teil C dieser Arbeit wird die "Entstehungsseite", d.h. die Herkunft der Produktionsfaktoren weiter analysiert.

bare und konsistente physische Strukturen des Faktoreinsatzes aufgezeigt werden sollen, werden wir im nächsten Abschnitt auf die entsprechenden monetären Knappheitsindikatoren (Schattenpreise) aller Faktoren eingehen. Die folgenden Ergebnisse entsprechen also der primalen Lösung des skizzierten dynamischen Faktoreinsatzmodells. Die exemplarische Ergebnisdarstellung soll die wichtigsten Differenzierungen und einige problemrelevante Strukturen verdeutlichen[68].

Übersicht 21: Entwicklung des Arbeitskräftebestandes in der Landwirtschaft und Auslastung der Arbeitskräfte (in 1000 Vollarbeitskräfteeinheiten)

FMAK=Familien Ak männl. AKIN=Arbeitskräfte insgesamt
FWAK=Familien Ak weibl. NDF5=Nicht ausgelastete Ak
FRAK=Fremdarbeitskräfte AUSL=Nichtauslastung in v.H.

NR	Jahr	FMAK	FWAK	FRAK	AKIN	NDF5	AUSL
1	1955/56	1494.50	680.00	500.00	2674.50	300.00	11.21
2	1956/57	1437.50	678.00	469.00	2584.50	287.88	11.14
3	1957/58	1382.50	673.00	434.00	2489.50	263.13	10.57
4	1958/59	1323.03	669.00	396.00	2388.03	242.53	10.16
5	1959/60	1261.88	661.50	356.00	2279.38	196.17	8.61
6	1960/61	1211.88	652.00	314.00	2177.88	153.80	7.06
7	1961/62	1171.11	638.00	281.00	2090.11	152.61	7.30
8	1962/63	1121.40	617.00	256.00	1994.40	203.08	10.18
9	1963/64	1080.44	596.99	233.00	1910.43	149.82	7.84
10	1964/65	1036.44	577.99	208.00	1822.43	140.30	7.70
11	1965/66	990.44	556.00	190.00	1736.44	147.79	8.51
12	1966/67	952.44	536.99	170.00	1659.43	147.79	8.91
13	1967/68	931.44	525.00	158.00	1614.44	161.29	9.99
14	1968/69	908.43	504.00	145.00	1557.43	184.72	11.86
15	1969/70	845.43	469.00	131.00	1445.43	154.31	10.68
16	1970/71	787.43	437.00	118.00	1342.43	184.06	13.71
17	1971/72	743.43	407.00	108.00	1258.43	168.55	13.39
18	1972/73	701.43	386.94	101.00	1190.27	146.88	12.34
19	1973/74	667.43	376.94	94.00	1138.37	105.17	9.24
20	1974/75	653.85	370.94	91.10	1115.89	114.42	10.25
21	1975/76	642.80	367.84	89.50	1100.14	120.00	10.91
	Mitt.Wrt	1010.94	543.86	223.89	1778.69	173.91	9.97
	Wachsabs	-43.54	-17.06	-20.99	-81.59	-9.64	-0.05
	Wachsrel	- 4.27	-3.27	-8.68	-4.55	-3.69	0.89
	Stan.Abw	244.38	109.12	120.49	468.94	47.56	1.95
	S.A.WRA	1.38	2.03	2.04	1.32	16.50	17.21

(1) In Übersicht 21 sind einige globale Kennziffern über die Entwicklung des Arbeitskräfteeinsatzes und der Auslastung der Arbeitskräfte zusammengestellt. Dabei zeigt sich, daß der gesamte Bestand an Arbeitskräften in der Landwirtschaft (gemessen in Vollarbeitskräfteeinheiten) im Durchschnitt der Betrachtungsperiode um etwa 4.5 % zurückgeht. Besonders stark betroffen sind die Fremdarbeitskräfte.

68) Ergänzende Ergebnisse sind dargestellt in: Bauer, S., Zintl, E., Materialien ....

Bei den unterstellten Technologiebedingungen und Modellannahmen sind im Durchschnitt etwa 10 % der Arbeitskräfte nicht ausgelastet. Der Grad der Unterauslastung schwankt dabei von etwa 7 bis 15 %. Eine relativ hohe Unterauslastung ist dabei in der 50er und den 70er Jahren festzustellen. Dieser Auslastungsgrad bezieht sich auf den jahresdurchschnittlichen Arbeitseinsatz. Deshalb und aus anderen aggregationstheoretischen Gründen kann nicht davon ausgegangen werden, daß die nicht ausgelasteten Arbeitskräfte ohne weiteres freigesetzt werden können. Dennoch scheint dieser Indikator die Entwicklung der relativen "versteckten Arbeitslosigkeit" anzuzeigen. Im Vergleich zu aggregierten Produktionsfunktionen, bei denen generell von einer vollen bzw. exogen vorgegebenen Auslastung ausgegangen wird, ergibt sich bei diesem Modellansatz die Auslastung der Arbeitskräfte in Abhängigkeit von den Produktions- und Faktoreinsatzplänen der Landwirte als eine endogene Größe. Dies bedeutet, daß bei unverändertem Produktionsniveau und sonst gleichbleibendem Faktoreinsatz ein gewisser Freiheitsspielraum hinsichtlich der Anpassung der Arbeitskräfte besteht. Der Auslastungsgrad stellt einen Puffer dar, der den verschiedenen Anpassungen der Landwirtschaft im Entwicklungsprozeß eine gewisse Flexibilität verleiht.

(2) Das <u>realisierte Technologieniveau</u> läßt sich bei dem gewählten Modellsystem differenziert nach einzelnen Technologiebereichen verfolgen. In den Übersichten 22 bis 25 sind einige exemplarische Ergebnisse über die realisierten Arbeitsverfahren und die Maschinen- und Gebäudekapazitäten in ausgewählten Technologiebereichen dargestellt. Diese Kennziffern beziehen sich auf:

- den Anteil der realisierten Arbeitsverfahren am Produktionsniveau,
- das absolute Produktionsniveau[69],
- die nicht ausgelasteten Kapazitäten,

69) Das Produktionsniveau wird dabei durch den Umfang der zu einem Technologiebereich zählenden Produktionsverfahren bestimmt.

- den Bestand an Maschinen- und Gebäudekapazitäten,
- den prozentualen Anteil der nicht ausgelasteten Kapazitäten sowie
- den Anteil der vorhandenen Maschinen- und Gebäudekapazitäten in den verschiedenen Technologiestufen am Gesamtbestand der einzelnen Mechanisierungsbereiche.

Übersicht 22: Technologienievau und Maschinen- bzw. Gebäudekapazitäten (Technologiebereich: Grundmaschinen)

	Anteile der realisierten Arbeitsverfahren in v. H.						Gesamtkapazitäten			
NR JAHR	I	II	III	IV	V	VI	ausgelastet	nicht ausgelastet	insgesamt	nicht ausgelastet (%)
1 1955/56	36.00	42.70	13.00	8.30	0.0	0.0	9850.00	0.0	9850.00	0.0
2 1956/57	33.41	40.65	17.54	8.40	0.0	0.0	9729.84	0.0	9729.84	0.0
3 1957/58	30.35	44.09	17.17	8.40	0.0	0.0	9737.41	0.0	9737.41	0.0
4 1958/59	23.99	47.58	20.03	8.40	0.0	0.0	9734.89	323.90	10058.79	3.22
5 1959/60	16.97	49.18	25.50	8.36	0.0	0.0	9779.54	704.65	10484.19	6.72
6 1960/61	13.01	45.57	29.56	11.87	0.0	0.0	9758.73	798.77	10557.50	7.57
7 1961/62	5.41	42.11	30.21	22.27	0.0	0.0	9700.05	1248.14	10948.20	11.40
8 1962/63	0.0	40.10	33.62	26.28	0.0	0.0	9517.98	1477.50	10995.48	13.44
9 1963/64	4.81	35.87	32.46	19.40	7.47	0.0	9626.93	719.35	10346.28	6.95
10 1964/65	0.0	29.04	27.63	28.30	15.04	0.0	9623.89	1085.67	10709.56	10.14
11 1965/66	0.0	19.61	23.10	42.04	15.25	0.0	9491.71	1179.56	10671.27	11.05
12 1966/67	0.0	13.88	16.19	46.87	23.06	0.0	9424.58	1041.39	10465.98	9.95
13 1967/68	0.0	6.10	14.08	48.26	31.56	0.0	9429.80	973.61	10403.40	9.36
14 1968/69	0.0	0.95	10.79	52.83	35.42	0.0	9440.41	1637.69	11078.10	14.78
15 1969/70	0.0	4.45	4.66	54.32	36.14	0.43	9459.62	1870.12	11329.74	16.51
16 1970/71	0.0	4.44	4.14	53.55	37.01	0.86	9233.45	1624.97	10858.42	14.97
17 1971/72	0.0	3.93	2.97	51.00	37.57	4.53	9247.07	1051.48	10298.54	10.21
18 1972/73	0.0	1.61	5.04	50.02	38.53	4.80	9248.64	536.95	9785.59	5.49
19 1973/74	0.0	0.49	2.55	46.03	45.32	5.61	9403.74	432.68	9836.41	4.40
20 1974/75	0.0	0.33	4.22	39.26	47.75	8.44	9401.12	0.0	9401.12	0.0
21 1975/76	0.0	0.0	0.0	0.0	0.0	0.0	. 0	0.0	0. 0	0.0

2. ANTEILE DER VORHANDENEN KAPAZITAETEN

NR JAHR	I	II	III	IV	V	VI
1 1955/56	36.00	42.70	13.00	8.30	0.0	0.0
2 1956/57	33.41	40.65	17.54	8.40	0.0	0.0
3 1957/58	30.35	44.09	17.17	8.40	0.0	0.0
4 1958/59	26.44	46.05	19.38	8.13	0.0	0.0
5 1959/60	22.55	45.87	23.78	7.80	0.0	0.0
6 1960/61	19.59	42.12	27.32	10.97	0.0	0.0
7 1961/62	16.19	37.31	26.76	19.73	0.0	0.0
8 1962/63	13.44	34.71	29.10	22.75	0.0	0.0
9 1963/64	11.42	33.37	30.20	18.05	6.95	0.0
10 1964/65	8.28	27.96	24.83	25.43	13.51	0.0
11 1965/66	5.54	20.17	23.33	37.40	13.56	0.0
12 1966/67	2.82	13.60	20.61	42.20	20.77	0.0
13 1967/68	0.00	9.79	17.86	43.74	28.60	0.0
14 1968/69	0.0	9.20	15.59	45.02	30.19	0.0
15 1969/70	0.0	9.02	15.10	45.36	30.17	0.36
16 1970/71	0.0	6.36	15.90	45.54	31.47	0.73
17 1971/72	0.0	3.53	12.88	45.79	33.73	4.07
18 1972/73	0.0	1.52	10.25	47.28	36.41	4.54
19 1973/74	0.0	0.47	6.83	44.00	43.33	5.37
20 1974/75	0.0	0.33	4.22	39.26	47.75	8.44
21 1975/76	0.0	0.0	0.0	0.0	0.0	0.0

Übersicht 22 verdeutlicht den Mechanisierungsprozeß für den Bereich Grundmaschinen-Bodenbearbeitung. Ende der 50er und Anfang der 60er Jahre erfolgt ein Anstieg der Kapazitäten. In diesem Zeitraum werden etwa 10 % der vorhandenen Kapazitäten nicht genutzt. Während zu Anfang der 70er Jahre noch ein erheblicher Überbesatz an Grundmaschinen zu verzeichnen ist, zeigt sich im Jahre 1974/75 eine volle Auslastung der Maschinenkapazitäten.

Die Realisierung technischer Fortschritte läßt sich an der Veränderung der Anteile der einzelnen Arbeitsverfahren im Untersuchungszeitraum ablesen. Während zu Beginn des Zeitraums überwiegend das Verfahren II eingesetzt wird, zeigt sich in den letzten Jahren eine besondere Bedeutung der Technologiestufe V. Die Strukturveränderungen bei den Arbeitsverfahren, d.h. die Realisierung von technischen Fortschritten, verläuft z.T. relativ kontinuierlich, z.T. treten stärkere Schübe auf. Die Anteile der Technologiestufen an den vorhandenen Kapazitäten weichen von der Struktur der eingesetzten Arbeitsverfahren ab, wenn die Kapazitäten nicht voll ausgelastet sind. So entfallen z.B. zu Beginn der 60er Jahre 10-20 % der Maschinenkapazitäten auf die Mechanisierungsstufe I. In diesem Zeitraum hat die Nutzung dieser Technologiestufe im Produktionsprozeß aber nur noch eine geringe Bedeutung.

Übersicht 23: **Technologieniveau und Maschinen- bzw. Gebäudekapazitäten (Technologiebereich: Getreidebau)**

	Anteile der realisierten Arbeitsverfahren in v. H.						Gesamtkapazitäten			
NR JAHR	I	II	III	IV	V	VI	ausgelastet	nicht ausgelastet	insgesamt	nicht ausgelastet (%)
1 1955/56	25.75	45.64	21.39	7.22	0.0	0.0				
2 1956/57	18.03	55.45	19.39	7.12	0.0	0.0	4928.04	630.98	5559.02	11.35
3 1957/58	12.02	61.52	19.36	7.11	0.0	0.0	4940.45	806.90	5747.34	14.04
4 1958/59	9.98	57.31	25.34	7.37	0.0	0.0	4984.00	784.80	5768.79	13.60
5 1959/60	4.30	53.18	35.22	7.31	0.0	0.0	5027.39	947.27	5974.66	15.85
6 1960/61	0.32	50.21	42.07	7.41	0.0	0.0	4959.19	1028.69	5987.88	17.18
7 1961/62	0.0	45.77	42.94	11.29	0.0	0.0	4973.10	957.32	5930.42	16.14
8 1962/63	0.0	37.90	44.96	17.15	0.0	0.0	4983.69	1041.83	6025.52	17.29
9 1963/64	0.0	33.82	43.47	15.34	7.38	0.0	5013.95	931.91	5945.86	15.67
10 1964/65	9.25	21.14	35.98	26.36	7.27	0.0	5088.00	97.97	5185.97	1.89
11 1965/66	0.0	0.0	31.10	51.15	17.75	0.0	5016.00	1175.90	6191.90	18.99
12 1966/67	0.0	0.0	21.75	54.38	23.87	0.0	5027.23	1073.58	6100.81	17.60
13 1967/68	0.0	0.0	15.09	56.53	28.38	0.0	5063.41	958.91	6022.32	15.92
14 1968/69	0.0	0.0	10.11	57.43	32.46	0.0	5187.20	983.56	6170.76	15.94
15 1969/70	0.0	0.0	0.16	56.97	42.86	0.0	5260.82	1398.65	6659.46	21.00
16 1970/71	0.0	0.0	0.0	45.80	54.20	0.0	5297.22	1715.87	7013.09	24.47
17 1971/72	0.0	0.0	0.0	39.81	55.10	5.09	5372.94	1560.11	6933.05	22.50
18 1972/73	0.0	0.0	0.0	39.94	55.02	5.04	5435.94	1167.37	6603.31	17.68
19 1973/74	0.0	0.0	1.13	36.23	57.59	5.05	5419.56	103.40	5522.96	1.87
20 1974/75	0.0	0.0	0.0	21.27	69.97	8.76	5429.61	882.99	6312.60	13.99
21 1975/76	0.0	0.0	0.0	0.0	0.0	0.0	0.0	0.0	0.0	0.0

ANTEILE DER VORHANDENEN KAPAZITAETEN

NR JAHR	I	II	III	IV	V	VI
1 1955/56	30.44	42.76	20.04	6.76	0.0	0.0
2 1956/57	27.34	49.16	17.19	6.32	0.0	0.0
3 1957/58	24.37	52.88	16.64	6.11	0.0	0.0
4 1958/59	22.23	49.51	21.89	6.37	0.0	0.0
5 1959/60	19.47	44.74	29.63	6.15	0.0	0.0
6 1960/61	17.44	41.58	34.84	6.14	0.0	0.0
7 1961/62	15.61	38.91	36.01	9.47	0.0	0.0
8 1962/63	13.39	35.24	37.18	14.18	0.0	0.0
9 1963/64	11.57	32.62	36.65	12.93	6.22	0.0
10 1964/65	10.97	20.74	35.30	25.86	7.13	0.0
11 1965/66	7.26	9.04	27.89	41.44	14.38	0.0
12 1966/67	5.42	6.14	23.96	44.81	19.37	0.0
13 1967/68	3.51	4.79	20.30	47.53	23.86	0.0
14 1968/69	1.49	4.68	18.27	48.27	27.29	0.0
15 1969/70	0.0	4.35	16.78	45.01	33.86	0.0
16 1970/71	0.0	1.13	16.08	41.84	40.94	0.0
17 1971/72	0.0	0.0	11.99	41.36	42.70	3.95
18 1972/73	0.0	0.0	8.86	41.70	45.29	4.15
19 1973/74	0.0	0.0	2.98	35.55	56.51	4.96
20 1974/75	0.0	0.0	1.05	31.23	60.18	7.53
21 1975/76	0.0	0.0	0.0	0.0	0.0	0.0

Ein etwas anderes Bild zeigt sich im Getreidebau, (Übersicht 23). Hier verläuft die Realisierung des mechanisch-technischen Fortschritts mit einer tendenziell höheren Geschwindigkeit. Damit verbunden sind jedoch größere Überkapazitäten (hohe Rationalisierungsinvestitionen). Der Einsatz der Technologiestufe III spielt bereits in den 70er Jahren eine untergeordnete Rolle. Dieses Modellergebnis dürfte der Realität relativ nahe kommen. Wie sich am Beispiel des Getreidebaus zeigt, können in einzelnen Jahren relativ starke Schwankungen[70] auftreten. Die z.T. starken Ausschläge sind aber nicht eng bezogen auf das jeweilige Jahr zu interpretieren, wie überhaupt die ausgewiesenen Werte mehr die groben Tendenzen im agrarsektoralen Entwicklungsprozeß angeben sollen.

Übersicht 24: Technologieniveau und Maschinen- bzw. Gebäudekapazitäten (Technologiebereich: Milchkuhhaltung)

	Anteile der realisierten Arbeitsverfahren in v. H.						Gesamtkapazitäten			
NR JAHR	I	II	III	IV	V	VI	ausgelastet	nicht ausgelastet	insgesamt	nicht ausgelastet (%)
1 1955/56	28.00	36.00	31.00	5.00	0.0	0.0	5580.00	50.00	5630.00	0.89
2 1956/57	25.98	39.48	29.60	4.94	0.0	0.0	5648.99	42.89	5691.87	0.75
3 1957/58	21.59	44.64	28.79	4.98	0.0	0.0	5606.99	247.67	5854.66	4.23
4 1958/59	20.93	44.60	27.97	6.50	0.0	0.0	5567.00	240.87	5807.87	4.15
5 1959/60	21.07	42.87	27.62	8.43	0.0	0.0	5635.00	166.59	5801.59	2.87
6 1960/61	18.61	40.96	28.16	12.27	0.0	0.0	5734.00	235.07	5969.06	3.94
7 1961/62	17.32	39.03	28.31	15.34	0.0	0.0	5846.00	237.52	6083.52	3.90
8 1962/63	13.11	37.50	29.45	19.94	0.0	0.0	5907.00	423.30	6330.30	6.69
9 1963/64	12.42	36.54	28.62	19.99	2.44	0.0	5877.99	415.99	6293.98	6.61
10 1964/65	11.40	35.72	27.88	20.85	4.14	0.0	5826.00	429.24	6255.23	6.86
11 1965/66	11.58	34.52	26.85	21.41	5.64	0.0	5835.00	365.63	6200.63	5.90
12 1966/67	11.18	33.25	25.77	22.17	7.63	0.0	5855.99	334.92	6190.91	5.41
13 1967/68	11.25	32.07	24.76	22.76	9.16	0.0	5862.00	278.13	6140.13	4.53
14 1968/69	9.81	30.88	23.74	23.85	11.73	0.0	5872.00	309.58	6181.58	5.01
15 1969/70	6.99	29.90	22.87	23.82	16.42	0.0	5841.00	425.07	6266.06	6.78
16 1970/71	2.76	29.79	22.68	24.52	18.10	2.15	5636.99	625.46	6262.45	9.99
17 1971/72	0.0	29.57	22.39	25.18	18.99	3.87	5452.00	729.12	6181.11	11.80
18 1972/73	0.92	28.36	21.35	25.02	20.49	3.87	5448.99	627.05	6076.04	10.32
19 1973/74	2.50	27.03	20.21	24.76	20.82	4.68	5469.00	488.48	5957.47	8.20
20 1974/75	3.67	25.91	19.24	24.69	21.21	5.29	5447.00	373.06	5820.05	6.41
21 1975/76	0.0	0.0	0.0	0.0	0.0	0.0	0.0	0.0	0.0	0.0

2. ANTEILE DER VORHANDENEN KAPAZITAETEN

1 1955/56	28.64	35.68	30.72	4.96	0.0	0.0
2 1956/57	26.53	39.19	29.38	4.90	0.0	0.0
3 1957/58	24.91	42.75	27.58	4.77	0.0	0.0
4 1958/59	24.21	42.75	26.81	6.23	0.0	0.0
5 1959/60	23.34	41.64	26.83	8.19	0.0	0.0
6 1960/61	21.81	39.35	27.05	11.79	0.0	0.0
7 1961/62	20.55	37.51	27.20	14.74	0.0	0.0
8 1962/63	18.92	34.99	27.48	18.61	0.0	0.0
9 1963/64	18.20	34.13	26.72	18.67	2.28	0.0
10 1964/65	17.48	33.27	25.97	19.42	3.86	0.0
11 1965/66	16.80	32.48	25.27	20.14	5.31	0.0
12 1966/67	15.98	31.45	24.38	20.97	7.22	0.0
13 1967/68	15.27	30.62	23.64	21.73	8.75	0.0
14 1968/69	14.32	29.33	22.55	22.66	11.14	0.0
15 1969/70	13.30	27.87	21.32	22.20	15.31	0.0
16 1970/71	12.47	26.82	20.41	22.07	16.29	1.94
17 1971/72	11.80	26.08	19.75	22.21	16.75	3.41
18 1972/73	11.14	25.43	19.14	22.44	18.37	3.47
19 1973/74	10.49	24.82	18.56	22.73	19.12	4.29
20 1974/75	9.84	24.25	18.00	23.11	19.85	4.95
21 1975/76	0.0	0.0	0.0	0.0	0.0	0.0

Bei der Milchviehhaltung können hingegen relativ kontinuierliche Entwicklungstendenzen beobachtet werden, wie Übersicht 24 verdeutlicht. Im Vergleich zu den anderen Bereichen ist das Spektrum der realisierten Arbeitsverfahren und der vorhandenen Gebäudekapazitäten in den letzten Jahren breiter gestreut. Die Überkapazitäten zeigen ein verhältnismäßig niedriges Niveau und verändern sich relativ kontinuierlich im Zeitablauf. Lediglich in den Jahren 1970/71 bis 1972/73 bleiben infolge des Rückgangs der Kuhbestände in einem größeren Ausmaß Kapazitäten ungenutzt.

70) Diese Ausschläge sind zum großen Teil auf den Modellansatz, der von einjährigen Entscheidungsperioden ausgeht, zurückzuführen.

An diesem Beispiel zeigt sich, daß durch Veränderungen der Produktionsstruktur partielle Überkapazitäten bei den Faktoren entstehen können[71]. Je größer und je unterschiedlicher die Veränderungen der Produktionsniveaus sind, desto weniger steht der sektorale Kapitalstock in unmittelbarer Beziehung zur Entwicklung der Outputmenge. Die wenig gesicherte Beziehung zwischen Kapitalstock und Output, die sich bei den Versuchen der Schätzung aggregierter Produktionsfunktionen für den landwirtschaftlichen Sektor ergibt, bestätigt die Bedeutung dieses Sachverhaltes[72].

Übersicht 25: **Technologieniveau und Maschinen- bzw. Gebäudekapazitäten (Technologiebereich: Schweinehaltung)**

		Anteile der realisierten Arbeitsverfahren in v. H.						Gesamtkapazitäten			
NR	JAHR	I	II	III	IV	V	VI	ausgelastet	nicht ausgelastet	insgesamt	nicht ausgelastet (%)
1	1955/56	45.00	32.00	13.00	10.00	0.0	0.0	32000.00	2000.00	34000.00	5.88
2	1956/57	42.44	31.86	15.22	10.48	0.0	0.0	30534.45	864.29	31398.74	2.75
3	1957/58	39.71	30.27	20.43	9.59	0.0	0.0	33359.66	0.0	33359.66	0.0
4	1958/59	25.08	28.86	30.97	15.09	0.0	0.0	33217.19	4341.61	37558.80	11.56
5	1959/60	24.48	27.05	31.23	17.24	0.0	0.0	33545.99	3885.08	37431.06	10.38
6	1960/61	24.13	24.13	31.15	20.58	0.0	0.0	35472.99	2959.56	38432.54	7.70
7	1961/62	19.84	20.58	32.21	27.37	0.0	0.0	39118.98	3182.75	42301.73	7.52
8	1962/63	1.07	19.18	38.67	41.08	0.0	0.0	39290.96	9949.12	49240.08	20.21
9	1963/64	0.0	17.98	38.35	38.03	5.64	0.0	39075.96	9791.99	48867.95	20.04
10	1964/65	6.15	14.99	34.02	39.76	5.07	0.0	43439.96	6544.82	49984.78	13.09
11	1965/66	0.0	14.23	34.55	42.34	8.88	0.0	42170.95	8640.00	50810.95	17.00
12	1966/67	0.0	7.04	34.40	44.79	13.76	0.0	41749.04	10613.05	52362.09	20.27
13	1967/68	0.0	10.85	30.85	44.95	13.36	0.0	45886.03	7487.99	53374.02	14.03
14	1968/69	0.0	9.22	29.63	45.03	16.12	0.0	47066.97	7037.73	54104.70	13.01
15	1969/70	0.0	3.88	28.68	43.92	23.52	0.0	47899.97	8430.94	56330.91	14.97
16	1970/71	0.0	5.09	24.98	40.43	29.50	0.0	51632.97	6570.95	58203.91	11.29
17	1971/72	1.93	4.36	21.07	42.73	29.90	0.0	50940.99	4200.08	55141.07	7.62
18	1972/73	0.0	3.34	15.29	45.96	35.40	0.0	51169.72	4607.99	55777.71	8.26
19	1973/74	0.0	2.35	14.45	44.82	38.38	0.0	50950.66	4031.99	54982.65	7.33
20	1974/75	4.57	1.29	12.64	44.73	36.77	0.0	53175.59	1026.54	54202.13	1.89
21	1975/76	0.0	0.0	0.0	0.0	0.0	0.0	0.0	0.0	0.0	0.0

2. ANTEILE DER VORHANDENEN KAPAZITAETEN

NR	JAHR	I	II	III	IV	V	VI
1	1955/56	48.24	30.12	12.24	9.41	0.0	0.0
2	1956/57	44.03	30.98	14.80	10.19	0.0	0.0
3	1957/58	39.71	30.27	20.43	9.59	0.0	0.0
4	1958/59	33.74	25.52	27.39	13.35	0.0	0.0
5	1959/60	32.32	24.24	27.99	15.45	0.0	0.0
6	1960/61	29.97	22.28	28.75	19.00	0.0	0.0
7	1961/62	25.87	19.03	29.79	25.31	0.0	0.0
8	1962/63	21.06	15.31	30.86	32.78	0.0	0.0
9	1963/64	20.04	14.38	30.67	30.41	4.51	0.0
10	1964/65	18.44	13.03	29.57	34.56	4.41	0.0
11	1965/66	17.00	11.81	28.68	35.14	7.37	0.0
12	1966/67	15.40	10.48	27.43	35.71	10.97	0.0
13	1967/68	14.03	9.32	26.52	38.64	11.48	0.0
14	1968/69	12.78	8.25	25.78	39.18	14.02	0.0
15	1969/70	11.25	7.02	24.39	37.34	20.00	0.0
16	1970/71	9.90	5.91	22.16	35.87	26.17	0.0
17	1971/72	9.40	4.03	19.47	39.48	27.62	0.0
18	1972/73	8.26	3.07	14.03	42.17	32.47	0.0
19	1973/74	7.33	2.18	13.39	41.53	35.56	0.0
20	1974/75	6.38	1.27	12.40	43.88	36.08	0.0
21	1975/76	0.0	0.0	0.0	0.0	0.0	0.0

Für den Bereich der Schweinehaltung zeigt Übersicht 25 einige etwas anders gelagerte Zusammenhänge. Die typischen zyklischen Entwicklungen bei der Schweineproduktion äußern sich hier

---

71) Derartige Effekte lassen sich durch eine aggregierte Betrachtung sektoraler Aggregate nicht erfassen und in ihrem Einfluß auf die Entwicklungstendenzen des Agrarsektors nicht oder nur unzureichend berücksichtigen.

72) Siehe z.B. Schrader, H., Produktionsfunktion .... S. 223 ff, Tangermann, S., Ein ökonometrisches Modell .... S. 286.

nämlich dahingehend, daß in Jahren mit relativ hoher Produktion verstärkt Kapazitäten in den niedrigen Technologiestufen genutzt werden. Bei einem zyklischen Tief der Produktion bleiben in größerem Umfang Stallplätze leer stehen und zwar vorwiegend bei den niedrigen Technologiestufen, die vermutlich vor allem in kleineren Betrieben vorzufinden sind. Die verfügbaren Gesamtkapazitäten sind in den letzten Jahren nicht mehr ausgedehnt, sondern - wie die Ergebnisse zeigen - eher eingeschränkt worden. Diese Entwicklung der Gebäudekapazitäten in der Schweinehaltung kann u.a. für die Erklärung der tendenziell geringeren Steigerung der Schweineproduktion in den 70er Jahren von Bedeutung sein.

(3) Wie die bisherigen Ergebnisse zeigen, vollziehen sich die Veränderungen des realisierten Technologieniveaus relativ kontinuierlich. Das rührt hauptsächlich daher, daß die in einer Periode getätigten Investitionen sich über einen längeren Zeitraum auf das vorhandene Technologiepotential auswirken. Die in einer Periode getätigten Gesamtinvestitionen in der Landwirtschaft und die Struktur dieser Investitionen sind als entscheidende Triebkräfte für Veränderungen des realisierten Technologieniveaus anzusehen. Im folgenden sollen daher die Investitionsstrukturen, die sich nach dem Faktoreinsatzmodell ergeben, exemplarisch dargestellt werden.

UEBERSICHT 26: Physische Investitionsstrukturen (Beispiel: Grundmaschinen)

IGM1=INVEST.GRUNDMASCHINEN 1 HA
IGM2=INVEST.GRUNDMASCHINEN 2 HA
IGM3=INVEST.GRUNDMASCHINEN 3 HA
IGM4=INVEST.GRUNDMASCHINEN 4 HA
IGM5=INVEST.GRUNDMASCHINEN 5 HA
IGM6=INVEST.GRUNDMASCHINEN 6 HA

NR	JAHR	IGM1	IGM2	IGM3	IGM4	IGM5	IGM6	
1	1955/56	0.0	698.20	0.0	0.0	0.0	0.0	0.0
2	1956/57	0.0	110.00	539.16	0.0	0.0	0.0	0.0
3	1957/58	0.0	699.82	77.75	0.0	0.0	0.0	0.0
4	1958/59	0.0	700.53	391.37	0.0	0.0	0.0	0.0
5	1959/60	0.0	539.37	656.94	0.0	0.0	0.0	0.0
6	1960/61	0.0	0.0	504.29	340.56	0.0	0.0	0.0
7	1961/62	0.0	0.0	159.17	1002.17	0.0	0.0	0.0
8	1962/63	0.0	95.07	383.74	341.11	0.0	0.0	0.0
9	1963/64	0.0	0.0	38.88	0.0	719.40	0.0	0.0
10	1964/65	0.0	0.0	108.61	934.91	727.67	0.0	0.0
11	1965/66	0.0	0.0	0.0	1346.69	0.0	0.0	0.0
12	1966/67	0.0	0.0	0.0	451.63	726.45	0.0	0.0
13	1967/68	0.0	0.0	0.0	228.03	802.30	0.0	0.0
14	1968/69	0.0	0.0	0.0	568.96	368.40	0.0	0.0
15	1969/70	0.0	0.0	0.0	145.59	74.19	40.45	0.0
16	1970/71	0.0	0.0	0.0	48.07	0.0	39.10	0.0
17	1971/72	0.0	0.0	0.0	0.0	158.20	339.24	0.0
18	1972/73	0.0	0.0	0.0	266.27	294.04	25.06	0.0
19	1973/74	0.0	0.0	0.0	268.65	899.35	83.90	0.0
20	1974/75	0.0	0.0	0.0	0.0	536.62	266.00	0.0
21	1975/76	0.0	0.0	0.0	0.0	0.0	0.0	0.0
1	SUMME	0.0	2144.79	2859.92	5942.62	5306.63	793.74	0.0
2	MITT.WRT	0.0	428.96	317.77	495.22	530.66	132.29	0.0
3	WACHSABS	0.0	143.12	-53.82	-98.21	-37.94	45.11	0.0
4	WACHSREL	0.0	171.11	65.56	7.27	18.43	224.72	0.0
5	STAN.ABW	0.0	305.17	227.18	396.31	289.05	135.40	0.0
6	S.A.WRA	0.0	316.41	171.38	101.74	98.67	334.54	0.0

Übersicht 26 enthält die physischen Investitionen der einzelnen Technologiestufen im Technologiebereich Grundmaschinen. Diese Angaben beziehen sich auf die durch die Investitionen geschaffenen Maschinenkapazitäten, gemessen in ha-Bodenbearbeitungspotential (Kapazitätseffekt der Investitionen). Dabei wird deutlich, daß in den meisten Jahren gleichzeitig bei verschiedenen Technologiestufen investiert wird. Im Gesamtzeitraum überwiegen die Investitionen in der Stufe IV, dicht gefolgt von der nächst höheren Technologiestufe. In den Jahren von 1958 bis 1968 zeigt sich eine besonders hohe Investitionstätigkeit.

Übersicht 27: **Struktur der Investitionen nach Mechanisierungsbereichen (in v.H. der Gesamtinvestitionen)**

GMAS = Grundmaschinen, GETR = Getreidebau, ZRUB = Zuckerrüben, KART = Karotffel, SFUT = Sommerfutterbau, WFUT = Winterfutterbau, MIKU = Milchkühe, RIMA = Rindermast, SWIM = Schweinemast, GEFL = Geflügel, Hühner, GINV = Sektorinvestitionen

Nr.	Jahr	GMAS	GETR	ZRUB	KART	SFUT	WFUT	MIKU	RIMA	SWIM	GEFL
1	1955/56	25.79	9.25	1.27	3.83	3.38	16.12	19.08	11.22	6.55	3.52
2	1956/57	23.89	21.97	1.33	2.09	5.02	16.40	18.70	5.12	2.56	2.92
3	1957/58	25.11	9.02	1.18	2.77	4.17	17.25	19.99	8.19	10.44	1.89
4	1958/59	33.57	7.10	0.82	2.38	3.43	10.10	8.64	11.96	18.64	3.36
5	1959/60	33.93	9.37	0.87	1.11	2.01	14.59	11.13	21.26	3.99	1.74
6	1960/61	23.38	5.38	0.48	1.84	2.18	11.11	20.02	25.00	6.99	3.61
7	1961/62	37.65	5.56	1.38	2.30	2.58	7.41	18.96	5.20	17.60	1.36
8	1962/63	20.59	7.05	0.63	1.72	2.99	8.98	24.39	6.47	24.81	2.36
9	1963/64	25.74	10.78	1.06	5.92	5.35	14.57	14.52	10.97	8.27	2.84
10	1964/65	47.39	8.77	2.72	4.29	3.00	9.05	8.99	6.49	7.49	1.81
11	1965/66	32.55	26.85	0.61	1.04	2.58	7.88	7.91	5.73	7.28	7.57
12	1966/67	38.06	8.86	0.85	2.08	3.82	11.85	11.89	9.19	10.73	2.67
13	1967/68	41.65	8.04	0.75	1.76	3.47	10.72	10.51	8.57	9.39	5.13
14	1968/69	33.52	8.14	0.64	1.01	7.43	9.15	17.30	11.77	8.81	2.23
15	1969/70	9.15	12.08	1.42	2.76	5.05	15.77	20.82	14.04	15.03	3.87
16	1970/71	3.75	13.64	1.61	2.75	7.98	12.23	17.84	16.83	18.42	4.97
17	1971/72	29.70	12.16	1.47	2.47	4.68	16.52	12.50	15.51	4.99	0.0
18	1972/73	22.51	1.83	4.26	0.84	0.0	21.94	7.73	7.87	28.93	4.08
19	1973/74	44.94	5.33	2.76	0.88	2.07	23.31	6.80	7.00	6.90	0.0
20	1974/75	35.95	25.59	2.36	0.67	1.13	14.55	5.28	5.52	8.96	0.0
1	BRD-MWRT	29.44	10.84	1.42	2.23	3.81	13.47	14.15	10.70	11.34	3.29

Wenn man die monetären Investitionsausgaben in den einzelnen Technologiestufen zusammenfaßt und auf die sektoralen Gesamtinvestitionen bezieht, so ergeben sich die in Übersicht 27 angegebenen Investitionsanteile der einzelnen Technologiebereiche. Dabei zeigen sich deutlich die Hauptinvestitionsbereiche der Landwirtschaft. Während die monetären Investitionsanteile im Kartoffel-, Zuckerrüben- und Sommerfutterbau sowie bei Geflügel von geringerer Bedeutung sind, treten die Ausgabenanteile bei den Grundmaschinen deutlich hervor. Diese Ergebnisse sind ebenfalls mehr hinsichtlich der Entwicklungstendenzen als in ihrer numerischen Ausprägung in den einzelnen

Jahren zu werten. Leider können diese Ergebnisse nur anhand sehr globaler, nicht direkt vergleichbarer statistischer Angaben beurteilt werden.

Übersicht 28: Arbeitseinsatz in den Mechanisierungsstufen in v.H. (Beispiel: Grundmaschinen)

Nr.	Jahr	MI	MII	MIII	MIV	MV	MVI
1	1955/56	45.47	40.85	9.37	4.31	0.0	0.0
2	1956/57	43.02	39.64	12.89	4.45	0.0	0.0
3	1957/58	39.42	43.37	12.73	4.48	0.0	0.0
4	1958/59	32.03	48.11	15.26	4.61	0.0	0.0
5	1959/60	23.50	51.59	20.15	4.76	0.0	0.0
6	1960/61	18.79	49.82	24.35	7.04	0.0	0.0
7	1961/62	8.50	50.07	27.06	14.37	0.0	0.0
8	1962/63	0.0	50.32	31.79	17.89	0.0	0.0
9	1963/64	7.94	44.89	30.61	13.17	3.37	0.0
10	1964/65	0.0	41.11	29.47	21.73	7.68	0.0
11	1965/66	0.0	30.02	26.64	34.92	8.42	0.0
12	1966/67	0.0	23.19	20.40	42.50	13.91	0.0
13	1967/68	0.0	11.24	19.55	48.24	20.98	0.0
14	1968/69	0.0	1.88	16.10	56.73	25.30	0.0
15	1969/70	0.0	8.80	6.95	58.28	25.78	0.19
16	1970/71	0.0	8.84	6.22	57.93	26.62	0.38
17	1971/72	0.0	8.12	4.63	57.18	28.01	2.05
18	1972/73	0.0	3.38	8.00	57.14	29.26	2.22
19	1973/74	0.0	1.09	4.27	55.54	36.37	2.74
20	1974/75	0.0	0.75	7.25	48.54	39.26	4.22
21	1975/76	0.0	0.0	0.0	0.0	0.0	0.0

(4) In ähnlicher Weise läßt sich die Struktur des Arbeitskräfteeinsatzes auswerten. Übersicht 28 zeigt exemplarisch für den Bereich Grundarbeiten den Anteil der Arbeitskräfte bei den einzelnen Arbeitsverfahren am gesamten Arbeitseinsatz in diesem Bereich. Ein Vergleich zu den Anteilen der eingesetzten Arbeitsverfahren (Übersicht 29) läßt die Degression des Arbeitskräftebedarfs bei zunehmender Technisierung erkennen.So werden nach diesem Modellergebnis im Jahre 1974/75 z.B. 8.7 % der Ackerfläche mit der Technologiestufe VI bearbeitet, wobei der Arbeitseinsatz lediglich 4 % beträgt.

In Übersicht 29 ist der Arbeitseinsatz in den einzelnen Technologiebereichen auf den gesamten ausgelasteten Arbeitseinsatz in der Landwirtschaft abzüglich dem Arbeitseinsatz für Spezialarbeiten im Sonderkulturbereich bezogen. Im Vergleich zu den entsprechenden Investitionsstrukturen ergibt sich hier wiederum ein anderes Bild. Trotz der starken Schwankungen bei den Investitionen und z.T. auch bei den realisierten Arbeitsverfahren zeigt sich eine relativ kontinuierliche Entwicklung der Arbeitsanteile. Die Bedeutung des Bereichs Grundmaschinen-Bodenbearbeitung ist hier wesentlich geringer als bei den In-

Übersicht 29: **Arbeitseinsatz in der Landwirtschaft nach Mechanisierungsbereichen (in v.H. des Gesamtarbeitseinsatzes)**

GMAS = Grundmaschinen, WGTR = Wintergetreide, SGTR = Sommergetreide, ZRUB = Zuckerrüben, KART = Kartoffel, SFUT = Sommerfutterbau, WFUT = Winterfutterbau, MIKU = Milchkühe, RIMA = Rindermast, SWIM = Schweinemast, GEFL = Geflügel, Hühner

Nr.	Jahr	GMAS	WGTR	SGTR	ZRUB	KART	SFUT	WFUT	MIKU	RIMA	SWIM	GEFL
1	1955/56	15.14	6.33	5.49	1.93	8.03	10.14	13.81	20.43	10.84	5.73	2.14
2	1956/57	15.20	5.32	6.41	1.96	7.18	9.69	14.28	21.40	10.79	5.59	2.18
3	1957/58	15.24	5.53	5.96	1.85	7.01	9.61	13.97	21.31	11.14	6.07	2.30
4	1958/59	15.01	5.62	5.72	1.89	6.55	9.66	14.41	21.33	11.86	5.60	2.36
5	1959/60	14.68	5.16	5.59	1.79	6.51	9.69	14.20	21.70	12.56	5.65	2.46
6	1960/61	14.56	4.97	5.43	1.84	6.45	9.84	14.13	22.47	11.75	6.10	2.46
7	1961/62	13.65	4.40	5.93	1.52	5.94	10.09	14.19	23.22	11.89	6.59	2.57
8	1962/63	13.19	4.43	5.77	1.53	5.81	9.90	14.31	23.78	12.75	5.92	2.62
9	1963/64	13.86	4.50	5.58	1.87	5.42	9.95	14.07	24.25	11.81	5.95	2.74
10	1964/65	12.66	4.52	6.27	1.75	4.54	9.29	13.81	24.56	11.76	7.05	3.09
11	1965/66	12.37	4.29	3.12	1.62	4.34	10.06	14.35	26.18	13.67	6.87	3.14
12	1966/67	11.56	3.69	3.41	1.54	3.98	9.97	14.06	26.72	14.86	6.65	3.57
13	1967/68	10.62	3.33	3.53	1.51	3.75	9.88	14.15	26.87	15.31	7.50	3.54
14	1968/69	10.20	3.18	3.74	1.49	3.54	9.33	14.37	27.27	15.51	7.80	3.57
15	1969/70	10.59	2.46	4.06	1.46	3.15	9.33	14.71	27.32	15.16	7.84	3.93
16	1970/71	10.93	2.46	4.12	1.50	3.31	8.12	13.50	27.20	15.68	8.90	4.27
17	1971/72	11.06	2.56	4.13	1.63	3.10	7.97	13.23	26.89	15.74	9.24	4.46
18	1972/73	11.11	2.69	4.25	1.54	2.82	7.96	12.64	27.44	16.10	9.01	4.45
19	1973/74	10.91	2.70	4.29	1.58	2.71	7.82	12.09	28.08	16.59	9.02	4.22
20	1974/75	10.69	2.70	3.58	1.59	2.64	7.69	11.64	28.06	17.41	9.86	4.13
	BRD-MWRT	12.66	4.04	4.82	1.67	4.84	9.33	13.80	24.82	13.66	7.14	3.21

vestitionen. Ein besonders hoher und tendenziell steigender Anteil der Arbeitskräfte wird im Bereich der Milchviehhaltung eingesetzt. Der absolute Arbeitseinsatz geht aber auch hier zurück. Die stärkste Reduzierung im Arbeitseinsatz ist - aufgrund einer besonders hohen Realisierung von mechanisch-technischen Fortschritten - im Getreidebau zu beobachten. Die Ergebnisse in den letzten Jahren zeigen jedoch, daß dem Spielraum für eine weitere Einsparung des Arbeitseinsatzes im Getreidebau relativ enge Grenzen gesetzt sind, wenn das Produktionsniveau aufrechterhalten werden soll. Bei der Interpretation dieser Zahlen ist zu berücksichtigen, daß sich die Anteile der einzelnen Technologiebereiche sowohl aufgrund der Veränderung des realisierten Technologieniveaus als auch aufgrund der jeweiligen Entwicklung der Produktionsstruktur im Zeitablauf verändern können. Ebenso wie bei den Investitionen lassen sich die zugrundeliegenden Strukturen gleichzeitig nach Technologiebereichen und Technologiestufen gliedern.

(5) Die durchschnittlichen Abschreibungen, die als die Zielfunktionswerte bei den Investitionsaktivitäten berücksichtigt werden, haben lediglich kalkulatorischen Charakter (ökonomische Bewertung der einzelnen Investitionsalternativen). Die Aufwendungen für Arbeitshilfsmittel spielen jedoch im Gesamt-

modell eine Doppelrolle. Einmal bestimmen sie als Kostenfaktor u.a. die relative Wettbewerbsfähigkeit der einzelnen Arbeitsverfahren und damit auch der einzelnen Investitionsalternativen. Zum anderen stellen diese Kostenpositionen tatsächliche Ausgaben dar, die unmittelbar die Entwicklung des agrarsektoralen Einkommens beeinflussen. Aus diesem Grunde ist hier die Konsistenzbedingung, daß die auf der Basis der unterstellten Vorleistungskoeffizienten errechneten Aufwendungen bei den einzelnen Vorleistungspositionen mit den entsprechenden statistischen Werten übereinstimmen, von besonderer Bedeutung. Im Vergleich zu den produktionsprozeßbezogenen Vorleistungen können hier jedoch keine einfachen Konsistenzmodelle zum Einsatz kommen. Da die Umfänge der Verfahren u.a. von den unterstellten Aufwandskoeffizienten abhängen, ergibt sich hier ein interdependentes Konsistenzproblem. Folgendes iterative Verfahren wird zur Lösung dieses Problems verwendet:

1. In einem ersten Schritt wird das Faktoreinsatzmodell bei vorgegebenen, vorläufigen Vorleistungskoeffizienten für den gesamten Untersuchungszeitraum gelöst.
2. Die auf der Basis der ermittelten Struktur der eingesetzten Arbeitsverfahren errechneten durchschnittlichen Vorleistungsaufwendungen werden den durchschnittlichen statistischen Werten gegenübergestellt.
3. Die vorläufigen Vorleistungskoeffizienten werden komponentenweise entsprechend den Quotienten aus den statistischen und den errechneten Vorleistungsmengen korrigiert. Ein neuer Modellauf wird gestartet.

Dieser Prozeß wird solange wiederholt, bis sich die statistischen Vorleistungsaufwendungen mit hinreichender Genauigkeit modellmäßig abbilden lassen. Im Gegensatz zu den produktionsprozeßbezogenen Vorleistungskoeffizienten bleiben diese Koeffizienten im Zeitablauf konstant.

Die bisher dargestellten Faktoreinsatzstrukturen beruhen auf konsistenten Vorleistungskoeffizienten. Auf die modellmäßige Entwicklung der faktorbezogenen Vorleistungen wird in Abschnitt 5 in Zusammenhang mit der Einkommensverwendung noch näher eingegangen.

3.5 Exemplarische Modellauswertungen: Differenzierte Analyse ausgewählter Produktivitäten

In diesem Abschnitt soll exemplarisch die Entwicklung der Arbeitsproduktivität in einzelnen Bereichen der landwirtschaftlichen Produktion näher untersucht werden. Die Arbeitsproduktivität ist allgemein definiert als Relation der Outputmenge Y zum Arbeitseinsatz A. Die relative Veränderung dieser partiellen Produktivitätskennziffer $w_{\frac{Y}{A}}$ im Zeitablauf ergibt sich dann aus:

$$w_{\frac{Y}{A}} = w_Y - w_A - w_Y \cdot w_A$$

wobei: w_Y die relative Veränderung der Outputmenge,
w_A die relative Veränderung des Arbeitseinsatzes und
$w_{\frac{Y}{A}}$ die Veränderungsrate der Arbeitsproduktivität
darstellt.

Bei dem zugrundeliegenden produktionstheoretischen Konzept werden die Outputmengen durch die Produktionsniveaus und die Outputkoeffizienten beschrieben. Berücksichtigt man die entsprechenden definitorischen Beziehungen,so läßt sich für die Entwicklung der Arbeitsproduktivität auch schreiben (das Kreuzprodukt $w_Y \cdot w_A$ wird dabei vernachlässigt):

$$w_{\frac{Y}{A}} = w_x + w_a - w_A$$

Die Ertragssteigerungen je Prozeßeinheit w_a sind vorwiegend als eine Wirkung von biologisch-technischen Fortschritten, erhöhten Vorleistungsaufwendungen und höheren produktionstechnischen Fähigkeiten der Landwirte anzusehen. Die Veränderung des Arbeitseinsatzes in der landwirtschaftlichen Produktion läßt sich auf die Wirkung mechanisch-technischer Fortschritte sowie auf die Faktorsubstitution zurückführen. Setzt man das Produktionsniveau zum Arbeitseinsatz in Beziehung, so läßt sich der sog. "Mechanisierungsgrad" messen. Die Veränderung der Arbeitsproduktivität ergibt sich dann aus der Veränderung des"Mechanisierungsgrades" und aus den "Ertragssteigerungen".

$$w\frac{Y}{A} = w\frac{X}{A} + w_a$$

Arbeitsproduktivität — Mechanisierungsgrad — Ertragssteigerungen

Die Beziehungen sollen anhand der in den letzten Abschnitten aufgezeigten Produktions- und Faktoreinsatzstrukturen quantifiziert werden. Dabei gehen wir von der Gliederung nach einzelnen Technologiebereichen aus. Übersicht 30 verdeutlicht die Entwicklungen der Einzelkomponenten und der entsprechenden Produktivitäten im Durchschnitt der Beobachtungsperiode.

Übersicht 30: Entwicklung von Produktion, Arbeitseinsatz und Arbeitsproduktivität in einzelnen Bereichen der Landwirtschaft (durchschnittliche jährliche Wachstumsraten von 1955/56 bis 1974/75)

Bereich	Produktionsumfang	Arbeitseinsatz	Mechanisierunsgrad 2)	Ertragssteigerungen 2)	Arbeitsproduktivität
Bodenbearbeitung	- o.24	- 4.63	4.39	--	--
Getreide	o.5o	- 4.86	5.26	3.16	8.42
Z.-Rüben 1)	1.88	- 3.62	5.5o	3.31	8.81
Kartoffeln 1)	- 4.76	- 8.35	3.59	o.96	4.53
S. Futterbau 1)	- 1.37	- 4.25	2.92	1.54	4.46
W. Futterbau 1)	- o.31	- 3.75	3.44	2.52	5.96
Milchkühe	- o.11	- 1.28	1.17	1.53	2.7o
Rindermast	2.o9	- o.36	2.45	1.14	3.59
Schweinehaltung	2.81	o.15	2.76	- o.27	2.49
Sonst.Tierhaltg.	1.93	o.59	1.34	3.o	4.34

1) Ohne Bodenbearbeitung mit Grundmaschinen
2) Siehe Erläuterungen im Text

Diese Ergebnisse lassen sich nun in verschiedener Hinsicht interpretieren:

(1) Die Angaben über die Veränderungen des Arbeitseinsatzes geben Aufschluß über die realisierte Arbeitskräftefreisetzung in den einzelnen Bereichen der landwirtschaftlichen Produktion. Anders ausgedrückt: Die sektorale Abwanderungsrate läßt sich differenziert nach einzelnen Produktionsrichtungen darstellen. Es zeigt sich, daß in der landwirtschaftlichen Bodenproduktion im Durchschnitt der Betrachtungsperiode der Arbeitseinsatz in einem hohen Ausmaß reduziert werden konnte. Überdurchschnittliche Veränderungsraten zeigen sich im Kartoffel- und im Getreidebau. Im Bereich der Tierproduktion läßt sich lediglich bei der Milchkuhhaltung eine merkliche Arbeitskräftereduzierung feststellen.

(2) Berücksichtigt man gleichzeitig die Veränderungen des Produktionsniveaus, so ergibt sich die Entwicklung des Produktionsumfanges je Einheit Arbeitseinsatz (mechanisch-technische Fortschritte). Wie alle partiellen Produktivitäten sind auch diese Kennziffern vorsichtig zu interpretieren. Der Kehrwert entspricht der Entwicklung des durchschnittlichen Arbeitskoeffizienten in den einzelnen Technologiebereichen.
Während der Arbeitseinsatz je ha Getreide und je ha Zuckerrüben pro Jahr um über 5 % zurückgeht, zeigt sich im Durchschnitt der Beobachtungsperiode in der Milchkuhhaltung lediglich eine Arbeitseinsparung von etwas über 1 % pro Milchkuh. Die realisierten "mechanisch-technischen Fortschritte" können nicht ohne weiteres auf die Zukunft übertragen werden. Abgesehen davon, daß die hier ausgewiesenen Durchschnittswerte unterschiedliche Entwicklungsphasen nicht zum Ausdruck bringen, ist die direkte Abhängigkeit zum Umfang der Investitionstätigkeit zu berücksichtigen.

(3) Dies gilt entsprechend für den Einfluß erhöhter Vorleistungseinsatzmengen auf die Entwicklung der "ertragssteigernden" Fortschritte[73]. Die angegebenen Werte beziehen sich auf die gewichteten Outputkoeffizienten bei den einzelnen Produktionsverfahren. Ein Vergleich mit den "mechanisch-technischen Fortschritten" läßt die Bedeutung der unterschiedlichen Auswirkungen des technischen Fortschritts erkennen.

(4) Die Entwicklung der sektoralen Arbeitsproduktivität ergibt sich nun unmittelbar aus der Steigerung des Mechanisierungsgrades und aus den Ertragssteigerungen. Im Vergleich zur Entwicklung der sektoralen Arbeitsproduktivität werden hier die Unterschiede in den einzelnen Bereichen der landwirtschaftlichen Produktion explizit herausgearbeitet.
Die relativ hohen mechanisch-technischen Fortschritte im Getreide- und Zuckerrübenbau schlagen im besonderen Ausmaß auf

---

73) Ertragssteigernde Fortschritte sind hier definiert als Veränderungen der Outputkoeffizienten (Outputmenge je Prozeßeinheit).

die Arbeitsproduktivität durch. Dabei zeigt sich ein deutlicher Unterschied zwischen der pflanzlichen Produktion und der Tierproduktion. Die niedrigsten Arbeitsproduktivitätsfortschritte wurden in den vergangenen zwei Jahrzehnten in der Milchkuhhaltung und der Schweinehaltung erzielt. Diese Unterschiede in den einzelnen Produktionsbereichen können z.B. für eine produktivitätsorientierte Agrarpreispolitik von unmittelbarer Bedeutung sein.

4. Einkommensverteilung: Ökonomische Bewertung der Produktions- und Faktoreinsatzstrukturen

Knappe Güter und Faktoren werden in marktwirtschaftlich organisierten Volkswirtschaften im allgemeinen durch Preise und Löhne bewertet. Sie sind als Ergebnisse der Koordination von mehr oder weniger dezentralen Wirtschaftsplänen der am jeweiligen Marktgeschehen beteiligten Wirtschaftssubjekte (einschließlich des Staates) anzusehen. Dabei stellen die Güterpreise und die Löhne der Faktoren einmal das Ergebnis der Entscheidungen der Wirtschaftssubjekte dar und zum anderen beeinflussen sie die Entscheidungssituation.

Bei der Analyse der Entscheidungen von Wirtschaftssubjekten werden im allgemeinen beobachtbare Preise und Löhne zugrundegelegt. Auf der Basis dieser Informationen lassen sich unter ceteris-paribus-Bedingungen tendenzielle Aussagen über ökonomisches Verhalten im Sinne der positiven Analyse ableiten, wie etwa: steigende Preise führen c.p. zu einer Ausdehnung der Produktion. Der Gesamtprozeß der wirtschaftlichen Entwicklung ist jedoch im allgemeinen durch eine gleichzeitige Änderung aller ökonomischen Variablen gekennzeichnet. Die Beziehungen zwischen den ökonomischen Variablen können durch ein Gleichungssystem dargestellt werden, welches die produktionstechnischen und die verhaltensmäßigen Zusammenhänge beschreiben soll.

In dieser Analyse gehen wir von der folgenden Grundannahme aus[74]. Die Wirtschaftssubjekte bewerten einen gegebenen Zu-

74) Vgl. dazu auch die Ausführungen in Teil A dieser Arbeit.

stand Z_t und treffen in Abhängigkeit von den Bewertungsergebnissen B_t ihre Entscheidungen E_{t+1}, die zum Zustand Z_{t+1} führen. Der Entwicklungsprozeß ergibt sich dann als eine Folge von Bewertungen, Entscheidungen und Zuständen (R = ökonomische Rahmenbedingungen):

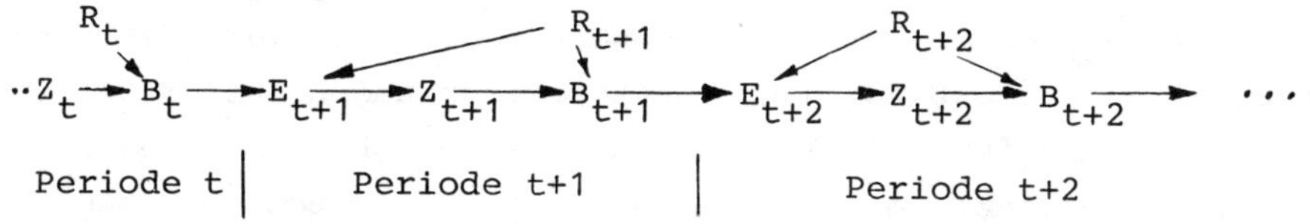

Ausgehend von diesen Grundvorstellungen über den Ablauf des sektoralen Entwicklungsprozesses ist im folgenden nach der ökonomischen Bewertung der jeweiligen Produktions- und Faktoreinsatzstrukturen und den Möglichkeiten der modellmäßigen Erfassung zu fragen.

4.1 Probleme der ökonomischen Bewertung agrarsektoraler Zustände

Nach den Annahmen der allgemeinen Gleichgewichtstheorie[75] können die Preise und Löhne,die sich in einer Wirtschaft unter den Bedingungen des vollständigen Wettbewerbs ergeben, als Ausdruck einer effizienten Faktorallokation angesehen werden. Die Grenzkosten der Produktion entsprechen den Produktpreisen, die Wertgrenzprodukte des Faktoreinsatzes entsprechen den Lohnsätzen.

In der Realität liegen jedoch die unterstellten Bedingungen i.d.R. nicht vor. Oligopolistische Marktstrukturen, unvollständige Markttransparenz, verschiedenartige Präferenzen, staatliche Eingriffe (Steuern, Subventionen u.dgl.) sowie die Macht von Verbänden und Gewerkschaften führen dazu, daß beobachtbare Preise und Löhne nicht unmittelbar als Knappheitsindikatoren angesehen werden können und daß die beobachtbare

75) Siehe dazu etwa: Walras, L., Elements of Pure Economics, London 1954, Schneider, E., Einführung in die Wirtschaftstheorie ..., Henderson, J.M., Quandt, R.E., Mikroökonomische Theorie. Eine mathematische Darstellung, 3. Aufl. München 1973.

Faktorallokation nicht den Effizienzkriterien der allgemeinen Gleichgewichtstheorie genügen muß[76]. Entsprechend ist davon auszugehen, daß die beobachtbaren Preise und Löhne von den Grenzkosten und Wertgrenzprodukten bei effizienter Faktorallokation abweichen können[77].
Verschiedene Gründe, die im folgenden noch zu diskutieren sind, sprechen dafür, daß neben den Marktpreisen und Lohnsätzen die Schattenpreise für Produkte und Faktoren die Entscheidung der Wirtschaftssubjekte mit beeinflussen[78]. Für die Ermittlung der Schattenpreise sind verschiedene Annahmen zugrundezulegen, die im folgenden ebenfalls zu konkretisieren sind.

Die Schattenpreise sollen den ökonomischen Anreiz für die Änderung der Produktions- und Faktoreinsatzstruktur gegenüber den jeweils bestehenden Strukturen zum Ausdruck bringen. Dabei ist nicht nach optimalen Strukturen und Gleichgewichtszuständen bei normativen Verhaltensweisen, sondern lediglich nach dem ökonomischen Anreiz, der bei gewinnmaximierenden Verhaltensweisen auf eine Änderung bestehender Zustände hinwirkt, zu fragen. Die Schattenpreise bilden gleichzeitig die Basis für die Ermittlung der funktionalen Einkommensverteilung nach dem Grenzproduktivitätsprinzip.

Im folgenden werden einige Probleme der ökonomischen Bewertung der Produktions- und Faktoreinsatzstrukturen im Agrarsektor diskutiert.
(1) Für verschiedene Produkte und Produktionsmittel (z.B. Zwischenprodukte) existieren <u>keine Marktpreise</u>. Die Herstellung derartiger Produkte kann entweder mit der Produktion von Verkaufsprodukten konkurrieren oder es kann sich dabei um Kuppelprodukte handeln. Der Einsatz derartiger Produktionsmittel

76) Vgl. dazu: <u>Sohmen, E.</u>, Allokationstheorie und Wirtschaftspolitik, Tübingen 1976, S. 100 ff.
77) Siehe dazu auch: <u>Henderson, J.M., Quandt, E.</u>, Mikroökonomische Theorie ... S. 234-271.
78) Dies gilt für die Analyse optimaler Strukturen ebenso wie für die Erklärung tatsächlicher Entwicklungen. Zu den allgemeinen Optimalbedingungen in ihrem Verhältnis zu den Schattenpreisen siehe: <u>Krelle, W.</u>, Produktionstheorie ... (insbesondere Kapitel 9: Optimalbedingungen der Produktion. Dualsätze, S. 173 ff).

kann mit dem Einsatz von zugekauften Produktionsmitteln konkurrieren oder es können komplementäre Beziehungen existieren[79].
Der ökonomische Wert dieser Güter läßt sich nicht ohne Kenntnis der produktionstechnischen und ökonomischen Interdependenzen bestimmen. Andererseits wird die Bewertung der Produktions- und Faktoreinsatzstrukturen im Agrarsektor entscheidend vom Wert dieser Güter beeinflußt. Es handelt sich also hier um ein interdependentes Bewertungsproblem.

Das Problem der Ermittlung von Verrechnungspreisen bei den einzelnen landwirtschaftlichen Produktionsbereichen steht in engem Zusammenhang mit dem Verbundcharakter der landwirtschaftlichen Produktion. Dieses Problem ist jedoch nicht typisch für die Landwirtschaft. Es spielt bei den einzelnen Produktionsabteilungen größerer Industriebetriebe[80] genauso eine Rolle wie etwa bei Zentralverwaltungswirtschaften.

(2) Die Entlohnung der in der Landwirtschaft eingesetzten Faktoren kann von den gesamtwirtschaftlichen Lohnsätzen abweichen. Dabei gilt im allgemeinen, daß die Entlohnung in der Landwirtschaft meist niedriger liegt als in der übrigen Volkswirtschaft[81]. Als entscheidende Ursachen für eine disparitäre Faktorentlohnung und Einkommensentwicklung im Agrarsektor werden die Hemmnisse des Strukturwandels und insbesondere die Probleme der landwirtschaftlichen Arbeitsmobilität angesehen. Die allgemeinen Probleme der Faktormobilität sind in der agrarökonomischen Literatur verschiedentlich abgehandelt[82]. Konkrete Kriterien, die eine quantitative Erfassung der In-

---

79) Vgl. dazu auch die Ausführungen in Abschnitt 1.

80) Auf die Ermittlung von Verrechnungspreisen zwischen einzelnen Produktions- und Managementabteilungen in größeren Wirtschaftsunternehmungen geht BUHR näher ein. Buhr, W., Dualvariable als Kriterien unternehmerischer Entscheidungen (Schriften zur wirtschaftswissenschaftlichen Forschung, Bd. 20), Meisenheim 1967, S. 119 ff.

81) Vgl. dazu etwa die Einkommensanalysen in den jährlichen "Agrarberichten" der deutschen Bundesregierung.

82) Siehe dazu etwa die Referate im Tagungsband der Gesellschaft für Wirtschafts- und Sozialwissenschaft des Landbaus: Schmitt, G.,(Hrsg.), Mobilität der landwirtschaftlichen Produktionsfaktoren und regionale Wirtschaftspolitik, München-Bern-Wien 1972.

mobilität ermöglichen, lassen sich nur schwer bestimmen[83]. Die interne Faktorentlohnung kann jedoch unter bestimmten Annahmen über die Verteilung des entstandenen Einkommens auf die einzelnen Produktionsfaktoren ermittelt werden. Der internen Entlohnung der Faktoren kommt dabei eine doppelte Rolle zu: Zum einen bestimmt sie entscheidend die Wettbewerbsstellung der einzelnen Produktionsverfahren und zum anderen beeinflußt sie die Entscheidungen über die intersektorale Faktormobilität. Für die beiden Bereiche können unterschiedliche Opportunitätskosten maßgebend sein.

(3) Der Verbundcharakter der landwirtschaftlichen Produktion erschwert die ökonomische Bewertung von gegebenen Produktions- und Faktoreinsatzstrukturen. Bei gemeinsamer Nutzung von Produktionsfaktoren und bei nicht marktfähigen Zwischenprodukten tritt das Problem der Zurechnung von Kosten und Leistungen zu einzelnen Produktionsbereichen auf. Dieses monetäre Verteilungsproblem läßt sich jedoch nicht eindeutig lösen. Die Verwertung der Güter und Faktoren in einem Produktionsprozeß bzw. die Kosten ihrer Erstellung und die Knappheit der Güter und Faktoren sind wechselseitig voneinander abhängig. Unter bestimmten Annahmen läßt sich auf der Basis der physischen Produktions- und Faktoreinsatzstrukturen und der relevanten Marktpreise eine Duallösung finden, die eine monetäre konsistente Verrechnung von Kosten und Leistungen beinhaltet[84]. Das im folgenden beschriebene Schattenpreissystem versucht, diese monetären Beziehungen zu quantifizieren.

4.2 Konstruktion des Schattenpreissystems

Das Hauptinteresse bei der Anwendung von Prozeßanalysemodellen für die Planung von landwirtschaftlichen Betrieben richtet sich auf die optimale primale Lösung unter den jeweils ge-

83) Vgl. dazu Heidhues, T., Ursachen und Ausmaß unzureichender Faktormobilität in der Landwirtschaft, in: Schmitt, G., (Hrsg.), Mobilität ... S. 62 ff.

84) Siehe dazu auch: Buhr, W., Dualvariable ... S. 125 ff.

gebenen Modellbeschränkungen. Bei regionalen Gleichgewichtsmodellen sind zusätzlich die modellendogenen Gleichgewichtspreise bei vorgegebenen Nachfragemengen bzw. Nachfragefunktionen von Bedeutung[85]. Im folgenden soll jedoch nicht nach optimalen Strukturen unter den Bedingungen des sektoralen Gleichgewichts gefragt werden, sondern-entsprechend der Gesamtfragestellung - nach der ökonomischen Bewertung der jeweiligen Zustände aus der Sicht der Landwirtschaft. Wir fragen also, wie die Landwirte ihre Situation im nachhinein einschätzen, d.h. nachdem die wichtigsten Produktions- und Faktorentscheidungen gefallen sind und die relevanten Marktpreise bekannt sind. Der Unterschied zwischen beiden Betrachtungsweisen sei an folgendem Beispiel erläutert (Abb. 37).

Abb. 37: Planung des Faktoreinsatzes bei gegebenen Lohnsätzen bzw. ökonomische Bewertung eines gegebenen Faktorbestandes

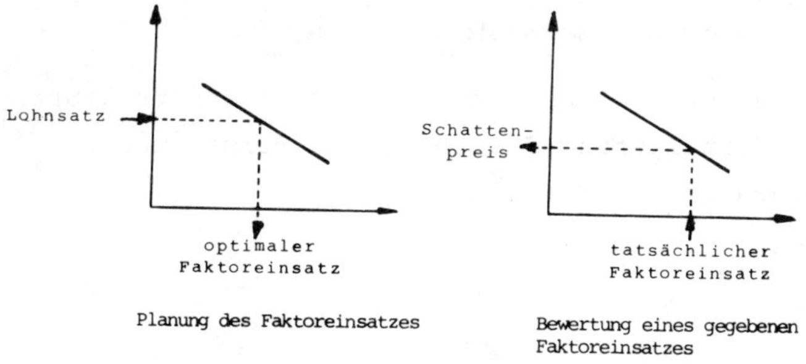

Während bei der Planung von gegebenen Lohnsätzen bzw. Opportunitätskosten der Faktoren ausgegangen wird, sollen bei der ökonomischen Bewertung die Schattenpreise bei gegebenen (expost realisierten) Produktions- und Faktoreinsatzstrukturen ermittelt werden.

Für diese Art der Bewertung läßt sich das zur Planung optimaler Strukturen entwickelte lineare Programmierungsmodell nicht ohne weiteres anwenden. Bei der Formulierung eines derartigen Modells ist nämlich zu berücksichtigen, daß die primale Lösung mit den tatsächlichen Strukturen übereinstimmt.

---

85) Siehe dazu etwa: Weinschenck, G., Henrichsmeyer, W., Zur Theorie ....

Gleichzeitig ist darauf zu achten, daß die duale Lösung eine sinnvolle Interpretation der Schattenpreise erlaubt.

In Abschnitt 2 wurde das Faktoreinsatzmodell bereits weitgehend konkretisiert. Es stellt in erweiterter Form einen wichtigen Baustein des Schattenpreissystems dar. Den zweiten Teil des Schattenpreissystems bildet das Produktionsmodell. Beide Komponenten werden miteinander verkoppelt, wie folgende Skizze verdeutlicht (Abb. 38).

Abb.38: Schematischer Aufbau des Schattenpreissystems

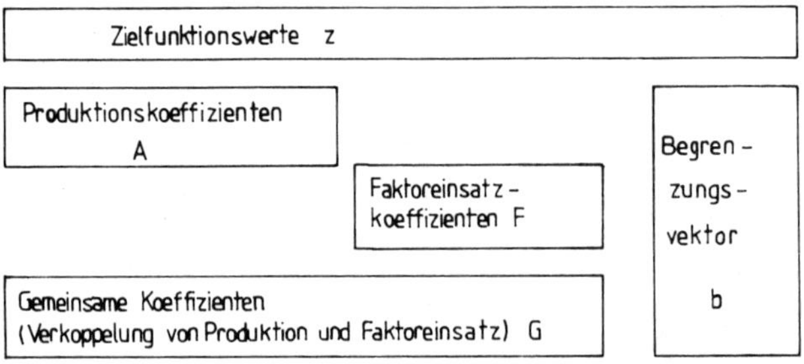

Die tatsächlichen Produktions- und Faktoreinsatzstrukturen müssen bei der Formulierung des folgenden Primalansatzes[86] festgelegt werden:

$$z \cdot x = \text{Max.}$$
$$K \cdot x \leq b$$
$$x \geq 0.$$

x = Vektor der Prozeßniveaus

Die Koeffizientenmatrix K ist dabei definiert als:

$$K = \left[\begin{array}{c|c} A & \\ & F \\ \hdashline \multicolumn{2}{c}{G} \end{array}\right]$$

Nach dem Dualtheorem ergibt sich das entsprechende Dualproblem:

86) Die Methode der linearen Programmierung, insbesondere die Primal-Dualprobleme sind in verschiedenen Lehrbüchern beschrieben, z.B. Dorfmann, R., Samuelson, P.A., Solow, R.M., Linear Programming ..., Künzi, H.P., Krelle, W., Einführung in die mathematische Optimierung, Zürich 1969, Henderson, J.M., Quandt, R.E., Mikroökonomische Theorie ... S. 309 ff.

$$b' \cdot d = Min$$
$$K' \cdot d \geq z$$
$$d \geq 0 .$$

Die Schattenpreisstruktur d ($d = (d_1, d_2 \dots d_n)$) wird unter der Bedingung errechnet, daß die prozeßbezogenen Faktorkosten $K' \cdot d$ gleich oder größer als die Zielfunktionswerte z (Deckungsbeiträge) sind. Die Schattenpreise gelten dabei für die tatsächliche Produktions- und Faktoreinsatzstruktur. Für die Abbildung tatsächlicher Strukturen und die Ermittlung entsprechender Dualwerte sind jedoch eine Reihe einschränkender Annahmen und spezieller Formulierungen notwendig[87].

Die inhaltliche Ausgestaltung des Faktoreinsatzmodells wurde bereits beschrieben. Die Verkopplung von Produktion und Faktoreinsatz erfolgt über produktionsprozeßspezifische Anspruchskoeffizienten und technologieprozeßspezifische Leistungskoeffizienten. Die bekannten Umfänge der Produktionsverfahren werden in der gegenwärtigen Modellversion im Prinzip festgelegt

- durch absolute Produktionsniveaus in der rechten Seite (RHS),
- durch Produktionskapazitäten aus den Vorperioden (z.B. Jungtiere),
- durch Zwischenproduktverflechtungen in einer Periode,
- durch vorgegebene Relationen zwischen den Produktionsverfahren.

Der Matrixausschnitt in Abbildung 39 kennzeichnet die Ausgangsstruktur des gegenwärtigen Schattenpreissystems für den Bereich der Produktionsverfahren. Im folgenden wird die spezielle Modellformulierung zur Erfassung der tatsächlichen Produktionsstruktur und der wichtigsten produktionstechnischen Beziehungen erläutert[88].

(1) Die Produktionsverfahren der landwirtschaftlichen Veredelungsproduktion werden durch die in der rechten Seite vor-

---

87) Siehe dazu auch die Ausführungen in Teil A, Abschnitt 2.2.4.
88) Die gewählte Reihenfolge orientiert sich an den modellmäßigen Verflechtungen zwischen den einzelnen Produktionsbereichen.

Abb. 39: Tableauausschnitt des Schattenpreissystems (Filmplott der Ausgangsmatrix)

	WEIZ	RØGG	GERS	HAFE	MAIS	HULS	KART	ZURR	ØELF	GEMU	ØBST	WEIN	KLEE	WIES	WEID	GMAI	FRUE	ZWIS	SØPF	MKUH	VKUH	KMAS	M JU1	W JU1	M JU2	W JU2	VMA1	VWE1	VMA2	VWE2	FARS	SWZU	SWKA	SWGE	EIER	GEFL	STIE	RHS
ØBJ1	1583,3	1100,8	1385,7	1256,8	588,6	922,2	1390,5	2722,5	1799,1	8817,8	22008,4	5835,0	-383,4	-224,2	-324,5	-882,2	-883,2	-243,4	6330,3	1593,6	1386,5	576,7	628,1	461,7	1117,3	860,6	1291,5	820,9	1815,9	1382,9	-274,9	-799,6	188,9	124,1	12,1	2,2	369,3	
ACKL																																						7975,9
GRUN														1,0	1,0																							5490,6
WEID															1,0																							2170,0
FUTT								-2090,1					-2895,0	-2236,0	-2693,0	-6239,6	-6502,5	-1200,0		1950,0			144,5	144,5	718,4	719,5	630,6	862,1	946,9	1000,0	1011,0	210,0	15,0	15,0	1,7		3900,0	
FKAR							-120,0																										7,0					
FERK																																-7,4	1,0	1,0				15354,2
KAIN																				-1,0		1,0	1,0	1,0														
KAMA																				-,5		,5	1,0															
KUEH																				1,0	1,0																	8858,7
M JU1																									1,0		1,0											2106,1
W JU1																										1,0		1,0										2260,6
M JU2																													1,0									1687,0
W JU2																														1,0	1,0							2011,3
KMAS																						1,0																1022,0
VEM1																											1,0											337,0
VEW1																												1,0										205,8
FARS																															1,0							1433,1
AKUH																					1,0																	1414,9
ZSAU																																1,0						2165,1
HUHN																																			1,0			67083,9
GEFL																																				1,0		24395,9
SØNT																																					1,0	153,5
WEIZ	1,0																																					
RØGG		1,0																																				
GERS			1,0																																			
HAFE				1,0																																		
MAIS					1,0																																	
HULS						1,0																																
KART							1,0																															
ZRUE								1,0																														
ØELF									1,0																													
GEMU										1,0																												
ØBST											1,0																											
SPFL																			1,0																			
WEIN												1,0																										
KLEE													1,0																									
GMAI																1,0																						
FRUE																	1,0																					
ZWER																		1,0																				
GMAS	1,0	1,0	1,0	1,0	1,0	1,0	1,0	1,0	1,0	1,0	1,0	1,0	,5	,3	,1	1,0	1,2	,2	1,5																			
MGTW	1,0	1,0							1,0																													
MGIS			1,0	1,0	1,0	1,0																																
MZRU								1,0																														
MKAR							1,0																															
MEUS								,3					1,0	,5	,1			,3																				
MEUW														1,0		1,0	1,0																					
GMIL																				1,0																		
GRMA																						,1	,3	,3	,8	,6	,8	,9	,7	1,0	1,0							
GSCH																																10,0	1,0	1,0				
GSØN																																			,0	,0	,3	

gegebenen Prozeßumfänge begrenzt. Diese Produktionsverfahren stellen z.T. Anspruch an Wirtschaftsfutter. Wie bei allen Produktionsverfahren, so sind auch hier die Ansprüche an die Arbeitsverfahren zu berücksichtigen. Der Umfang der Zuchtsauenhaltung wird exogen vorgegeben. Die Zwischenproduktzeile "Ferkel" determiniert den Umfang der Mastschweineproduktion. Der Anteil der Schweinemast auf der Basis von Futterkartoffeln wird durch die verfügbaren Futterkartoffeln bestimmt.

(2) Das vorhandene Potential an Milchkühen ergibt sich aus dem Milchkuhbestand der Vorperiode und der Färsenaufzucht der Vorperiode. Die ausscheidenden Altkühe werden gesondert vorgegeben, so daß der Umfang der Milchkuhhaltung bestimmt ist. Damit ist ein bestimmtes Kälberpotential definiert. Bei vorgegebenem Umfang der Kälbermast ist damit gleichzeitig die Aufzucht an männlichen und weiblichen Kälbern bestimmt. Das Potential an Jungtieren ergibt sich aus den Aufzuchtprozessen der Vorperiode. Wird der Umfang jeweils einer Verwendungsalternative in der rechten Seite vorgegeben, so ist der Umfang der alternativen Verwendung ebenfalls determiniert. Dies gilt auch für die Färsenaufzucht. Damit ist sichergestellt, daß die tatsächliche Struktur der Rindviehhaltung im LP-Modell abgebildet wird.

(3) Wenn der tatsächliche Umfang der Prozesse in der Viehhaltung feststeht, so ist auch der gesamte Wirtschaftsfutterverbrauch determiniert. Bei vorgegebener Grünlandnutzung ist auch die Ackerfutterproduktion bestimmt. Der Umfang der einzelnen Ackerfutterbauverfahren wird durch exogen vorgegebene Relationen festgelegt. Der Rest der Ackerfläche wird nun ebenfalls über eine Bereitstellungsaktivität auf die einzelnen Verkaufsfrüchte des Ackerbaus verteilt. Durch diese Formulierung wird die tatsächliche Produktionsstruktur im LP-Modell festgelegt.

Die dualen Lösungen dieser LP-Modelle liefern nun Informationen über die Entwicklung

- der Schattenpreise für den Boden (Bodenrente für Acker, Grünland), die Arbeitskräfte und das jährliche Investitionskapital,
- der Schattenpreise der landwirtschaftlichen Zwischenprodukte (Futter, Ferkel u.dgl.),
- der Wettbewerbsfähigkeit der einzelnen Produktionsverfahren (Bewertung der Produktionsentscheidungen),
- der Schattenpreise (Rente) der vorhandenen Maschinen- und Gebäudebestände[89].
- der internen Kosten der Arbeitserledigung in den einzelnen Technologiebereichen und
- der (negativen) Schattenpreise der nichtrealisierten Arbeitsverfahren und Investitionsalternativen.

Es bleibt zu prüfen, ob sich die verschiedenen Schattenpreise und internen Kostenstrukturen, die sich bei der Lösung des sektoralen Schattenpreissystems ergeben, sinnvoll interpretieren lassen.

4.3 Entwicklung und Struktur der Schattenpreise

Die Eignung des im letzten Abschnitt vorgestellten Schattenpreissystems für die modellinterne Verrechnung prozeßspezifischer Kosten und Leistungen, für die Bewertung von verhaltensbedingten Produktions- und Faktoreinsatzstrukturen und für die Ermittlung der funktionalen Einkommensverteilung läßt sich am besten an den Ergebnissen dieses Systems beurteilen.

Die ermittelten Schattenpreise stellen die duale Lösung einer Sequenz von einperiodischen (jährlichen) rekursiven linearen Programmierungsmodellen im Untersuchungszeitraum dar. Da die Zielfunktion des Modells maximiert wird, erhalten die Beschränkungsvariablen negative Dualwerte[90].

(1) Übersicht 31 enthält die wichtigsten Schattenpreise für die Produktionsfaktoren. Die Bodenrente des Ackerlandes beträgt im Durchschnitt der Beobachtungsperiode 530 DM je ha.

89) Vgl. dazu die Ausführungen in Abschnitt 2.3.
90) Diese Dualwerte lassen sich direkt als Verlust der zu maximierenden Größe bei Einschränkung der entsprechenden Begrenzungsvariablen um eine Einheit interpretieren.

Der Schwankungsbereich liegt zwischen etwa 250 DM und 800 DM. Im Durchschnitt der Beobachtungsperiode ist eine leichte Steigerung festzustellen. Diese Dualwerte entsprechen dem gewichteten Durchschnitt der monetären Verwertung der Ackerfläche bei den einzelnen Produktionsverfahren des Ackerbaus.

Übersicht 31: **Ausgewählte Schattenpreise der Produktionsfaktoren**

ACKL=ACKERLAND HA
GRUN=GRUENLAND HA
WEID=WEIDELAND HA
IVES=INVESTITIONSSUMME DM
AKZ1=AK ZEITSPANNE FB STD
AKZ2=AK ZEITSPANNE HH STD
AKZ3=AK ZEITSPANNE GE STD
AKZ4=AK ZEITSPANNE HE STD
BFAM=FAMILIEN AK MAENNL.
BFAW=FAMILIEN AK WEIBL.
BFRE=FREMD-AK

NR	JAHR	ACKL	GRUN	WEID	IVES	AKZ1	AKZ2	AKZ3	AKZ4	BFAM	BFAW	BFRE
1	1955/56	-544.40	-185.37	-169.59	-0.03	-1.76	-1.86	-2.02	-2.23	-4252.46	-3660.86	105.87
2	1956/57	-539.87	-183.67	-168.90	-0.04	-1.73	-1.84	-2.04	-2.26	-4285.61	-3712.08	215.38
3	1957/58	-551.33	-172.94	-171.55	-0.04	-1.72	-1.84	-2.05	-2.30	-4344.80	-3786.32	359.53
4	1958/59	-540.37	-134.37	-180.40	-0.04	-1.86	-1.99	-2.30	-2.55	-4791.59	-4230.33	334.57
5	1959/60	-489.72	-65.81	-214.54	-0.04	-2.20	-2.34	-2.69	-2.96	-5495.96	-4801.91	-87.81
6	1960/61	-367.96	20.43	-230.46	-0.05	-2.64	-2.80	-3.17	-3.48	-6398.41	-5571.33	-638.92
7	1961/62	-263.46	53.04	-260.87	-0.04	-2.99	-3.16	-3.57	-3.91	-7141.36	-6207.80	-723.03
8	1962/63	-425.35	-79.77	-295.04	-0.04	-2.92	-3.11	-3.54	-3.91	-7227.80	-6307.55	26.53
9	1963/64	-478.60	-77.09	-288.88	-0.04	-3.11	-3.31	-3.77	-4.16	-7678.04	-6699.62	381.12
10	1964/65	-434.03	-35.10	-287.78	-0.05	-3.37	-3.59	-4.08	-4.49	-8291.64	-7231.18	931.19
11	1965/66	-366.74	21.20	-306.75	-0.05	-3.72	-3.95	-4.48	-4.93	-3067.23	-7900.84	1056.93
12	1966/67	-392.92	-33.08	-295.17	-0.04	-3.97	-4.21	-4.76	-5.26	-9676.13	-8431.41	1392.02
13	1967/68	-498.08	-74.05	-337.56	-0.03	-3.94	-4.19	-4.77	-5.27	-9732.43	-8492.34	2212.06
14	1968/69	-607.16	-154.56	-265.87	-0.03	-4.03	-4.30	-4.92	-5.12	-9935.30	-8562.20	2990.69
15	1969/70	-641.81	-130.83	-264.09	-0.04	-4.28	-4.57	-5.24	-5.25	-10520.57	-9165.96	3185.26
16	1970/71	-636.71	-91.37	-298.24	-0.04	-4.45	-4.78	-5.53	-5.82	-11407.51	-9988.30	3611.82
17	1971/72	-685.01	-22.70	-381.63	-0.04	-4.73	-5.09	-5.92	-6.50	-12458.73	-10945.52	4107.43
18	1972/73	-807.62	30.88	-497.14	-0.04	-3.33	-3.73	-4.63	-4.93	-13557.74	-12431.98	4519.91
19	1973/74	-710.72	138.87	-556.33	-0.04	-5.05	-5.66	-6.49	-6.50	-15670.95	-14017.27	4117.38
20	1974/75	-640.69	208.74	-613.15	-0.04	-6.21	-6.98	-7.44	-8.17	-17088.80	-15108.32	4103.68
21	1975/76	-582.82	235.45	-611.55	-0.04	-7.10	-7.93	-8.35	-9.09	-17605.50	-15359.89	3922.00
1	SUMME	-10078.25	-782.19	-5914.46	-0.75	66.27	-71.43	-81.42	-87.78	xxxxxxxxx	xxxxxxxxx	32095.75
2	MITT.WRT	-530.43	-41.17	-311.29	-0.04	-3.49	-3.76	-4.29	-4.62	-9198.44	-8087.48	1689.25
3	WACHSABS	-5.60	21.80	-24.68	0.00	-0.25	-0.29	-0.30	-0.33	-711.29	-633.12	216.02
4	WACHSREL	2.83	-27.74	8.08	0.48	8.41	8.66	8.06	8.07	8.09	8.20	118.08
5	STAN.ABW	138.39	103.09	123.10	0.01	1.20	1.35	1.49	1.55	3662.09	3301.19	1813.50
6	S.A.WRA	21.05	154.03	11.89	12.35	15.58	15.14	11.82	11.95	4.76	4.59	341.98

DATENQUELLE :
DATUM : 16.07.77

Die entsprechenden Verwertungen der Grünlandfläche liegen wesentlich niedriger. Dabei zeigen sich in einzelnen Jahren positive Dualwerte, die unter den gegebenen Modellbedingungen auf einen zu hohen Grünlandeinsatz hindeuten. Wegen der niedrigeren Arbeitskostenbelastung liegt die zusätzliche Rente für die Nutzung eines Hektar Grünlandes als Weide -vorallem in den letzten Jahren - wesentlich höher. Im Durchschnitt der beiden Grünlandnutzungsverfahren ergibt sich auch in den letzten Jahren noch eine Verwertung des Grünlandes von etwa 100 DM.

(2) Die Grenzverwertung der jährlichen Investitionssumme beträgt im Durchschnitt der Untersuchungsperiode 3.9 %. Dabei ist keine eindeutige Entwicklungstendenz festzustellen. Die Werte in den einzelnen Jahren schwanken von 2.7 bis 5.3 DM je 100 DM Investitionssumme. Die Verwertung des Fremdkapitaleinsatzes entspricht der Differenz aus dem effektiven Zinssatz und der internen Verwertung.

(3) Die modellinternen Lohnsätze sind differenziert nach männlichen und weiblichen Familienarbeitskräften und nach Fremdarbeitskräften ausgewiesen. Die Differenzierung zwischen männlichen und weiblichen Arbeitskräften ergibt sich aufgrund der unterschiedlichen Arbeitsleistung in den Arbeitsspitzen (insbesondere in den Zeitspannen Getreideernte und Hackfruchternte). Aufgrund der angenommenen Beziehung zwischen der Auslastung der Arbeitskräfte und den Opportunitätskosten können sich in einzelnen Jahren stärkere Abweichungen von den langfristigen Entwicklungstendenzen ergeben. Die tendenzielle Entwicklung wird vorrangig von der außerlandwirtschaftlichen Lohnsatzentwicklung bestimmt. Während jedoch der außerlandwirtschaftliche Lohnsatz im Durchschnitt um 9.7 % ansteigt, verändern sich die hier ermittelten Schattenpreise nur mit einer Wachstumsrate von 8 %. Trotz des starken Einflusses des außerlandwirtschaftlichen Lohnsatzes zeigt das Modell eine gewisse Flexibilität und Eigendynamik bei der ökonomischen Bewertung.

Die Dualwerte für die Fremdarbeitskräfte entsprechen der Differenz zwischen dem Bruttolohnsatz für Fremdarbeitskräfte und ihrer internen Verwertung.

(4) Die Schattenpreise für die einzelnen Verfahren der Bodenproduktion sind - bezogen auf 1 ha genutzte Fläche - in Übersicht 32 angegeben. Wie bei allen Dualwerten, so sind auch hier nicht so sehr die absoluten Niveaus, sondern mehr die Relationen zwischen den einzelnen Verfahren und die Veränderungen im Zeitablauf zu beurteilen. Es ist also zu fragen, ob das unterstellte Hypothesengerüst, welches in den ausgewiesenen Ergebnissen zum Ausdruck kommt, den mikroökonomischen Plausibilitätsvorstellungen entspricht.

Innerhalb der einzelnen Getreidebauverfahren zeigt sich eine langfristige Veränderung der Wettbewerbsstellung, die der Entwicklung der Anbauumfänge bei den einzelnen Getreidearten tendenziell entspricht. Die Unterschiede zwischen den Getreidearten sind in erster Linie auf Ertrags- und Preisunterschiede zurückzuführen. Der gesamte Getreidebau konkurriert jedoch

Übersicht 32: Bodenrente einzelner Verfahren der landwirtschaftlichen Bodenproduktion

WEIZ=WEIZEN HA; ROGG=ROGGEN HA; GERS=GERSTE HA; HAFE=HAFER HA; MAIS=MAIS HA; HULS=HUELSENFRUECHTE HA; KART=KARTOFFEL HA; ZRUE=ZUCKERRUEBEN HA; OELF=OELFRUECHTE

NR	JAHR	WEIZ	ROGG	GERS	HAFE	MAIS	HULS	KART	ZRUE	OELF
1	1955/56	-630.87	-400.55	-458.11	-316.49	-361.98	-258.32	-1771.73	-1457.64	-928.10
2	1956/57	-614.25	-380.74	-481.04	-298.20	-366.11	-288.32	-1706.52	-1434.27	-953.88
3	1957/58	-625.06	-380.87	-522.60	-262.66	-369.43	-254.99	-1616.00	-1666.36	-981.20
4	1958/59	-539.94	-318.91	-510.72	-234.73	-362.89	-223.25	-1424.33	-1910.29	-800.05
5	1959/60	-556.05	-279.22	-483.70	-169.25	-258.72	-62.68	-1426.70	-1593.12	-671.32
6	1960/61	-531.35	-204.01	-490.91	-143.19	-175.27	-57.19	-1158.57	-1528.96	-560.57
7	1961/62	-453.28	-93.36	-362.50	-133.10	-175.60	-95.40	-1167.55	-1507.65	-546.14
8	1962/63	-534.20	-168.79	-476.26	-200.39	-262.93	-223.55	-1313.64	-1588.56	-663.88
9	1963/64	-558.89	-208.93	-455.03	-214.93	-303.38	-217.27	-1369.66	-1664.08	-601.42
10	1964/65	-507.12	-203.41	-426.73	-163.65	-167.64	-17.49	-1245.17	-1987.24	-456.81
11	1965/66	-433.68	-152.47	-363.62	-182.37	-164.41	-7.56	-1247.59	-1995.09	-404.10
12	1966/67	-435.92	-140.09	-366.58	-214.61	-262.67	-34.11	-1253.10	-2033.31	-426.44
13	1967/68	-555.68	-213.02	-421.61	-259.81	-398.40	-159.34	-1220.38	-2312.89	-642.75
14	1968/69	-650.02	-278.40	-472.94	-288.05	-525.43	-185.50	-1366.54	-2301.60	-884.87
15	1969/70	-624.69	-285.65	-466.12	-258.64	-419.40	-201.38	-1648.65	-2191.36	-802.99
16	1970/71	-522.96	-219.43	-383.42	-182.83	-262.24	-100.48	-1550.67	-1886.55	-667.70
17	1971/72	-569.17	-209.55	-405.42	-201.12	-93.98	22.64	-1223.56	-1812.04	-618.80
18	1972/73	-509.49	-198.16	-429.73	-200.21	50.54	122.84	-1555.23	-1906.19	-601.69
19	1973/74	-424.94	-139.20	-310.08	-136.85	263.92	312.81	-1546.09	-1762.78	-347.25
20	1974/75	-472.33	-111.97	-329.20	-196.73	438.11	203.33	-945.43	-1688.59	-313.82
21	1975/76	-456.99	-92.16	-281.85	-174.54	484.65	259.79	-840.80	-1607.03	-232.40
1	SUMME	-10119.01	-4186.19	-8158.18	-3941.31	-3815.91	-1460.87	-25985.37	-34770.90	-11945.65
2	MITT.WRT	-532.58	-220.33	-429.38	-207.44	-200.84	-76.89	-1367.65	-1830.05	-628.72
3	WACHSABS	7.88	14.93	8.44	5.64	44.68	27.65	42.28	-14.13	35.56
4	WACHSREL	-0.64	-2.12	-1.04	0.24	17.37	59.97	-2.00	1.41	-3.80
5	STAN.ABW	67.73	82.27	62.62	49.16	235.94	161.31	198.97	254.56	193.28
6	S.A.WRA	13.22	31.91	14.57	23.62	113.91	166.57	15.36	10.30	22.00

WEIN=WEIN HA; KLEE=KLEE HA; GMAI=GRUENMAIS HA; FRUE=FUTTERRUEBEN HA; ZWFR=ZWISCHENFRUECHTE HA; GEMU=GEMUESE HA; OBST=OBST HA; SPFL=SONST. PFL. PRODUKTION HA

NR	JAHR	WEIN	KLEE	GMAI	FRUE	ZWFR	GEMU	OBST	SPFL
1	1955/56	-810.19	-231.24	-541.93	-810.35	-177.06	408.76	-1333.09	763.92
2	1956/57	-503.66	-235.59	-558.18	-773.56	-186.03	355.83	-1382.84	768.21
3	1957/58	-656.67	-236.32	-560.79	-778.25	-195.32	438.04	-800.25	674.59
4	1958/59	-1322.02	-212.27	-554.81	-796.36	-160.48	785.38	-3985.48	637.57
5	1959/60	-2660.18	-186.10	-521.86	-672.43	-188.92	675.71	-2089.17	848.64
6	1960/61	-2058.20	-84.34	-409.61	-567.62	-134.36	1005.77	-1760.06	1393.81
7	1961/62	-1219.91	-33.69	-296.42	-411.56	-118.32	797.76	-413.81	1718.25
8	1962/63	-1462.82	-163.48	-488.02	-595.81	-123.59	268.51	-2815.44	1334.93
9	1963/64	-1989.50	-196.19	-453.75	-690.05	-120.94	216.75	-4590.73	1241.89
10	1964/65	-1955.23	-157.80	-349.83	-664.28	-101.08	524.66	-4031.02	1229.22
11	1965/66	-1906.45	-110.89	-292.88	-588.74	-83.92	-57.60	-2925.26	1485.15
12	1966/67	-2740.46	-127.11	-398.94	-593.15	-103.17	-660.63	-2977.80	1530.28
13	1967/68	-3153.67	-109.64	-622.08	-786.13	-121.03	-1129.47	-3707.11	1299.13
14	1968/69	-3588.42	-175.57	-711.10	-869.58	-162.90	-1883.12	-3991.84	983.36
15	1969/70	-4315.23	-192.18	-711.39	-859.06	-184.50	-2180.29	-3604.07	708.89
16	1970/71	-4683.29	-203.56	-796.07	-736.66	-187.52	-2321.24	-4258.75	-81.09
17	1971/72	-5363.89	-219.76	-893.07	-705.78	-201.70	-2574.12	-5745.00	-495.26
18	1972/73	-5395.26	-257.16	-1144.40	-778.43	-196.32	-3246.81	-7823.57	-1572.81
19	1973/74	-5453.60	-173.68	-1139.05	-574.51	-146.12	-3782.60	-10594.30	-766.30
20	1974/75	-2769.88	-128.28	-1193.87	-404.01	-56.88	-3502.06	-10585.76	-654.85
21	1975/76	-2793.77	-93.11	-1145.54	-315.18	-41.51	-3544.55	-11155.02	-193.94
1	SUMME	-53198.31	-3203.60	-12096.09	-12845.95	-2773.08	-16269.54	-78082.19	12283.58
2	MITT.WRT	-2799.91	-168.61	-636.64	-676.10	-145.95	-856.29	-4109.59	646.50
3	WACHSABS	-125.90	5.96	-35.32	20.53	7.17	-214.33	-511.27	-79.06
4	WACHSREL	16.09	14.55	6.99	-1.75	-3.28	73.06	53.82	32.24
5	STAN.ABW	1598.95	57.71	282.33	133.30	43.15	1643.95	2859.42	925.18
6	S.A.WRA	39.18	96.84	25.61	19.79	22.58	249.46	165.03	135.75

mit den anderen Verfahren der Bodenproduktion um die Nutzung der Ackerfläche. Die Verwertung der Fläche im Kartoffel- und Zuckerrübenbau liegt auf einem wesentlich höheren Niveau; allerdings sind hier stärkere Schwankungen im Zeitablauf zu erkennen. Die tendenzielle Veränderung der Wettbewerbsstellung dieser beiden Verfahren stimmt mit den üblichen Vorstellungen und den langfristigen Entwicklungstendenzen überein. Die Verfahren des Sonderkulturanbaus zeigen im Zeitablauf ausgeprägte Unterschiede in der Flächenverwertung. In einzelnen Jahren ergeben sich bei den gewählten Modellannahmen negative Bodenrenten. Die Veränderungen der Wettbewerbsstellung bei den einzelnen Verfahren des Ackerfutterbaus entsprechen weitgehend den theoretischen Plausibilitätsüberlegungen.

Übersicht 33: **Schattenpreise landwirtschaftlicher Zwischenprodukte und tierischer Produktionsverfahren**

FKAR=FUTTERKARTOFFEL DZ
FERK=FERKEL STCK
KAIN=KAELBER INSGESAMT STCK
KAMA=KAELBER MAENNLICH STCK
KUEH=KUHBESTAND STCK
MJU1=MAENNL. JUNGVIEH 1 STCK
WJU1=WEIBL. JUNGVIEH 1 STCK
FUTT=WIRTSCHAFTSFUTTER KSTE

NR	JAHR	FUTT	FKAR	FERK	KAIN	KAMA	KUEH	MJU1	WJU1
1	1955/56	-0.38	-12.32	-47.99	-104.53	-19.13	-141.59	-247.22	-227.12
2	1956/57	-0.38	-12.27	-52.11	-106.14	-18.83	-131.34	-252.40	-228.94
3	1957/58	-0.38	-12.15	-47.52	-107.15	-18.57	-165.79	-260.93	-234.06
4	1958/59	-0.37	-12.04	-54.91	-129.38	-17.46	-195.04	-295.67	-267.95
5	1959/60	-0.39	-11.61	-55.00	-142.66	-21.40	-194.30	-315.30	-282.31
6	1960/61	-0.37	-10.98	-58.90	-151.54	-26.17	-196.05	-332.08	-292.14
7	1961/62	-0.37	-10.95	-53.40	-135.73	-38.47	-179.38	-325.71	-266.70
8	1962/63	-0.43	-10.74	-50.07	-112.84	-28.93	-94.11	-274.51	-230.24
9	1963/64	-0.44	-10.85	-57.06	-114.17	-38.64	-135.46	-291.31	-232.02
10	1964/65	-0.44	-10.16	-54.05	-162.42	-38.49	-209.53	-352.75	-293.79
11	1965/66	-0.44	-9.53	-68.87	-164.38	-60.09	-233.11	-401.46	-309.07
12	1966/67	-0.45	-9.08	-75.31	-168.93	-47.95	-188.98	-362.14	-288.54
13	1967/68	-0.46	-8.63	-64.28	-151.58	-39.86	-113.71	-310.76	-249.65
14	1968/69	-0.46	-8.41	-67.45	-164.91	-45.04	-104.90	-331.70	-262.59
15	1969/70	-0.46	-8.52	-83.89	-163.58	-61.65	-84.57	-344.51	-249.66
16	1970/71	-0.45	-8.53	-73.46	-172.97	-68.66	-86.68	-346.10	-240.39
17	1971/72	-0.47	-8.47	-67.02	-190.36	-75.48	-135.63	-365.80	-249.54
18	1972/73	-0.49	-8.60	-72.00	-250.98	-87.13	-108.19	-440.83	-306.66
19	1973/74	-0.49	-8.76	-93.45	-225.50	-116.45	-64.20	-429.71	-250.07
20	1974/75	-0.50	-8.82	-84.87	-203.39	-146.49	-110.61	-422.22	-196.03
21	1975/76	-0.49	-8.84	-89.38	-182.63	-153.70	-104.67	-402.52	-165.11
1	SUMME	-8.26	-189.12	-1233.61	-3018.61	-995.77	-2731.58	-6455.86	-4930.35
2	MITT.WRT	-0.43	-9.95	-64.93	-158.87	-52.41	-143.77	-339.78	-259.49
3	WACHSABS	-0.01	0.19	-1.82	-5.40	-7.09	1.15	-9.43	1.83
4	WACHSREL	1.64	-1.78	3.63	4.65	14.33	4.59	3.39	-0.06
5	STAN.ABW	0.04	1.43	13.05	39.19	34.64	49.80	55.01	30.17
6	S.A.WRA	4.26	2.80	14.17	15.16	22.92	35.03	10.28	13.04

MJU2=MAENNL. JUNGVIEH 2 STCK
WJU2=WEIBL. JUNGVIEH 2 STCK
KMAS=KAELBERMAST STCK
VEM1=VERK. MAENNL. J.V.1 STCK
VEW1=VERK. WEIBL. J.V. 1 STCK
FARS=FAERSENNACHZUCHT STCK
AKUH=ALTKUEHE STCK
ZSAU=ZUCHTSCHWEINE STCK
HUHN=HUEHNER

NR	JAHR	MJU2	WJU2	KMAS	VEM1	VEW1	FARS	AKUH	ZSAU	HUHN
1	1955/56	-443.69	-416.02	37.72	-99.91	11.14	996.09	-624.88	335.35	-1.09
2	1956/57	-449.65	-417.21	27.69	-100.47	11.76	1000.32	-639.91	319.76	-1.04
3	1957/58	-467.19	-423.26	13.26	-101.53	10.90	1011.33	-614.50	358.40	-1.50
4	1958/59	-541.05	-488.93	8.30	-110.56	14.08	1093.93	-637.35	322.86	-2.08
5	1959/60	-518.41	-472.87	16.64	-115.83	17.49	1100.26	-678.49	342.84	-1.53
6	1960/61	-595.50	-470.24	16.93	-121.55	20.57	1107.51	-710.26	345.75	-2.55
7	1961/62	-641.04	-493.68	4.16	-122.94	22.50	1156.25	-710.62	408.59	-3.48
8	1962/63	-559.44	-477.60	-20.50	-114.75	23.58	1209.54	-742.02	480.01	-3.13
9	1963/64	-605.17	-527.33	-24.36	-120.48	24.94	1283.80	-707.77	469.73	-2.35
10	1964/65	-766.16	-621.76	-6.47	-133.78	26.83	1401.93	-734.93	508.20	-1.65
11	1965/66	-837.37	-656.13	-7.86	-145.93	29.26	1455.51	-781.63	442.76	-1.89
12	1966/67	-755.19	-622.84	-18.81	-139.48	31.04	1458.60	-851.51	426.21	-3.15
13	1967/68	-705.46	-544.30	-50.06	-136.80	29.06	1419.55	-893.99	478.33	-4.38
14	1968/69	-772.07	-567.13	-65.16	-146.34	28.42	1463.41	-931.56	424.52	-5.45
15	1969/70	-820.68	-586.44	-83.53	-152.19	29.96	1505.00	-956.69	289.88	-3.96
16	1970/71	-787.55	-522.65	-96.93	-153.50	31.35	1450.98	-1005.19	381.31	-2.88
17	1971/72	-841.00	-551.72	-85.90	-165.46	31.13	1510.99	-1008.23	480.94	-2.91
18	1972/73	-1010.57	-669.33	-80.73	-192.68	36.52	1719.92	-1170.47	539.58	-1.98
19	1973/74	-1014.85	-630.26	-109.54	-187.65	42.56	1740.51	-1227.47	432.47	-2.35
20	1974/75	-1020.17	-525.62	-108.29	-202.67	49.07	1698.43	-1224.74	508.19	-2.36
21	1975/76	-983.53	-483.71	-118.78	-195.39	49.85	1657.06	-1209.49	473.31	-2.72
1	SUMME	-13708.50	-10269.27	-671.17	-2664.60	511.03	25787.74	-16227.30	7960.30	-50.61
2	MITT.WRT	-721.50	-540.49	-35.32	-140.24	26.90	1357.25	-854.07	418.96	-2.66
3	WACHSABS	-31.70	-6.02	-7.55	-5.68	2.07	38.78	-32.49	10.47	-0.07
4	WACHSREL	5.14	1.79	-16.17	4.13	8.68	3.07	3.77	3.95	9.64
5	STAN.ABW	179.69	75.40	47.20	30.02	9.77	235.53	199.64	73.43	1.10
6	S.A.WRA	10.42	10.34	157.69	5.87	9.91	4.40	4.67	16.62	33.90

DATENQUELLE : BEARBEITUNG :
DATUM : 18.07.77

(5) In Übersicht 33 sind ausgewählte Schattenpreise für landwirtschaftliche Zwischenprodukte und für die vorgegebenen Produktionsniveaus einzelner Verfahren in der Tierproduktion angegeben.

Während die Schattenpreise für das Wirtschaftsfutter (in DM je KSTE) tendenziell ansteigen, zeigt sich bei den Futterkartoffeln (in DM je dz) ein relativ kontinuierlicher Abfall.

Die Schattenpreise für Ferkel und für Kälber verändern sich im Zeitablauf unterschiedlich. Während sich bei den Schattenpreisen für Ferkel die zyklischen Schwankungen der Schweinepreise niederschlagen, zeigen sich bei den Kälberpreisen in einzelnen Phasen stärkere Unterschiede. Die männlichen Kälber werden - vor allem in den letzten Jahren - höher bewertet, als die weiblichen Kälber.

Die Schattenpreise, die sich beim Einsatz einer Milchkuh in der Milch- und Kälberproduktion in einer Periode ergeben, liegen relativ niedrig. Dies hängt insbesondere mit der relativ hohen Lohnkostenbelastung der Milchkuhhaltung zusammen.

Die Schattenpreise MJU1, WJU1, MJU2, WJU2 geben die interne Bewertung der jeweiligen Jungtierbestände (Zwischenprodukte) an. Die übrigen Schattenpreise beziehen sich auf die Bewertung der vorgegebenen Produktionsniveaus (Entscheidungsvariable). So geben etwa die Werte für Färsen die modellintern ermittelten Kosten für die Bereitstellung einer Färse für die Milchkuhhaltung an.

Die positiven Schattenpreise für die Zuchtsauen ergeben sich aufgrund der spezifischen dynamischen Beziehungen. Während auf der Inputseite der gesamte Faktoreinsatz berücksichtigt wird, steht auf der Outputseite nur die halbe jährliche Abferkelquote[91]. Legt man den gesamten Ferkelanfall zugrunde, so ergibt sich im Durchschnitt der Beobachtungsperiode ein Schattenpreis von etwa 50 DM je Zuchtschwein.

(6) In Übersicht 34 sind die Schattenpreise für den Einsatz von Arbeit und Kapital (Arbeitserledigungskosten) in den einzelnen Technologiebereichen angegeben. Diese modellinternen Verrechnungspreise verdeutlichen die monetären Be-

---

91) Siehe dazu auch die Ausführungen in Abschnitt 2.2.2.

Übersicht 34: **Kosten der Arbeitserledigung**

GMAS=GRUNDMASCHINEN HA — MGTW=MECHAN.W.GETREIDE HA — MGTS=MECHAN. S.GETREIDE HA — MZRU=MECHAN. ZUCKERRUEBEN HA
MKAR=MECHAN. KARTOFFELN HA — MFUS=MECHAN. FUTTERBAU SOM HA — MFUW=MECHAN.FUTTERBAU WINT HA — GMIL=GEBAEUDE MILCHKUEHE GV
GRMA=GEBAEUDE RINDERMAST — GSCH=GEBAEUDE SCHWEINE — GSON=GEBAEUDE SONST.T.PROD. — =

NR	JAHR	GMAS	MGTW	MGTS	MZRU	MKAR	MFUS	MFUW	GMIL	GRMA	GSCH	GSON
1	1955/56	-183.50	-234.01	-219.53	-632.58	-561.61	-271.97	-167.48	-207.05	-104.85	-14.58	-180.41
2	1956/57	-187.24	-251.75	-238.46	-663.15	-581.43	-285.91	-176.08	-216.05	-109.48	-15.05	-188.23
3	1957/58	-193.14	-271.31	-259.15	-697.78	-604.60	-301.76	-185.88	-226.15	-114.74	-15.61	-197.09
4	1958/59	-203.61	-315.75	-303.68	-795.59	-681.78	-344.78	-211.60	-252.41	-129.59	-16.98	-219.80
5	1959/60	-221.27	-363.42	-349.90	-917.50	-784.17	-396.15	-240.77	-281.39	-144.18	-18.45	-244.69
6	1960/61	-247.52	-424.56	-409.25	-1073.93	-915.29	-462.01	-277.87	-317.97	-162.69	-20.28	-276.06
7	1961/62	-272.34	-398.21	-382.64	-1062.47	-928.98	-516.05	-309.10	-349.23	-178.32	-21.89	-302.88
8	1962/63	-273.05	-356.65	-341.52	-984.77	-965.20	-492.92	-314.16	-355.43	-181.56	-22.33	-308.51
9	1963/64	-289.47	-353.27	-337.36	-1147.60	-958.81	-441.25	-333.68	-374.39	-191.50	-22.41	-325.00
10	1964/65	-290.95	-468.02	-450.68	-1065.00	-999.09	-423.24	-358.78	-397.82	-204.17	-23.87	-345.44
11	1965/66	-302.24	-418.46	-399.36	-1015.86	-996.90	-441.93	-390.97	-429.05	-220.81	-25.34	-372.65
12	1966/67	-312.73	-376.33	-356.08	-981.33	-1020.58	-470.21	-379.50	-454.13	-234.41	-25.73	-394.72
13	1967/68	-316.16	-334.53	-314.27	-980.46	-1009.03	-562.28	-359.78	-456.71	-236.23	-26.42	-397.39
14	1968/69	-318.75	-343.83	-325.62	-988.19	-966.12	-552.04	-356.02	-465.07	-241.27	-26.20	-405.18
15	1969/70	-330.47	-362.00	-344.59	-1028.56	-969.38	-539.01	-376.20	-488.21	-254.61	-26.97	-426.24
16	1970/71	-355.11	-339.25	-322.76	-1098.08	-1041.00	-538.40	-405.48	-524.30	-264.01	-28.55	-459.19
17	1971/72	-388.41	-341.81	-324.77	-1182.72	-1148.99	-532.75	-490.27	-564.87	-274.94	-32.82	-498.42
18	1972/73	-416.42	-347.04	-332.46	-1098.49	-1163.13	-524.67	-557.03	-693.45	-326.56	-40.38	-609.00
19	1973/74	-468.29	-459.92	-444.26	-1192.10	-1332.01	-598.73	-612.51	-748.05	-352.98	-42.71	-615.16
20	1974/75	-529.56	-455.80	-436.89	-1284.62	-1492.97	-625.81	-651.34	-779.87	-393.75	-45.76	-613.90
21	1975/76	-542.52	-490.50	-470.68	-1339.14	-1552.68	-652.77	-658.69	-771.74	-391.36	-45.07	-593.52
1	SUMME	-5916.70	-6981.99	-6673.68	-19258.17	-18559.50	-9069.87	-6987.00	-8374.52	-4215.79	-497.76	-7193.53
2	MITT.WRT	-311.41	-367.47	-351.25	-1013.59	-976.82	-477.36	-367.74	-440.76	-221.88	-26.20	-378.92
3	WACHSABS	-19.02	-11.34	-11.02	-34.53	-50.64	-18.88	-26.40	-31.32	-15.79	-1.71	-23.65
4	WACHSREL	6.02	4.16	4.29	4.05	5.56	4.83	7.74	7.50	7.46	6.51	6.92
5	STAN.ABW	90.90	58.94	57.85	159.52	222.44	95.85	133.23	165.58	78.53	8.75	134.65
6	S.A.WRA	4.22	13.73	14.26	8.30	6.45	9.33	6.72	5.14	4.67	5.64	5.46

DATENQUELLE : — BEARBEITUNG :
DATUM : 18.07.77

lastungen, die im Zusammenhang mit der technischen Durchführung der Produktionsprozesse im Modell auftreten. Wie bei der Darstellung des Technologiekonzepts (Abschnitt 3.3) bereits erläutert wurde, setzen sich diese Schattenpreise aus den Arbeitskosten, den Aufwendungen für Arbeitshilfsmittel und der Rente für den Maschinen- und Gebäudebestand zusammen.

Übersicht 35: **Ausgewählte Schattenpreise für Maschinen und Gebäudekapazitäten**

BGM1=GRUNDMASCH.BESTAND 1 HA — BGM2=GRUNDMASCH.BESTAND 2 HA — BGM3=GRUNDMASCH.BESTAND 3 HA — BGM4=GRUNDMASCH.BESTAND 4 HA
BGM5=GRUNDMASCH.BESTAND 5 HA — BGM6=GRUNDMASCH.BESTAND 6 HA — BGE1=MASCH.BEST.GETREIDE 1 HA — BGE2=MASCH.BEST.GETREIDE 2 HA
BGE3=MASCH.BEST.GETREIDE 3 HA — BGE4=MASCH.BEST.GETREIDE 4 HA — BGE5=MASCH.BEST.GETREIDE 5 HA — BGE6=MASCH.BEST.GETREIDE 6 HA

JAHR	BGM1	BGM2	BGM3	BGM4	BGM5	BGM6	BGE1	BGE2	BGE3	BGE4	BGE5	BGE6
1955/56	-16.66	-22.42	-13.48	-11.19	-12.66	-14.89	-5.00	-63.87	-85.80	-115.15	-135.53	-142.82
1956/57	-15.45	-21.48	-16.94	-11.41	-13.52	-16.15	-3.33	-69.10	-90.98	-126.71	-148.86	-156.90
1957/58	-14.79	-21.07	-20.56	-11.71	-14.52	-17.61	-1.67	-74.73	-96.70	-139.18	-163.26	-172.14
1958/59	-6.93	-15.87	-18.78	-13.64	-15.19	-19.82	0.0	-88.50	-117.72	-165.13	-197.37	-208.41
1959/60	-2.40	-15.99	-18.69	-18.88	-24.01	-30.71	0.0	-104.30	-146.39	-198.60	-235.55	-249.18
1960/61	0.0	-19.60	-23.44	-29.02	-38.94	-48.28	0.0	-124.59	-181.86	-241.83	-284.72	-301.72
1961/62	0.0	-24.34	-30.15	-38.26	-52.36	-63.87	0.0	-65.79	-132.46	-200.69	-248.30	-268.05
1962/63	0.0	-20.94	-25.58	-33.45	-47.66	-59.30	0.0	-23.13	-88.51	-157.52	-205.27	-225.16
1963/64	0.0	-25.04	-31.93	-40.70	-56.74	-69.81	0.0	0.0	-70.10	-145.03	-196.34	-217.98
1964/65	0.0	-12.81	-29.33	-37.71	-52.28	-67.27	0.0	-87.99	-159.78	-244.14	-303.97	-327.91
1965/66	0.0	-5.08	-15.26	-54.01	-53.34	-70.57	0.0	-58.66	-95.52	-160.50	-244.18	-270.93
1966/67	0.0	0.0	-4.30	-48.89	-53.24	-71.89	0.0	-29.33	-41.44	-107.99	-192.30	-220.95
1967/68	0.0	0.0	0.0	-41.83	-50.78	-69.30	0.0	0.0	0.0	-68.97	-147.99	-176.58
1968/69	0.0	0.0	0.0	-34.59	-48.09	-66.58	0.0	0.0	0.0	-77.99	-153.94	-183.37
1969/70	0.0	0.0	0.0	-36.67	-50.91	-70.75	0.0	0.0	0.0	-63.77	-164.73	-196.45
1970/71	0.0	0.0	0.0	-46.45	-57.77	-88.60	0.0	0.0	0.0	-43.06	-129.34	-155.05
1971/72	0.0	-3.58	0.0	-68.08	-89.46	-130.20	0.0	0.0	0.0	-14.73	-96.50	-118.14
1972/73	0.0	-8.60	0.0	-86.20	-114.12	-162.28	0.0	0.0	0.0	0.0	-77.61	-94.35
1973/74	0.0	-8.56	0.0	-84.15	-112.96	-158.40	0.0	0.0	0.0	-67.27	-167.40	-199.71
1974/75	0.0	-21.06	-13.38	-88.44	-121.39	-170.47	0.0	0.0	0.0	-44.85	-149.66	-186.01
1975/76	0.0	-20.06	-13.38	-84.86	-116.83	-164.21	0.0	0.0	0.0	-67.27	-180.38	-222.47
SUMME	-39.57	-224.01	-248.34	-824.08	-1067.28	-1451.85	-5.00	-726.11	-1221.46	-2287.96	-3507.29	-3928.93
MITT.WRT	-9.89	-16.00	-20.69	-43.37	-56.17	-76.41	-2.50	-72.61	-111.04	-127.11	-184.59	-206.79
WACHSABS	4.35	-0.09	1.26	-4.28	-5.99	-8.57	1.67	13.08	4.95	8.40	-0.04	-1.62
WACHSREL	-40.93	16.91	-5.21	14.19	14.95	15.59	-50.00	-16.44	2.66	-8.62	4.27	4.80
STAN.ABW	6.32	7.15	7.95	23.91	32.28	47.12	1.18	31.22	41.26	68.35	59.37	59.13
S.A.WRA	32.32	64.52	33.49	22.79	23.10	20.56	0.0	35.83	52.79	33.86	35.08	33.37

(7) In Übersicht 35 sind die Renten für den Maschinenbestand bei den Grundmaschinen und den Spezialmaschinen des Getreidebaus exemplarisch dargestellt. Eine Rente von Null deutet darauf hin, daß die Maschinenbestände nicht ausgelastet sind.

Die Ergebnisse zeigen, daß die Maschinen in den Technologiestufen unterschiedlich bewertet werden, obwohl die ökonomische Leistung (Schattenpreis der Arbeitserledigung) in allen Stufen gleich ist. Diese Zusammenhänge sollen exemplarisch anhand der Kostenstrukturen für die Arbeitserledigung im Getreidebau im Jahre 1960/61 verdeutlicht werden (Übersicht 36).

Übersicht 36: **Kostenstrukturen der Arbeitserledigung bei Wintergetreide im Jahre 1960/61 (Modellergebnisse)**

Stufe / Kosten	I	II	III	IV	V	VI
Vorleistungen	12.3	26.3	42.6	56.6	63.8	69.3
Arbeitskosten	412.2	273.6	2oo.1	126.2	76.	53.5
Maschinenrente	0.	124.6	181.8	241.8	284.7	3o1.7
Schattenpreis der Arbeitserledigung	424.5	424.5	424.5	424.5	424.5	424.5

Die Stufen V und VI stehen im Jahre 1960/61 noch nicht zur Verfügung. Sie können jedoch bei der ex-post-Betrachtung bewertet werden, um den ökonomischen Anreiz abzuschätzen, der auf eine Einführung neuer Technologien hinwirkt. Tatsächlich realisiert werden im Jahre 1960/61 die Verfahren I bis IV.

Da die jährlichen Kapitalkosten (Abschreibungen und modellinterne Verzinsung) in diesem Jahr genau der Rente der Technologiestufe III entsprechen, werden auf diesem Technologieniveau Investitionen getätigt. Bei den übrigen Technologiestufen - also auch bei den Stufen V und VI - liegen die jährlichen Kapitalkosten höher als die ausgewiesene Rente.

Diese Auswertungen lassen sich nun in verschiedener Richtung weiterführen. So können etwa die exemplarisch aufgezeigten Kostenstrukturen zwischen den einzelnen Bereichen verglichen und im Zeitablauf verfolgt werden. Weiterhin lassen sich die Unterschiede in der internen Verzinsung von Neuinvestitionen und von bestehenden Kapazitäten (differenziert nach einzelnen

Investitionsjahrgängen) aufzeigen. Auf dieser Basis ließe sich nach dem Grenzproduktivitätsprinzip ein Kapitalstock für den landwirtschaftlichen Sektor ermitteln, der nach Technologiebereichen und Technologiestufen gegliedert ist.

Wenn man gleichzeitig die Dualwerte für die übrigen Faktoren und Zwischenprodukte berücksichtigt, läßt sich eine funktionale Einkommensverteilung für den landwirtschaftlichen Sektor[92], für einzelne Produktionsbereiche und für einzelne Produktionsverfahren auf unterschiedlichem Technologieniveau erstellen.

Zusammenfassend läßt sich feststellen, daß das vorgestellte Schattenpreissystem für den landwirtschaftlichen Sektor ergänzende Informationen über den agrarsektoralen Entwicklungsprozeß liefert. Die dargestellten Schattenpreise sind das Resultat einer Vielzahl von einzelnen Einflußfaktoren, die mit Hilfe bestimmter Modellannahmen zu nichtbeobachtbaren ökonomischen Größen zusammengefaßt werden. Diese lassen sich sowohl als Ursachen als auch als Auswirkungen von Veränderungen im Agrarbereich unter den gegebenen Rahmenbedingungen interpretieren.

Die aufgezeigten Ergebnisse stellen die Konsequenzen bestimmter Annahmesätze dar. Sie sind in sich konsistent (monetäre Konsistenz), können jedoch nicht auf Realitätsnähe getestet werden, da es sich nicht um reale Strukturen, sondern um ein quantifiziertes Hypothesengebäude handelt.

Wie bei allen Betrachtungen unter durchschnittlichen sektoralen Bedingungen, so läßt sich auch hier eine breite Streuung um die einzelnen Wertereihen vorstellen, wenn man etwa von den unterschiedlichen Bedingungen in einzelnen Regionen (Standortfaktoren) und Betrieben ausgeht. Wenn man jedoch unterstellt, daß die Unterschiede der Standortfaktoren (natürliche und wirtschaftliche Bedingungen)[93] im Zeitablauf relativ konstant bleiben bzw. sich

92) Eine derartige Auswertung wird in Teil D dargestellt.
93) Eine Systematik über die verschiedenen Standortfaktoren geben: WEINSCHENCK und HENRICHSMEYER in: Weinschenck, G., Henrichsmeyer, W., Zur Theorie ....

relativ kontinuierlich entwickeln, so sind die langfristigen Veränderungen der ausgewiesenen Dualwerte prinzipiell als geeignete Indikatoren zur Kennzeichnung der tendenziellen Wettbewerbsstellung der Produktionsverfahren anzusehen. Andererseits können die kurzfristigen, ertrags- und preisbedingten Schwankungen, die (von einzelnen Ausnahmen abgesehen) nur geringe regionale Unterschiede aufweisen dürften, nicht von vorneherein bei der Analyse der Dynamik des agrarsektoralen Entwicklungsprozesses vernachlässigt werden.

5. Einkommensentstehung und -verwendung

Die Einkommensentwicklung stellt eine zentrale Größe für die Dynamik der strukturellen Anpassung in der Landwirtschaft dar. Die Entscheidungen der landwirtschaftlichen Haushalte über den Faktoreinsatz werden entscheidend von dem zur Verfügung stehenden landwirtschaftlichen und außerlandwirtschaftlichen Einkommen beeinflußt. So bildet das in der Landwirtschaft erzielte bzw. erzielbare Einkommen die Grundlage für Disparitätsüberlegungen und Mobilitätsentscheidungen. Es ist als ein entscheidender Einflußfaktor für die Mobilität landwirtschaftlicher Arbeitskräfte anzusehen. Von der Einkommenshöhe direkt beeinflußt wird die Eigenkapitalbildung und damit die Höhe der Investitionen. Das verfügbare Einkommen bildet die Grundlage für den Konsum und die jährliche Ersparnis. Die intertemporalen Interdependenzen zwischen Einkommen und Faktoreinsatz lassen sich in dynamischen Modellansätzen abbilden.

Die Einkommensentstehung[94] hängt von der realisierten Produktionsmenge, vom Aufwand an Produktionsmitteln, von den herrschenden Marktpreisen sowie von den verschiedenen staatlichen Eingriffen (Subventionen, Steuern) ab. Bei der Verwendung des im Agrarsektor entstandenen Einkommens ist zu unterscheiden zwischen dem Einkommen, das den landwirtschaftlichen Haushalten zukommt, und dem Einkommen, das an andere Haushalte bzw. Sektoren fließt. Während das zuletzt genannte Einkommen im wesentlichen kontraktbestimmt ist, stellt das landwirtschaftliche Einkommen der landwirtschaftlichen Haushalte eine Re-

---

94) Siehe dazu Abschnitt 2.1.

sidualgröße dar. Von diesem Residualeinkommen sind nun bestimmte feste Ausgaben (Steuern, soziale Sicherung, feste Belastungen) abzuziehen. Unter Berücksichtigung des außerlandwirtschaftlichen Einkommens ergibt sich das verfügbare Einkommen der landwirtschaftlichen Haushalte, welches für Konsum- und Sparzwecke zur Verfügung steht.

Leider ist eine derartige Einkommensverwendungsrechnung nicht aus der Statistik zu entnehmen. Deshalb soll im folgenden ein Konzept vorgestellt werden, welches - ausgehend von der in den Abschnitten 2 bis 4 ermittelten Informationsbasis und unter Hinzuziehung weiterer statistischer Teilinformationen - erste Vorstellungen über die Struktur der Einkommensverwendung des landwirtschaftlichen Sektors liefert.

5.1 Konzept einer agrarsektoralen Einkommensverwendungsrechnung

Für die Erklärung des agrarsektoralen Entwicklungsprozesses ist es besonders wichtig, herauszuarbeiten, wodurch die einzelnen Komponenten auf der Einkommensentstehungs- und Verwendungsseite determiniert werden. Die Entscheidungen der Landwirte über die Produktions- und Faktoreinsatzstruktur bestimmen nicht nur die Einkommensentstehung, sondern gleichzeitig bestimmte Komponenten auf der Einkommensverwendungsseite. So stehen z.B. die Ausgaben für Fremdlöhne und Fremdzinsen in unmittelbarem Zusammenhang mit den Entscheidungen über die Faktoreinsatzstruktur. Andere Komponenten werden durch das bestehende soziale Sicherungssystem und durch unmittelbare staatliche Eingriffe bestimmt. Die Konsum- und Sparentscheidungen der Landwirte beziehen sich auf das verbleibende Einkommen. Der dynamische Kreislauf wird geschlossen, wenn man die Wirkungen der Entscheidungen über die Sparsumme auf die landwirtschaftliche Eigenkapitalbildung, die außerlandwirtschaftliche Vermögensbildung, die Fremdkapitalaufnahme und damit auf den Umfang der Investitionstätigkeit, die Faktorallokation, die Produktion und die Einkommensentstehung und schließlich wieder auf die Einkommensverwendung im Zeitablauf verfolgt. Um diesen dynamischen Prozeß durchsichtiger zu machen, wollen wir zunächst die Verwendungsseite des Einkommens in der Betrachtungsperiode beschreiben. Gleichzeitig sollen die hierfür relevanten Begriffe definiert werden, die auch in den weiteren Teilen der Arbeit verwendet werden. Die folgenden Ausführungen beziehen sich auf die prinzipiellen Zusammenhänge.

(1) Den Ausgangspunkt der Einkommensverwendungsrechnung bildet das aus dem dynamischen Konsistenzmodell "Produktion und Faktoreinsatz" ermittelte Bruttoinlandsprodukt des landwirtschaftlichen Sektors BIPL, welches in Abschnitt 2 wie folgt definiert wurde:

$$BIPL_t = \underbrace{Y'_t \cdot P_t}_{\text{Bruttoproduktion}} - \underbrace{Z'_t \cdot Q_t}_{\text{Bruttovorleistungen}}$$

Die Bruttovorleistungen umfassen dabei sowohl die ertragssteigernden Vorleistungen als auch die Aufwendungen für Arbeitshilfsmittel. Die Produktpreise und die Vorleistungspreise beziehen sich auf Effektivpreise der Landwirtschaft, d.h. direkt produktgebundene Subventionen sind bereits berücksichtigt. Die Produktions- und Inputmengen ergeben sich aus den Prozeßumfängen (Produktionsprozesse, Technologieprozesse) und den Produktions- bzw. Technologiekoeffizienten.

(2) Das "Sektoreinkommen" der Landwirtschaft EIK1 ergibt sich unter Berücksichtigung der indirekten Steuern T und der nicht produktgebundenen Transferzahlungen des Staates S an die Landwirtschaft:

$$EIK1_t = BIPL_t - T_t + S_t \ .$$

Die nicht produktgebundenen Transferzahlungen beziehen sich z.B. auf direkte Einkommensübertragungen an die Landwirtschaft. Das Sektoreinkommen steht zunächst allen in der Landwirtschaft eingesetzten Faktoren und für die Finanzierung von Ersatzinvestitionen zur Verfügung. Die kalkulatorischen Abschreibungen spielen bei dieser Rechnung keine Rolle.

(3) Ein Teil dieses Einkommens fließt an nichtlandwirtschaftliche Haushalte für die Bereitstellung von Arbeit und Kapital. Diese Einkommen ergeben sich aus den Faktormengen und den entsprechenden Lohnsätzen. Es gelten folgende Definitionen:

Lohnaufwendungen FREL:

$$FREL_t = FRAK_t \cdot l_{FRAK,t} \quad ,$$

Zinsaufwendungen FREZ:

$$FREZ_t = FKAP_t \cdot z_{FKAP,t} \; .$$

Zinsverbilligungen, die der Landwirtschaft gewährt werden, kommen im effektiven Zinssatz für Fremdkapital z_{FKAK} zum Ausdruck. Das verbleibende Einkommen bezeichnen wir als "Einkommen der Landwirte" EIK2:

$$EIK2_t = EIK1_t - FREL_t - FREZ_t \; .$$

(4) Von diesem Einkommen sind weitere feste Ausgaben in Abzug zu bringen. Diese betreffen folgende Positionen:

- Ausgaben für die Tilgung von Fremdkapital TILG. Diese lassen sich aus der Fremdkapitalaufnahme in den Vorperioden und aus der durchschnittlichen Laufzeit ermitteln[95].
- Persönliche (private) Steuern der Landwirte PRST, vor allem Einkommensteuern.
- Aufwendungen für soziale Sicherung der Landwirte SSCH. Dabei sind insbesondere die Beiträge für die Krankenversicherung, die Unfallversicherung und die Alterssicherung zu berücksichtigen. Zuschüsse des Staates zur sozialen Sicherung werden dabei abgesetzt, so daß sich diese Position auf die baren Ausgaben der Landwirte bezieht.

Berücksichtigt man neben diesen Positionen noch das außerlandwirtschaftliche Faktoreinkommen der Landwirte ALFE, so ergibt sich das "verfügbare oder dispositive" Einkommen der Landwirtschaft DEIN

$$DEIN_t = EIK2_t - TILG_t - PRST_t - SSCH_t + ALFE_t \; .$$

Da für den landwirtschaftlichen Sektor keine anderweitigen Informationen zur Verfügung stehen, soll das außerlandwirtschaftliche Einkommen hier lediglich das Zinseinkommen aus außerlandwirtschaftlichen Vermögensbeständen AVB umfassen.

---

95) Siehe dazu auch Abschnitt 3.2.3 in Teil C.

$$ALFE_t = AVB_t \cdot z_{AVB,t}$$

AVB = außerlandwirtschaftlicher Vermögensbestand,

z_{AVB}= Habenzinssatz.

(5) Während die Ermittlung des dispositiven Einkommens rein definitorischen Charakter hat, da in einer abgelaufenen Wirtschaftsperiode alle entscheidenden Variablen feststehen, ist die Verwendung dieses Einkommens als eine Entscheidung anzusehen, die den weiteren Entwicklungsprozeß beeinflußt. Das dispositive Einkommen teilt sich in die Konsumsumme KONI und die Sparsumme SPAR auf:

$$DEIN_t = KONI_t + SPAR_t \ .$$

Die Sparsumme kann wiederum weiter zergliedert werden in eine Komponente "Eigenkapitalbildung" für landwirtschaftliche Investitionen EFIN und eine Komponente "außerlandwirtschaftliche Vermögensbildung" ASPAR:

$$SPAR_t = EFIN_t + ASPAR_t \ .$$

Berücksichtigt man weiterhin die jährliche Fremdkapitalaufnahme FFIN so ergibt sich die jährliche Investitionssumme INV. Der Einkommenskreislauf und Finanzierungskreislauf ist somit geschlossen:

$$INV_{t+1} = EFIN_t + FFIN_t \ .$$

Die Größen "dispositives Einkommen", "Konsumsumme" sowie "Sparsumme" werden auf die jeweils vorhandenen Familien-Vollarbeitskräfte bezogen. Diese Indikatoren können dann zur Kennzeichnung der Einkommens- und Wohlstandssituation und -entwicklung in der Landwirtschaft herangezogen werden.

5.2 Entwicklung zentraler Einkommenskomponenten

Auf der Basis der beschriebenen Definitionen und der Produktions- und Faktoreinsatzstrukturen (Prozeßumfänge, Produktionskoeffizienten, Preise u.dgl.) und unter Hinzuziehung zusätzlicher agrarsektoraler Informationen wurde für den Untersuchungszeitraum eine komplette Einkommensverwendungsrechnung erstellt, deren wichtigste Ergebnisse in Übersicht 37 dargestellt sind.

Übersicht 37: Ausgewählte Größen der Einkommensentstehungs- und -verwendungsrechnung (Bruttokonzept)

PRDW=PRODUKTIONSWERT
PWPP=PW. PFL. PRODUKTION
PWTP=PW. TIER. PROD.

VORL=VORLEISTUNGEN
VKFU=VORL. KRAFTFUTTER
VGTD=VORL. GETREIDE
VMEK=VORL. MECHANISIERUNGSKOSTEN

VSON=VORL. SONSTIGES
BIPF=BIP (FAKTORKOSTEN)
EIK1=EINKOMMEN 1

NR	JAHR	PRDW	PWPP	PWTP	VORL	VKFU	VGTD	VMEK	VSON	BIPF	EIK1
1	1955/56	23704.00	9862.00	13842.00	8968.00	4937.00	3032.00	2209.00	1822.00	14736.00	14295.00
2	1956/57	24758.91	10238.23	14520.69	9339.30	5201.46	3158.20	2182.00	1955.84	15419.61	14974.61
3	1957/58	26106.80	10521.87	15584.93	10037.14	5622.93	3484.28	2301.84	2112.38	16069.65	15617.65
4	1958/59	27710.61	11293.30	16417.31	10602.32	5569.81	3955.40	2439.05	2193.46	17108.29	16647.29
5	1959/60	29454.84	12269.65	17184.99	11875.97	6782.33	4362.17	2620.35	2473.29	17578.87	17102.87
6	1960/61	30134.29	12042.26	18092.03	11951.25	6559.38	4215.23	2841.95	2549.92	18183.05	17684.05
7	1961/62	30009.22	11156.28	18852.94	12853.65	7135.08	4370.12	3133.25	2585.32	17155.57	16646.57
8	1962/63	33229.49	12857.52	20371.96	14582.87	8155.84	4876.36	3365.33	3061.71	18646.62	18108.62
9	1963/64	34977.21	12954.48	22022.73	14838.06	8062.56	4755.73	3469.03	3306.47	20139.15	19577.15
10	1964/65	36530.67	13674.00	22856.67	16538.41	9345.15	5271.68	3670.45	3522.81	19992.26	19412.26
11	1965/66	37175.42	13203.17	23972.25	17750.57	9399.34	5177.73	4006.86	3744.37	19424.86	18828.86
12	1966/67	38417.25	13816.21	24601.04	18043.10	9560.35	5212.93	4285.08	3797.67	20374.15	19762.15
13	1967/68	38223.70	14039.75	24183.95	18441.87	10000.68	5363.80	4494.62	3946.57	19781.84	19432.84
14	1968/69	40821.56	14793.28	26028.29	19202.65	10391.26	5683.13	4756.06	4055.33	21618.91	21502.91
15	1969/70	42785.59	15363.85	27421.74	20686.82	11213.05	6338.72	5074.92	4398.85	22098.77	22029.77
16	1970/71	41620.45	14883.67	26736.78	21623.09	11164.23	6242.86	5597.23	4861.63	19997.37	20254.37
17	1971/72	44968.51	16425.25	28543.26	22368.08	11130.07	6267.07	6005.91	5227.10	22605.43	22847.43
18	1972/73	47891.69	17244.88	30646.81	24075.14	12180.74	6742.51	6463.47	5430.93	23816.55	23824.55
19	1973/74	50673.63	18943.70	31729.93	26172.30	12717.82	7099.30	7511.04	5943.45	24501.32	24447.32
20	1974/75	52116.99	19138.93	32978.06	27823.86	12734.31	7267.84	8170.73	6918.82	24293.12	23630.12
21	1975/76	0.0	0.0	0.0	0.0	0.0	0.0	0.0	0.0	0.0	0.0
1	SUMME	707606.44	264860.12	442746.00	328801.06	174326.06	99886.94	82389.06	72085.87	378804.87	372330.94
2	MITT.WRT	37242.44	13940.00	23302.42	17305.32	9175.05	5257.21	4336.27	3793.99	19937.10	19596.36
3	WACHSABS	1519.89	494.48	1025.41	1026.92	418.49	226.09	332.71	275.72	492.97	480.86
4	WACHSREL	4.27	3.68	4.70	6.31	5.25	4.80	7.64	7.37	2.71	2.72
5	STAN.ABW	8150.42	2604.74	5597.75	5525.94	2442.19	1182.05	1758.86	1396.15	2701.96	2844.04
6	S.A.WRA	3.31	5.60	2.98	3.69	5.82	5.49	2.82	4.84	5.68	5.67

FREL=FREMDLOEHNE
FREZ=FREMDZINSEN

EIK2=EINKOMMEN 2
PRST=PRIVATE STEUERN
SSCH=SOZIALE SICHERUNG
ALFE=AUSSER LDW. FAKTOREINKOMMEN

TILG=TILGUNG
DEIN=VERFUEGBARES EINKOMMEN
VEIK=VERFÜGB. EINK. JE FAM. VOLL.-AK
KONI=KONSUM INSGESAMT

NR	JAHR	FREL	FREZ	EIK2	PRST	SSCH	ALFE	TILG	DEIN	VEIK	KONI
1	1955/56	2196.72	262.96	11835.32	361.00	380.00	140.00	110.00	11162.32	5381.87	9382.00
2	1956/57	2136.76	403.19	12434.66	347.00	380.00	148.40	120.00	11770.12	5563.75	10249.72
3	1957/58	2160.45	441.64	13015.55	307.00	390.00	156.00	188.67	12285.87	5977.07	10332.47
4	1958/59	2144.34	432.92	14070.03	287.00	396.00	140.53	302.17	13225.39	6639.15	11482.19
5	1959/60	1974.73	428.59	14699.54	304.00	407.00	134.92	472.65	13650.81	7097.30	11225.81
6	1960/61	1889.02	586.78	15208.24	310.00	415.60	179.40	614.13	14047.91	7536.91	11476.71
7	1961/62	1960.53	592.00	14093.43	352.00	433.20	182.52	724.45	12766.29	7056.67	10104.33
8	1962/63	2010.11	641.32	15457.18	334.00	454.30	169.68	842.12	13996.44	8051.34	11879.55
9	1963/64	1994.01	706.21	16876.92	323.00	468.20	205.61	1021.43	15269.90	9103.12	11718.30
10	1964/65	2105.58	744.89	16561.79	380.00	402.20	231.48	1132.30	14878.75	9216.08	11347.39
11	1965/66	2022.93	906.10	15899.82	429.00	431.20	242.58	1324.86	13957.33	9025.47	11709.89
12	1966/67	1982.88	1087.69	16691.58	350.00	486.70	252.20	1546.85	14560.22	9775.67	12287.70
13	1967/68	1985.11	1147.28	16300.44	329.00	535.70	221.31	1774.67	13882.37	9531.75	12919.68
14	1968/69	1970.26	1166.92	18365.72	329.00	540.40	247.77	1923.92	15820.17	11200.64	14107.77
15	1969/70	1855.61	1411.08	18763.08	343.00	558.20	341.85	2123.72	16080.00	12233.41	13675.76
16	1970/71	1895.79	1524.72	16833.85	338.00	629.70	354.91	2290.54	13930.52	11377.14	12510.61
17	1971/72	1911.60	1394.92	19540.91	349.00	646.40	362.06	2420.41	16487.15	14331.33	13948.58
18	1972/73	1936.10	1681.89	20206.56	350.00	668.40	398.42	2524.72	17061.85	15676.38	14358.25
19	1973/74	1974.94	1992.67	20479.71	391.00	1237.30	477.82	2673.86	16655.36	15947.68	14076.90
20	1974/75	2008.30	1921.57	19700.25	443.00	1234.50	439.60	2810.11	15652.24	15273.46	12916.34
21	1975/76	0.0	0.0	0.0	0.0	0.0	0.0	0.0	0.0	0.0	0.0
1	SUMME	37919.04	19212.96	315198.81	6595.00	10714.98	4887.06	26831.57	275978.31	190614.06	232326.56
2	MITT.WRT	1995.74	1011.21	16589.41	347.11	563.95	257.21	1412.19	14525.17	10032.32	12227.71
3	WACHSABS	-7.14	84.35	403.64	5.33	47.47	16.18	149.45	215.67	539.43	148.20
4	WACHSREL	-0.29	9.62	2.81	1.80	8.07	7.05	20.34	1.91	6.11	1.56
5	STAN.ABW	87.23	521.56	2410.30	40.08	253.14	106.58	895.81	1502.15	3326.85	1357.13
6	S.A.WRA	3.45	11.50	6.93	9.62	20.08	14.03	18.50	8.20	8.77	7.65

(1) Der erste Teil dieser Übersicht bezieht sich auf einige aggregierte Komponenten auf der Einkommensentstehungsseite[96]. Die nominale Bruttoproduktion ist differenziert nach pflanz-

96) Im Gegensatz zu der Ergebnisausweisung in Teil D ist hier der Aufwand an eigenem Saatgut und an Futterkartoffeln beim Produktionswert und bei den Vorleistungen bereits abgezogen. Eine Vereinheitlichung der verschiedenen Auswertungsprogramme ist vorgesehen.

licher und tierischer Produktion ausgewiesen. Ebenso sind beim Vorleistungseinsatz die wichtigsten Komponenten unterschieden. Neben dem gesamten Kraftfutteraufwand ist der monetäre Einsatz an Getreide gesondert dargestellt. Im Durchschnitt der Betrachtungsperiode zeigt sich eine besonders starke Steigerung bei den Arbeitshilfsmitteln (Mechanisierungskosten) und den "sonstigen Vorleistungen" (Pflanzenschutz, Düngemittel, Dienstleistungen etc.). Das Bruttoinlandsprodukt der Landwirtschaft steigt in einem wesentlich geringeren Ausmaß als der Bruttoproduktionswert.

(2) Die indirekten Steuern betragen etwa 2-3 % des BIPL. Die Transferzahlungen umfassen im wesentlichen den Getreidepreisausgleich und den direkten Aufwertungsausgleich. Im Jahre 1970/71 belaufen sich diese Zahlungen auf nahezu 5 % des BIPL. Das Sektoreinkommen weicht deshalb - mit Ausnahme der letzten 60er und der ersten 70er Jahre - nur geringfügig vom BIPL ab.

(3) Während sich die Lohnsteigerungen und die Reduzierung der Fremdarbeitskräfte weitgehend ausgleichen, ist bei den Zinszahlungen eine starke Steigerung zu beobachten. Das "Einkommen der Landwirte" liegt im Niveau niedriger, entwickelt sich aber tendenziell ähnlich wie das "Sektoreinkommen".

(4) In besonders hohem Ausmaß steigen die Ausgaben für die Tilgung von Fremdkapital und für die soziale Sicherung. Das Zinseinkommen aus außerlandwirtschaftlichen Vermögensbeständen und die privaten Steuern der Landwirte sind relativ unbedeutend. Das "dispositive Einkommen" der Landwirtschaft steigt im Durchschnitt der Beobachtungsperiode um knapp 2 %, das Konsumeinkommen hingegen lediglich um etwa 1.5 % pro Jahr. Die Konsumquote liegt im Durchschnitt der Untersuchungsperiode bei 0.85. Entsprechend der Abwanderungsrate landwirtschaftlicher Familienkräfte ergeben sich beim Pro-Kopf-Einkommen wesentlich größere Steigerungsraten.

Zusammenfassende Bemerkungen

Die geschlossene Darstellung der Einkommensverwendung ist für die längerfristige Entwicklung des Agrarsektors,die im starken

Maße von den Faktoreinsatzentscheidungen bestimmt wird, von entscheidender Bedeutung. Dabei wird davon ausgegangen, daß die dargestellte sektorale Einkommensverwendungsrechnung eine bessere Basis für die modellmäßige Abbildung der Faktoreinsatzentscheidungen bildet, als wenn man nur von den statistischen Aggregaten der landwirtschaftlichen Gesamtrechnung ausgeht. Für die Dynamik der agrarsektoralen Entwicklung scheinen dabei besonders die Wechselbeziehungen zwischen den Produktions- und Faktoreinsatzentscheidungen und der Einkommensverwendung und Finanzierung im Zeitablauf von Bedeutung zu sein.

Die geschlossene Einkommensverwendungsrechnung bringt dabei die unterschiedlichen Ansatzpunkte bzw. die direkten Wirkungen verschiedener agrarpolitischer Instrumente wie etwa: direkte Einkommensübertragungen, Zinsverbilligungsmaßnahmen, Steuerpolitik, Sozialpolitik u.dgl. zum Ausdruck. Andererseits werden verschiedene Komponenten auf der Einkommensverwendungsseite von der gesamtwirtschaftlichen Entwicklung und den rechtlichen und sozialen Rahmenbedingungen beeinflußt. Die explizite Herausarbeitung der Einkommensverwendung im landwirtschaftlichen Sektor ist somit eine wichtige Voraussetzung für die Analyse der agrarsektoralen Entwicklung bei gegebenen bzw. bei alternativen Rahmenbedingungen und/oder agrarpolitischen Instrumenten. Die hier erstellte Einkommensverwendungsrechnung ist als erstes, vorläufiges Gerüst für die wichtigsten Zusammenhänge anzusehen. Einzelne Komponenten wie etwa Vermögensumschichtungen, Arbeitseinkommen von Haushaltsmitgliedern, die eine außerlandwirtschaftliche Tätigkeit ausüben, bleiben zunächst unberücksichtigt. Sobald differenziertere Informationen vorliegen - dies dürfte jedoch erst bei Erstellung einer landwirtschaftlichen Gesamtrechnung auf dem institutionellen Prinzip der Fall sein[97] - können diese ohne Schwierigkeit für eine differenziertere Einkommensverwendungsrechnung berücksichtigt werden[98].

97) Derartige Überlegungen werden zur Zeit im Statistischen Amt der Europäischen Gemeinschaft angestellt.

98) Bei der Programmierung des Modellsystems wurde von einem flexiblen Konzept ausgegangen, welches eine sukzessive Komplettierung der agrarsektoralen Informationsbasis erlaubt.

Teil C: ANALYSE DER PRODUKTIONS- UND FAKTOREINSATZENTSCHEIDUNGEN

In diesem Teil der Arbeit wird das Entscheidungsverhalten der Landwirte untersucht und damit nach den Bestimmungsfaktoren der Entwicklung von Produktion, Faktoreinsatz und Einkommen in der Landwirtschaft gefragt. Dabei sind jene Größen modellendogen zu erklären, die beim Interdependenz- und Schattenpreissystem exogene Variablen darstellen. Die tatsächliche Entwicklung der Produktions- und Faktoreinsatzstrukturen soll also durch ein quantitatives Verhaltensmodell beschrieben werden. Bei der Konstruktion eines solchen Verhaltensmodells treten verschiedene Schwierigkeiten auf. Diese ergeben sich insbesondere daraus, daß wir weder auf eine geschlossene positive Theorie des strukturellen Wandels in der Landwirtschaft noch auf empirische Erfahrungen mit differenzierten dynamischen Modellen für den gesamten landwirtschaftlichen Sektor zurückgreifen können.

Bezüglich der Komplexität von Sektormodellen ist festzustellen: Je komplexer und intensiver die Verflechtungen und Interdependenzen zwischen den verschiedenen Bereichen des ökonomischen Systems sind, desto weniger lassen sich die Verhaltensweisen bei den einzelnen Teilen des Systems isoliert betrachten und umso schwieriger ist die Analyse der Produktions- und Faktoreinsatzentscheidungen auf differenzierter Ebene. Andererseits steigt aber mit zunehmender Intensität der Verflechtungen die Bedeutung einer differenzierten und geschlossenen Analyse der Verhaltensweisen für die Erklärung und die agrarpolitische Beeinflussung des agrarsektoralen Entwicklungsprozesses.

Bei der Erklärung der tatsächlichen Verhaltensweisen kann in Teilbereichen auf Erkenntnisse der dynamischen Wirtschaftstheorie zurückgegriffen werden. Obwohl in der empirischen Analyse einige Fortschritte erzielt wurden[1], ist man bisher

1) Siehe dazu z.B. Day, R.H., Heidhues, T., Johnson, G.L., Renborg, U., Petit, M., Agricultural Change and Economic Method, European review of agricultural economics, Vol. 3-2/3 (1976).

noch nicht zu einem geschlossenen dynamischen Theoriengebäude gelangt, das eine Basis für die Erklärung wirtschaftlicher Gesamtentwicklungen bilden könnte. DAY charakterisiert die Forschungsaktivitäten und den Forschungsstand wie folgt: "But the adaptive and evolutionary character of economic dynamics has in this century received much less attention than statics"[2]. Einige Fortschritte im Bereich der dynamischen Analyse gehen auf die Arbeiten von NERLOVE zurück[3], der sich jedoch in ähnlicher Weise zum Stand der Forschung äußert:"Dynamic economics is still, in large part, a thing of the future, but we are a good deal closer to an econometrically relevant theory of dynamic economic behavior than we were in Schultz's day"[4].

1. Grundlagen eines dynamischen Verhaltensmodells für die Landwirtschaft

Im folgenden werden die wichtigsten Annahmen, die der Entwicklung eines dynamischen Verhaltensmodells für die Landwirtschaft zugrundeliegen, im einzelnen diskutiert. Dabei soll ein Grundgerüst erarbeitet werden, das der Quantifizierung der verhaltensmäßigen Beziehungen im agrarsektoralen Entwicklungsprozeß dient. Im folgenden Abschnitt wollen wir zunächst untersuchen, welche Kategorien von Informationen zur Erklärung der Verhaltensweisen der Landwirte prinzipiell geeignet erscheinen. Darauf aufbauend werden Hypothesen über die Dynamik der Verhaltensweisen entwickelt. Schließlich werden einige allgemeine Probleme bei der ökonometrischen Schätzung der Verhaltensparameter diskutiert.

1.1 Die entscheidungsrelevanten Informationen

Grundlegend für jedes Verhaltensmodell ist die Frage, auf welchen Informationen der Entscheidungsprozeß der Wirtschafts-

---

2) Day, R.H., Adaptive Processes ..., S. 32.
3) Vgl. Nerlove, M., Dynamics ..., Nerlove, M.,Distributed Lags and Estimation of Long-Run Supply and Demand Elasticities: Theoretical Considerations, in: Journal of Farm Economics, Vol. 40 (1958), S.301-311.
4) Nerlove, M., Lags in Economic Behavior, in: Econometrica Vol. 40 (1972), S. 222.

subjekte aufbaut. Prinzipiell ist davon auszugehen, daß die relevanten Informationen zum Zeitpunkt der Entscheidungsbildung verfügbar sein müssen. Von den verfügbaren Informationen wird im allgemeinen nur ein Teil in den Entscheidungsprozeß eingehen. Weiterhin ist zu unterscheiden zwischen Informationen, die sich auf den jeweils vorhandenen Entscheidungsspielraum (Aktionsraum) beziehen und Informationen, die den ökonomischen Anreiz für die Änderung realer Strukturen zum Ausdruck bringen[5].

Im Gegensatz zum Konzept "individueller Entscheidungsträger" gehen wir hier vom statistischen Kollektiv aller Landwirte als Entscheidungsträger aus. Dabei wird unterstellt, daß man im Zeitablauf Regelmäßigkeiten zwischen den entscheidungsrelevanten Informationen und den Entscheidungsvariablen isolieren kann, die die Verhaltensweise des Kollektivs hinreichend wiedergeben. Diese unterstellten Verhaltensweisen des Kollektivs lassen sich dann an der Erklärung der Realität und an den Reaktionen auf veränderte Umweltbedingungen testen und beurteilen.

Folgende Informationsquellen sollen in dieser Arbeit zur modellmäßigen Erfassung der Verhaltensweisen herangezogen werden:

(a) das Niveau der Entscheidungsvariablen in den Vorperioden,

(b) beobachtbare Marktdaten aus den Vorperioden (Preise, Löhne u.dgl.),

(c) beobachtbare Ergebnisse des Wirtschaftsprozesses in den Vorperioden (zum Beispiel Bruttoeinkommen, verfügbares Einkommen, Konsum u.dgl.),

(d) nichtbeobachtbare Informationen über den Gewinn- bzw. den Einkommenszuwachs bei Änderung der Entscheidungsvariablen sowie über die Verwertung von Zwischenprodukten und von fixen bzw. quasi-fixen Faktoren in den Vorperioden (Schattenpreise),

(e) Informationen über die Rahmenbedingungen in der Entscheidungsperiode t bzw. in den Vorperioden (z.B. gesamtwirtschaftliche und technologische Entwicklungen, agrarpolitischer Maßnahmen u.dgl.).

---

5) Eine Übersicht über verschiedene entscheidungstheoretische Ansätze gibt <u>Wehland, W.</u>, Marktinformationen und Entscheidungsverhalten von Landwirten, in: Agrarwirtschaft Bd. 20 (1971), S. 217-224.

(a) Ausgangsniveau der Entscheidungsvariablen

Die Berücksichtigung des Ausgangsniveaus der Entscheidungsvariablen führt zu der These, daß die Entscheidungen in der Periode t in Abhängigkeit von den in den Vorperioden aufgestellten und realisierten Produktions- und Faktoreinsatzplänen getroffen werden. Diese für das dynamische Verhaltensmodell grundlegende Annahme wird wie folgt begründet:

- Aufgrund der in den Vorperioden getroffenen Entscheidungen kann der Entscheidungsspielraum eingeengt sein. Derartige physische dynamische Beziehungen sind in verschiedenen Bereichen der landwirtschaftlichen Produktion anzutreffen. So bestimmen zum Beispiel die in der Periode t-1 getroffenen Entscheidungen über den Umfang der Milchkuhhaltung und der Kälbermast das in der Periode t zur Verfügung stehende Jungviehpotential, das den Entscheidungsspielraum hinsichtlich der Rindermast in der Periode t bzw. der Periode t+1 begrenzen kann[6]. Bezieht man gleichzeitig den Umfang der Färsenaufzucht in den Vorperioden als begrenzenden Faktor für die Ausdehnung des Milchkuhbestandes in der Periode t-1 mit in die Überlegungen ein, so ergeben sich dynamische Beziehungen über mehrere Perioden, die für die Erfassung sektoraler Entwicklungsabläufe entscheidend sind. Der Entscheidungsspielraum bei der Aufstellung von Produktionsprogrammen kann zudem durch die in den Vorperioden getroffenen Entscheidungen bezüglich des Faktoreinsatzes (z.B. Gebäude, Maschinen) begrenzt sein, die ihrerseits wiederum durch das zur Verfügung stehende Investitionskapital bestimmt werden.
- Neben den physischen dynamischen Beziehungen, die zu einer Einengung des Entscheidungsspielraums in der Periode t führen, wird von der These verhaltensmäßiger dynamischer Beziehungen ausgegangen. Dabei sind die Erfahrungen über die in den Vorperioden getroffenen Entscheidungen von Bedeutung, denn - entsprechend der These von LINDBLOM[7] - kann angenommen werden, daß viele Entscheidungsträger ihr Verhalten nach der "Strategie der kleinen Schritte" ausrichten. Die verhaltensorientierte Annahme, daß das Niveau der Entscheidungsvariablen in Abhängigkeit von dem in den Vorperioden bereits erreichten Niveau verändert wird, bedingt natürlich, daß bei veränderten Rahmenbedingungen Ungleichgewichte entstehen können. Der Übergang zu einem neuen Gleichgewicht vollzieht sich dann in einer Folge von kleinen Schritten in mehreren Zeitintervallen. Dieser schrittweise Abbau der Ungleichgewichtssituationen kann unterbrochen werden, wenn sich während des Anpassungsprozesses erneut exogene

---

6) Siehe dazu auch die Ausführungen in Abschnitt 2.1, Teil B.
7) Lindblom, C.E., The Science of "Muddling Through", in Leavitt, H.J., Pondy, L., (Hrsg.), Readings in Managerial Psychology, Chicago-London 1964, S. 61 ff.

Einflußfaktoren ändern, so daß während des Entwicklungsprozesses eine ständige Ungleichgewichtssituation existieren kann, die laufend Anpassungen erforderlich macht. Da sich die Rahmenbedingungen dauernd ändern, ist es möglich, daß das Anpassungsziel unter Umständen nie erreicht wird[8].

Die Betrachtung einer Bewegung, die dauernd im Ungleichgewicht verläuft, gehört nach der von OTT aufgestellten Systematik in den Bereich der komparativen Dynamik[9]. Die Einflüsse (stimuli), die Änderungen des Anpassungspfades hervorrufen können, werden im nächsten Abschnitt untersucht. Die Annahme, daß die Entscheidungen der Landwirte von dem bereits realisierten Niveau der Entscheidungsvariablen abhängen, scheint also auch im verhaltenstheoretischen Sinne plausibel.

(b) Marktdaten

Die zu beobachtenden Marktdaten sind im verhaltenstheoretischen Sinne als externe Stimuli aufzufassen, welche auf die Landwirte bei der Aufstellung bzw. Änderung ihrer Pläne einwirken. In der ökonomischen Theorie wird davon ausgegangen, daß sich veränderte Marktdaten (zum Beispiel Preise) auf die Gewinnsituation und - entsprechend dem Prinzip der Gewinnmaximierung - auch auf die Produktions- und Faktoreinsatzentscheidungen auswirken. Für die Erklärung der tatsächlichen Entwicklung sind die Änderungen aller Marktdaten von einer Periode zur anderen zu berücksichtigen. In vielen Modellen wird jedoch von einigen Marktdaten abstrahiert und nur der Einfluß eines einzigen Datums (unter ceteris-paribus-Bedingungen) auf die optimale Produkt- und/oder Faktorkombination untersucht (wie z.B. im einfachen Konkurrenzmarktmodell).

Neben der Berücksichtigung der Gewinnsituation (siehe Punkt d) wird hier von der Verhaltenshypothese ausgegangen, daß die Landwirte prinzipiell Entscheidungen in Abhängigkeit von verschiedenen Marktdaten treffen. Dies bedeutet, daß a priori der Fall nicht auszuschließen ist, daß beispielsweise bei steigenden Preisen, aber sinkenden Gewinnen (z.B. infolge überproportionaler Kostensteigerungen) die Produktion ausgedehnt wird. Den je-

---

8) Das Entscheidungsverhalten von Landwirten bei sich ändernden Marktdaten hat Wehland unter Bezug auf einige verhaltenswissenschaftliche Ansätze abgehandelt. Siehe dazu: Wehland, W., Marktinformationen ... S. 217-224.

9) Ott, A.E., Einführung ..., S. 28.

weiligen Produkt- und Faktorpreisen wird eine Signalwirkung zugemessen. Folgende Überlegungen stehen hinter dieser These:

- Die Marktdaten sind beobachtbare Informationen.
- Alle Landwirte kommen beim Verkauf von Produkten und beim Zukauf von Produktionsmitteln mit Marktpreisen in Berührung. Durch den unmittelbaren Kontakt und die direkten Auswirkungen der jeweiligen Preise auf die Einnahmen und Ausgaben der Landwirte werden bestimmte Einstellungsmuster geprägt, die als Informationen gespeichert und bei sogenannten Routineentscheidungen abgerufen werden[10]. Derartige "mechanistische Verhaltensweisen" können sowohl rationale als auch irrationale Entscheidungen implizieren. Gerade die Möglichkeit, auch Entscheidungen abzubilden, die sich nicht ausschließlich an ökonomischen Prinzipien orientieren, scheint für die Erklärung tatsächlicher Entwicklungen von Bedeutung.
- Wenn man von den zufälligen Schwankungen in der Bodenproduktion absieht, so bestimmen die mittel- und längerfristigen Veränderungen der Marktpreise entscheidend die Veränderungen der Wettbewerbsverhältnisse auf der Produkt- und Faktorseite, da die produktionstechnischen Informationen bzw. Erwartungen für relativ sicher vorhersehbar gehalten werden können. Dies bedeutet, daß eine Orientierung an den jeweiligen Preisen tendenziell eher zu Entscheidungen in die richtige Richtung als zu Fehlentscheidungen führt.

Im allgemeinen wird davon ausgegangen, daß die Entscheidungen in einer Periode im wesentlichen von den Marktdaten aus den Vorperioden beeinflußt sind. Je nach der Häufigkeit von Entscheidungen können dabei Daten der Vorwoche, des letzten Monats oder Vierteljahres oder auch Daten aus dem letzten Wirtschaftsjahr mit in die Überlegungen eingehen. Da wir hier grundsätzlich von einjährigen Perioden ausgehen, sollen für den Fall, daß sich gleiche Entscheidungen innerhalb einer Periode häufiger wiederholen (zum Beispiel wöchentlich), unter anderem die Marktdaten der jeweiligen Periode bei der Aufstellung jahresdurchschnittlicher Pläne berücksichtigt werden.

(c) Wirtschaftsergebnisse

Der Erfolg unternehmerischer Tätigkeit in der Landwirtschaft zeigt sich an den Wirtschaftsergebnissen am Ende eines jeden Wirtschaftsjahres. Das den Landwirten verbleibende Einkommen wird als ein wichtiger Erfolgsindikator angesehen. Dabei kann davon ausgegangen werden, daß der Erfolg weniger absolut, sondern mehr in Relation zu alternativen wirtschaftlichen Tätigkeiten gesehen wird.

---

10) Siehe dazu: Wehland, W., Marktinformationen ... S. 218-222.

Die Wirtschaftsergebnisse aus den Vorperioden beeinflussen insbesondere Entscheidungen mit nachhaltigen Wirkungen (sog. strategische Entscheidungen). Dabei wird von der These ausgegangen, daß diese strategischen Entscheidungen vornehmlich in Abhängigkeit länger anhaltender Disparitäten zwischen dem Anspruchsniveau und den tatsächlichen Ergebnissen getroffen werden[11].

Ein unmittelbarer Bezug zwischen den Wirtschaftsergebnissen aus den Vorperioden und den Faktoreinsatzentscheidungen in einer Periode (insbesondere Arbeitsmobilität und Investitionen) läßt sich wie folgt begründen:

- Die buchführenden Landwirte besitzen Informationen über die Einkommens- und/oder Gewinnsituation und werden diese Informationen im Normalfall bei ihren (strategischen) Entscheidungen berücksichtigen.
- Für einen Großteil der Landwirte kann nicht angenommen werden, daß sie systematische Aufzeichnungen über den Wirtschaftsprozeß anfertigen und damit buchführungsmäßige Informationen über ihre Einkommenssituation besitzen. Dennoch wird auch für diesen Teil der Landwirte angenommen, daß bei vorliegenden Disparitäten kognitive Dissonanzen entstehen und darauf bezogen tendenziell ähnliche Anpassungen ausgelöst werden. Im Vergleich zu anderen ökonomischen Variablen werden nämlich Änderungen der Einkommenssituation wegen ihrer unmittelbaren Beziehung zu den Dispositionsmöglichkeiten bei den betrieblichen und privaten Ausgaben am ehesten bewußt wahrgenommen.

(d) Schattenpreise

Die Schattenpreise bringen den zusammengefaßten Einfluß der physischen Input-Output-Beziehungen, der Marktdaten, der technischen Fortschritte und des realisierten Niveaus der Entscheidungsvariablen auf die ökonomische Situation zum Ausdruck. Die Entwicklungen der Produktions- und Faktoreinsatzstrukturen werden als aufeinanderfolgende Sequenzen von ökonomischen Bewertungen der getroffenen Entscheidungen und von

---

11) Im entscheidungstheoretischen Sinne wird unterstellt, daß diese Disparitäten langanhaltende kognitive Dissonanzen hervorrufen, die Anpassungen auch bei quasi-fixen Faktoren auslösen, welche längerfristigen Bestand haben. Siehe dazu: Wehland, W., Marktinformationen ...., S. 221.

Entscheidungen auf der Basis der ökonomischen Bewertungen angesehen. Da die Schattenpreise also zum einen von den getroffenen Entscheidungen abhängen und zum anderen die zu treffenden Entscheidungen beeinflussen, können sie im kybernetischen Sinne als Regelgrößen aufgefaßt werden, die einen kontrollierten Ablauf ökonomischer Prozesse herbeiführen.

Abb. 40 : Bewertungen und Entscheidungen als Elemente in ökonomischen Regelkreissystemen

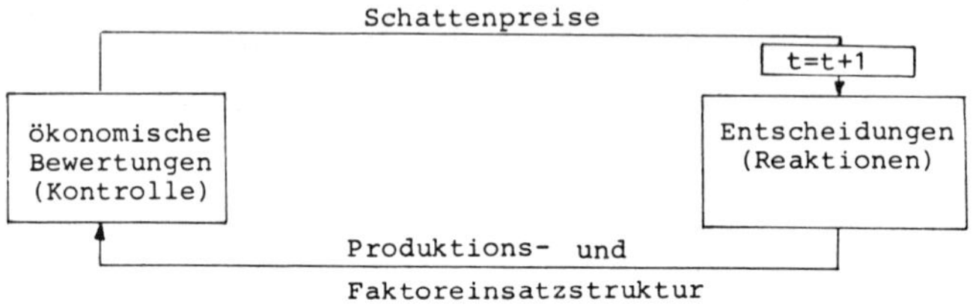

Im Vergleich zu den Marktdaten, die einzelne kausale Beziehungen zu den Entscheidungsvariablen zum Ausdruck bringen, sind die Schattenpreise als entscheidungsrelevante Informationen anzusehen, die prinzipiell die gesamte ökonomische Situation beschreiben. Veränderte Marktdaten, die auf den oben skizzierten Regelkreis wirken, können zum Beispiel je nach Ausgangssituation zu unterschiedlichen Reaktionen im Zeitablauf führen. Je nach den spezifischen Reaktionseigenschaften der beiden Subsysteme können dabei

- zyklische Entwicklungen (Überreaktionen),
- kontinuierliche Entwicklungen (vorsichtige Reaktionen in kleinen Schritten),
- Änderungen der Entwicklungstendenz (zum Beispiel bei absoluten Grenzen)

abgebildet werden, wobei diese Entwicklungsabläufe auch in kombinierter Form auftreten können.

Im Vergleich zu den anderen Informationsquellen sind die Schattenpreise als nicht beobachtbare Informationen anzusehen. Es bleibt also zu fragen, ob mit einiger Wahrscheinlichkeit von der Hypothese ausgegangen werden kann, daß die Landwirte ihre Entscheidungen unter anderem auf Indikatoren aufbauen, die über die relative Knappheit des Faktoreinsatzes und über die relative Wettbewerbsfähigkeit der Produktionsverfahren Auskunft geben. Folgende Argumente sind dabei von Bedeutung:

- Wegen des Verbundcharakters der landwirtschaftlichen Produktion bewirkt die Änderung einer Entscheidungsvariablen häufig eine Anpassung in anderen Bereichen. Aufgrund der laufenden Veränderungen der Produktions- und Faktoreinsatzstrukturen kann davon ausgegangen werden, daß die Landwirte die Ergebnisse von Strukturveränderungen in der Vergangenheit bei neuen Entscheidungen berücksichtigen. Die ökonomische Bewertung anhand des Schattenpreissystems stellt den Versuch dar, die Wettbewerbssituation der Vergangenheit zu rekonstruieren.
- Die Schattenpreise sind als Indikatoren anzusehen, die den ökonomischen Anreiz in bezug auf Änderungen der Produktions- und Faktoreinsatzstruktur ausdrücken. Da laufend Veränderungen vorgenommen werden, kann unterstellt werden, daß ein gewisser Lerneffekt hinsichtlich der Auswirkungen veränderter Strukturen auftritt, der sich darin äußert, daß der Gewinnzuwachs mit in die Planung einbezogen wird. Das Ausmaß und die Geschwindigkeit von Änderungen werden unter anderem von der Höhe des ökonomischen Anreizes bzw. Druckes bestimmt.
- In dieser Analyse wird unterstellt, daß lediglich die Veränderungen der Schattenpreise relevante Informationen für Veränderungen von Strukturen sind. Die absoluten Niveaus sind dabei weniger von Bedeutung.

(e) Rahmenbedingungen

Die Entscheidungen der Landwirte werden ferner maßgeblich von den agrarsektoralen Rahmenbedingungen beeinflußt. Darunter werden hier Informationen über

- die gesamtwirtschaftliche Entwicklung,
- technologische Entwicklungen und
- agrarpolitische Maßnahmen

verstanden. Die Entwicklungen der Marktpreise, der Wirtschaftsergebnisse und der Schattenpreise bringen jeweils spezifische Einflüsse der agrarsektoralen Rahmenbedingungen zum Ausdruck. Darüber hinaus scheinen die Rahmenbedingungen auch unmittelbar auf die Entscheidungen der Landwirte einzuwirken:

- Die gesamtwirtschaftlichen Entwicklungen beeinflussen die Entscheidungen über den Faktoreinsatz. Zu denken sei etwa an die Beziehungen zwischen der Arbeitsmarktsituation (Arbeitslosigkeit) und der landwirtschaftlichen Arbeitsmobilität oder an den Einfluß inflationärer Entwicklungen auf Konsum- und Sparentscheidungen.
- Die mechanisch-technischen Fortschritte wirken sich auf die Schattenpreise aus und beeinflussen von da aus die Entscheidungen. Bei den biologisch-technischen Fortschritten,

die durch Veränderungen der Ertrags- und Leistungskoeffizienten zum Ausdruck kommen, wird darüber hinaus ein unmittelbarer Einfluß auf die Entscheidungen nicht von vorneherein ausgeschlossen.

- Bei den agrarpolitischen Maßnahmen ist auf zwei Ebenen ein direkter Bezug zu den Entscheidungen der Landwirte festzustellen.
  - Von den im voraus festgesetzten Marktordnungspreisen kann eine Signalwirkung auf die Entscheidungen in einer Periode (insbesondere hinsichtlich der Veränderungen der Produktionsstruktur) ausgehen. Wir unterstellen also, daß die Landwirte im allgemeinen davon ausgehen, daß veränderte Marktordnungspreise die relevanten Marktpreise beeinflussen (antizipative Erwartung).
  - Die spezifischen Maßnahmen auf einzelnen Produkt- und Faktormärkten kommen bei den übrigen entscheidungsrelevanten Informationen nicht oder nicht vollständig zum Ausdruck und sind daher gesondert zu berücksichtigen (zum Beispiel Kontingentierungsregelungen, produktspezifische Ausgleichszahlungen, faktorgebundene Subventionen).

Zusammenfassend läßt sich feststellen, daß eine Vielzahl von Informationen für die Erklärung des Entwicklungsprozesses herangezogen werden kann. Je nachdem, ob man mehr von ökonomischen oder mehr von sonstigen verhaltenstheoretischen Überlegungen ausgeht, wird man zu einer unterschiedlichen Auswahl und Einschätzung von Bestimmungsfaktoren kommen. Im weiteren soll davon ausgegangen werden, daß jede der diskutierten Informationsquellen den Entwicklungsprozeß in einer spezifischen Weise beeinflussen kann.

1.2 Dynamik der Verhaltensweisen: Hypothesen und Modellbausteine

In diesem Abschnitt wollen wir fragen, in welcher Weise die entscheidungsrelevanten Informationen den Entscheidungsprozeß beeinflussen. Ausgehend von den verschiedenen Informationsebenen, die im letzten Abschnitt diskutiert wurden, läßt sich das Niveau der Entscheidungsvariablen X durch folgende allgemeine Beziehung charakterisieren:

$$X_t = f\,(\bar{X}_t, \bar{Z}_t, \bar{Y}_t, \bar{D}_t, \bar{R}_t).$$

Dabei gelten folgende Definitionen:

X_t = Vektor der (m + n) Entscheidungsvariablen (m = Anzahl der Produktionsverfahren, n = Anzahl der Faktoren)

$\bar{X}_t$ = (m + n) · s Matrix der Entscheidungsvariablen aus den s Vorperioden mit den Elementen

$$\bar{X}_t = \begin{bmatrix} X_{1,t-1} & \cdots & X_{1,t-s} \\ \cdot & & \cdot \\ \cdot & & \cdot \\ \cdot & & \cdot \\ X_{m+n,t-1} & \cdots & X_{m+n,t-s} \end{bmatrix}$$

$\bar{Z}_t$ = g · (s+1) Matrix der entscheidungsrelevanten Marktdaten

$$\bar{Z}_t = \begin{bmatrix} Z_{1,t} & \cdots & Z_{1,t-s} \\ \cdot & & \cdot \\ \cdot & & \cdot \\ \cdot & & \cdot \\ Z_{g,t} & \cdots & Z_{g,t-s} \end{bmatrix}$$

$\bar{Y}_t$ = k · s Matrix der Wirtschaftsergebnisse aus den s Vorperioden

$$\bar{Y}_t = \begin{bmatrix} Y_{1,t-1} & \cdots & Y_{1,t-s} \\ \cdot & & \cdot \\ \cdot & & \cdot \\ \cdot & & \cdot \\ Y_{k,t-1} & \cdots & Y_{k,t-s} \end{bmatrix}$$

$\bar{D}_t$ = f · s Matrix der Schattenpreise aus den s Vorperioden mit

$$\bar{D}_t = \begin{bmatrix} D_{1,t-1} & \cdots & D_{1,t-s} \\ \cdot & & \cdot \\ \cdot & & \cdot \\ \cdot & & \cdot \\ D_{f,t-1} & \cdots & D_{f,t-s} \end{bmatrix}$$

$\bar{R}_t$ = p · (s+1) Matrix der Variablen über die Rahmenbedingungen mit

$$\bar{R}_t = \begin{bmatrix} R_{1,t} & \cdots & R_{1,t-s} \\ \cdot & & \cdot \\ \cdot & & \cdot \\ \cdot & & \cdot \\ R_{p,t} & \cdots & R_{p,t-s} \end{bmatrix}$$

Die Matrizen $\bar{Z}$ und $\bar{R}$ stellen dabei - nach der üblichen Abgrenzung - exogene Größen dar, während die Informationen, die durch die Matrizen $\bar{X}$, $\bar{Y}$ und $\bar{D}$ dargestellt werden, als verzögerte endogene Variablen zu betrachten sind. Für die Spezifizierung des oben dargestellten Verhaltensmodells können alle Variablen als vorherbestimmt angesehen werden. Für die Diskussion der Modelleigenschaften ist jedoch die Unterscheidung von exogenen und endogenen (verzögerten) Variablen von Bedeutung.

Da dieses allgemeine Verhaltensgleichungssystem auf der Basis der zugrundeliegenden Datenreihen nicht simultan zu quantifizieren ist, sollen im folgenden operationale, ökonomisch schätzbare Verhaltenshypothesen entwickelt werden. Dabei wollen wir versuchen, plausible Hypothesen über die Verhaltensweisen der Landwirte im Zeitablauf zu erarbeiten und darauf aufbauend einzelne Modellbausteine zu konkretisieren, die wir einer empirischen Überprüfung unterziehen können[12].

Einzelne Verhaltensfunktionen

Im folgenden gehen wir von der Annahme aus, daß die Produktions- und Faktoreinsatzentscheidungen in jeder Periode innerhalb der physischen Konsistenzbedingungen quasi unabhängig voneinander getroffen werden.

Diese für das dynamische Sektormodell grundlegende Anahme bedeutet, daß wir das oben definierte Verhaltensgleichungssystem in einzelne Verhaltensgleichungen zerlegen können:

$$\begin{array}{lll} X_{t,1} & = f_1 & (\bar{X}_t, \bar{Z}_t, \bar{Y}_t, \bar{D}_t, \bar{R}_t) \\ \vdots & \vdots & \vdots \\ X_{t,m+n} & = f_{m+n} & (\bar{X}_t, \bar{Z}_t, \bar{Y}_t, \bar{D}_t, \bar{R}_t). \end{array}$$

Jede Entscheidungsvariable wird also durch eine bestimmte Verhaltensgleichung erklärt. Da den verschiedenen Verhaltensfunktionen die gleichen prädeterminierten Variablen zugrunde-

12) Siehe dazu auch: Nerlove, M., Dynamics ..., S. 26-65.

liegen, kann sich auch bei unabhängiger Bestimmung der Verhaltensparameter eine direkte Abhängigkeit zwischen den Entscheidungsvariablen ergeben. Der Vorteil dieser Formulierung liegt darin, daß die einzelnen Funktionen isoliert voneinander ökonometrisch geschätzt werden können. Die erklärenden Variablen können dabei in jeder Gleichung auf die relevanten Einflußfaktoren reduziert werden. Gleichzeitig lassen sich der Funktionstyp und die Verzögerungsdauer bei den erklärenden Variablen den spezifischen Erfordernissen anpassen. Die zunächst angenommene quasi-Unabhängigkeit zwischen den Entscheidungsvariablen gilt allerdings nur kurzfristig bzw. für die isolierte Interpretation der geschätzten Funktionen. Bei der Verwendung dieser Funktionen zur Analyse sektoraler Abläufe werden zusätzliche Interdependenzen berücksichtigt. Soweit physische Inkonsistenzen auftreten, können die Niveaus der Entscheidungsvariablen revidiert werden (Konsistenzmodell). Die mittel- und längerfristigen Interdependenzen zwischen den Entscheidungsvariablen hängen entscheidend von den rekursiv-dynamischen Beziehungen des Gleichungssystems ab.

Die isolierte Schätzung der einzelnen Verhaltensfunktionen kann wegen der angenommenen Unabhängigkeit der Restschwankungen zwar zu systematischen Verzerrungen führen; im Vergleich zur Schätzung simultaner Gleichungssysteme ergeben sich jedoch auch verschiedene Vorteile[13]:

- Bei der Schätzung eines Systems in Einzelgleichungen bestehen c.p. geringere Anforderungen an die Länge der Beobachtungsreihe.
- Die Probleme der Multikollinearität lassen sich bei der Schätzung von Einzelgleichungen leichter bewältigen.
- Die Plausibilität und Erwartungstreue der geschätzten Verhaltensparameter kann überprüft werden und zur Auswahl unterschiedlich spezifizierter Funktionen sowie zur Reduzierung der erklärenden Variablen herangezogen werden.
- Spezifikationsfehler, die darin bestehen, daß bedeutsame Bestimmungsfaktoren nicht in die Gleichung aufgenommen werden, können eher vermieden werden.

---

13) Siehe dazu auch: Gruber, J., Ökonometrische Modelle des Cowles-Commission-Typs: Bau und Interpretation, Hamburg Berlin 1968, S. 250 ff.

- Die Durchführung der ökonometrischen Schätzung, die zu empirisch abgesicherten Verhaltensfunktionen für die Landwirtschaft führen soll, läßt sich flexibler gestalten. Im allgemeinen ist davon auszugehen, daß sich bei einer gegebenen Datenbasis nicht für alle Variablen eines theoretischen Erklärungsmodells ein signifikanter Einfluß bei der empirischen Schätzung nachweisen läßt (Probleme der Interkorrelation, geringere Varianzen bei den erklärenden Variablen u.dgl.). Bei der Schätzung von Einzelgleichungen kann man die Anzahl der erklärenden Variablen relativ einfach reduzieren und/oder neue Variablen in die Schätzgleichung aufnehmen. Der Schätzvorgang selbst wird zu einem iterativen Prozeß der Hypothesenformulierung, der empirischen Überprüfung und der Revision allgemein formulierter Hypothesen.
- Wegen der generellen Unsicherheit der geschätzten verhaltensmäßigen Beziehungen können einzelne Funktionen im Gesamtsystem durch alternative Schätzungen ersetzt werden, wenn sich bei den Ablaufmodellen unplausible Entwicklungen ergeben oder wenn im Zeitablauf andere Einflußfaktoren (andere Instrumente) wirksam werden.

Den verschiedenen Argumenten, die für die Schätzung isolierter Funktionen im Rahmen des zugrundeliegenden Modellsystems sprechen, steht das Problem der Inkonsistenz der einzelnen Entscheidungsvariablen gegenüber. Wie oben bereits ausgeführt, gehen wir davon aus, daß auch in der Realität nicht alle Entscheidungen simultan getroffen werden, sondern daß im Prozeß der Entscheidungsbildung und -ausführung tatsächlich Inkonsistenzen auftreten. Für die Lösung dieser Probleme werden andere Submodelle formuliert.

Lag-Struktur und autonome Komponente

Von entscheidender Bedeutung für die Modellspezifizierung ist die Frage, wie die dynamischen Beziehungen zwischen den entscheidungsrelevanten Informationen und den Entscheidungsvariablen abgebildet werden.

Erwartungsmodelle versuchen, die künftige Ausprägung der entscheidungsrelevanten Informationen nach dem subjektiven Empfinden der Entscheidungsträger vorauszuschätzen. Grundlage für die Bildung von Erwartungen können Erfahrungen aus der Vergangenheit oder exogene Informationen über künftige Entwicklungen sein (Absichtserklärungen, politische Programme etc.).

Das Problem der expliziten Formulierung von Erwartungsmodellen kann umgangen werden, wenn beide Kategorien von Informationen direkt bei der Formulierung von Verhaltensfunktionen berücksichtigt werden[14]. Da die Schätzung von Erwartungsparametern generell auf Vergangenheitswerten beruht, wird der empirische Gehalt von Verhaltensfunktionen durch die explizite Formulierung und Ableitung von Erwartungsmodellen im allgemeinen nicht erhöht[15].

Um die Eigenschaften dynamischer Verhaltensfunktionen kennenzulernen und die impliziten Annahmen hinsichtlich der Erwartungen und der Anpassungen herauszuarbeiten, wollen wir von einer einfachen Verhaltensfunktion ausgehen, bei der das Niveau der Entscheidungsvariablen X_t abhängig sei vom Niveau der Vorperiode X_{t-1} und von einem Preis P_{t-1}:

$$X_t = f\ (X_{t-1}, P_{t-1})$$

Bei isolierter Betrachtung dieser Funktion haben wir eine endogen verzögerte Variable (X_{t-1}) und eine exogen verzögerte Variable (P_{t-1}). Um die dynamischen Eigenschaften dieser Funktionstypen darzustellen, abstrahieren wir zunächst von exogenen Variablen und berücksichtigen lediglich die lineare autoregressive Beziehung (im folgenden autonome Komponente genannt):

$$X_t = a + b\ X_{t-1}\ .$$

Wenn wir ein bestimmtes Ausgangsniveau X_o zum Zeitpunkt t=o zugrundelegen, so ergibt sich c.p. folgende Entwicklung im Zeitablauf:

---

14) Wegen der Nicht-Beobachtbarkeit der Erwartungsgrößen kommen die meisten Erwartungsmodelle auf der Basis von Erfahrungen zu ähnlichen Schätzansätzen. Siehe dazu: Nerlove, M., Dynamics ..., S. 25 ff.

15) Wie noch gezeigt wird, entsprechen die hier formulierten Verhaltensfunktionen genau dem Schätzansatz bei adaptiven Erwartungsmodellen.

$$t=o \quad X_o = X_o \text{ (Anfangsbedingungen)}$$
$$t=1 \quad X_1 = a + b\,X_o$$
$$t=2 \quad X_2 = a + b\,X_1 = a + b\,(a + b\,X_o)$$
$$t=3 \quad X_3 = a + b\,X_2 = a + b\,(a + b\,(a + b\,X_o))$$
$$= a + ba + b^2a + b^3\,X_o = a\,\frac{1-b^3}{1-b} + b^3\,X_o$$
$$\vdots$$
$$t=n \quad X_n = a + b\,X_{n-1} = a \cdot \frac{1-b^n}{1-b} + b^n\,X_o\,.$$

Die Entwicklung der Variablen X wird also durch zwei geometrische Folgen beschrieben. Wenn wir t relativ groß werden lassen (Extremfall $t = \infty$), so können zwei bedeutende Fälle unterschieden werden:

a) $b < 1$. In diesem Fall zeigt sich, daß die Exponentialgrößen b^n unendlich klein werden, so daß wir bei $n = \infty$ ohne große Fehler schreiben können:

$$X_n = a \cdot \frac{1}{1-b}\,.$$

Das langfristige Niveau der Variablen X wird also lediglich durch die Parameter a und b bestimmt. Dies bedeutet, daß sich unabhängig vom Ausgangsniveau X_o das Niveau $a \cdot \frac{1}{1-b}$ als autonome Entwicklung einstellt.

b) $b > 1$. In diesem Fall ergeben sich bei den Exponentialgrößen explodierende Entwicklungen, die im allgemeinen dazu führen, daß das Niveau von X gegen $+\infty$ oder $-\infty$ tendiert. Deshalb werden wir im allgemeinen nur die Verhaltensfunktion mit $b < 1$ zugrundelegen[16].

Übersicht 38: Illustration autonomer Entwicklungsprozesse in dynamischen Gleichungen

t	a = 1oo b = o.5			X_o = 1oo b = 2	
	X_o = 1oo	X_o = - 1ooo	X_o = 2ooo	a = 1oo	a = - 2oo
1	15o	- 4oo	11oo	3oo	0
2	175	- 1oo	65o	7oo	- 2oo
3	187	5o	425	15oo	- 6oo
4	193	125	312	31oo	- 14oo
5	196	162	256	63oo	- 3ooo
6	198	181	228	127oo	- 62oo
7	199	19o	214	255oo	- 146oo
⋮	⋮	⋮	⋮	⋮	⋮
∞	2oo	2oo	2oo	+ ∞	- ∞

Die numerischen Beispiele in Übersicht 38 zeigen, daß die autonome Komponente bei einer bestimmten Parameterkonstellation in der dynamischen Gleichung von jedem Niveau aus auf einen bestimmten Wert zustrebt. Der Verlauf und die Dauer des Anpassungspfades wird vom Anpassungskoeffizienten b, vom absoluten Glied a und vom Ausgangsniveau X_o bestimmt. Für die Beurteilung der dynamischen Verhaltensfunktionen ist es daher wichtig, zwischen den Entwicklungstendenzen der autonomen Komponente und den Einflüssen der ökonomischen Variablen zu unterscheiden. Während bei statischen Modellen das absolute Glied a lediglich einen Skalierungsparameter darstellt, wird bei den dynamischen Gleichungen durch diese Größe der Entwicklungspfad entscheidend beeinflußt. Der Einfluß der ökonomischen Variablen auf den Entwicklungsverlauf ist also bezogen auf die autonome Komponente zu interpretieren.

Wirkungen ökonomischer Variablen

Die dynamische Verhaltensfunktion erlaubt eine Differenzierung der Einflußstärke der ökonomischen Variablen nach der Fristigkeit der Betrachtung. Diese Eigenschaft dynamischer Gleichungen läßt sich zur Quantifizierung und zur Abbildung der bereits erwähnten Hypothese, daß Anpassungen bei Änderungen exogener Daten in "kleinen Schritten" erfolgen, verwenden. Dabei wird im allgemeinen davon ausgegangen, daß die kurzfristigen Reaktionen auf veränderte Bedingungen geringer sind als die längerfristigen Anpassungsprozesse.
Im folgenden wollen wir die Wirkungen ökonomischer Variablen in dynamischen Gleichungen im Zeitablauf verfolgen. Dabei gehen wir der Einfachheit halber von einer linearen dynamischen Verhaltensgleichung mit einer exogenen Variablen P aus.

Ausgangsgleichung $X_t = a + b_1 X_{t-1} + b_2 P_{t-1}$

---

16) In Abhängigkeit von den Parametern der übrigen Variablen kann jedoch auch dieser Spezialfall sinnvolle ökonomische Zusammenhänge beschreiben.

(a) Konstantes Niveau der exogenen Variablen P:

$(P_o = P_1 = P_2 = \ldots = P_n)$

$$t=1 \quad X_1 = a + b_1 X_o + b_2 P_o$$

$$t=2 \quad X_2 = a \cdot \frac{1-b_1^2}{1-b_1} + b_1^2 X_o + \frac{1-b_1^2}{1-b_1} \cdot b_2 P_o$$

$$t=3 \quad X_3 = a \cdot \frac{1-b_1^3}{1-b_1} + b_1^3 X_o + \frac{1-b_1^3}{1-b_1} \cdot b_2 P_o$$

$$\vdots$$

$$t=n \quad X_n = a \cdot \frac{1-b_1^n}{1-b_1} + b_1^n X_o + \frac{1-b_1^n}{1-b_1} \cdot b_2 P_o$$

Die allgemeine Lösung für den Einfluß einer im Zeitablauf konstanten exogenen Variablen P_i lautet also:

$$\frac{1-b_1^n}{1-b_1} \cdot b_i \quad ^{17)} \quad .$$

Wenn man nun den sehr langfristigen Einfluß betrachtet ($t=\infty$), so kann man vereinfacht auch schreiben : $\frac{1}{1-b_1}\, b_i$. Die langfristige Reaktion ist also dann größer als die kurzfristige, wenn $b_1 < 1$ ist. Die gleichen Beziehungen gelten natürlich, wenn man den Einfluß konstanter absoluter Änderungen exogener Variablen isolieren will:

$$\Delta X = \frac{1-b_1^n}{1-b_1} \cdot b_i \, \Delta P_{o,i} \quad .$$

Der Einfluß der dauerhaften Änderung einer Variablen ($\Delta P_m = \Delta P_{m+1} =,\ldots,= \Delta P_n$) zu einem beliebigen Zeitpunkt m auf das Niveau der Entscheidungsvariablen X zum Zeitpunkt n (wobei $m < n$) läßt sich wie folgt darstellen:

$$\Delta X_{m \to n} = \frac{1-b_1^{(n-m)}}{1-b_1} \; b_i \, \Delta P_{m,i} \quad .$$

---

17) Dieser Ausdruck wird häufig als Multiplikator bezeichnet. Siehe dazu auch: Gruber, J., Ökonometrische Modelle ..., S. 138 ff.

(b) Einmalige Änderung der exogenen Variablen P:

Bei einmaligen Änderungen exogener Größen zum Zeitpunkt m erfolgt in der ersten Periode (bzw. bei Veränderungen verzögerter Variablen in der Folgeperiode) eine Reaktion in der Höhe von $b_i \cdot \Delta P$. Nach einer unendlichen Anzahl von Perioden geht die Wirkung gegen Null, das heißt, die Entwicklung tendiert langfristig wieder auf das ursprüngliche Niveau der Variablen X. Die allgemeine Lösung lautet:

$$\Delta^1 X_{m \to n} = b_1^{(n-m-1)} \cdot b_i \cdot \Delta^1 P_{m,i}$$

Diese Zusammenhänge sollen ebenfalls an einiger numerischen Beispielen verdeutlicht werden. Dabei gehen wir von folgender Funktion aus:

$$X_t = 100 + 0.5\ X_{t-1} + 2\ P_{t-1}\ .$$

Übersicht 39: Illustration der partiellen Wirkung ökonomischer Variablen in dynamischen Gleichungen

t	dauerhafte Änderungen von P		einmalige Änderung von P	
	ΔP_o = 1oo	ΔP_2 = 125	$\Delta^1 P_o$ = 1oo	$\Delta^1 P_2$ = 2oo
1	2oo	–	2oo	-
2	3oo	–	1oo	-
3	35o	25o	5o	4oo
4	375	375	25	2oo
5	387	437	12.5	1oo
.	.	.	.	.
.	.	.	.	.
.	.	.	.	.
∞	4oo	5oo	0	0

Derartige dynamische Zusammenhänge können für die Analyse des wirtschaftspolitischen Instrumenteinsatzes besonders wichtig sein. Wenn man durch die Änderung des Instrumenteinsatzes zu einem Zeitpunkt einen bestimmten Erfolg erzielen will, so kann zwischen dem Niveau und dem Zeitpunkt der Änderung einer Maßnahme eine substitutive Beziehung bestehen. Diese Zusammenhänge lassen sich anhand des obigen Rechenbeispiels verdeutlichen, wenn man die Einflußgröße P als eine Instrumentvariable ansieht. So zeigt sich zum Beispiel, daß in der Periode 4 bei einer dauerhaften Änderung des Instrumenteinsatzes um 100 Einheiten zum Zeitpunkt t_0 der gleiche Effekt auf die (Ziel-) Variable X erreicht wird wie bei dauerhaften Änderungen zum Zeitpunkt t_2 um 125 Einheiten. Die unterschiedlichen Effekte in den anderen Jahren können jedoch die Zielrealisierung positiv oder negativ beeinflussen. Dies verdeutlicht, daß die dynamischen Verhaltensfunktionen prinzipiell in der Lage sind, die Effekte unterschiedlicher Niveaus und zeitlicher Verteilungen von wirtschaftspolitischen Maßnahmen auf den Entwicklungsprozeß und auf die Zielvariablen aufzuzeigen. Die prinzipiellen Wirkungen einer einmaligen und einer dauerhaften Änderung einer exogenen Variablen sind in Abbildung 41 schematisch dargestellt.

Abb 41: Effekte einer dauerhaften und einer einmaligen Änderung exogener Größen in dynamischen Verhaltensfunktionen

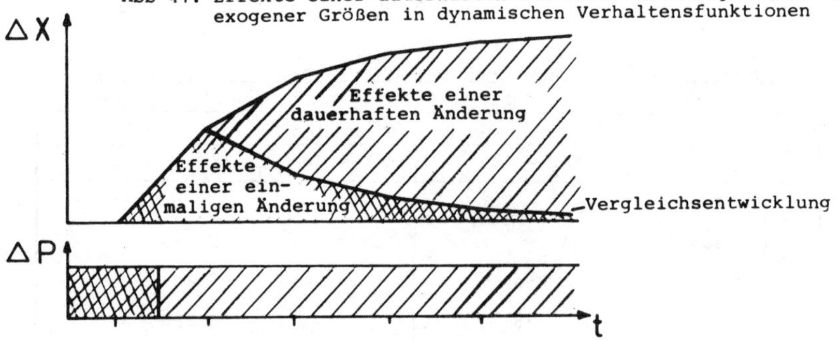

Die unterstellte Anpassungshypothese scheint insbesondere für die dynamische Analyse aggregierter Größen, die das Resultat einer Vielzahl von Entscheidungen darstellen, geeignet. Die Anpassungen bei Änderungen ökonomischer Größen verlaufen nicht gleichmäßig. Vielmehr gibt es unter den Landwirten sogenannte Vorreiter bzw. Meinungsmacher und Nachzügler, die das Verhalten ihrer Nachbarn adaptieren[18]. Gleichzeitig wird bei diesen Anpassungsmodellen von der Hypothese der "vorsichtigen" Anpassung ausgegangen, die auf der Annahme einer generellen Begrenztheit und Unsicherheit der entscheidungsrelevanten Informationen aufbaut.

18) Siehe dazu auch: Wehland, W., Marktinformationen ..., S. 222, Day, R.H., Some adaptive Models ..., S. 335 ff.

Die Verteilung der verzögerten Anpassung folgt in dem oben formulierten Modell einer exponentiell abnehmenden Funktion. Die Verzögerungsdauer und damit der Verlauf dieser Exponentialfunktion wird jedoch nicht exogen bestimmt, sondern ergibt sich in Abhängigkeit von den zu schätzenden Funktionsparametern. Die distributed-lag-Struktur des Modells wird also endogen bestimmt. Je kleiner (größer) der geschätzte Anpassungsparameter b_1 ist, um so kürzer (länger) ist die Anpassungsperiode. Die implizite Ermittlung der distributed-lag-Struktur führt dazu, daß für alle exogenen Variablen die gleiche lag-Verteilung unterstellt wird. Anders ausgedrückt bedeutet dies, daß die exogenen Variablen nur kurzfristig auf das Niveau der Variablen X wirken und daß alle Folgewirkungen über die veränderte endogen verzögerte Variable zustandekommen. Diese Folgewirkungen ergeben sich unabhängig davon, welche Variable die ursprüngliche Reaktion ausgelöst hat. Die zugrundeliegenden Schätzgleichungen entsprechen dem Ansatz, der unter dem Begriff "Nerlove-Modell" inzwischen eine breitere Verwendung bei verschiedenen empirischen Analysen[19] gefunden hat.

Dynamik des Entwicklungsverlaufs

Die analytische Lösung dynamischer Gleichungen versagt, wenn wir mehrere exogene Variablen einbeziehen, die sich von einer Periode zur anderen ändern. In diesem realitätsnäheren Fall können wir lediglich die Entwicklungen von einer Periode zur anderen systematisch analysieren. Bei der Schätzung der Modellparameter ist dabei zu fragen, wie die Niveaus der exogenen Variablen zur Änderung der Entscheidungsvariablen in Beziehung

19) Aus der Fülle der empirischen Arbeiten sei hier nur auf einige Studien verwiesen: Maitha, J., A Note on Distributed Lag Models of Maize and Wheat Production Response, in: Journal of Agricultural Economics, Vol. 25 (1974), S. 183-191. Bonnieux, F., Mahé, L.P., Factors affecting potato production in France since 1950, in: European Review of Agricultural Economics, Vol. 4 (1977), S. 101-118. Karg, G., Lauenstein, H., An econometric model of the beef and pork market of the Federal Republic of Germany, in: European Review of Agricultural Economics, Vol. 3 (1976), S. 523-548. Karg,G., Graser, S.,Analyse der Schlachtschweineproduktion in Bayern, in: Agrarwirtschaft, Bd. 26 (1977), S. 91-96. Kersten, L.,Der Eierzyklus in der BRD. Ursachen und Probleme, in: Agrarwirtschaft, Bd. 24 (1975), S. 145-157. Rau, R., Ökonometrische Analyse der Ausgabearten des privaten Verbrauchs, Berlin 1975. Schmidt, E., Dynamische Analyse und kurzfristige Prognose der Nachfrage nach einzelnen Verbrauchsgütern, dargestellt am Beispiel der Nachfrage nach Fleisch, Meisenheim 1972.

stehen. Die längerfristigen Entwicklungen ergeben sich dann aus der Vielzahl der kleinen ("schrittweisen") Änderungen. Aufgrund der dynamischen Modellbeziehungen läßt sich jedoch zu jedem Zeitpunkt das angestrebte längerfristige Gleichgewicht auf der Basis der jeweils verfügbaren Informationen ableiten. Um die Zusammenhänge zu verdeutlichen, gehen wir wieder von einem numerischen Beispiel aus, wobei wir die bereits benutzte Funktion $X_t = 100 + 0.5\ X_{t-1} + 2\ P_{t-1}$ zugrundelegen $(X_o = 200)$[20].

Übersicht 40: Illustration dynamischer Verhaltensfunktionen bei unterschiedlichen Niveaus der exogenen Variablen im Zeitablauf

Periode	$P_o = 50$	$P_1 = 80$	$P_2 = 20$	$P_3 = 60$	$P_4 = 100$	$P_5 = 70$
1	300					
2	350	410				
3	375	465	345			
4	387	492	312	392		
5	393	506	296	416	496	
6	396	513	288	428	548	488
:	:	:	:	:	:	:
∞	400	520	280	440	600	480

Die angenommenen Preise $P_o, \ldots, P_5$ führen zur tatsächlichen Entwicklung der Variablen X, die oberhalb der gestrichelten Linie eingetragen ist. Die Werte unterhalb geben die langfristigen "Gleichgewichtsentwicklungen"[21] für die Konstellation der exogenen Variablen zu verschiedenen Zeitpunkten an. So würde zum Beispiel bei einem über alle Perioden anhalten-

20) Der Vollständigkeit halber sei hier nur erwähnt, daß sich an den grundlegenden Zusammenhängen bei der Einführung mehrerer ökonomischer Erklärungsfaktoren nichts ändert. Es ist jedoch zu berücksichtigen, daß sich bei mehreren Variablen die einzelnen Effekte überlagern können, so daß die Wirkungen der Einzelvariablen nicht unmittelbar ersichtlich sind.

21) Der Gleichgewichtsbegriff sei hier im verhaltensmäßigen Sinne definiert als eine Situation, bei der die betrachteten Wirtschaftssubjekte keine Veranlassung sehen, ihre Pläne zu ändern. Dieses Gleichgewicht kann also vom "ökonomischen Gleichgewicht" abweichen.

den Niveau von P = 50 das langfristige Gleichgewicht bei 400 liegen. Aufgrund der Änderung des Preisniveaus in der Periode 1 wird von diesem Entwicklungspfad abgewichen; ein neuer Entwicklungspfad, der zu einem langfristigen Niveau von 520 führt, wird verfolgt. Dieser Prozeß führt in jeder Periode, in der sich exogene Daten ändern, zu einem neuen Entwicklungspfad, wobei das angestrebte Gleichgewicht im allgemeinen nie erreicht wird. Die real zu beobachtende Entwicklung stellt jeweils nur einen Schritt in Richtung auf das angestrebte Gleichgewicht dar.

Abb. 42: Illustration des tatsächlichen Entwicklungsverlaufs im Gefüge verschiedener Gleichgewichtspfade

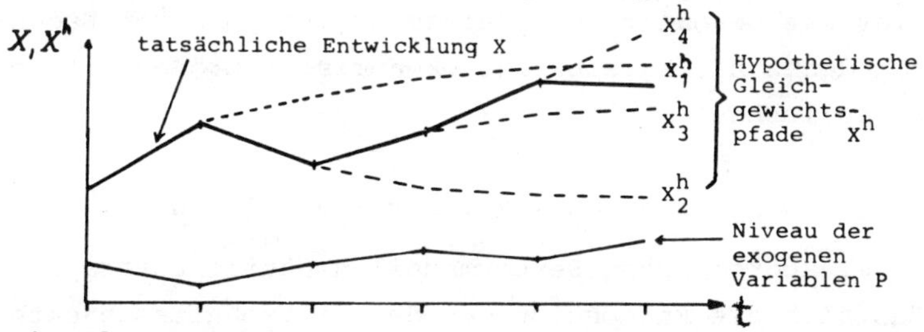

Wenn wir also auf der Basis der beobachtbaren Entwicklung die Funktionsparameter der dynamischen Verhaltensfunktion ermitteln können, so läßt sich der tatsächliche Entwicklungsverlauf einer Variablen als eine Aufeinanderfolge von verschiedenen Punkten (Teilabschnitten) auf unterschiedlichen hypothetischen Entwicklungspfaden darstellen. Die Analyse dynamischer Prozesse und Verhaltensweisen führt uns also zu einer zusätzlichen Schicht von Informationen, die für das Verständnis dynamischer Abläufe wichtig ist.

1.3 Ökonometrische Schätzung der Verhaltensparameter

Ausgehend von den in Abschnitt 1.1 diskutierten entscheidungsrelevanten Informationen und den Ausführungen im letzten Abschnitt über dynamische Verhaltensweisen sollen Verhaltensfunktionen quantifiziert werden, die die Entwicklung der Produktions- und Faktoreinsatzstruktur im landwirtschaftlichen Sektor abbilden. Dabei wollen wir in diesem Abschnitt allgemein auf die statistischen Probleme und die Probleme bei der

Auswahl der empirisch geschätzten Funktionen eingehen. Eine umfassende Beurteilung der geschätzten Verhaltensfunktionen ist nur anhand des Gesamtsystems und anhand der Reaktionen des Systems auf veränderte Umweltbedingungen möglich. Bei der Modellkonstruktion erweist es sich jedoch als notwendig und sinnvoll, die einzelnen Funktionen isoliert zu beurteilen und darauf bezogen das Gesamtsystem zu testen.

Da wir lediglich von 21 Beobachtungsperioden ausgehen, versteht es sich von selbst, daß die Anzahl der erklärenden Variablen zu reduzieren ist. Ein anderer Grund zur Reduktion der erklärenden Größen kann das Vorliegen von Interkorrelationen sein. Dies ist besonders bei Zeitreihenanalysen von Bedeutung, bei denen häufig einzelne ökonomische Größen mit dem Trend korrelieren.

Entscheidungsvariablen

Während bei aggregierten Sektormodellen häufig unterstellt wird, daß sich die Entscheidungen der Wirtschaftssubjekte lediglich auf die Bestimmung des Faktoreinsatzes beziehen[22], wird bei betrieblichen Untersuchungen häufig nach der (optimalen) Produktionsorganisation bei gegebenem Faktorbestand gefragt. Im allgemeinen ist anzunehmen, daß sich die Planungen der Landwirte in jeder Periode sowohl auf die Veränderungen der Produktionsstruktur als auch auf die Veränderungen der Faktoreinsatzstruktur beziehen.

Die Entscheidungen über die <u>Produktionsstruktur</u> betreffen die Nutzung des verfügbaren Bodens, die Aufstockung bzw. Abstockung der Tierbestände und den Umfang der laufenden Tierproduktion. Im Gegensatz zur Bodenproduktion beziehen sich die Entscheidungen in der Tierproduktion häufig nicht auf den gesamten Produktionsumfang (Bestandsgröße), sondern auf Flußgrößen (Zugänge und Abgänge), die definitionsgemäß die Entwicklung einer Bestandsgröße bestimmen.

---

22) Siehe z.B. <u>Tangermann, S.</u>, Ein ökonometrisches Modell...

Die Entscheidungen über den Faktoreinsatz beziehen sich auf die Veränderung des Arbeitskräftebestandes, den Umfang und die Struktur der Investitionen und den Umfang der landwirtschaftlich genutzten Fläche. Die Faktoreinsatzentscheidungen sind entsprechend den unterschiedlichen Merkmalen, den unterschiedlichen Bewegungen im Zeitablauf und den unterschiedlichen Konsequenzen für den Entwicklungsprozeß weiter zu differenzieren. So werden beim Arbeitskräfteeinsatz folgende Arbeitskräftekategorien unterschieden:

- Familienarbeitskräfte, männlich,
- Familienarbeitskräfte, weiblich,
- Fremdarbeitskräfte.

Gleichzeitig wird nach den Mobilitätskomponenten

- Zugänge (Berufseintritte),
- Berufswechsel,
- autonome Abgänge (altersbedingtes Ausscheiden u.dgl.)

differenziert. Wegen der unterschiedlichen Bestimmungsfaktoren sowie wegen der unterschiedlichen Konsequenzen für die Einkommensverwendung in späteren Perioden (Tilgungs-, Zinszahlungen) und der damit verbundenen Auswirkungen auf den gesamten Entwicklungsprozeß werden die Gesamtinvestitionen nach ihrer Finanzierung (Eigen- und Fremdfinanzierung) weiter unterschieden.

Erklärende Variablen

Bei den erklärenden Variablen haben sich nach den ersten Schätzversuchen einige Ergänzungen durch generelle ökonomische Vorüberlegungen als sinnvoll erwiesen:

- Die Ergebnisse des Schattenpreissystems zeigen z.T. ausgeprägte kurzfristige Schwankungen, die sich nicht als Änderungen des ökonomischen Anreizes interpretieren lassen. Sie sind vielmehr das Ergebnis kurzfristiger Ertrags- und/oder Preisschwankungen sowie z.T. zufälliger, besonders ausgeprägter Knappheitssituationen. Deshalb schien es sinnvoll, neben dem tatsächlichen Schattenpreis der Vorperiode einen durchschnittlichen Schattenpreis aus mehreren Vorperioden zugrundezulegen. Nach einigen Tests mit alternativen Gewichtungsfaktoren stellte sich heraus, daß die langfristigen Entwicklungstendenzen und die relevanten mittelfristigen Schwankungen durch folgende Gewichtung hinreichend erfaßt werden:

$$\bar{D}_{t-1} = \frac{1}{2} D_{t-1} + \frac{1}{3} D_{t-2} + \frac{1}{6} D_{t-3} .$$

- Um die Anzahl der erklärenden Variablen zu reduzieren und gleichzeitig die Konkurrenz- bzw. Substitutionsbeziehungen auf der Produkt- und Faktoreinsatzseite zu erfassen, werden einige Variable zueinander in Beziehung gesetzt. Die Relationen betreffen vornehmlich die Produktpreise und die Schattenpreise. Dabei wird von folgendem Relativpreissystem ausgegangen:

$$RP_{i,t} = P_{i,t} / P_{j,t} ,$$

$$\overline{RD}_{i,t} = \bar{D}_{i,t} / \bar{D}_{j,t} .$$

Der Index j soll sich auf die jeweiligen Konkurrenzprodukte und -produktionsverfahren bzw. auf substitutive Faktoren beziehen. Zum Teil setzen sich die Bezugsgrößen aus mehreren Preisen zusammen (z.B. durchschnittliche Getreidepreise, durchschnittliche Schattenpreise des genutzten Ackerlandes).

Vorgehensweise bei der ökonometrischen Schätzung

Für die ökonometrische Schätzung einzelner konkreter Verhaltensfunktionen sind nun ökonomische Plausibilitätsüberlegungen über die einzubeziehenden erklärenden Variablen, den Funktionstyp und die zu wählenden Verzögerungen bei den exogenen Variablen anzustellen. Konkrete Vorstellungen über dynamische Beziehungen und Einflußfaktoren lassen sich durch ökonomische Plausibilitäts- und Theorieüberlegungen nur in begrenztem Maße ableiten. Deshalb werden auf der Basis eines weiteren Spektrums von Einflußfaktoren verschiedene Verhaltensfunktionen geschätzt. Die verschiedenen Modellalternativen gehen

- von einer unterschiedlichen Anzahl erklärender Variablen,
- von unterschiedlichen Variablenkombinationen und
- von unterschiedlichen Funktionstypen aus.

Bei den meisten Funktionen werden etwa 10-15 erklärende Variable partiell und in unterschiedlicher Kombination überprüft. Bei der Durchführung der ökonometrischen Schätzarbeiten wird ein schrittweise aufbauendes Regressionsprogramm zur ersten Vorselektion der erklärenden Variablen eingesetzt. Die Regressionen werden auf der Basis der Methode der kleinsten Quadrate geschätzt.

Folgende Funktionstypen werden überprüft:

- lineare,
- logarithmische,
- linksseitig logarithmische und
- rechtsseitig logarithmische.

Bei sonst gleicher Güte der Schätzung wird dabei im allgemeinen die lineare Funktion bevorzugt.

Aus der Vielzahl der geschätzten Funktionen[23] - durchschnittlich 60 - 80 Funktionen je Entscheidungsvariable - ist jeweils eine Verhaltensfunktion auszuwählen, die dem Aufbau des dynamischen Sektormodells zugrundegelegt werden soll. Um das Gesamtmodell vollständig zu spezifizieren, ist für jede Entscheidungsvariable eine einigermaßen plausible Funktion zu finden, wenn die entsprechende Größe nicht exogen vorgegeben werden soll.

Für die Beurteilung der Schätzergebnisse und für die Auswahl der am sinnvollsten erscheinenden Verhaltensfunktionen werden folgende Prüfgrößen herangezogen bzw. folgende Überlegungen angestellt:

- Plausibilität der Vorzeichen und Niveau der Regressionskoeffizienten,
- multiples Bestimmtheitsmaß R^2, Standardfehler S und F-Wert für die Gesamtregressionen,
- Standardfehler und t-Werte der Regressionskoeffizienten,
- Stabilität der Regressionskoeffizienten bei alternativen Modellspezifikationen,
- Einfachkorrelation zwischen den unabhängigen und den abhängigen Variablen, sowie Interkorrelation zwischen den abhängigen Variablen,

---

23) Zur Bewältigung der umfangreichen Rechenarbeiten wurden Generierungsprogramme erstellt, mit deren Hilfe direkt auf die gespeicherten Informationen zugegriffen werden kann. Die namentliche Indizierung erlaubt eine flexible und selbstdokumentierende Ergebnisauswertung.Zur vergleichenden Ergebnisauswertung dienen verschiedene Aufbereitungsprogramme, die die wichtigsten Regressionsergebnisse und Testgrößen bei den verschiedenen Modellalternativen gegenüberstellen.Diese technischen Hilfsmittel dienen lediglich zur Erleichterung der ökonomischen Beurteilung verschiedener Modellalternativen, jedoch nicht zur "automatischen" Quantifizierung von Verhaltensfunktionen.

- Überprüfung der Prognoseeigenschaften für die ex-post-Periode durch:
  - Vergleich der prognostizierten Reihe mit der beobachtbaren Reihe anhand der numerischen Werte und anhand graphischer Darstellungen,
  - Überprüfung der Autokorrelation anhand des Durbin-Watson-Tests DW.
  - Überprüfung der Gleichheit von prognostizierten und beobachteten Werten für die gesamte Beobachtungsperiode anhand des von THEIL vorgeschlagenen "inequality coefficient".

Bei den 'dynamischen Regressionsfunktionen' zeigt erst die ex-post-Prognose die eigentlichen dynamischen Eigenschaften der geschätzten Zusammenhänge. Bei den endogen verzögerten Variablen werden nicht die Werte verwendet, die der Parameterschätzung zugrundelagen, sondern die mit Hilfe der Verhaltensfunktion errechneten Werte der Vorperiode[24]. Dadurch treten auch Verzerrungen, die sich aufgrund der endogen verzögerten Variablen ergeben, zutage. Sie werden mit zur Beurteilung der Modellalternativen herangezogen.

Der Durbin-Watson-Test[25] wird dann auf der Basis der prognostizierten und der beobachteten Reihen durchgeführt. Dadurch werden die Voraussetzungen für die Überprüfung der Autokorrelation in dynamischen Modellen verbessert. Problematisch bleibt jedoch die Korrektur der verzerrten Parameter, wenn Autokorrelation vorliegt[26]. Aus diesem Grund werden im Falle von Autokorrelationen alternative erklärende Variable und/oder alternative Funktionstypen getestet.

---

24) Dadurch können die langfristigen Prognoseeigenschaften der geschätzten Funktionen getestet werden. Die Güte von Kurzfristprognosen läßt sich testen, wenn man die jeweils beobachteten Werte der endogen verzögerten Variablen verwendet.

25) Hinsichtlich der formalen Ableitung der standardisierten Prüfgrößen und der entsprechenden Tabellenwerte sei auf die Lehrbücher der Ökonometrie verwiesen. Z.B. Gollnick,H., Einführung in die Ökonometrie, Stuttgart 1968.

26) Siehe dazu etwa: Gollnick, H., Einführung .... S. 66 ff. Schmidt, E., Dynamische Analyse ..., S. 58 ff. Ezekiel,M., Fox, K.A., Methods of Correlation and Regression Analysis, London 1959, S. 323 ff.

Der Theil-Koeffizient[27] wird aus den gleichen Reihen errechnet wie der DW-Test; er ist definiert als

$$U = \frac{\sqrt{1/N \sum_{t=1}^{N} (\hat{X}_t - X_t)^2}}{\sqrt{1/N \sum_{t=1}^{N} \hat{X}_t^2} + \sqrt{1/N \sum_{t=1}^{N} X_t^2}}$$

wobei: X die beobachtbaren Werte,
$\hat{X}$ die prognostizierten Werte (ex-post),
N die Anzahl der Perioden angibt.

Dieser Koeffizient drückt die Gleichheit zwischen den beobachteten und den prognostizierten Werten aus. Je kleiner dieser Koeffizient ist, umso besser stimmen die beiden Wertereihen überein. Wird der Koeffizient Null, so herrscht vollkommene Übereinstimmung, wie aus der oben angegebenen Formel unmittelbar hervorgeht. Wir betrachten hier im allgemeinen Koeffizienten, die den Wert 0.05 nicht wesentlich überschreiten, als zufriedenstellend.

Neben diesen formalen Prüfgrößen wird der Entwicklungsverlauf der prognostizierten Werte unter qualitativen Gesichtspunkten (Entwicklungstendenzen, Umkehrpunkte, systematische Schwankungen) beurteilt. Hierbei kommen graphische Darstellungen zum Einsatz, die im erstellten Programmiersystem implementiert sind.

Im folgenden werden nur die Verhaltensfunktionen, die der ersten Version des dynamischen Analyse- und Prognosesystems zugrundeliegen, angegeben und diskutiert. Lediglich für die Beurteilung der Stabilität der Modellparameter wird z.T. auf alternative Modellspezifikationen zurückgegriffen. Neben den Regressionskoeffizienten werden alle oben diskutierten Prüfgrößen angegeben.

---

27) Theil, H., Economic Forecasts and Policy, Amsterdam 1958, S. 27 ff.

2. Entscheidungsverhalten im Bereich der landwirtschaftlichen Produktion

Das produktspezifische Verhaltensmodell für den landwirtschaftlichen Sektor soll im folgenden für die einzelnen Bereiche der landwirtschaftlichen Produktion spezifiziert werden. In diesem Abschnitt werden die einzelnen Verhaltenshypothesen und die geschätzten Funktionsparameter überprüft. Die dynamischen Angebotsreaktionen lassen sich jedoch erst anhand des gesamten dynamischen Sektormodells aufzeigen (Teil D). Die bei der folgenden empirischen Analyse auftretenden Probleme gleichen den Problemen bei der quantitativen Angebotsanalyse, die in der ökonomischen Forschung bereits verschiedentlich behandelt wurden[28]. Daher wird bei der Darstellung der empirischen Schätzergebnisse nicht weiter auf die allgemeinen methodischen Probleme eingegangen.

2.1 Bodenproduktion

Die Entscheidungsvariablen im Bereich der landwirtschaftlichen Bodenproduktion beziehen sich auf den Umfang der Produktionsverfahren, definiert in Hektar Anbaufläche. Um die Konsistenz zwischen der Summe der Anbauflächen und der verfügbaren landwirtschaftlichen Nutzfläche einzuhalten würde es zunächst naheliegen, eine Systemschätzung vorzunehmen, die simultan alle Verfahren der Bodenproduktion unter Einhaltung der

---

28) Siehe dazu z.B.: Weinschenck, G., Probleme der quantitativen Angebotsanalyse auf Agrarmärkten, in: Zeitschrift für die gesamte Staatswissenschaft, Bd. 120 (1964) S.264 ff. Heady, E.,O.,(Hrsg.), Agricultural Supply Functions-estimating techniques and interpretations, Ames, Iowa, 1961. Schmitt, G., Die Bestimmungsgründe des Angebots und Probleme der Angebotsanalyse, in: Meimberg, P.(Hrsg.), Bedeutung und Anwendung ökonometrischer Methoden in der agrarwirtschaftlichen Forschung, Hiltrup 1963,S. 421-438. Köhne, M., Ziele, Möglichkeiten und Probleme der langfristigen Vorausschätzung des Angebots von Agrarprodukten, in: Berichte über Landwirtschaft, Bd. 47 (1969), S.241-267. Johnson, G.L., Supply Functions - Some Facts and Notations, in: Heady, E., O., u.a. (Hrsg.),Agricultural Adjustment Problems in a Growing Economy, Ames, Iowa, 1956, S. 74 ff.

Flächenrestriktion erfaßt. Eine andere Möglichkeit wäre eine simultane Schätzung der Flächenanteile verschiedener Untergruppen wie z.B. Getreide, Hackfrüchte, Futterbau, Sonderkulturen und darauf bezogen eine simultane Schätzung der Flächenanteile innerhalb dieser Untergruppen (z.B. Anteile der einzelnen Getreidearten u.dgl.).

Bei beiden Vorgehensweisen ergeben sich erhebliche statistische Schätzprobleme und Probleme bei der Ergebnisinterpretation, wie u.a. die Analysen von HANF und HANF[29] über die Entwicklung der Getreideproduktion in der BRD zeigen.
Deshalb werden - auch im Bereich der Bodenproduktion - isolierte Schätzungen für die einzelnen Produktionsverfahren vorgenommen. Durch die Verkopplung dieser Verhaltensfunktionen mit dem agrarsektoralen Interdependenzsystem werden dann sowohl die Konsistenzbedingungen als auch die Interdependenzen zwischen den Produktionsverfahren berücksichtigt.

2.1.1 Getreidebau

Die Getreideanbaufläche ist im Laufe der Betrachtungsperiode um etwa 400.000 ha angestiegen. Bei den einzelnen Getreidearten sind jedoch unterschiedliche Entwicklungstendenzen zu beobachten: Während der Anbau von Weizen und Gerste im Analysezeitraum ansteigt (durchschnittliche jährliche Veränderungsraten 2.0 bzw. 3.8 %), geht der Roggenanbau relativ kontinuierlich zurück (Verminderungsrate - 3.9 %)[30]. Bei der ökonometrischen Schätzung der Verhaltensfunktionen für die einzelnen Getreidearten ist sowohl auf die Erklärung der langfristigen Entwicklungstendenzen als auch auf die Erfassung kurz- und mittelfristiger Schwankungen zu achten.

Weizen

Die Entwicklung der Weizenanbauflächen ist durch besonders starke regionale Veränderungen im Anbauumfang gekennzeichnet.

---

29) Hanf, C.H., Hanf, E., Modelle zur Schätzung der Getreideproduktion in der BRD, in: Agrarwirtschaft, Bd. 20 (1971), S. 331-343.

30) Vgl. dazu auch Abschnitt 2, Teil B.

Aus diesem Grunde ist die Entwicklung der Anbauflächen auf sektoralem Niveau schwierig zu schätzen. Weiterhin wirken - vor allem bei Winterweizen - in starkem Maße witterungsbedingte Faktoren auf den jährlichen Umfang der Anbauflächen. Derartige Faktoren können hier jedoch nicht explizit erfaßt werden. Von den verschiedenen ökonometrischen Schätzungen wird folgende Verhaltensfunktion ausgewählt[31]:

$$
\begin{aligned}
WEIZ_t = -529.36 &+ \underset{(3.88)}{0.73262}\ WEIZ_{t-1} + \underset{(2.06)}{528.1382}\ \overline{RD}_{WEIZ,t-1} \\
&+ \underset{(1.94)}{483.36841}\ RP_{WEIZ,t-1} + \underset{(1.19)}{5.45613}\ E_{WEIZ,t-1} \\
&+ \underset{(2.74)}{0.86925}\ \bar{D}_{MGTW,t-1} + \underset{(2.39)}{264.12988}\ \overline{RD}_{GERS,t-1}
\end{aligned}
$$

R^2 = 0.982
F = 39.30
S = 31.04
DW = 1.85
U = 0.0085

Die Regressionskoeffizienten sind mit Ausnahme des Ertragseinflusses (E_{WEIZ}) gesichert und mit Ausnahme der Variablen "relativer Dualwert für Gerste" ($\overline{RD}_{GERS}$) plausibel. Die Kombination der relativen Dualwerte für Weizen und Gerste in der geschätzten Gleichung bewirkt der Tendenz nach eine sinnvolle Abbildung der Wettbewerbsposition und der Fruchtfolgebeziehungen.

Die autonome Komponente führt aufgrund des negativen Vorzeichens für das absolute Glied zu einem tendenziellen Rück-

---

31) Die verwendeten Symbole sind bereits in vorhergehenden Abschnitten definiert und benutzt worden (siehe dazu auch Abkürzungsverzeichnis im Anhang). Die Klammerwerte beziehen sich auf den t-Wert der Regressionskoeffizienten. Die Dualwerte D bzw. die gewichteten Dualwerte $\bar{D}$ haben ein negatives Vorzeichen, wenn es sich um Grenzerträge handelt. Die relativen Dualwerte RD bzw. $\overline{RD}$ sind dementsprechend positiv. Für die entsprechenden Regressionskoeffizienten werden im allgemeinen folgende Vorzeichen erwartet: negatives Vorzeichen für den Dualwert des entsprechenden Verfahrens bzw. den relativen Dualwert des Konkurrenzproduktes, positives Vorzeichen für den relativen Dualwert des entsprechenden Verfahrens bzw. für den Dualwert des Konkurrenzverfahrens. Die den ökonometrischen Schätzungen zugrundeliegenden Zeitreihendaten sind im wesentlichen in Teil B bzw. in Teil D (Schaubilder) dargestellt.

gang der Anbauflächen im Zeitablauf. Der Anstieg der Weizenanbaufläche in der Betrachtungsperiode wird also durch die ökonomischen Einflußfaktoren (Marktpreise, Schattenpreise, Ertragskoeffizienten) erklärt. Dabei zeigt sich, daß der langfristige Einfluß dieser Faktoren wesentlich größer (etwa viermal so groß) ist als die entsprechende kurzfristige Reaktion.

Die angegebenen Prüfmaße deuten darauf hin, daß die Gesamtfunktion gesichert ist. Die tatsächliche Entwicklung wird durch die zugrundeliegende Verhaltensfunktion bei der partiellen ex-post-Prognose hinreichend beschrieben. Dies zeigt sich auch, wenn man die Reihe der prognostizierten Werte mit den tatsächlichen Werten vergleicht. Aus Raumgründen werden die Werte hier nicht gesondert dargestellt.

Roggen

Der Anbau von Roggen wird als einzige Getreideart in einem wesentlichen Ausmaß während der Betrachtungsperiode reduziert. Als Ursachen des Rückgangs der Anbauflächen sind die im allgemeinen ungünstige Wettbewerbsstellung innerhalb des Getreidebaus und die geringere Bedeutung des Roggenanbaus als Fruchtfolgebestandteil zur Aufrechterhaltung der Bodenfruchtbarkeit anzusehen. Wenn man lediglich von ökonomischen Variablen ausgeht, so läßt sich folgende Funktion spezifizieren:

$$ROGG_t = 231.135 + \underset{(2.24)}{0.39537}\, ROGG_{t-1} \underset{(3.05)}{-0.56942}\, \bar{D}_{ROGG,t-1}$$

$$\underset{(2.61)}{+19.2570}\, P_{ROGG,t} \underset{(3.13)}{+1.39563}\, D_{GMAS,t-1}$$

R^2 = 0.981
F = 193.64
S = 43.29
DW = 1.67
U = 0.016

Die geschätzte lineare Regressionsfunktion erklärt etwa 98 % der Gesamtvarianz und ist insgesamt ausreichend gesichert. Die Regressionskoeffizienten weisen bei einer Irrtumswahrscheinlichkeit von 10 bzw. 5 % einen signifikanten Einfluß auf. Neben diesen linearen Funktionen wurden auch doppellogarithmische und halblogarithmische Funktionen für die Entwicklung der Roggenanbaufläche geschätzt. Sie führen jedoch insgesamt zu keinem besseren Ergebnis.

Am Beispiel der Verhaltensfunktion für Roggen können die generellen Eigenschaften der dynamischen Gleichungen verdeutlicht werden:

- Die autonome Komponente, welche sich aus dem absoluten Glied und dem Regressionskoeffizienten der verzögerten Variablen zusammensetzt, tendiert von jedem aktuellen Niveau der Roggenanbaufläche aus zu einem Produktionsumfang von 382.000 ha. Dieses autonome Niveau entspricht etwa 60 % der Anbaufläche des Jahres 1975/76.
- Die ökonomischen Variablen und das jeweilige Ausgangsniveau erklären die Abweichungen der tatsächlichen Entwicklung von dieser autonomen Entwicklung. Die kurzfristigen Anpassungen bei Änderungen der exogenen Variablen lassen sich aus den angegebenen Regressionskoeffizienten ableiten. Der langfristige Einfluß läßt sich aus den Regressionskoeffizienten und dem Multiplikator 1/(1-0.395) errechnen. Der Einfluß einer dauerhaften oder einmaligen Änderung exogener Größen auf das Niveau der Entscheidungsvariablen in den einzelnen Jahren läßt sich anhand der in Abschnitt 1.2 angegebenen Beziehungen ermitteln.

Der Einfluß unterschiedlicher Roggenpreise auf den Anbauumfang vollzieht sich im Gesamtmodell in folgenden zwei Schritten:

a) Zunächst wird in der ersten Periode der direkte kurzfristige Preiseinfluß wirksam.
b) Nach Ablauf der ersten Periode ergeben sich aufgrund des Preiseinflusses und des veränderten Anbauumfangs veränderte Schattenpreise. Diese wirken in den Folgeperioden zusätzlich auf die Änderung des Anbauumfangs.

Je nach Reaktion des Schattenpreissystems und der Höhe des lag-Multiplikators erfolgt eine mehr oder weniger verzögerte Anpassung an ein neues Gleichgewicht. Wegen dieser verschiedenen Effekte läßt sich die Preis-Angebots-Beziehung nicht direkt aus den geschätzten Verhaltensparametern ableiten. Diese prinzipiellen Zusammenhänge gelten für alle Verhaltensfunktionen, die Marktpreise und Schattenpreise als erklärende Variablen enthalten.

Gerste

Der Gerstenanbau zeigt unter allen Getreidearten die stärkste Expansion. Vornehmlich aufgrund der hohen Ertragssteigerungen und der Möglichkeit des Anbaus auch auf leichtem Boden hat der Gerstenanbau in den letzten Jahren die führende Stellung innerhalb des Getreideanbaus übernommen. Die starke Ausdehnung der Anbauflächen ist dabei eng mit der Reduzierung des Roggenanbaus und der Einschränkung des Ackerfutterbaus verbunden. Ausgehend von diesen Überlegungen wird folgende Funktion zugrundegelegt:

$$
\begin{aligned}
lgGERS_t = 1.28050 &+ \underset{(2.05)}{0.56514}\ lgGERS_{t-1} + \underset{(1.91)}{0.09922}\ lg\ \overline{RD}_{GERS,t-1} \\
&+ \underset{(1.60)}{0.29304}\ RP_{GERS,t-1} + \underset{(1.45)}{0.00161}\ E_{GERS,t-1} \\
&- \underset{(1.74)}{0.00007}\ ROGG_{t-1} - \underset{(2.40)}{0.00019}\ AFUT_{t-1}
\end{aligned}
$$ [32)]

R^2 = 0.987
F = 160.02
S = 0.0137
DW = 1.25
U = 0.00179

Neben den Einflußfaktoren Relativpreis, Relativschattenpreis und ha-Ertrag zeigt sich also ein gesicherter Einfluß der Konkurrenzverfahren Roggenanbau und Ackerfutterbau. Die durch die Reduzierung des Ackerfutterbaus und des Roggenanbaus freigesetzte Fläche wird vorrangig durch die Ausdehnung der Gerstenproduktion genutzt. Das Ausmaß der Expansion wird jedoch entscheidend von der Wettbewerbsstellung beeinflußt.

Hafer

Die Entwicklung der Haferanbauflächen ist durch relativ starke kurzfristige Schwankungen um ein langfristig leicht rückgängiges Niveau gekennzeichnet. Dies deutet darauf hin, daß dem Haferanbau vornehmlich die Funktion der Restflächennutzung zukommt. Trotz der ungünstigeren Wettbewerbsstellung gegenüber dem ertragsstärkeren Weizen- und Gerstenanbau ist während der gesamten Betrachtungsperiode ein Anteil von über 20 % an der Getreidefläche zu beobachten. Neben der Bedeutung des Haferanbaus als Fruchtfolgekomponente dürfte die Nutzung von Grenzflächen eine gewisse Rolle spielen. Folgende lineare Funktion wird vorläufig verwendet:

$$
\begin{aligned}
HAFE_t = 1389.88940 &+ \underset{(2.43)}{0.43287}\ HAFE_{t-1} - \underset{(2.02)}{0.45980}\ \bar{D}_{HAFE,t-1} \\
&+ \underset{(4.27)}{322.01343}\ \overline{RD}_{HAFE,t-1} + \underset{(4.77)}{1555.51025}\ \bar{D}_{FUTT,t-1} \\
&- \underset{(2.97)}{16.26111}\ P_{GERS,t-1} + \underset{(1.29)}{575.28442}\ RP_{HAFE,t-1} \\
&+ \underset{(1.16)}{0.21563}\ \bar{D}_{GRUN,t-1}
\end{aligned}
$$

R^2 = 0.923
F = 9.76
S = 27.39
DW = 1.66
U = 0.0083

32) AFUT = Ackerfutterfläche

Die Koeffizienten der erklärenden Variablen sind - mit Ausnahme des Relativpreises für Hafer und des verzögerten Dualwertes für Grünland - relativ hoch gesichert. Die Regressionskoeffizienten dieser beiden Variablen erweisen sich bei alternativen Schätzungen als relativ stabil. Die Größenordnungen dieser Koeffizienten scheinen plausibel. Alle übrigen Koeffizienten sind ebenfalls ausreichend gesichert. Das Bestimmtheitsmaß liegt mit 0.92 zwar relativ hoch, der Anteil der erklärenden Gesamtvarianz ist jedoch niedriger als bei den übrigen Getreidearten, da wegen der geringen trendmäßigen Veränderung die Gesamtvarianz kleiner ist. Wie der relativ niedrige Standardfehler (27000 ha) und der niedrige Theil-Koeffizient (0.008) zum Ausdruck bringen, ist die relative Genauigkeit dieser Funktion durchaus mit der anderer Getreidearten zu vergleichen.

2.1.2 Blatt- und Hackfrüchte

In diesem Abschnitt werden die Ergebnisse der ökonomischen Verhaltensfunktionen für die Produktionsverfahren Körnermais, Hülsenfrüchte, Kartoffeln, Zuckerrüben und Ölfrüchte dargestellt. Die Gesamtfläche ist während der Betrachtungsperiode von 1 451 000 ha (1955/56) auf 1 054 500 ha (1975/76) zurückgegangen. Die Hauptveränderungen bestehen in der Einschränkung des Kartoffelbaus und der Ausdehnung des Körnermais- und des Ölfruchtbaus. Ebenso wie beim Getreidebau ist bei den Verhaltensfunktionen für den Blattfruchtbau die Erklärung des Gesamtniveaus sowie der Strukturveränderungen von Bedeutung.

Körnermais

Der Körnermaisanbau in der Bundesrepublik Deutschland zeigt in den Jahren von 1962/63 (13 000 ha) bis 1972/73 (118 000 ha) eine sehr starke Expansion. In den Vorjahren war der Anbau auf einige süddeutsche Teilregionen beschränkt und stagnierte weitgehend. Von 1972/73 bis 1975/76 erfolgt ein Rückgang der Anbauflächen, der vor allem auf witterungsbedingte Ertragsausfälle in den nördlicheren Regionen der Bundesrepublik zurückzuführen sein dürfte. Auf der Basis sektoraler Daten konnte folgende vorläufige Funktion spezifiziert werden:

$$\lg MAIS_t = 1.64782 + \underset{(2.31)}{0.453004} \lg MAIS_{t-1} \underset{(1.71)}{-0.000307} \bar{D}_{MAIS,t-1}$$

$$+ \underset{(1.59)}{0.008826} \overline{RD}_{MAIS,t-1} \underset{(1.83)}{-0.000567} \bar{D}_{MGTS,t-1}$$

$$+ \underset{(1.80)}{0.000374} \bar{D}_{GETR} \underset{(2.48)}{-0.001202} KART_{t-1}$$

R^2 = 0.996
F = 523.9
S = 0.042
DW = 1.78
U = 0.010

Die Prüfmaße für die Gesamtfunktion entsprechen den Anforderungen. Dagegen sind die Regressionskoeffizienten für die Schattenpreise weniger gut gesichert; die Größenordnungen der Regressionskoeffizienten scheinen jedoch plausibel. Durch die Einbeziehung zusätzlicher Einflußfaktoren ändert sich die Stabilität der Funktionsparameter nur geringfügig.

Die modellinternen Kosten der Arbeitserledigung im Sommergetreidebau ($\bar{D}_{MGTS}$) geben den Einfluß der Mechanisierungsfortschritte auf die Entwicklung der Maisanbaufläche an. Diese Variable wurde deshalb in die Regression genommen, weil für den Anbau von Körnermais im Interdependenzsystem keine gesonderten Mechanisierungsstufen definiert wurden.

Ferner zeigt sich ein unmittelbarer und gesicherter Zusammenhang zwischen der Entwicklung der Kartoffelanbaufläche und der Maisfläche. Die Ausdehnung des Körnermaisanbaus stellt im Hinblick auf die Aufrechterhaltung eines bestimmten Anteils von Blattfrüchten in der Fruchtfolge einen Ausgleich für die Einschränkung des Kartoffelanbaus dar. Der Übergang vom Kartoffelanbau zum Körnermaisbau hat insbesondere in süddeutschen Ackerbaubetrieben größere Bedeutung.

Hülsenfrüchte

Der Hülsenfruchtanbau ist langfristig gesehen rückläufig und nimmt in den letzten Jahren innerhalb des Blattfruchtanbaus eine relativ unbedeutende Stellung ein. Die Analyse der Entwicklung ist wegen der starken jährlichen Schwankungen des Anbauumfangs für die Prognosefähigkeit des Gesamtsystems dennoch wichtig. Folgende Verhaltensfunktion soll die Entwicklung erklären:

$$HULS_t = 19.33784 + \underset{(5.84)}{0.58643}\, HULS_{t-1} + \underset{(3.50)}{0.02452}\, \bar{D}_{ACKL,t-1}$$

$$+ \underset{(4.40)}{0.71243}\, E_{HULS,t-1} + \underset{(1.76)}{0.02578}\, \bar{D}_{MGTS,t-1}$$

$$+ \underset{(1.82)}{2.94081}\, \overline{RD}_{HULS,t-1} + \underset{(3.43)}{0.99938}\, P_{HULS,t-1}$$

$$- \underset{(3.39)}{40.71928}\, RP_{HULS,t-1}$$

R^2 = 0.977
F = 29.31
S = 0.0217
DW = 1.643
U = 0.0153

Die Ergebnisse sind insgesamt gesehen zufriedenstellend. Das negative Vorzeichen beim Relationspreis für Hülsenfrüchte führt in der obigen Modellspezifikation lediglich zu einem gedämpften Einfluß des absoluten Preises für Hülsenfrüchte.

Neben dem Einfluß der Markt- und Schattenpreise läßt sich ein gesicherter Einfluß der ha-Erträge nachweisen. Die Ertragsvariable soll vor allem das Entscheidungsverhalten der Hülsenfruchtproduktion für Saatgut- und Futterzwecke (etwa 90 % der Gesamtproduktion) erfassen, da hier die naturalen Ertragsgrößen entscheidend sind.

Kartoffeln

Die Erklärung der gesamten Kartoffelanbaufläche auf sektoraler Ebene ist wegen der hier besonders bedeutsamen regionalen Unterschiede sowie aufgrund der unterschiedlichen Bedeutung der Anteile von Speise- und Futterkartoffeln sowie von Früh- und Spätkartoffeln während des Betrachtungszeitraumes relativ problematisch. Wegen der allgemeinen Gliederung des Gesamtmodells wird dennoch von den sektoralen Aggregaten ausgegangen, wie dies auch bei anderen speziellen Analysen für den Kartoffelmarkt der Fall ist[33]. Auf der Basis ökonomisch relevanter Faktoren wird folgende Verhaltensfunktion spezifiziert:

---

33) Siehe dazu z.B. Frohberg, K., Analyse und Projektion der Produktionsentwicklung im Kartoffelbau der BRD, in: Agrarwirtschaft, Bd. 21 (1972), S. 405-410.

$$\lg KART_t = \underset{}{0.49304} + \underset{(7.72)}{0.79198} \lg KART_{t-1} - \underset{(1.64)}{0.00004} \bar{D}_{KART,t-1}$$

$$+ \underset{(2.16)}{0.09656} \lg RP_{KART,t-1} - \underset{(2.22)}{0.0176} D_{FKAR,t-1}$$

$$- \underset{(1.60)}{0.00525} P_{GETR,t-1} + \underset{(1.73)}{0.00009} \bar{D}_{ACKL,t-1}$$

R^2 = 0.996
F = 577.07
S = 0.010
DW = 1.88
U = 0.0011

Die unabhängigen Variablen der Schätzfunktion sind als hinreichend gesichert anzusehen. Der relativ hohe Regressionskoeffizient für die endogen verzögerte Variable führt zu einem ausgeprägten Unterschied zwischen den kurz- und langfristigen Wirkungen der erklärenden Variablen (Multiplikator 4.8). Wegen der Anpassungen in der Arbeitswirtschaft und aufgrund der speziellen Maschinenausstattung im Kartoffelbau scheint die stark verzögerte Anpassung der Kartoffelproduktion an sich ändernde ökonomische Bedingungen durchaus plausibel. Dies zeigt sich besonders deutlich bei den Anpassungen der Anbauflächen aufgrund der extremen Preisschwankungen in den letzten Jahren. Leider konnten diese extremen Preisschwankungen für die Schätzung der Verhaltensfunktion nicht mehr berücksichtigt werden.

Die autonome Komponente der geschätzten Gleichung tendiert zu einer Anbaufläche von 234 500 ha (entspricht etwa 60 % des Niveaus im Jahre 1975/76). Mit Ausnahme der Variablen $\bar{D}_{ACKL}$, welche die relative Knappheit des verfügbaren Ackerlandes anzeigen soll, und der Variablen "durchschnittlicher Getreidepreis" wirken alle erklärenden Variablen dem Rückgang auf dieses Niveau entgegen.

Zuckerrüben

Die Zuckerrübenproduktion ist durch den Einsatz eines speziellen marktpolitischen Instruments, nämlich der Kontingentierung von Absatzmengen bei einem politisch gesetzten Mindestpreis, gekennzeichnet. Beim gegenwärtigen System bleibt es den Landwirten überlassen, auf der Grundlage der festgesetzten Kontingentsmengen und der zu erwartenden ha-Erträge die Anbaufläche zu bestimmen. Vor allem bei hohen Weltmarktpreisen kann es sinnvoll sein, die Produktion über die Kontingente hinaus auszudehnen (sog. "Überrüben").

Ebenso wie bei einzelbetrieblichen Kalkulationen, zeigt der Zuckerrübenanbau auch bei sektoraler Betrachtung eine sehr hohe Wettbewerbsüberlegenheit gegenüber den übrigen Verfahren der Bodenproduktion. Der absolute Abstand der Schattenpreise für Zuckerrüben zu denen der anderen Bodenprodukte ist so hoch, daß bei einer relativen Verminderung der Wettbewerbsfähigkeit immer noch ein Anreiz zur Produktionsausdehnung besteht, wenn das marktpolitische System den entsprechenden Spielraum bietet. Dies hat zur Folge, daß sich zwischen den absoluten bzw. den relativen Schattenpreisen und der Zuckerrübenanbaufläche nur eine geringe partielle Korrelation nachweisen läßt. Folgende Funktion soll die Entwicklung der Zuckerrübenanbauflächen beschreiben:

$$
\begin{aligned}
ZURB_t = 189.43332 &+ \underset{(2.21)}{0.12066}\, ZURB_{t-1} + \underset{(7.55)}{2.70403}\, MP_{ZURB,t}{}^{34)} \\
&- \underset{(2.79)}{0.06915}\, E_{ZURB,t-1} + \underset{(7.64)}{0.13646}\, K_{ZURB,t}{}^{35)} \\
&+ \underset{(3.08)}{9.92380}\, \overline{RD}_{ZURB,t-1} - \underset{(7.22)}{0.14245}\, \bar{D}_{ACKL,t-1} \\
&- \underset{(3.79)}{408.53442}\, RP_{ZURB}
\end{aligned}
$$

$$
\begin{aligned}
R^2 &= 0.992 \\
F &= 222.22 \\
S &= 4.20 \\
DW &= 1.65 \\
U &= 0.00531
\end{aligned}
$$

Die geschätzte Funktion weist insgesamt einen hohen Erklärungsgehalt auf; die Regressionskoeffizienten sind mit Ausnahme der verzögerten Variablen relativ hoch gesichert. Die Ergebnisse lassen sich wie folgt interpretieren:
Die Haupttendenzen werden durch die agrarpolitisch gesetzten Variablen Marktordnungspreis und Kontingentsmenge und durch

34) Richtpreis für Weißzucker in DM je kg.
35) Festgesetzte Kontingentsmengen für die BRD in 1 000 t Weißzucker.

die autonome Komponente bestimmt. Ein steigender ha-Ertrag wirkt (besonders bei konstanten Mengenkontingenten) auf eine Verminderung der Anbaufläche hin. Das gleiche gilt für den Relativpreis. Beide Variablen bestimmen jedoch u.a. die relative Wettbewerbssituation (relativer Dualwert der Zuckerrübenproduktion), die in der geschätzten Funktion den Erwartungen entsprechend zum Ausdruck kommt.

Die dargestellte Funktion gibt den kurzfristigen Einfluß der agrarpolitischen Instrumente "Kontingentierung" und"Mindestpreisfestsetzung" an. So führt z.B. eine Erhöhung des Kontingentes um 1 000 t c.p. zu einer kurzfristigen Zunahme der Anbaufläche um 136 ha. Bei einem ha-Ertrag von 400-450 dz wird das erhöhte Kontingent voll ausgenützt. Die mittel- und langfristige Anpassung bei Änderung dieser marktpolitischen Instrumente läßt sich jedoch nicht direkt aus den Funktionsparametern ablesen. Die Analyse derartiger Wirkungen wird erst durch den Ablauf des Gesamtsystems ermöglicht.

Ölfrüchte

Das Produktionsverfahren Ölfruchtbau umfaßt den Anbau von Winterraps, Sommerraps sowie Rübsen zur Körnergewinnung. In den letzten Jahren entfallen auf den Winterraps etwa 90 % der Anbauflächen. Die Entwicklung des Ölfruchtbaus ist von 1957 bis 1967 durch eine leicht steigende Tendenz gekennzeichnet, während sich von 1967 bis 1972 die Anbauflächen verdoppelt haben. Dem Ölfruchtbau kommt vor allem in Gebieten, die sich wegen der klimatischen Verhältnisse nicht für den Körnermaisbau eignen, eine größere Bedeutung zu. Dabei spielt die Aufrechterhaltung eines bestimmten Blattfruchtanteils eine zentrale Rolle. Unter diesem Gesichtspunkt kann der Ölfruchtbau bei einem starken Rückgang der Kartoffelanbauflächen an Bedeutung gewinnen.
Neben der Variablen "Kartoffelanbaufläche" zeigen der relative Schattenpreis sowie der durchschnittliche Getreidepreis einen gesicherten Einfluß.

$$\lg OELF_t = 1.89468 + \underset{(4.79)}{0.58553} \lg OELF_{t-1} + \underset{(1.51)}{0.02007} \overline{RD}_{OELF,t-1}$$

$$- \underset{(1.90)}{0.00025} KART_{t-1} - \underset{(3.21)}{0.02590} P_{GETR,t-1}$$

R^2 = 0.976
F = 116.64
S = 0.043
DW = 1.508
U = 0.0105

Im Hinblick auf die Änderung der Struktur des Blatt- und Hackfruchtanbaus spielt also der Ölfruchtbau eine ähnliche Rolle wie der Körnermaisanbau.

2.1.3 Futterbau

Der Ackerfutterbau setzt sich aus den Produktionsverfahren Klee, Grünmais, Futterrüben und Futterzwischenfrüchte zusammen. Seine Wettbewerbsstellung ist speziell durch folgende Faktoren gekennzeichnet:

- Konkurrenz um die begrenzt verfügbare Ackerfläche (vor allem mit dem Getreidebau),
- Konkurrenz zum Grünland, insbesondere zur Intensität der Grünlandnutzung.

Bei gegebenen technischen Koeffizienten und bei gegebenem Umfang der Rindviehproduktion läßt sich der gesamte Ackerfutterbau als eine Restgröße in bezug auf den Ausgleich der Futterbilanz verstehen. Da die einzelnen Produktionsverfahren des Ackerfutterbaus große Unterschiede sowohl hinsichtlich der relevanten Ertrags-Aufwands-Beziehungen als auch hinsichtlich ihrer Entwicklungstendenzen zeigen, ist es erforderlich, die Verfahren einzeln zu analysieren und die relevanten Verhaltenshypothesen einer empirischen Überprüfung zu unterziehen.

Die agrarökonomische Forschung (insbesondere die ökonometrische Marktforschung) hat sich bislang vornehmlich den Märkten zugewendet, die verkaufs- bzw. zukaufsfähige Produkte umfassen. Der Bereich der Futterproduktion, der etwa 45-50 % der landwirtschaftlich genutzten Fläche umfaßt, wurde hingegen weitgehend vernachlässigt. Selbst bei ökonometrischen Angebotsanalysen, die sich auf den damit eng verflochtenen Bereich der Rindviehhaltung beziehen, wird die Entwicklung des Futterbaus nicht explizit modellmäßig erfaßt. Der Mangel an empirischen Angebotsanalysen, die produktionstechnische Verflechtungen berücksichtigen, ist aus produktionstheoretischer und agrarpolitischer Sicht besonders zu beklagen. Die Durchführung der folgenden Analyse ist als ein erster Versuch anzusehen, den Bereich der Futterproduktion explizit als Produktionssektor zu erfassen und die Analyse der Produktion und des Angebots von landwirtschaftlichen Produkten auf eine breitere produktions- und verhaltenstheoretische Grundlage zu stellen.

Klee

Die Anbaufläche von Klee (einschließlich Luzerne) ist im Betrachtungszeitraum stärker zurückgegangen als der gesamte Ackerfutterbau. Ausschlaggebend hierfür dürften insbesondere die im Vergleich zu den anderen Ackerfutterbauverfahren relativ niedrigen ha-Erträge sein. Die verhältnismäßig geringere Bodenbearbeitung bei diesem Produktionsverfahren verliert im Zuge der zunehmenden Mechanisierung an Einfluß. Folgende Funktion soll in der Modellversion I die Entwicklung abbilden:

$$\lg KLEE_t = -1.47875 + \underset{(13.26)}{1.50825} \lg AFUT_{t-1} + \underset{(3.41)}{0.71752} \lg RE_{KLEE,t-1} \text{ [36]}$$

$$+ \underset{(1.92)}{0.05292} \lg \overline{RD}_{KLEE,t-1} - \underset{(1.42)}{0.07839} \lg(-1)\bar{D}_{GMAI,t-1}$$

$R^2 = 0.987$
$F = 208.85$
$S = 0.0192$
$DW = 2.41$
$U = 0.00309$

Obwohl die Variable "Kleefläche" nicht direkt als verzögerte Variable vorkommt, ist durch die Variable AFUT dennoch eine gewisse Verzögerung berücksichtigt, da diese Größe u.a. von der verzögerten Variablen Kleeanbaufläche abhängig ist. Die übrigen Variablen beziehen sich auf die Wettbewerbsfähigkeit des Kleeanbaus im Vergleich zu den übrigen Futterbauverfahren. Der Schattenpreis für Grünmais $\bar{D}_{GMAI}$ ist mit (-1) zu multiplizieren, damit die absoluten Größen logarithmiert werden können. Mit zunehmender Wettbewerbsfähigkeit des Grünmaisanbaus wird nach der geschätzten Funktion die Anbaufläche von Klee eingeschränkt.

Grünmais

Der Rückgang der Kleeanbaufläche wird durch den Anstieg des ertragsstärkeren Grünmaisanbaus teilweise ausgeglichen. Dabei

36) RE = Relativertrag.

ist in den Jahren bis etwa 1962 nur ein leichter, in den letzten Jahren dagegen ein wesentlich stärkerer Anstieg der Anbauflächen zu registrieren. Die starke Ausdehnung des Grünmaisanbaus ist im Zusammenhang mit der Zunahme der Bullenmastverfahren auf Silomaisbasis zu sehen. Die folgende Funktion gibt die Entwicklung der Anbauflächen hinreichend genau wieder:

$$
\begin{aligned}
GMAI_t = 215.63507 &+ \underset{(6.21)}{0.86316}\, GMAI_{t-1} - \underset{(4.18)}{0.30037}\, \bar{D}_{GMAI,t-1} \\
&- \underset{(2.98)}{0.11990}\, AFUT_{t-1} - \underset{(4.37)}{144.00133}\, R\bar{D}_{GMAI,t-1} \\
&+ \underset{(2.71)}{0.13403}\, \bar{D}_{FRUE,t-1} + \underset{(2.84)}{0.18292}\, \bar{D}_{WEID,t-1} \\
&+ \underset{(2.33)}{86.78426}\, \overline{RD}_{FUTT,t-1}
\end{aligned}
$$

$$
\begin{aligned}
R^2 &= 0.997 \\
F &= 658.7 \\
S &= 7.95 \\
DW &= 1.41 \\
U &= 0.013
\end{aligned}
$$

Die Regressionskoeffizienten sind ausreichend gesichert. Die Vorzeichen entsprechen - mit Ausnahme des relativen Schattenpreises $\overline{RD}_{GMAI}$ - den Erwartungen. In Verbindung mit dem stärkeren Einfluß des absoluten Schattenpreises ergibt sich jedoch mit zunehmender Wettbewerbsfähigkeit des Grünmaisanbaus eine Ausdehnung der Anbauflächen. Ein abnehmender Ackerfutterbau sowie eine geringere Wettbewerbsfähigkeit der Produktionsverfahren Futterrübenbau und Weide führen zu einer Vergrößerung der Maisanbaufläche. Ein steigender Schattenpreis für das Wirtschaftsfutter wirkt ebenfalls auf eine Ausdehnung der Anbauflächen. Wie der Regressionskoeffizient für die endogen verzögerte Variable verdeutlicht, ist die langfristige Reaktion auf Änderungen der erklärenden Variablen wesentlich größer als die kurzfristige Anpassung.

Futterrüben

Der Futterrübenbau zeigt auf sektoraler Ebene eine ähnliche Entwicklung wie der Kleeanbau. Für die Veränderungen der Anbauflächen sind jedoch andere Bestimmungsfaktoren (wie z.B. Arbeitskosten und Mechanisierung) maßgebend, wie folgende Funktion zum Ausdruck bringt:

$$FRUE_t = 163.887 + \underset{(3.53)}{0.52797}\, FRUE_{t-1} + \underset{(2.53)}{32.69109}\, \overline{RD}_{FRUE,t-1} + \underset{(2.56)}{268.5293}\, \bar{D}_{FUTT,t-1} + \underset{(2.15)}{0.09976}\, \bar{D}_{MFUW,t-1} + \underset{(2.00)}{0.12138}\, AFUT_{t-1}$$

R^2 = 0.997
F = 828.15
S = 6.405
DW = 1.21
U = 0.0067

Die autonome Komponente tendiert auf eine Anbaufläche von etwa 347 000 ha. Diese wurde durch die Entwicklungen in den letzten Jahren bereits um etwa 100 000 ha unterschritten. Die Zunahme der durchschnittlichen Futterkosten $\bar{D}_{FUTT}$ sowie der Mechanisierungskosten für Winterfutter $\bar{D}_{MFUW}$ wirkt dabei verstärkend auf den Rückgang der Anbauflächen, ebenso wie die Verminderung der relativen Wettbewerbsfähigkeit. Die Variable Ackerfutterfläche AFUT wirkt dahingehend, daß ein bestimmter Anteil von Futterrüben am gesamten Ackerfutterbau aufrechterhalten wird.

Futterzwischenfrüchte

Die Anbauflächen von Futterzwischenfrüchten sind langfristig relativ konstant. Da der Anteil der Zwischenfrüchte am Gesamtfutteraufkommen relativ niedrig ist, sollte die Bedeutung dieses Produktionsverfahrens für den sektoralen Entwicklungsprozeß nicht überschätzt werden. Die folgende Funktion soll annäherungsweise die Entwicklung der Anbauflächen beschreiben:

$$ZWIS_t = 452.05225 + \underset{(1.27)}{0.27030}\, ZWIS_{t-1} + \underset{(2.312)}{355.95142}\, \overline{RD}_{ZWIS,t-1} - \underset{(1.94)}{0.36472}\, \bar{D}_{MFUS,t-1} + \underset{(1.22)}{14.13387}\, P_{GETR,t-1} + 0.02940\, E_{ZWIS,t-1} - \underset{(1.56)}{0.25283}\, D_{GRÜN,t-1}$$

R^2 = 0.758
F = 2.79
S = 34.90
DW = 2.27
U = 0.023

Die Regressionskoeffizienten zeigen einen plausiblen Einfluß, sie sind jedoch z.T. nicht gesichert. Für die kurfristige Analyse und Prognose läßt sich eine Verbesserung der Ergebnisse durch eine Einbeziehung der Variablen "Grünlanderträge" bzw. "Erträge im Ackerfutterbau" in der jeweiligen Periode erreichen.

Grünlandnutzung

Die Entwicklung der Grünlandflächen wird im Zusammenhang mit der Entwicklung des Faktoreinsatzes erklärt. Im folgenden soll die Nutzung des zur Verfügung stehenden Grünlandes näher analysiert werden, wobei zwischen einem ertragsreicheren Futterbauverfahren (Weide) und einem ertragsschwachen Verfahren (Wiese) unterschieden wird.

Während der Betrachtungsperiode zeigt sich bei leicht abnehmenden Grünflächen (insbesondere ab 1970/71) eine weitgehende Konstanz bei den Weideflächen und damit eine relativ stärkere Reduzierung der Wiesennutzung. Die Intensität der Grünlandnutzung, ausgedrückt durch den relativen Anteil der Weidenutzung an der gesamten Grünfläche (RWEG), wird in Abhängigkeit von der relativen Knappheit des landwirtschaftlich genutzten Bodens einerseits und von der Konkurrenzfähigkeit der Rinderhaltung andererseits betrachtet. Folgende Verhaltensfunktion soll diese Zusammenhänge zum Ausdruck bringen:

$$RWEG_t = 3.51078 + \underset{(3.50)}{0.838030}\ RWEG_{t-1} - \underset{(1.80)}{0.000112}\ \bar{D}_{WEID,t-1}$$

$$- \underset{(2.25)}{6.395116}\ \bar{D}_{FUTT,t-1} + \underset{(1.08)}{0.001882}\ \bar{D}_{WIES,t-1}$$

R^2 = 0.952
F = 35.30
S = 0.65411
DW = 1.75
U = 0.0085

Wie die Ergebnisse zeigen, ergibt sich bei steigenden Schattenpreisen für das Wirtschaftsfutter eine Zunahme der Intensität der Grünlandnutzung. Daneben werden beide Verfahren durch die Wettbewerbssituation der Wiesen- und Weidennutzung, ausgedrückt durch die entsprechenden Schattenpreise, beeinflußt. Die Regressionskoeffizienten dieser beiden Variablen sind zwar relativ schlecht gesichert, die numerischen Ergebnisse erscheinen dennoch plausibel.

2.1.4 Sonderkulturen

Zu den Sonderkulturen zählen die Produktionsbereiche Gemüsebau, Obst, Wein und "Sonstige pflanzliche Produkte"[37]. Die produktionsspezifischen Besonderheiten und Verhaltensweisen, die für diesen Bereich der landwirtschaftlichen Produktion maßgebend sind, können im Rahmen dieser Untersuchung nur unvollständig erfaßt werden[38].

Zur Formulierung der relevanten Ertrags-Aufwands-Beziehungen für die oben genannten Aggregate wurden die Informationen aus der sektoralen Statistik sowie Kalkulationsdaten und Ergebnisse einer regionalen Spezialuntersuchung des DFG-SP[39] herangezogen. Bei der geschlossenen Betrachtung der Entwicklung der sektoralen Aggregate sind die Sonderkulturen insofern von Bedeutung, als sie einerseits einen erheblichen Teil der Produktionsfaktoren in Anspruch nehmen und andererseits wesentlich zur Entstehung des landwirtschaftlichen Einkommens beitragen.

Während die Anbauflächen für Sonderkulturen im Durchschnitt des Analysezeitraums nur etwa 10 % der Ackerfläche (bzw. etwa 6 % der landwirtschaftlich genutzten Fläche) betragen, ergibt sich für 1974/75 nach der landwirtschaftlichen Gesamtrechnung ein Anteil am Produktionswert der pflanzlichen Erzeugnisse von über 50 % (bzw. am Produktionswert des landwirtschaftlichen Sektors von etwa 15 %). Die gesamten Sonderkulturen übertreffen bei weitem den Produktionswert des Getreidebaus. Dabei ist aber zu berücksichtigen, daß der Produktionswert nur die Verkäufe und den Eigenverbrauch, nicht aber den intrasektoralen Verbrauch erfaßt.

---

37) Die Abgrenzungsposition "Sonstige pflanzliche Produkte" umfaßt die Spezialkulturen Hopfen, Tabak, Blumen und Zierpflanzen, Baumschulerzeugnisse, Champignons und Sämereien.

38) Der interessierte Leser sei auf Spezialuntersuchungen im Rahmen des DFG-SP verwiesen. Vgl. z.B. Spitzer, H., Schmidt, G., Materialien zu Sonderkulturen im Konkurrenzvergleich landwirtschaftlicher Standorte, Forschungsbericht des DFG-SP "Konkurrenzvergleich landwirtschaftlicher Standorte" Nr. 120, Gießen 1977.

39) ebenda.

Im Vergleich zu den übrigen Bereichen der landwirtschaftlichen Produktion ist der Verbundcharakter bei den Sonderkulturen weniger ausgeprägt. In bezug auf die Nutzung von Produktionsfaktoren wird jedoch von der These ausgegangen, daß insgesamt ähnliche Bedingungen vorliegen wie bei den übrigen landwirtschaftlichen Produktionsbereichen.

Gemüse

Das Aggregat Gemüsebau setzt sich aus verschiedenen Einzelprodukten und Produktionsverfahren zusammen, die hier nicht im einzelnen betrachtet werden können. Die Anbauflächen für Gemüse nehmen von Beginn der Betrachtungsperiode bis zum Jahre 1963/64 leicht zu; von diesem Maximalwert aus ist bis zum Jahre 1975/76 ein starker Rückgang verzeichnet worden. Die Entwicklung der ha-Erträge verläuft entgegengesetzt zur Veränderung der Anbauflächen.

Wegen der speziellen Vermarktungsformen und der besonderen Produkteigenschaften (z.B. schnelle Verderblichkeit) sowie aufgrund der Tatsache, daß die Gesamtproduktionsmenge von Gemüse im Zeitablauf relativ stabil bleibt, wird davon ausgegangen, daß die Gemüseproduktion weitgehend absatzorientiert ist. Dies bedeutet, daß steigende ha-Erträge zu einer Verringerung der Anbauflächen führen. Dies zeigt sich auch bei den folgenden Ergebnissen der Regressionsanalyse:

$$
\begin{aligned}
GEMU_t = -28.45889 &+ \underset{(6.28)}{0.72247}\ GEMU_{t-1} \ \underset{(1.54)}{-34.17250}\ \log E_{GEMU,t-1} \\
&+ \underset{(4.52)}{0.25999}\ FWAK_{t-1} \ \underset{(1.86)}{+38.8149}\ RP_{GEMU,t-1} \\
&- \underset{(2.142)}{0.00801}\ \bar{D}_{GEMU} \ - \underset{(2.49)}{0.72770}\ P_{OELF,t-1} \\
&- \underset{(3.74)}{0.10926}\ D_{GMAS,t-1}
\end{aligned}
$$

$R^2 = 0.997$
$F = 390.61$
$S = 2.24$
$DW = 1.50$
$U = 0.0057$

Da für den Gemüsebau keine gesonderten Mechanisierungsstufen formuliert werden, sollen die Variablen "weibliche Familienarbeitskräfte" und "Schattenpreise für Grundmaschinenarbeiten" den Einfluß technologischer Fortschritte und den Einfluß des Faktorbestandes beschreiben. Geringere Kosten der Bodenbearbeitung sowie ein abnehmender Bestand an weiblichen Arbeitskräften in der Landwirtschaft führen zu einer Reduzierung des relativ arbeitsintensiven Gemüsebaus. Die langfristigen Wirkungen der erklärenden Variablen übertreffen die kurzfristigen Reaktionen um ein Vielfaches, wie der Regressionskoeffizient der verzögerten Variablen andeutet.

Obst

Für die Heterogenität des Aggregates Obstbau gilt im wesentlichen das gleiche wie beim Gemüse. Hinzu kommt, daß die Statistik über die Obstanbauflächen relativ unzuverlässig ist, vor allem wegen der Abgrenzung zu den Hausgärten. Aus den verschiedenen Testrechnungen wird folgende Beziehung ausgewählt und für das Modellsystem unterstellt:

$$OBST_t = -11.11218 + \underset{(8.15)}{1.04905}\ OBST_{t-1} + \underset{(4.83)}{0.00512}\ \bar{D}_{GEMU,t-1}$$

$$+ \underset{(1.50)}{2.52186}\ RP_{OBST,t-1} - \underset{(1.83)}{0.00115}\ D_{OBST,t-1}$$

$$+ \underset{(2.05)}{0.50171}\ TREN$$

R^2 = 0.978
F = 62.04
S = 2.76
DW = 1.58
U = 0.010

Mit Ausnahme des Relativpreises sind die Koeffizienten gesichert. Der Einfluß dieser Preisvariablen ist aber bei alternativen Modellspezifikationen relativ stabil und in der Größenordnung plausibel.

Die autonome Komponente dieser dynamischen Regressionsfunktion setzt sich aus dem absoluten Glied, der verzögerten endogenen Variablen und dem Trendfaktor zusammen. Je nach dem Ausgangsniveau und Prognosezeitraum kann die autonome Komponente zu einer ansteigenden oder rückläufigen Entwicklung der endogenen

Variablen führen[40]. Neben der autonomen Komponente wird die Entwicklung der Anbauflächen durch die Wettbewerbsstellung von Obst und Gemüse bestimmt.

Wein

Im Vergleich zu den übrigen Sonderkulturen zeigen die Weinbauflächen - trotz der ausgesprochen starken Ertrags- und Preisschwankungen - eine kontinuierliche Steigerung über die gesamte Betrachtungsperiode. Eine derartige Datenkonstellation wirkt sich erschwerend auf die ökonometrische Isolierung der relevanten Einflußfaktoren und Verhaltensweisen aus. Wegen der mehrjährigen Produktionsdauer ist davon auszugehen, daß die Wirkungen der vorherbestimmten Variablen ähnlich wie bei, Obst über eine längere Zeitperiode anhalten. Dies bestätigt die folgende Funktion für den Weinbau:

$$WEIN_t = 5.40533 \underset{(23.22)}{+ 0.93312} WEIN_{t-1} \underset{(3.72)}{- 0.00104} \bar{D}_{WEIN,t-1}$$

$$\underset{(1.46)}{+ 0.01557} E_{WEIN,t-1} \underset{(2.46)}{+ 0.46943} \overline{RD}_{WEIN,t-1}$$

$R^2 = 0.993$
$F = 546.66$
$S = 0.835$
$DW = 1.40$
$U = 0.0034$

Die Wettbewerbsstellung des Weinbaus wird durch die Variablen "absoluter und relativer Schattenpreis" sowie durch die naturale Ertragsvariable erfaßt. Die autonome Komponente tendiert zu einer Anbaufläche von etwa 80 000 ha, was in etwa dem arithmetischen Mittel während der Betrachtungsperiode entspricht. In den letzten Jahren wird dieser Wert bereits erheblich überschritten (etwa 100 000 ha).

40) Ein Anpassungskoeffizient für die verzögerte endogene Variable von größer als 1 bedeutet also nicht, daß die Entwicklung der endogenen Variablen einem autonomen Wachstumsprozeß folgt. Er besagt lediglich, daß die Elastizitäten bzw. Multiplikatoren bei langfristiger Betrachtung gegen unendlich gehen. Bei dem relativ kurzen Analysezeitraum bedeutet ein Anpassungskoeffizient von über 1, daß die Wirkungen der exogenen Variablen tendenziell ansteigen.

Sonstige pflanzliche Produkte

Wegen der Inhomogenität dieses Abgrenzungsaggregats ist die Frage nach der relevanten Entscheidungsvariablen (Anbaufläche, Produktionsniveau) nicht eindeutig zu beantworten. Um die für die Bodennutzung relevante Flächenbilanz zu schließen, wurde die Anbaufläche als Restgröße bestimmt und der Produktionswert (in konstanten Preisen) auf die Fläche bezogen (Ertragsvariable). Dabei ist zu beachten, daß sich dieser ha-Ertrag in Abhängigkeit von den Anteilen der einzelnen Erzeugnisse vor allem bei längerfristigen Entwicklungen ändern kann.

Wegen der Produktmischung können natürlich keine spezifischen Anpassungshypothesen aufgestellt werden, sondern lediglich allgemeine, ökonomisch plausible Erklärungsfaktoren getestet werden. Aufgrund der Bedeutung dieses Produktionsbereiches für das sektorale Einkommen soll eine gewisse Anpassungsfähigkeit bei alternativen ökonomischen Bedingungen nicht von vorneherein ausgeschlossen werden.

$$\begin{aligned} \lg SPFL_t = 1.30326 &+ \underset{(2.40)}{0.5388} \lg SPFL_{t-1} + \underset{(1.62)}{0.07490} P_{SPFL,t-1} \\ &+ \underset{(1.27)}{0.000375} RD_{SPFL,t-1} + \underset{(0.76)}{0.00004} \bar{D}_{GETR,t-1} \\ &- \underset{(1.87)}{0.00229} P_{GETR,t-1} - \underset{(1.77)}{0.00001} \bar{D}_{SPFL,t-1} \end{aligned}$$

$R^2 = 0.923$
$F = 10.00$
$S = 0.0061$
$DW = 1.080$
$U = 0.00111$

Der Theil-Koeffizient deutet auf eine zufriedenstellende Prognosegenauigkeit hin, während die anderen Prüfmaße die relativ geringe Sicherheit der geschätzten Beziehungen zum Ausdruck bringen. Insgesamt scheint diese Funktion die wichtigsten Einflußgrößen und die Wirkungsrichtung zu erfassen.

2.2 Tierproduktion

Die tierische Produktion ist mit einem Anteil von etwa 70 % an der Entstehung der landwirtschaftlichen Endproduktion beteiligt. Im Laufe der Betrachtungsperiode nimmt die Bedeutung der tierischen Produktion leicht zu. Während die pflanzliche Endproduktion (ohne innerlandwirtschaftlichen Verbrauch) durchschnittlich um 2.2 v.H. anwächst, ist bei der tierischen Produktion eine durchschnittliche jährliche Wachstumsrate von etwa 3 v.H. zu verzeichnen. Wegen der überragenden Bedeutung der tierischen Produktion wird die Güte des dynamischen Modells für den landwirtschaftlichen Sektor maßgeblich davon abhängen, inwieweit es gelingt, die Bestimmungsfaktoren der Entwicklungen in diesem Bereich zu isolieren und das Anpassungsverhalten hinreichend genau zu erfassen.

2.2.1 Rindviehproduktion

Innerhalb der Tierproduktion entfällt etwa die Hälfte des Produktionswertes auf den Bereich der Rindviehhaltung. Dabei gewinnt die Rindfleischproduktion gegenüber der Milchproduktion während der Betrachtungsperiode zunehmend an Bedeutung. Die entscheidenden Impulse für diese Veränderungen gehen von der Nachfrageseite aus. Die unterschiedlichen Nachfrageentwicklungen in beiden Produktionsbereichen können wegen des Verbundcharakters der Milch- und Rindfleischerzeugung zu Anpassungsproblemen auf beiden Produktmärkten führen. Wie die Entwicklungen in den letzten Jahren zeigen, können diese Probleme durch agrarpolitische Maßnahmen zusätzlich verschärft werden, wenn die möglichen bzw. absehbaren Produktionsreaktionen nicht in hinreichendem Maße bei der Konzipierung von Maßnahmen berücksichtigt werden.

Die folgende Analyse der Verhaltensweisen im Bereich der Rindviehhaltung baut auf dem in Teil B erstellten dynamischen Interdependenzsystem auf. Die relevanten Entscheidungsvariablen betreffen

- den Umfang der Färsennachzucht,
- den Umfang der Altkuhschlachtungen,
- den Umfang der Kälberaufzucht,
- die Aufteilung des männlichen Jungviehs auf die beiden Mastverfahren und

- die Aufteilung des weiblichen Jungviehs auf die beiden Mast- bzw. Aufzuchtverfahren.

Im Gegensatz zu simultan geschätzten Gleichungssystemen lassen sich bei dem hier zugrundeliegenden Modellansatz anhand der Schätzergebnisse nur begrenzte Aussagen über die Wirkungsweise des Systems ableiten. Die Verflechtungen innerhalb des Rindviehbereichs sowie die Beziehungen zu anderen Produktionsbereichen und zum Faktoreinsatz können erst beim Ablauf des Gesamtsystems analysiert werden.

Färsenaufzucht

Das Produktionsverfahren Färsen umfaßt die Aufzucht von weiblichen Jungtieren ab einem Alter von 18 Monaten bis zum Zeitpunkt der ersten Abkalbung bei einem Alter von etwa 28-30 Monaten. Voraussetzung für diesen Produktionsprozeß ist die Aufzucht von weiblichen Jungtieren bis zu einem Alter von 18 Monaten in der Periode t-1 (6-18 Monate) und in der Periode t-2 (0-6 Monate)[41].

Als direkte Einflußgrößen für die Färsenaufzucht sind daher der Bestand an weiblichen Jungtieren zu Beginn einer Periode und der erforderliche Nachschub zum Milchkuhbestand anzusehen. Da die Färsenaufzucht als zentrale Entscheidungsvariable für die Entwicklung der Milchkuhhaltung anzusehen ist, sind die Faktoren, die die Wettbewerbsfähigkeit der Milchkuhhaltung bestimmen, als wichtige Erklärungsvariablen zu betrachten. Andererseits ist die Färsenaufzucht als ein kurzfristig konkurrierendes Verfahren zur Rindfleischproduktion (Färsenmast) anzusehen. Bei längerfristiger Betrachtung kommen jedoch eher komplementäre Beziehungen zur Rindfleischproduktion zur Geltung. Ein steigender Kuhbestand bedeutet nämlich einen erhöhten Kälberanfall und damit ein zusätzliches Potential zur Rindfleischproduktion.

---

41) Siehe dazu Abschnitt 2.2.2.1, Teil B.

Folgende Verhaltensfunktion wird vorläufig verwendet:

$$\lg FARS_t = \underset{}{1.88104} + \underset{(1.05)}{0.190597} \lg FARS_{t-1} - \underset{(4.07)}{0.000906}\, \bar{D}_{KUEH,t-1}$$

$$+ \underset{(2.29)}{0.000070}\, WJU2_{t-1} + \underset{(2.88)}{0.000421}\, D_{WJU2,t-1}$$

$$- \underset{(2.48)}{0.001391}\, \bar{D}_{KALB,t-1} + \underset{(1.73)}{0.032742}\, \overline{RD}_{AKUH,t-1}$$

$$+ \underset{(2.35)}{0.320669}\, \overline{RD}_{GRUN,t-1} - \underset{(1.95)}{0.124986}\, \overline{RD}_{FUTT,t-1}$$

R^2 = 0.918
F = 6.18
S = 0.0184
DW = 2.19
U = 0.0019

Im Vergleich zu den anderen Verhaltensfunktionen ist das Bestimmtheitsmaß relativ niedrig. Dabei ist aber zu beachten, daß die Gesamtvarianz der abhängigen Variablen verhältnismäßig gering ist. Der Durbin-Watson-Test, der Standardfehler der Schätzung und der Theil-Koeffizient zeigen jedoch, daß die geschätzte Funktion die Dynamik in der Färsenaufzucht relativ gut erfaßt. Der Einfluß der erklärenden Variablen entspricht den Erwartungen. Die verzögerte endogene Variable hat ebenso wie die Variable "verfügbare weibliche Jungtiere" (WJU2) einen geringen Einfluß.

Der Bestand an Milchkühen zeigte auch bei verschiedenen anderen Modellspezifikationen keinen plausiblen Einfluß. Die Annahme einer konstanten Nachzuchtrate (Umtriebsdauer, Verweildauer), die häufig bei prozeßanalytischen Ansätzen zugrundegelegt wird, kann daher nicht aufrecht erhalten werden.

Während mit einem zunehmenden Schattenpreis für Milchkühe die Färsenaufzucht ausgedehnt wird, führt ein steigender Schattenpreis für weibliche Jungtiere zu einer Einschränkung der Färsenaufzucht und damit zu einer Ausdehnung der Färsenmast. Neben der Konkurrenz um die Verwendung der weiblichen Jungtiere wirkt eine zunehmende Kälberverknappung (Schattenpreise für Kälber) auf eine Aufstockung der Kuhbestände. Daneben geht vom relativen Schattenpreis für ausscheidende Altkühe ein positiver Einfluß auf die Färsenaufzucht aus. Diese Variable kann so interpretiert werden, daß eine Verbesserung der relativen Erlössituation für Altkühe auf eine Verkürzung der Verweildauer der Milchkühe drängt.

Die restlichen Einflußfaktoren beziehen sich auf die Knappheit des Grundfutterangebots. Während eine Zunahme der relativen Kosten für Wirtschaftsfutter auf eine Reduzierung der Färsenaufzucht hinwirkt, bedeutet eine bessere Verwertung des Grünlandes (als Ausdruck der Konkurrenzfähigkeit des Komplexes Rindviehhaltung - Futterbau) eine Ausdehnung der Färsenaufzucht und damit des Potentials der künftigen Rindviehhaltung. Der Gesamteinfluß der Futterproduktion auf die Färsenaufzucht und Milchkuhhaltung ergibt sich aus den beiden gegenläufigen Effekten.

Da der Milchkuhbestand keinen signifikanten Einfluß und der Bestand an weiblichen Jungtieren nur einen geringen Einfluß auf die Färsennachzucht zeigt, werden aus Plausibilitätsgründen folgende Nebenbedingungen gesetzt:

$$FARS_t \leq a_1 \cdot WJU2_{t-1}$$

$$FARS_t \geq a_2 \cdot KUEH_{t-1}$$

Die Unter- und Obergrenzen sollen bei extremen Alternativläufen sicherstellen, daß gewisse technische Beziehungen eingehalten werden. So wird angenommen, daß sich maximal 85 % des verfügbaren weiblichen Jungtierbestandes zur Färsennachzucht eignen (a_1 = 0.85), wobei dieser Koeffizient im Durchschnitt der Betrachtungsperiode bei 0.70 liegt(maximaler Wert: 0.76). Ebenso soll eine bestimmte Unterschwelle in Abhängigkeit vom Kuhbestand festgelegt werden, die aber noch eine relativ starke Reduzierung des Kuhbestandes, vor allem bei ex-ante-Abläufen, erlaubt. Während im Durchschnitt der Betrachtungsperiode die Färsennachzucht etwa 23 % des Kuhbestandes beträgt, wird hier ein Färsennachzuchtanteil von a_2 = 0.18 angenommen. Diese Nebenbedingungen sind jedoch für die Analyse der tatsächlichen ex-post-Entwicklungen ohne Bedeutung.

Ausscheiden von Altkühen

Der Abgang von Altkühen zur Schlachtung ist abhängig vom Kuhbestand und von der Altersstruktur des Bestandes. Wie die Entwicklung dieser Größen zeigt, kann aber hier nicht von einer technisch determinierten Relation ausgegangen werden. Vielmehr ist diese Größe wie der Zugang an Färsen als eine echte Entscheidungsvariable anzusehen, insbesondere als eine Entscheidungsvariable, die agrarpolitisch beeinfluß werden kann, wie das Beispiel der Abschlachtaktion im Jahre 1970 zeigt.

Es wird unterstellt, daß der Umfang der Milchkuhhaltung (technisches Ausscheiden) und die Wettbewerbsfähigkeit der Milchproduktion sowie die speziellen agrarpolitischen Maßnahmen den Umfang der Altkuhschlachtungen bestimmen. Unter diesen Annahmen konnte folgende Funktion ermittelt werden:

$$\begin{aligned} AKUH_t = 781.18140 &+ \underset{(3.00)}{0.20528}\ AKUH_{t-1} + \underset{(12.22)}{0.61881}\ FARS_{t-1} \\ &+ \underset{(5.07)}{0.71615}\ \bar{D}_{KUEH,t-1} - \underset{(6.14)}{30.71973}\ MP_{MILC,t}{}^{42)} \\ &+ \underset{(6.05)}{3.07044}\ MP_{RIFL,t}{}^{42)} + \underset{(1.86)}{0.65875}\ ABSCH_t{}^{43)} \end{aligned}$$

$R^2 = 0.985$
$F = 72.51$
$S = 22.54$
$DW = 2.96$
$U = 0.00603$

Die Regressionskoeffizienten sind, mit Ausnahme der Variablen "staatliche Aufwendungen im Rahmen der Abschlachtaktion" mit einer Irrtumswahrscheinlichkeit von 1 % gesichert. Die Variable "Bestand an Milchkühen", zeigt keinen gesicherten Einfluß auf den Abgang an Altkühen. Wie die dargestellten Ergebnisse verdeutlichen, besteht dagegen ein starker und gesicherter Zusammenhang zu den in der Vorperiode aufgezogenen Färsen. Um bei alternativen Simulationsläufen sicherzustellen, daß ein bestimmter technisch bedingter Abgang von Altkühen nicht unterschritten wird, soll folgende Nebenbedingung formuliert werden:

$$AKUH_t \geq a \cdot MKUH_{t-1},$$

42) Richtpreis für Milch bzw. Orientierungspreis für Rindfleisch.
43) Aufwendungen für die Abschlachtaktion in Mio. DM.

wobei a eine technisch bedingte Abgangsquote darstellt. Während des Betrachtungszeitraums schwankt die Abgangsquote zwischen 0.20 und 0.28, wobei sich im Durchschnitt ein Wert von 0.235 ergibt. Dieser Wert entspricht einer durchschnittlichen Nutzungsdauer von 4.25 Jahren. Wenn man von einer maximalen Nutzungsdauer von 6 Jahren im Durchschnitt des Sektors ausgeht, so ergibt sich ein Koeffizient a von etwa 0.16.

Durch die Einbeziehung der Variablen "Abschlachtprämie" läßt sich die Wirkungsweise dieses agrarpolitischen Instruments anhand der Funktionsparameter konkretisieren. Die spezifizierte Gleichung besagt, daß ein Aufwand von 1 Mill. DM bei der Abschlachtaktion im Jahre 1970 zu einer Reduzierung des Kuhbestandes in Höhe von 618 Kühen geführt hat. Anders ausgedrückt bedeutet dies, daß pro Kuh, die ausschließlich aufgrund der Prämienzahlung aus der Produktion ausschied, 1618 DM aufgewendet wurden, ein Betrag, der in etwa den Kosten der Bereitstellung einer Jungkuh im Jahre 1970 entsprach.

Die Gesamtaufwendungen in der Bundesrepublik Deutschland betrugen im Jahre 1970 110.82 Mio. DM[44], wobei je geschlachteter Milchkuh 732 DM gezahlt wurden, so daß insgesamt auf 151 397 Kühe Abschlachtprämien entfielen. Die Analyse verdeutlicht, daß von den rund 150 000 Milchkühen, für die Prämie gezahlt wurde, nur ca. 73 000 aufgrund der Prämienzahlung im Jahre 1970 aus der Produktion gedrängt wurden. Die Frage inwieweit die ermittelten Wirkungszusammenhänge für Abschlachtprämien auch bei künftigen Entwicklungen und bei Politikmaßnahmen unter veränderten Bedingungen gelten können, bedarf einer gesonderten Diskussion. Ebenso kann anhand der geschätzten Parameter nicht gesagt werden,wie die Entwicklung der Milchproduktion ohne den Einsatz dieses Instrumentes bis zum heutigen Zeitpunkt verlaufen wäre. Eine geeignete Referenzentwicklung für die Beurteilung der Wirkungsweise dieser einmaligen Maßnahme läßt sich hingegen durch den Ablauf des dynamischen Modellsystems gewinnen.

---

44) Metzdorf, H.J., Analyse der EWG-Marktordnung für Milch und Milcherzeugnisse von 1969 bis 1971. Aufwand und Erfolg, Braunschweig-Völkenrode 1973.

Kälbermast

Der Umfang der Kälbermast (einschließlich Export von Kälbern) geht im Betrachtungszeitraum um über die Hälfte zurück (durchschnittliche jährliche Wachstumsrate: - 4.06 %). Da beide Produktionsbereiche um die verfügbaren Kälber konkurrieren, wird die Entwicklung der Rindfleischproduktion entscheidend vom Umfang der Kälbermast beeinflußt. Bei einem gegebenem Gesamtkälberanfall ist durch den Umfang der Kälbermast auch das verfügbare Potential für die Rindermast determiniert.

Als Erklärungsfaktoren für die Kälbermast sind also die Bestimmungsfaktoren für die Kälberaufzucht zu berücksichtigen. Folgende ökonomischen Variablen wurden daher in ihrem Einfluß getestet: Kalbfleischpreis, Rindfleischpreis, verschiedene Dualwerte für die Kälbermast und die Rindermast, Produktionsniveau konkurrierender Produktionsverfahren.

Bei der Schätzung ergab sich das Problem, daß im Jahre 1962/63 ein Strukturbruch in der statistischen Erhebung auftritt, so daß eine 0/1 Variable eingeführt werden mußte, damit die Schätzwerte der übrigen Parameter nicht verzerrt werden. Folgende vorläufige Regressionsfunktion soll die Entwicklung der Kälbermast hinreichend erfassen:

$$\begin{aligned} KMAS_t = 1046.49512 &+ \underset{(2.19)}{0.371659}\ KMAS_{t-1} + \underset{(1.87)}{1.673370}\ \bar{D}_{KAIN,t-1} \\ &+ \underset{(1.79)}{573.0063}\ RP_{KMAS,t-1} + \underset{(3.72)}{651.8151}\ \overline{RD}_{GRMA,t-1} \\ &- \underset{(2.49)}{26.57525}\ TREN + \underset{(3.39)}{106.48066}\ DUM \end{aligned}$$

$$\begin{aligned} R^2 &= 0.987 \\ F &= 133.74 \\ S &= 54.73 \\ DW &= 2.10 \\ U &= 0.010 \end{aligned}$$

Da der absolute Preis für Kalbfleisch keinen sinnvollen Einfluß zeigte, wurde ein Relativpreis (Relation Kalbfleischpreis zu Rindfleischpreis) als erklärende Variable in die Funktion aufgenommen. Neben dem signifikanten Einfluß dieser Größe wirkt die ökonomische Verwertung der Kälber (D_{KAIN}) auf den Umfang der Kälbermast. Da die Schattenpreise für Kälber in enger Beziehung zur Verwertung der Kälber in der Rindermast stehen, erfaßt diese Variable die Wettbewerbsstellung der Rinderaufzucht bzw. Rindermast. Zunehmende relative Gebäude- und Arbeitskosten in der Rindermast wirken auf eine Steigerung der Kälbermast und damit eine Reduzierung der Jungviehaufzucht und der Rindermast.

Die Dummy-Variable DUM hat lediglich im Jahre 1962/63 einen direkten Einfluß (1962/63: DUM = 1). Aufgrund der verzögerten endogenen Variablen pflanzt sich die Wirkung in den Folgejahren wie folgt fort:

1962/63	106.48
1963/64	39.57
1964/65	14.70
1965/66	5.46
1966/67	2.03

Durch die Einbeziehung der Trendvariablen (TREN) wird das Schätzergebnis wesentlich verbessert. Vor allem ergibt sich dadurch ein plausibler und gesicherter Einfluß der ökonomischen Variablen. Die Reduzierung der Kälbermast ist jedoch zu etwa einem Drittel durch den Trendeinfluß bestimmt. Die Haupttendenzen werden dennoch durch die ökonomischen Variablen erklärt.

Aufzucht weiblicher Tiere (WJU2)

Die Aufzucht weiblicher Tiere im Altersabschnitt von 6 bis 18 Monaten bildet die Basis für die Färsennachzucht und die Mast weiblicher Jungtiere mit einem höheren Endgewicht. Dieses Produktionsverfahren konkurriert unmittelbar mit der Färsenmast I (niedrigeres Endgewicht) um die verfügbaren weiblichen Jungtiere im Alter von 6 Monaten[45].

Für die Erklärung des Produktionsumfangs sind die Bestimmungsfaktoren für die Mast weiblicher Jungtiere mit einem höheren und einem niedrigeren Endgewicht und für die Färsennachzucht

45) Vgl. dazu Abschnitt 2.2.2, Teil B.

zu berücksichtigen. Folgendes Ergebnis kommt diesen Anforderungen am nächsten:

$$\lg WJU2_t = \underset{}{1.8211o} + \underset{(2.67)}{0.33525} \lg WJU2_{t-1} + \underset{(9.55)}{0.00022}\ WJU1_{t-1}$$

$$+ \underset{(2.64)}{0.07294}\ P_{RIND,t} - \underset{(3.19)}{0.00387}\ \bar{D}_{VWE1,t-1}$$

$$- \underset{(3.17)}{0.00024}\ \bar{D}_{WJU2,t-1} - \underset{(3.35)}{0.04463}\ \overline{RP}_{RIND,t}$$

$$+ \underset{(3.10)}{0.00062}\ \bar{D}_{WJU1,t-1} - \underset{(2.13)}{0.00018}\ \bar{D}_{KAIN,t-1}$$

$$+ \underset{(2.03)}{0.00011}\ VWE1_{t-1} - \underset{(2.02)}{0.00015}\ \bar{D}_{KUEH,t-1}$$

$R^2 = 0.982$
$F = 48.85$
$S = 0.00724$
$DW = 2.28$
$U = 0.00067$

Die Prüfgrößen deuten auf einen gesicherten Einfluß der abhängigen Variablen und auf zufriedenstellende Eigenschaften der Gesamtfunktion hin. Wegen der Vielzahl der erklärenden Variablen ist jedoch die Anzahl der Freiheitsgrade relativ niedrig.

Neben der endogen verzögerten Variablen zeigt sich ein gesicherter Einfluß der Variablen WJU2 und VWE1. Der Umfang des Aufzuchtverfahrens wird also vom vorhandenen Jungviehpotential und vom Umfang des Konkurrenzverfahrens in der Vorperiode bestimmt. Der letztgenannte Einfluß ist vor allem für die Dynamik des Modellablaufs von Bedeutung.

Der Einfluß der Markt- und Schattenpreise entspricht den Erwartungen. Von besonderer Bedeutung ist der Einfluß des Schattenpreises für den Milchkuhbestand und für die Kälber, denn in Abhängigkeit von diesen Variablen wird das Potential für die Färsennachzucht entscheidend gesteuert.

Aufzucht männlicher Tiere (MJU2)

Als Entscheidungsvariable wird hier - analog zu den weiblichen Tieren - die Aufzucht der männlichen Tiere im Altersabschnitt von 6-18 Monaten angesehen. Bei gegebenem Jungviehpotential ist damit gleichzeitig der Umfang der Rindermast I in der Periode t und der Umfang der Rindermast II in der Periode t+1 bestimmt. Bei der Schätzung der Verhaltensfunktion für das Produktionsverfahren MJU2 sind die Bestimmungsfaktoren aller Aufzucht- und Mastprozesse mit männlichen Kälbern zu berücksichtigen. Vorläufig wird von folgendem Schätzergebnis ausgegangen:

$$
\begin{aligned}
\lg MJU2_t = 1.76046 & \underset{(4.13)}{+ 0.49261} \lg MJU2_{t-1} \underset{(3.08)}{+ 0.00019} MJU1_{t-1} \\
& \underset{(2.20)}{- 0.00043} \bar{D}_{MJU2,t-1} \underset{(2.63)}{+ 0.00123} D_{MJU1,t-1} \\
& \underset{(2.93)}{- 0.65702} \overline{\overline{RD}}_{VEM1,t-1} \underset{(2.65)}{- 0.00029} D_{KAIN,t-1} \\
& \underset{(3.41)}{+ 0.07930} P_{RIND,t-1} \underset{(3.07)}{+ 0.00210} \bar{D}_{GRMA,t-1} \\
& \underset{(1.58)}{+ 0.00094} MP_{RIND,t}{}^{46)}
\end{aligned}
$$

$R^2 = 0.994$
$F = 192.11$
$S = 0.0165$
$DW = 1.73$
$U = 0.00184$

Trotz der stark eingeschränkten Zahl der Freiheitsgrade sind die Regressionskoeffizienten einigermaßen gesichert. Die Prüfmaße zeigen, daß die Gesamtfunktion eine ausreichende Signifikanz und Genauigkeit aufweist.

Die autonome Komponente nähert sich asymptotisch dem Wert von 2.8 Mio. Beim gegenwärtigen Milchkuhbestand wäre dann das Kälberreservoir voll ausgeschöpft. Neben den verschiedenen Schattenpreisen läßt sich ein unmittelbarer Einfluß des Marktpreises für Rindfleisch P_{RIND} in der Vorperiode und des Orientierungspreises für Rindfleisch MP_{RIND} in der jeweiligen Periode nachweisen.

---

46) MP_{RIND} = Orientierungspreis für Rindfleisch.

2.2.2 Veredelungsproduktion

Die Veredelungsproduktion (Schweinefleisch, Eier, Geflügelfleisch) zeichnet sich im Vergleich zur Rinderproduktion durch eine höhere Flexibilität und Anpassungsfähigkeit aus. Durch die kürzere Produktionsdauer und wegen der geringeren Anteile der Bestandsergänzung am verfügbaren Jungtierpotential sind die physischen Verzögerungen bei der Ergänzung des Tierbestandes weniger produktions- und angebotswirksam. Zum anderen bestehen geringere direkte Verflechtungen mit der Bodenproduktion, so daß die Entwicklung der Veredelungsproduktion relativ unabhängig von den übrigen Produktionsbereichen verlaufen kann.

Wenn man davon ausgeht, daß der Futtermitteleinsatz nicht physisch begrenzend wirkt, so ist die Konkurrenzsituation zwischen der Veredelungsproduktion und den übrigen Produktionsbereichen durch den Faktoreinsatz bestimmt. Die Wettbewerbsfähigkeit kommt in den Schattenpreisen für die Veredelungsproduktion zum Ausdruck. Folglich werden diese Faktoren für die Erklärung der einzelnen Produktionsniveaus herangezogen.

Typisches Kennzeichen der Veredelungsproduktion ist der hohe Anteil der Futterkosten, welcher sich in besonderem Maße auf die Schattenpreise der Verfahren auswirkt. Wegen der Bedeutung der Futterkosten soll bei den einzelnen Verfahren überprüft werden, ob sich neben den Schattenpreisen ein unmittelbarer Zusammenhang zwischen den Futtermittelpreisen und den Produktionsniveaus nachweisen läßt.

Schweineproduktion

Die Entwicklung der Schweineproduktion in den letzten zwei Jahrzehnten ist durch einen kräftigen Anstieg gekennzeichnet (durchschnittliche jährliche Wachstumsrate 3.4 v.H.). Um diese langfristige Entwicklung sind saisonale und zyklische Schwankungen im Schweineangebot zu beobachten. Die zyklischen Produktionsschwankungen lassen sich theoretisch aus dem Anpassungsverhalten der Landwirte auf der Basis der jeweiligen ökonomischen Informationen und aus den physischen Verzögerungen zwischen der Einleitung der Produktion (Aufstellen von Jungsauen, Decken von Zuchtsauen) und zum Zeitpunkt des fertigen Endprodukts (Schlachtreife der Mastschweine, Angebot am Markt) erklären[47]. Zur Erklärung der zyklischen Entwicklung sind aber vierteljährliche bzw. monatliche Daten heranzuziehen. Auf der Basis von Jahreswerten können lediglich die langfristigen und die groben mittelfristigen Tendenzen erfaßt werden.

Wie bei der Konstruktion des Interdependenzsystems (Abschnitt 2.2.2, Teil B) bereits ausgeführt, wird die Anzahl der gehaltenen Zuchtsauen als Entscheidungsvariable[48] angesehen. Aus der Vielzahl der geschätzten Verhaltensfunktionen für die Zuchtsauenhaltung auf der Basis jährlicher Bestandsgrößen wird folgende Funktion vorläufig verwendet[49]:

---

47) Siehe dazu auch: Hanau, A., Schweinezyklus, in: Handwörterbuch der Sozialwissenschaften, Bd. 9, Stuttgart-Tübingen-Göttingen 1956, S. 171-173. Schrader, J.V., Zyklische Veränderungen des Bestandes an trächtigen Sauen im regionalen Vergleich (Agrarwirtschaft, Sonderheft 49) Hannover 1972, Elterich, J., Modell zur Analyse und Prognose des Schweineangebots, in: Reisch, E., (Hrsg.), Quantitative Methoden in den Wirtschafts- und Sozialwissenschaften des Landbaues, München-Basel-Wien 1967, S. 299 ff. Budde, H.-J., Optimale Anpassung der Schweineproduktion an zyklische und saisonale Preisbewegungen, Dissertation, Göttingen 1974, Raup, M., Möglichkeiten der Prognose der Schlachtschweineproduktion, (Diss.), Hohenheim 1973, Ryll, E.D., Ökonometrische Analyse des Schlachtschweineangebots in der Bundesrepublik Deutschland und in Schleswig-Holstein, Berichte über Landwirtschaft, Bd. 53 (1975), S. 398-415.

48) Die verschiedenen ökonometrischen Schätzungen auf der Basis von konstruierten Zugangs- und Abgangsdatenreihen brachten nur teilweise plausible und gesicherte Verhaltensparameter. Da die Verwendung dieser Funktionen für das dynamische Sektormodell nicht besonders sinnvoll erscheint, wie die ersten Testläufe auch bestätigen, soll hier auf eine Darstellung der Schätzergebnisse verzichtet werden.

49) Für weiterführende und spezielle Analysen der Schweineproduktion dürfte eine starke zeitliche Differenzierung und eine Differenzierung nach Flußgrößen als Entscheidungsvariable unumgänglich sein. Siehe dazu auch: Wöhlken, E., Analyse des Marktablaufs bei landwirtschaftlichen Erzeugnissen mit vierteljährlichen und monatlichen Daten, in: Reisch, E. (Hrsg.), Quantitative Methoden ..., S. 343 ff.

$$SWZU_t = 773.51343 + \underset{(1.99)}{0.230361}\, SWZU_{t-1} + \underset{(1.96)}{0.021208}\, SWIN_{t-1}$$

$$+\underset{(2.65)}{215.13182}\, P_{SCHW,t-1} + \underset{(1.89)}{59.204315}\, \overline{D}_{FKAR,t-1}$$

$$-\underset{(1.72)}{567.76001}\, \overline{RD}_{FERK,t-1}$$

R^2 = 0.988
F = 111.54
S = 53.88
DW = 1.71
U = 0.012

Während der Regressionskoeffizient für den Schweinepreis bei einer Irrtumswahrscheinlichkeit von 2.5 % noch gesichert ist, gilt für die anderen Koeffizienten eine Irrtumswahrscheinlichkeit von 8-10 %. Bei alternativen Modellspezifikationen ergibt sich jedoch eine hohe Stabilität der geschätzten Modellparameter. Die Prüfmaße für die Gesamtfunktion zeigen insgesamt eine hohe Erklärung, so daß die dargestellten Verhaltensparameter für das dynamische Sektormodell übernommen werden können.

Übersicht 41: Partieller Einfluß einer Variation des Schweinepreises um 0.10 DM/kg auf die Entwicklung der Schweineproduktion

Jahr	Einmalige Preisverändg. (ΔP_o = 0.1)		Dauerhafte Preisveränderung ($\Delta P_o=\Delta P_1=\ldots\Delta P_n=0.1$)		Zyklische Preisentwicklung		
	ΔSWZU	ΔSWIN	ΔSWZU	ΔSWIN	ΔP	ΔSWZU	ΔSWIN
0	0.	0.	0.	0.	+0.1	0.	0.
1	21.5	150.5	21.5	150.5	0.	21.5	150.5
2	8.1	207.5	29.6	357.9	-0.1	8.1	207.5
3	6.2	101.7	35.9	458.8	0.	-15.3	-50.4
4	3.5	68.9	39.5	527.7	+0.1	- 4.5	-139.2
5	2.2	41.0	41.8	568.9	0.	17.5	91.7
6	1.3	24.9	43.1	594.5	-0.1	5.9	164.2
7	0.8	14.7	44.0	607.9	0.	-16.6	-75.2
8	0.5	9.0	44.5	619.7	+0.1	- 5.4	-154.5
.	.	.	.	.	.	.	.
.	.	.	.	.	.	.	.
n	0.	0.	45.5	637.1	-	-	-

Die endogene Verzögerung bezieht sich auf den Bestand der Schweine und den Umfang der produzierten Mastschweine (SWIN) in der Vorperiode. Aufgrund des unterstellten intertemporalen Ferkeltransfers führt die Variable SWIN zu einer etwa eineinhalbjährigen Verzögerung. Die dynamischen Zusammenhänge dieser Gleichung sollen durch eine partielle Variation des Schweinepreises verdeutlicht werden. Dabei wird eine Abferkelquote von 14 Ferkel je Zuchtsau und Jahr unterstellt.

Anhand einer Beispielsrechnung lassen sich verschiedene dynamische Effekte genauer verfolgen (siehe Übersicht 41):

(1) Bei einer <u>einmaligen</u> Anhebung des Schweinepreises im Jahre t zeigt sich ein starker Anstieg des Zuchtschweinebestandes im Jahre t+1 und in den Folgejahren ein asymptotischer Abfall auf das ursprüngliche Niveau. Die Schweinemast steigt ebenfalls im Jahre t+1 an, erreicht die Hauptangebotswirkung jedoch erst im Jahre t+2. In den Folgejahren tendiert auch die Schweinemast wieder zum ursprünglichen Niveau.

(2) Bei einer <u>dauerhaften</u> Preisanhebung steigt sowohl der Zuchtschweinebestand als auch die Mastschweineproduktion ab dem Jahre t+2 fortlaufend an. Bezieht man die langfristigen Anpassungen und die angenommene Preisdifferenz auf den Durchschnitt der entsprechenden Werte aus der Beobachtungsperiode, so ergibt sich eine <u>partielle</u> Preis-Angebotselastizität von etwa 0.7.

(3) Bei einer <u>zyklischen Preisvariation</u> zeigt sich eine entgegengesetzte zyklische Produktions- und Angebotsreaktion. Dabei wurde beispielhaft eine Zykluslänge von 4 Jahren angenommen. Das spezifizierte Modell ist also in der Lage, zyklische Angebotsreaktionen in der gewünschten Weise abzubilden. Voraussetzung dafür ist, daß die durchschnittlichen jährlichen Schweinepreise den Preiszyklus entsprechend zum Ausdruck bringen.

Die tatsächlichen Entwicklungen sind dadurch gekennzeichnet, daß diese isolierten Effekte in kombinierter Form und in unterschiedlicher Mischung im Zeitablauf auftreten. Neben den Preiseffekten wirken sich die Kosten, die sich in den Schattenpreisen niederschlagen, auf die Produktionsreaktionen aus. Da die Reaktion der Schattenpreise bei dieser Beispielrechnung nicht berücksichtigt wurde, lassen sich über die Gesamtreaktionen der Schweineproduktion bei veränderten Schweinepreisen noch keine Schlußfolgerungen ziehen. Wie bei allen anderen Verhaltensfunktionen, kann die Auswirkung veränderter Rahmenbedingungen auf das Produktionsniveau nur anhand des Gesamtsystems spezifiziert werden.

Eierproduktion

Der Umfang der Hühnerhaltung ist im Durchschnitt des Betrachtungszeitraums jährlich um 1.2 v.H. angestiegen, wobei sich die Expansion lediglich auf den Zeitraum von 1955/56 (50 Mio.) bis 1970/71 (70 Mio.) bezieht. Seit dem Jahre 1970 ist ein kontinuierlicher Rückgang zu verzeichnen, der zu einem Durchschnittsbestand von etwa 63 Mio. Hühnern im Jahre 1975/76 führte. Die produktionstechnischen Verflechtungen der Hühnerhaltung zu den übrigen Bereichen der landwirtschaftlichen Produktion sind relativ wenig ausgeprägt. Direkte Beziehungen, die für die Entwicklung der Hühnerhaltung von Bedeutung sind, dürften zum Bereich der Geflügelmast bestehen. Als Haupteinflußfaktoren sind die Eier- und Futtermittelpreise sowie die Veredelungseffizienz anzusehen.

Ausgehend von diesen Überlegungen wird für die Entwicklung der Hühnerhaltung folgende Verhaltensfunktion zugrundegelegt:

$$\begin{aligned} HUHN_t = -7432.488 &+ \underset{(4.91)}{0.91050}\ HUHN_{t-1} - \underset{(1.57)}{2905.9709}\ \bar{D}_{HUHN,t-1} \\ &- \underset{(1.31)}{597.0246}\ \bar{D}_{GEFL,t-1} + \underset{(2.42)}{3158.2558}\ P_{HUHN,t-1} \\ &+ \underset{(1.37)}{937755.57}\ \overline{RD}_{HUHN,t-1} \end{aligned}$$

$R^2 = 0.983$
$F = 84.81$
$S = 1270.69$
$DW = 1.82$
$U = 0.0079$

Die Regressionskoeffizienten sind nur relativ schwach gesichert. Die Einflußrichtung der erklärenden Variablen entspricht jedoch den Erwartungen. Bei der Aufnahme zusätzlicher Variablen ergibt sich zwar eine Verbesserung des Gesamtergebnisses, der Einfluß der einzelnen Variablen kann jedoch nicht mehr sinnvoll interpretiert werden.

Der Durbin-Watson-Koeffizient und der Theil-Koeffizient zeigen, daß sowohl die Entwicklungstendenzen als auch die jährlichen Schwankungen bei einer partiellen ex-post-Prognose relativ gut erklärt werden.

Geflügelmast

Die inländische Produktion von Geflügelfleisch nimmt während der Betrachtungsperiode durchschnittlich um etwa 10 % pro Jahr zu, was etwa einer Verdreifachung innerhalb der beiden Jahrzehnte entspricht. Während der Hauptaufschwung in den Jahren 1963/64 bis 1970/71 erfolgt, ist in den letzten Jahren ein leichter Rückgang der Produktion zu verzeichnen. Bei einer relativ kontinuierlichen Nachfrageentwicklung (durchschnittliche Wachstumsrate 10 %) konnten die Produktionsschwankungen durch Importe weitgehend ausgeglichen werden. Der Anteil des Importes am gesamten Geflügelfleischverbrauch beträgt etwa 50 %.

Die Quantifizierung einer Verhaltensfunktion für die Geflügelfleischproduktion ist dadurch erschwert, daß keine statistischen Angaben über den Umfang der geschlachteten Tiere auf agrarsektoraler Ebene vorliegen. Behelfsweise werden deshalb die Geflügelmastbestände als Entscheidungsvariable angesehen. Dabei werden die Leistungsgrößen je Produktionseinheit aus den statistischen Ausweisungen über die Geflügelfleischproduktion und über die Bestände errechnet. Zu beachten ist, daß sich die Veränderung der Umtriebe pro Jahr auf die Leistungsgrößen je Produktionseinheit auswirkt. Durch folgende dynamische Verhaltensfunktion lassen sich plausible Ergebnisse und eine gute Annäherung an die tatsächliche Entwicklung erzielen:

$$GEFL_t = -7539.24609 + \underset{(6.58)}{1.007148}\, GEFL_{t-1} - \underset{(1.80)}{297.430176}\, \bar{D}_{GEFL,t-1} + \underset{(1.66)}{6507.65625}\, RP_{GEFL,t-1} + \underset{(3.13)}{3264.40039}\, DUM_t$$

R^2 = 0.973
F = 134.51
S = 1421.22
DW = 1.14
U = 0.033

Die Dummy-Variable DUM hat ab dem Jahre 1963/64 den Wert 1 und in den Vorjahren den Wert 0. Anders ausgedrückt bedeutet dies, daß für das absolute Glied ab 1963/64 der Wert -4275 steht. Durch diese Hilfsvariable kann der Bruch in den statistischen Reihen ausgeschaltet und der Einfluß der ökonomischen

Variablen besser isoliert werden. Die verzögerte Variable und das absolute Glied bewirken sowohl bei DUM = 1 als auch bei DUM = 0 eine autonome Entwicklung, die wesentlich unter dem Vorjahresniveau liegt (je nach Niveau der endogenen Variablen etwa 20 bis 80 % des Vorjahreswertes). Die tatsächliche Entwicklung wird somit vorrangig durch den Schattenpreis der Geflügelhaltung und den Relativpreis für Geflügelfleisch bestimmt.

Sonstige tierische Produktion

Die Position "Sonstige tierische Produktion" ist eine Restgröße, die alle jene Outputgrößen erfaßt, die bei den anderen Verfahren der Tierproduktion nicht berücksichtigt sind(z.B. Kaninchen, Pferde, Schafe, Ziegen und Ziegenmilch, Wolle und Honig).

Der Umfang dieser Restgröße wird in 1000 DM Output zu konstanten Preisen gemessen. Die Berücksichtigung dieser Abgrenzungsgröße ist wegen der Vergleichbarkeit zur landwirtschaftlichen Gesamtrechnung notwendig; es lassen sich jedoch nur begrenzt Aussagen über den Entwicklungsprozeß in den einzelnen Produktionsbereichen ableiten. Der Produktionsumfang verliert in der Betrachtungsperiode stark an Bedeutung (durchschnittliche Wachstumsrate des Produktionswertes zu konstanten Preisen - 3 v.H. pro Jahr).

Folgende Ergebnisse der Regressionsanalyse sollen die Entwicklung beschreiben:

$$\begin{aligned} STIE_t = 134.97925 &+ \underset{(1.97)}{0.220529}\, STIE_{t-1} + \underset{(1.74)}{2.956897}\, \overline{RD}_{STIE,t-1} \\ &+ \underset{(3.56)}{0.352016}\, D_{GSON,t-1} + \underset{(1.96)}{2.17.168625}\, P_{STIE,t-1}{}^{50)} \\ &- \underset{(2.24)}{0.003175}\, GEFL_{t-1} \end{aligned}$$

$R^2 = 0.946$
$F = 44.81$
$S = 13.15$
$DW = 2.44$
$U = 0.023$

50) Die Variable P_{STIE} stellt einen gesondert ermittelten Preisindex für das betrachtete Aggregat dar.

Die Ergebnisse weisen richtige Vorzeichen auf und sind insgesamt einigermaßen plausibel. Neben den ökonomischen Variablen $\overline{RD}_{STIE}$, D_{GSON} und P_{STIE} läßt sich auch bei alternativen Modellspezifikationen ein gesicherter Einfluß der Geflügelhaltung (konkurrierendes Produktionsverfahren) nachweisen.

3. Faktoreinsatzfunktion für die Landwirtschaft

Die wirtschaftliche Entwicklung des Agrarsektors in einer hochentwickelten Industriegesellschaft wird maßgeblich von der Entwicklung des Faktoreinsatzes in der Volkswirtschaft und in der Landwirtschaft bestimmt. Wirtschaftliches Wachstum und (agrar-) sektoraler Strukturwandel[51], definiert als disproportionale Veränderung bestimmter (sektoraler) Variablen, sind zentrale Bereiche der ökonomischen und besonders der agrarökonomischen Forschung[52]. Im Vordergrund der Betrachtungen stehen die Analyse der Ursachen und der "treibenden Kräfte" des Strukturwandels und die daraus resultierenden Anpassungsmechanismen sowie die Analyse der "Hemmnisse des Strukturwandels".

Unsere (quantitativen) Kenntnisse über die tatsächlichen Verhaltensweisen der Landwirte bezüglich der Änderung des Faktoreinsatzes sind nach wie vor unbefriedigend. Einzelne Theorieelemente, wie etwa die Theorie der quasi-fixen Faktoren von JOHNSON[53], das Engel'sche Gesetz, die Theorie der komparativen Vorteile größerer Betriebseinheiten, die Hypothese der begrenzten alters- und ausbildungsbedingten Mobilität landwirtschaftlicher Arbeitskräfte, die Unterschiede in der Marktform und Marktmacht gegenüber anderen Sektoren oder etwa die begrenzte Teilbarkeit der Faktoren, das Aggregationsproblem

---

51) Eine allgemeine Abhandlung über Wachstum und Strukturwandel und über Größenordnungen struktureller Veränderungen in den letzten 100 Jahren ist zu finden bei: Henrichsmeyer, W., Der landwirtschaftliche Sektor im wirtschaftlichen Wachstum, in: Berichte über Landwirtschaft, Bd. 44 (1971), S. 129-183.
52) Siehe dazu z.B. Schmitt, G.,(Hrsg.), Mobilität ...
53) Johnson, G.L., The State ...

sowie die Eigentumsverfassung der landwirtschaftlichen Produktionsfaktoren werden größtenteils isoliert voneinander entwickelt, bzw. empirisch getestet und bezüglich ihres partiellen Erklärungsgehalts im Hinblick auf den Strukturwandel und die Probleme der Landwirtschaft diskutiert[54].

Es ist unmittelbar einsichtig, daß partielle Theorieelemente und Hypothesen die wirtschaftliche Entwicklung des Agrarsektors nicht befriedigend erklären können. Wegen der Vielfalt der Ursachen und Erscheinungsformen des Strukturwandels kann davon ausgegangen werden, daß sich aus dem Zusammenfügen dieser einzelnen Theorieelemente ein geschlosseneres Bild über die strukturelle Veränderung des Agrarsektors ergibt. In dieser Arbeit sollen verschiedene Hypothesen zur Spezifizierung eines agrarsektoralen Faktoreinsatzmodells berücksichtigt und miteinander verkoppelt werden.

In den folgenden drei Abschnitten werden die Verhaltensweisen der Landwirte hinsichtlich des Einsatzes der Produktionsfaktoren Arbeit, Kapital und Boden aufbauend auf den Ergebnissen des sektoralen Interdependenzmodells analysiert. Dabei sollen zunächst die als relevant angesehenen Differenzierungen der Produktionsfaktoren diskutiert werden. Darauf aufbauend erfolgt eine Spezifizierung des methodischen Ansatzes zur Analyse des Faktoreinsatzverhaltens und eine Diskussion der numerisch ermittelten Verhaltensparameter.

3.1 Arbeitseinsatz in der Landwirtschaft

3.1.1 Problem- und Methodenkennzeichnung

Der agrarsektorale Strukturwandel findet seinen Ausdruck vor allem in der Veränderung des Arbeitseinsatzes. Die zentralen Entscheidungen über den Eintritt in den landwirtschaftlichen

---

54) Vgl. dazu etwa Schmitt, G., Landwirtschaft in der Marktwirtschaft: Das Dilemma der Agrarpolitik, in: Cassel, D., Gutmann, G., Thieme, H.J. (Hrsg.), 25 Jahre Marktwirtschaft in der Bundesrepublik Deutschland. Konzeption und Wirklichkeit,Stuttgart 1972, S. 329-350.

Beruf bzw. über die Aufnahme einer Tätigkeit in der Landwirtschaft sowie über den intersektoralen Berufswechsel beeinflussen nachhaltig den agrarsektoralen Anpassungsprozeß.

Durch das - von den jeweiligen Rahmenbedingungen beeinflußte - Mobilitätsverhalten der landwirtschaftlichen Arbeitskräfte[55)] wird die Dynamik des landwirtschaftlichen Entwicklungsprozesses entscheidend geprägt. So wird z.B. eine durch die gesamtwirtschaftliche Arbeitsmarktsituation ausgelöste verstärkte Abwanderung landwirtschaftlicher Arbeitskräfte die relative Knappheit des verbleibenden Arbeitskräftepotentials in der Landwirtschaft erhöhen und damit die Produktion (Produktionsstruktur) und den Kapitaleinsatz beeinflussen. Als Folge dieser verstärkten Abwanderung werden sich direkte und indirekte Effekte auf die Pro-Kopf-Einkommen in der Landwirtschaft in künftigen Perioden ergeben, die dann i.d.R. wieder dämpfend auf die Mobilität der Arbeitskräfte wirken werden. Derartige dynamische Prozesse und die darauf einwirkenden Mobilitätshemmnisse[56)] werden als grundlegende Elemente für die Analyse der Faktormobilität im Rahmen eines dynamischen Agrarsektormodells angesehen.

In der agrarökonomischen Forschung wird der landwirtschaftliche Arbeitsmarkt von verschiedenen theoretischen Konzepten her und auf verschiedenen Differenzierungsebenen analysiert. Für die Einordnung des hier verfolgten Konzeptes wollen wir folgende Betrachtungsebenen unterscheiden:

a) isolierte Arbeitsmarkt- bzw. Mobilitätsmodelle,
b) Mobilitätsmodelle im Rahmen geschlossener Agrarsektormodelle.

Zu a) Diese Gruppe von Modellen ist dadurch charakterisiert, daß Rückkopplungen, die von anderen Bereichen (z.B. Produktion, Investitionen)auf den Arbeitsmarkt einwirken, nicht explizit erfaßt werden. Folgende Modellkonzepte wurden in jüngster Zeit für die Bundesrepublik Deutschland erarbeitet und getestet:

55) Wie kurzfristige Bedingungen die Mobilität der landwirtschaftlichen Arbeitskräfte beeinflussen,zeigt der weitgehend rezessionsbedingte Rückgang der Abwanderungsrate in den letzten Jahren.

56) Siehe dazu:Heidhues, Th., Ursachen ....

- Landwirtschaftliche Arbeitsmarktmodelle auf der Basis von abgeleiteten Faktornachfrage- und Faktorangebotsfunktionen (lohntheoretisches Konzept)[57]. Bei diesem Ansatz werden die landwirtschaftlichen Arbeitskräfte im Prinzip ähnlich betrachtet wie kurzfristige Investitionsgüter, die in jeder Periode angeboten, nachgefragt und verbraucht werden.

- Strukturanalysen auf der Basis von demographischen Input-Output- oder Transitionsmatrizen[58]. Dabei werden möglichst homogene Teilkomponenten für Altersklassen und/oder Betriebsgruppen gebildet. Die Analyse und Prognose basiert dann auf bestimmten Regelmäßigkeiten der Teilkomponenten (Matrix der Übergangswahrscheinlichkeiten).

- Demographische Komponentenanalyse[59]. Dabei werden die Veränderungen des Arbeitskräftebestandes in verschiedene Komponenten[60], wie z.B.
    - Austritte aus der Landwirtschaft:
        . Berufswechsel,
        . Invalidität,
        . Todesfall,
        . Pensionierung,
    - Neueintritt in die Landwirtschaft

  zerlegt. Darauf aufbauend kann einerseits eine autonome Komponente der Veränderung des Arbeitskräftebestandes (Invalidität, Tod, Pensionierung) ermittelt und prognistiziert werden, andererseits können Mobilitätsfunktionen für den Berufswechsel und die Neueintritte von Arbeitskräften geschätzt werden.

Zu b) Die gleichzeitige Betrachtung der Produkt- und Faktormärkte zur Analyse der Arbeitskräfteentwicklung in der Landwirtschaft ist zwar theoretisch anspruchsvoller, kann jedoch

---

57) Vgl. dazu: Guth, E., Analyse des Marktes für landwirtschaftliche Arbeitskräfte (Agrarwirtschaft, Sonderheft 52), Hannover 1973. Guth, E., Heidhues, Th.,Bestimmungsfaktoren der Mobilität landwirtschaftlicher Arbeitskräfte, in: Agrarwirtschaft, Bd. 23 (1974), S. 1-12.

58) Vgl. dazu: Müller, G.P.,Entwicklung einer Methode zur Vorausschätzung der Erwerbstätigen in der Landwirtschaft, Unveröffentlichtes Gutachten, Frankfurt 1975, Hanf, C.H., Doppler, W., Zum derzeitigen Stand der angewandten Mobilitätsforschung, in: Schmitt, G. (Hrsg.) Mobilität ...,S.199-220.

59) Vgl. de Haen,H.,v.Braun,J.,Regionale Veränderungen des Arbeitseinsatzes in der Landwirtschaft -demographische Analyse und arbeitsmarktpolitische Schlußfolgerungen, in: Andreae,B. (Hrsg.),Standortprobleme der Agrarproduktion, München-Bern-Wien 1977, S. 221-245.

60) Renborg, U.,Koreferat zu Köhne, M., Auswirkungen der Faktormobilität auf den Strukturwandel der Landwirtschaft,und Lösch, R., Faktormobilität,strukturelle und sektorale Anpassung der Landwirtschaft in der EWG, in: Schmitt, G. (Hrsg.), Mobilität ..., S. 129-139.

meist nicht in dem Differenzierungsgrad durchgeführt werden, der partiellen Analysen zugrundeliegt. Folgende Konzepte scheinen hier von Bedeutung:

- Analysen auf der Basis von aggregierten Produktionsfunktionen und Mobilitäts- bzw. Arbeitseinsatzfunktionen[61]. Dabei wird der aggregierte Arbeitseinsatz durch eine Arbeitseinsatzfunktion bzw. durch eine Mobilitätsfunktion beschrieben. Der Vorteil dieser Modelle liegt darin, daß Interdependenzen zwischen Produktion und Faktoreinsatz aufgezeigt werden können. Als Nachteil - vor allem hinsichtlich der politikbezogenen Analyse - ist der hohe Aggregationsgrad der Mobilitätsfunktion und der Produktionsfunktion anzusehen.
- Prozeßspezifische Ansätze. Darunter fallen zum einen lineare Programmierungsmodelle[62], die prinzipiell die Interdependenzen zwischen Produktion, Investitionen und Arbeitseinsatz auf differenzierterer Ebene abbilden können und zum anderen Arbeitskräftefreisetzungsmodelle[63], die von einer gegebenen Produktionsstruktur ausgehen und die Auslastung landwirtschaftlicher Arbeitskräfte analysieren. Je nach ihrer Formulierung und spezifischer Ausgestaltung zielen diese Modelle auf die Ermittlung effizienter bzw. auf die Abbildung tatsächlicher Strukturen und Entwicklungen ab. Die zentralen Probleme beziehen sich auf mögliche Aggregationsfehler, auf die Berücksichtigung nichtausgelasteter Kapazitäten (versteckte Arbeitslosigkeit) und auf die Abbildung des Mobilitätsverhaltens. Eine weitere Schwierigkeit liegt in der Berücksichtigung der verschiedenen Erscheinungsformen der Mobilität landwirtschaftlicher Arbeitskräfte.
  Die methodisch weniger anspruchsvollen Bilanzierungs- bzw. Arbeitskräftefreisetzungsmodelle zielen zunächst darauf ab, den Aggregationsfehler (begrenzte Teilbarkeit u.dgl.) sowie die Unterauslastung von Arbeitskräften zu ermitteln. Darauf bezogen lassen sich verschiedene Hypothesen über die wahrscheinliche bzw. (technisch) mögliche Freisetzung von Arbeitskräften formulieren.

Im dynamischen Sektormodell sollen zur Abbildung des Mobilitätsverhaltens verschiedene methodische Teilelemente der aufgezeigten Ansätze integriert werden.

---

61) Vgl. dazu: Henrichsmeyer, W., Der landwirtschaftliche Sektor ... Tangermann, S., Ein ökonometrisches Modell ...
62) Vgl. dazu Bauersachs, F., Quantitative Untersuchungen zum langfristigen räumlichen Gleichgewicht der landwirtschaftlichen Produktion in der Bundesrepublik Deutschland (Agrarwirtschaft, Sonderheft 47), Hannover 1972. de Haen, H., Dynamisches Regionalmodell ...
63) Vgl. dazu: Jürging, H.-R., Analyse und Prognose von Faktormobilitäten in Ballungsrandgebieten und ländlichen Räumen, (Forschung und Beratung, Reihe B, Heft 24), Münster-Hiltrup 1975.

3.1.2 Ein Verhaltensmodell zur Analyse der landwirtschaftlichen Arbeitskräftemobilität

Der landwirtschaftliche Arbeitskräfteeinsatz und die Mobilität der Arbeitskräfte werden in dieser Analyse in sog. Vollarbeitskräfteeinheiten[64] gemessen. Dadurch läßt sich dieses Submodell unmittelbar mit dem sektoralen Interdependenzmodell verknüpfen, das von gleichen Maßeinheiten ausgeht. Im folgenden werden zunächst die verschiedenen Differenzierungen diskutiert, die dem Mobilitätsmodell für landwirtschaftliche Arbeitskräfte zugrundegelegt werden. Anschließend wird nach den Bestimmungsfaktoren der Mobilität und nach den dynamischen Mobilitätsabläufen gefragt.

Arbeitskräftekategorien

Der gesamte landwirtschaftliche Arbeitskräfteeinsatz wird nach folgenden Kategorien differenziert:

- Familienarbeitskräfte, männlich (FMAK),
- Familienarbeitskräfte, weiblich (FWAK),
- Fremdarbeitskräfte (FRAK),

Diese Gliederung erscheint sinnvoll wegen der unterschiedlichen Anteile und der unterschiedlichen Entwicklung des Arbeitskräftebestandes und wegen der anzunehmenden Unterschiede im Mobilitätsverhalten.

In Übersicht 42 sind der gesamte Arbeitskräftebestand in der Landwirtschaft und die Anteile der unterschiedenen Arbeitskräftekategorien während der Beobachtungsperiode dargestellt. Während die relativen Anteile der Familienarbeitskräfte, insbesondere der weiblichen Arbeitskräfte im Zeitablauf ansteigen, verlieren die Fremdarbeitskräfte während der Betrachtungsperiode zunehmend an Bedeutung. Im Durchschnitt der Betrachtungsperiode ergeben sich folgende prozentualen jährlichen Veränderungsraten:

---

64) Eine "Vollarbeitskraft" umfaßt die Arbeitsleistungen einer mit betrieblichen Arbeiten vollbeschäftigten Arbeitskraft im Alter von 16 bis 65 Jahren. Teilbeschäftigte Arbeitskräfte und Arbeitskräfte unter 16 bzw. über 65 Jahre werden entsprechend der durchschnittlichen Arbeitsleistung berücksichtigt.

FMAK - 4.27,
FWAK - 3.27,
FRAK - 8.68.

Die Entwicklung des Fremdarbeitskräftebestandes dürfte bei einem Niveau angelangt sein, von dem aus nur noch eine begrenzte Freisetzung zu erwarten ist. Da eine gewisse Bindung von Fremdarbeitskräften in größeren Betrieben unumgänglich sein wird, ist in Zukunft mit einer stärkeren Beteiligung der Familienarbeitskräfte an der Gesamtmobilität zu rechnen.

Übersicht 42: Entwicklung und Struktur des Arbeitskräfteeinsatzes in der Landwirtschaft

Jahr	Gesamtbestand	Prozentuale Anteile am Gesamtbestand		
		Familienarbeitskräfte		Fremdarbeitskräfte
		männliche	weibliche	
55/56	2674.00	55.89	25.43	18.70
56/57	2584.50	55.62	26.23	18.15
57/58	2489.50	55.53	27.03	16.58
58/59	2388.03	55.40	28.01	16.58
59/60	2279.38	55.36	39.02	15.62
60/61	2177.88	55.64	29.94	14.42
61/62	2090.11	56.03	30.52	13.44
62/63	1994.40	56.23	30.94	12.84
63/64	1910.43	56.55	31.25	12.20
64/65	1822.43	56.87	31.72	11.41
65/66	1736.44	57.04	32.02	10.94
66/67	1659.43	57.40	32.36	10.24
67/68	1614.44	57.69	32.52	9.79
68/69	1557.43	58.33	32.36	9.31
69/70	1445.43	58.48	32.45	9.06
7o/71	1342.43	58.66	32.55	8.79
71/72	1258.43	59.08	32.34	8.58
72/73	1190.27	58.93	32.51	8.56
73/74	1138.37	58.63	33.11	8.26
74/75	1115.89	58.59	33.24	8.16
75/76	1100.14	58.43	33.44	8.14

Die unterschiedlichen Entwicklungsverläufe sind als das Ergebnis unterschiedlicher Ausgangsstrukturen (altersmäßige Verteilung), Verhaltensweisen und Rahmenbedingungen anzusehen. Deshalb wird im folgenden davon ausgegangen, daß die Entwicklung des sektoralen Arbeitskräfteeinsatzes auf der Basis der Arbeitskräftekategorien besser erklärt und modellmäßig erfaßt werden kann als wenn man die Mobilitätsanalyse auf einem homogenen Faktor Arbeit aufbaut.

M o b i l i t ä t s k o m p o n e n t e n

Die Veränderung des Bestandes an landwirtschaftlichen Arbeitskräften ergibt sich aus Mobilitätsentscheidungen und autonomen Entwicklungsprozessen. Für die Erklärung der Arbeitskräftemobilität soll zunächst die autonome Mobilitätskomponente isoliert werden, um möglichst nahe bei den Variablen ansetzen zu können, die über das Entscheidungsverhalten der Wirtschaftssubjekte Aufschluß geben. Unter diesen Gesichtspunkten werden folgende Mobilitätskomponenten unterschieden:

- Zugang von jungen Arbeitskräften Z (Berufseintritte), } Entscheidungsvariable
- Berufswechsel von Landwirten B, } Entscheidungsvariable
- autonomes Ausscheiden A (Pensionierung, Erwerbsunfähigkeit, Tod).

Die Entwicklung des Arbeitskräftebestandes BAK ergibt sich dann aus folgender Definitionsgleichung:

$$BAK_t = BAK_{t-1} + \underbrace{Z_t - B_t - A_t}_{\text{Gesamtmobilität GM}},$$

wobei die Flußgrößen Z, B, A jeweils auf den Anfang einer Periode bezogen werden.

Die einzelnen Mobilitätskomponenten werden statistisch nicht erfaßt. Eine Mobilitätsanalyse auf der Basis des Kohortenverfahrens läßt sich für Vollarbeitskräfte nicht durchführen, da keine Angaben über Altersstrukturen vorliegen[65]. Deshalb

65) Vgl. dazu de Haen, H., v. Braun, J., Regionale Veränderungen .....

wird in dieser ersten Modellversion ein vereinfachtes Verfahren zur Quantifizierung der Mobilitätskomponenten für Vollarbeitskräfte angewandt, dessen wichtigste Grundzüge im folgenden skizziert werden:

- Ausgehend von den statistisch ausgewiesenen Bestandsgrößen, die auch zur Ermittlung des prozeßbezogenen Arbeitseinsatzes (Teil B) verwendet wurden, lassen sich die jährlichen Gesamtmobilitätsraten ableiten.
- Zur Ermittlung der Zugänge und der altersbedingten Abgänge werden die Altersstrukturen der ständigen, vollbeschäftigten Arbeitskräfte herangezogen[66]. Für die Ermittlung der Zugänge wird angenommen, daß der Bestand von Arbeitskräften in der Altersklasse von 20-25 Jahren zum Zeitpunkt t identisch ist mit den Berufseintritten im Zeitraum t-5 bis t. Die altersbedingten Abgänge im Zeitraum t-5 bis t ergeben sich aus dem Arbeitskräftebestand in der Periode t-5 in der Altersklasse von 60-65 Jahren.
- Zur Ermittlung der hier relevanten Mobilitätsraten werden die relativen Anteile der Zu- und Abgänge am gesamten Arbeitskräftebestand (ständige, voll beschäftigte Arbeitskräfte) auf die Vollarbeitskräfteentwicklung übertragen. Die absoluten Zugänge und die altersbedingten Abgänge ergeben sich dann aus dem Vollarbeitskräftebestand und den übertragenen relativen Anteilen.
- Aus der Gesamtmobilität und den Zu- und Abgängen ergibt sich der Berufswechsel als Residualgröße

  $$B_t = GM_t + Z_t - A_t$$

  Dabei ist jedoch zu berücksichtigen, daß die Komponente "Ausscheiden von Arbeitskräften durch Tod und Erwerbsunfähigkeit" nicht gesondert erfaßt wird, sondern in der Mobilitätskomponente Berufswechsel mit enthalten ist.

Die auf dieser Basis ermittelten Mobilitätsraten für männliche und weibliche Familienarbeitskräfte sind in Übersicht 43 dargestellt. Bei den Fremdarbeitskräften[67] wird von der

---

66) Siehe dazu: v. Braun, J., Zur Projektion des Arbeitskräftebestandes in der Landwirtschaft, Diplomarbeit, Bonn 1974.

67) Die Mobilitätskomponente "altersbedingtes Ausscheiden" wird bei den Modelläufen exogen vorgegeben. Dabei ist zu berücksichtigen, daß diese Komponente bei langfristigen Betrachtungen vor allem in Abhängigkeit vom Ausmaß des Berufswechsels (Änderung des Altersstrukturaufbaues) variieren kann. Wenn man jedoch davon ausgeht, daß der Berufswechsel mit einem Alter von über 50 Jahren zu vernachlässigen ist, so können in einem Analysezeitraum von 15 Jahren alternative Rahmenbedingungen simuliert werden, ohne daß die autonome Abwanderung beeinflußt wird. Bei längerfristigen Analysen sollte die Entwicklung der Altersstrukturen explizit modellmäßig abgebildet werden.

Gesamtmobilität ausgegangen, da hier keine Angaben über die Altersstrukturen vorliegen.

Übersicht 43: AK - Mobilität (in 1000 Voll-Ak-Einheiten)

ZMAK=ZUGANG MAENNL. AK
ZWAK=ZUGANG WEIBL. AK
AMAK=ABGANG MAENNL. AK
AWAK=ABGANG WEIBL. AK
BMAK=BERUFSWECHSEL MAENNL. AK
BWAK=BERUFSWECHSEL WEIBL. AK
AFRA=AUSGESCH. FREMD-AK

NR	JAHR	ZMAK	ZWAK	AMAK	AWAK	BMAK	BWAK	AFRA
1	1955/56	25.70	11.46	25.70	12.13	50.00	0.30	30.00
2	1956/57	24.72	11.09	25.58	12.63	56.14	0.45	31.00
3	1957/58	23.63	10.67	25.43	13.07	53.20	2.60	35.00
4	1958/59	22.26	10.25	24.74	13.48	57.00	0.76	38.00
5	1959/60	20.57	9.80	23.72	13.85	58.00	3.45	40.00
6	1960/61	19.72	9.27	23.43	14.17	46.29	4.61	42.00
7	1961/62	17.86	8.50	23.63	13.36	35.00	9.15	33.00
8	1962/63	16.07	7.67	23.78	12.48	42.00	16.19	25.00
9	1963/64	14.47	6.81	23.98	11.72	31.46	15.09	23.00
10	1964/65	12.64	6.13	23.72	10.89	32.91	14.24	25.00
11	1965/66	10.89	5.42	23.36	10.06	33.53	17.35	18.00
12	1966/67	10.89	5.14	22.36	9.63	26.53	14.51	20.00
13	1967/68	10.88	4.86	21.37	9.31	10.51	7.55	12.00
14	1968/69	10.57	4.57	19.86	8.78	13.71	16.78	13.00
15	1969/70	10.01	4.11	17.98	8.03	55.03	31.06	14.00
16	1970/71	9.66	3.77	16.58	7.45	51.08	28.32	13.00
17	1971/72	8.90	3.26	14.84	6.69	38.06	26.58	10.00
18	1972/73	8.14	3.08	12.49	6.08	37.64	17.05	6.10
19	1973/74	7.44	2.96	10.72	5.55	30.72	7.41	7.90
20	1974/75	7.15	2.84	9.42	5.28	11.30	3.56	2.90
21	1975/76	6.68	2.64	9.18	5.06	8.50	0.68	1.60
1	SUMME	273.15	122.84	396.17	197.58	728.61	237.41	410.50
2	MITT.WRT	13.66	6.14	19.81	9.88	36.43	11.87	20.52
3	WACHSABS	-0.95	-0.44	-0.86	-0.40	-2.51	0.01	-1.55
4	WACHSREL	-6.58	-7.23	-5.11	-4.61	3.73	46.12	-10.63
5	STAN.ABW	5.85	2.90	5.61	3.14	16.27	9.41	12.67
6	S.A.WRA	3.81	3.02	5.20	4.37	75.78	143.06	24.68

M o b i l i t ä t s a b l ä u f e

Folgende Überlegungen werden der Ermittlung empirischer Mobilitätsfunktionen zugrundegelegt:

- Die Arbeitskräftekapazität in der Landwirtschaft ist nur zum Teil ausgelastet. Die Unterauslastung kann Mobilitätshemmnisse (Ausbildung, fehlende alternative Beschäftigungsmöglichkeiten, Ganzzahligkeitsprobleme u.dgl.) sowie die Präferenzen der Landwirte hinsichtlich Freizeit und Arbeitszeit zum Ausdruck bringen.
  Diese unterschiedlichen Effekte lassen sich anhand der statistischen Unterlagen nicht isolieren (versteckte Arbeitslosigkeit). In Teil B dieser Arbeit wurde versucht, den Gesamteffekt der relativen Unterauslastung zu quantifizieren. Wegen der oben genannten Faktoren und aufgrund der Aggregationsfehler kann nicht davon ausgegangen werden, daß die nichtausgelasteten Arbeitskräfte ohne weiteres freigesetzt werden können. Die Unterauslastung der Arbeitskräfte

ist als ein Puffer aufzufassen, der Schwankungen der Produktions- und Faktoreinsatzentwicklungen ausgleicht. Die Veränderung des Auslastungsgrades kann jedoch über die relative Knappheit der Arbeitskräfte Auskunft geben.

- Die Mobilitätsentscheidungen (Berufseintritt, Berufswechsel) der unterschiedenen Arbeitskräftekategorien werden u.a. vom modellendogenen Auslastungsgrad und von den Schattenpreisen der Arbeit bestimmt.
- Weiterhin hängen die Mobilitätsentscheidungen von der gesamtwirtschaftlichen Arbeitsmarktsituation sowie von der landwirtschaftlichen und der außerlandwirtschaftlichen Einkommensentwicklung ab.

Die dynamischen Systemeigenschaften, die sich aus diesen Annahmen ergeben, sollen an folgenden Beispielen verdeutlicht werden:

- Eine verstärkte Investitionstätigkeit, die ceteris paribus eine erhöhte Rationalisierung bedeutet, führt zu einer geringeren Arbeitsbeanspruchung und damit zu einer größeren Unterauslastung und zu niedrigeren Schattenpreisen für Arbeit. Daraus ergibt sich eine größere Mobilität und damit ein geringerer Arbeitseinsatz in den Folgeperioden, so daß sich im Zeitablauf die erhöhte Unterauslastung wieder abbaut, d.h. es erfolgt tendenziell wieder eine Rückkehr zum ursprünglichen Auslastungsgrad. Im Prinzip ähnliche Modellwirkungen können sich bei mechanisch-technischen Fortschritten oder bei Änderungen des Produktionsprogrammes ergeben.
- Eine konjunkturbedingte niedrigere Abwanderung landwirtschaftlicher Arbeitskräfte führt bei tendenziell unveränderter Produktions- und Investitionsentwicklung zu einer höheren Unterauslastung der landwirtschaftlichen Arbeitskräfte, d.h. die Freisetzung von Arbeitskräften wird aufgestaut. Ein Abbau dieser konjunkturell aufgestauten, versteckten Arbeitslosigkeit in der Landwirtschaft wird erst bei einer günstigeren gesamtwirtschaftlichen Arbeitsmarktsituation ermöglicht (erhöhte Nachfrage nach landwirtschaftlichen Arbeitskräften). Die aufgestaute Arbeitslosigkeit in der Landwirtschaft übt dabei zusätzlich einen Druck auf die Abwanderung aus.

  Die unterstellte Abhängigkeit der Mobilität landwirtschaftlicher Arbeitskräfte vom Auslastungsgrad ermöglicht also eine Abbildung dynamischer Beziehungen zwischen den gesamtwirtschaftlichen Konjunkturschwankungen und der Mobilität landwirtschaftlicher Arbeitskräfte.

3.1.3 Spezifizierung und Schätzung von Mobilitätsfunktionen

Die Mobilität männlicher Familienarbeitskräfte

Die männlichen Familienarbeitskräfte stellen über die Hälfte des Arbeitseinsatzes in der Landwirtschaft dar. Der Anteil der männlichen Familienarbeitskräfte erhöht sich von etwa 50 % im Jahre 1955/56 auf etwa 58 % im Jahre 1975/76 (siehe Übersicht 42).

Wie aus Übersicht 43 ersichtlich, gehen die Zugänge männlicher Familienarbeitskräfte in der ersten Hälfte der 60er Jahre rapide zurück. Unter dem Einfluß der Rezession bleiben sie in der zweiten Hälfte der 60er Jahre beinahe konstant. Ein stärkerer Rückgang ist erst wieder infolge des wirtschaftlichen Aufschwungs zu Beginn der 70er Jahre zu erkennen.

Beim Berufswechsel männlicher Arbeitskräfte ergibt sich tendenziell eine entgegengesetzte Entwicklung. In Zeiten konjunktureller Tiefpunkte sind die Zahlen relativ niedrig, während in den wirtschaftlichen Aufschwungphasen wesentlich mehr landwirtschaftliche Arbeitskräfte ihren Beruf wechseln.

Zugang von männlichen Arbeitskräften

Das Ausmaß, in dem männliche Jugendliche jährlich in den landwirtschaftlichen Beruf eintreten, ist für viele langfristige Überlegungen von ausschlaggebender Bedeutung. Die Berufseintritte bestimmen den künftigen Bestand an landwirtschaftlichen Arbeitskräften, das künftige Potential für den Berufswechsel sowie schließlich das altersbedingte Ausscheiden aus dem Berufsleben bei Erreichung der Altersgrenze. Trotz dieser zentralen Bedeutung für die langfristige Entwicklung des Agrarsektors sind die Bestimmungsgründe für den Eintritt in das landwirtschaftliche Berufsleben bisher wenig erforscht.

Im Untersuchungszeitraum gehen die Berufseintritte relativ kontinuierlich mit einer durchschnittlichen jährlichen Wachstumsrate von 6.5 % zurück.

Folgende Verhaltensfunktion, die lediglich auf ökonomischen Variablen aufbaut, konnte spezifiziert werden[68]:

---

68) Verschiedene Schätzversuche, den Schülerbestand an landwirtschaftlichen Berufsschulen als erklärende Variablen aufzunehmen, brachten keine zufriedenstellenden Ergebnisse.

$$ZFAM_t = -2.85423 + \underset{(5.20)}{0.743555}\ ZFAM_{t-1} + \underset{(1.57)}{0.005354}\ FMAK_{t-1}$$

$$+ \underset{(1.35)}{0.000048}\ LEIK_{t-1} - \underset{(1.92)}{0.181248}\ ROFA_t$$

R^2 = 0.991
F = 520.49
S = 0.47
DW = 1.74
U = 0.016

Die Einflüsse der einzelnen erklärenden Variablen sind relativ schwach gesichert. Die Funktion gibt jedoch in ihrer Gesamtheit die ex-post-Entwicklung gut wieder und zeigt sinnvolle partielle Einflüsse bei den einzelnen Bestimmungsfaktoren. Der Regressionskoeffizient für die endogen verzögerte Variable zeigt, daß die langfristige Anpassung wesentlich größer ist als die kurzfristige Reaktion. Der partielle Einfluß der Bestandsvariablen FMAK führt dazu, daß die jährlichen Neueintritte langfristig etwa 2 % des Bestandes an männlichen Familienarbeitskräften betragen. Mit steigendem Pro-Kopf-Einkommen der landwirtschaftlichen Familienarbeitskräfte (LEIK) nimmt die Anzahl der Neueintritte (Berufsnachfolger) zu. Der Einfluß dieser Variablen ist allerdings relativ gering. Wesentlich größer ist der Einfluß der gesamtwirtschaftlichen Arbeitsmarktsituation, ausgedrückt durch die Relation von offenen Stellen zu Arbeitslosen (ROFA).

Berufswechsel männlicher Familienarbeitskräfte

Die Bestimmungsfaktoren des Berufswechsels sind vielfältiger Natur. Neben der Einkommenssituation in der Landwirtschaft, der Grenzverwertung des landwirtschaftlichen Arbeitseinsatzes und dem Auslastungsgrad der landwirtschaftlichen Arbeitskräfte ist die Situation auf dem gesamtwirtschaftlichen Arbeitsmarkt als entscheidender Erklärungsfaktor anzusehen. Leider liegen auf sektoraler Ebene keine geschlossenen Zeitreihendaten über die Wanderungsrichtung der Landwirte vor[69]. Deshalb werden vereinfachend gesamtwirtschaftliche Durchschnittswerte als unabhängige Variable unterstellt. Auf dieser Basis konnte folgende Funktion spezifiziert werden:

$$BFAM_t = -\ 50.07404 + \underset{(2.33)}{0.054811}\ FMAK_{t-1} + \underset{(3.13)}{0.014142}\ D_{FMAK,t-1}$$

$$+ \underset{(3.05)}{0.147023}\ UALA_{t-1} + \underset{(5.58)}{5.68623}\ ROFA_t$$

$$+ \underset{(3.96)}{0.01171}\ ALEK_{t-1}$$

$R^2 = 0.967$
$F = 31.89$
$S = 4.96$
$DW = 2.45$
$U = 0.051$

Die Mobilitätsrate kommt in dieser Gleichung nicht als endogen verzögerte Variable vor. Beim Ablauf des Gesamtmodells ergibt sich dennoch eine verzögerte endogene Wirkung, da der Berufswechsel in einer Periode den Bestand an männlichen Familienarbeitskräften beeinflußt. Dieser wiederum wirkt auf den Berufswechsel in der Folgeperiode, wie aus der dargestellten Gleichung zu ersehen ist.

Der Berufswechsel männlicher Arbeitskräfte wird durch die jeweilige Situation innerhalb der Landwirtschaft (D_{FMAK}, UALA) und durch gesamtwirtschaftliche Einflüsse (Relation offene Stellen zu Arbeitslosen: ROFA, außerlandwirtschaftliches Pro-Kopf-Einkommen: ALEK) bestimmt. Je höher die modellinterne Bewertung der Arbeitskräfte ($\bar{D}_{FMAK}$) liegt, um so geringer ist der Anreiz für einen Berufswechsel. Wie die Regressionskoeffizienten für den Schattenpreis der Arbeit und für den außerlandwirtschaftlichen Lohnsatz zeigen, besteht bei einer Lohndisparität von 0.83 kein lohninduzierter Anreiz für einen zusätzlichen Berufswechsel.

Der Regressionskoeffizient für die Unterauslastung (UALA) bestätigt die eingangs geäußerte Vermutung, daß zwar ein gewisser Zusammenhang zwischen der Unterauslastung der Arbeitskräfte und der Mobilität besteht, daß aber die nicht ausge-

69) Einige Auswertungen über die Wanderungsrichtung landwirtschaftlicher Arbeitskräfte anhand besonderer Erhebungen wurden von BRÜSE vorgenommen. Siehe dazu: Brüse, R., Mobilität der landwirtschaftlichen Bevölkerung. Eine Analyse der Abwanderung und Statuszuweisung in der Bundesrepublik Deutschland (Diss.), Bonn 1977.

lasteten Arbeitskräften nicht im vollen Umfang freigesetzt werden. So zeigt sich, daß c.p. von zusätzlichen 10 überschüssigen Arbeitskräften lediglich 1.5 Arbeitskräfte kurzfristig den Beruf wechseln. Wegen der rekursiven Verkoppelung zwischen Berufswechsel und Auslastung flacht der Einfluß in den Folgeperioden weiter ab. So ergibt sich in der zweiten Periode ein zusätzlicher Berufswechsel von 1.25 und in der dritten Periode lediglich von einer Arbeitskraft.

Mobilität der weiblichen Arbeitskräfte

Der Anteil der weiblichen Arbeitskräfte am gesamten Arbeitseinsatz in der Landwirtschaft erhöht sich während der ersten Hälfte der Betrachtungsperiode von 25 % auf 32 % (siehe Übersicht 42). In der zweiten Hälfte des Analysezeitraums bleibt der Anteil relativ konstant, d.h. die Gesamtmobilität der weiblichen Arbeitskräfte entspricht in etwa der durchschnittlichen Arbeitskräftemobilität in der Landwirtschaft.

Bei den einzelnen Mobilitätskomponenten (Übersicht 43) zeigen sich im Vergleich zu den männlichen Arbeitskräften einige Unterschiede. Die <u>Berufseintritte</u> gehen während der gesamten Beobachtungsperiode relativ kontinuierlich zurück. Der Anteil der Berufseintritte am Gesamtbestand beträgt im Durchschnitt des Analysezeitraums etwas über 1 %, während der entsprechende Anteil bei den männlichen Arbeitskräften bei etwa 1.5 % liegt.

Bei den <u>altersbedingten Abgängen</u> zeigt sich in den 50er Jahren ein leichter Anstieg und in den übrigen Jahren der Betrachtungsperiode ein relativ kontinuierlicher Rückgang. Ab der Mitte der 60er Jahre liegen die Abgänge etwa doppelt so hoch wie die Zugänge.

Beim <u>Berufswechsel</u> der weiblichen Familienarbeitskräfte ergibt sich ein anderer Entwicklungsverlauf als bei den männlichen Arbeitskräften. So zeigt sich, daß diese Mobilitätskomponente in den 50er Jahren eine relativ unbedeutende Rolle spielt. Die höchsten Mobilitätsraten sind in den Jahren 1969 bis 1971 festzustellen. In den letzten Jahren kommt der Berufswechsel bei den weiblichen Arbeitskräften weitgehend zum Stillstand. Der Einfluß der konjunkturellen Entwicklung auf den Berufswechsel ist auch bei den weiblichen Familienarbeitskräften unverkennbar.

Zugang weiblicher Arbeitskräfte

Die ermittelten Zugangsraten weiblicher Arbeitskräfte nehmen während der Betrachtungsperiode relativ kontinuierlich ab. Gegenüber dem Zugang männlicher Arbeitskräfte, die im wesentlichen als Berufsnachfolger einen landwirtschaftlichen Betrieb übernehmen, könnten bei den jüngeren weiblichen Arbeitskräften unterschiedliche Motive für die Aufnahme einer landwirtschaftlichen Tätigkeit sprechen. Da es sich jedoch bei einem Großteil der weiblichen Arbeitskräfte um die Ehefrauen der Betriebsleiter handelt, wird unterstellt, daß eine gewisse Beziehung zum Zugang männlicher Arbeitskräfte besteht. Auf dieser Annahme aufbauend wird folgende Verhaltensfunktion unterstellt:

$$
\begin{aligned}
ZFAW_t = &- 4.00609 + \underset{(4.30)}{0.447667}\ ZFAW_{t-1} - \underset{(4.06)}{0.067741}\ ROFA_t \\
&+ \underset{(2.86)}{0.000105}\ LEIK_{t-1} + \underset{(3.20)}{0.006420}\ FWAK_{t-1} \\
&+ \underset{(5.55)}{0.203728}\ ZFAM_{t-1}
\end{aligned}
$$

$R^2 = 0.990$
$F = 4330.19$
$S = 0.0858$
$DW = 1.351$
$U = 0.00556$

Wie die Prüfmaße verdeutlichen, sind sowohl die einzelnen Koeffizienten als auch die Gesamtfunktion ausreichend gesichert. Die tatsächliche Entwicklung der Berufseintritte weiblicher Arbeitskräfte wird durch die dynamische Verhaltensfunktion in zutreffender Weise beschrieben, wie die Ergebnisse der partiellen ex-post-Prognose zeigen. Die quasi autonome Komponente in dieser Gleichung setzt sich aus dem absoluten Glied, der verzögerten Variablen und dem Bestand an weiblichen Arbeitskräften FWAK zusammen. Im Durchschnitt der Beobachtungsperiode beträgt der Einfluß dieser drei Komponenten zusammen etwa ein Drittel des durchschnittlichen Niveaus der endogenen Variablen. Wie der partielle Einfluß der Variablen ZFAM zeigt, sind mit dem Zugang einer männlichenArbeitskraft etwa 0.2 weibliche Vollarbeitskräfteeinheiten verbunden.

Während der partielle Einfluß der landwirtschaftlichen Einkommenssituation auf den Zugang weiblicher Arbeitskräfte größer ist als bei den männlichen Arbeitskräften, zeigt sich beim Einfluß der Arbeitsmarktsituation (ausgedrückt durch die Variable ROFA) der umgekehrte Effekt. Die aktuelle Arbeitsmarktsituation ist also offensichtlich für die männlichen Berufsnachfolger von größerer Bedeutung.

Berufswechsel weiblicher Arbeitskräfte

Im Vergleich zu den männlichen Arbeitskräften weist der Berufswechsel bei weiblichen Arbeitskräften stärkere Schwankungen auf und kommt in Zeiten ungünstiger Arbeitsmarktsituation fast zum Erliegen. Der Anteil des Berufswechsels an der Gesamtmobilität ist zwar geringer, aber die Mobilitätsraten liegen im Durchschnitt der Betrachtungsperiode ebenso hoch wie das altersbedingte Ausscheiden. Da die zu erklärende Variable in Vollarbeitskräften gemessen wird, d.h. sich auf die betriebliche Arbeitsleistung bezieht, kann der "Berufswechsel" weiblicher Arbeitskräfte auch bedeuten, daß weniger Arbeitsleistung in den landwirtschaftlichen Betrieben erbracht wird[70].

Neben der Arbeitsmarktsituation und der relativen Einkommenslage wird daher auch der Auslastungsgrad der landwirtschaftlichen Arbeitskräftekapazität zur Erklärung herangezogen. Von den verschiedenen Schätzungen soll folgende Funktion zur Beschreibung des Berufswechsels weiblicher Arbeitskräfte vorläufig verwendet werden:

---

70) Der Begriff "Berufswechsel" bedeutet also nicht, daß eine außerlandwirtschaftliche Tätigkeit aufgenommen werden muß, sondern lediglich eine Aufgabe der landwirtschaftlichen Tätigkeit.

$$BFAW_t = -\ 11.22415 + \underset{(1.85)}{0.252940}\ BFAW_{t-1} + \underset{(2.25)}{0.002891}\ ALEK_{t-1}$$

$$- \underset{(2.43)}{0.002685}\ LEIK_{t-1} + \underset{(6.69)}{0.042870}\ OFST_t$$

$$+ \underset{(2.02)}{0.804671}\ UALA_{t-1}\ /\ AKIN_{t-1}$$

R^2 = 0.963
F = 36.23
S = 2.93
DW = 1.58
U = 0.090

Die Steigerung der gesamtwirtschaftlichen Pro-Kopf-Einkommen wirkt in etwa gleichem Ausmaß auf eine Zunahme des Berufswechsels wie ein entsprechender Rückgang des landwirtschaftlichen Pro-Kopf-Einkommens.

Die gesamtwirtschaftliche Arbeitsmarktsituation, ausgedrückt durch die Variable "Offene Stellen" (OFST) zeigt auch bei alternativen Modellen einen signifikanten Einfluß. Die Abwanderung weiblicher Arbeitskräfte aus der Landwirtschaft hängt also im besonderem Maße von der Nachfrage anderer Wirtschaftssektoren nach Arbeitskräften ab. Bei der Arbeitslosigkeit ergibt sich zwar eine partielle Korrelation zum Berufswechsel, im Rahmen der Gesamtfunktion konnte jedoch kein gesicherter Einfluß nachgewiesen werden. Im Gegensatz zu den männlichen Arbeitskräften zeigt sich hier ein gesicherter Einfluß der relativen Unterauslastung der Arbeitskräfte in der Landwirtschaft. Insgesamt wird die tatsächliche Entwicklung des Berufswechsels weiblicher Arbeitskräfte durch das Verhaltensmodell in befriedigender Weise abgebildet.

Mobilität der Fremdarbeitskräfte

Im Gegensatz zu den Familienarbeitskräften werden die Fremdarbeitskräfte mit einem festgelegten Lohnsatz weitgehend unabhängig vom Wirtschaftsergebnis der jeweiligen Periode entlohnt. Die Entwicklung der Lohnarbeitskräfte beeinflußt einerseits das Niveau und die Zusammensetzung des Arbeitseinsatzes und andererseits die Verwendung des entstandenen Sektoreinkommens (Lohnzahlungen).

Bei einer durchschnittlichen jährlichen Verminderungsrate von 8.3 % sinkt der Anteil der Fremdarbeitskräfte am sektoralen Arbeitspotential von etwa 18 % zu Beginn der Betrachtungsperiode auf etwa 8 % in den letzten Jahren (siehe Übersicht 42). Der Rückgang des Bestandes an Vollarbeitskräften von etwa 500 00 (1955/56) auf etwa 90 000 (1975)76) dürfte im wesentlichen einen Prozeß des Ausscheidens (altersbedingt, Berufswechsel) darstellen, so daß hier als zentrale Entscheidungsvariable die absolute Veränderung des Fremdarbeitskräftebestandes angesehen wird (siehe Übersicht 43). Anders als bei Familienarbeitskräften sind hier zwei Entscheidungsträger, nämlich die Fremdarbeitskräfte selbst (Arbeitnehmer) und die Landwirte in ihrer Funktion als Arbeitgeber, von Bedeutung. Unter Berücksichtigung dieser Zusammenhänge konnte folgende Mobilitätsfunktion ermittelt werden:

$$AFRA_t = 2.45996 + \underset{(3.38)}{0.710942}\ AFRA_{t-1} + \underset{(2.02)}{0.027533}\ FRAK_{t-1}$$

$$+ \underset{(1.91)}{0.001678}\ \bar{D}_{BFRE,t-1} - \underset{(2.35)}{0.000601}\ SGEN_{t-1}$$

$R^2 = 0.972$
$F = 63.83$
$S = 3.65$
$DW = 1.46$
$U = 0.055$

Diese Verhaltensfunktion enthält ausschließlich Faktoren, die sich auf die Situation der Landwirtschaft bzw. auf die Landwirte als Arbeitgeber beziehen. Ein gesicherter Einfluß der gesamtwirtschaftlichen Arbeitsmarktsituation bzw. der gesamtwirtschaftlichen Einkommensentwicklung konnte nicht nachgewiesen werden. Die ökonomischen Einflußfaktoren beziehen sich auf die Schattenpreise landwirtschaftlicher Lohnarbeitskräfte ($\bar{D}_{BFRE}$) und auf das Gesamteinkommen des landwirtschaftlichen Sektors (SGEN). Je niedriger das gesamte sektorale Einkommen ist, desto größer wird der Druck auf die Entlastung von Fremdarbeitskräften. Der Regressionskoeffizient für den Schattenpreis der Fremdarbeitskräfte gibt sowohl den Einfluß der modellinternen Bewertung der Arbeit als auch den Einfluß des Lohnsatzes auf die Veränderung des Fremdarbeitskräftebestandes an.

Wie die ex-post-Prognose zeigt, werden durch die dargestellte Verhaltensfunktion zwar nicht alle kurzfristigen Schwankungen genau wiedergegeben, die mittel- und längerfristigen Tendenzen der Veränderung des Fremdarbeitskräftebestandes werden jedoch in befriedigender Weise erklärt.

3.2 Kapitalbildung und Investitionen in der Landwirtschaft

3.2.1 Gesamtwirtschaftliche und sektorale Bedeutung von Investitionen

Unter Investitionen versteht man das Verwenden von Gütern zur Erhaltung, Erweiterung oder Verbesserung des Produktionsapparates in der Volkswirtschaft. Dies bedeutet, daß auf den gegenwärtigen Konsum zugunsten des künftigen Verbrauchs von Gütern verzichtet wird. "Die volkswirtschaftliche Bedeutung der Investitionen liegt vor allem in dem entscheidenden Einfluß, den sie auf den Wachstumsprozeß, die konjunkturelle Entwicklung und die Verteilung des Einkommens auf soziale Gruppen haben ..."[71].

Die agrarsektoralen Investitionen sind nicht nur für die Entwicklung der Landwirtschaft, sondern auch für andere Wirtschaftssektoren wichtig. Im folgenden soll eine gestraffte Übersicht über verschiedene Effekte von landwirtschaftlichen Investitionen gegeben werden.

(1) Beschäftigungseffekte von Investitionen: Landwirtschaftliche Investitionen führen ceteris paribus zu einer Verringerung des Arbeitskräfteeinsatzes in der Landwirtschaft und damit zu einer höheren Arbeitskräftefreisetzung. Dieser Substitutionseffekt bildet in der historischen Entwicklung eine grundlegende Voraussetzung für die Entstehung und Ausdehnung des sekundären und tertiären Sektors in der Wirtschaft (Industrialisierungsprozeß). In einer hochentwickelten Volkswirtschaft wird der Ablauf des agrarsektoralen Strukturwandels

---

71) Kromphardt, J., Investitionen I: volkswirtschaftliche, in: Handwörterbuch der Wirtschaftswissenschaft, Bd. 4, Stuttgart-Tübingen-Göttingen 1978, S. 246-254.

maßgeblich durch den negativen Beschäftigungseffekt landwirtschaftlicher Investitionen gesteuert.

Positive Beschäftigungseffekte ergeben sich für die industriellen Sektoren, die landwirtschaftliche Investitionsgüter herstellen. Im Hinblick auf den strukturellen Wandel einer Volkswirtschaft lassen sich die Beschäftigungseffekte landwirtschaftlicher Investitionen nach folgenden Gesichtspunkten gruppieren:

- Verlagerung von Funktionen durch zunehmende Arbeitsteilung zwischen dem Sektor Landwirtschaft und der Investitionsgüterindustrie und deren vorgelagerten Bereichen,
- Nettoarbeitskräftefreisetzung durch Realisierung technischer Fortschritte bei Tätigung von Investitionen.

(2) Kapazitätseffekt von Investitionen: Landwirtschaftliche Investitionen erhöhen ceteris paribus die Produktionskapazität des landwirtschaftlichen Sektors und gleichzeitig die Produktionskapazität in der Investitionsgüterindustrie und deren vorgelagerten Bereichen. Je nachdem, ob es sich mehr um Rationalisierungsinvestitionen oder um Erweiterungsinvestitionen auf durchschnittlichem Technologieniveau handelt, kann der negative Beschäftigungseffekt oder der Kapazitätseffekt in der Landwirtschaft überwiegen.

(3) Einkommenseffekt von Investitionen: Durch die Tätigung von Investitionen wird landwirtschaftliches Einkommen an die Investitionsgüterindustrie transferiert. Diesem negativen Einkommenseffekt der Landwirtschaft steht ein positiver Einkommenseffekt gegenüber, wenn negative Beschäftigungseffekte und/ oder Kapazitätseffekte ausgenutzt werden. Neben diesen Effekten die sich auf die sektorale Einkommensverwendung und Einkommensentstehung auswirken, wird durch die Höhe der Investitionen auch die funktionale Einkommensverteilung beeinflußt. Diese ist unter verteilungspolitischen Gesichtspunkten insofern von Bedeutung, als einzelnen Gruppen von Landwirten in Abhängigkeit von der Faktorausstattung und den Eigentumsverhältnissen ein unterschiedliches Faktoreinkommen zufließt. Unter allokationstheoretischen Gesichtspunkten interessiert der Einfluß der funktionalen Einkommensverteilung auf den Faktoreinsatz in der Landwirtschaft.

Im folgenden werden die Auswirkungen landwirtschaftlicher Investitionen auf andere Wirtschaftssektoren weitgehend vernachlässigt. Die zentrale Frage richtet sich auf die Bestimmungsgründe der landwirtschaftlichen Investitionen und die modellmäßige Erfassung der Investitionsentwicklung innerhalb eines dynamischen Sektormodells. Die Untersuchung der verschiedenen Auswirkungen und der Bezug auf das Gesamtsystem sind als eine wichtige Voraussetzung für die Ermittlung geeigneter Investitionsfunktionen anzusehen, da "eine Investitionsfunktion im Grunde nicht isoliert, sondern nur im Rahmen eines ökonometrischen Gesamtsystems getestet werden kann"[72].

3.2.2 Bestimmungsfaktoren der Investitionen in der Landwirtschaft

Neben den partiellen Investitionstheorien, die von Zinsabhängigkeit, Gewinn- bzw. Liquiditätsabhängigkeit oder Wachstumsabhängigkeit (Akzeleratorprinzip) ausgehen, spielen in neuerer Zeit neoklassische Investitionstheorien und Investitionsfunktionen, die aus der neoklassischen Wachstumstheorie abgeleitet werden, eine entscheidende Rolle[73]. Bei den empirischen Schätzungen von Investitionsfunktionen für den landwirtschaftlichen Sektor wird weitgehend von diesen Theorien ausgegangen, wobei z.T. spezifische agrarsektorale Faktoren berücksichtigt werden[74].

---

72) Krelle, W., Investitionsfunktionen, in: Handwörterbuch der Wirtschaftswissenschaft, Bd. 4, Stuttgart-Tübingen-Göttingen 1978, S. 292, Krelle führt weiter aus: "Welche Investitionsfunktion man akzeptiert, hängt auch von dem Gesamtsystem ab, in dessen Rahmen sie benutzt werden soll".

73) Siehe dazu: Krelle,W.,Investitionsfunktionen,...,S.275-293.

74) Siehe dazu z.B. Uhlemann, P., Nachfrage nach industriellen Produktionsmitteln im Agrarbereich. Eine ökonometrische Studie zur Ermittlung empirischer Investitionsfunktionen. (Agrarwirtschaft, Sonderheft 32), Hannover 1968,Tangermann,S. Ein ökonometrisches Modell ..., S. 287 f, de Haen, H., Kapitalbildung und privater Konsum von Landwirten bei unsicheren Einkommenserwartungen in: Langbehn, C., Stamer, H., (Hrsg.), Agrarwirtschaft und wirtschaftliche Instabilität, München-Bern-Wien 1976, S. 405 ff.

Wegen der starken Verflechtung der Unternehmungen und der Haushalte im Agrarsektor sind die Investitionsentscheidungen der Landwirte im engen Zusammenhang mit der Kapitalbildung der landwirtschaftlichen Haushalte zu sehen. Der Einfluß des verfügbaren Einkommens bzw. der Liquidität auf die Investitionen in der Landwirtschaft wird bei den verschiedenen empirischen Untersuchungen für die Bundesrepublik Deutschland unterschiedlich beurteilt. UHLEMANN weist anhand von Zeitreihen für den landwirtschaftlichen Sektor einen signifikanten positiven Einfluß (der Wertschöpfung) nach[75]. Dagegen ergibt sich bei DE HAEN in einer Untersuchung für 20 Einzelbetriebe Niedersachsens kein bzw. ein negativer Einfluß des "verfügbaren Gesamteinkommens" auf die Höhe der Investitionen[76]. Bei der von TANGERMANN geschätzten sektoralen Investitionsfunktion wird der Einfluß der Liquidität ebenfalls nicht berücksichtigt[77].

Im folgenden soll die Entwicklung der landwirtschaftlichen Investitionen in Verbindung mit dem Prozeß der Kapitalbildung untersucht werden, um von da aus eine Basis für die Erklärung der Entwicklung der sektoralen Investitionen im Rahmen eines agrarsektoralen Gesamtsystems zu erarbeiten.

Im Teil B dieser Arbeit wurden die landwirtschaftlichen Investitionen in jeder Periode nach einzelnen Investitionsbereichen (i) und Mechanisierungsstufen (j) unterschieden.

$$I_t = \sum_i \sum_j I_{t,i,j}$$

Analog zur Verwendung der jährlichen Investitionssumme läßt sich die Finanzierung der Investitionen (Kapitalbildung) beschreiben:

$$I_t = EFIN_t + FFIN_t$$

---

75) Uhlemann, P., Nachfrage ...
76) de Haen, H., Kapitalbildung ... Leider werden in dieser Untersuchung keine Angaben über die Güte der geschätzten Funktionen gemacht, so daß im weiteren nicht auf diesen Ergebnissen aufgebaut werden kann.
77) Tangermann, S., Ein ökonometrisches Modell ...

Die Unterteilung in Eigenfinanzierung (EFIN) und Fremdfinanzierung (FFIN) ist sowohl für die Bestimmungsfaktoren der Investitionen (z.B. Einkommensabhängigkeit, Zinsabhängigkeit) als auch für die dynamischen Beziehungen im Finanzbereich der landwirtschaftlichen Haushalte von Bedeutung.

Für die Eigenfinanzierung landwirtschaftlicher Investitionen ist das in einer Periode entstandene Einkommen von unmittelbarer Bedeutung. Grundlage für die Bildung von Eigenkapital ist das "verfügbare Einkommen", welches sich definitionsgemäß in die Konsumsumme und Sparsumme aufspalten läßt. Die Bedeutung der Eigenkapitalbildung für die Dynamik der agrarsektoralen Entwicklung ist in engem Zusammenhang mit den eingangs erwähnten Effekten landwirtschaftlicher Investitionen zu sehen. Ein unterschiedliches Spar-, Finanzierungs- und Investitionsverhalten ist sowohl für die Einkommensentstehung, als auch für die Einkommensverwendung in späteren Perioden bedeutsam. Das verfügbare Einkommen in den späteren Perioden bildet wiederum die Basis für die Eigenkapitalbildung. Diese dynamischen Beziehungen beeinflussen vor allem die längerfristige Entwicklung des landwirtschaftlichen Sektors.

Genau entgegengesetzt zur Eigenfinanzierung läßt sich die Fremdfinanzierung als eine gegenwärtige Güterverwendung auf Kosten des künftigen Einkommens verstehen. Die Fremdfinanzierung bestimmt u.a. die Verwendung des zukünftigen Einkommens (Zins- und Tilgungszahlungen) und damit die Möglichkeiten der Eigenkapitalbildung. Als Bestimmungsfaktor für die Aufnahme von Fremdkapital ist daher neben dem Fremdkapitalzinssatz die Einschätzung der künftigen Ertragslage der Landwirtschaft anzusehen. Einen weiteren Bestimmungsfaktor stellt die staatliche Investitionsförderung dar.

In dieser Arbeit wird - ausgehend von den obigen Überlegungen - ein Konzept kombinierter Investitions- und Finanzierungsfunktionen entwickelt. Dabei wird für jede Finanzierungsart eine Verhaltensfunktion zugrundegelegt, die sowohl die investitionsbestimmenden Faktoren als auch spezifische Erklärungsfaktoren für die jeweilige Finanzierungsart enthält. Das Gesamtniveau der Investitionen hängt dann von den investitionsbestimmenden Faktoren und von den gegebenen Finanzierungsbedingungen ab. Der Vorteil dieses Konzeptes liegt in der Erfassung der gekennzeichneten dynamischen Beziehungen im agrarsektoralen Entwicklungsprozeß.

3.2.3 Quantifizierung der Investitions- und Finanzierungsfunktionen

E i g e n k a p i t a l b i l d u n g

Im folgenden sollen die Haushaltsentscheidungen über die Aufteilung des dispositiven Einkommens (DEIN) auf die Komponenten Konsum (KON) und Sparen (SPAR) und die Möglichkeiten der quantitativen Erfassung dieser Verhaltensweisen in einem dynamischen Sektormodell analysiert werden. Bei makroökonomischen Analysen werden diese Entscheidungen häufig auch durch die einfache Funktion KON = f (DEIN) beschrieben. Ebenso wird bei vielen betrieblichen und regionalen Analysen vom Konsumfunktionskonzept ausgegangen[78]. Die für die Investitionstätigkeit relevante Sparsumme wird dabei als Restgröße SPAR = DEIN - KON ermittelt. Wenn man jedoch aufgrund der starken Verflechtungen zwischen den landwirtschaftlichen Betrieben und den landwirtschaftlichen Haushalten davon ausgeht, daß das Sparverhalten in enger Beziehung zum Investitionsverhalten steht, so ist LEON und RAINELLI zuzustimmen, wenn sie feststellen: "The concept of residual savings is not very realistic; saving should rather be considered as the result of deliberate action. ... For this reason the financial behaviour of farmers should be examined in relation to savings rather than to consumption"[79].

---

78) Siehe z.B. Heidhues, Th., Dynamik der Anpassung in der Landwirtschaft, in: Schmitt,G. (Hrsg.), Landwirtschaftliche Marktforschung in Deutschland, München-Basel-Wien 1967, S. 88 ff. de Haen, H., Dynamisches Regionalmodell ...., S. 198 ff., de Haen, H., Kapitalbildung und privater Konsum ...., S. 405 ff.

79) Leon, Y., Rainelli, P., Savings of Farmers: A cross-section analysis, in: European Review of Agricultural Economics, Vol.3/4, (1976), S. 501.

Die modellmäßige Abbildung des Sparverhaltens und der Eigenkapitalbildung basiert auf folgenden Definitionen und Hypothesen:

- Das dispositive sektorale Einkommen läßt sich am Ende einer Wirtschaftsperiode aus den jeweiligen Produktions- und Faktoreinsatzstrukturen, den Produktionskoeffizienten, den jeweils geltenden Marktpreisen, Lohn- und Zinssätzen, Steuern und Transferzahlungen sowie aus den Tilgungszahlungen und den Ausgaben für soziale Sicherung ermitteln.
- In der Periode t kann das dispositive Einkommen der Periode t-1 für Konsumzwecke (KON), zur Finanzierung landwirtschaftlicher Investitionen (EFIN) und zur außerlandwirtschaftlichen Vermögensbildung (ASPA) verbraucht werden, wobei gilt: $DEIN_{t-1} = KON_t + EFIN_t + ASPA_t$
- Die Entscheidungen über diese Verwendungsarten werden zu Beginn der Periode t getroffen. Dabei werden folgende allgemeine Verhaltensfunktionen zugrundegelegt:

  $$EFIN_t = f\,(EFIN_{t-1}, DEIN_{t-1}, Z_1 \dots Z_n)$$

  $$ASPA_t = f\,(ASPA_{t-1}, DEIN_{t-1}, Z_1 \dots Z_n)\ .$$

  Neben der Einkommensgröße sollen die ökonomischen Variablen $Z_1 \dots Z_n$ die Entwicklung der Eigenkapitalbildung erklären.
- Die Konsumausgaben in der Periode t ergeben sich aus:

  $$KON_t = DEIN_{t-1} - EFIN_t - ASPA_t\ .$$

  Dabei ist zu berücksichtigen, daß die Sparfunktionen u.a. auch erklärende Größen enthalten, die sich auf das Konsumniveau beziehen, wie z.B. der Preisindex für die Lebenshaltung oder das allgemeine Einkommensniveau.

Eigenfinanzierung

Die hier zugrundeliegende Zeitreihe für die Eigenfinanzierung entspricht der Differenz zwischen der statistisch ausgewiesenen jährlichen Investitionssumme und der jährlichen Fremdkapitalaufnahme[80]. Die Eigenfinanzierung beinhaltet also definitionsgemäß die Bereitstellung von erwirtschafteten Einkommen für landwirtschaftliche Investitionen.

Im Durchschnitt der Betrachtungsperiode werden etwa 45 % der Investitionen direkt durch das erwirtschaftete Einkommen finanziert, wobei der Anteil zwischen 23 % und 62 % schwankt. Bezieht man die Eigenfinanzierungssumme auf das dispositive Ein-

---

80) Auf die Ermittlung der jährlichen Fremdkapitalaufnahme wird im nächsten Unterabschnitt näher eingegangen.

kommen, so ergibt sich im Durchschnitt eine partielle Sparquote von etwa 16 % bei einem Schwankungsbereich von etwa 3 % (1968/69) bis 25 % (1964/65). Die starken Schwankungen lassen vermuten, daß die Landwirte die Sparsumme flexibel an die Investitionserfordernisse und Finanzierungsbedingungen anpassen und daß Konzepte, die ausschließlich von einer konstanten Konsum- bzw. Sparquote ausgehen[81], die Dynamik der Eigenkapitalbildung und der Investitionsentwicklung nicht in vollem Umfang erfassen können.

In der ökonometrischen Analyse wurden neben dem dispositiven Einkommen der Einfluß der internen Verwertung des eingesetzten Kapitals bzw. der jährlichen Investitionssumme sowie der Erklärungsgehalt von Faktoren, die über den allgemeinen Kapitalmarkt, den landwirtschaftlichen Investitionsgütermarkt und dem Konsumgütermarkt Auskunft geben, getestet. Folgende Verhaltensfunktion wird vorläufig verwendet:

$$
\begin{aligned}
EFIN_t = 1253.46069 &+ \underset{(1.25)}{0.285234}\, EFIN_{t-1} + \underset{(2.47)}{0.260952}\, DEIN_{t-1} \\
&- \underset{(1.84)}{6797.5052}\, D_{EKAP,t-1} - \underset{(1.46)}{4.434094}\, \bar{D}_{GMAS,t-1} \\
&- \underset{(1.37)}{71.289276}\, P_{LEBK,t-1} + \underset{(1.13)}{38.74127}\, P_{INVG,t-1} \\
&- \underset{(1.71)}{162.053528}\, ZALG_{t-1} - \underset{(1.84)}{0.034206}\, FFIN_{t-1}
\end{aligned}
$$

$R^2 = 0.890$
$F = 5.67$
$S = 332.40$
$DW = 1.83$
$U = 0.055$

Die statistischen Prüfmaße dieser Funktion sind nicht voll befriedigend. Es zeigt sich aber ein plausibler Einfluß der erklärenden Variablen, selbst wenn diese z.T. nur schwach abgesichert sind. So weist der Regressionskoeffizient für das verfügbare Einkommen (partielle Sparquote) eine sinnvolle

81) Siehe dazu z.B. de Haen, H., Dynamisches Regionalmodell ..., S. 205 ff.

Größenordnung auf. Ebenso zeigt sich bei der internen Verwertung der Investitionssumme (D_{EKAP}) sowie bei den internen Kosten für die Erledigung von Grundarbeiten (D_{GMAS})[82] ein plausibler Einfluß. Im Rahmen des Gesamtmodells kommt beiden Einflußvariablen eine Steuerungs- und Kontrollfunktion zu. Die Variable ZALG gibt den Einfluß des Haben-Zinssatzes auf die Eigenkapitalbildung an.

Ein steigender Preisindex für die Lebenshaltung bewirkt eine Verminderung der Eigenfinanzsumme und damit eine kurzfristige Steigerung der (nominalen) Konsumausgaben (71 000 DM pro Indexpunkt). Da der Verlust an Kaufkraft im Durchschnitt der Betrachtungsperiode etwa 126 000 DM pro Indexpunkt beträgt, vermindern sich die realen Konsumausgaben um 55 000 DM je Indexpunkt. Langfristig steigen die Konsumgüterausgaben nominal um etwa 100 000 DM pro Indexpunktänderung, so daß nur noch ein geringer realer Kaufkraftverlust bleibt. Eine Steigerung des allgemeinen Preisniveaus bewirkt also in erster Linie eine Verringerung der Investitionen auf Eigenkapitalbasis, wenn die nominalen Einkommensgrößen der Landwirtschaft nicht entsprechend ansteigen.

Eine Steigerung der Investitionsgüterpreise wird durch einen überproportionalen Anstieg der Eigenfinanzierungssumme ausgeglichen, so daß die realen Investitionen in etwa konstant bleiben. Ein gleichmäßiger Anstieg der Investitionsgüterpreise und der Lebenshaltungskosten bewirkt eine kurzfristige Einschränkung der Eigenfinanzierung um etwa 31 000 DM pro Indexpunkt und eine entsprechende Ausdehnung der nominalen Konsumausgaben. Dies bedeutet, daß bei einer inflationären Entwicklung, die zu einer Verminderung der realen Agrareinkommen führt, ein bestimmter realer Mindestkonsum aufrechterhalten wird.

---

82) Diese Variable wurde deshalb in die Regressionsgleichung aufgenommen, weil ein hoher Teil der Investitionsausgaben auf den Technologiebereich Bodenbearbeitung entfällt (Vgl. dazu Abschnitt 3, Teil B).

Steigen dagegen im Zuge der inflationären Entwicklung die landwirtschaftlichen Einkommen mit der gleichen Wachstumsrate wie die Preise für Investitionsgüter und für die Lebenshaltung, so bleiben die realen Konsumausgaben und die Eigenkapitalbildung unverändert. Je nach der speziellen Ausprägung der gesamtwirtschaftlichen Inflation und der Veränderung der sektoralen Preis- und Einkommensverhältnisse werden die Einkommensverwendung und Eigenkapitalbildung in der Landwirtschaft unterschiedlich beeinflußt.

Außerlandwirtschaftliche Vermögensbildung

Der Bestand an außerlandwirtschaftlichen Guthaben beträgt nach der Gesamtrechnung etwa 25-30 % des Bestandes an Verbindlichkeiten. Während die Guthabenbestände VERM im Durchschnitt mit 5 % pro Jahr anwachsen, bleiben die Veränderungen der Bestände ASPA, die hier als Entscheidungsvariablen angesehen werden, langfristig in etwa konstant. Kurzfristig sind jedoch erhebliche Schwankungen zu beobachten. Als Erklärungsfaktoren sind neben dem Einkommen der außerlandwirtschaftliche Vermögensbestand und die Verzinsung der Guthaben bzw. die interne Verzinsung des in der Landwirtschaft eingesetzten Kapitals heranzuziehen. Auf dieser Basis ergibt sich folgende Funktion:

$$\begin{aligned} ASPA_t = - 3294.11157 &- \underset{(2.49)}{0.46012}\ ASPA_{t-1} + \underset{(3.32)}{0.23055}\ DEIN_t \\ &+ \underset{(1.83)}{0.16860}\ DEIN_{t-1} - \underset{(3.92)}{0.43100}\ VERM_{t-1} \\ &+ \underset{(0.79)}{8605.6250}\ \bar{D}_{EKAP,t-1} + \underset{(0.68)}{40.42642}\ ZALG_t \end{aligned}$$

$$R^2 = 0.72$$
$$F = 5.73$$
$$S = 225.25$$
$$DW = 2.53$$
$$U = 0.22$$

Während eine Erhöhung der Guthabenzinsen ZALG zu einer Ausdehnung der außerlandwirtschaftlichen Geldanlage führt, wirkt eine zunehmende Kapitalverzinsung in der Landwirtschaft der außerlandwirtschaftlichen Vermögensbildung entgegen (verstärkte Eigenkapitalbildung für landwirtschaftliche Investitionen).

Die partiellen Sparquoten können nicht isoliert, sondern nur im Zusammenhang mit dem absoluten Glied, der endogenen Variablen und der Variablen "Vermögensbestand" sinnvoll interpretiert werden. Der negative Koeffizient der Vermögensbestandsvariablen bringt zum Ausdruck, daß aus Sicherheitsmotiven ein bestimmter Vermögensbestand angestrebt wird. Die partiellen Effekte einer autonomen Einkommenserhöhung (Δ DEIN = 1000) auf die Kapitalbildung und die Konsumausgaben im Zeitablauf sollen anhand eines Beispiels verdeutlicht werden.

Übersicht 44 : Illustration der Spar- und Konsumentscheidungen bei einer autonomen dauerhaften bzw. einmaligen (Werte in Klammern) Einkommenserhöhung auf der Basis von empirisch geschätzten Verhaltensparametern

Periode	Δ ASPA	Δ EFIN	Δ KON	Δ DEIN	Δ VERM
t_0	230 (230)	260 (260)	510 (510)	1.000 (1.000)	230 (230)
t_1	194 (-37)	334 (74)	472 (-37)	1.000 (0)	424 (193)
t_2	127 (-66)	355 (21)	518 (45)	1.000 (0)	551 (126)
t_3	103 (-24)	361 (6)	536 (18)	1.000 (0)	634 (101)
t_4	70 (-32)	363 (2)	567 (30)	1.000 (0)	724 (68)
⋮	⋮	⋮	⋮	⋮	⋮
t_n	0 (0)	365 (0)	635 (0)	1.000 (0)	926 (0)

Die partiellen Simulationsrechnungen verdeutlichen einige Eigenschaften des Einkommensverwendungs- und Finanzierungsmodells: Die autonome Einkommenserhöhung führt kurzfristig zu einer relativ starken Ausdehnung der außerlandwirtschaftlichen Vermögensbildung. Bei einer <u>anhaltenden</u> Einkommenserhöhung paßt sich die Eigenfinanzierung nach einigen Perioden an das neue Gleichgewicht an. Die außerlandwirtschaftliche Vermögensanlage, der Konsum und die jährliche Vermögensbildung tendieren gegen Null, wobei der Vermögensbestand langfristig um über 900 DM ansteigt. Aus den empirisch ermittelten Verhaltensparametern läßt sich eine marginale langfristige Konsumquote von 0.63 ableiten. Eine <u>einmalige</u> Einkommenserhöhung führt in der ersten Periode zu den gleichen Ergebnissen, wobei langfristig alle betrachteten Variablen gegen Null tendieren. Der kurzfristige Einkommensstoß wird zu einem Viertel über die Guthabenbestände auf den Konsum und die Eigenfinanzierung in den Folgeperioden verteilt.

Wie bei jeder partiellen Analyse, kommen auch hier die dynamischen Anpassungen nicht hinreichend zum Ausdruck. Aufgrund der rekursiven Verknüpfung im Gesamtsystem beeinflußt z.B. die erhöhte Investitionssumme die Verwertung des eingesetzten Kapitals und führt zu Einkommens- und Beschäftigungseffekten, die ihrerseits wieder die Kapitalbildung und den Konsum in späteren Perioden bestimmen.

F r e m d f i n a n z i e r u n g

Die Agrarstatistik enthält lediglich Angaben über den Fremdkapitalbestand in den einzelnen Wirtschaftsjahren. Die tatsächliche Fremdkapitalaufnahme in einer Periode läßt sich nicht unmittelbar aus den Differenzen der Bestandsvariablen ableiten, da die zwischenzeitlich erfolgte Tilgung zu berücksichtigen ist. Voraussetzung für die Ermittlung der Tilgung ist aber wiederum, daß die Fremdkapitalaufnahme in den Vorperioden bekannt ist. Für die Lösung dieses Problems wird eine iterative Vorgehensweise gewählt, die - ausgehend von bestimmten Annahmen über die durchschnittliche Laufzeit der Verbindlichkeiten - schrittweise die jährliche Tilgung und die jährliche Fremdkapitalaufnahme bei den einzelnen Kreditarten ermittelt.

Abb. 43: Illustration der Fremdkapitalbestandsentwicklung, der jährlichen Tilgung und Fremdkapitalaufnahme

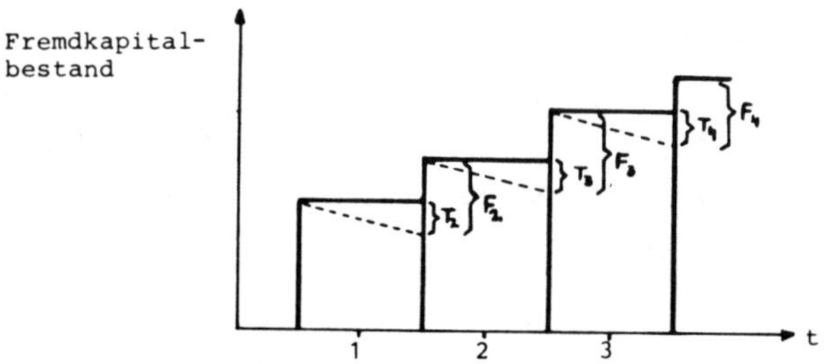

Die jährlichen Tilgungsausgaben lassen sich nach folgender Formel ermitteln (L = durchschnittliche Kreditlaufzeit):

$$T_t = \sum_{j=1}^{L} F_{t-j} \cdot 1/L \,.$$

Bei gegebenem Fremdkapitalbestand FB ist die jährliche Fremdkapitalaufnahme definiert als:

$$F_t = FB_t - FB_{t-1} + T_t \,.$$

In der empirischen Analyse werden nach der Kreditlaufzeit folgende Differenzierungen vorgenommen:
- kurzfristige Kredite (unter 1 Jahr),
- mittelfristige Kredite (5 Jahre),
- langfristige Kredite (10 Jahre).

Diese Unterscheidung ist vor allem für die Ermittlung der Zins- und Tilgungsaufwendungen im Zeitablauf wichtig. Ausgehend von den statistisch ausgewiesenen Fremdkapitalbeständen und den obigen Annahmen über die durchschnittliche Kreditlaufzeit wird die jährliche Tilgung und Fremdkapitalaufnahme[83] der einzelnen Kreditarten ermittelt. Zur Erklärung der Fremdkapitalaufnahme wird für jede Kreditart eine Verhaltensfunktion zugrundegelegt. Da sich aus diesen Funktionen zusammen mit dem gebildeten Eigenkapital die jährliche Investitionssumme ergibt, sind sowohl investitionsbestimmende Faktoren als auch spezifische Erklärungsfaktoren der einzelnen Kreditarten zu berücksichtigen.

Kurzfristige Verbindlichkeiten

Die jährliche Nettoaufnahme an kurzfristigen Verbindlichkeiten - als zu erklärende Variable - nimmt während der Betrachtungsperiode relativ kontinuierlich ab. Wegen der dominierenden Rolle der langfristigen Kredite innerhalb der Fremdfinanzierung wird hier unterstellt, daß die kurzfristigen Kredite im wesentlichen an die jeweiligen Finanzierungserfordernisse angepaßt werden.

---

83) Die Entwicklung der Fremdkapitalaufnahme der einzelnen Kreditarten wird in Abschnitt 2, Teil D dargestellt.

$$KFIN_t = 674.12085 + \underset{(2.20)}{0.212020}\ KFIN_{t-1} - \underset{(2.73)}{51.465866}\ ZINL_{t-1}$$

$$-\underset{(1.40)}{2745.3175}\ \bar{D}_{EKAP,t-1} + \underset{(3.38)}{0.28208}\ FFIN_{t-1}$$

$$-\underset{(2.51)}{0.28829}\ LFIN_{t-1}$$

R^2 = 0.942
F = 23.53
S = 43.16
DW = 2.18
U = 0.061

Die Veränderung der kurzfristigen Verbindlichkeiten wird also auf der einen Seite vom Fremdkapitalzinssatz ZINL und der internen Verwertung des Eigenkapitals $\bar{D}_{EKAP}$ (Investitionskomponente) und auf der anderen Seite von der Entwicklung der übrigen Fremdfinanzierungsarten (Finanzierungskomponente) bestimmt. Die Kombination der Variablen "gesamte Kreditaufnahme in der Vorperiode $FFIN_{t-1}$" und langfristige Kredite in der "Vorperiode führt dazu, daß ein bestimmter Anteil an kurzfristigen Krediten aufrecht erhalten wird.

Mittelfristige Verbindlichkeiten

Mit einem Anteil von etwa 22 % an der Investitionssumme bzw. etwa 40 % an der Fremdfinanzierung ist die mittelfristige Kreditaufnahme im Durchschnitt der Betrachtungsperiode von größerer Bedeutung. Diese Anteile bleiben während der Betrachtungsperiode in etwa konstant, wenn man von kurzfristigen Schwankungen absieht.

Für die Analyse der Entwicklung der mittelfristigen Kredite wird davon ausgegangen, daß diese vorwiegend zur Finanzierung von Maschineninvestitionen im Bereich der landwirtschaftlichen Bodenproduktion verwendet werden. Deshalb sollen u.a. Indikatoren, die über die Wettbewerbskraft der zunehmenden Mechanisierung und der Investitionen in der Bodenproduktion Auskunft geben, zur Erklärung herangezogen werden. Unter Berücksichtigung allgemeiner investitionsbestimmender Variablen wird zunächst von folgender Verhaltensfunktion ausgegangen:

$$\lg MFIN_t = 1.10832 + \underset{(6.25)}{0.721628} \lg MFIN_{t-1} - \underset{(1.52)}{4.429387} \bar{D}_{FKAP,t-1}$$

$$- \underset{(1.77)}{0.000865} \bar{D}_{GMAS,t-1} + \underset{(1.51)}{0.015962} ZINL_{t-1}$$

$$- \underset{(1.22)}{0.003806} P_{AGRA,t-1}$$

$R^2 = 0.961$
$F = 26.61$
$S = 0.051$
$DW = 1.85$
$U = 0.0058$

Die Entwicklung der jährlichen Aufnahme an mittelfristigen Verbindlichkeiten wird also vornehmlich durch die interne Verwertung des Fremdkapitals in der Vorperiode und durch den Schattenpreis für die Erledigung von Grundarbeiten in der landwirtschaftlichen Bodenproduktion bestimmt. Der Einfluß des durchschnittlichen Zinssatzes für Fremdkapital (ZINL)[84] und des Preisniveaus landwirtschaftlicher Produkte (P_{AGRA}) mag zunächst unplausibel erscheinen. Wenn man jedoch berücksichtigt, daß der Fremdkapitalzins den Schattenpreis für die Fremdfinanzierung beeinflußt ($D_{FKAP} = D_{EKAP} - ZINL/100$), so ergibt sich ein sinnvoller Zusammenhang. Ebenso plausibel erscheint der Einfluß des Agrarpreisniveaus, wenn man dessen gleichzeitige Wirkung auf die Eigenkapitalbildung sowie auf die langfristigen Verbindlichkeiten berücksichtigt.

Langfristige Verbindlichkeiten

Die Aufnahme langfristiger Verbindlichkeiten beträgt im Durchschnitt der Betrachtungsperiode etwa 52 % der gesamten Fremdfinanzierung bzw. etwa 30 % der jährlichen Investitionssumme. Bei einer durchschnittlichen jährlichen Wachstumsrate von 14 % nimmt die Bedeutung der langfristigen Kapitalaufnahme im Zeitablauf zu. Dabei ist insbesondere bis zum Jahre 1966 (Mechanisierungsphase) ein starker Anstieg zu verzeichnen.

---

84) Für eine Differenzierung des Fremdkapitalzinssatzes nach den einzelnen Kreditarten fehlt bisher die statistische Basis.

Wenn man davon ausgeht, daß die langfristigen Verbindlichkeiten vornehmlich für Investitionen verwendet werden, die auf eine Freisetzung von landwirtschaftlichen Arbeitskräften hinwirken, so ist der Schattenpreis für die Arbeitskräfte ein maßgeblicher Bestimmungsfaktor. Von den verschiedenen Schätzfunktionen zeigt die folgende lineare Funktion plausible Zusammenhänge:

$$LFIN_t = -25.24683 + \underset{(4.78)}{0.69559}\, LFIN_{t-1} + \underset{(1.82)}{40709.37}\, D_{EKAP,t-1}$$

$$-\underset{(2.29)}{43257.119}\, \bar{D}_{FKAP,t-1} - \underset{(1.81)}{0.04761}\, D_{FMAK,t-1}$$

$$+ \underset{(1.69)}{21.27994}\, P_{AGRA,t}$$

$R^2 = 0.975$
$F = 56.20$
$S = 193.77$
$DW = 2.49$
$U = 0.050$

Diese Funktion gibt die Entwicklung der langfristigen Verbindlichkeiten in zufriedenstellender Weise wieder, wie die Ergebnisse der ex-post-Prognose und die angegebenen Prüfmaße zeigen. Der gleichzeitige Einfluß des Schattenpreises für Fremdkapital und für Eigenkapital soll die relative Wettbewerbsfähigkeit dieser Finanzierungsarten zum Ausdruck bringen. Ein steigender Schattenpreis für Arbeit führt zu einer zunehmenden Verschuldung. Der Agrarpreisindex soll den Einfluß der Erwartungen über die künftige Ertragslage in der Landwirtschaft angeben. Der langfristige Einfluß der erklärenden Variablen beträgt etwa das Dreifache der angegebenen Regressionskoeffizienten.

3.3 Entwicklung der landwirtschaftlich genutzten Flächen

Die landwirtschaftlich genutzte Fläche (LF) nimmt in der Beobachtungsperiode mit einer durchschnittlichen jährlichen Wachstumsrate von 0.2 v.H. ab. Hinter diesen globalen Veränderungen stehen jedoch verschiedene Bewegungsgrößen wie z.B.:

- Inanspruchnahme von Boden für außerlandwirtschaftliche Nutzung[85] (Wohnungsbau, Industrieansiedlung, Erholung, Infrastrukturprojekte),
- Nichtnutzung landwirtschaftlicher Flächen (sog. Sozialbrache) an Grenzstandorten,
- Gewinnung neuer Flächen (Nutzbarmachung von Waldflächen für landwirtschaftliche Zwecke, Neulandgewinnung an Küsten),
- Aufforstung von landwirtschaftlich genutzten Flächen u.dgl.

Die Entwicklung der LF läßt sich nicht in diese einzelnen Komponenten zerlegen, da hierfür die statistische Basis fehlt. Unter den Bedingungen der Beobachtungsperiode kommt der modellendogenen Erfassung der LF-Entwicklung nur eine geringe Bedeutung zu. Bei der Analyse der Auswirkungen alternativer agrarpolitischer Maßnahmen (z.B. drastische Agrarpreissenkung) ist nicht auszuschließen, daß im größeren Umfang landwirtschaftliche Flächen aus der Produktion ausscheiden. Über das Ausmaß derartiger Wirkungen lassen sich anhand der sektoralen Aggregate nur begrenzte Aussagen ableiten[86]. Dennoch soll der Einsatz des Faktors Boden in der landwirtschaftlichen Produktion als modellendogene Variable aufgenommen werden, um bei alternativen Maßnahmen relative Unterschiede in der Flächennutzung[87] aufzeigen zu können.

---

85) Vgl. dazu z.B. Reichenbach, H., Konsumtive Bodennutzung und wirtschaftliches Wachstum, in: Zeitschrift für die gesamte Staatswissenschaft, Bd. 132 (1976), S. 105 ff.

86) Eine direkte Spezifizierung von Grenzflächen erfordert eine kleinräumliche Betrachtung der relevanten Wettbewerbsstellung und der regionalen Entwicklung. Siehe dazu etwa: Schuldt, V., Versuch einer Grundrentenmessung im landwirtschaftlichen Marktfruchtbau in Schleswig-Holstein. in: Berichte über Landwirtschaft, Bd. 51, (1973), S. 225 ff. Hauser, J., Analyse der Nutzungsmöglichkeiten von Grenzertragsflächen und der Entwicklung der Agrarstruktur in schwach strukturierten Agrarregionen, Einzelbetriebliche und regionale Planungen, Hiltrup 1975. Bauersachs, F., Interregionaler Wettbewerb der Produktionsstandorte ...

87) Über den absoluten Umfang nicht genutzter Flächen, sowie dessen regionale Verteilung können keine Aussagen abgeleitet werden. Derartige Analysen bleiben o.g. Spezialuntersuchungen vorbehalten.

Die gesamte LF gliedert sich definitorisch in Ackerflächen (einschl. Sonderkulturen) und Grünlandflächen:

$$LF_t = ACKL_t + GRÜN_t \quad .$$

Die Grünflächen nahmen während der letzten 20 Jahre wesentlich stärker ab als die Ackerflächen. In einzelnen Phasen sind aber unterschiedliche Entwicklungstendenzen zu beobachten. Von den getesteten Schätzansätzen für die Entwicklung der landwirtschaftlich genutzten Flächen zeigt die Erklärung der beiden Komponenten ACKL und GRÜN die plausibelsten Ergebnisse. Dieser Ansatz ist auch deshalb von Vorteil, weil die Aufteilung der Fläche für das Produktionsmodell von Bedeutung ist. Folgende Einflußgrößen werden als Verhaltenshypothesen getestet:

- LF der Vorperiode als endogene verzögerte Variable,
- Pro-Kopf-Einkommen in der Volkswirtschaft als Einflußgröße für die außerlandwirtschaftliche Landnutzung,
- durchschnittliche Verwertung des Bodens in der Landwirtschaft (Schattenpreise),
- durchschnittliche Verwertung der Ackerfläche und der Grünlandfläche,
- Verwertung des Bodens in Produktionsverfahren, die relativ geringe Bodenrenten aufweisen (z.B. Hafer, Gerste).

Die Entwicklung der Ackerfläche wird vorläufig durch folgende Verhaltensfunktion beschrieben:

$$\begin{aligned} ACKL_t = 587.62524 &+ \underset{(2.85)}{0.664968}\ ACKL_{t-1} - \underset{(1.99)}{0.035601}\ BIP/KOPF_{t-1} \\ &- \underset{(1.68)}{0.155116}\ LF_{t-1} - \underset{(2.18)}{1.314286}\ \bar{D}_{ACKL,t-1} \\ &- \underset{(1.88)}{2.200508}\ \bar{D}_{WEIZ,t-1} - \underset{(2.35)}{2.209436}\ \bar{D}_{HAFE,t-1} \\ &+ \underset{(1.63)}{1.003877}\ \bar{D}_{WIES,t-1} + \underset{(1.80)}{1.003212}\ \bar{D}_{WEID,t-1} \end{aligned}$$

$R^2 = 0.963$
$F = 32.09$
$S = 46.42$
$DW = 1.35$
$U = 0.0019$

Die autonome Komponente dieser Gleichung setzt sich aus der verzögerten endogenen Variablen und der verzögerten Variablen

LF zusammen. Eine Erhöhung des Bruttoinlandsproduktes pro Kopf um 1 000 DM bewirkt einen Rückgang der Ackerfläche um etwa 35 600 ha (entspricht etwa 0.4 % der Ackerfläche). Der Einfluß der Verwertung der Ackerfläche kommt durch die Variablen "Schattenpreis der Ackerfläche, der Weizenfläche und der Haferfläche" zum Ausdruck. Die Wettbewerbssituation zwischen Acker- und Grünlandnutzung soll durch die Dualwerte für den Weizenbau sowie für die Wiesen- und Weidennutzung zum Ausdruck kommen.

Die Entwicklung der Grünlandfläche wird im Modell durch folgende Funktion erfaßt:

$$\begin{aligned} GRÜN_t = -169.60504 &+ \underset{(6.66)}{0.962023}\ GRÜN_{t-1} - \underset{(3.16)}{0.052919}\ BIP/KOPF_{t-1} \\ &+ \underset{(1.83)}{168.365463}\ \overline{RD}_{GRÜN,t-1} + \underset{(1.92)}{227.499374}\ \overline{RD}_{FUTT,t-1} \\ &- \underset{(1.23)}{0.793179}\ \overline{D}_{ACKL,t-1} - \underset{(1.57)}{0.531520}\ \overline{D}_{GRÜN,t-1} \end{aligned}$$

R^2 = 0.963
F = 48.35
S = 50.51
DW = 1.22
U = 0.0035

Mit steigendem Bruttoinlandsprodukt je Kopf der Bevölkerung wird die Grünlandfläche stärker reduziert (52 900 ha je 1 000 DM) als die Ackerfläche. Bezogen auf die gesamte landwirtschaftlich genutzte Fläche ergibt sich je 1 000 DM Einkommenszuwachs ein partieller Rückgang von etwa 0.6 %. Dieses Ergebnis bedeutet aber nicht, daß die intersektorale Flächenmobilität im Laufe der wirtschaftlichen Entwicklung im angegebenem Umfang realisiert wird. Die tatsächliche Mobilität ergibt sich aus dem Zusammenspiel von nachfrage- und angebotsbestimmenden Faktoren. Dabei sind die Verwertungen der Ackerfläche und der Grünlandfläche in der Landwirtschaft als angebotsbestimmende Faktoren anzusehen. Die geringere Bereitschaft der Landwirte zur Abgabe bzw. Nichtnutzung von Grünlandflächen bei steigender Verwertung des Ackerlandes (Einfluß von D_{ACKL}) ist im Zusammenhang mit der dann bestehenden Tendenz zur Substitution des Ackerfutterbaus durch verstärkte Grünlandnutzung zu sehen.

Die Änderung der Nutzungsrichtung der landwirtschaftlichen Flächen (Acker-Grünland-Verhältnis) wird durch die beiden relativen Dualwerte berücksichtigt. Dabei werden die Schattenpreise für Grünland bzw. für Wirtschaftsfutter auf die Verwertung der Ackerfläche bezogen.

Um sicherzustellen, daß bei extremen alternativen Annahmen das verfügbare Flächenpotential nicht überschritten wird, soll folgende Nebenbedingung formuliert werden:

$$LN_t \leq LNPO_{to} \; (1 + a)^t.$$

Dabei gibt der Wert $LNPO_{to}$ das Flächenpotential zu Beginn der Betrachtungsperiode an. Dieser Wert wird auf 14,5 Mill. ha festgesetzt (tatsächlich genutzte Fläche 14.1). Der Koeffizient a kennzeichnet die minimale relative Verminderungsrate. Für die ersten Modelläufe wird die Hälfte der tatsächlichen Rate der Flächenreduzierung angenommen.

Teil D: ANALYSE SEKTORALER ENTWICKLUNGSABLÄUFE

In diesem Teil der Arbeit wird auf der Basis der in den Teilen B und C erarbeiteten Erkenntnisse der Verlauf des agrarsektoralen Entwicklungsprozesses unter bestimmten (alternativen) Rahmenbedingungen analysiert. Im Mittelpunkt steht die quantitative Analyse der historischen Entwicklung des landwirtschaftlichen Sektors in den letzten 20 Jahren. Unter den tatsächlichen ökonomischen Rahmenbedingungen der Vergangenheit wird das Modellsystem auf seine Abbildungsgüte getestet (ex-post-Prognose). Durch Variation von exogenen Variablen sollen dann die Reaktionseigenschaften des Modells getestet werden (Wirkungsanalyse). Dabei wird sowohl bei der ex-post-Prognose als auch bei der Wirkungsanalyse eine problembezogene Modellauswertung angestrebt. Entsprechend soll der agrarsektorale Entwicklungsverlauf bei veränderten agrarpolitischen Maßnahmen und unterschiedlichen gesamtwirtschaftlichen Bedingungen mit Hilfe des Modellsystems analysiert werden.

1. Dynamisches Agrarsektormodell: Aufbau und Test des Modellsystems

Die agrarsektorale Entwicklung läßt sich in ihrer Gesamtheit erst dann nachzeichnen, wenn die einzelnen Submodelle zu einem Gesamtsystem zusammengefügt werden; denn erst im Gesamtmodell kommen die Interdependenzen und dynamischen Verkopplungen zum Tragen, die eine wichtige Voraussetzung für die modellmäßige Beschreibung komplexer Zusammenhänge im sektoralen Entwicklungsverlauf darstellen. Im folgenden soll zunächst ein Überblick über die gegenwärtige Version des dynamischen Analyse- und Prognosesystems gegeben werden. Um die Modellergebnisse sowohl in differenzierter als auch in aggregierter Form darstellen und interpretieren zu können, wird ein hierarchisches System der Ergebnisaufbereitung konstruiert, welches im nächsten Abschnitt exemplarisch vorgestellt wird. Anschließend werden verschiedene Verfahren für den formalen Test der ex-post-Prognose diskutiert und die entsprechenden Testergebnisse dargestellt.

1.1 Spezifizierung des dynamischen Sektormodells

1.1.1 Synthese der Modellbausteine

In den vorangegangenen Teilen dieser Arbeit wurden - ausgehend von einem systemtheoretischen Gesamtkonzept - verschiedene Aspekte der agrarsektoralen Entwicklung analysiert. Durch die Anwendung unterschiedlicher Methoden konnten in verschiedenen Bereichen zusätzliche Erkenntnisse über sektorale Interdependenzen und über einzelne Entwicklungslinien sowie über die bestimmenden Kräfte sektoraler Veränderungen gewonnen werden. Die reale Entwicklung des Agrarsektors wird entscheidend von der Differenziertheit wirtschaftlicher Vorgänge und von der Komplexität der ökonomischen und sozialen Beziehungen geprägt. Deshalb ist es erforderlich, die einzelnen analysierten Teile zueinander in Beziehung zu setzen und zu einem Ganzen zusammenzufügen, wenn die Komplexität ökonomischer Vorgänge modellmäßig erfaßt werden soll. Die Analyse ist durch eine Synthese, die eine Verknüpfung der erarbeiteten Modellteile beinhaltet, zu ergänzen[1].

---

1) Die Verknüpfung unterschiedlicher Methoden und Modelle gewinnt in einer quantitativen Wirtschaftsforschung zunehmend an Bedeutung. Dabei sei hier lediglich auf Modelle verwiesen, die auf dem Konzept der Systemsimulation bzw. auf dem link-approach aufbauen. Siehe dazu: Manetsch, T.J., Johnson, G.L., u.a., A Generalized Simulation Approach to Agricultural Sector Analysis. With Special Reference to Nigeria, East Lansing 1971. de Haen, H., Landwirtschaftliche Strukturprojektionen mit Hilfe von Simulationsmodellen, in: Agrarwirtschaft, Bd. 22 (1973), S. 157-173. Keyzer, M.A., Some Instruments of Agricultural Policies in a General Equilibrium Framework, International Institute for Applied Systems Analysis, Laxenburg 1977. Scheper, W., The Importance of World Models for Agricultural Policy, in: Dams, Th., Hunt, K.E., (Hrsg.), Decision-Making ... , S. 547-577. Brennecke, R., Die Konstruktion von sozioökonomischen Großsystemen. Verknüpfung von Modellen zur Analyse wirtschaftspolitischer Prozesse, Frankfurt-New York 1975. Ball, R., (Hrsg.), The International Linkage of National Economic Models, Amsterdam-London-New York 1975.

G e s a m t k o n z e p t

Den Hintergrund für die Konstruktion des dynamischen Sektormodells bilden das in Teil B beschriebene prozeßanalytische Konsistenz- und Schattenpreissystem und das in Teil C erarbeitete Verhaltensmodell für die Landwirtschaft. Diese beiden Modellgruppen werden zu einem geschlossenen Modellsystem verknüpft, wobei zusätzliche Submodelle berücksichtigt werden. Aufbau und Struktur der gegenwärtigen Version des quantitativen Modellsystems sind in Abbildung 44 dargestellt.

Die Modellversion DASS1 untersucht die Entwicklung von Produktion, Faktoreinsatz und Einkommen in der Landwirtschaft in Abhängigkeit von den exogen vorgegebenen Produkt- und Faktorpreisen. Diese Modellversion stellt also lediglich einen Ausschnitt des im allgemeinen Teil dieser Arbeit vorgestellten Systemanalysemodells für den landwirtschaftlichen Sektor dar. Die Interdependenzen zwischen Angebot und Nachfrage sowie die Einflüsse von agrarmarktpolitischen Maßnahmen und weltwirtschaftlichen Entwicklungen auf die Preisbildung werden in dieser Modellversion nicht explizit erfaßt[2)]. Die wirtschaftliche Entwicklung des Agrarsektors wird unter folgenden exogen vorzugebenden Bedingungen untersucht (siehe dazu Abbildung 44):

(1) Anfangsbedingungen. Diese beinhalten alle endogenen und exogenen Variablen des Systems. Bei der Analyse der ex-post-Entwicklung beschreiben diese Größen die wirtschaftliche Situation des Agrarsektors im Wirtschaftsjahr 1955/56, und zwar nach den Kategorien, wie sie dem dynamischen Modell zugrundeliegen.

---

2) Auf die Möglichkeiten der Implementierung eines Marktmodells wird im letzten Abschnitt hingewiesen. Dieses Vorhaben hängt entscheidend von den Fortschritten und Erfahrungen bei der Schätzung ökonometrischer Nachfragesysteme ab. Derartige Ansätze werden im Rahmen des DFG-Schwerpunktprogramms gegenwärtig geprüft. Siehe dazu: Gruber, J., Ring, J., Ergebnisse simultaner Nachfragevorausschätzungen, Referat zum Abschlußkolloquium des DFG-SP "Konkurrenzvergleich landwirtschaftlicher Standorte", Bonn 1977.

Abb. 44 : Die Hauptkomponenten und die wichtigsten Verkoppelungen des dynamischen Analyse- und Prognosesystems (Version: DAPS 1)

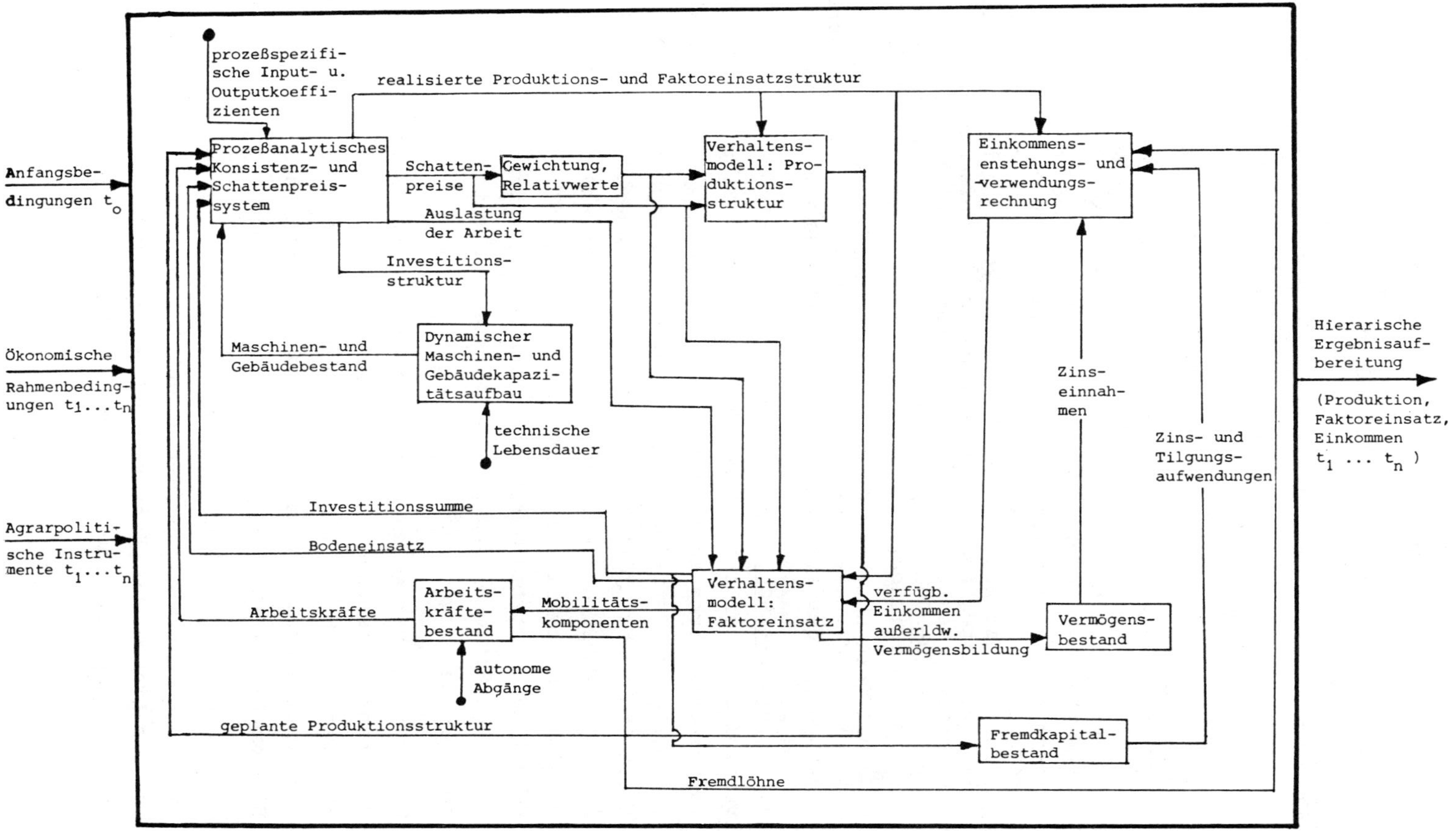

(2) Ökonomische Rahmenbedingungen. Sie sind für den gesamten Untersuchungszeitraum exogen vorzugeben. Zum Gegenstand der Untersuchung wird u.a. die Reaktion des Systems in bezug auf diese exogenen Einwirkungen. Die Rahmenbedingungen umfassen folgende Bereiche:

- gesamtwirtschaftliche Bedingungen, gekennzeichnet durch verschiedene Variablen über das gesamtwirtschaftliche Wachstum, die allgemeine Preisniveauentwicklung (speziell: Preise für landwirtschaftliche Vorleistungen und Investitionsgüter sowie für Konsumgüter), die allgemeine Einkommensentwicklung sowie die Arbeitsmarktsituation,
- technische Fortschritte, differenziert nach biologisch-technischen Fortschritten (prozeßspezifische Effizienz des Vorleistungseinsatzes und Produktivität des landwirtschaftlich genutzten Bodens) und mechanisch-technischen Fortschritten (Veränderung der Substitutionsbeziehungen zwischen dem Arbeits- und Kapitaleinsatz in den einzelnen Mechanisierungsbereichen), und
- Kennziffern über die Entwicklung der landwirtschaftlichen Betriebsgrößenstruktur (Anteile der verschiedenen Betriebsgruppen an der sektoralen Faktorausstattung).

(3) Agrarpolitische Instrumente. In der gegenwärtigen Modellversion sind berücksichtigt: Agrarpreispolitik, produkt- und faktorspezifische Maßnahmen (wie z.B. Kontingentierung, Zinsverbilligung, Betriebsmittelsubventionen), einkommenspolitische Maßnahmen (direkte Subventionen, Steuerpolitik, Sozialpolitik). Während die letztgenannten Maßnahmen unmittelbar als Instrumentvariablen berücksichtigt werden, sind neben den politisch gesetzten Marktordnungspreisen (Instrumentvariablen der gegenwärtigen Agrarpreispolitik) auch die tatsächlichen Marktpreise exogen vorzugeben.

Die exogenen Variablen können prinzipiell bei allen Modellkomponenten ansetzen. Die Hauptansatzstellen sind in der gegenwärtigen Modellversion das prozeßanalytische Konsistenz- und Schattenpreissystem, die Verhaltensfunktionen und die Einkommensentstehungs- und -verwendungsrechnung.

Die endogenen Variablen des dynamischen Modellsystems betreffen die Entwicklung der Produktion, des Faktoreinsatzes und des Einkommens. Entsprechend der zugrundeliegenden Differenzierung des Modellsystems beziehen sich die Modellergebnisse auf verschiedene Variablen, die über die Produktions- und Faktoreinsatzstruktur sowie die Einkommensentstehung, -verwendung und -verteilung Auskunft geben.

Aus Abbildung 44 werden auch die interne Struktur und die rekursiv-dynamischen Verkopplungen des Modellsystems deutlich. Beim Ablauf des Gesamtsystems werden in jeder Periode verschiedene Stufen durchlaufen, die im folgenden grob umrissen werden sollen:

(1) Das Verhaltensmodell "Produktionsstruktur" ermittelt in Abhängigkeit von den exogenen Variablen, den absoluten, gewichteten und relativen Schattenpreisen der Vorperioden und der realisierten Produktionsstruktur der Vorperiode die vorläufigen Umfänge der Produktionsverfahren.

(2) Das Verhaltensmodell "Faktoreinsatz" berechnet die Zugänge und den Berufswechsel bei den einzelnen Arbeitskräftekategorien, die Investitionen und deren Finanzierung sowie den Bodeneinsatz. Neben den verschiedenen verzögerten Schattenpreisen, den exogenen Variablen und der Faktoreinsatzstruktur in den Vorperioden hängen diese Entscheidungen von der Höhe des Einkommens und der Auslastung der landwirtschaftlichen Arbeitskräfte ab.

(3) Das verfügbare Arbeitspotential wird zusätzlich vom Arbeitskräftebestand in der Vorperiode und den autonomen Abgängen bestimmt. Der vorhandene Maschinen- und Gebäudebestand wird in einer weiteren Modellkomponente aus den den Investitionsstrukturen der Vorperioden errechnet.

(4) Das Konsistenz- und Schattenpreissystem dient

- der Koordination der vorläufigen (möglicherweise inkonsistenten) Produktionspläne,
- der Ermittlung der Investitionsstruktur, der Auslastung der Maschinen- und Gebäudekapazitäten und des Arbeitskräftebestandes sowie
- der Generierung von Schattenpreisen.

(5) In Abhängigkeit von den Entscheidungen über die Struktur des Faktoreinsatzes ist die Veränderung des Fremdkapitalbestandes und des Vermögensbestandes determiniert. Bei exogen

gegebenen Lohnsätzen sind auch die Aufwendungen für Fremdlöhne, die Zins- und Tilgungsaufwendungen sowie die Zinseinnahmen bestimmt.

(6) Im Submodell "Einkommensentstehungs- und -verwendungsrechnung" werden die differenzierten Kennziffern über Produktion und Faktoreinsatz unter Berücksichtigung exogener Modellvariablen aggregiert und die relevanten Einkommensgrößen ermittelt. Der Vorleistungsaufwand ergibt sich dabei aus den Produktionsniveaus, den Vorleistungskoeffizienten und den entsprechenden Preisen.

(7) Schließlich werden aus den Schattenpreisen der jeweiligen Periode und der Vorperioden gewichtete (verzögerte) Schattenpreise ermittelt und zu anderen Schattenpreisen in Beziehung gesetzt. Damit sind die wichtigen Stufen durchlaufen und der Modellablauf kann in der nächsten Periode bei (1) starten.

Die Gesamtwirkungen veränderter Rahmenbedingungen und/oder veränderter agrarpolitischer Maßnahmen ergeben sich aus

- dem Primäreffekt, der die unmittelbaren Auswirkungen in der jeweiligen Modellkomponente (Ansatzstelle) angibt,
- den Folgewirkungen für die anderen Modellkomponenten,
- den dynamischen Rückwirkungen in den Folgeperioden.

Bei der Wirkungsanalyse sind also die skizzierten Stufen des Modellablaufs zu verfolgen, wenn man die Reaktion des Modells im einzelnen nachvollziehen will.

Konsistenz und Kontrolle des Systemablaufs

Der aufgezeigte Ablauf des dynamischen Analyse- und Prognosesystems hängt entscheidend von den physischen und monetären Konsistenzbedingungen und von der internen Kontrolle des Systems ab.

(1) <u>Konsistenzprobleme des Modellsystems</u>: Da die kurzfristigen Produktions- und Faktoreinsatzentscheidungen im Modell nicht simultan betrachtet werden (siehe Teil C, Abschnitt 1), können kurzfristige Inkonsistenzen auftreten. Beim Arbeits- und Ka-

pitaleinsatz werden modellintern Anpassungen durch eine Änderung des Auslastungsgrades vorgenommen, so daß die entsprechenden Konsistenzbedingungen stets eingehalten werden. Der mittel- und längerfristige Systemablauf wird hier durch den Einfluß des Auslastungsgrades auf die Faktoreinsatzentscheidungen in den Folgeperioden kontrolliert.

Der dynamische Produktionsablauf in der Tierhaltung ist mit den entsprechenden Verhaltensfunktionen so verkoppelt, daß die physischen Konsistenzbedingungen immer eingehalten werden (siehe auch Teil B, Abschnitt 2.2.2 und Teil C, Abschnitt 2.2). Dagegen können sich im Bereich der Bodenproduktion Inkonsistenzen ergeben, da die Entscheidungen über den Umfang der Bodenproduktion und den Flächeneinsatz unabhängig voneinander erfolgen. In der gegenwärtigen Modellversion werden die Inkonsistenzen wie folgt zum Ausgleich gebracht (siehe dazu auch Teil B, Abschnitt 4): Das Niveau der Ackerfutterbilanz wird so festgelegt, daß die Wirtschaftsfutterbilanz ausgeglichen wird. Um die Flächenbilanz auszugleichen, wird bei den übrigen Produktionsverfahren eine Niveaukorrektur vorgenommen[3].

(2) Modellinterne Kontrolle des Systemablaufs. Der Ablauf des Modellsystems wird durch eine Vielzahl von zufälligen, nicht kontrollierbaren Störgrößen beeinfluß. Bei unveränderten Rahmenbedingungen ergeben sich bereits in der ersten Untersuchungsperiode bei allen Verhaltensfunktionen Abweichungen zur Realität aufgrund der Störvariablen $u_i(t)$. Neben den physischen Korrekturen, die kurzfristige Anpassungen innerhalb der jeweiligen Periode bewirken, werden durch die Reaktionen des Schattenpreissystems Kontrollen ausgelöst, die über mehrere Perioden wirken. Die durch die Störgrößen hervorgerufenen Abweichungen von den tatsächlichen Werten führen zunächst zu veränderten Schattenpreisen. Auf positive (negative)

---

3) Ähnliche Konsistenzmechanismen können auch bei komplexen gesamtwirtschaftlichen Modellen erforderlich sein. Siehe dazu z.B. Kübler,K., Die Unternehmen in einem disaggregierten Prognosesystem für die Wirtschaft in der BRD, (Diss.) Bonn 1976.

Abweichungen von den tatsächlichen Mengenstrukturen folgen - im Vergleich zur Referenzentwicklung des partiellen Schattenpreissystems - niedrigere (höhere) Schattenpreise. Die veränderten Schattenpreise beeinflussen in den Folgeperioden wiederum das Niveau der Entscheidungsvariablen.

Ebenso wie bei den Schattenpreisen ist die Reaktionsfähigkeit des Modellsystems bei den Entwicklungsabläufen daraufhin zu prüfen, ob kurzfristige Abweichungen der im System ermittelten Einkommensgrößen nach einigen Perioden ausgeglichen werden oder ob sich unter bestimmten Bedingungen eine Abkehr von den sektoralen Entwicklungspfaden einstellt. Wegen der Vielzahl von Faktoren, die auf die aggregierte Einkommensentwicklung einwirken, können sich kompensierende oder gegenseitig verstärkende Effekte ergeben.

Eine hinreichende modellinterne Kontrolle besteht dann, wenn die durch Störgrößen hervorgerufenen Abweichungen im Zeitablauf tendenziell abgebaut werden. Wenn sich hingegen die in jeder Periode einwirkenden Störvariablen (nicht erklärte Restschwankungen) im Zeitablauf kumulieren, so ergeben sich explodierende Abweichungen. In diesem Fall muß das Modell verworfen werden. Welche Eigenschaften beim vorliegenden Modellsystem überwiegen, muß beim empirischen Test des Gesamtsystems festgestellt werden.

1.1.2 Der sektorale Entwicklungsablauf: Erscheinungsbild und empirische Erfassung

Ebenso wie sich bei der Auswahl und Spezifizierung von quantitativen Modellen die Frage nach dem adäquaten Aggregationsgrad stellt, ist für eine problemorientierte Darstellung des sektoralen Entwicklungsprozesses nach einer geeigneten Ergebnisaufbereitung zu fragen. Dieses Problem stellt sich sowohl bei der Aufbereitung und Ausweisung von statistischen Informationen[4] als auch bei der Auswertung und Darstellung der

4) Siehe dazu auch Henrichsmeyer, W., Scheper, W., Ein agrarstatistisches System für die EG - Überlegungen aus dem Bereich der Makroökonomie, Unveröffentlichtes Gutachten, Bonn 1977.

Ergebnisse von differenzierten Modellsystemen. Die Ergebnisaufbereitung spielt vor allem bei komplexen Modellen, bei denen nicht von vorneherein die modellmäßige Beschreibung und Erklärung einer bestimmten Variablen im Vordergrund steht (wie z.B. bei vielen makroökonomischen Untersuchungen oder bei Einzelmarktanalysen) eine entscheidende Rolle. Während sich die Konstruktion eines komplexen Modellsystems im wesentlichen an den bestimmenden Kräften und den wichtigsten Interdependenzen im Entwicklungsprozeß auszurichten hat, wird die Ergebnisaufbereitung entscheidend von den Aussage- und Anwendungsmöglichkeiten des Modells bestimmt.

Für eine problem- und politikbezogene Analyse des agrarsektoralen Entwicklungsprozesses ist eine Aufbereitung des verfügbaren Informationsmaterials anzustreben, die den agrarsektoralen Problemen, den agrarpolitischen Zielen und den gegenwärtigen sowie alternativ denkbaren sektorspezifischen Politikbereichen weitgehend gerecht wird. Erst eine solche Aufbereitung der statistischen Primärinformationen und der Modellergebnisse bietet eine geeignete Basis für den Test von komplexeren Modellsystemen.

Bei dem Versuch, einen Katalog von Kennziffern für die wesentlichen Linien und Probleme der agrarsektoralen Entwicklung zu definieren, können sich je nach Ausgangspunkt der Forschung und je nach der Problemdefinition erhebliche Differenzen ergeben. Eine Festlegung auf bestimmte Problemfelder und deren Kennziffern würde außerdem den potentiellen Anwendungsmöglichkeiten des dynamischen Sektormodells nicht gerecht. Deshalb wird hier eine flexible Informationsaufbereitung nach hierarchischen Gliederungskonzepten angestrebt.

Wenn man von den zentralen agrarpolitischen Zielaspekten

- ökonomische und soziale Lage in der Landwirtschaft (Einkommensverteilung),
- Faktorallokation (gesamtwirtschaftliches Wachstum),
- Versorgung und Welthandel (internationale Arbeitsteilung)

ausgeht, so ist zunächst einmal eine Beschreibung der wesentlichen Entwicklungstendenzen in den Bereichen Produktion,

Vorleistungs- und Faktoreinsatz und Einkommen erforderlich. Bezieht man den Einsatz agrarpolitischer Instrumente sowie die intersektoralen, gesamt- und weltwirtschaftlichen Verflechtungen des Agrarsektors mit in die Überlegungen ein, so ist eine generelle Unterscheidung von Mengen, Preisen und Lohnsätzen sowie Wertgrößen von großem Vorteil. Um einen Ansatzpunkt für die Messung dieser Größen zu erhalten, ist sowohl die Output- als auch die Inputseite nach in sich relativ homogenen Gruppen zu gliedern. Neben diesen meß- und aggregationstechnischen Anforderungen ergibt sich aus den Zielen (z.B. Versorgung) und den Maßnahmen der Agrarpolitik (z.T. produkt- bzw. faktorbezogen) sowie aufgrund der strukturellen Veränderungen im Entwicklungsprozeß die Forderung nach einer möglichst weitgehenden Differenzierung bei der Informationsaufbereitung. Andererseits besteht eine Notwendigkeit zur Kennzeichnung des Entwicklungsprozesses anhand weniger aggregierter Größen, um bei der Vielzahl der Einzelvariablen nicht die Hauptentwicklungslinien aus den Augen zu verlieren.

Im folgenden soll das dem Modellsystem zugrundeliegende Konzept der hierarchischen Ergebnisaufbereitung exemplarisch für die Bereiche Produktion und Faktoreinsatz vorgestellt werden[5]. Die entsprechende Informationsaufbereitung für die Problembereiche Vorleistungseinsatz, Einkommensentstehung, -verteilung und -verwendung wurde z.T. bereits bei der Ergebnisdarstellung in Teil B eingeführt.

Entstehung der Produktion

Die Entstehungsseite der landwirtschaftlichen Produktion steht im Mittelpunkt vielfältiger agrarpolitischer Überlegungen. Sie bildet den Ausgangspunkt und die Grundlage für eine Vielzahl partieller bzw. geschlossener Analysen. Wenn man von der Gliederung der Produktionsprozesse ausgeht, so ergibt sich die naturale Bruttoproduktion Y aus den Produktionsumfängen X und den Outputkoeffizienten a:

---

5) Vgl. dazu auch Teil A, Abschnitt 2.1, in dem die verschiedenen Problembereiche im Hinblick auf die system-theoretische Strukturierung des Modellsystems abgehandelt werden.

$$Y_{i,t} = X_{i,t} \cdot a_{i,t} \qquad i = 1, \dots M$$

(M = Anzahl der Produktionsprozesse)

Wegen der starken Differenzierungen der Produktionsprozesse erscheint es für viele Überlegungen sinnvoll, Teilaggregate auf einer höheren Aggregationsstufe zu bilden. Folgende Produktgruppen werden gegenwärtig unterschieden:

- Getreide,
- Hackfrüchte,
- sonstige pflanzliche Produktion,
- Milch,
- Rindfleisch (einschließlich Kalbfleisch),
- Schweinefleisch,
- sonstige tierische Produktion.

Diesen Produktgruppen lassen sich nun aggregierte Produktionsumfänge, durchschnittliche Outputkoeffizienten und Bruttoproduktionsmengen zuordnen, wobei bestimmte Einschränkungen hinsichtlich der Homogenität der Gütergruppen in Kauf genommen werden müssen:

$$\hat{X}_{j,t} = \sum_{i=n_j}^{m_j} X_{i,t}, \qquad \text{(aggregierte Produktionsniveaus)}$$

$$\hat{a}_{j,t} = \left(\sum_{i=n_j}^{m_j} X_{i,t} \cdot a_{i,t}\right) / \hat{X}_{j,t}, \qquad \text{(aggregierte Outputkoeffizienten)}$$

$$\hat{Y}_{j,t} = \sum_{i=n_j}^{m_j} X_{i,t} \cdot a_{i,t}, \qquad \text{(aggregierte Produktionsmengen)}$$

wobei: N = Anzahl der Produktgruppen ($j = 1 \dots N$),

$n_j \dots m_j$ = Bereich der Güter, die zur Produktgruppe j gehören.

Neben dieser naturalen Produktionsrechnung ist für viele Überlegungen die Berechnung monetärer Größen von Bedeutung. Dabei ist grundsätzlich zwischen Volumengrößen[6] und Wertgrößen

6) Für die Volumenrechnung können natürlich auch andere Gewichtungsschemata wie etwa: Getreideeinheiten, Kalorien u.dgl. verwendet werden. Siehe dazu: Bundesministerium für Ernährung, Landwirtschaft und Forsten (Hrsg.) Statistisches Jahrbuch ....

zu unterscheiden[7]. Legt man bei der Volumenrechnung die Preise eines bestimmten Basisjahres P^o und bei der Wertrechnung die jeweiligen Marktpreise P_t zugrunde, so läßt sich die Entstehungsseite der landwirtschaftlichen Produktion nach dem hierarchischen Gliederungskonzept wie folgt darstellen (M = Produktionswert zu konstanten Preisen, W = Produktionswert zu jeweiligen Preisen):

$$M_{i,t} = Y_{i,t} \cdot P_i^o$$

$$W_{i,t} = Y_{i,t} \cdot P_{i,t}$$

<u>Prozeßgliederung</u>

$$\hat{M}_{j,t} = \sum_{i=n_j}^{m_j} Y_{i,t} \cdot P_i^o$$

$$\hat{W}_{j,t} = \sum_{i=n_j}^{m_j} Y_{i,t} \cdot P_{i,t}$$

<u>Produktgruppen</u>

$$\bar{M}_{k,t} = \sum_{j=A_k}^{B_k} \hat{M}_{j,t}$$

$$\bar{W}_{k,t} = \sum_{j=A_k}^{B_k} \hat{W}_{j,t}$$

<u>Subsektoren</u> k = 1,2

1= Pflanzliche Produktion (mit A_1= 1, B_1= 3)

2= Tierische Produktion (mit A_2= 4, B_2= 7)

$$\overset{*}{M}_j = \sum_{k=1}^{2} \bar{M}_{k,t}$$

$$\overset{*}{W}_t = \sum_{k=1}^{2} \bar{W}_{k,t}$$

<u>Landwirtschaftlicher Sektor</u>

Bei der Darstellung des Entwicklungsprozesses werden wir verschiedene Aggregate dieser hierarchischen Gliederung benutzen. Die aggregierten sektoralen Größen werden dabei jeweils aus den prozeßspezifischen Einzelinformationen berechnet. In den

7) Siehe dazu auch: <u>Besch, M., Wöhlken, E.</u>, Zielsetzung,Aussagemöglichkeiten und Aussagegrenzen von Mengen- und wertmäßigen Gesamtrechnungen, (Agrarstatistische Studien Nr. 16), Luxemburg 1974.

aggregierten Größen kommen somit auch Strukturveränderungen zum Ausdruck[8)].

Im Vergleich zur offiziellen landwirtschaftlichen Gesamtrechnung wird hier von einem Bruttokonzept ausgegangen, d.h. alle verkaufsfähigen landwirtschaftlichen Endprodukte werden mit Marktpreisen bewertet. Dabei wird der intrasektorale Verbrauch landwirtschaftlicher Endprodukte (im Gegensatz zum Produktionswert in der landwirtschaftlichen Gesamtrechnung) zur Produktion gerechnet. Beim Vorleistungseinsatz ist konsequenterweise ebenfalls von einem Bruttokonzept auszugehen, so daß erst wieder das Bruttoinlandsprodukt mit der offiziellen Statistik vergleichbar ist[9)].

Faktorallokation

Zur Beschreibung und Beurteilung der Situation des Agrarsektors im gesamtwirtschaftlichen Entwicklungsprozeß werden häufig partielle Indikatoren verwendet, die über den Einsatz der Produktionsfaktoren Boden, Arbeit und Kapital und über die partiellen Beziehungen zwischen diesen Faktoren Aufschluß geben[10)]. Im folgenden soll ein Konzept vorgestellt werden, mit dessen Hilfe a) die Entwicklung und Struktur eines jeden Produktionsfaktors im Zeitablauf systematisch verfolgt und analysiert werden kann und b) die Faktoreinsatzverhältnisse und Produktivitäten auf differenzierter und geschlossener Ebene betrachtet werden können.

a) Struktur des Faktoreinsatzes

Ebenso wie bei den Produktbereichen und beim Einkommen, so soll auch beim Faktoreinsatz zwischen einer Entstehungs- (Aufkommens-) und einer Verwendungsseite unterschieden werden.

---

8) Siehe dazu: Bauer, S., Zur Analyse der Preis- und Einkommensentwicklungen ...

9) Natürlich läßt sich aufgrund der differenzierten Datenbasis auch der Produktionswert im üblichen Sinne darstellen. Für die hier im Mittelpunkt stehenden Überlegungen scheint jedoch das Bruttokonzept sinnvoller.

10) Siehe z.B.: Hayami, Y., Ruttan, W., Agricultural Development: An International Perspective, Baltimore - London 1971.

Faktor Arbeit

Die dieser Analyse zugrundeliegenden Differenzierungen für den Produktionsfaktor Arbeit sind in Abb. 45 skizziert[11].

Abb. 45: Schema zur differenzierten Darstellung des Arbeitseinsatzes in der Landwirtschaft

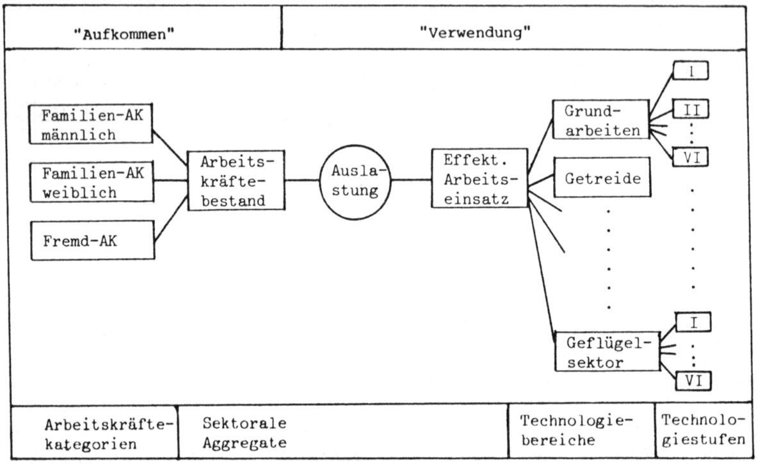

Wegen der Probleme, die sich bei einer geschlossenen Darstellung dieser Strukturen ergeben, werden wir im folgenden jeweils nur einzelne Ausschnitte betrachten; dabei wollen wir aber die skizzierten Zusammenhänge nicht aus dem Auge verlieren. Für Spezialanalysen ist diese Differenzierung[12] natürlich nicht ausreichend. Eine weitere Untergliederung z.B. nach ständigen und nichtständigen Arbeitskräften, nach einzelnen Mobilitätskomponenten oder nach produktionsprozeßspezifischem Arbeitseinsatz läßt sich aus den zugrundeliegenden Modellstrukturen relativ einfach ableiten.

Faktor Kapital

Der sektorale Kapitaleinsatz ist auf der Verwendungsseite genauso gegliedert wie der Arbeitseinsatz. Die Aufkommens-

11) In Teil B wurde die "Verwendungsseite" und in Teil C die "Aufkommensseite" des Arbeitseinsatzes einer differenzierten Analyse unterzogen.

12) Siehe dazu auch die gewählte Differenzierung zur modellmäßigen Erfassung der Mobilität der Arbeitskräfte.

seite bezieht sich auf die finanzielle Situation der Landwirtschaft (Abb. 46).

Abb.46: Schema zur differenzierten Darstellung des Kapitaleinsatzes in der Landwirtschaft

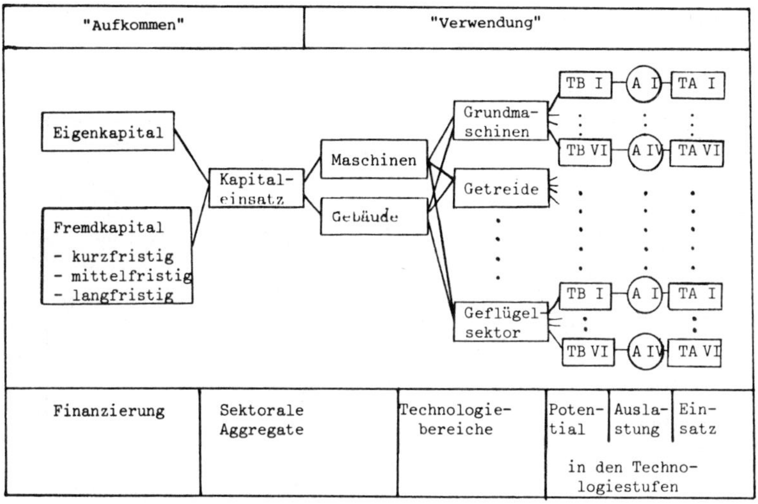

Wegen der geringen Flexibilität der technischen Produktionsanlagen läßt sich hier der Auslastungsgrad spezifisch bei den unterschiedlichen Faktoreinsatzstellen erfassen. Eine geschlossene Quantifizierung dieses Systems nach einem einheitlichen Maßstab stößt auf verschiedene methodische Schwierigkeiten (Bewertungs- und Abschreibungsprobleme u.dgl.). Deshalb werden zur Kennzeichnung des Kapitaleinsatzes lediglich folgende Modellergebnisse herangezogen:

- der Fremdkapitalbestand (wegen der engen Beziehung zur Einkommensverwendung: Fremdkapitalzinsen, Tilgung),
- der physische Bestand an Maschinen und Gebäuden in den einzelnen Technologiebereichen und Technologiestufen sowie
- der Auslastungsgrad bei den verschiedenen Maschinen- und Gebäudekategorien.

Weniger problematisch ist die geschlossene Beschreibung des gekennzeichneten Systems anhand der jährlichen Flußgrößen. Neben der jährlichen Finanzierung läßt sich auch die jährliche Aufteilung des Investitionskapitals auf die verschiedenen Technologiebereiche und Technologiestufen aus den Ergebnissen des dynamischen Sektormodells ableiten[13].

Faktor Boden

Auf der sektoralen Ebene interessiert insbesondere die Struktur der Bodennutzung[14]. Abbildung 47 kennzeichnet das zugrundeliegende hierarchische System der Ergebnisaufbereitung.

Abb.47: Schema zur Kennzeichnung der Struktur der landwirtschaftlichen Bodennutzung

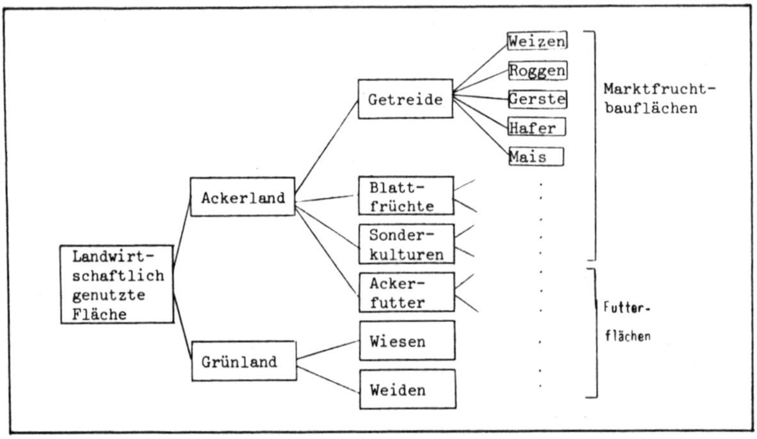

b) Faktoreinsatzverhältnisse und Produktivitäten

Auf der Basis der oben dargestellten Faktoreinsatzstrukturen lassen sich nun verschiedene Faktorproportionen (Intensitäten) und -produktivitäten auf unterschiedlichen Aggregationsebenen im Zeitablauf verfolgen. Neben den sektoralen Durchschnittswerten lassen sich die Niveauunterschiede und Produktivitäts- bzw. Intensitätsveränderungen in den verschiedenen Technologiebereichen[15], den Technologiestufen sowie den einzelnen Produktionsverfahren analysieren. Die einzelnen Produktivitätskennziffern können auf der Basis der Bruttoproduktion oder auf der Grundlage der Nettoproduktion (Basis: prozeß-

13) Siehe dazu auch Teil B, Abschnitt 3.4.

14) Auf betrieblicher Ebene könnte man die Eigentumsverhältnisse (Pacht, Eigenbesitz) analog zu den anderen Faktoren als "Aufkommensseite" ansehen.Auf sektoraler Ebene liegen darüber keine Informationen vor.

15) Siehe dazu die exemplarischen Modellauswertungen in Teil B, Abschnitt 3.5.

bzw. produktionsbereichsspezifische Deckungsbeiträge) berechnet werden. Wenn man dabei von Globalproduktivitätsmaßstäben ausgeht, läßt sich die Effizienz des Faktoreinsatzes in geschlossener und differenzierter Form analysieren, wobei natürlich auch hier die bekannten Probleme der Produktivitätsmessung (Gewichtungsfaktoren u.dgl.) auftreten[16]. Dennoch könnten solche Maßstäbe eher für eine produktivitätsorientierte Agrarpreispolitik geeignet sein als das gegenwärtig von der EG Kommission angewandte Verfahren der sogenannten "Objektiven Methode"[17], das auf verschiedenen partiellen Kennziffern aufbaut.

1.2 Modell und Realität

Die Überprüfung der Gültigkeit und Realitätsnähe von ökonomischen Modellen stellt eines der zentralen methodologischen Probleme der ökonomischen Forschung dar[18]. Dabei sind die Schwierigkeiten um so größer, je komplexer und differenzierter ein Modell ist und je vielfältiger die Methoden sind, die für die Modellerstellung verwendet werden. "To validate any kind of model (for example, economic models) means to prove the model to be true. But to prove that a model is 'true' implies (1) that we have established a set of criteria for differentiating between the models that are 'true' and the models that are 'not true', and (2) that we have the ability to readily apply these criteria to any given model"[19].

16) Siehe dazu z.B. Rustemeyer,F.C., Produktivität der Landwirtschaft: Begriff, Messung, Anwendung (Agrarwirtschaft, Sonderheft 16), Hannover 1964.

17) Zur Problematik der "Objektiven Methode" siehe z.B. Kersten,L., Manegold,D.,Aktuelle Fragen der Gemeinsamen Agrarpolitik, in: Agrarwirtschaft, Bd.25 (1976),S.130-139.

18) NAYLOR und FINGER führen dazu aus: "Analysts, in discussing procedures and techniques used in designing computer simulation experiments with economic systems, have had little to say about how one goes about validating a simulation model or the data generated by such model on a digital computer". Naylor, Th.H., Finger,J.M., Validation, in: Naylor, Th.H.,Computer Simulation Experiments with Models of Economic Systems, New York-London-Sydney-Toronto, 1971, S. 153.

19) Ebenda, S. 153 f.

Wegen der Schwierigkeiten, eindeutige Testkriterien zu formulieren, sowie aufgrund der Erfahrung, daß unterschiedliche Testverfahren zu einer unterschiedlichen Modellbeurteilung führen können (wobei a priori keinem Verfahren ein genereller Vorzug einzuräumen ist), wollen wir das spezifische dynamische Sektormodell verschiedenen Tests unterwerfen.

Wie jedes positive Modell, so ist auch das dynamische Sektormodell an der Qualität der Realitätsabbildung zu messen. Dazu zählen die modellmäßige Abbildung der tatsächlichen ex-post-Entwicklungen und die Analyse der Reaktionseigenschaften des Modells. Beim ersten Test (sogen. ex-post-Prognose) wird untersucht, ob das Modell bei gegebenen Umweltbedingungen die gleichen Reaktionen zeigt, die man in der Realität beobachten kann. Aufgrund derartiger ex-post-Prognosen allein kann natürlich nicht auf den ökonomischen Gehalt eines Modellsystems geschlossen werden. Da sich von Periode zu Periode im allgemeinen jeweils alle Bedingungen ändern, tritt der spezifische Einfluß einer bestimmten exogenen Variablen auf den Entwicklungsprozeß bei ex-post-Prognosen nicht explizit hervor. Bei komplexen Modellen können sich aufgrund von kompensierenden Effekten Entwicklungen ergeben, die zufällig mit den tatsächlichen Entwicklungen übereinstimmen. Die ex-post-Prognose ist auch deshalb nicht ausreichend, weil bei diesem Testverfahren die gleichen exogenen Variablen verwendet werden, die auch der Spezifizierung der Modellparameter zugrunde liegen. Andererseits bietet die ex-post-Prognose die einzige Möglichkeit, ein ökonomisches Modell mit der Realität zu konfrontieren, wenn man zum Zwecke des Modelltests nicht auf die Bestätigung oder Falsifizierung von ex-ante-Prognosen durch die künftige Entwicklung warten will.

Einen Einblick in die Eigenschaften und die Reaktionsweise, insbesondere dynamischer Modellsysteme, erhält man, indem man einzelne Umweltbedingungen ändert und darauf bezogen die veränderten Modellergebnisse analysiert. Solche Tests werden in Abschnitt 3 durchgeführt.

1.2.1 Testverfahren und Testkriterien

Ein wichtiger Aspekt beim Test von komplexen Modellsystemen ist die Prognosegüte bei unterschiedlichem Aggregationsgrad der Ergebnisvariablen. Durch einen solchen Test wird ein Vergleich mit partiellen Modellen (z.B. Einzelmarktmodellen) und mit aggregierten Sektormodellen ermöglicht. Im folgenden sollen daher Testverfahren diskutiert werden, die die Prognosegenauigkeit bei den sektoralen Aggregaten "Produktion, Faktoreinsatz und Einkommen" und den jeweils differenzierten Strukturen und Teilkomponenten überprüfen können[20].

Q u a l i t a t i v e   T e s t s

Der qualitative Test eines Modells beinhaltet die logische Überprüfung der postulierten Annahmesätze und der "internen" Konsistenz der aufgestellten Hypothesen. Von besonderer Bedeutung ist dabei das Verhältnis der Einzelhypothesen zueinander. "To be sure, they are not just any postulates, for what is required in stage one is a diligent search for Kant's 'synthetic a priori', using all possible information at our disposal"[21]. Zu prüfen ist vor allem, ob die Modellkomponenten und die Systemzusammenhänge in einem vernünftigen Verhältnis zueinander und zu den gesetzten Annahmen stehen. Ferner ist zu untersuchen, ob die verschiedenen Rückkopplungsmechanismen zu einem kontrollierten Modellablauf führen (allgemeine dynamische Eigenschaften des Modells) oder ob die dynamischen Beziehungen explodierende Entwicklungen hervorrufen (können)[22]. An dieser Stelle sollen die qualitativen Eigenschaften des Modellsystems nicht weiter diskutiert werden, da dies Gegenstand der vorangegangenen Teile dieser Arbeit war.

---

20) Vgl. dazu auch das von NAYLOR und FINGER vorgeschlagene dreistufige Testverfahren (Multistage Validation), Naylor, Th.H., Finger, J.M.,Vallidation ..., S. 156 ff.

21) Ebenda, S. 157.

22) Erinnert sei hier an die Theorie positiver und negativer Regelkreise (Kontrolltheorie). Siehe dazu: Forrester,J.M., Grundzüge einer Systemtheorie, Wiesbaden 1972.

Test des Programmierungssystems

Die programmiertechnische Seite nimmt bei der Arbeit mit dynamischen Systemmodellen, die sich nur auf numerischer Basis erstellen und testen lassen, eine zentrale Stellung ein[23]. Das Problem liegt dabei weniger bei den formalen Fehlern, die gegen die Syntax der Programmiersprache verstoßen und vom Computer als Fehler gekennzeichnet werden, sondern mehr bei einfachen Programmier- und Datenfehlern sowie bei Fehlern im Programmsystem. Besonders problematisch können Fehler sein, die bei den ersten Modelläufen nicht offen zutage treten. Derartige Fehler können häufig erst bei Modellläufen unter alternativen Annahmen erkannt werden; nämlich dann, wenn das Modell verzerrte Ergebnisse liefert.

Ähnliche Schwierigkeiten können auch bei den zugrundeliegenden statistischen Daten auftreten. Da die Informationen der landwirtschaftlichen Gesamtrechnung und der sonstigen sektoralen Statistiken bislang nicht auf Datenträgern verfügbar sind, mußten die Daten mit erheblichem Zeitaufwand aus den entsprechenden Statistiken auf computergerechte Informationsträger gebracht werden. Bei der Datenaufbereitung ergaben sich aufgrund der unterschiedlichen Ausweisungen in den Statistiken einige Konsistenzprobleme. Das dieser Arbeit zugrundeliegende Programmiersystem wurde bei den verschiedenen Stufen der Modellerstellung und der bisherigen Modellanwendung einer kontinuierlichen Überprüfung unterzogen. Festzustellen bleibt, daß viele Probleme beim Test von komplexen und differenzierten quantitativen Modellsystemen in den begrenzten Möglichkeiten der personellen Informationsverarbeitung begründet liegen.

---

23) Vgl. dazu auch die Abschnitte über das Programmiersystem und die Fehler bei der Programmierung gesamtwirtschaftlicher Modelle bei: Krelle, W., Beckerhoff, D., Langer, H., Fuß, H., Ein Prognosesystem für die wirtschaftliche Entwicklung der Bundesrepublik Deutschland, Meisenheim 1969; Dillmann, R., Gesamtwirtschaftliche Verhaltensgleichungen und Anpassungsprozesse. Ein Simulationsmodell zur Untersuchung ihrer Auswirkungen auf gesamtwirtschaftliche Zielgrößen, Berlin 1975.

Test der quantitativen Modellergebnisse

Bei Systemanalysemodellen wie dem hier vorgestellten dynamischen Sektormodell, ist zu unterscheiden zwischen dem Test einzelner Submodelle bzw. einzelner Hypothesen (unter ceteris-paribus-Annahmen) und dem Test der Modellergebnisse bei Anwendung des Gesamtsystems. Durch die Gegenüberstellung dieser beiden Tests kann erst die Qualität des Systemmodells, insbesondere der Kontrollmechanismen, beurteilt werden: Wenn sich durch die Verknüpfung einzelner Submodelle die Realitätsabbildung verbessert, ist der Vorteil des Systemmodells unmittelbar einsichtig. Umgekehrt läßt sich aber nicht sagen, daß ein Systemmodell keinen Nutzen bringt, wenn die einzelnen Submodelle bessere Prognosen liefern. Der Vorteil des Systemmodells wird beim Test der Modelle unter alternativen Umweltbedingungen deutlich.

Bei der Spezifizierung der Verhaltensfunktionen wurden die einzelnen Funktionen auf der Basis getrennter ex-post-Prognosen getestet. Im Hinblick auf die Güte des Gesamtmodells ist daher zunächst zu fragen, wie sich die Entscheidungsvariablen im dynamischen Sektormodell verhalten. Von den verschiedenen quantitativen Testverfahren, die in der Literatur erwähnt werden[24], wollen wir folgende Prüfgrößen auswählen[25]:

- Korrelationskoeffizient R,
- Theil-Koeffizient (auf der Basis absoluter Werte) U^a.
- Theil-Koeffizient (auf der Basis relativer Veränderungsraten) U^r,
- durchschnittliche absolute Abweichung DA, definiert als

$$DA = 1/N \cdot \sum_{t=1}^{N} |\hat{y}_t - y_t|,$$

wobei: N die Anzahl der Beobachtungen (Jahre),
y_t den beobachteten Wert,
$\hat{y}_t$ den Prognosewert angibt,

24) Siehe dazu: Naylor,Th.H.,Finger,J.M., Validation ...,S.153; Schwarze,J., Probleme der Fehlermessung bei quantitativen ökonomischen Prognosen,in:Zeitschrift für die gesamte Staatwissenschaft,Bd.129 (1973),S.535-558;de Haen,H.,Landwirtschaftliche Strukturprojektionen ..., S. 166.

- durchschnittliche relative Abweichung DR, definiert als

$$DR = \frac{1}{N-1} \cdot \sum_{t=1}^{N} |\hat{y}_t/y_t - 1|.$$

Diese einzelnen Prüfgrößen lassen sich unterschiedlich interpretieren. Der Korrelationskoeffizient gibt die Straffheit und Richtung der Beziehungen zwischen den errechneten und den beobachteten Wertreihen an. Diese Überprüfung bezieht sich jedoch lediglich auf die Varianten der beiden Reihen um den Mittelwert. Additive oder multiplikative Niveauunterschiede zwischen beiden Wertreihen werden nicht erfaßt. Die zugrundeliegende Funktionsform $\hat{y} = a + by$ gleicht Niveauunterschiede aus, wenn der Koeffizient a von Null (additive Korrektur) bzw. der Koeffizient b von Eins (multiplikative Korrektur) abweicht. Die numerische Übereinstimmung von geschätzten und beobachteten Werten wird durch die angegebenen Theil-Koeffizienten[26] gemessen. Während der Theil-Koeffizient auf der Basis der absoluten Werte U^a Niveauabweichungen zum Ausdruck bringt, gibt der entsprechende Koeffizient U^r (Basis: relative Wachstumsraten) die Übereinstimmung der jährlichen Veränderungen an. Der letztgenannte Test prüft vor allem die modellmäßige Erfassung kurz- und mittelfristiger Schwankungen. Er gibt somit Informationen über die Güte kurzfristiger Vorausschätzungen. Neben diesen allgemein gebräuchlichen Prüfgrößen, die über die Prognosegüte Auskunft geben, verwenden wir die oben definierten Prüfkoeffizienten DA und DR, welche direkt verwertbare Informationen über die Abweichungen der Prognosewerte von den beobachteten Werten liefern.

---

25) Die ersten beiden Prüfmaße lassen sich mit den entsprechenden Koeffizienten, die sich aus der partiellen ex-post-Prognose mit Hilfe der einzelnen Verhaltensfunktionen ergeben, vergleichen.

26) Theil. H., Economic Forecasts ..., S. 32 ff., sowie die Ausführungen in Abschnitt 1.3, Teil C.

1.2.2 Formale Testergebnisse

Im folgenden werden die Ergebnisse des dynamischen Sektormodells anhand der im letzten Abschnitt diskutierten Testkriterien auf ihre Realitätsnähe untersucht. Die <u>Prognosewerte</u> $\hat{X}$ stellen Ergebnisse dar, die durch den Ablauf des Modells vom Jahre 1956/57 (Anfangsbedingungen 1955/56) bis zum Jahre 1975/76[27)] gewonnen wurden. Die ex-post-Prognose ist dadurch gekennzeichnet, daß sichere Informationen über die Rahmenbedingungen vorliegen und daß die dem Modell zugrundeliegenden Verhaltenshypothesen und -parameter im Nachhinein qualifiziert werden. Bei der ex-ante-Prognose bestehen in beiden Bereichen zusätzliche Unsicherheiten.

Die <u>beobachteten</u> Werte X stellen entweder statistische Größen oder Ergebnisse des in Teil B vorgestellten Interdependenzsystems dar. Bei der Beurteilung der Qualität der ex-post-Prognoseergebnisse ist zu beachten, daß die Abweichungen zwischen den prognostizierten und den beobachteten Werten auf verschiedene Ursachen zurückzuführen sind. Hier sind vorrangig zu nennen:

- Spezifikationsfehler beim Konsistenz- und Schattenpreissystem sowie bei den Verhaltensfunktionen,
- falsche numerische Annahmen bei der Quantifizierung der Modellkoeffizienten (Interdependenzsystem),
- Schätzfehler bei den Verhaltensparametern,
- Fehler bei den vorherbestimmten Variablen der Verhaltensfunktionen (z.B. aufgrund fehlerhafter Reaktionen des Schattenpreissystems),
- Störvariablenfehler.

Die einzelnen Fehlerquellen können verstärkend wirken, wenn mehrere Fehler in die gleiche Richtung gehen oder sich abschwächen, wenn sich positive und negative Abweichungen gegenüberstehen (siehe dazu auch Abschnitt 1.1). Die diesem Modell

---

27) Da die statistischen Angaben für das Jahr 1975/76 zum Zeitpunkt der Modellrechnungen noch vorläufigen Charakter hatten bzw. noch nicht veröffentlicht waren, können die Modellergebnisse für dieses Jahr nur teilweise mit den tatsächlichen Daten verglichen werden.

zugrundeliegenden Verhaltensfunktionen können erst im Rahmen des Gesamtsystems auf ihre Eigenschaften getestet werden. So stellt KRELLE z.B. hinsichtlich der Investitionsfunktionen fest: "Manche Investitionsfunktionen, die isoliert die Investitionen gut zu erklären scheinen, erweisen ihre Fehlerhaftigkeit, wenn sie im Rahmen eines Gesamtsystems getestet werden, z.B. indem sie zu fehlerhaften Prognosen führen"[28]. Dies gilt grundsätzlich für alle Verhaltensfunktionen.

1.2.2.1 Niveaus der Produktionsprozesse

In Übersicht 45 sind für die einzelnen Produktionsverfahren des dynamischen Analyse- und Prognosesystems verschiedene Testkoeffizienten zusammengestellt. Den Testkriterien für das Gesamtmodell ist der quadrierte Korrelationskoeffizient bei isolierter Prognose der jeweiligen Produktionsniveaus[29] gegenübergestellt. Die dargestellten Testkoeffizienten lassen sich wie folgt interpretieren:

(1) Die Ergebnisse des dynamischen Analyse- und Prognosesystems zeigen bei über 70 % der Produktionsverfahren einen quadrierten Korrelationskoeffizienten von über 0.95. Die Koeffizienten bei den einzelnen Produktionsverfahren liegen z.T. über, z.T. unter den entsprechenden Werten der isolierten Prognose (erste Spalte). Mit Ausnahme des Produktionsverfahrens Weizenanbau zeigen die Ergebnisse des Modellsystems bei den Getreidebauverfahren die gleiche Prognosegüte wie die partiellen Prognosen. Bei den Verfahren des Hackfrucht- und Sonderkulturanbaus sowie des Futterbaues liegen die Korrelationskoeffizienten des Modellsystems ebenfalls nur in Ausnahmefällen geringfügig unter den entsprechenden Koeffizienten bei isolierten ex-post-Prognosen. Eine größere Differenz ist hingegen bei der Färsenaufzucht und bei den Altkuhschlachtungen festzustellen. Trotz der relativ niedrigen Korrelationskoef-

28) Krelle, W., Investitionsfunktionen, ..., S. 292.

29) Diese multiplen Korrelationskoeffizienten entsprechen den bei den einzelnen Verhaltensfunktionen (Teil C) angegebenen Testkoeffizienten.

Übersicht 45: Testergebnisse der ex-post-Prognose:
Niveau der Produktionsverfahren

Variable	Korrelations-koeffizient R^2		Theil-Koeffizient U		Mittlere Differenzen	
	Einzel-gleichg.	Modellsystem	relative Werte	absolute Werte	relativ DR	absolut DA[1)]
WEIZ	0.982	0.92444	0.53242	0.01813	2.61175	36.38995
ROGG	0.989	0.98092	0.47029	0.02263	4.21995	44.37242
GERS	0.971	0.99177	0.31605	0.01493	2.49247	29.87885
HAFE	0.923	0.93161	0.25344	0.00961	1.63364	19.52071
MAIS	0.962	0.95958	0.28616	0.03289	3.82799	1.93400
HULS	0.977	0.95057	0.29491	0.03124	5.55798	1.71685
KART	0.996	0.99787	0.20060	0.01043	1.95126	14.59048
ZURB	0.993	0.97966	0.19895	0.00985	1.49008	4.57246
OELF	0.976	0.98557	0.28274	0.03942	7.06490	3.88682
GEMU	0.997	0.98903	0.25716	0.01475	2.40625	3.88319
OBST	0.978	0.99235	0.28826	0.01584	2.30219	2.05544
WEIN	0.993	0.99128	0.29808	0.00694	0.96885	0.82670
KLEE	0.987	0.98870	0.37265	0.01901	3.70253	17.26631
WIES	.	0.95224	0.44784	0.00742	1.29346	47.21748
WEID	.	0.94058	0.53783	0.00817	1.28123	27.02748
GMAI	0.997	0.98999	0.42943	0.04651	3.79962	6.34816
FRUE	0.997	0.98924	0.34477	0.01598	2.55955	10.78398
ZWIS	0.758	0.63207	0.68045	0.03177	4.36106	25.53677
SOPF	0.923	0.83634	0.50834	0.00906	1.40861	8.05088
MKUH	.	0.98558	0.14566	0.00251	0.37401	21.29315
VKUH	0.985	0.91422	0.37852	0.01707	2.69258	36.79553
KMAS	0.987	0.99220	0.26746	0.01279	2.24499	36.80350
MJU1	.	0.99639	0.21226	0.00992	1.57381	24.96886
WJU1	.	0.99073	0.14152	0.00469	0.71870	16.08894
MJU2	0.994	0.99127	0.17740	0.02694	3.10251	38.86328
WJU2	0.982	0.98288	0.23834	0.00894	1.44348	27.33459
VMA1	.	0.88095	0.49404	0.05739	8.14850	40.77675
VWE1	.	0.89764	0.44922	0.04893	8.98761	24.79895
VMA2	.	0.99489	0.16793	0.01985	2.49753	29.31580
VWEZ	.	0.93251	0.44317	0.05643	9.68466	50.35251
FARS	0.918	0.79755	0.38066	0.02376	3.76473	50.29999
SWZU	0.975	0.97241	0.52710	0.02384	3.87379	65.61052
SWKA	.	0.99154	0.12310	0.02868	2.01067	305.92212
SWGE	.	0.99620	0.39175	0.02908	5.01106	628.53638
EIER	0.983	0.98482	0.36281	0.00962	1.54156	950.90601
GEFL	0.973	0.98929	0.32487	0.03334	4.66149	760.82227
STIE	0.946	0.94488	0.49254	0.03154	5.95181	10.64172

1) in 1.000 ha LN bzw. 1.000 Stck. Vieh

fizienten dieser Verfahren zeigt die Entwicklung der Milchkuhhaltung im Modellsystem eine enge Korrelation mit den beobachteten Werten. In der Rindermast sind bei den Jungmastverfahren niedrigere Korrelationskoeffizienten festzustellen.In der landwirtschaftlichen Veredelungsproduktion zeigt sich eine enge Korrelation zwischen den Modellergebnissen und den tatsächlichen Werten.

(2) Der Theil-Koeffizient auf der Basis absoluter Werte übersteigt nur in einigen Ausnahmefällen den Wert von 0.04. Dies bedeutet, daß die Prozeßniveaus der einzelnen Produktionsverfahren durch das Modellsystem zutreffend beschrieben wer-

den. Die relativen Änderungsraten der Modellergebnisse weichen hingegen stärker von den relativen Veränderungen der tatsächlichen Werte ab, wie der entsprechende Theil-Koeffizient zum Ausdruck bringt. Bei etwa der Hälfte der Produktionsverfahren liegt dieser Koeffizient unter 0.3, wobei lediglich in fünf Fällen ein Koeffizient von 0.5 überschritten wird[30]. Diese Ergebnisse verdeutlichen, daß bei den kurzfristigen Änderungen der Modellvariablen mit größeren Fehlern zu rechnen ist, als im längerfristigen Niveau. Dabei ist jedoch zu bedenken, daß die Abweichung eines absoluten Prognosewertes in einer Zeitreihe zu zwei abweichenden Veränderungsraten führt. Bei einer Kurzfristprognose (gegebene Ausgangssituation) sind dementsprechend die Fehler wesentlich geringer als sie durch die angebebenen Theil-Koeffizienten auf der Basis relativer Änderungsraten für den 20-jährigen Prognosezeitraum zum Ausdruck kommen.

(3) Die Testkoeffizienten DR und DA geben die Prognosegenauigkeit im Durchschnitt der einzelnen Jahre des Untersuchungszeitraums an. So zeigt sich etwa, daß die prognostizierte Weizenanbaufläche um durchschnittlich 2.6 % von der tatsächlichen Anbaufläche abweicht, während der entsprechende Testkoeffizient beim Roggenanbau bei 4.2 % liegt. Im Vergleich zu den entsprechenden Korrelationskoeffizienten ergibt sich bei diesem Testkoeffizienten eine andere Rangfolge der Prognosegüte. Die absoluten Werte bringen auch die Bedeutung dieser Abweichungen im Hinblick auf die Flächen- bzw. Jungtierbilanzen zum Ausdruck. So zeigt sich z.B., daß die 1.6 %ige Abweichung beim Haferanbau einen durchschnittlichen absoluten Fehler von 19.5 (1 000 ha) bedeutet, während die Abweichung beim Hülsenfruchtanbau in Höhe von 5.5 % zu einer absoluten Differenz von 1.7 (1 000 ha) führt.

---

30) Ebenso wie bei den Testuntersuchungen von THEIL, liegt ein großer Teil der Modellergebnisse im Bereich von 0.2 bis 0.4. Siehe dazu auch: Theil,H., Economic Forecasts ... S. 119.

1.2.2.2 Faktoreinsatzstruktur

In Übersicht 46 sind einige Testkoeffizienten über ausgewählte Faktoreinsatzstrukturen dargestellt.

Übersicht 46: Testergebnisse der ex-post-Prognose: ausgewählte Faktoreinsatzstrukturen

Variable	Korrelationskoeffizient R^2		Theil-Koeffizient U		Mittlere Differenzen	
	Einzelgleichg.	Modellsystem	relative Werte	absolute Werte	relativ DR	absolut DA [2]
	A) Mobilität der Arbeitskräfte und Arbeitskräftebestand					
a) Zugang[1]						
FMAK	0.991	0.99226	0.26305	0.02404	5.39784	0.590
FWAK	0.963	0.99737	0.13712	0.01531	2.64686	0.163
b) Berufswechsel[1]						
FMAK	0.975	0.86153	0.32156	0.09174	21.28853	5.33629
FWAK	0.990	0.95049	0.60605	0.10908	44.29541	2.34088
FRAK	0.972	0.94948	0.49867	0.07535	14.36063	2.88449
c) Bestand[1]						
FMAK	.	0.89945	0.10742	0.00435	0.74562	6.11639
FWAK	.	0.99840	0.09316	0.00749	1.39620	6.22222
FRAK	.	0.98947	0.08031	0.00801	1.84189	3.63660
d) Unterauslastung	.	0.87873	0.72162	0.06779	12.08532	18.89587
	B) Investitionen und Kapitalstruktur					
a) Fremdfinanzierung	.	0.97053	0.50067	0.04519	7.84366	184.31958
kurzfr.	0.942	0.90900	0.56762	0.08731	16.62810	35.18543
mittelfr.	0.961	0.95556	0.47339	0.04932	8.86928	84.92323
langfr.	0.970	0.97701	0.49214	0.05602	12.09163	128.54910
b) Investitionssumme	.	0.95748	0.42929	0.03747	5.46877	263.83130
Eigenfinanzierung	0.890	0.85623	0.34481	0.06964	11.38086	222.62480
Investitionsquote	.	0.93583	0.52443	0.02906	4.59678	1.48181
c) Fremdkapitalbestand	.	0.99924	0.09842	0.01556	2.25948	449.73047
d) Vermögensbestand	.	0.98683	0.46845	0.03275	5.25515	259.00404
	C) Struktur der Bodennutzung					
Getreide	.	0.89047	0.48722	0.00538	0.86218	43.40019
Blattfrüchte	.	0.99294	0.28988	0.00761	1.23816	15.47250
Ackerfutter	.	0.96939	0.51346	0.01515	2.63346	26.97462
Sonderkulturen	.	0.91678	0.42646	0.00785	1.29986	11.78105
Ackerland	.	0.94828	0.40871	0.00363	0.56672	46.04590
Grünland	.	0.93323	0.35357	0.00510	0.81866	47.16953
LF	.	0.97125	0.34892	0.00213	0.34838	48.74745

1) FMAK = Männliche Familienarbeitskräfte
FWAK = Weibliche Familienarbeitskräfte
FRAK = Fremdarbeitskräfte

2) in 1.000 Vollarbeitskräfteeinheiten bzw. Mio DM bzw. 1.000 ha

(1) Die Entwicklung der Arbeitskräfte in der Landwirtschaft wird durch das Modellsystem in befriedigender Weise erklärt. Die Korrelationskoeffizienten der Modellergebnisse weichen nur geringfügig von den entsprechenden Koeffizienten der isolierten Prognose ab. Die ungünstigen Werte für die relativen Abweichungen DR beim Berufswechsel bzw. bei der Gesamtmobilität der Fremdarbeitskräfte ergeben sich aufgrund der

z.T. niedrigen absoluten Niveaus. Hinsichtlich der Entwicklung des Arbeitskräftebestandes zeigen sich bei allen Testkriterien befriedigende Ergebnisse. Die Abweichungen bei der Unterauslastung der Arbeitskräfte werden gleichzeitig durch die Abweichungen bei der Produktionsstruktur, beim Arbeitseinsatz und bei den Investitionen hervorgerufen (Pufferfunktion). Dennoch zeigen die Modellergebnisse eine überraschende Übereinstimmung mit den Ausgangswerten.

(2) Die einzelnen Finanzierungsarten der Investitionen werden durch das Modellsystem mit unterschiedlicher Genauigkeit beschrieben. Wie die Ergebnisse verdeutlichen, steigt mit zunehmender Aggregation die Prognosegenauigkeit. So zeigt sich etwa bei der gesamten jährlichen Fremdfinanzierung ein befriedigendes Ergebnis. Wesentlich genauer als diese Finanzierungsgrößen (Flußgrößen) wird die Entwicklung des Fremdkapitalbestandes in der Landwirtschaft erklärt.
Größere Abweichungen sind bei der Eigenfinanzierung festzustellen. Wegen der kompensierenden Effekte ergeben sich bei der gesamten Investitionssumme bzw. bei der Investitionsquote (≙ Investitionssumme/verfügbares Einkommen) günstigere Ergebnisse.

(3) Wie Übersicht 46 zeigt, weichen die Modellergebnisse bei den gesamten landwirtschaftlich genutzten Flächen nur geringfügig von den beobachteten Werten ab. Ungünstigere Testergebnisse sind bei den einzelnen Nutzungsformen festzustellen. Aufgrund der engen Verbindung zwischen Futterbau und Rindviehhaltung (siehe Testergebnisse von Übersicht 45) ergeben sich für den Ackerfutterbau bei den meisten Testgrößen schlechtere Ergebnisse als bei den anderen Nutzungsformen.

1.2.2.3 Produktion, Vorleistungseinsatz, Einkommen

(1) In Übersicht 47 sind die Testkoeffizienten für die landwirtschaftliche Bruttoproduktion in jeweiligen und in konstanten Preisen dargestellt. Neben den aggregierten Wert- bzw. Volumengrößen sind die Testergebnisse für einzelne Produktionsbereiche angegeben. Es zeigt sich, daß das dynamische Modell-

system in der Lage ist, die wert- und mengenmäßige Entwicklung der landwirtschaftlichen Produktion einigermaßen zutreffend zu beschreiben. Die größten Fehler ergeben sich bei allen Testgrößen in der Rindfleischproduktion. Bei einer genaueren Analyse zeigt sich, daß die kurzfristigen Modellergebnisse vergleichsweise stark von den tatsächlichen Werten abweichen (siehe auch Theil-Koeffizient auf der Basis relativer Werte), während die langfristigen Tendenzen der Rindfleischproduktion zutreffender beschrieben werden (siehe auch Korrelationskoeffizient, Theil-Koeffizient auf der Basis absoluter Werte).

Wenn man die Summe der absoluten Differenzen der einzelnen Bereiche mit den Differenzen der aggregierten Produktionswerte vergleicht, so zeigen sich kompensierende Aggregationseffekte. Aufgrund der Konsistenzbedingungen und der Kontrollmechanismen erzeugt das dynamische Modellsystem bei Abweichungen in einem Produktionsbereich interne Anpassungen in anderen Bereichen. Die Anpassungsmechanismen lassen sich im einzelnen genauer verfolgen, wenn man die Testkriterien bei den einzelnen Produk-

Übersicht 47: Testergebnisse der ex-post-Prognose:
Entstehung der landwirtschaftlichen Produktion

Produktbereiche	Korrelationskoeffizient R^2 (Modellsystem)	Theil-Koeffizient U		Mittlere Differenzen	
		relative Werte	absolute Werte	relativ DR	absolut DA 1)
	A) Produktionswert in jeweiligen Preisen				
Getreide	0.99870	0.04570	0.00551	0.74301	52.05664
Hackfrüchte	0.98387	0.08368	0.00861	1.52483	61.56029
Sonderkult.	0.99897	0.06531	0.00767	1.20402	64.08821
Bodenprod.	0.99959	0.05818	0.00239	0.38954	60.96640
Milch	0.99977	0.03282	0.00260	0.37401	30.48065
Rindfleisch	0.99219	0.26282	0.01959	2.52483	143.95059
Schw.fleisch	0.99558	0.13678	0.01158	1.78976	127.24219
Geflügelsekt.	0.99688	0.15158	0.01114	1.50752	44.23062
Tierproduk.	0.99902	0.08486	0.00554	0.75786	188.72011
Bruttoproduk.	0.99954	0.05994	0.00330	0.46482	190.11426
	B) Produktionswert in konstanten Preisen				
Getreide	0.99873	0.04372	0.00544	0.74140	53.01601
Hackfrüchte	0.98952	0.09308	0.00809	1.39370	46.63858
Sonderkult.	0.99807	0.03620	0.00796	1.28652	64.26585
Bodenprod.	0.99953	0.03456	0.00232	0.36508	54.25253
Milch	0.99872	0.09249	0.00258	0.37401	30.31230
Rindfleisch	0.98044	0.32218	0.01737	2.53609	119.87010
Schw.fleisch	0.99105	0.24279	0.01162	1.78977	129.78711
Gefl.sektor	0.99752	0.17116	0.01108	1.50546	45.54718
Tierprod.	0.99789	0.12107	0.00508	0.70986	166.03418
Bruttoprod.	0.99912	0.05685	0.00308	0.43718	167.23085

1) in Mio DM

tionsverfahren (Übersicht 45) mit den entsprechenden Koeffizienten der Produktionsbereiche (Übersicht 47) vergleicht.

(2) In Übersicht 48 sind einige Testergebnisse für ausgewählte Variable des Vorleistungseinsatzes und der Einkommensentstehungs- und -verwendungsrechnung angegeben. Während sich bei den Arbeitshilfsmitteln und bei den sonstigen Vorleistungen (im wesentlichen ertragssteigernde Vorleistungen) relativ geringe Fehler ergeben, treten beim Kraftfutter- und Futtergetreideeinsatz größere Abweichungen auf (vgl. dazu auch die Abweichungen in der Tierproduktion). Im Vergleich zum Produktionswert zeigen sich bei den gesamten Vorleistungsaufwendungen zwar geringere absolute Fehler, aber größere relative Abweichungen. Die verschiedenen Einkommensgrößen und die einzelnen Komponenten auf der Einkommensverwendungsseite weichen z.T. etwas stärker von den tatsächlichen Werten ab. Dabei liegen die Fehler bei den Bruttoeinkommensgrößen niedriger als bei den Nettoeinkommen (fehlerverstärkende Effekte). Im Durchschnitt der Analyseperiode weichen die prognostizierten Nettoeinkommensgrößen um etwa 2 % von den Referenzwerten ab.

Übersicht 48: Testergebnisse der ex-post-Prognose: Vorleistungen, Einkommensentstehung und -verwendung

Variable	Korrelations-Koeffizient R^2 (Modellsystem)	Theil-Koeffizient U		Mittlere Differenzen	
		relative Werte	absolute Werte	relativ DR	absolut DA 1)
Vorleistungen	0.99964	0.08016	0.00431	0.74618	123.91249
-Kraftfutter	0.99852	0.11975	0.00762	1.30425	116.80176
-Futtergetr.	0.99681	0.16953	0.00997	1.75230	88.13730
-Technologie	0.99994	0.03968	0.00292	0.46832	19.38654
-sonst.Vorl.	0.99981	0.04258	0.00388	0.56144	23.07474
BIPL	0.99019	0.16610	0.01083	1.32146	281.32324
Steuern	-	-	-	-	-
Subventionen	-	-	-	-	-
Sektoreinkommen	0.99135	0.16623	0.01100	1.33194	281.32324
Fremdlöhne	0.88609	0.22486	0.01089	1.84189	36.58110
Fremdzinsen	0.99950	0.04765	0.01529	2.25949	24.56955
Eink. der Landwirte	0.98762	0.17011	0.01351	1.72481	305.55298
Tilgung	0.99816	0.25487	0.02780	4.23871	55.76163
Pers. Steuern	-	-	-	-	-
Soziale Sicherg.	-	-	-	-	-
Außerldw.Eink.	0.99019	0.29412	0.03649	5.85826	15.23896
Dispos.Eink./AK	0.99424	0.14746	0.01764	2.08011	247.37675
Konsumsumme	0.96548	0.29850	0.01620	2.61488	324.99976
Konsumeink./AK	0.99184	0.36626	0.02155	2.07488	299.83447

1) in Mio DM

1.2.2.4 Schattenpreise

Die Schattenpreise des Modellsystems können nicht auf Realitätsabbildung getestet werden. Durch die Gegenüberstellung der Schattenpreise des Gesamtsystems (ex-post-Prognose) und der

Übersicht 49: Testergebnisse der ex-post-Prognose: Schattenpreise des Modellsystems

Dualvariable	Korrelations-koeffizient R^2 (Modellsystem)	Theil-Koeffizient U		Mittlere Differenzen	
		relative Werte	absolute Werte	relativ DR	absolut DA
ACKL	0.94416	0.40010	0.03978	7.24009	35.04274
GRUN	0.95244	0.91794	0.15307	50.59093	25.42093
WEID	0.98483	0.29161	0.04545	5.12898	19.52899
FUTT	0.99093	0.23194	0.00723	0.99534	0.00443
FKAR	0.99967	0.07064	0.00206	0.21782	0.01973
FERK	0.98760	0.12714	0.01672	2.20190	1.52731
KAIN	0.99832	0.05330	0.00992	0.94893	1.84999
KAMA	1.00000	0.00058	0.00003	0.00530	0.00114
KUEH	0.75830	0.45028	0.10945	20.85912	20.26566
MJU1	0.99161	0.12716	0.01576	1.66288	6.37357
WJU1	0.94556	0.15419	0.02063	2.58293	6.37487
MJU2	0.99913	0.05615	0.00698	0.80208	6.50262
WJU2	0.99225	0.09645	0.01095	1.30918	7.39871
KMAS	0.99927	0.04544	0.01896	2.74925	1.35952
VEM1	0.99996	0.01678	0.00106	0.12649	0.18658
VEW1	0.99446	0.17615	0.02125	2.68880	0.79960
FARS	0.99996	0.01802	0.00089	0.10578	1.55071
AKUH	0.99039	0.29111	0.01991	1.95505	20.15939
ZSAU	0.88786	0.25758	0.05619	6.43418	27.02234
HUHN	0.97357	0.22509	0.04611	6.79587	0.14370
GEFL	0.99798	0.95822	0.01970	12.41803	0.14013
SONT	0.99949	0.08280	0.00640	1.26612	21.01190
WEIZ	0.95327	0.18713	0.01927	3.23327	16.09241
ROGG	0.97171	0.31847	0.04243	9.90373	15.90520
GERS	0.94736	0.20952	0.02223	3.74006	14.50160
HAFE	0.93241	0.32532	0.04397	8.17778	14.46705
MAIS	0.87993	0.81537	0.22788	49.01146	86.63660
HULS	0.82880	0.63126	0.30390	82.06610	71.51471
KART	0.97692	0.10546	0.01594	2.44005	32.76279
ZRUE	0.97918	0.22424	0.01933	3.08577	35.46552
OELF	0.95394	0.31383	0.04458	6.68099	26.31007
GEMU	0.99621	0.61342	0.04110	31.52042	105.90350
OBST	0.99072	0.38722	0.04168	14.38820	318.88257
SPFL	0.97654	0.66641	0.11790	29.92697	153.97321
WEIN	0.99507	0.28657	0.02517	6.51392	125.27069
KLEE	0.85828	0.46663	0.09497	21.88306	24.55785
GMAI	0.98799	0.34658	0.03262	6.70149	35.17882
FRUE	0.87746	0.41537	0.04644	8.10328	51.34193
ZWFR	0.96184	0.24109	0.04544	9.39307	9.05755
GMAS	0.99455	0.21162	0.01497	2.18798	7.47248
MGTW	0.98388	0.14134	0.01608	2.25010	8.77715
MGTS	0.98588	0.14066	0.01538	2.09643	7.81730
MZRU	0.95406	0.25956	0.03021	3.67296	39.47569
MKAR	0.98700	0.22619	0.02024	2.72515	28.59790
MFUS	0.95729	0.39707	0.04301	4.90533	26.54659
MFUW	0.98602	0.29158	0.02974	3.12652	14.01534
GMIL	0.99083	0.29036	0.02997	2.75260	15.87721
GRMA	0.99164	0.26703	0.02644	2.69434	7.38897
GSCH	0.97668	0.37774	0.03647	4.29695	1.35429
GSON	0.98480	0.37844	0.02390	2.75283	13.40305
IVES	0.85769	0.38250	0.05141	8.51420	0.00325
BFAM	0.99585	0.20514	0.01716	2.28962	241.09473
BFAW	0.99545	0.20253	0.01953	2.34898	226.47441
BFRE	0.98202	0.67877	0.06976	77.99429	243.30937

Schattenpreise des partiellen Schattenpreissystems (siehe dazu Teil B) soll die Reaktionsfähigkeit des Modellsystems getestet werden. Insbesondere soll dabei geprüft werden, wie sich die oben dargestellten Abweichungen der prognostizierten Produktions- und Faktoreinsatzstrukturen auf die Schattenpreise auswirken.

Die Ergebnisse (Übersicht 49) zeigen, daß die Schattenpreise, die sich beim Ablauf des dynamischen Modellsystems ergeben, weitgehend mit der Ausgangsstruktur der Schattenpreise übereinstimmen. Größere Abweichungen ergeben sich bei den Grundrenten, in einigen Bereichen der Bodenproduktion und bei der modellinternen Verzinsung der Investitionssumme. Die z.T. hohen Werte für die mittleren relativen Differenzen sind in Zusammenhang mit den niedrigen absoluten Niveaus in der Ausgangslösung zu sehen. Ein großer Teil der Fehler wird durch die beim Modellablauf veränderten Knappheiten der Arbeitskräfte und des Investitionskapitals hervorgerufen. Die Abweichungen der produktionsprozeßspezifischen Schattenpreise hängen dabei eng mit den Abweichungen der modellinternen Kosten der Arbeitserledigung zusammen.

Zusammenfassend kann festgestellt werden, daß aufgrund der formalen Testergebnisse das dynamische Analyse- und Prognosesystem nicht generell verworfen werden kann. Bei den einzelnen Modellvariablen ist eine unterschiedliche Güte der Realitätsabbildung festzustellen. Wie die Ergebnisse zeigen, kann man je nach Testkriterium zu einer unterschiedlichen Beurteilung der Prognosegenauigkeit gelangen. Die verschiedenen Testkriterien zusammen geben daher ein differenziertes und umfassendes Bild über die Prognosegüte des dynamischen Modellsystems. Im allgemeinen steigt mit zunehmender Aggregation der Modellergebnisse die Prognosegenauigkeit. Die differenzierten Modellstrukturen können jedoch für die Reaktionsfähigkeit des Modellsystems von besonderer Bedeutung sein. Dies kann erst bei Modellabläufen unter alternativen Rahmenbedingungen hinreichend getestet werden.

2. Die tatsächliche und modellmäßige Entwicklung des Agrarsektors seit der Mitte der 50er Jahre

In den vorangegangenen Teilen dieser Arbeit wurden einzelne, jeweils aufeinander aufbauende Aspekte der agrarsektoralen Entwicklung untersucht. Während in Teil B die Interdependenzen und Verflechtungen des Agrarsektors in verschiedenen Zeitperioden analysiert wurden - wobei die einzelnen Periode quasi als "Momentaufnahmen" zeitlich hintereinandergereiht wurden -, haben wir uns im Teil C mit der Entwicklung einzelner Variablen und mit den jeweils relevanten Verhaltensweisen beschäftigt. Dabei wurden jeweils Teilausschnitte analysiert, wobei entweder zeitliche Interdependenzen (Übergang des Systems vom Zustand in einer Periode zum Zustand der nächsten Periode) oder produkt- und faktorbezogene Interdependenzen in einer Periode im Vordergrund der Betrachtung standen.

In diesem Abschnitt soll die Entwicklung des Agrarsektors geschlossen beschrieben werden, wobei die Interdependenzen auf den Produkt- und Faktormärkten sowie die Beziehungen zwischen beiden Bereichen und gleichzeitig die dynamischen Beziehungen im Entwicklungsprozeß betrachtet werden. Dabei sollen (1) die wichtigsten Entwicklungslinien des Agrarsektors und einige Aspekte des agrarsektoralen Strukturwandels aufgezeigt und (2) die modellmäßige Abbildung der agrarsektoralen Entwicklung im einzelnen dargestellt werden. Im Vergleich zu einer Vielzahl von Arbeiten mit ähnlichen Intentionen[31)] wird in dieser Analyse die beschreibende und vergleichende Betrachtung durch eine analytisch - erklärende Betrachtung der wesentlichen Interdependenzen des Agrarsektors ergänzt[32)].

---

31) Stellvertretend für diese Art von Analysen sei hier auf die international vergleichende Studie von HAYAMI und RUTTAN verwiesen. Hayami, Y., Ruttan, W., Agricultural Development ...

32) Im Vordergrund dieses Vorhabens stehen also nicht formale Modelle oder der Test von Modellen, sondern der Versuch, problemrelevante Zusammenhänge und Erkenntnisse über die Entwicklung des Agrarsektors zu erarbeiten. Bezugspunkt ist dabei weniger der Erkenntnisstand über Modelltheorien und Erklärungshypothesen, sondern mehr der gegenwärtige Wissensstand über Agrarsektorprobleme sowie über die treibenden Kräfte der sektoralen Entwicklung und des sektoralen Strukturwandels.

Während im Abschnitt 1.2.2 die Ergebnisse des dynamischen Sektormodells verschiedenen formalen Tests unterworfen wurden, wollen wir hier durch die graphische Gegenüberstellung der Modellergebnisse und der tatsächlichen Entwicklungen den Erklärungsgehalt des Sektormodells mehr nach qualitativen Gesichtspunkten beurteilen. Dabei soll sowohl nach den langfristigen Tendenzen als auch nach der Abbildung von kurz- und mittelfristigen Schwankungen sowie insbesondere nach der Erfassung von Umkehrpunkten gefragt werden. Neben diesen qualitativen Testgesichtspunkten soll die historische Entwicklung des Agrarsektors im Hinblick auf künftige Entwicklungsperspektiven und Ziel- Mittel-Beziehungen untersucht werden. Deshalb werden im folgenden zunächst kurz die "äußeren" ökonomischen Bedingungen gekennzeichnet, vor deren Hintergrund die agrarsektorale Entwicklung zu sehen und zu beurteilen ist.

2.1 Die ökonomischen Rahmenbedingungen

Von besonderer Bedeutung für das Verständnis der agrarsektoralen Entwicklung und der agrarpolitischen Probleme sind die Ausgangslage der Landwirtschaft zu Beginn des Analysezeitraumes sowie die gesamtwirtschaftliche Entwicklung und die agrarpolitischen Maßnahmen während der Untersuchungsperiode.

Die Lage der Landwirtschaft um die Mitte der 50er Jahre

Die Lage der Landwirtschaft um die Mitte der 50er Jahre kann im folgenden nicht umfassend abgehandelt werden[33]. Es werden

33) Siehe dazu etwa: Plate,R., Woermann,E., Landwirtschaft im Strukturwandel der Volkswirtschaft,(Agrarwirtschaft, Sonderheft 14),Hannover 1962,S.11 ff. Padberg,K., Nieschulz,A., Produktion, Verkaufserlöse und Betriebsausgaben der Landwirtschaft im Bundesgebiet, in: Agrarwirtschaft,Bd.5 (1956), S. 33 ff.Institut für landwirtschaftliche Marktforschung Die landwirtschaftlichen Märkte an der Jahreswende, in: Agrarwirtschaft, verschiedene Jahrgänge, Heft 12. Wissenschaftlicher Beirat beim Bundesministerium für Ernährung, Landwirtschaft und Forsten, Sammelband der Gutachten von 1949 bis 1974,Hiltrup 1975.Heidhues,Th., Voraussetzungen und Möglichkeiten einer Neuorientierung in der Agrarpolitik, (Agrarwirtschaft, Sonderheft 33), Hannover 1969, S. 7-11.

lediglich einige Ausgangsbedingungen charakterisiert, die die Entwicklung der Modellvariablen wesentlich beeinflussen. Diese betreffen (1) die Niveaus der Entscheidungsvariablen und (2) den Bestand an langfristigen Gütern und Produktionsfaktoren.

Die gesamte Nahrungsmittelproduktion (in Getreideeinheiten) ist von 1946/47 bis 1955/56 um etwa 68% gestiegen[34]. Während der Anteil der pflanzlichen Produkte im Jahre 1946/47 bei 33 % lag, sind im Jahre 1955/56 lediglich 25 % der Nahrungsmittelproduktion pflanzlicher Herkunft, ein Anteil, der dem Durchschnitt der Jahre 1935/36 entspricht.

Der Einsatz von Vorleistungen ist, gemessen an der Bruttoproduktion, mit 37 % noch relativ niedrig. So werden beispielsweise ertrags- und leistungssteigernde Betriebsmittel (Düngemittel, Futtermittel) um die Mitte der 50er Jahre zwar absolut in zunehmendem Maße eingesetzt, im Vergleich zu den 60er Jahren ist ihr Einsatz jedoch noch gering.

Die Situation der Landwirtschaft zu Beginn des Untersuchungszeitraums wird entscheidend durch den Stand der Technologie und durch den Faktoreinsatz geprägt. Der gesamtwirtschaftliche Arbeitsmarkt ist gekennzeichnet durch eine Arbeitslosenquote von über 4 % bei einem relativ niedrigen Lohnniveau. Bedingt durch den raschen Aufschwung in der Industrie und den Technologietransfer von anderen Ländern (insbesondere USA) sind Technologien verfügbar, die das realisierte Niveau bei weitem übertreffen. Aufgrund der relativen Kapitalknappheit (hohe Zinsen für Fremdkapital, geringe Eigenkapitalbildung) und der relativ hohen Ersatzinvestitionen (insbesondere für Gebäude) sowie der oben erwähnten Situation auf dem Arbeitsmarkt werden neuere Technologien nur sehr langsam übernommen. Bei stark abnehmender Tendenz beträgt der Anteil an tierischen Zugkräfteeinheiten im Jahre 1954 immerhin noch über 50 % (1949 : 82 %)[35]. Der für diese Analyse unterstellte Anfangsbestand an Maschinen und Gebäuden in den einzelnen Technologiestufen ist in Teil B Abschnitt 3.4 dargestellt.

---

34) Padberg, K., Nieschulz, A., Produktion ..., S. 36.

35) Plate, R., Arnsmeyer, E.W., Die Entwicklung des westdeutschen Pferdebestandes, in: Agrarwirtschaft, Bd. 4 (1955), S. 335.

Die Stellung der Landwirtschaft innerhalb der Volkswirtschaft ist um die Mitte der 50er Jahre durch einen Anteil der Erwerbstätigen von etwa 18 % gekennzeichnet. Bei einem Wertschöpfungsanteil von knapp 10 % zeigt sich eine globale sektorale Einkommensdisparität von etwa 55 %. Aufgrund des hohen Anteils an Fremdarbeitskräften ergibt sich (bei Fremdarbeitslöhnen, die in etwa dem gesamtwirtschaftlichen Lohnniveau entsprechen) ein zusätzlicher Druck auf die Einkommen der landwirtschaftlichen Familienarbeitskräfte und damit auf die potentielle Eigenkapitalbildung im landwirtschaftlichen Sektor. Andererseits ist aber auch der Fremdkapitaleinsatz[36] mit 0.25 DM pro Outputeinheit noch relativ gering (Vergleich 1975 : 0.55).

Gesamtwirtschaftliche Entwicklung im Analysezeitraum

Die durch die Ausgangssituation erkennbaren Anpassungstendenzen im Agrarsektor werden durch das rapide gesamtwirtschaftliche Wachstum während der Beobachtungsperiode entscheidend geprägt. Folgende gesamtwirtschaftlichen Aspekte sind für die Entwicklung des Agrarsektors von besonderer Bedeutung[37]:

- Bei einem durchschnittlichen Wachstum von etwa 5 % (durchschnittliche jährliche Veränderungsrate des realen Bruttoinlandsprodukts) sind während der Beobachtungsperiode verschiedene Konjunktureinbrüche und -ausschläge zu beobachten, die sich in der Regel in sogen. "Wachstumsschüben" äußern. Lediglich im Jahre 1975 erfolgt ein Konjunktureinbruch, der von einem absoluten Produktionsrückgang begleitet ist.
- Das Preisniveau steigt im Durchschnitt um etwa 3 % pro Jahr an (Preisindex der Lebenshaltung), wobei bis Ende der 60er Jahre relativ niedrige und erst in den 70er Jahren höhere Inflationsraten zu verzeichnen sind. Von unmittel-

---

36) Während der Fremdkapitalbestand im Jahre 1950/51 bei etwa 3.5 Mio. DM liegt, steigt die Verschuldung der Landwirtschaft bis zum Jahre 1955/56 auf 7 Mio. DM an.

37) Die wirtschaftliche Entwicklung in der Bundesrepublik Deutschland von 1950 bis 1975 ist in der kürzlich erschienenen Arbeit von GLASTETTER umfassend dargestellt. Glastetter, W., Die wirtschaftliche Entwicklung der Bundesrepublik Deutschland im Zeitraum von 1950 bis 1975. Befunde und Aspekte, Berlin-Heidelberg 1977.

barer Bedeutung für die agrarsektorale Entwicklung ist die Preissteigerung bei den landwirtschaftlichen Vorleistungen (Durchschnitt: 3.4 %) und bei den landwirtschaftlichen Investitionsgütern (Durchschnitt: 4.6 %).

- Das reale Wachstum, die allgemeine Preissteigerung und die Änderung der Einkommensverteilung führen zu einer Steigerung des nominalen Lohnniveaus von etwa 9.8 % (Bruttogehaltssumme je Erwerbstätigen) pro Jahr im Durchschnitt der beiden Jahrzehnte.
- Die Arbeitsmarktsituation ist durch eine durchschnittliche Arbeitslosenquote von 1.4 % bzw. durch eine Relation von offenen Stellen zu Arbeitslosen von 2.3 gekennzeichnet. Die Situation zu Beginn der Betrachtungsperiode (1955) entspricht - gemessen an den beiden Indikatoren - in etwa der heutigen Lage auf dem Arbeitsmarkt (4-5 % Arbeitslosigkeit, 0.2 offene Stellen pro Arbeitslosen).
- Die Situation auf dem Kapitalmarkt ist, abgesehen von konjunkturellen Schwankungen (gemessen am nominalen Zinssatz) unverändert geblieben. Bei der oben skizzierten allgemeinen Preisentwicklung bedeutet dies natürlich einen Abfall des realen Zinssatzes.

Agrarpolitische Maßnahmen

Der Beginn unseres Analysezeitraumes fällt mit dem Jahr zusammen, in dem das Landwirtschaftsgesetz verabschiedet wurde. Dieses Gesetz verpflichtet die Bundesregierung lt. § 5 u.a. zur jährlichen Feststellung der Lage in der Landwirtschaft und zum Bericht über die Maßnahmen der Agrarpolitik[38]. Im folgenden können wir uns daher auf die wesentlichen charakteristischen Unterschiede bei der Ausgestaltung und der Einsatzintensität der hier besonders relevanten markt- und einkommenspolitischen Maßnahmen beschränken.

(1) Landwirtschaftliche Preispolitik: Die Agrarpolitik in der Bundesrepublik war in den 50er und 60er Jahren darauf ausgerichtet, relativ hohe Agrarpreise für die wichtigsten land-

---

38) Siehe dazu: "Grüne Berichte" und "Grüner Plan", verschiedene Jahrgänge (1956-1970) sowie "Agrarbericht" und "Materialband zum Agrarbericht" (1971-1977) herausgegeben von der Bundesregierung. Zur Konzeption der Agrarpolitik in der Bundesrepublik in jüngster Zeit siehe auch: Bundesministerium für Ernährung, Landwirtschaft und Forsten (Hrsg.), Arbeitsprogramm für die Agrarpolitik der Bundesregierung (Agrarprogramm), (Landwirtschaft und angewandte Wissenschaft, Heft 134), Hiltrup 1968.

wirtschaftlichen Produkte durchzusetzen[39]. Im Vergleich zu anderen europäischen Ländern wie z.B. Frankreich, Großbritannien, Niederlande und Belgien konnte in der Bundesrepublik tatsächlich ein höheres Preisniveau erreicht werden[40]. Zur Durchsetzung der relativ hohen Preise wurden verschiedene Instrumente, wie etwa Einfuhrzölle und Einfuhrkontingente, produktbezogene Subventionen, Mindestpreise u.dgl. in unterschiedlicher Zusammensetzung und Intensität eingesetzt.

Bei der Verwirklichung der Europäischen Wirtschaftsgemeinschaft, die im Jahre 1957 mit dem Ziel der Herstellung einer wirtschaftlichen und darauf aufbauend einer politischen Einheit in Europa gegründet wurde, sollte die Landwirtschaft als integrierter Bestandteil der Volkswirtschaft miteinbezogen werden. Wegen der stark dirigistischen Eingriffe in das Wirtschaftsgeschehen in den einzelnen Ländern wurde die Errichtung einer gemeinsamen Agrarpolitik (Preis- und Marktpolitik) als notwendiger Schritt für eine wirtschaftliche und politische Integration gesehen. Ausgehend von den unterschiedlichen Agrarpreisstützungsniveaus in den einzelnen Ländern konnte eine Einigung auf ein mittleres Preisniveau erzielt werden[41]. Als Folge davon ergab sich im Jahre 1967/68 und in den Folgejahren ein starker Rückgang der Agrarpreise in der Bundesrepublik. Besonders betroffen waren die Getreidepreise, die nominal um etwa 12 % zurückgingen. Das nominale Agrarpreisstützungsniveau blieb bis zum Jahre 1970 bzw. 1971 annähernd konstant. Infolge der zunehmenden gesamtwirtschaftlichen Preissteigerung wurden die Marktordnungspreise in den Folgejahren merklich angehoben. So erreichten z.B. die Getreidepreise in den Jahren 1973 bzw. 1974 wieder das nominale Niveau der 50er und 60er Jahre. Die

---

39) Siehe dazu etwa: Plate, R., Der westdeutsche Agrarmarkt und die Europäische Wirtschaftsgemeinschaft, in: Agrarwirtschaft, Bd. 8 (1959), S. 53 ff. Niehaus, H., Von der Parität zur Realität? in: Agrarwirtschaft, Bd. 4 (1955), S. 81.

40) Siehe dazu auch: Plate, R., Woermann, E., Landwirtschaft ... S. 27.

41) Siehe dazu auch: Niehaus, H., Der Gemeinsame Markt und die deutsche Landwirtschaft, in: Agrarwirtschaft, Bd. 8 (1959), S. 388 ff.

Bemühungen zur Erreichung eines gemeinsamen Agrarpreisniveaus in der EWG hatten jedoch nur kurzen Bestand. Aufgrund von unterschiedlichen inflationären Entwicklungen in den einzelnen Ländern und der Veränderungen von Währungsparitäten wurden Maßnahmen ergriffen, die de facto wieder zu einem Auseinanderlaufen des Agrarpreisstützungsniveaus und der Marktpreise in den Ländern führten.

Im dynamischen Sektormodell wird der Einfluß der Agrarpreispolitik in zweifacher Hinsicht berücksichtigt: Die politisch gesetzten Marktordnungspreise stellen teilweise erklärende Variablen der Verhaltensfunktionen dar. Die tatsächlichen Produktpreise sind ebenfalls erklärende Variablen der Verhaltensfunktion; darüber hinaus beeinflussen sie unmittelbar die Schattenpreise und die agrarsektoralen Einkommen. Die Wirkungen preispolitischer Maßnahmen auf die Agrarpreise werden bei der gegenwärtigen Modellversion noch nicht explizit modellmäßig abgebildet.

(2) Sonstige markt- und einkommenspolitische Maßnahmen. Darunter werden Maßnahmen verstanden, die nicht bzw. nicht allein im Hinblick auf die Beeinflussung der Agrarpreise eingesetzt werden:

- Produktspezifische Maßnahmen, wie z.B. die Kontingentierung bei Zuckerrüben oder die im Jahre 1970/71 gezahlten Prämien für das Abschlachten von Milchkühen. Solche produktspezifische Maßnahmen werden bei den Verhaltensfunktionen, die die Entwicklung der Produktionsstruktur bestimmen, berücksichtigt (siehe dazu auch Teil C).
- Faktorspezifische Maßnahmen. Diese betreffen insbesondere Maßnahmen zur Förderung der Boden-[42] und Arbeitsmobilität, Betriebsmittelsubventionen und Investitionsbeihilfen (Zuschüsse, Zinsverbilligung, öffentliche Darlehen)[43]. Soweit sich diese Maßnahmen auf die Betriebsmittelpreise bzw. Zinssätze für Fremdkapital auswirken, werden sie über die effek-

---

42) Da sich die Förderung der Bodenmobilität vornehmlich auf den betrieblichen Strukturwandel bezieht, bleiben diese Maßnahmen hier unberücksichtigt.

43) Siehe dazu die Gutachten des Wissenschaftlichen Beirats "Zur Frage des steuerbegünstigten Düngens" (1951), bzw. "Zur Kapitalversorgung der Landwirtschaft" (1955) in: Wissenschaftlicher Beirat beim Bundesministerium für Ernährung, Landwirtschaft und Forsten, Sammelband ....

tiven Preise, die von den Marktpreisen abweichen, erfaßt. Andere Maßnahmen werden bei den einzelnen Komponenten der Einkommensentstehungs- und -verwendungsrechnung berücksichtigt.

- Steuerpolitische Maßnahmen. Sie beziehen sich im wesentlichen (a) auf die besondere Stellung der Landwirtschaft bei der Mehrwertsteuer bzw. Umsatzsteuer und (b) auf die sonstigen Betriebssteuern und die persönlichen Steuern. Die unter (a) genannten Steuern wirken für die Landwirtschaft wie eine Veränderung der Produkt- bzw. Faktorpreise und brauchen daher nicht besonders berücksichtigt zu werden, wenn wir von effektiven Preisen ausgehen. Die Mehrwertsteuer wurde ab 1970 als einkommenspolitisches Instrument zum Ausgleich für die aufwertungsbedingte Agrarpreissenkung eingesetzt (Aufwertungsausgleich über Mehrwertsteuer). Die betrieblichen und persönlichen Steuern werden bei der Einkommensverwendungsrechnung berücksichtigt. Änderungen bei der Einkommensbesteuerung der Landwirte lassen sich somit relativ einfach in ihren globalen Auswirkungen auf den landwirtschaftlichen Entwicklungsprozeß analysieren.
- Direkte Einkommensübertragungen. Dieses Instrument wurde bisher in der Bundesrepublik lediglich zum Ausgleich kurz- bis mittelfristiger Schwankungen benutzt. So wurde z.B. als Kompensation für die oben erwähnte Getreidepreissenkung in den Jahren 1967/68 bis 1969/70 ein sog. Getreidepreisausgleich an die Landwirte gezahlt. Neben dem Aufwertungsausgleich über die Mehrwertsteuer wurde in den Jahren 1969/70 bis 1973/74 eine "direkte Beihilfe" als Aufwertungsausgleich gewährt. Beide Maßnahmen werden bei der Einkommensentstehungs- und -verwendungsrechnung berücksichtigt.

Diese gestraffte Übersicht über die wesentlichen markt- und einkommenspolitischen Maßnahmen in den letzten beiden Jahrzehnten soll zur Kennzeichnung des agrarpolitischen Rahmens genügen. Die Maßnahmen, die auf Änderungen der Agrarstruktur und Agrarverfassung im engeren Sinne abzielen, wurden nicht explizit erfaßt. Die hier erwähnten agrarpolitischen Aktivitäten wurden bei der Analyse des agrarsektoralen Entwicklungsprozesses berücksichtigt, so daß sich anhand des Analyse- und Prognosesystems prinzipiell der Einfluß dieser Maßnahmen auf den Entwicklungsprozeß isolieren läßt[44].

2.2 Hauptlinien der agrarsektoralen Entwicklung

In diesem Abschnitt soll die Entwicklung von Produktion, Faktoreinsatz und Einkommen im landwirtschaftlichen Sektor während

---

44) Je nach der Art der Maßnahmen sind dabei einige Modellteile zu erweitern bzw. konkreter zu spezifizieren.

des Analysezeitraumes anhand von aggregierten Variablen untersucht werden. Der "tatsächlichen" Entwicklung (statistische Werte, Ergebnisse des Konsistenzmodells) werden die Ergebnisse des dynamischen Analyse- und Prognosesystems gegenübergestellt[45]. Für die Analyse des Entwicklungsverlaufs scheint dabei die graphische Darstellung der Ergebnisse besonders geeignet. In den folgenden Schaubildern kennzeichnet die gestrichelte Linie den "tatsächlichen "Entwicklungsverlauf, während die durchgezogene Linie die Ergebnisse der ex-post-Prognose unter gegebenen Rahmenbedingungen angibt. Die eingezeichneten Werte beziehen sich auf die einzelnen Wirtschaftsjahre. Das angegebene Jahr 55 entspricht dem Wirtschaftsjahr 1955/56 usw. Weiterhin sind die Dimensionen der einzelnen Variablen zu beachten. Die absoluten Größen für den landwirtschaftlichen Sektor beziehen sich meist auf Tausend bzw. Millionen Einheiten.

2.2.1 Produktion und Vorleistungseinsatz

(1) Die Entwicklung der landwirtschaftlichen Bruttoproduktion (in Mio.DM) zu jeweils geltenden Marktpreisen ist in Schaubild 1 dargestellt. Der Wert der verkaufsfähigen Güter (= produzierte Mengen an verkaufsfähigen Gütern, bewertet mit den jeweiligen Preisen) steigt im Durchschnitt der Betrachtungsperiode um 4.2 % pro Jahr, wobei lediglich in Ausnahmejahren (z.B. 1970/71) ein absoluter Rückgang zu beobachten ist. Die kurzfristigen Schwankungen sind weniger ausgeprägt als man es aufgrund der Instabilitäten der einzelnen Mengen- und Preiskomponenten vermutet würde (s = 3.3)[46].

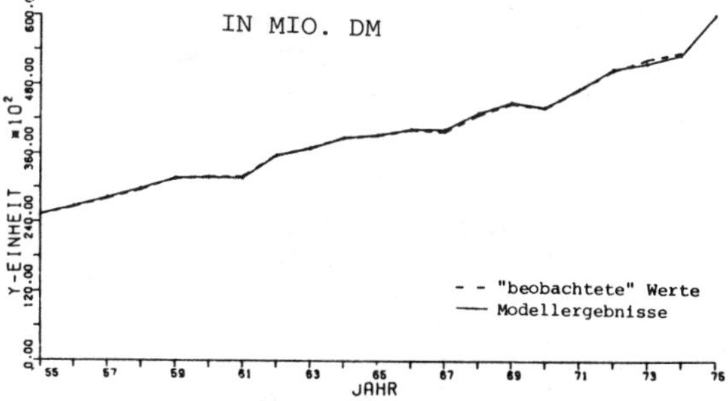

Die Übereinstimmung zwischen den tatsächlichen Werten und den prognostizierten Werten ist überraschend. Die Abweichung zwischen beiden Wertereihen beträgt fast durchweg weniger als 1 %, in über der Hälfte der Fälle (Jahre) weniger als 0.5 %. Lediglich im Jahre 1973/74, also bei einem Prognosezeitraum von 18 Jahren, ergibt sich eine Abweichung von - 1.3 %. Diese negative Abweichung wird jedoch im Folgejahr aufgrund der modellinternen Mechanismen weitgehend ausgeglichen. Im Durchschnitt des Beobachtungszeitraumes wird die Bruttoproduktion um 0.13 % zu hoch prognostiziert. Die langfristigen Entwicklungstendenzen und kurzfristigen Schwankungen stimmen jedoch mit der tatsächlichen Entwicklung weitgehend überein.

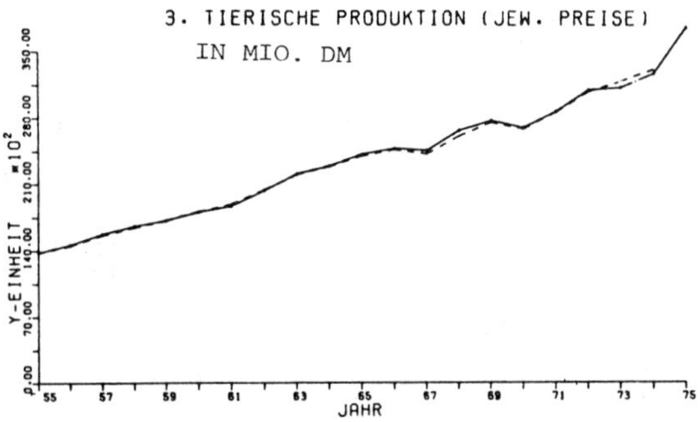

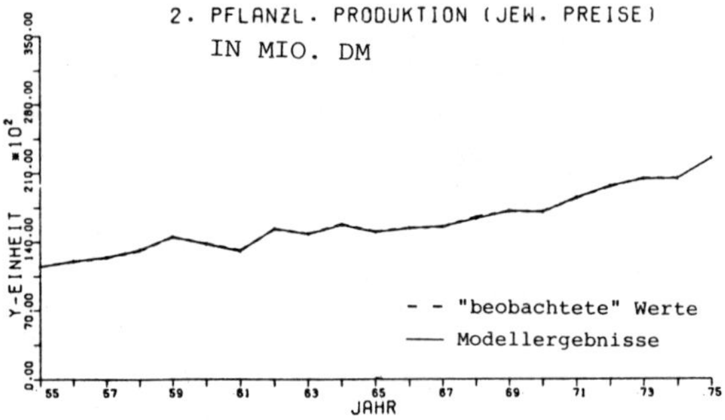

45) Die dem Modellsystem zugrundeliegenden statistischen Informationen und die Modellergebnisse sind im einzelnen in einem Materialband zusammengestellt. Bauer, S., Zintl, E., Materialien ...

46) s = einfache Standardabweichung der jährlichen Wachstumsraten von der durchschnittlichen jährlichen Wachstumsrate in der Beobachtungsperiode ($\bar{w}$).

(2) Die Entwicklung der Aggregate "pflanzliche und tierische Produktion" ist in Schaubild 2 und 3 dargestellt.

Während der Wert der pflanzlichen Produktion im Durchschnitt der Beobachtungsperiode um 3.1 % wächst, steigt der Wert der tierischen Produktion um 4.7 %, so daß der Anteil der pflanzlichen Produktion von etwa 45 % auf 38 % zurückgeht. Hinsichtlich der kürzerfristigen Schwankungen zeigt sich, daß die pflanzliche Produktion größeren Instabilitäten (Mengen- und Preisschwankungen) ausgesetzt ist (s = 5.7) als die tierische Produktion (s = 2.9). Diese Unterschiede bei den aggregierten Produktionswerten sind aufgrund der unterschiedlichen Instabilitätsquellen (witterungsbedingte Schwankungen, zyklische Verhaltensweisen,Nachfragereaktion u.dgl.) nicht von vorneherein zu erwarten.

Die Modellergebnisse zeigen auch auf dieser Aggregationsstufe eine erstaunlich gute Übereinstimmung mit den Referenzwerten, insbesondere,wenn man davon ausgeht, daß mit zunehmender Disaggregation im allgemeinen die Schätzfehler ansteigen. Während sich bei der pflanzlichen Produktion lediglich im Jahre 1968/69 eine Abweichung von etwas über 1 % ergibt, zeigen sich bei der tierischen Produktion im Jahre 1968/69 und im Jahre 1971/72 Differenzen zwischen den beobachteten und prognostizierten Werten von etwa 2 %. Von besonderer Bedeutung ist dabei, daß die Modellergebnisse sowohl die Entwicklungstendenzen als auch kurzfristige Schwankungen und Wendepunkte zutreffend wiedergeben.

(3) Wenn man die verkaufsfähigen Produktionsmengen nicht mit jeweiligen Preisen, sondern mit den Preisen eines konstanten Basisjahres[47] - wie z.B. mit den Preisen von 1963/64 - bewertet, so ergeben sich die in Schaubild 4, 5 und 6 dargestellten Entwicklungen. Danach steigt das Volumen der sektoralen Bruttoproduktion im Durchschnitt der Beobachtungsperiode um

---

47) Diese Aggregation von einzelnen Mengen zu aggregierten Volumengrößen entspricht im Prinzip dem Laspeyres-Indexkonzept.

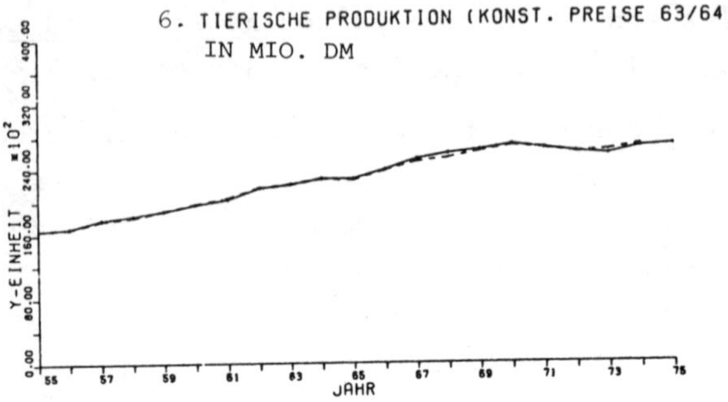

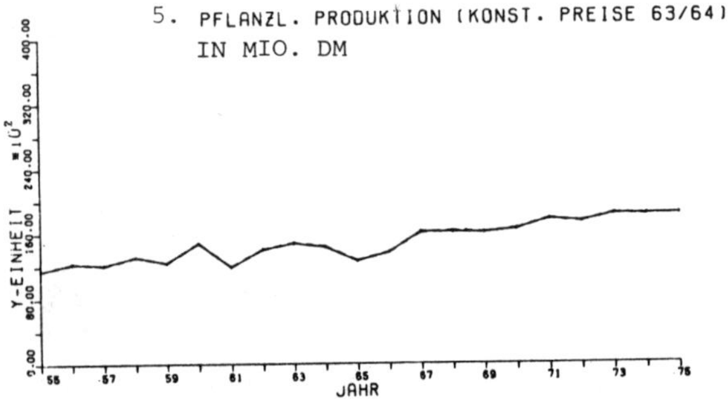

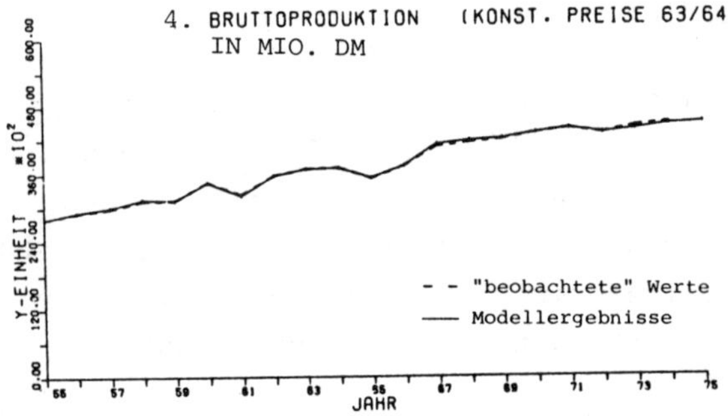

2.5 % pro Jahr. Im Gegensatz zur Entwicklung der Wertgrößen entsprechen sich die Entwicklungstendenzen bei der tierischen und der pflanzlichen Produktion weitgehend, so daß die Volumenanteile im Zeitablauf konstant bleiben. Dies bedeutet, daß die Preise bei der tierischen Produktion stärker (etwa 2.1 % pro Jahr) steigen als bei den pflanzlichen Produkten (etwa 0.6 % pro Jahr). Für die gesamte Bruttoproduktion ergibt sich ein Implizitpreisindex[48] mit einer jährlichen Steigerung von 1.5 %.

Wenn man die kurzfristigen Entwicklungen bei diesen Volumengrößen betrachtet, so zeigen sich sowohl bei der Gesamtproduktion (s = 3.7) als auch bei der pflanzlichen (s = 10.0) und tierischen Produktion (s = 3.6) größere Instabilitäten als bei den entsprechenden Wertgrößen. Dies bedeutet, daß die durch Preis- und/oder Mengenschwankungen ausgelösten Reaktionen zu einer tendenziellen Stabilisierung bei den entsprechenden Wertgrößen führen.

Die Prognosegüte bei den Volumenwerten ist in etwa identisch mit der Abbildungsgenauigkeit bei den Wertgrößen.

(4) Entsprechend der Bruttorechnung auf der Ertragsseite gehen wir auch beim Betriebsmitteleinsatz von Bruttogrößen aus. Der in Schaubild 7 dargestellte Vorleistungseinsatz umfaßt dabei alle kurzlebigen zugekauften Betriebsmittel sowie den Einsatz von eigenerzeugten verkaufsfähigen Endprodukten. Der wertmäßige Vorleistungseinsatz wächst im Durchschnitt der Beobachtungsperiode um jährlich 6.3 %. Dies bedeutet, daß der nominale Vorleistungskoeffizient jährlich um etwa 2 % von 0.37 im Jahre 1955/56 auf etwa 0.53 im Jahre 1974/75 ansteigt.

In den Schaubildern 8 und 9 sind die landwirtschaftlichen Vorleistungen nach ihrer Herkunft untergliedert. Es zeigt sich, daß die Vorleistungen landwirtschaftlicher Herkunft (im wesentlichen Futtermittel) um etwa 5.2 % ansteigen, d.h. mit einer Veränderungsrate, die geringfügig höher liegt als das entsprechende Wachstum der tierischen Produktion. Dagegen verändern sich die nominalen Aufwendungen für Vorleistungen gewerblicher Herkunft um etwa 7.5 %, wobei hier der außerlandwirtschaftliche Preisanstieg stärker zu Buche schlägt. Das dynamische Modellsystem gibt diese Entwicklungstendenzen zutreffend wieder. Lediglich bei den Vorleistungen landwirtschaftlicher Herkunft, die größere kurzfristige Schwankungen aufweisen, ergeben sich zu Beginn der 70er Jahre einige nennenswerte Abweichungen.

---

48) Dieser Preisindex entspricht dem Paasche'schen Indexkonzept. Die bekannten Indexprobleme spielen jedoch für den Modellablauf keine Rolle, da das Modellsystem auf der Basis von einzelnen Mengen- und Preisgrößen sowie Wertgrößen formuliert ist.

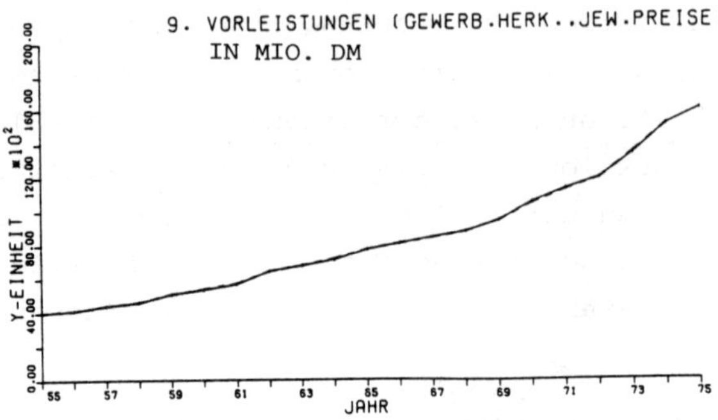

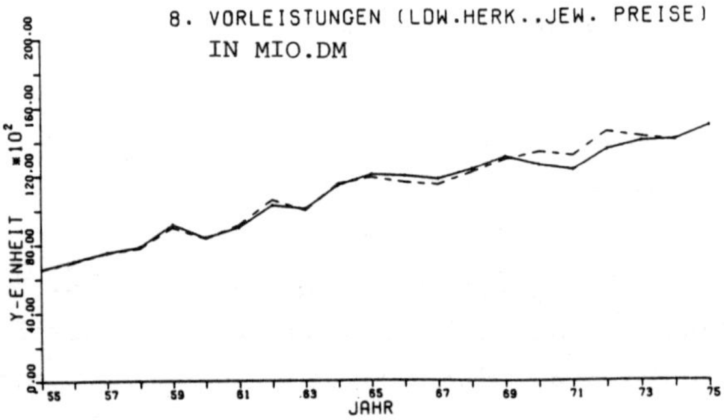

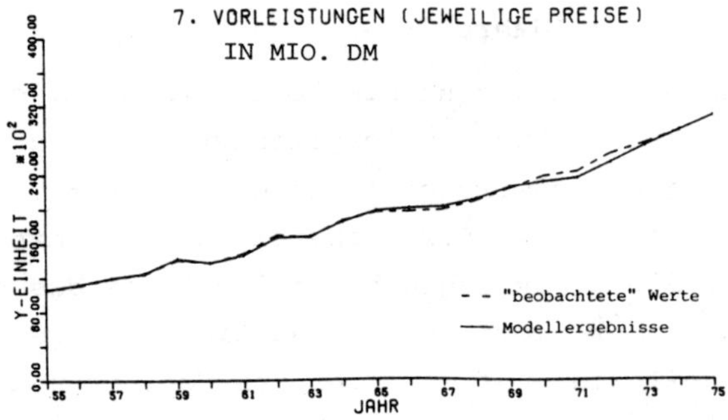

2.2.2 Faktoreinsatz

(1) Die Entwicklung des Arbeitskräfteeinsatzes, gemessen in Vollarbeitskräfteeinheiten, ist in Schaubild 10 dargestellt. Die langfristige Entwicklung entspricht den bekannten Größenordnungen ($\bar{w}$ = - 4.5 %). Diese Entwicklungstendenz wird durch die Modellergebnisse zutreffend beschrieben. Lediglich in den Jahren 1972/73 und 1973/74 ergeben sich einige Abweichungen in einer Größenordnung von 4 %. Es zeigt sich aber, daß die

durch das System erzeugten Abweichungen vom tatsächlichen Entwicklungspfad modellintern kontrolliert werden. Dies äußert sich z.B. darin, daß die oben erwähnten Abweichungen des Arbeitskräfteeinsatzes in den Jahren 1974/75 und 1975/76 durch modellinterne Reaktionen weitgehend abgebaut werden.

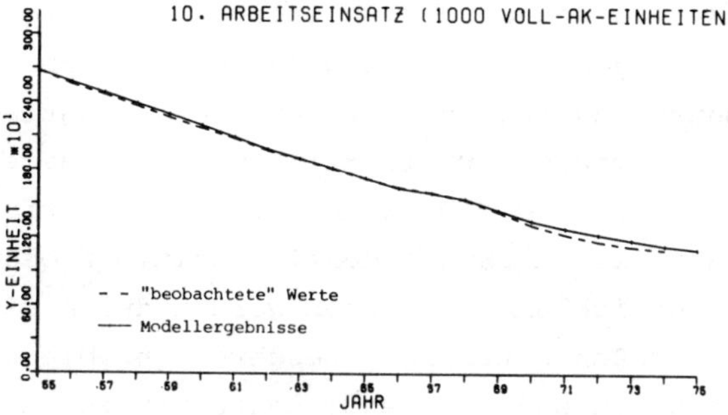

(2) Die Entwicklung der landwirtschaftlich genutzten Flächen (Bodeneinsatz) wird durch das Modell ebenfalls zutreffend erfaßt. Die maximalen Abweichungen liegen bei 0.9 %. Überraschend ist dabei, daß die Abweichungen bei der Flächenentwicklung nicht proportional zu den Abweichungen in der pflanzlichen Produktion verlaufen. Dies deutet darauf hin, daß eine modellinterne Anpassung der Struktur der Bodennutzung an das verfügbare Flächenpotential erfolgt ist. Im Durchschnitt der Beobachtungsperiode werden die landwirtschaftlich genutzten Flächen um 0.25 % pro Jahr reduziert. Die statistischen Ausweisungen zeigen bis zum Jahre 1959/60 einen leichten Anstieg, so daß sich ab diesem Jahr eine durchschnittliche Veränderungsrate von - 0.35 % ergibt.

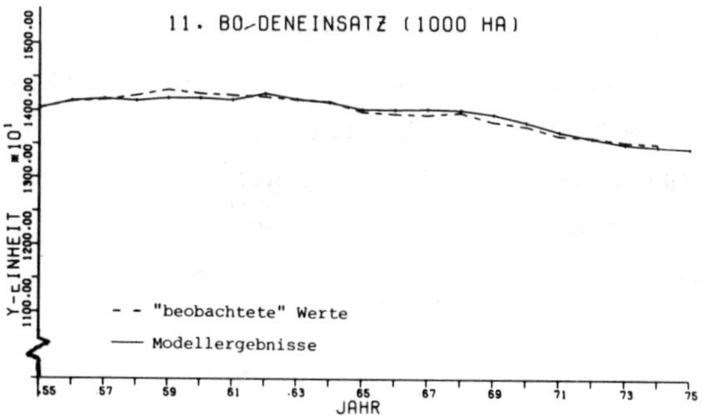

(3) Die Entwicklung des Kapitaleinsatzes soll auf der aggregierten Ebene anhand der Bruttoinvestitionen und des Fremdkapitalbestandes charakterisiert werden. Dabei wird grundsätzlich von den jeweiligen nominalen Größen ausgegangen.

Die nominalen Bruttoinvestitionen (Schaubild 12) zeigen einen langfristigen Anstieg von durchschnittlich 5.5 % pro Jahr, wobei starke Schwankungen in einzelnen Jahren zu beobachten sind (s = 9.8). Besonders auffallend ist der starke Anstieg bis zum Jahre 1965/66. Wenn man die Preissteigerung für Investitionsgüter berücksichtigt, so ergibt sich für die darauffolgenden Jahre ein tendenzieller Rückgang des Investitionsvolumens. Die längerfristigen Entwicklungstendenzen werden durch die Modellergebnisse einigermaßen zutreffend beschrieben. Die kürzerfristigen Schwankungen und die Wendepunkte können bei dieser Modellversion nicht in allen Fällen befriedigend erfaßt werden. Die größte Abweichung zeigt sich im Jahre 1972/73 in einer Größenordnung von 18 %. Diese im Vergleich zu allen anderen Modellvariablen sehr extremen Abweichungen geben Anlaß, die zugrundeliegenden Investitionsfunktionen neu zu überprüfen. Dabei sollen jedoch die Reaktionseigenschaften bei veränderten Rahmenbedingungen berücksichtigt werden.

Die in Schaubild 13 wiedergegebene Entwicklung des Fremdkapitalbestandes steht zwar nicht in direkter Beziehung zum Kapitaleinsatz, sie gibt jedoch wichtige Hinweise über die Lage und Entwicklung der Landwirtschaft. Die Verschuldung der Landwirtschaft steigt im Untersuchungszeitraum relativ kontinuierlich mit einer durchschnittlichen jährlichen Wachstumsrate von 8 % an. Daraus ergibt sich, daß ein zunehmender Anteil des Einkommens für Zins- und Tilgungszahlungen aufgebracht werden muß, so daß ceteris paribus die Basis für die Eigenkapitalbildung geschwächt wird. Die Modellergebnisse liegen fast in allen Jahren niedriger als die beobachteten Werte. Im Durchschnitt der Beobachtungsperiode ergibt sich eine jährliche Abweichung von - 2.4 %, wobei die maximalen Abweichungen nicht über 5 % hinausgehen.

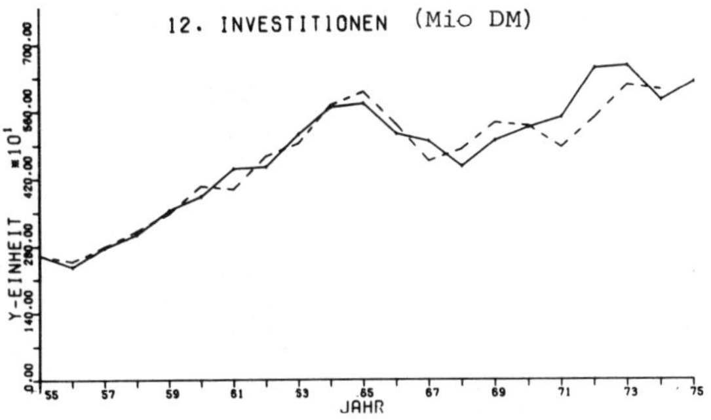

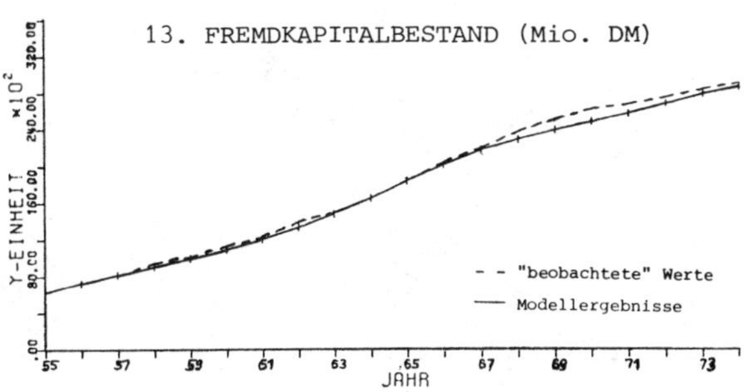

2.2.3 Sektorale Einkommen

Die Entwicklung von Produktion, Vorleistungs- und Faktoreinsatz findet einen zusammengefaßten Ausdruck in der Entwicklung sektoraler Einkommensgrößen. Da die Entwicklung des Einkommens von allen Modellvariablen beeinflußt wird, ergibt sich hier die Möglichkeit, das Modellsystem mit Hilfe aggregierter Indikatoren auf seine Prognosefähigkeit zu testen.

(1) In Schaubild 14 ist die Entwicklung des "sektoralen Gesamteinkommens" (≙ Bruttoproduktion - Bruttovorleistungen) dargestellt. Diese Größe entspricht - bis auf einige Abgrenzungs- und Bewertungsunterschiede - dem Beitrag des landwirtschaftlichen Sektors zum Bruttoinlandsprodukt. Das sektorale "Gesamteinkommen" steigt während des Untersuchungszeitraums um durchschnittlich 2.7 %, wobei sich in einzelnen Jahren starke Schwankungen ergeben (s = 5.7). Diese Entwicklung wird durch die Modellergebnisse im großen und ganzen zutreffend wiedergegeben; lediglich in den Jahren 1970/71 bis 1972/73 ergeben sich größere Abweichungen.

15. "EINKOMMEN DER LANDWIRTE" (Mio. DM)

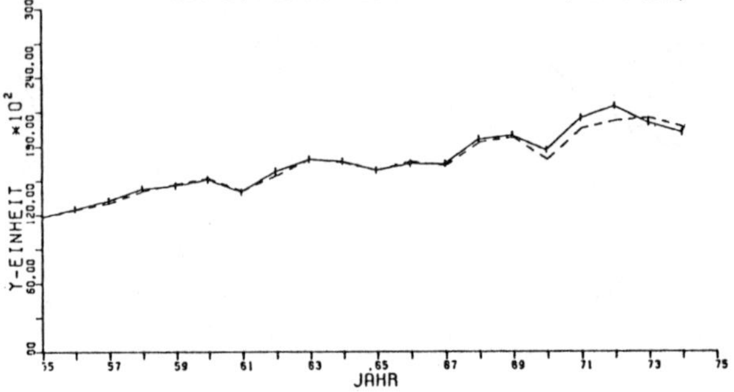

14. "SEKTORALES GESAMTEINKOMMEN" (Mio. DM)

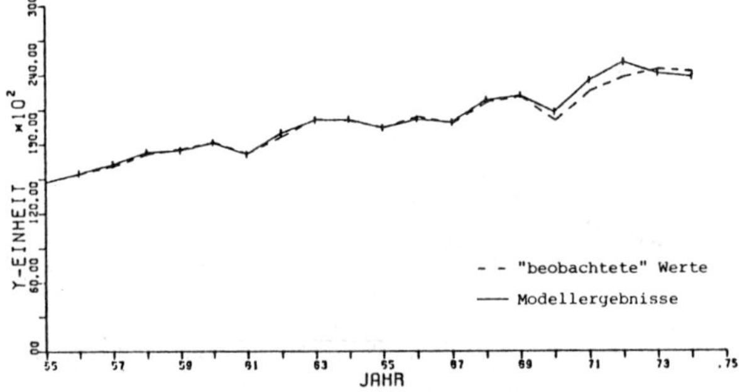

(2) Die in Schaubild 15 dargestellte Entwicklung bezieht sich auf das Einkommen der Landwirte. Dabei sind die Einkommen nichtlandwirtschaftlicher Faktoren (Fremdarbeitskräfte, Fremdkapital) abgesetzt sowie die indirekten Steuern und direkten Subventionen berücksichtigt. Die Entwicklungstendenzen und die Abweichungen zwischen den beobachteten Werten und den Modellergebnissen entsprechen denjenigen des "sektoralen Gesamteinkommens".

(3) Wenn man zusätzlich die festen persönlichen Ausgaben (private Steuern, soziale Sicherung) abzieht und die Aufwendungen für Tilgung sowie das außerlandwirtschaftliche Kapitaleinkommen berücksichtigt, so ergibt sich das "verfügbare Einkommen". In Schaubild 16 ist dieses Einkommen auf die modellendogene Variable "Familienarbeitskräfte" bezogen. Das "verfügbare Einkommen" je Familienvollarbeitskraft steigt mit einer durchschnittlichen Rate von 6.2 %, wobei die Instabilitäten im Vergleich zu den anderen Einkommensgrößen zunehmen.

Die Modellergebnisse zeigen insbesondere in den frühen 70er Jahren einen ausgeprägten Einkommensanstieg. Im Durchschnitt des Untersuchungszeitraums liegen die Prognosewerte um 0.9 % zu hoch.

17."KONSUMEINKOMMEN" JE FAM.-VOLL AK

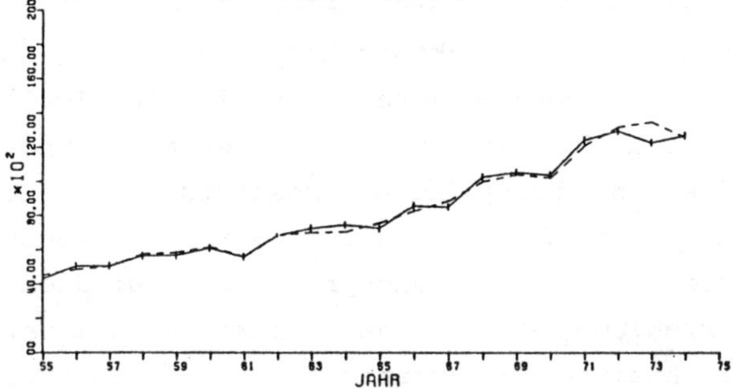

16."VERFUEGB. EINKOMMEN"JE FAM.-VOLL-AK

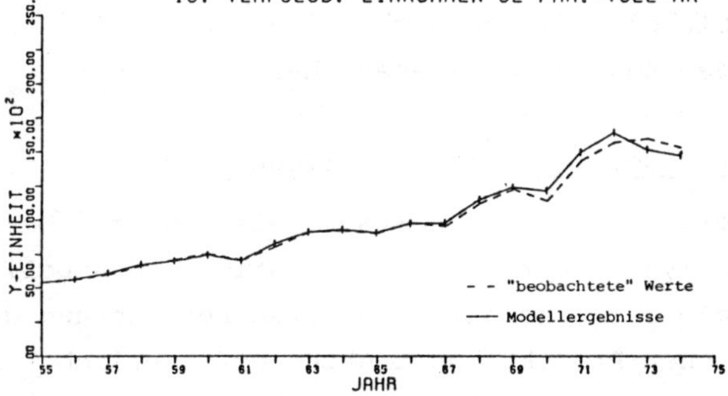

(4) Bringt man vom verfügbaren Einkommen die Sparsumme in Abzug, so läßt sich das in Schaubild 17 dargestellte "Konsumeinkommen" je Familienarbeitskraft berechnen[49]. Im Durchschnitt des Untersuchungszeitraums ist hier eine Steigerung von 5.8 % festzustellen, wobei jedoch von Jahr zu Jahr starke Schwankungen bestehen (s = 9.2). Wenn man die durchschnittliche Steigerung der Preise für die Lebenshaltung von 3.2 %

49) Diese Einkommensgröße kann einen Indikator für die soziale Lage der Landwirtschaft darstellen, wobei man natürlich erst durch die Heranziehung weiterer Indikatoren, wie etwa intrasektorale Einkommensverteilung, Lebenshaltungskosten der Landwirte, Arbeits- und Freizeit, Lebens- und Arbeitsbedingungen u.dgl. ein einigermaßen vollständiges Bild erhält.

p.a. in Abzug bringt, so verbleibt ein durchschnittlicher Zuwachs des realen konsumfähigen Einkommens von etwa 2.6 % pro Jahr.

2.3 Entwicklung sektoraler Aggregate und Strukturen

Die Betrachtung des Agrarsektors auf aggregierter Ebene läßt einige zentrale Linien der agrarsektoralen Entwicklung unter mehr makroökonomischen Gesichtspunkten erkennen und reicht häufig für die Einordnung des Agrarsektors in das Gefüge der Volkswirtschaft aus. Für die Analyse der bestimmenden Kräfte des agrarsektoralen Entwicklungsprozesses, für die Herausarbeitung der Probleme, die mit dem Strukturwandel verbunden sind, für die Analyse von agrarsektoralen Fehlentwicklungen sowie für die Analyse der Auswirkungen agrarpolitischer Maßnahmen auf einzelne Zielbereiche sind jedoch die Strukturen, die hinter den Aggregaten stehen, herauszuarbeiten.

2.3.1 Struktur der landwirtschaftlichen Produktion

Für viele agrarpolitische Analysen, wie etwa für Marktanalysen, Einkommensanalysen, Vergleich alternativer agrarpolitischer Systeme u.dgl. ist eine differenzierte Betrachtung der landwirtschaftlichen Produktionsstruktur erforderlich, um die wesentlichen agrarsektoralen Probleme zu erkennen und fundierte Ziel-Mittel-Beziehungen ableiten zu können. Deshalb sollen im folgenden die wichtigsten Bereiche der landwirtschaftlichen Produktion geschlossen dargestellt werden. Anschließend wird der Entwicklungsverlauf der wichtigsten Produktionsverfahren des Modellsystems gekennzeichnet.

(1) In Schaubild 18 ist die pflanzliche Produktion, gegliedert nach den Komponenten Getreide, Blattfrüchte (Zuckerrüben, Kartoffeln, Ölfrüchte, Hülsenfrüchte) und Sonderkulturen (Wein, Obst, Gemüse, Sonstiges), in jeweiligen Preisen dargestellt. Während der Produktionswert bei Getreide ($\bar{w} = 4.1$) und bei Sonderkulturen ($\bar{w} = 5.1$) im Beobachtungszeitraum ansteigt, bleibt der monetäre Output bei den Blattfrüchten weitgehend konstant. Bei diesen drei Komponenten sind die

18. STRUKTUR DER PFLANZLICHEN PRODUKTION (JEW. PREISE) IN MIO. DM

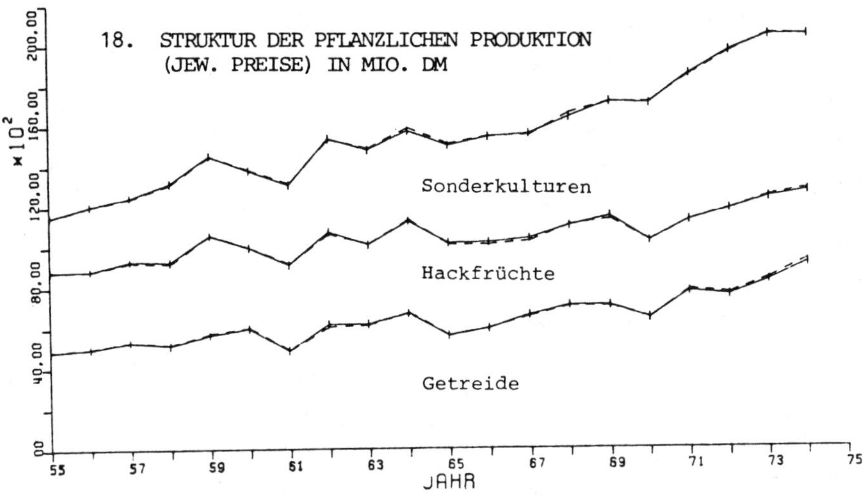

19. STRUKTUR DER PFLANZLICHEN PRODUKTION (KONST. PREISE) IN MIO. DM

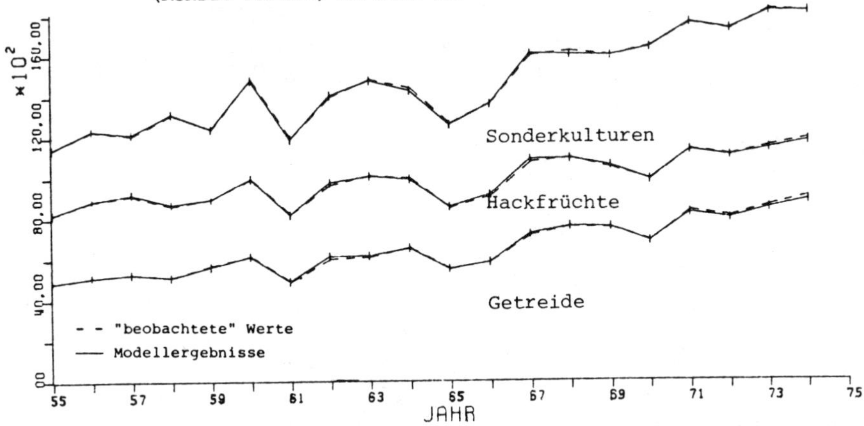

kurzfristigen Schwankungen wesentlich stärker ausgeprägt (s_1 = 11.2, s_2 = 11.8, s_3 = 7.9) als im gesamten Aggregat (kompensierende Effekte). Dieses Bild ändert sich nicht grundlegend, wenn man die entsprechenden Volumengrößen (Schaubild 19) betrachtet. Bei langfristigen Veränderungen der Mengenaggregate in Höhe von 3.8 %, 1.2 % und 4.9 % bleiben die durchschnittlichen Preise für Getreide in etwa konstant, während die Preise für Sonderkulturen leicht ($\bar{w}$ = 0.2) und die Preise für Hackfrüchte im Durchschnitt etwas stärker

($\bar{w}$ = 1.3) ansteigen. Im Vergleich zu den Wertgrößen sind bei der Mengenentwicklung im Sonderkulturbereich wesentlich größere Instabilitäten zu beobachten. Sowohl beim monetären Output als auch beim Output zu konstanten Preisen entsprechen die Modellergebnisse weitgehend den beobachteten Entwicklungen. Bei etwa der Hälfte der Wertepaare liegen die relativen Abweichungen unter einem Hundertstel, wobei die maximalen Unterschiede etwa 3 % betragen.

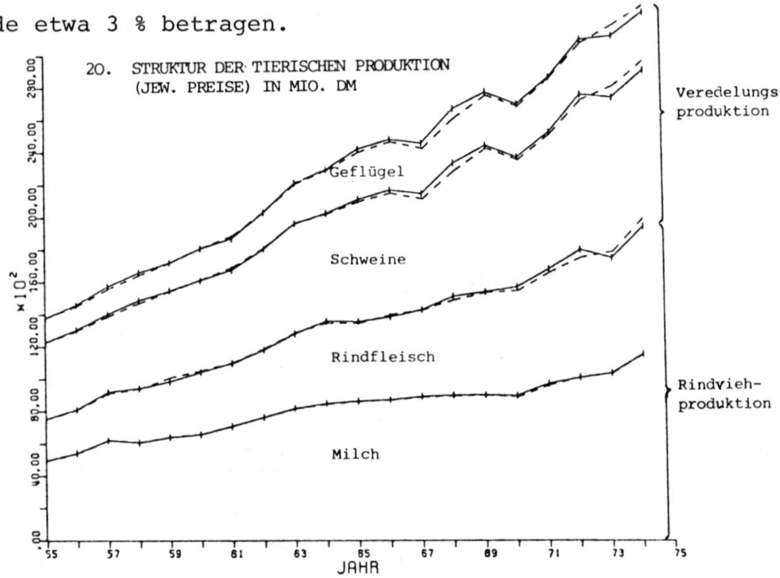

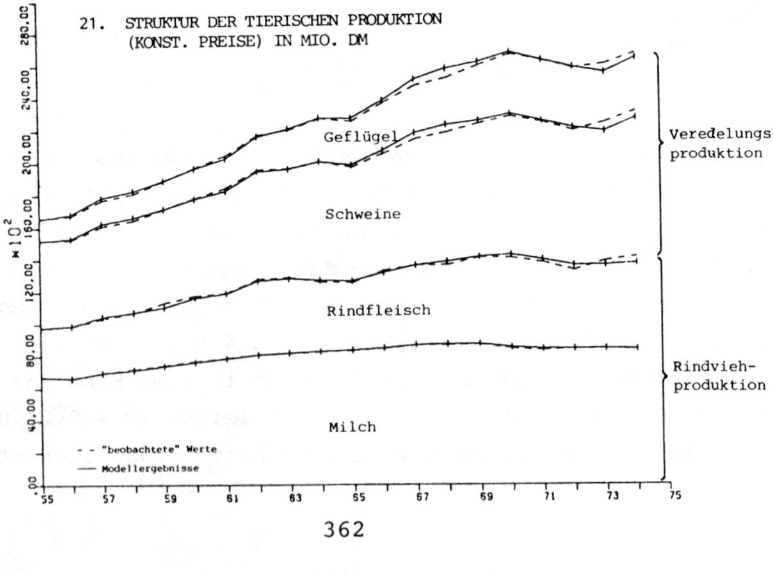

(2) Bei der tierischen Produktion wird zwischen den Produktionsbereichen Milch, Rindfleisch (einschl. Kalbfleisch) Schweinefleisch und Geflügel (einschl. sonstige tierische Produktion) unterschieden. Gemessen am wertmäßigen Output (Schaubild 20) zeigt sich bei der Rindfleischproduktion eine überproportionale Expansion, während sich die übrigen Bereiche in etwa die Waage halten. Bei der mengenmäßigen Entwicklung (Schaubild 21) ergibt sich ein anderes Bild. Während sich hier die Schweinefleischproduktion und die Rindfleischproduktion in etwa die Waage halten, steigen die Produktionsmengen im Geflügelsektor am stärksten ($\bar{w}$ = 5.1). Die Milchproduktion nimmt im Durchschnitt um etwa 1.3 % zu, wobei seit dem Jahre 1969/70 eine Stagnation bzw. ein leichter Rückgang zu beobachten ist.

Das Ausmaß der wertmäßigen Schwankungen um die langfristigen Entwicklungstendenzen wird - mit Ausnahme von Rindfleisch - durch die entsprechenden Preisentwicklungen verstärkt. Die folgenden Standardabweichungen um die durchschnittlichen Veränderungsraten mögen dies verdeutlichen:[50)]

	Standardabweichungen der jährlichen Veränderungsraten	
	Volumengrößen	Wertgrößen
Milch	1.9	4.4
Rindfleisch	7.2	4.7
Schweinefleisch	5.7	7.4
Geflügel	4.6	6.3

Die Modellergebnisse zeigen eine unterschiedliche Übereinstimmung mit den beobachteten Werten. Während die Werte für die Milchproduktion nicht mehr als ein Prozent voneinander abweichen, ergeben sich bei der Rindfleischproduktion Unterschiede bis zu 6 %. Bei der Schweineproduktion und im Geflügelsektor zeigen sich Abweichungen bis maximal 4 %, wobei bei etwa einem Drittel der Fälle die Unterschiede nicht über 1 % hinausgehen. Die zunächst naheliegende Vermutung, daß die Ab-

50) Vergleiche dazu auch die Ergebnisse im Aggregat Tierproduktion. Abschnitt 2.2.1

weichungen bei der Milchproduktion wegen des Koppelprodukts Kälber annähernd proportional zu den Abweichungen bei der Rindfleischproduktion verlaufen, wird durch die Modellergebnisse nicht bestätigt. Es zeigt sich hingegen, daß das Modell auch bei einem unterschiedlichen Kälberanfall genügend Reaktionsvermögen in bezug auf die Anpassungsfähigkeit der Rindfleischproduktion an die jeweiligen ökonomischen Verhältnisse besitzt. Die Wendepunkte werden im allgemeinen zutreffend prognostiziert. In der Schweineproduktion kommt allerdings das zyklische Tief bei den Produktionsmengen im Jahre 1972/73 im Modell erst im Jahre 1973/74 zum Ausdruck.

(3) Auf die Entwicklungstendenzen der Produktionsverfahren wurde bereits bei der Darstellung der einzelnen Verhaltensfunktionen (siehe Abschnitt 2, Teil C) eingegangen. In diesem Abschnitt soll der Verlauf der wichtigsten Produktionsverfahren explizit betrachtet werden (Schaubilder 22 bis 45).

Die Entwicklungstendenzen im Getreidebau (Anbauflächen) kommen durch die Modellergebnisse, abgesehen von einigen kurfristigen, vermutlich witterungsbedingten Schwankungen im Wintergetreidebau, hinreichend zum Ausdruck. Dies gilt ebenso für die verschiedenen Produktionsverfahren im Blattfruchtbau und bei den Sonderkulturen. Wegen der unmittelbaren modellmäßigen Beziehungen zwischen der Rindviehhaltung, Grünlandnutzung und dem Ackerfutterbau sind die Modellergebnisse bei den Futterbauverfahren im Zusammenhang mit den Entwicklungen im gesamten Komplex Futterbau - Rindviehhaltung zu beurteilen. Dabei spielt die Entwicklung der Milchkuhhaltung eine zentrale Rolle. Neben den Milchkuhbeständen sind die Entscheidungsvariablen "Färsennachzucht" und "Abgang an Altkühen" angegeben. Die Abweichungen bei diesen Größen können über mehrere Jahre zu Abweichungen im Kuhbestand führen. Die in den Schaubildern dargestellten Rindermastverfahren stellen Endproduktionsverfahren dar. Die gesamte Rind- und Kalbfleischproduktion ergibt sich wenn man die Altkuhschlachtungen und die Kälbermast einbezieht. Im Vergleich zu isolierten Analysen und Prognosen der Rindfleischproduktion ist zu berücksichtigen, daß hier verschiedene

PFLANZLICHE PRODUKTIONSVERFAHREN (1000 ha)

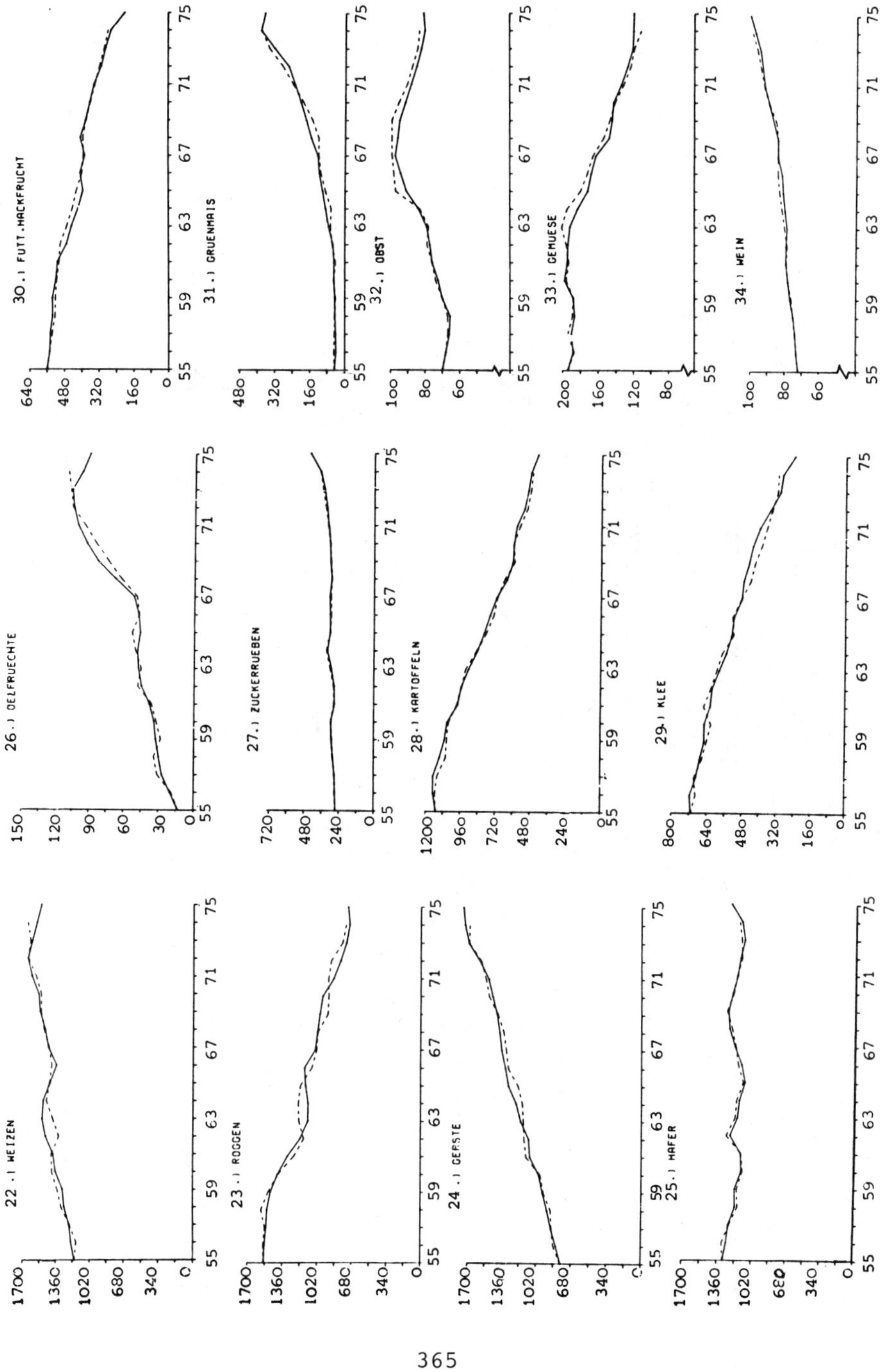

TIERISCHE PRODUKTIONSVERFAHREN (MIO. STÜCK)

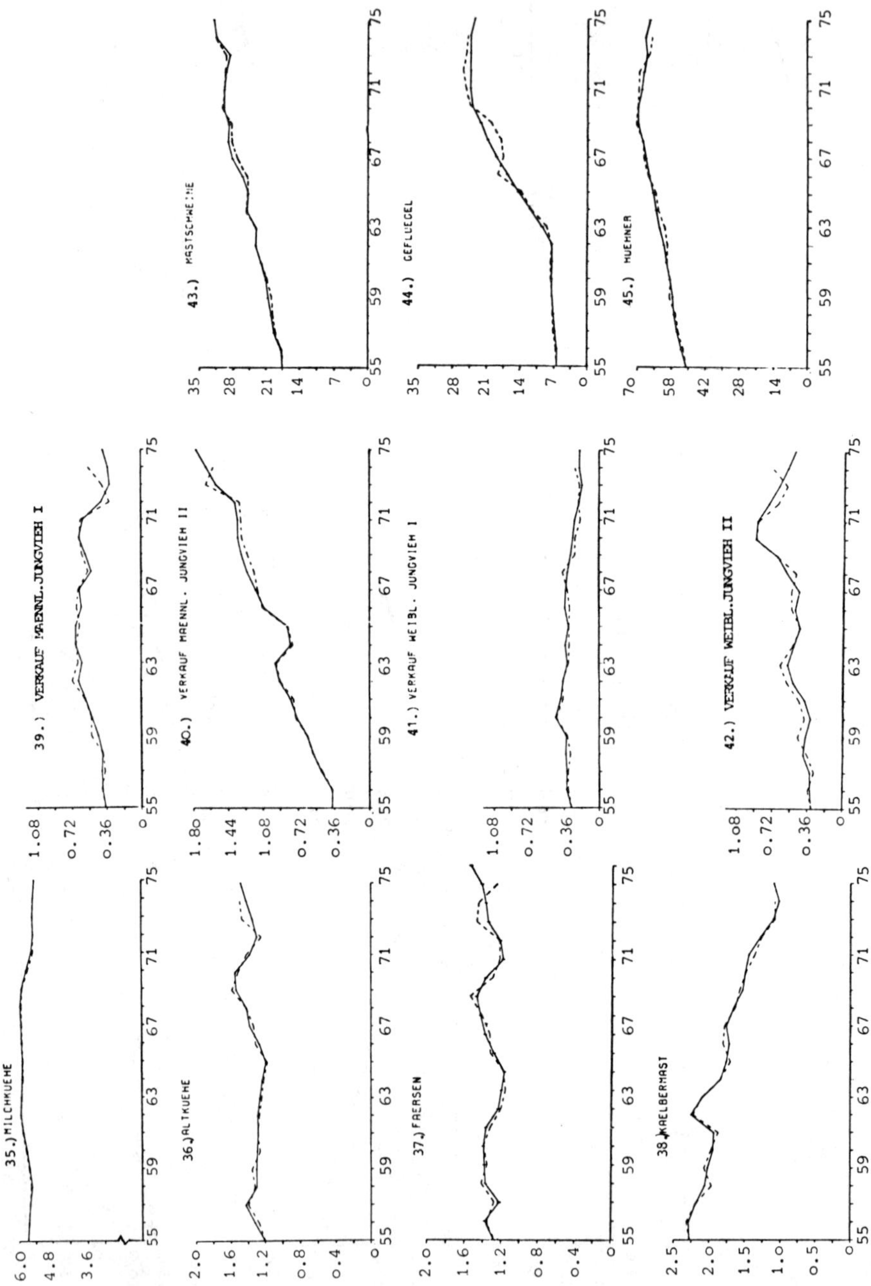

Konsistenzbedingungen eingehalten werden, die u.a. für die ökonomische Beurteilung des Modells entscheidend sind. Dennoch kann vermutlich bei einer Überarbeitung dieser ersten Modellversion u.a. die Abbildungsgüte im Bereich der Rindviehhaltung verbessert werden, wenn die Erfahrungen bei der Modellerstellung und den ersten Anwendungsversuchen genutzt werden.

Die Modellergebnisse bei den Verfahren der Veredelungsproduktion (Schweinemast, Eierproduktion, Geflügelmast, sonstige Veredelung) weichen nur in Ausnahmefällen um ein Zehntel von den tatsächlichen Werten ab. Dabei wird jedoch in über der Hälfte der Fälle die 5 % Grenze nicht überschritten.

2.3.2 Struktur der Vorleistungen

In Schaubild 46 sind die monetären Vorleistungsaufwendungen nach verschiedenen Komponenten gegliedert. Dabei wird deutlich, daß der Aufwand an Arbeitshilfsmitteln und an ertragssteigernden Vorleistungen im Zeitablauf überproportional ansteigt. Während der Aufwand an Kraftfuttermitteln (Soja, Fischmehl u.dgl.) etwa bis Mitte der 60er Jahre stark zunimmt und anschließend stagniert, steigt der Einsatz von Futtergetreide relativ kontinuierlich an. Die auf die Ausgangsstrukturen bezogenen Ergebnisse des Gesamtmodells zeigen nur geringfügige Abweichungen. Überraschenderweise wirken sich die größeren Unterschiede bei den Investitionen nur marginal auf die Modellergebnisse bei den Vorleistungen aus.

Aufgrund der differenzierten Erfassung der Vorleistungen im Modellsystem ließe sich die Struktur des Vorleistungseinsatzes differenziert nach einzelnen Komponenten (z.B. einzelne Düngemittel, Energieträger u.dgl.), nach den Produktions- bzw. Technologieverfahren (Technologiestufen, Technologiebereichen) sowie jeweils differenziert nach Mengen, Preisen und Wertgrößen darstellen und analysieren. Zugunsten einer problembezogenen Auswertung der übrigen Faktoreinsatzbereiche wollen wir an dieser Stelle auf die Darstellung und Diskussion differenzierter Vorleistungsbeziehungen verzichten.

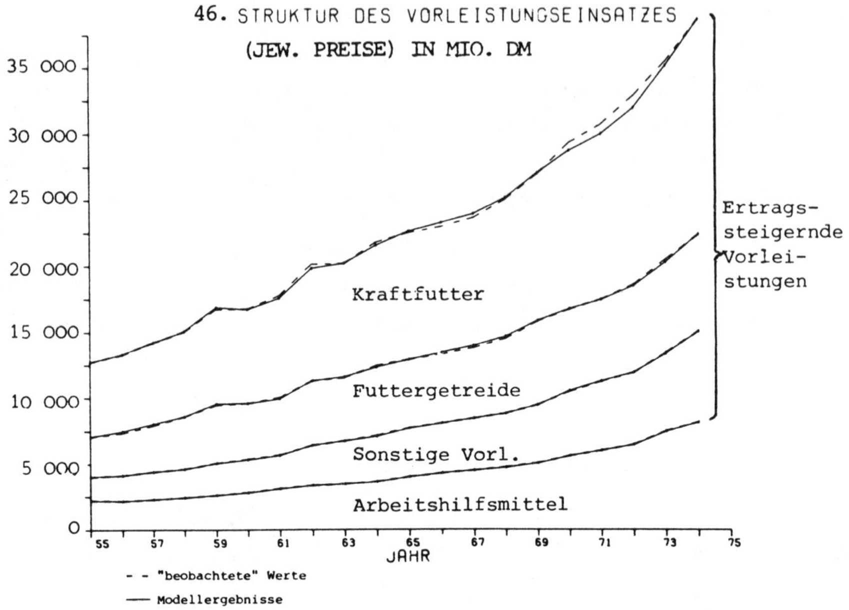

2.3.3 Struktur des Arbeitseinsatzes

Im folgenden soll die Entwicklung des Arbeitseinsatzes von der "Aufkommensseite" her, gegliedert nach sozialökonomischen Kriterien, und von der "Verwendungsseite" her, gegliedert nach produktionstechnischen Kriterien, beleuchtet werden. Auf die explizite Darstellung der Mobilitätsformen wird an dieser Stelle verzichtet (siehe dazu Abschnitt 3.1, Teil C).

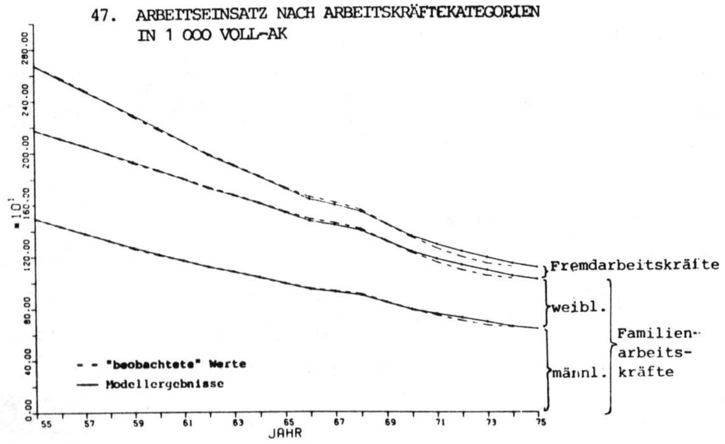

(1) Schaubild 47 verdeutlicht die Entwicklungstendenzen bei den Arbeitskräftekategorien "männliche Familienarbeitskräfte", "weibliche Familienarbeitskräfte" und "Fremdarbeitskräfte". Dabei wird das Arbeitskräftepotential in Vollarbeitskräfteeinheiten gemessen[51]. Die starke Reduzierung der Fremdarbeitskräfte in den 50er und bis in die Mitte der 60er Jahre flacht in den letzten Jahren ab. Bei tendenziell unveränderten Anpassungserfordernissen bedeutet dies einen verstärkten Druck auf die Abwanderung von Familienarbeitskräften.

Die Prognoseergebnisse zeigen auch für die einzelnen Arbeitskräftekategorien eine weitgehende Übereinstimmung mit den beobachteten Werten. Lediglich in den Jahren 1972/73 bis 1974/75 ergeben sich einige nennenswerte Abweichungen. Der um etwa 3-4 % überhöhte Arbeitseinsatz ist in erster Linie auf Abweichungen bei der Einkommensentwicklung und der Unterauslastung der Arbeitskräfte zurückzuführen. Dies zeigt sich auch, wenn man bei den einzelnen Mobilitätsfunktionen (Berufswechsel, Zugang) den Einfluß der erklärenden Variablen analysiert.

(2) Zwischen dem verfügbaren Arbeitskräftepotential und dem effektiven Arbeitseinsatz besteht eine Differenz, die hier als Unterauslastung der landwirtschaftlichen Arbeitskräfte bezeichnet wird[52]. Schaubild 48 gibt diese Unterauslastung in Prozent des Arbeitskräftepotentials an. Die "beobachteten" Werte entsprechen den Ergebnissen des in Teil B beschriebenen Interdependenzsystems, während die Prognosewerte Ergebnisse des dynamischen Sektormodells darstellen. Die Modellergebnisse werden von der modellmäßigen Entwicklung des Arbeitskräftepotentials, des Produktionsniveaus und der Produktionsstruktur sowie vom jeweils realisierten Technologieniveau bestimmt. Die Entwicklung dieser relativen Unterauslastung land-

---

51) Dies bedeutet, daß auch Teilzeitbeschäftigung entsprechend der Arbeitszeit bei den einzelnen Arbeitskräftekategorien enthalten ist.

52) Auf die Ursachen und die Formen dieser Unterauslastung wurde in Abschnitt 3.3, Teil B eingegangen.

wirtschaftlicher Arbeitskräfte zeigt gewisse Ähnlichkeiten mit der Entwicklung der gesamtwirtschaftlichen Arbeitsmarktsituation. Während zu Beginn und am Ende der Betrachtungsperiode etwa 10 bis 14 % der Arbeitskräfte nicht ausgelastet sind, liegt dieser Anteil im Durchschnitt der 60er Jahre bei etwa 8 %.

Die Modellergebnisse weichen aufgrund der genannten Faktoren von der Unterauslastung in der Ausgangssituation ab. Dabei werden einige Beziehungszusammenhänge zwischen dem Grad der Unterauslastung und der Arbeitsmobilität deutlich. Die niedrigere Unterauslastung in den Jahren 1970/71 und 1971/72 führt beim Modellablauf dazu, daß in den Folgejahren ein geringerer Druck auf die Abwanderung von Arbeitskräften ausgeht. Dadurch und aufgrund der überhöhten Pro-Kopf-Einkommen ergibt sich u.a. ein relativ höheres Arbeitskräftepotential, das in den Jahren 1973/74 und 1974/75 wiederum zu einer höheren Unterauslastung führt. Dieser Kontrollmechanismus bewirkt, daß sich längerfristig der sektorale Arbeitseinsatz tendenziell an das Technologie- und Produktionsniveau anpaßt. Inwieweit veränderte gesamtwirtschaftliche Bedingungen längerfristig zu anderen Anpassungsprozessen führen, soll in Abschnitt 3.3 näher analysiert werden.

(3) Wenn man von der Produktionsstruktur und vom realisierten Technologieniveau ausgeht, so läßt sich die Struktur des Arbeitseinsatzes von der "Verwendungsseite" her beleuchten. Schaubild 49 enthält die relativen Anteile des jahresdurchschnittlichen Arbeitskräfteeinsatzes in den einzelnen Techno-

logiebereichen[53]. Es zeigt sich, daß der weitaus größte Anteil der Arbeitskräfte durch die Milchviehhaltung gebunden wird. Während der absolute Arbeitseinsatz im Durchschnitt um etwa 1.3 % zurückgeht, steigt der relative Anteil während des Untersuchungszeitraumes von 20 % auf etwa 28 % an. In der Bodenproduktion (einschließlich Futterbau) werden im Durchschnitt etwa 50 % der Arbeitskräfte eingesetzt, wobei infolge der zunehmenden Mechanisierung sowohl absolut als auch relativ ein starker Rückgang zu verzeichnen ist. Dabei ist zu beachten, daß die unterschiedlichen Verteilungen des Arbeitsanfalles bei dieser Auswertung nicht berücksichtigt sind. Die Ergebnisse können nicht im statistischen Sinne getestet werden, da eine entsprechende Vergleichsbasis fehlt. Die aufgezeigten Strukturen scheinen jedoch einigermaßen plausibel. Sie fassen verschiedene Einzelannahmen und Hypothesen des Modellsystems zusammen, so daß sich auf dieser Ebene nochmals die Plausibilität der Modellstrukturen überprüfen läßt.

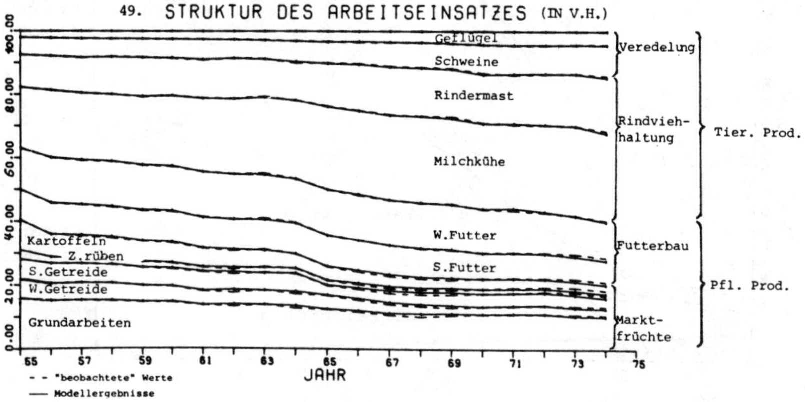

2.3.4 Struktur des Kapitaleinsatzes

a. Struktur der Investitionen

(1) In Schaubild 50 sind die Bruttoinvestitionen, gegliedert nach den wichtigsten Finanzierungsquellen, dargestellt. Währ-

53) Der Arbeitseinsatz im Sonderkulturbereich ist bei dieser Ergebnisauswertung nicht berücksichtigt.

end die Fremdfinanzierung in den 60er Jahren zunehmend an Bedeutung gewinnt, scheint in den letzten Jahren eine Stagnation zugunsten eines höheren Eigenfinanzierungsanteils eingetreten zu sein. Innerhalb der Fremdfinanzierung nimmt seit Mitte der 60er Jahre die langfristige Fremdkapitalaufnahme eine zentrale Stellung ein. Wie aus dem Schaubild hervorgeht, werden die Abweichungen der Modellergebnisse bei den einzelnen Komponenten im Aggregat z.T. kompensiert. Während die negativen Abweichungen in den Jahren von 1968 bis 1970 insbesondere durch die zu niedrige Aufnahme langfristiger Verbindlichkeiten verursacht werden, führt die erhöhte Eigenkapitalbildung in den Jahren 1971 bis 1973 zu positiven Abweichungen bei den gesamten Bruttoinvestitionen.

50. FINANZIERUNG DER INVESTITIONEN IN MIO. DM

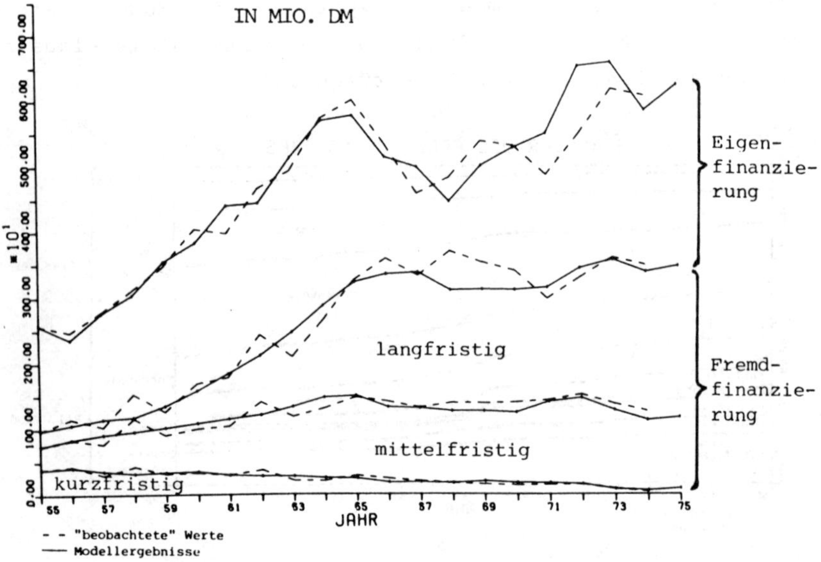

(2) Das Gegenstück zur Finanzierungsseite stellt die Verwendung der Investitionssumme dar. Ähnlich wie beim Arbeitseinsatz gehen wir hier von der Gliederung nach Technologiebereichen aus. Wegen des zugrundeliegenden einperiodischen Modellansatzes ergeben sich bei den Investitionsstrukturen starke jährliche Schwankungen. Deshalb sind die relativen

Investitionsanteile, die sich nach dem Interdependenzsystem mit exogen vorgegebenen Produktions- und Faktoreinsatzstrukturen ergeben, und die Ergebnisse des dynamischen Sektormodells gesondert dargestellt (Schaubild 51 und 52). Aufgrund der starken jährlichen Schwankungen wollen wir zunächst die durchschnittlichen Investitionsanteile während des Untersuchungszeitraums betrachten.

Übersicht 50: Durchschnittliche Anteile der Investitionen von 1955/56 bis 1974/75 der Technologiebereiche

Technologiebereiche	Prozentuale Anteile	
	Interdependenzmodell	Dynamisches Sektormodell
1. Grundmaschinen	29.4	29.5
2. Getreide	1o.8	11,1
3. Z. Rüben	1.5	1.5
4. Kartoffeln	2.2	2.3
5. Sommerfutterbau	3.6	3.6
6. Winterfutterbau	13.5	12.9
7. Milchkühe	14.1	14.4
8. Rindermast	1o.7	1o.7
9. Schweine	11.4	11.2
1o. Geflügel	2.8	2.8
Insgesamt	1oo.	1oo.

Während in den einzelnen Jahren starke Abweichungen zwischen den Ausgangsstrukturen und den Modellergebnissen festzustellen sind, ergeben sich im Durchschnitt des Analysezeitraumes überraschende Übereinstimmungen. Dies bedeutet für die Ergebnisinterpretation, daß die getätigten Investitionen in den Technologiebereichen nicht eng auf das jeweilige Jahr zu beziehen sind, sondern daß sich Tendenzaussagen lediglich aus den Ergebnissen mehrerer Jahre ableiten lassen.

Die Ergebnisse verdeutlichen die überragende Bedeutung der Grundmaschineninvestitionen (Schlepper, Pflüge, sonstige Bodenbearbeitungsgeräte) während der gesamten Betrachtungsperiode. Wenn man als Vergleichsgröße den Anteil der Investitionsausgaben für Ackerschlepper in Höhe von 20 bis 23 %[54] heranzieht, so verbleibt für die Grundmaschinen zur Bodenbe-

54) Bundesministerium für Ernährung, Landwirtschaft und Forsten (Hrsg.), Statistisches Jahrbuch ..., Jg. 1976, S. 142.

arbeitung ein Anteil von etwa 8 %. Dieser Anteil ergibt sich auch bei Vergleichsrechnungen auf der Basis von Angaben über den Inlandsabsatz von Landmaschinen[55].

51. STRUKTUR DER INVESTITIONEN (Ausgangsstruktur) IN V.H.

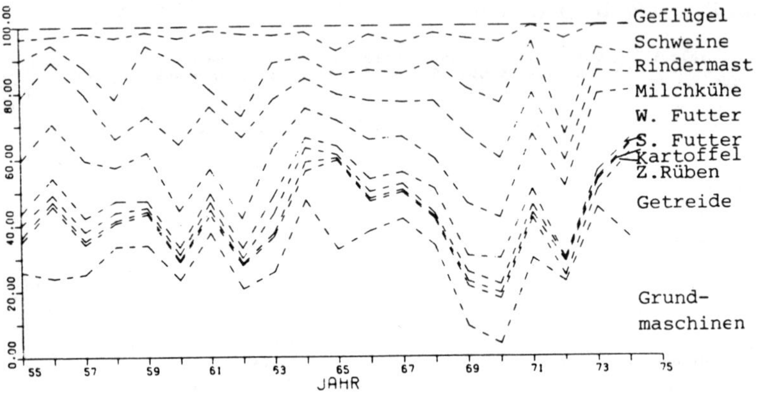

52. STRUKTUR DER INVESTITIONEN (Modellergebnisse) IN V.H.

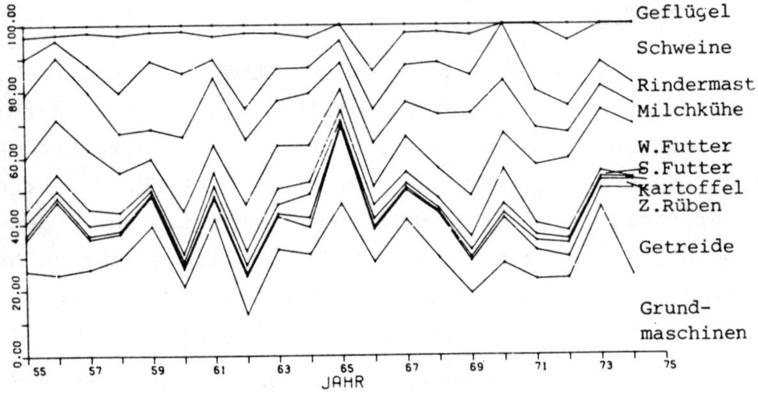

Die Investitionsausgaben für Spezialmaschinen im Getreidebau und im Winterfutterbau sowie die Ausgaben für Gebäude und Geräte in der Milchviehhaltung, in der Rindermast und in der

55) Bundesministerium für Ernährung, Landwirtschaft und Forsten (Hrsg.) Statistisches Jahrbuch ... Jg. 1976, S. 63.

Schweinemast liegen in etwa auf gleichem Niveau. Die Investitionen im Zuckerrüben-, Kartoffel- und Sommerfutterbau sowie in der Geflügelhaltung nehmen eine weniger bedeutende Stellung ein. Ein weiterer Vergleich zeigt, daß die Investitionen im Bereich der pflanzlichen und tierischen Produktion einigermaßen plausibel aufeinander abgestimmt sind. Wenn man nämlich die statistisch ausgewiesenen Investitionsausgaben für Bauten auf die gesamte Investitionssumme bezieht und gleichzeitig die Ausgaben für Maschinen und Geräte in der Tierproduktion berücksichtigt, so ergeben sich Investitionsanteile für die Tierproduktion, die unseren Ergebnissen weitgehend entsprechen.

b. Struktur des Maschinen- und Gebäudebestandes

Wieder von einer anderen Seite läßt sich der Kapitaleinsatz bzw. der Bestand an Kapitalgütern im landwirtschaftlichen Sektor beleuchten, wenn man die Entwicklung der physischen Maschinen- und Gebäudebestände analysiert.

(1) Ähnlich wie beim Arbeitseinsatz soll auch beim Kapitaleinsatz die Unterauslastung der vorhandenen Kapazitäten aufgezeigt werden. Diese Unterauslastung kann auf zweierlei Weise entstehen. Erstens kann sie bei unverändertem Produktionsumfang zustandekommen, wenn in höheren Mechanisierungsstufen investiert wird und vorhandene Kapazitäten in den niedrigeren Stufen nicht genutzt werden[56)]. In diesem Fall sprechen wir von Rationalisierungsinvestitionen. Zweitens kann Unterauslastung durch einen Rückgang des Produktionsniveaus entstehen. Umgekehrt kann eine Ausdehnung der Produktion bzw. eine Veränderung der Produktionsstruktur eine Verringerung der Unterauslastung bedeuten. Diese Vorgänge werden begleitet und beeinflußt durch die Ersatzinvestitionen, die in der Regel auf einem höheren Technologieniveau getätigt werden. Da Ersatzinvestitionen nicht notwendigerweise gleichmäßig, sondern häufig in gewissen Schüben getätigt werden (d.h. in Abhängigkeit von der jeweiligen ökonomischen Situation), kommt den nicht ausgelasteten Kapazitäten in gewisser Weise eine Puffer- und Überbrückungsfunktion zu.

RELATIVE UNTERAUSLASTUNG DER MASCHINEN- UND GEBAEUDEKAPAZITAETEN

IN V.H.

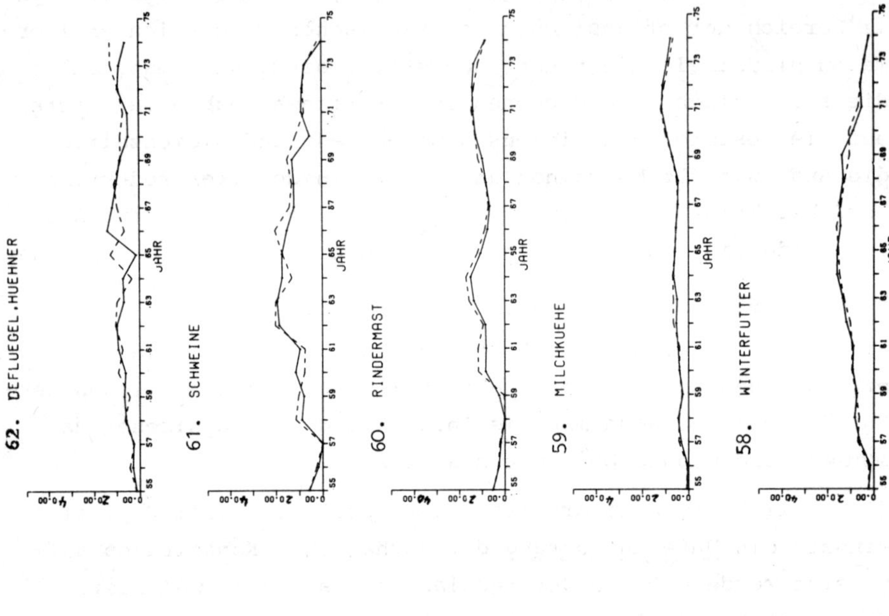

In den Schaubildern 53 bis 62 ist die relative Unterauslastung in den einzelnen Technologiebereichen in v.H. der Maschinen- und Gebäudekapazitäten dargestellt. Dabei zeigen sich insbesondere in den 60er Jahren relativ hohe Überkapazitäten, die im allgemeinen auf die starke Mechanisierung der Landwirtschaft zurückzuführen sind (Einführung neuer Technologien). Die relativ niedrigen Investitionen Anfang der 70er Jahre[57] führen dazu, daß die Überkapazitäten in den Jahren 1972/73 bis 1974/75 weitgehend abgebaut werden.

Die hohen Überkapazitäten im Kartoffelbau sind im wesentlichen ein Resultat des starken Produktionsrückgangs. Dagegen kommt der Kapazitätsüberhang im Getreide- und Zuckerrübenbau im wesentlichen durch Rationalisierung zustande. In der Milchviehhaltung werden wegen der hohen Investitionskosten höhere Technologien in erster Linie im Zusammenhang mit Ersatz- und z.T. mit Erweiterungsinvestitionen eingeführt.

(2) In den Schaubildern 63 bis 72 sind die Anteile der einzelnen Technologiestufen am gesamten Maschinen- und Gebäudebestand in den einzelnen Technologiebereichen dargestellt. Die Ergebnisse des dynamischen Modellsystems weichen im allgemeinen nur geringfügig von den Ausgangsstrukturen[58] ab. Größere Differenzen sind lediglich in der Schweinehaltung und im Futterbau festzustellen. Diese Abweichungen werden in erster Linie durch die Unterschiede bei der modellinternen Verzinsung der jährlichen Investitionssumme hervorgerufen. Insgesamt wird die Veränderung des Technologieniveaus durch das Modellsystem zutreffend beschrieben.

---

56) Eine Veräußerung von Maschinen und Gebäuden an andere Sektoren ist annahmegemäß ausgeschlossen.

57) In der offiziellen Statistik sind in diesen Jahren z.T. negative Nettoinvestitionen ausgewiesen.

58) Siehe dazu Teil B, Abschnitt 3.4.

STRUKTUR DER MECHANISIERUNG (PROZENTUALE ANTEILE DER TECHNOLOGIE-STUFEN)

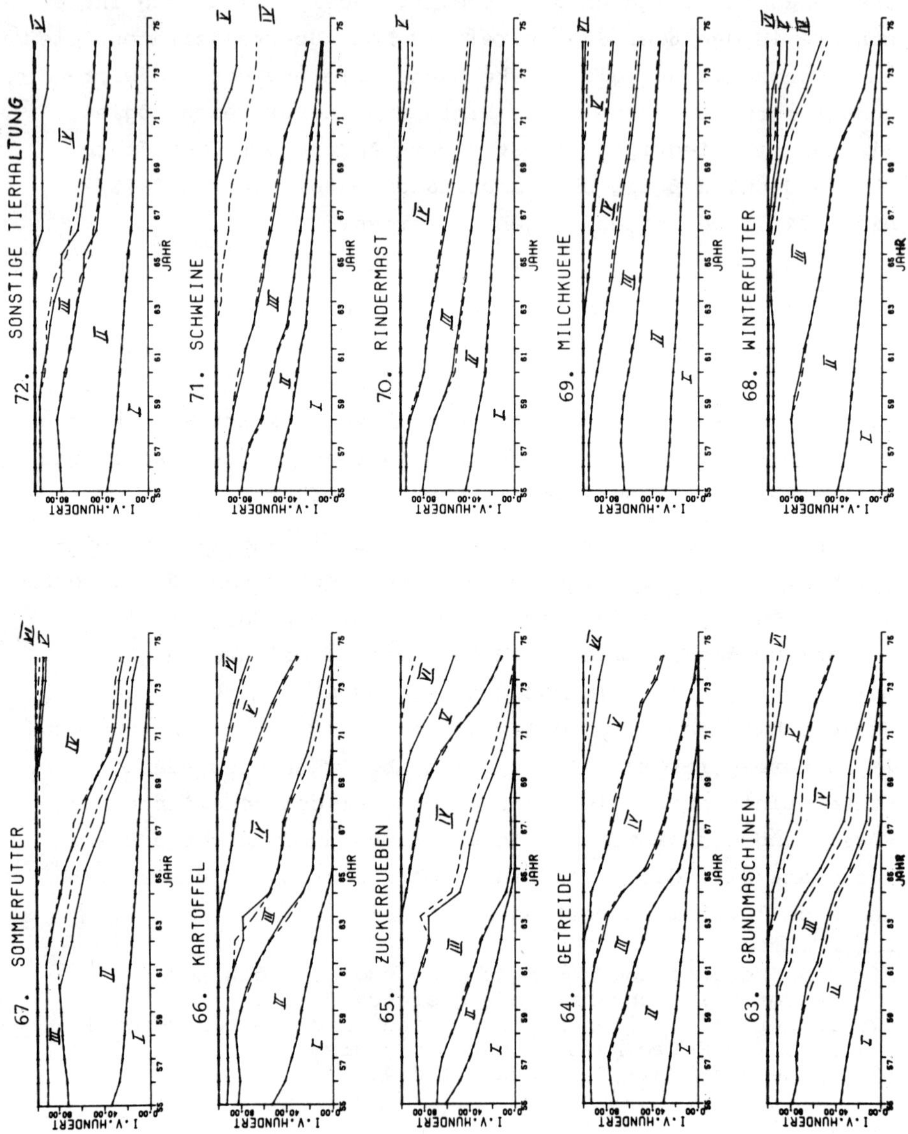

2.3.5 <u>Struktur der Bodennutzung</u>

Schaubild 73 verdeutlicht die Entwicklung der landwirtschaftlichen Bodennutzung. Während in der ersten Hälfte der Betrachtungsperiode die Grünlandflächen ausgedehnt und die Akkerflächen relativ stark reduziert werden, beruht der Rückgang der landwirtschaftlich genutzten Fläche in der zweiten Hälfte des Untersuchungszeitraums ausschließlich auf der Reduzierung der Grünlandflächen bei nahezu konstantem Niveau der Ackerflächen. Innerhalb der Ackerflächen zeigt sich eine Ausdehnung beim Getreideanbau und eine Einschränkung beim Blattfrucht- und Ackerfutterbau. Die Sonderkulturflächen steigen bis zur Mitte der Betrachtungsperiode an und fallen dann wieder auf das Niveau in den Anfangsjahren zurück. Die Gliederung der Ackerflächen entspricht der Gliederung bei der pflanzlichen Bruttoproduktion, so daß sich die angegebenen Strukturen zu den aggregierten Produktionsverfahren (-bereichen) in Beziehung setzen lassen.

73. STRUKTUR DER BODENNUTZUNG IN 1 000 HA

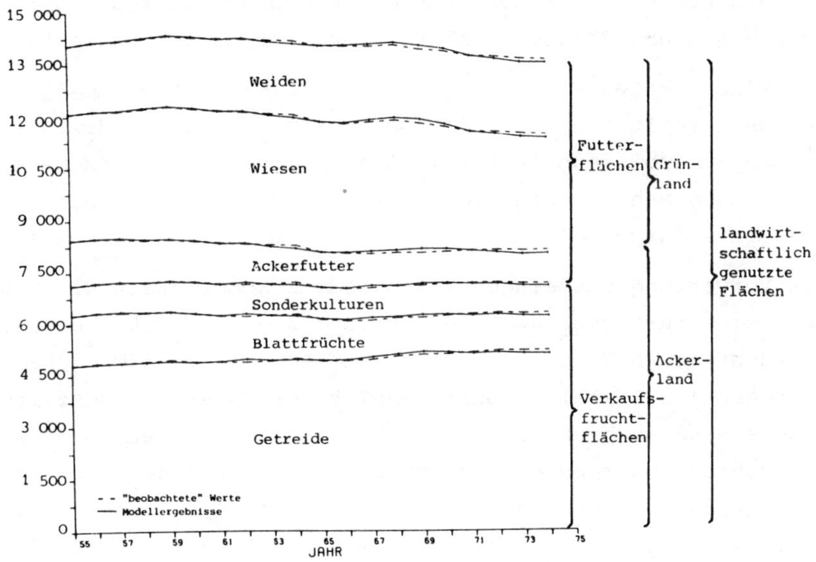

Die Modellergebnisse weichen in den einzelnen Jahren geringfügig von den Vergleichsdaten ab, sie bringen jedoch die Entwicklungstendenzen deutlich zum Ausdruck. Dabei zeigt sich, daß die Abweichungen bei den Grünlandflächen negativ korreliert sind mit den Abweichungen der Ackerfutterflächen. Ebenso wie bei der gesamten landwirtschaftlich genutzten Fläche lassen sich für die einzelnen Nutzungsrichtungen produktionstechnische Nebenbedingungen (z.B. Fruchtfolgebeschränkungen) formulieren. Solche zusätzlichen Begrenzungen können bei extrem veränderten Rahmenbedingungen von Bedeutung sein.

2.3.6 Funktionale Einkommensverteilung

Die funktionale Einkommensverteilung kann als ein Indikator für die relative Knappheit der eingesetzten Faktoren angesehen werden. Sie stellt den dualen Ausdruck für die verschiedenen realen Strukturen auf der Produktions- und Faktoreinsatzseite dar. Im Gegensatz zu den realen Größen und Strukturen ist die funktionale Einkommensverteilung in der Landwirtschaft nicht so sehr von unmittelbarem agrarpolitischen Interesse. Sie erhält jedoch dann größere Bedeutung, wenn man sie als Ausdruck für den ökonomischen Druck ansieht, der Veränderungen und Anpassungen struktureller Größen auslöst.

(1) Einen ersten Einblick in die funktionale Einkommensverteilung erhält man durch die Schattenpreise des Modellsystems. In den Schaubildern 74 bis 77 ist die Entwicklung exemplarisch ausgewählter Schattenpreise für einige Faktoreinsatzaggregate dargestellt.

Die Verwertung des eingesetzten Bodens kommt durch die Schattenpreise für Ackerland und Grünland zum Ausdruck. Neben den beträchtlichen Niveauunterschieden (Ackerland: 530 DM/ha, Grünland 180 DM/ha) im Durchschnitt des Untersuchungszeitraumes sind auch unterschiedliche Entwicklungstendenzen zu beobachten. Während die Grenzverwertung des Ackerlandes nach dem Einbruch in den Jahren 1959/60 bis 1961/62 tendenziell ansteigt, bleibt der Schattenpreis für Grünland während der Beobachtungsperiode nahezu konstant. Außerdem zeigt sich, daß

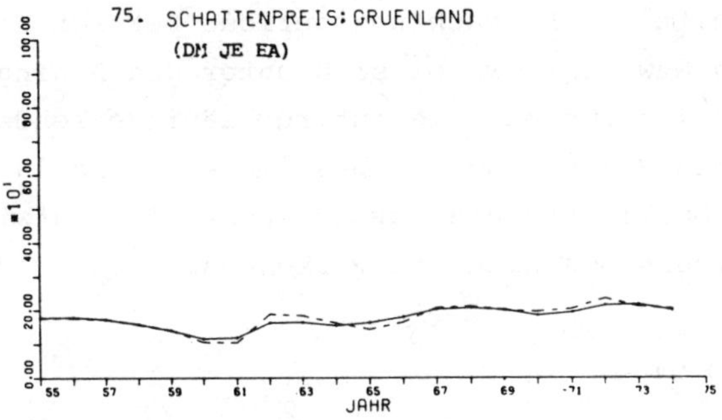

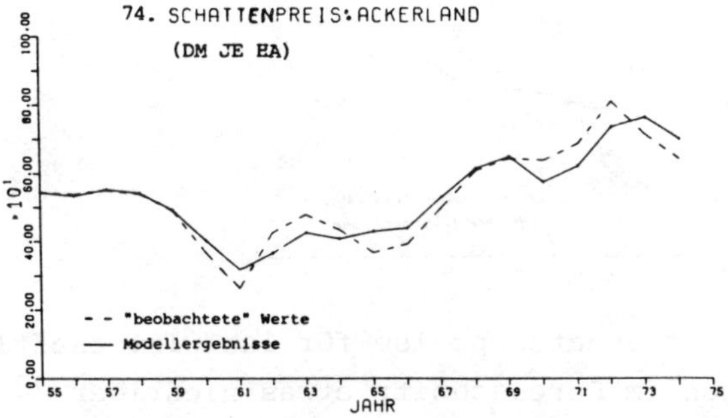

der Schattenpreis für Ackerland vor allem infolge von Ertragsschwankungen eine größere Instabilität aufweist. Das Verhältnis Ackerland zu Grünland (primale Faktoreinsatzstruktur) entwickelt sich umgekehrt proportional zu der Relation der entsprechenden Schattenpreise (duale Struktur). Diese Ergebnisse entsprechen tendenziell den Erwartungen.

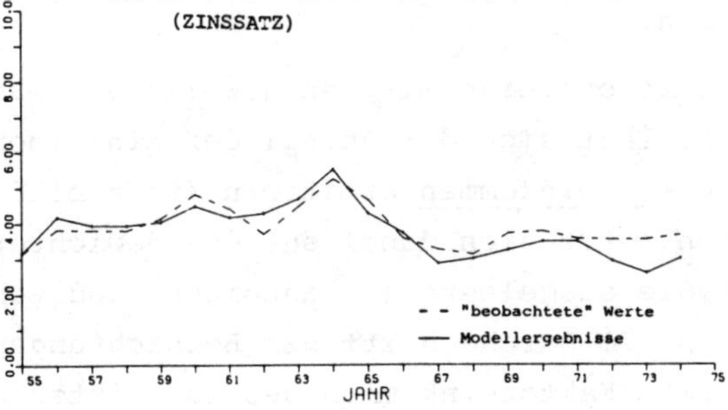

Schaubild 76 kennzeichnet die Entwicklung der prozentualen modellmäßigen Verzinsung des eingesetzten Investitionskapitals. Im Durchschnitt der Betrachtungsperiode beträgt die interne Verzinsung etwa 4 %, wobei sich unter den Bedingungen des Untersuchungszeitraums eine leicht rückläufige Tendenz ergibt. In einzelnen Phasen und bei bestimmten Ausschlägen ist auch hier der Dualitätscharakter gegenüber der Entwicklung der Investitionssumme nicht zu verkennen.

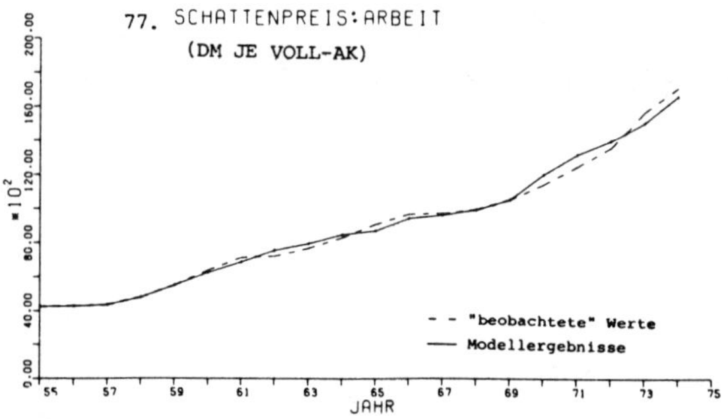

Die Veränderungen der Schattenpreise für landwirtschaftliche Arbeitskräfte liegen im Durchschnitt etwas niedriger ($\bar{w}$ = 8 %) als die entsprechende Entwicklung der außerlandwirtschaftlichen Arbeitslöhne ($\bar{w}$ = 9.6 %). In Abhängigkeit von der Entwicklung der Produktionsstruktur und der Investitionen können Schwankungen beim Schattenpreis für Arbeit auftreten, wie Schaubild 77 verdeutlicht. Die Ergebnisse der ex-post-Prognose zeigen insgesamt eine hohe Übereinstimmung mit den ökonomischen Bewertungen, die sich beim Konsistenz- und Schattenpreissystem mit exogen vorgegebenen Produktions- und Faktoreinsatzmengen ergeben.

(2) Wenn man die Schattenpreise mit den jeweils eingesetzten Mengen gewichtet, so läßt sich der Anteil der einzelnen Faktoren am gesamten Faktoreinkommen ermitteln (Schaubild 78). Das Kapitaleinkommen setzt sich dabei aus den gewichteten Schattenpreisen für die ausgelasteten Maschinen- und Gebäudekapazitäten zusammen. Im Durchschnitt der Beobachtungsperiode teilt sich das gesamte Faktoreinkommen des landwirtschaftlichen Sektors wie folgt auf die einzelnen Produktionsfaktoren auf:

Arbeitseinkommen 62 %,
Kapitaleinkommen 13 %,
Bodeneinkommen 25 %.

Der relativ niedrige Anteil des Kapitaleinkommens kommt dadurch zustande, daß im allgemeinen die modellinterne Verzinsung des vorhandenen Maschinen- und Gebäudebestandes (Investitionen der Vorperioden), insbesondere in den niedrigeren Technologiestufen unter der Verzinsung liegt, die sich für die jährlichen Neuinvestitionen ergibt. Für einen Teil des Maschinen- und Gebäudebestandes ist die Verzinsung und damit der Beitrag zum Faktoreinkommen des landwirtschaftlichen Sektors gleich Null, nämlich dann, wenn die vorhandenen Kapazitäten nicht ausgelastet sind. Im Verlaufe der Betrachtungsperiode steigt der Anteil des Kapitaleinkommens von etwa 5 % in der Mitte der 50er Jahre bis etwa 15 % in der Mitte der 70er Jahre.Das Arbeitseinkommen bleibt dagegen im Zeitablauf relativ konstant. Die kurzfristigen Instabilitäten resultieren vor allem aus den Schwankungen des gesamten Faktoreinkommens sowie aus den schwankenden Schattenpreisen der Arbeit. Das relative Bodeneinkommen ist in den 60er und 70er Jahren generell niedriger als in den 50er Jahren. Im Durchschnitt der letzten 15 Jahre liegt der Anteil bei etwa 20 %. Die Instabilitäten beim Bodeneinkommen werden vorwiegend durch Preis- und Mengenschwankungen auf der Erlösseite bei der landwirtschaftlichen Bodenproduktion hervorgerufen.

78. FUNKTIONALE VERTEILUNG DES FAKTOREINKOMMENS IN V.H.

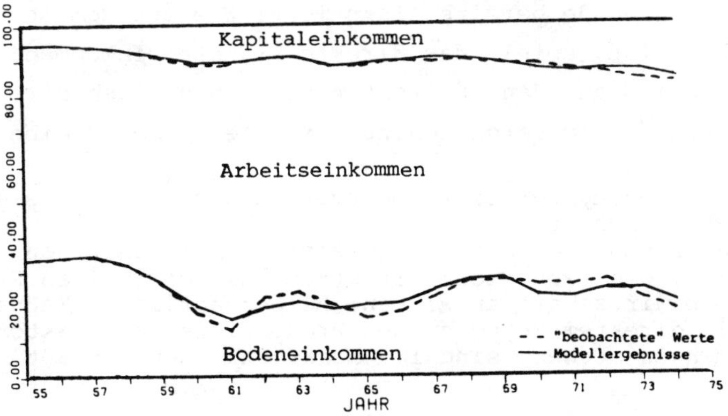

2.3.7 Einkommensentstehung und -verwendung

Während die funktionale Einkommensverteilung mehr im Hinblick auf die Dynamik realer Strukturen interpretiert wurde, ist die Einkommensentstehung und -verwendung[59] von unmittelbarem agrarpolitischen Interesse. Ebenso wie die Einkommensverteilung ist auch die Einkommensentstehung und -verwendung als ein Resultat der verschiedenen Produktions- und Faktoreinsatzstrukturen anzusehen.

79. EINKOMMENSENTSTEHUNG UND -VERWENDUNG (IN MIO. DM)

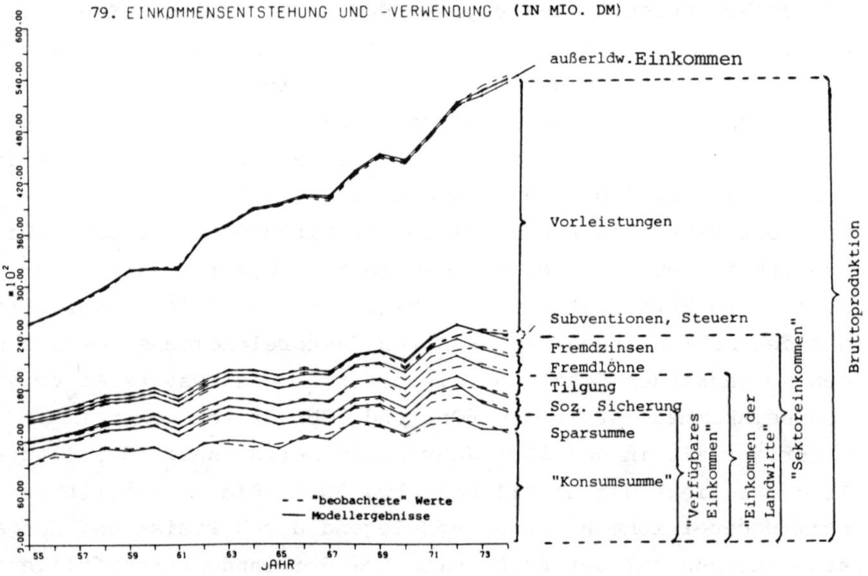

In Schaubild 79 sind einige aggregierte Größen aus der Einkommensentstehungs- und -verwendungsrechnung systematisch zusammengestellt. Die Entwicklung der Bruttoproduktion und der Vorleistungen wurde bereits diskutiert. Wie aus dem Schaubild zu entnehmen ist, spielt das direkte Transfereinkommen, definiert als Saldo aus den indirekten Steuern und den direkten Subventionen[60], im Vergleich zum "Markteinkommen" eine unter-

---

59) Zur Entstehung der Einkommensverwendungsrechnung siehe Teil B, Abschnitt 5.

60) Die direkten Subventionen umfassen dabei Zahlungen des Staates, die sich nicht direkt auf die effektiven Preise der Landwirtschaft auswirken. Alle staatlichen Maßnahmen, die in direktem Bezug zu den Produktions- und Faktoreinsatzmengen stehen, sind im "Markteinkommen" erfaßt.

geordnete Rolle. Bei einer durchschnittlichen Steigerungsrate von 9.6 % gewinnen die Zinszahlungen für Fremdkapital zunehmend an Bedeutung. Die relativ starken Schwankungen bei dieser Position werden insbesondere durch die Unterschiede im durchschnittlichen Zinssatz ausgelöst, während der tendenzielle Anstieg als ein Ausdruck für die zunehmende Verschuldung der Landwirtschaft angesehen werden kann. Dagegen bleiben die Lohnaufwendungen für Fremdarbeitskräfte im Untersuchungszeitraum nahezu konstant. Die Tilgungsaufwendungen steigen noch stärker als die Zinszahlungen und übertreffen in den 70er Jahren absolut gesehen sowohl die Aufwendungen für Fremdkapital als auch die Aufwendungen für Fremdarbeitskräfte. Während sich die persönlichen Steuern im Untersuchungszeitraum nur geringfügig ändern, steigen die Aufwendungen für die soziale Sicherung der landwirtschaftlichen Familienarbeitskräfte um über 8 % pro Jahr an[61]. Das verbleibende "verfügbare Einkommen" der Landwirte[62] kann gespart bzw. konsumiert werden. Dabei schwankt der Anteil der Sparsumme am "verfügbaren Einkommen" (Sparquote) im Untersuchungszeitraum von 7 bis 25 %. Die Konsumquote beträgt im Durchschnitt 0.84. Nominal ist sowohl bei der Sparsumme als auch bei der Konsumsumme eine leichte Steigerung zu verzeichnen. Wenn man dagegen die allgemeine Preissteigerung berücksichtigt, so zeigt sich, daß das "verfügbare Einkommen" ebenso wie das Konsumeinkommen während der Betrachtungsperiode real rückläufig ist. Von besonderer Bedeutung ist dabei die zunehmende Divergenz zwischen dem Wert der landwirtschaftlichen Güterproduktion und dem Konsumeinkommen der Landwirte. Dieser Tatbestand äußert sich sowohl im sinkenden Anteil des Konsumeinkommens an der Bruttoproduktion (1955/56 : 38 %, 1974/75 : 25 %) als auch im tendenziell abnehmenden Anteil des Konsumeinkommens am "sektoralen Gesamteinkommen" (1955/56 : 66 %,

---

61) Dabei sind die Vergünstigungen durch die landwirtschaftliche Sozialpolitik bereits in Abzug gebracht.

62) In Schaubild 16 ist das "verfügbare Einkommen" und in Schaubild 17 das "Konsumeinkommen" je Familienvollarbeitskraft dargestellt. Siehe dazu Abschnitt 2.2.

1974/75 : 52 %). Während die Bruttoproduktion um 4 %, das "sektorale Gesamteinkommen" und das "Einkommen der Landwirte" um etwa 2.7 % ansteigen, wächst das "verfügbare Einkommen" um 1.9 % und das Konsumeinkommen lediglich um 1.5 % im Durchschnitt der Betrachtungsperiode. Diese Entwicklungstendenzen können in zweifacher Hinsicht gedeutet werden. Erstens läßt sich feststellen, daß die Verflechtungen der Landwirtschaft mit den übrigen Bereichen der Volkswirtschaft zugenommen haben. Die Veränderungen der einzelnen monetären Ströme sind dabei unterschiedlich von den Veränderungen der physischen Ströme (intersektorale Arbeitsteilung) und den Veränderungen der Preise und Lohnsätze beeinflußt. Zweitens wird deutlich, daß durch die Produktionsexpansion in den letzten beiden Jahrzehnten das für viele agrarpolitische Überlegungen entscheidende Konsumeinkommen nicht erheblich verbessert werden konnte. Dagegen zeigt sich, daß etwa drei Viertel der Steigerungen des Konsumeinkommens je Familienarbeitskraft (siehe Schaubild 17) auf die Reduzierung des Arbeitskräfteeinsatzes in der Landwirtschaft zurückzuführen sind.

Zusammenfassend lassen sich folgende Schlußfolgerungen ziehen:

- Durch die differenzierte Abbildung der Produktionsverhältnisse mit Hilfe eines aktivitätsanalytischen Modellansatzes in Verbindung mit ökonometrisch geschätzten Verhaltensfunktionen läßt sich die historische Entwicklung des Agrarsektors modellmäßig nachzeichnen.
- Mit zunehmender Aggregation der Ergebnisvariablen gehen im allgemeinen die Prognosefehler zurück.
- Die Prognosegenauigkeit bei den unterschiedlichen Produktions- und Faktoreinsatzbereichen erscheint für viele problembezogene Analysen ausreichend.
- Das gleiche gilt für die problembezogene Auswertung der Ergebnisse bei einzelnen Produktmärkten, wenn man von jährlichen Schwankungen absieht, d.h. wenn man mehr an mittel- bis langfristigen Entwicklungstendenzen interessiert ist.
- Selbst bei gleicher Prognosegenauigkeit weist das dynamische Analyse- und Prognosesystem gegenüber aggregierten Sektormodellen und Einzelmarktmodellen spezifische Vorzüge auf. Diese beruhen einerseits auf der geschlossenen Betrachtung des landwirtschaftlichen Sektors und andererseits auf der expliziten Berücksichtigung der Wettbewerbsstellung und der ökonomischen Beziehungen zwischen den einzelnen Produktionsbereichen und zwischen den einzelnen Produktionsfaktoren.

- Die Testergebnisse der ex-post-Prognose lassen die Verwendung des dynamischen Analyse- und Prognosesystems zur Untersuchung der Wirkungen agrarpolitischer Maßnahmen und zur Prognose der agrarsektoralen Entwicklung sinnvoll erscheinen.

3. Entwicklung der Landwirtschaft unter alternativen Bedingungen

Die im letzten Abschnitt aufgezeigte modellmäßige Entwicklung des Agrarsektors ergibt sich durch den gleichzeitigen Einfluß der Ausgangssituation, der Rahmenbedingungen und der agrarpolischen Maßnahmen während der letzten zwei Jahrzehnte. Im Hinblick auf die Lösung agrarpolitischer Probleme und die Beeinflussung der agrarsektoralen Entwicklung sind Vorstellungen über die Wirkung agrarpolitischer Maßnahmen von besonderem Interesse. Der langfristige Entwicklungsprozeß des Agrarsektors wird zudem entscheidend von der gesamtwirtschaftlichen Entwicklung geprägt. Deshalb soll im folgenden analysiert werden, wie die Entwicklung des Agrarsektors bei alternativen agrarpolitischen Instrumenteinsätzen und alternativen gesamtwirtschaftlichen Entwicklungen verlaufen würde. Dabei gehen wir von gegebenen Anfangsbedingungen und von den empirisch getesteten Verhaltensfunktionen aus.

Gleichzeitig soll diese Analyse dazu dienen, die Reaktionseigenschaften des Modells auf veränderte ökonomische Bedingungen zu testen. Um die dynamischen Reaktionseigenschaften, insbesondere die Veränderungen und Anpassungen der Produktions- und Faktoreinsatzstruktur sowie die Einkommensentwicklung im Zeitablauf zu verfolgen, wählen wir eine Betrachtungsperiode von 15 Jahren und zwar von 1961/62 bis 1975/76. Folgende Alternativen sollen überprüft werden:[63)]

1. Preisniveaupolitik
   - Alternative A I: 10 %ige Agrarpreissenkung,
   - Alternative A II: 10 %ige Agrarpreisanhebung,

---

63) Die tatsächlichen Rahmenbedingungen in der Betrachtungsperiode wurden in Abschnitt 2.1 dargestellt.

2. Preisstrukturpolitik

- Alternative A III: 10 %ige Senkung der Getreidepreise,
- Alternative A IV: 10 %ige Senkung der Milchpreise,

3. Veränderte gesamtwirtschaftliche Bedingungen

- Alternative A V : Ungünstigere Arbeitsmarktsituation (Arbeitslosenquote: 5 %, Relation Offene Stellen zu Arbeitslose: 0.2),
- Alternative A VI: Geringeres gesamtwirtschaftliches Wachstum (jährliche Veränderungsrate der allgemeinen Einkommensentwicklung: - 3 Prozentpunkte),
- Alternative A VII: Höhere allgemeine Inflation (jährliche Steigerung der Betriebsmittel- und Investitionsgüterpreise sowie der Preise für die Lebenshaltung: + 3 Prozentpunkte),
- Alternatiave A VIII: Ungünstigere Arbeitsmarktsituation, geringeres Wachstum und höhere Inflationsraten (gleichzeitiger Einfluß von A V, A VI und A VII).

Die alternativen Modellannahmen A I bis A IV dienen zur exemplarischen Analyse der Auswirkungen veränderter Agrarpreise auf den Entwicklungsprozeß der Landwirtschaft. Dabei gehen wir einmal von einer Veränderung des Agrarpreisniveaus, d.h. von einer gleichmäßigen Veränderung aller Einzelpreise und zum anderen von einer Veränderung der Agrarpreisrelationen aus. In beiden Fällen interessieren die Niveau- und Strukturveränderungen bei der landwirtschaftlichen Produktion, beim Faktoreinsatz und beim Einkommen. Bei den Alternativen, die sich auf veränderte gesamtwirtschaftliche Bedingungen beziehen, sollen zunächst die isolierten Wirkungen veränderter Einzelbedingungen (A V bis A VII) aufgezeigt werden. Alternative A VIII entspricht in etwa der gegenwärtigen gesamtwirtschaftlichen Situation in der Bundesrepublik. Bei der quantitativen Modellanalyse soll nach dem längerfristigen Einfluß solcher Rahmenszenarien gefragt werden. Neben dem Ausmaß der Reaktionen des Systems interessiert bei allen Alternativen die Geschwindigkeit und die zeitliche Verteilung der Anpassungen an veränderte Bedingungen.

3.1 Der Entwicklungsprozeß bei alternativen Agrarpreisniveaus

In Abschnitt 2.1 wurden die zentralen agrarpolitischen Maßnahmen während der letzten beiden Jahrzehnte bereits kurz diskutiert. Dabei wurde auf die zentrale Bedeutung der Agrarpreispolitik sowie auf die unterschiedlichen Phasen der Preispolitik in der Bundesrepublik Deutschland bzw. der EG-Agrarpreispolitik hingewiesen. Die historische Entwicklung, die als Resultat der gesamten ökonomischen Bedingungen aufzufassen ist, läßt den Einfluß der Preispolitik jedoch nicht direkt erkennen. Um den isolierten Einfluß aufzuzeigen, wollen wir deshalb im folgenden hypothetisch danach fragen, wie die agrarsektorale Entwicklung bei alternativer Gestaltung der Agrarpreispolitik verlaufen wäre. Um darüber hinaus die Frage zu beantworten, ob von Agrarpreissenkungen die gleichen Wirkungen ausgehen wie im umgekehrten Sinne von Agrarpreisanhebungen, oder ob sich aufgrund einer möglichen Irreversibilität[64] der Produktionsanpassung unterschiedliche Wirkungen zeigen, wollen wir zum einen von einer 10 %igen Preissenkung und zum anderen von einer 10 %igen Preisanhebung ausgehen. Dabei unterstellen wir die gleichen prozentualen Veränderungen für alle Marktordnungspreise und für alle tatsächlich erzielten Marktpreise. Kompensierende Maßnahmen für diese insgesamt sehr drastische Preisniveaupolitik sollen an dieser Stelle nicht in die Analyse einbezogen werden. Ebenso werden Rückkoppelungen von den veränderten Produktions- und Angebotsmengen auf die Marktpreise annahmegemäß ausgeschlossen[65].

Um den systematischen Einfluß der veränderten exogenen Mo-

---

64) Zu diesem Problembereich siehe auch: Wolffram, R., Die Irreversibilität von Angebots- und Nachfragefunktionen, Hamburg-Berlin 1972

65) Die Berücksichtigung derartiger Effekte als Folge veränderter agrarpolitischer Maßnahmen würde ein explizit formuliertes Marktmodell erfordern, das die Instrumente der Agrarpreispolitik beinhaltet.

dellvariablen zu isolieren, werden die im letzten Abschnitt dargestellten Ergebnisse der ex-post-Prognose als Bezugsbasis gewählt. Aus Darstellungsgründen sollen hier nur aufbereitete Ergebnisse in aggregierter Form angegeben werden. Für eine differenzierte und damit problembezogene Analyse sind jedoch zusätzlich die Veränderungen der sektoralen Strukturen zu berücksichtigen[66]. Bei der Interpretation der aggregierten Ergebnisse wird deshalb z.T. auf die vorliegenden differenzieten Ergebnisse Bezug genommen.

3.1.1 Auswirkungen von Agrarpreissenkungen

Die aggregierten Effekte, die sich im dynamischen Sektormodell bei einer dauerhaften 10 %igen Senkung des Agrarpreisniveaus in dem gewählten Analysezeitraum ergeben, sind in Schaubild 80 dargestellt.

(1) Wenn wir zunächst als zentrale Variable das landwirtschaftliche Pro-Kopf-Einkommen ("Verfügbares Einkommen" je landwirtschaftliche Familien-Vollarbeitskraft) betrachten, so zeigt sich bereits im ersten Jahr als unmittelbare Folge der

Schaub. 80: Auswirkungen einer 10%igen Agrarpreissenkung auf den agrarsektoralen Entwicklungsprozeß in v.H.

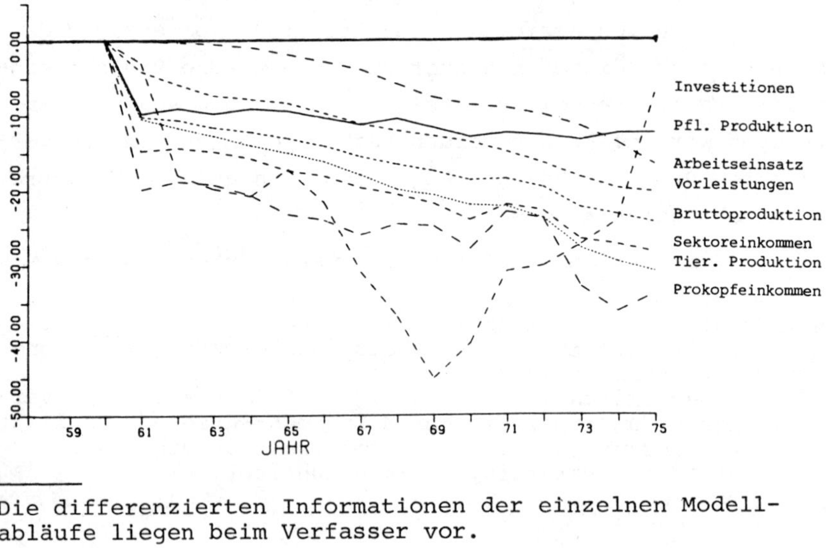

66) Die differenzierten Informationen der einzelnen Modellabläufe liegen beim Verfasser vor.

Preissenkung (kurzfristiger Preiseffekt) ein Rückgang um etwa 20 %. Nach einer Anlaufphase von einigen Jahren vergrößert sich der Einkommensabfall, so daß nach 15 Jahren das Pro-Kopf-Einkommen um etwa 35 % niedriger liegt als bei der Referenzentwicklung. Dieser zusätzliche Einkommensrückgang wird durch die Reaktionen auf der Produktions- und Faktoreinsatzseite hervorgerufen (längerfristige Auswirkungen), die wir im folgenden näher betrachten wollen.

(2) Der Anpassungsprozeß der <u>landwirtschaftlichen Produktion</u> setzt erst nach einer Verzögerungszeit von 2-3 Jahren ein. Dabei liegt die jährliche Produktionssteigerung um etwa einen Prozentpunkt niedriger, so daß nach 15 Jahren (1975/76) die Produktionsmenge [67] um etwa 14-15 % bzw. der Wert der Produktion um etwa 25 % unter dem Referenzniveau liegt. Wie die Ergebnisse zeigen, scheint sich der Anpassungsprozeß nach 15 Jahren noch nicht stabilisiert zu haben. Es sei hier schon vorweggenommen, daß die nach etwa 10-12 Jahren vollständig abgebauten Kapazitätsreserven beim Maschinen- und Gebäudebestand und die während dieser Zeit stark verringerten Investitionen einen zusätzlichen Anpassungdruck in den letzten Jahren bewirken. Während die pflanzliche Produktion relativ wenig auf die Preissenkung reagiert (maximal 2-3 % Produktionsrückgang), sind bei der tierischen Produktion wesentlich stärkere Reaktionen festzustellen (- 20 % im Endjahr). Dabei zeigen sich folgende Anpassungsvorgänge: Infolge des preisbedingten Rückgangs der Milchkuhhaltung und der Rindermast wird die Grünlandnutzung geringfügig, der Ackerfutterbau dagegen wesentlich stärker eingeschränkt. Gleichzeitig werden die intensiven Produktionsverfahren des Hackfrucht- und des Sonderkulturanbaus reduziert. Diese plausibel erscheinenden Anpassungstendenzen führen dazu, daß die relativ extensive Getreideproduktion im Endjahr um etwa 20 % höher liegt, so daß sich bei nahezu kon-

---

67) Um die Vergleichbarkeit zu den aggregierten Outputmengen bei der Referenzentwicklung herzustellen, wurden die einzelnen Mengen der Produktionsverfahren mit den für die Referenzentwicklung geltenden Preisen des Basisjahres 1963/64 gewichtet.

stantem Produktionsvolumen in der Bodenproduktion eine stark veränderte Struktur der Bodennutzung und der pflanzlichen Produktion ergibt. Im gesamten Analysezeitraum ergeben sich folgende durchschnittliche prozentuale Veränderungsraten:

Getreide	10.5
Hackfrüchte	- 4.6
Sonderkulturen	- 12.5
Bodenproduktion	- 0.2
Milch	- 9.7
Rindfleisch	- 8.8
Schweine	- 7.9
Geflügel	- 20.0
Tierproduktion	- 10.1
Bruttoproduktion	- 6.2

Diese Angaben lassen sich, wenn man sie durch (- 10) dividiert, als Angebotselastizitäten in bezug auf die Senkung aller Agrarpreise im Durchschnitt des 15jährigen Analysezeitraums interpretieren. Die entsprechenden Elastizitäten am Ende des Analysezeitraums übertreffen in allen Bereichen (Bruttoproduktion: 1.4, pflanzliche Produktion: 0.1, tierische Produktion: 2.2) diese "mittelfristigen" Elastizitätskoeffizienten.

Die relativ geringe Produktions- und Angebotsreaktion bei der Schweineproduktion läßt sich wie folgt erklären: Erstens führt die allgemeine Agrarpreis- und damit auch Getreidepreissenkung zu einer merklichen Reduzierung der Futterkosten. Zweitens wird die Schweinehaltung in vergleichsweise geringem Ausmaß durch die steigenden Gebäudekosten belastet (relativ geringe Kapitalkoeffizienten). Wie weiter unten gezeigt wird, ergibt sich der Anstieg der Gebäudekosten aufgrund der verringerten Investitonen und der damit steigenden (modellinternen) Verzinsung des Kapitals. Andererseits ist im Verhältnis zu den übrigen Produktionsbereichen bei der Schweineproduktion eine relativ rasche Reaktion festzustellen. So zeigt sich, daß bereits im dritten Jahr nach der Preissenkung etwa zwei Drittel der langfristigen Anpassung erreicht werden. In der Rindfleischproduktion ergibt sich ein entgegengesetzter Anpassungsverlauf. Während in den ersten Jahren nach der Preissenkung die Produktion ansteigt (erhöhter Abgang von Altkühen, geringere Färsenaufzucht und verstärkte Färsenmast, erhöhter Verkauf von Jungmastbullen) erfolgt erst in der zweiten Hälfte des Analysezeitraums ein verstärkter Produktionsrückgang.

(3) Der monetäre Bruttovorleistungseinsatz sinkt zunächst infolge der Getreidepreissenkung um etwa 3 % und gegen Ende des Analysezeitraumes infolge veränderter Produktions- und Technologiestrukturen um etwa 20 %. Der physische Vorleistungseinsatz geht etwas stärker zurück als die Produktionsmenge. Während die fruchtspezifischen Vorleistungsaufwendungen in der Bodenproduktion nahezu konstant bleiben, ergibt sich bei den Vorleistungen in der Tierproduktion (insbesondere Zukaufskraftfutter) ein starker Abfall. Infolge der niedrigeren Gesamtinvestitionen und der damit verbundenen geringeren Rationalisierungsinvestitionen sinkt der Einsatz technologiebezogener Vorleistungen überproportional zu den gesamten Vorleistungen.

(4) Die landwirtschaftliche Investitionstätigkeit läßt bei länger anhaltendem niedrigerem Preisniveau erheblich nach. Die Elastizität der Investitionsgüterausgaben in bezug auf die Agrarpreissenkung beträgt etwa 2.6 (im Durchschnitt des Analysezeitraums), wobei in einzelnen Jahren Unterschiede bis zu 45 % gegenüber der Referenzentwicklung zu verzeichnen sind. Während die Eigenkapitalbildung in den ersten Jahren etwa im gleichen Ausmaß wie das "verfügbare Einkommen" zurückgeht, kommt sie in der zweiten Hälfte des Analysezeitraums fast vollständig zum Erliegen. Beinahe entgegengesetzt verläuft der Anpassungsprozeß dagegen bei der Fremdkapitalaufnahme. Hier zeigt sich in der ersten Hälfte des Analysezeitraums wegen der insgesamt ungünstigeren ökonomischen Situation ein Rückgang um etwa 10 %. Die zunehmende Knappheit des eingesetzten Kapitals bewirkt gegen Ende der Betrachtungsperiode eine Steigerung der Fremdkapitalaufnahme bis zu 50 %. Innerhalb der Fremdkapitalaufnahme gewinnen die mittelfristigen Kredite zunehmend an Bedeutung. Dabei erhöht sich der Anteil der Maschineninvestitionen für die Bodenproduktion, die im wesentlichen mit mittelfristigen Kre-

diten finanziert werden. Der Verlauf der Fremdkapitalaufnahme und die Änderung der Finanzierungsstruktur führen zu einem niedrigeren Fremdkapitalbestand (Durchschnitt - 7.9), wobei jedoch gegen Ende der Periode das Vergleichsniveau beinahe wieder erreicht wird.

Im Zusammenhang mit der Finanzierung ist auch die Entwicklung der Guthaben der Landwirtschaft zu sehen. Dabei zeigt sich, daß während der Betrachtungsperiode die "außerlandwirtschaftliche" Vermögensbildung eingestellt wird. Der Guthabenbestand in Höhe von etwa 4 Mrd. DM (1960/61) wird im Laufe der 15 Jahre zur Finanzierung des privaten Konsums fast vollständig abgebaut. Dies bedeutet, daß die außerlandwirtschaftliche Vermögenssubstanz aufgezehrt wird und daß die außerlandwirtschaftliche Einkommensquelle zum Versiegen kommt.

(5) Der Anpassungsverlauf bei den landwirtschaftlichen Arbeitskräften geht ebenfalls aus Schaubild 80 hervor. Eine stärkere Reaktion tritt erst nach einigen Jahren auf, obwohl sich bereits im ersten Jahr nach der Preissenkung die Einkommensdisparität stark zu ungunsten der Landwirte verändert. Die Fühlbarkeitsschwelle, die zu stärkeren Reaktionen bei der Arbeitsmobilität führt, wird vermutlich erst nach einigen Jahren verstärkter Einkommensdisparitäten merklich überschritten[68]. Dabei zeigt sich im Verlaufe der Betrachtungsperiode ein zunehmend divergierender Entwicklunsprozeß. Während die durchschnittliche Elastizität der Arbeitskräfteanpassung etwa 0.5 beträgt, steigt diese gegen Ende der Periode auf 1.5 (jeweils bezogen auf eine 10 %ige dauerhafte Preissenkung und unter Berücksichtigung der Umweltbedingungen der Betrachtungsperiode). Das Ausmaß der Reaktion beim Arbeitseinsatz ist mit der Anpassung der sektoralen Produktionsmenge in etwa vergleichbar. Dabei kommen ver-

---

68) Wegen der generellen Instabilitäten der landwirtschaftlichen Einkommen aufgrund von Ertrags- und Preisschwankungen kann man davon ausgehen, daß zusätzliche Anpassungen beim Arbeitseinsatz erst dann erfolgen, wenn ein längerfristiger zusätzlicher Anpassungsdruck vorliegt.

schiedene, z.T. entgegengesetzte Effekte zum Tragen. Erstens werden durch den verstärkten Übergang zum extensiveren Produktionsverfahren weniger Arbeitskräfte benötigt. Zweitens drängen die geringeren Rationalisierungsinvestitionen auf einen höheren durchschnittlichen Arbeitseinsatz je Einheit eines Produktionsverfahrens. Drittens ergibt sich aufgrund des direkten Einkommenseffektes der Preissenkung eine Tendenz zur verstärkten Arbeitskräftereduzierung.

Bei dieser Modellalternative sind die weiblichen Familienarbeitskräfte in besonderem Ausmaß von den zusätzlichen Anpassungen betroffen. Dagegen halten sich die relativen Veränderungen beim männlichen Familienarbeitskräftebestand und beim Fremdarbeitskräftebestand in etwa die Waage. Bei den einzelnen Mobilitätskomponenten zeigt sich, daß im Durchschnitt etwa 15 % weniger Zugänge an jüngeren Arbeitskräften zu verzeichnen sind und daß der Berufswechsel durchschnittlich um etwa 30 % zunimmt. Für männliche und weibliche Familienarbeitskräfte gilt auch bei den Mobilitätskomponenten die oben bereits erwähnte Differenzierung. Das altersbedingte Ausscheiden von Arbeitskräften bleibt annahmegemäß unverändert (autonome Komponente).

(6) Der Einsatz von Boden ändert sich bei dem niedrigeren Preisniveau lediglich in den letzten Jahren in einem merklichen Ausmaß (etwa 4 %). Während die genutzte Ackerfläche annähernd konstant bleibt, vollzieht sich die Anpassung fast ausschließlich durch eine Reduzierung der Grünlandfläche. Der Rückgang der Grünfläche um etwa 8-10 % im sektoralen Durchschnitt kann dabei in einzelnen Regionen (insbesondere in Grünlandgrenzregionen) zu erheblichen Anpassungproblemen[69] und zu einem Ausmaß an Brachflächen führen, das den Zielvorstellungen bezüglich der "Landschaftserhaltung" zuwiderläuft.

69) Dabei ist etwa an die begrenzten Erwerbsalternativen in solchen Gebieten zu denken. Hinsichtlich der Konsequenzen dieser Alternativen für die regionale Arbeits- und Bodenmobilität sind ergänzende regionale Untersuchungen erforderlich. Siehe dazu etwa Bauersachs,F., Interregionaler Wettbewerb der Produktionsstandorte: Ein Versuch zur Quantifizierung der Wirkung der Standortfaktoren in der BRD, in Andreae,B. (Hrsg.), Standortprobleme ...., S.177-197.

(7) Die eingangs erwähnte Veränderung der landwirtschaftlichen Einkommenssituation läßt sich nun differenzierter und geschlossener anhand der Änderungen der wichtigsten Komponenten der Einkommensentstehung- und -verwendungsrechnung verfolgen.

Übersicht 51: Relative Veränderungen wichtiger Komponenten auf der Einkommensentstehungs- und verwendungsseite bei einer 10 %igen Agrarpreissenkung im Vergleich zur Referenzentwicklung

Positionen	Prozentuale Abweichungen 1961/62	Durchschnitt der jährl.prozentualen Abweichungen von 1961/62 bis 1975/76	Prozentuale Abweichungen 1975/76
Bruttoproduktion	- 10.	- 16.	- 24.
Bruttovorleistung	- 4.	- 11.	- 20.
"Sektoreinkommen"	- 15.	- 20.	- 28.
Fremdlöhne	0.	- 2.	- 2.
Fremzinsen	- 1.	- 7.	- 4.
"Einkommen der Landwirte"	- 17.	- 23.	- 33.
Tilgung	0.	7.	19.
Zinseinnahmen aus Vermögen	0.	- 52.	- 92.
"Verfügbares Einkommen"	- 20.	- 29.	- 46.
Sparsumme	- 24.	- 75.	- 70.
Konsumsumme	- 18.	- 20	- 40.
Familienvollarbeitskräfte (FVAK)	0.	- 5.	- 18.
"Verfügbares Einkommen je FVAK"	- 20.	- 25.	- 35.
"Konsumeinkommen je FVAK"	- 18.	- 16.	- 27.

Die in Übersicht 51 zusammengestellten Modellergebnisse zeigen die veränderte ökonomische Situation der Landwirtschaft im ersten und im letzten Jahr des Analysezeitraums sowie im Durchschnitt der 15 Wirtschaftsjahre anhand der aggregierten Systematik für die Einkommensentstehung und -verwendung. Die erste Spalte verdeutlicht dabei den unmittelbaren Preiseffekt und dessen Hebelwirkung auf die verschiedenen Einkommensgrößen. Die Entscheidung über die Verwendung des niedrigeren Einkommens (Sparsumme - 24 %) ist dabei u.a. als ein auslösender Faktor für den weiteren Prozeß struktureller Anpassungen zu sehen.

In der letzten Spalte sind die Reaktionen auf der Produktions- und Faktoreinsatzseite, die sich nach 15 Jahren zeigen, bei den ausgewählten Kennziffern berücksichtigt. Die Anpassungen von Produktion und Vorleistungseinsatz führen zu einem 28 %-igen Rückgang des Sektoreinkommens. Bei nur geringfügig veränderten Aufwendungen für Fremdlöhne und Fremdzinsen sowie infolge steigender Tilgungsausgaben und fehlender Zinseinnahmen sinkt das verfügbare sektorale Einkommen um 46 %. Durch die verstärkte Mobilität der Familienarbeitskräfte kann ein Teil dieses Einkommensdruckes aufgefangen werden. Dennoch sinkt das Pro-Kopf-Einkommen um etwa 35 %. Das Konsumeinkommen geht infolge der stark verringerten Spartätigkeit und der Aufzehrung des außerlandwirtschaftlichen Vermögen nicht so stark zurück.

Die mittlere Spalte von Übersicht 51 gibt die jährlichen Abweichungen im Durchschnitt des Analysezeitraumes wieder. Die Größenordnungen dieser Kennziffern scheinen für eine politikbezogene Beurteilung von mittelfristigen Konsequenzen einer Agrarpreissenkung einigermaßen realistisch. Diese mittelfristigen Ergebnisse sind mit einer geringeren Unsicherheit hinsichtlich der Gültigkeit der gewählten Annahmen und der unterstellten Verhaltensweisen behaftet als modellmäßige Reaktionen, die über die Länge unserer Betrachtungsperiode hinausgehen. Um die agrarpolitischen Entscheidungsträger auf längerfristige Konsequenzen von Maßnahmen, die unter kürzerfristigen Aspekten vorgeschlagen bzw. eingesetzt werden, aufmerksam zu machen, bedarf es jedoch auch der Analyse von längerfristigen Tendenzen und u.U. der Abschätzung von Wirkungen alternativer Maßnahmen. Derartige alternative Instrumente könnten in unserem Beispiel u.a. auf eine Änderung der Steuern und Subventionen oder auf eine direkte Einkommensübertragung hinauslaufen.

3.1.2 Auswirkungen von Agrarpreisanhebungen

In Schaubild 81 sind die aggregierten Ergebnisvariablen angegeben, die sich beim Modellablauf mit 10 % höheren Agrar- und Marktordnungspreisen ergeben. Da sich bei einer Preisanhebung in entgegengesetzter Richtung ein ähnlicher Anpassungsprozeß zeigt, wie bei der Preissenkung, wollen wir im folgenden lediglich auf einige markante Abweichungen des Entwicklungsprozesses bei beiden Alternativen hinweisen.

(1) Die Ausdehnung der Produktionsmenge verläuft in den ersten Jahren symmetrisch zum Produktionsrückgang bei der Preissenkung. Nach einer gewissen Ausschöpfung der Kapazitätsreserven zeigt sich nach einigen Jahren eine geringere Reaktion. Während bei der Preissenkung Kapazitäten ungenutzt bleiben, muß die Produktionsausdehnung bei weitgehend ausgelasteten Kapazitäten voll über Erweiterungsinvestitionen gedeckt werden. Die aggregierte Mengenänderung ist dementsprechend um 4 Prozentpunkte niedriger als bei Alternative A I. Gleichzeitig ist aber eine stärkere Veränderung der Produktionsstruktur festzustellen. Während die Bodenproduktion um bis zu 10 % zurückgeht (Getreide bis - 24 %), steigt die Tierproduktion um über 20 % an. Wegen der stärkeren Strukturveränderungen sind beim gesamten monetären Produktionswert in umgekehrter Richtung ähnliche Auswirkungen wie bei Alternative A I festzustellen.

Schaub. 81: Auswirkungen einer 10%igen Agrarpreisanhebung auf den agrarsektoralen Entwicklungsprozeß in v.H.

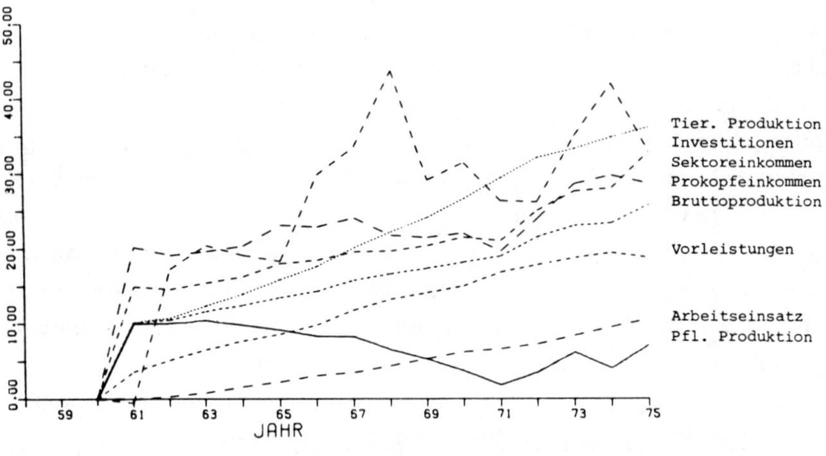

(2) Die Investitionen verlaufen in den ersten Jahren ebenfalls relativ ähnlich. Während sich bei der Preissenkung gegen Ende des Analysezeitraums tendenziell eine Annäherung an das Niveau bei der Referenzentwicklung ergibt, zeigen sich bei der Preis-

anhebung Stabilisierungstendenzen auf einem um 30 - 40 % höherem Investitionsniveau. Während die Fremdfinanzierung durchweg um etwa 10 % ansteigt, liegt die Eigenfinanzierung z.T. doppelt so hoch wie bei der Referenzentwicklung. Gleichzeitig erfolgt eine Steigerung der außerlandwirtschaftlichen Vermögensbestände um etwa 80 %. Bei einer 17 %igen Steigerung des Fremdkapitalbestandes bleibt die absolute Differenz zwischen Verbindlichkeiten und Forderung gegenüber der Referenzentwicklung in etwa konstant.

(3) Der Arbeitskräfteeinsatz reagiert ab dem fünften Jahr des Analysezeitraums nicht mehr so stark wie bei der Preissenkung. Gegen Ende des Analysezeitraums liegt der Arbeitskräftebestand um etwa 10 % höher, während sich bei der Preissenkung eine Reduktion von etwa 16 % ergab. Dieser Effekt kommt insbesondere durch die erhöhten Rationalisierungsinvestitionen zustande, wie die differenzierten Investitionsstrukturen zeigen. Bei den einzelnen Arbeitskräftekategorien und bei den einzelnen Mobilitätskomponenten gilt das Umgekehrte wie bei der Preissenkung.

(4) Die veränderte ökonomische Situation der Landwirtschaft bei einer 10 %igen Preisanhebung soll ebenfalls durch einige Kennziffern auf der Einkommensentstehungs- und -verwendungsseite verdeutlicht werden (Übersicht 52). Der direkte kurzfristige Preiseffekt zeigt eine hohe Übereinstimmung mit den entsprechenden Effekten bei Preissenkungen. Gegen Ende der Betrachtungsperiode ergeben sich jedoch einige Unterschiede. Das sektorale Einkommenspotential steigt aufgrund veränderter monetärer Input-Output-Beziehungen um 32 % an (bei Preissenkung: - 28 %). Die gleichen Unterschiede gelten auch nach dem Abzug der Ausgaben für sektorfremde Faktoren. Da bei der Preisanhebung der Fremdkapitalbestand nicht reduziert wird (was bei einer symmetrischen Anpassung gelten müßte), sondern in den letzten Jahre anwächst, ergeben sich leicht steigende Tilgungsausgaben, die dazu führen, daß das "verfügbare Einkommen" der Landwirte nicht so stark ansteigt, wie es bei Preissenkungen abfällt. Dies gilt auch für die entsprechenden Pro-Kopf-Einkommen.

Übersicht 52: Relative Veränderungen wichtiger Komponenten auf der Einkommensentstehungs- und verwendungsseite bei einer 10 %igen Agrarpreisanhebung im Vergleich zur Referenzentwicklung

Positionen	Prozentuale Abweichungen 1961/62	Durchschnitt der jährl. prozentualen Abweichungen von 1961/62 bis 1975/76	Prozentuale Abweichungen 1975/76
Bruttoproduktion	10.	16.	25.
Bruttovorleistungen	4.	12.	19.
"Sektoreinkommen"	15.	20.	32.
Fremdlöhne	0.	2.	1.
Fremdzinsen	0.	9.	17.
"Einkommen der Landwirte"	18.	23.	37.
Tilgung	0.	- 3.	3.
Zinseinnahmen aus Vermögen	0.	50.	75.
"Verfügbares Einkommen"	20.	28.	43.
Sparsumme	22.	63.	72.
Konsumsumme	19.	22.	37.
Familienvollarbeitskräfte (FVAK)	0.	5.	12.
"Verfügbares Einkommen je FVAK"	20.	23.	28.
"Konsumeinkommen je FVAK"	19.	16.	23.

Ebenso wie die Ergebnisse bei der Preissenkung lassen sich auch diese Ergebnisse durch eine einfache Umrechnung als Elastizitäten interpretieren. Dabei sind folgende Hinweise zu beachten:

- Bezugsgröße ist die Anhebung aller Preise bei Aufrechterhaltung der tatsächlichen Preisrelationen im Analysezeitraum.
- Die Elastizitäten beziehen sich auf die jeweils geltenden monetären Größen. Die physischen Elastzitäten, also die Relationen von prozentualer Mengenänderungen zu prozentualen Preisänderungen lassen sich aus den ausgewiesenen Zahlen nur dann ableiten, wenn sich die Mengenstrukturen (Gewichte) bei aggregierten Größen nicht verändern.

Zusammenfassend läßt sich feststellen, daß die großen Linien der Anpassung bei Preisanhebungen und bei Preissenkungen weitgehend symmetrisch verlaufen. Unterschiede ergeben sich vornehmlich dadurch, daß bei Preissenkungen Kapazitäten ungenutzt bleiben können (wie z.B. bestehende Maschinen- und Gebäudekapazitäten, landwirtschaftliche Nutzflächen), während die durch Preissteigerungen ausgelösten Produktionsanpassungen in verstärktem Maße Erweiterungsinvestitionen erfordern. Außerdem können absolute Begrenzungen bei der Ausdehnung des Faktorpotentials zum Zuge kommen (wie z.B. beim landwirtschaftlichen Boden). Diese Unterschiede wirken sich vor allem auf die Finanzierungsstruktur und die Einkommensverwendungsseite aus. Zur Erfassung der ökonomischen Situation bei Preissenkungen und bei Preisanhebungen, wie sie sich aufgrund des Modellsystems ergibt, sind zusätzliche Indikatoren, wie etwa über Maschinen- und Gebäudebestände, Auslastungsgrade sowie Strukturkennziffern und Relationen über Produktion und Faktoreinsatz sowie über die Einkommensverteilung u.dgl. heranzuziehen. Solche differenzierten Modellauswertungen und Ergebnisaufbereitungen bleiben jedoch späteren Arbeiten vorbehalten.

3.2 Der Entwicklungsprozeß bei alternativen Einzelpreisen

Eines der Hauptprobleme der gegenwärtigen Agrarpolitik bildet das gestörte Gleichgewicht auf einzelnen Produktmärkten. Äußeres Kennzeichen dieser Ungleichgewichtssituation sind partielle, längeranhaltende Überschüsse auf einzelnen Produktmärkten und erhebliche Kosten der Überschußbeseitigung. Die sich abzeichnenden Entwicklungen und die jüngsten agrarpreispolitischen Aktivitäten lassen eher eine Verschärfung als eine Entspannung dieser Problemlage erwarten. Ausgehend von dieser Problemlage soll im folgenden geprüft werden, ob sich anhand des dynamischen Sektormodells signifikante Einflüsse von veränderten Agrarpreisen auf einigen Problemmärkten nachweisen lassen und welche Konsequenzen sich dabei für die ökonomische Situation des Agrarsektors ergeben.

Dabei wollen wir zunächst den Milchmarkt herausgreifen und fragen, wie sich eine Veränderung des Milchpreises auf die Milchproduktion, die übrige Produktion, den Faktoreinsatz und das Einkommen auswirkt. Weiterhin wollen wir den Getreidemarkt wegen der zentralen Bedeutung des Getreides als Verkaufsprodukt und als Inputfaktor betrachten. Dabei soll geprüft werden, welche Strukturveränderungen von einem unterschiedlichen Getreidepreisniveau ausgehen.

3.2.1 Auswirkungen einer Milchpreissenkung

Um den Einfluß der Milchpreise auf die Milchproduktion zu isolieren[70], unterstellen wir ab 1960 ein 10 % niedrigeres Niveau der Milchpreise (Marktpreise und Marktordnungspreise) und lassen unter sonst gleichen Bedingungen das dynamische Sektormodell bis 1975/76 ablaufen. Die Ergebnisse werden wie bei den anderen Alternativen zur Referenzentwicklung (ex-post-Prognose) in Beziehung gesetzt.

(1) Milchproduktion: Da wir annahmegemäß davon ausgehen, daß die Milchleistung je Milchkuh von Preissenkungen nicht beeinflußt wird[71], können wir uns hier auf die Entwicklung der Milchkuhbestände beschränken. In Schaubild 82 ist die Entwicklung der Kuhbestände, der jährlichen Färsennachzucht und der Altkuhschlachtungen in der Ausgangssituation und bei einer 10 %igen Preissenkung dargestellt.

---

70) Die Anpassung der Milchproduktion an veränderte Milchpreise wird in der Literatur in allgemeiner Form verschiedentlich abgehandelt. Siehe dazu z.B. Schilling,R., Die wirtschafts- und agrarpolitische Bedeutung des Milchpreises (Landwirtschaft - Angewandte Wissenschaft, Heft 154) Hiltrup 1971., Köhne, M., Tendenzen und Interdependenzen im Angebot tierischer Erzeugnisse, in: Zapf, R., (Hrsg.) Entwicklungstendenzen in der Produktion und im Absatz tierischer Erzeugnisse, München-Bern-Wien 1970, S. 419 ff., Bieler, U., Anwendung der Kosten-Nutzen-Analyse bei agrarpolitischen Einzelmaßnahmen, dargestellt am Beispiel der Milchmarktpolitik, in: Schmitt,G., Steinhauser, H. (Hrsg.), Planung, Durchführung und Kontrolle der Finanzierung von Landwirtschaft und Agrarpolitik, München-Bern-Wien 1978, S.283-301.

71) Es wird unterstellt, daß die Milchleistung im wesentlichen vom züchterischen Fortschritt und vom Vorleistungseinsatz je Milchkuh bestimmt wird. Siehe dazu auch: Köhne, M., Tendenzen .... S. 422.

Schaub. 82: Entwicklung der Milchkuhhaltung bei gegebenen Preisen und bei einer 10%igen Milchpreissenkung in 1 000 Stück

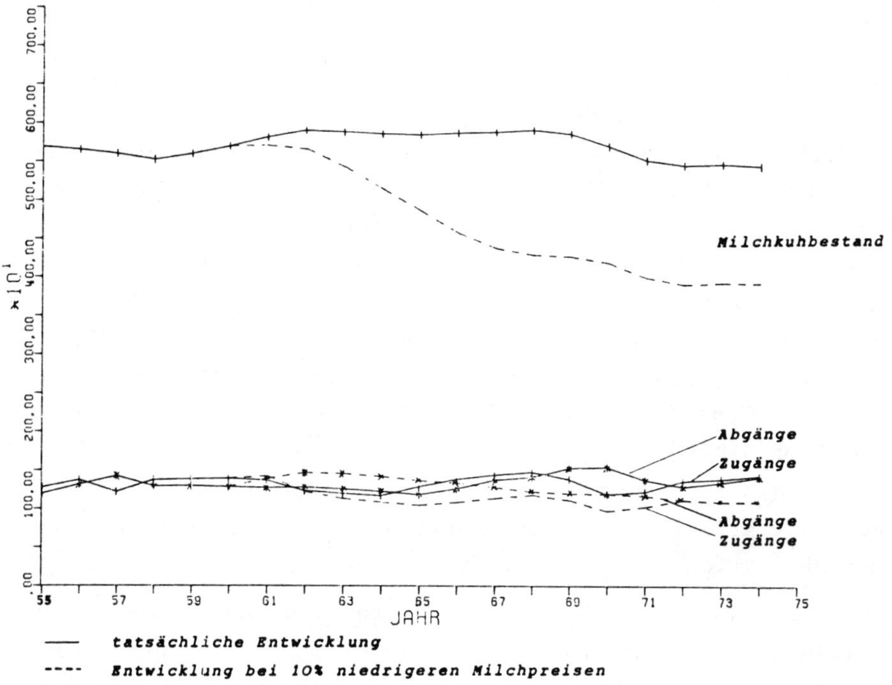

Es zeigt sich, daß der Anpassungsprozeß durch einen erhöhten Abgang an Altkühen in den ersten Jahren ausgelöst wird. Die um etwa 15 % erhöhten jährlichen Abgänge führen bereits in den ersten fünf Jahren zu einer Verminderung des Bestandes um etwa 1 Million Kühe. Gleichzeitig werden weniger Färsen aufgezogen, so daß sich eine längerfristig anhaltende Tendenz zu einem niedrigeren Milchkuhbestand ergibt. In der zweiten Fünfjahresphase ist der Bestand bereits so weit reduziert, daß auch die Abgänge aus dem Bestand vermindert werden. Die Färsennachzucht pendelt sich auf einem 20 % niedrigeren Niveau ein. Der Milchkuhbestand sinkt weiter auf etwa 75 % des Referenzniveaus. Gegen Ende des Analysezeitraums stabiliseren sich die betrachteten Größen. Der Milchkuhbestand bleibt bei einem Niveau von etwa 4 Mio Stück annähernd konstant. Die Färsennachzucht und die Altkuhschlachtungen liegen jeweils etwa 20 % niedriger. Damit ergibt sich während des Analysezeitraums eine durchschnittliche Elastizität der Milchproduktion in bezug auf die Milchpreissenkung von etwa 2.

Der aufgezeigte Anpassungprozeß kann jedoch nicht generell auf andere Zeitperioden übertragen werden. Neben den vorherrschenden gesamtwirtschaftlichen Bedingungen (insbesondere der Arbeitsmarktlage), die diesen Anpassungsprozeß ermöglichen, ist die Referenzentwicklung der Milchkühe selbst von Bedeutung. Eine Senkung der Milchpreise in einer Phase der Ausdehnung der Produktion (wie in den ersten Jahren unseres Analysezeitraums) wird wegen der damit möglichen Einsparung von Erweiterungsinvestitionen im allgemeinen einen größeren Erfolg zeigen als in einer Phase einer ohnehin rückläufigen Referenzentwicklung[72].

Die aufgezeigte Anpassung der Milchproduktion ist als das Ergebnis vielfältiger Anpassungsprozesse in anderen Bereichen der Produktion sowie beim Faktoreinsatz zu sehen.

(2) Veränderung der ökonomischen Situation. Aus Gründen der Vergleichbarkeit wird die durch die Milchpreissenkung veränderte ökonomische Situation des Agrarsektors anhand der gleichen aggregierten Variablen dargestellt wie bei den Alternativen der Preisniveaupolitik (Schaubild 83).

- Die gesamte Produktionsmenge sinkt im Durchschnitt des Untersuchungszeitraums um 4 %, wobei zu Beginn der Periode ein langsamer Rückgang zu verzeichnen ist, der sich gegen Ende der Periode auf einem um 7 % niedrigeren Niveau einpendelt. In den einzelnen Produktionsbereichen ergeben sich im Durchschnitt folgende prozentualen Anpassungen:

72) Aus verschiedenen Gründen muß daher vor einer unmitelbaren Übertragung dieser Ergebnisse auf die Zukunft und die künftige Gestaltung der Milchpreispolitik gewarnt werden.

Getreide	13.2
Hackfrüchte	- 1.0
Sonderkulturen	0.5
Bodenproduktion	5.7
Milch	- 20.2
Rindfleisch	- 16.9
Schweinefleisch	1.2
Geflügel	0.9
Tierproduktion	- 10.8
Bruttoproduktion	- 4.3

Durch die starke Reduzierung des Ackerfutterbaues (- 60 %) erfolgt eine kräftige Ausdehnung des Getreidebaus. Während der Hackfruchtbau in der ersten Hälfte der Betrachtungsperiode ausgedehnt wird (um die durch die Reduzierung der Milchviehhaltung freigewordenen Arbeitskräfte zu nutzen), erfolgt in der zweiten Hälfte wegen des geringeren Investitionskapitals eine Einschränkung der Produktion.

Schaub. 83: Auswirkungen einer 10%igen Milchpreissenkung auf den agrarsektoralen Entwicklungsprozeß in v.H.

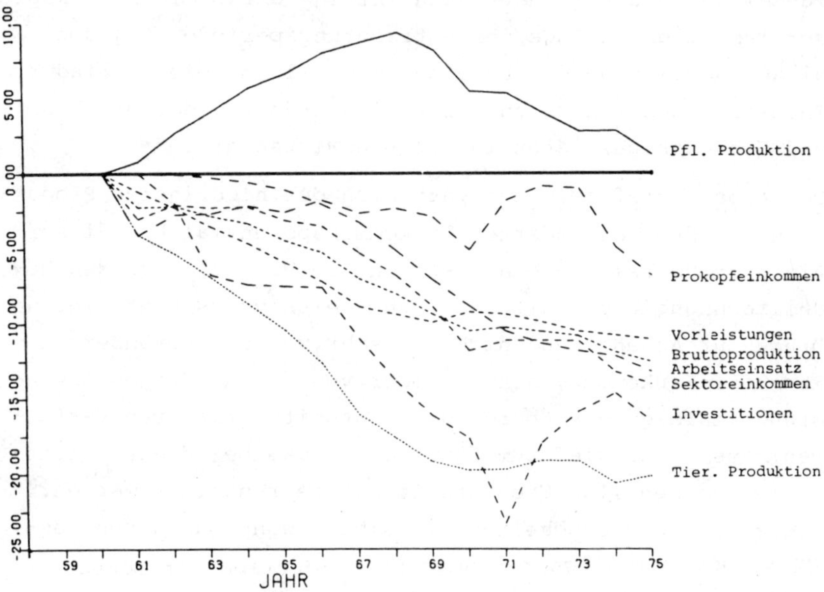

Von besonderer Bedeutung sind die Anpassungen der Rindfleischproduktion. In den ersten Jahren erfolgt wegen der höheren Altkuhschlachtungen ein leichter Produktionsanstieg. Die zu nehmende Kälberverknappung führt im Zeitabaluf zu einem stärkeren Übergang zu Rindermastverfahren mit höheren Endgewichten. Wegen des bereits geringen Anteils der Mastverfahren mit niedrigem Endgewicht sind diesem Substitutionsprozeß in den letzten Jahren enge Grenzen gesetzt.

- Der Vorleistungseinsatz wird etwas stärker reduziert als die Produktionsmenge. Dabei schlägt insbesondere der stark verminderte Kraftfuttermitteleinsatz zu Buche. Wegen der verschiedenen (noch zu diskutierenden) Anpassungen geht das verfügbare Einkommen je Familienarbeitskraft lediglich um knapp 3 % zurück. Abgesehen von jährlichen Schwankungen bleibt diese Differenz im Zeitablauf konstant.
- Stärkere Anpassungen ergeben sich jedoch bei den Investitionen. Dabei zeigt sich in der zweiten Hälfte des Betrachtungszeitraums eine um etwa 30 % verminderte Eigenkapitalbildung. Die Aufnahme von Fremdkapital geht bis zur Mitte der Periode zunehmend zurück, nähert sich infolge der steigenden Kapitalverzinsung gegen Ende der Betrachtungsperiode[73)] jedoch wieder dem Niveau der Referenzentwicklung. Die verminderten Investitionen führen zu einer Einschränkung der Maschinen- und Gebäudekapazitäten in der Landwirtschaft.
- Der Arbeitskräfteeinsatz paßt sich der niedrigeren Produktion und dem verminderten Einkommenspotential bei dieser Alternative relativ elastisch an. Im Vergleich zu den Modellrechnungen bei alternativen Preisniveaus geht hier der Druck zur Abwanderung nicht so sehr von den veränderten Pro-Kopf-Einkommen, sondern mehr von der niedrigen Auslastung (infolge des Übergangs zu arbeitsextensiven Verfahren) aus. Dies wiederum führt dazu, daß bei dieser Alternative vornehmlich Fremdarbeitskräfte reduziert werden. Diese Ergebnisse scheinen plausibel, wenn man davon ausgeht, daß bei Milchpreissenkungen Betriebe mit Lohnarbeitskräften (insbesondere mit Lohnmelkern) am stärksten be-

---

73) Die steigende Kapitalverzinsung ist dabei auf die Kapitalverknappung infolge der geringeren Investitionstätigkeit in der ersten Phase der Milchpreissenkung zurückzuführen.

troffen sind, während bei einer generellen Preisniveausenkung mit einer verstärkten Anpassung in Richtung größerer Betriebseinheiten mit einem bestimmten Fremdarbeitskräfteanteil zu rechnen ist.

- Die Modellergebnisse zeigen folgende Konsequenzen hinsichtlich der landwirtschaftlichen Flächennutzung: Während die Grünlandnutzung im Analysezeitraum um etwa 17 - 18 % eingeschränkt wird, steigt die Ackerfläche leicht an (3-4 %). Dies bedeutet, daß von den Grünlandflächen etwa 5 % in Ackernutzung übergehen und daß etwa 12 % der ursprünglichen Grünlandflächen nicht mehr genutzt werden. Gerade im Hinblick auf eine realistische Einschätzung der sich wandelnden Flächennutzung bei alternativen Milchpreisen und hinsichtlich einer zielbezogenen Beurteilung alternativer Politikstrategien sind die Möglichkeiten und die Wettbewerbsfähigkeit extensiver Formen der Landnutzung (z.B. alternative Rindermastverfahren, Mutterkuhhaltung, Schafhaltung) ergänzend mit in die Überlegungen einzubeziehen. Leider lassen sich anhand der historischen Entwicklung auf sektoraler Ebene über diese Zusammenhänge keine gesicherten Beziehungen ableiten.

Zusammenfassend läßt sich feststellen: Die heutigen Probleme auf dem deutschen Milchmarkt hätten durch eine rechtzeitig eingeleitete alternative Milchpreispolitik weitgehend vermieden werden können. Die ökonomischen Konstellationen (besonders auf dem Arbeitsmarkt) in den letzten 15 Jahren hätten eine alternative Entwicklung auf dem Milchsektor erlaubt. Wie die Ergebnisse verdeutlichen, lägen die Einkommen der Landwirte (Markteinkommen) bei dieser alternativen Milchpreisstrategie nur wenig niedriger; sie hätten durch geeignete alternative Maßnahmen der Einkommenspolitik auf dem Niveau der vergangenen Entwicklung gehalten werden können. Die Konsequenzen einer derartigen Milchpreispolitik für die landwirtschaftliche Bodenbewirtschaftung und das Ziel "Landschaftserhaltung" sind jedoch unverkennbar.

3.2.2 Auswirkungen einer Getreidepreissenkung

Die getreidepreispolitischen Maßnahmen spielen seit Bismarcks Zollpolitik eine zentrale Rolle in der deutschen Agrarpolitik. Auch heute werden die politisch gesetzten Getreidepreise als "Eckpfeiler" der Agrarpreispolitik angesehen. Dies hat seinen Grund darin, daß die Getreidepreise andere Marktordnungspreise, wie etwa für Schweine und Geflügel unmittelbar beeinflussen. Wegen der Tatsache, daß der größte Teil des Getreides wieder als Input in der landwirtschaftlichen Produktion Verwendung findet, ist der Getreidepreis sowohl für die Zusammensetzung der landwirtschaftlichen Produktion als auch für die Zusammensetzung der landwirtschaftlichen Inputs von entscheidender Bedeutung[74]. Im folgenden sollen im wesentlichen die Veränderungen auf der Produktionsseite und davon ausgehenden Wirkungen auf andere Bereich analysiert werden. Die aggregierten Ergebnisse, die sich bei einer 10 %igen Senkung aller Getreidepreise ergeben, sind in Schaubild 84 dargestellt.

Schaub. 84: Auswirkungen einer 10%igen Getreidepreissenkung auf den sektoralen Entwicklungsprozeß in v.H.

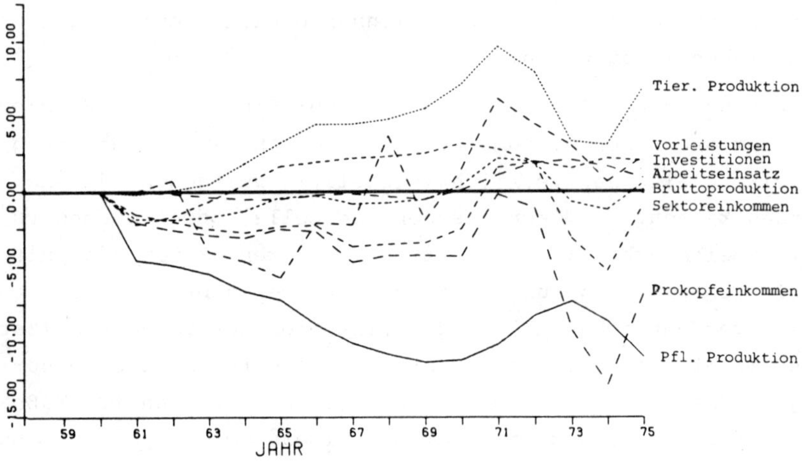

74) Aufgrund dieser Doppelrolle innerhalb der Landwirtschaft besteht ein Zielkonflikt hinsichtlich des wünschenswerten Getreidepreisniveaus aus der Sicht unterschiedlicher Betriebssysteme. Dieser Interessengegensatz ist bereits seit dem letzten Jahrhundert zwischen den ostdeutschen Getreideproduzenten und den westdeutschen Viehhaltern bekannt.

(1) Überraschenderweise reagiert die Getreideproduktion sehr gering auf die veränderten Preise. Im Durchschnitt ergibt sich lediglich ein Rückgang um etwa 2 %. Die stärksten Reaktionen zeigen sich in der Mitte des Analysezeitraum, während zum Ende hin eine weitgehende Stabilisierung eintritt. Betrachtet man die einzelnen Getreidearten, so ist vor allem beim Roggen- und Gerstenanbau ein Produktionsrückgang festzustellen.Infolge des unmittelbaren Preiseffektes und der Produktionsreaktionen bei Getreide sowie aufgrund verschiedener Anpassungen in den übrigen Bereichen der Bodenprodukton, ergibt sich ein Rückgang der monetären Bodenproduktion um durchschnittlich 8 %. Dagegen steigt die Tierproduktion infolge der höheren Wettbewerbsfähigkeit im Durchschnitt um etwa 4 % gegenüber der Referenzentwicklung. Dabei zeigen die Modellergebnisse eine starke Ausdehnung der Schweine- und Geflügelhaltung. Die gesamte wertmäßige Produktion sinkt daher im Zeitablauf nur wenig. Bei den Produktionsmengen ist sogar eine leichte Steigerung festzustellen.

(2) Der zunächst zu vermutende Rückgang der monetären Vorleistungsaufwendungen infolge der Getreidepreissenkungen zeigt sich lediglich in den ersten Jahren. Die Ausdehnung der Tierproduktion führt nämlich zu einem Anstieg der Vorleistungsmengen, so daß der Getreidepreiseffekt überkompensiert wird. Das Sektoreinkommen liegt, von Ausnahmen in einzelnen Jahren abgesehen, um etwa 2-3 % niedriger.

(3) Die Investitionen sinken zunächst, insbesondere aufgrund der verringerten Eigenkapitalbildung ("Verfügbares Einkommen": - 3 %). Infolge der Ausdehnung der Tierproduktion ergibt sich ein höherer Schattenpreis für das Investitionskapital, der dann in der zweiten Hälfte des Zeitraums zu steigenden Investitionen auf der Basis von Fremdkapital führt. Die Eigenkapitalbildung liegt im Durchschnitt um 8 % unter dem Vergleichsniveau.

(4) Der Arbeitskräfteeinsatz bleibt weitgehend unverändert. Dabei zeigen sich - im wesentlichen ausgelöst durch Produk-

tionsschwankungen - in den einzelnen Jahren unterschiedliche Abweichungen gegenüber der Vergleichsentwicklung

Zusammenfassend kann festgestellt werden, daß die Elastizität der Getreideproduktion in bezug auf Getreidepreisänderung relativ gering ist[75]. Ausgelöst durch die unmittelbaren monetären Effekte und die Veränderung der Wettbewerbsstellung ergeben sich aber bedeutsame Folgewirkungen für die Landwirtschaft.

3.3 Der Entwicklungsprozeß des Agrarsektors bei alternativen gesamtwirtschaftlichen Bedingungen

Die Stellung des Agrarsektors in einer wachsenden Volkswirtschaft und der Einfluß der gesamtwirtschaftlichen Entwicklung auf den sektoralen Strukturwandel bilden zentrale Bereiche der agrarökonomischen Forschung. Neben der grundsätzlichen Forschung des Strukturwandels in längerfristiger Perspektive[76] sind in jüngster Zeit, ausgelöst durch das Auftreten von Arbeitslosigkeit, Inflation, stagnierendes Wirtschaftswachstum, stark veränderten Währungsparitäten u.dgl., Analysen erstellt worden, die sich mit dem Einfluß dieser Faktoren auf den Agrarsektor beschäftigen[77]. Diese Arbeiten beziehen sich meist auf

---

75) Dies gilt natürlich nur für relativ kleine Preisänderungen.

76) z.B. Plate,R., Woermann,E., Landwirtschaft ... Henrichsmeyer,W., Der landwirtschaftliche Sektor ..., Weber,H., Die Landwirtschaft in der volkswirtschaftlichen Entwicklung. Eine Betrachtung über Beschäftigung und Einkommen. (Berichte über Landwirtschaft, Sonderheft 161), Hamburg-Berlin 1955. Plate,R., Neidlinger,G., Agrarmärkte und Landwirtschaft im Strukturwandel der siebziger Jahre. Analyse und Projektion für die Bundesrepublik Deutschland, Hiltrup 1971. Herlemann,H.-H., Stamer,H., Produktionsgestaltung und Betriebsgröße in der Landwirtschaft unter dem Einfluß der wirtschaftlich-technischen Entwicklung, Kiel 1958. Neumark,F., (Hrsg.),Strukturwandlungen einer wachsenden Wirtschaft, Berlin 1964.

77) z.B. Heidhues,Th., Tangermann,S., Der Einfluß von wirtschaftlichem Wachstum, Inflation und Währungspolitik auf die Landwirtschaft unter EWG-Bedingungen, in: Agrarwirtschaft, Bd.21 (1972), S. 173-182., Manegold,D., Auswirkungen gesamtwirtschaftlicher Konjunkturschwankungen auf die Landwirtschaft, in: Agrarwirtschaft, Bd.21 (1976), S.225-232., Altmann,A., Peters,W., Auswirkungen der Konjunkturentwicklung auf den strukturellen Anpassungsprozeß der Landwirtschaft, Arbeitsbericht, Braunschweig 1976. Heid-

eine allgemeine Abhandlung denkbarer und möglicher Wirkungsmechanismen. In agrarpolitischer Hinsicht interessiert vor allem der Einfluß von unterschiedlichen gesamtwirtschaftlichen Entwicklungen auf den wahrscheinlichen agrarsektoralen Strukturwandel.

Im folgenden soll mit Hilfe des dynamischen Sektormodells zunächst der isolierte Einfluß

- unterschiedlicher Bedingungen auf dem Arbeitsmarkt
- unterschiedlicher Inflationsraten und
- unterschiedlicher gesamtwirtschaftlicher Wachstumsraten

auf den Entwicklungsprozeß der Landwirtschaft herausgearbeitet werden. In einem zweiten Schritt wird dann nach den Entwicklungslinien des Agrarsektors bei gleichzeitig veränderten Annahmen über den Arbeitsmarkt, das gesamtwirtschaftliche Preisniveau und das gesamtwirtschaftliche Wachstum gefragt. Die sonstigen gesamtwirtschaftlichen Bedingungen und die agrarpolitischen Maßnahmen bleiben unverändert. Rückwirkungen auf das Agrarpreisniveau bleiben ausgeschlossen. Die Ergebnisse dieser Analyse werden - wie bei den Agrarpreisalternativen - zur Referenzentwicklung in Beziehung gesetzt. Der besseren Vergleichbarkeit wegen wählen wir hier den gleichen Analysezeitraum.

3.3.1 Auswirkungen erhöhter gesamtwirtschaftlicher Arbeitslosigkeit

Infolge der anhaltenden Arbeitslosigkeit seit dem Jahre 1974 ist eine stark eingeschränkte Mobilität der landwirtschaftlichen Arbeitskräfte zu beobachten. Der Wechsel von landwirtschaftlichen Arbeitskräften in andere Berufe ist weitgehend zum Erliegen gekommen. Die derzeitig noch zu verzeichnende Reduzierung läßt sich im wesentlichen auf die Mobilität im Generationswechsel (= Differenz zwischen altersbedingten Abgängen und den Zugängen junger Arbeitskräfte) zurückführen. Die Konsequenzen, die sich bei einer anhaltenden Arbeitslosigkeit

---

hues, Th., Einige agrarpolitische Krisenherde bei veränderten gesamt- und weltwirtschaftlichen Rahmenbedingungen, in: Agrarwirtschaft Bd. 25 (1976), S. 232-244,

für den Entwicklungsprozeß und die künftige Situation der Landwirte ergeben, lassen sich gegenwärtig noch nicht übersehen. Um der Beantwortung dieser Frage näher zu kommen, soll im folgenden analysiert werden, wie der agrarsektorale Entwicklungsprozeß verlaufen wäre, wenn wir seit 1961 eine Arbeitslosigkeit im heutigen Ausmaß (5 %) und eine Relation von offenen Stellen zu Arbeitslosen von 0.2 (entspricht der Situation von 1975) gehabt hätten. Die außerlandwirtschaftliche Einkommensentwicklung bleibt bei dieser Alternative von der Arbeitslosigkeit unberührt. Die Ergebnisse (Schaubild 85) lassen sich wie folgt interpretieren:

Schaub. 85: Auswirkungen einer höheren Arbeitslosigkeit (Arbeitslosenquote 5%, Relation: Offene Stellen zu Arbeitslose 0.2) auf den agrarsektoralen Entwicklungsprozeß in v.H.

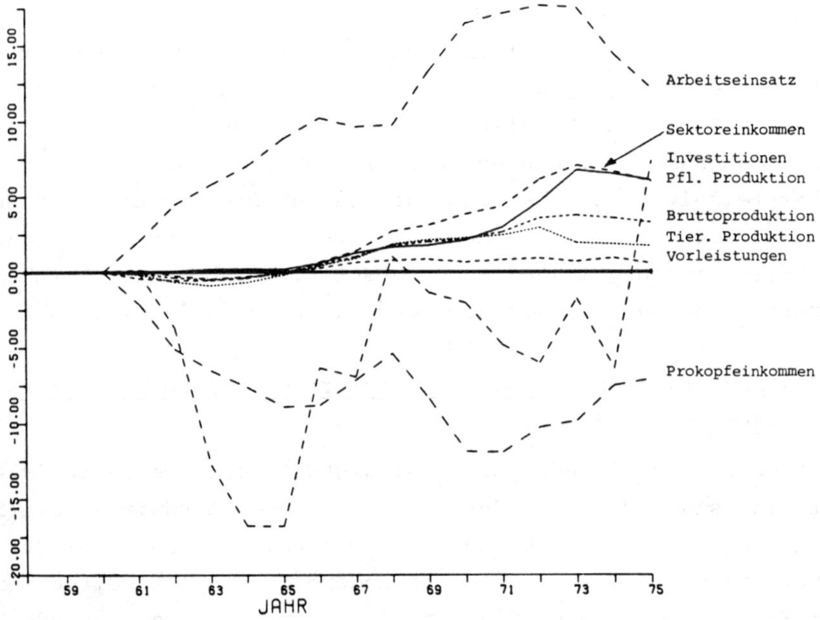

(1) Der Arbeitseinsatz in der Landwirtschaft steigt im ersten Jahr um knapp 2 % an. Diese Reaktion entspricht in etwa der tatsächlichen Verminderung der Abwanderung im Jahre 1974/75 und 1975/76 und scheint daher einigermaßen realistisch. Die Tendenz der geringeren Abwanderung setzt sich in den weiteren Jahren fort, so daß nach 6 Jahren erhöhter Arbeitslosigkeit der Bestand an landwirtschaftlichen Vollarbeitskräften um 10 % höher liegt.

Parallel zu dieser Entwicklung ergibt sich eine Reduzierung der Pro-Kopf-Einkommen um etwa 8 % und eine Zunahme der nicht ausgelasteten Arbeitskräfte in der Landwirtschaft um etwa 50 - 60 %. Diese beiden Faktoren führen in der Rezession 1967/68 (in der ein geringerer Unterschied zwischen der in dieser Alternative angenommenen Arbeitslosigkeit und der tatsächlichen Arbeitslosigkeit existiert) dazu, daß die Mobilitätsraten der Referenzentwicklung wieder erreicht bzw. leicht überschritten werden. Diese Mobilität wiederum hat zur Folge, daß die beiden Druckfaktoren Einkommen und Unterauslastung im Jahre 1969/70 tendenziell abgebaut werden. Gleichzeitig wirkt die größere Differenz zwischen der angenommenen und der tatsächlichen Arbeitslosigkeit in diesen Jahren dahingehend, daß die Mobilität erneut eingeschränkt wird. Dadurch steigt der Arbeitskräftebestand in den Jahren 1971 bis 1973 auf ein um 17 % höheres Niveau als in der Referenzentwicklung. Der höhere Bestand an nicht ausgelasteten Arbeitskräften, die verschlechterte landwirtschaftliche Einkommenssituation sowie die geringere Differenz in der Arbeitslosigkeit führen dazu, daß die Mobilität in den Jahren 1974/75 und 1975/76 gegenüber der Referenzentwicklung wieder zunimmt.

Die verschiedenen Entwicklungsphasen zeigen deutlich die Dynamik des Modellsystems:[78] Ein äußerer Anstoß bewirkt verschiedene Abweichungen vom ursprünglichen Entwicklungspfad. Sie beziehen sich z.T. auf direkte Anpassungen auf die "äußere" Umwelt, z.T. darauf, daß ein Mobilitätsdruck aufgebaut wird, der tendenziell den ursprünglichen Abweichungen entgegenwirkt. Wenn dies der Fall ist, wird der modellinterne Druck wieder abgebaut und die auslösenden exogenen Faktoren kommen wieder stärker zur Geltung. Der alternative Entwicklungsprozeß verläuft also im Wechselspiel dieser verschiedenen modellexogenen und modellinternen Kräfte; dabei können sich im Zeitablauf unterschiedliche Anpas-

78) Da sich im allgemeinen bei exogenen Anstößen alle Modellvariablen ändern, ist es im Einzelfall relativ schwierig, die Faktoren des Modells zu isolieren, die eine bestimmte Entwicklung hervorrufen. Dies ist aber auch im allgemeinen nicht notwendig, wenn man die zugrundeliegenden Beziehungen für sinnvoll erachtet. Die Modellauswertung bezieht sich dann lediglich auf die Beziehungen zwischen den veränderten exogenen Variablen und den verschiedenen Modellergebnissen.

sungsphasen ergeben.

Dennoch bleibt zu fragen, ob die verstärkte Abwanderung in den Jahren 1974/75 und 1975/76 bei dieser Modellalternative realistisch ist. Zu prüfen wäre dabei insbesondere, ob die abwanderungsbereiten Landwirte unter diesen Bedingungen einen außerlandwirtschaftlichen Arbeitsplatz finden würden oder, anders ausgedrückt, ob die zugrundeliegenden Modellbeziehungen bei diesen stark veränderten Annahmen noch Gültigkeit besitzen. Bei ausreichenden Informationen könnte man z.B. Nebenbedingungen formulieren, die sich auf das (maximale) Arbeitsplatzangebot für Landwirte bei unterschiedlichen Arbeitslosenquoten beziehen (Nachfragefunktion für landwirtschaftliche Arbeitskräfte). Unter Berücksichtigung solcher Bedingungen[79)] ließe sich beim Ablauf des Modellsystems verfolgen, in welche Richtung dann der Anpassungsdruck verlagert würde. Unverkennbar ist aufgrund der Modellergebnisse jedoch der Druck auf eine verstärkte Abwanderung landwirtschaftlicher Arbeitskräfte nach eine Phase eingeschränkter Mobilitätsmöglichkeiten. In diesem Sinne läßt sich auch die tatsächliche Entwicklung der Arbeitsmobilität in den letzten beiden Jahrzehnten interpretieren (verstärkte Mobilität in den Jahren 1969 bis 1972, u.a. als Folge der durch die Rezession 1967 und 1968 aufgestauten Abwanderungserfordernisse).

(2) Neben dem veränderten Arbeitseinsatz interessieren unter agrarpolitischen Aspekten ferner Anpassungen, die sich in den übrigen Bereichen ergeben.

- Der höhere Arbeitseinsatz führt zu einem Abfall der Schattenpreise für Arbeit (durchschnittlich etwa 10 %) und damit zu einer tendenziellen Produktionsausdehnung. Wie zu erwarten, kommt es dabei zu einer Expansion der intensiven Produktionsbereiche (Milch, Rindermast, Hackfrucht- und Sonderkulturanbau) und zu der Einschränkung extensiver Bereiche wie z.B. Getreide. Wegen des höheren Anteils der nicht ausgelasteten Arbeitskräfte, wegen der stärkeren Realisierung

79) Bei abgesicherten Informationen könnte man z.B. den maximalen jährlichen Berufswechsel der Landwirte auch exogen vorgeben.

arbeitsintensiver Produktionsverfahren und aufgrund der geringeren Rationalisierungsinvestitionen ist der Produktionseffekt relativ gering (max. 4 %)[80].

- Der Vorleistungseinsatz bleibt aufgrund der Ausdehnung vorleistungsextensiver Produktionsverfahren nahezu unverändert; es ergeben sich aber starke Veränderungen in der Vorleistungsstruktur. Wegen der niedrigeren modellinternen Verzinsung gehen die Investitionen nach einer gewissen Anlaufzeit stärker zurück. In der zweiten Hälfte der Betrachtungsperiode nähern sie sich infolge der höheren internen Verzinsung (Kapitalverknappung) fast wieder dem Referenzniveau. Dabei ist die Eigenkapitalbildung in einem ähnlichen Ausmaß betroffen wie die Fremdfinanzierung. Der Einsatz des landwirtschaftlichen Bodens steigt leicht an, wobei insbesondere die intensive Bodennutzung an Bedeutung gewinnt.
- Während das Sektoreinkommen zu Beginn der Betrachtungsperiode beinahe unverändert bleibt, zeigt sich in der zweiten Hälfte ein Anstieg um etwa 5 %. Da infolge der Arbeitslosigkeit weniger Fremdarbeitskräfte entlassen werden, steigen die Lohnaufwendungen der Landwirtschaft beträchtlich an. Dadurch ergibt sich in der ersten Hälfte beim "Einkommen der Landwirte" bzw. beim "verfügbaren Einkommen" ein Rückgang von 2-3 %, während in der zweiten Hälfte das Niveau der Referenzentwicklung in einzelnen Jahren nur geringfügig unterschritten wird. Die Reduzierung der Pro-Kopf-Einkommen ist jedoch im wesentlichen auf den höheren Familienarbeitskräftebestand zurückzuführen.

Zusammenfassend zeigt sich, daß eine erhöhte gesamtwirtschaftliche Arbeitslosigkeit die Probleme des Agrarsektors im gesamtwirtschaftlichen Wachstumsprozeß verstärkt. Die Anpassungsmöglichkeiten auf der Faktoreinsatzseite werden vermindert. Dies führt zu einer Produktionsausdehnung in Bereichen, die ohnehin durch eine Überschußsituation gekennzeichnet sind. Daneben ist

80) Der leichte Produktionsrückgang in den ersten Jahren ergibt sich infolge der verstärkten Verwendung weiblicher Jungtiere zur Aufstockung der Milchkuhbestände. Veränderungen des Bestandes an Zwischenprodukten werden bei der gegenwärtigen Modellversion im Produktionswert nicht erfaßt.

mit einer verstärkten Einkommensdisparität der Landwirtschaft zu rechnen. Wegen der geringeren alternativen Berufsmöglichkeiten nehmen trotzdem mehr junge Arbeitskräfte eine landwirtschaftliche Tätigkeit auf[81]. Die langfristigen Konsequenzen, die sich aus den aufgezeigten Entwicklungen für die Betroffenen ergeben, sind für die Ausrichtung einer vorausschauenden Wirtschafts- und Agrarpolitik von grundlegender Bedeutung.

3.3.2 Auswirkungen eines verminderten gesamtwirtschaftlichen Wachstums

Im Vergleich zu den sechziger und den Anfängen der siebziger Jahre gewinnen gegenwärtig pessimistische Prognosen über künftiges quantitatives Wirtschaftswachstum leicht die Oberhand[82]. Unabhängig von den aktuellen Ereignissen, wie z.B. Arbeitslosigkeit, geringe Investitionsbereitschaft, scheint in der Tat einiges dafür zu sprechen, daß sich die gesamtwirtschaftliche Entwicklung in den letzten beiden Jahrzehnten nicht uneingeschränkt auf die Zukunft übertragen läßt. Ein vermindertes gesamtwirtschaftliches Wachstum beeinflußt den Agrarsektor sowohl über die Produktmärkte als auch über die Faktormärkte:

- Eine geringere allgemeine Einkommenssteigerung führt c.p. zu einer verringerten Nachfrage nach Nahrungsmitteln[83] und damit zu einem Druck auf die Agrarpreise.
- Auf der anderen Seite ergibt sich ein geringerer Druck auf die landwirtschaftliche Arbeitsmobilität infolge verminderter alternativer Einkommen (Opportunitätskosten). Aufgrund des höheren Faktorbestandes ist mit einer steigenden Produktion zu rechnen, so daß die Agrarpreise von der Angebots- und Nachfrageseite stärker unter Druck geraten.

---

81) Bei der angenommenen Arbeitsmarktsituation steigen die Neueintritte junger männlicher Arbeitskräfte um etwa 15 %, die weiblicher Arbeitskräfte um etwa 35 - 40 %.

82) Siehe dazu auch: Heidhues,Th., Einige agrarpolitische ... S. 233

83) Vergleiche dazu etwa die jüngst von WÖHLKEN un MEYER geschätzten Nachfrageelastitzitäten für die Gesamtheit der Nahrungsmittel. Wöhlken,E., Meyer, H.,Elastizitäten der

Im folgenden soll lediglich der letzte Aspekt näher analysiert werden, wobei unveränderte Agrarpreise zugrundegelegt werden. Die hypothetische Frage lautet: Wie wäre die wirtschaftliche Entwicklung des Agrarsektors in den letzten 15 Jahren bei einem um 3 Prozentpunkte niedrigeren gesamtwirtschaftlichen Einkommenswachstum verlaufen? Schaubild 86 enthält die aggregierten Ergebnisse des dynamischen Analyse- und Prognosesystems.

Schaub. 86: Auswirkungen eines verminderten gesamtwirtschaftlichen Wachstums (minus 3 Prozentpunkte pro Jahr) auf den agrarsektoralen Entwicklungprozeß in v.H.

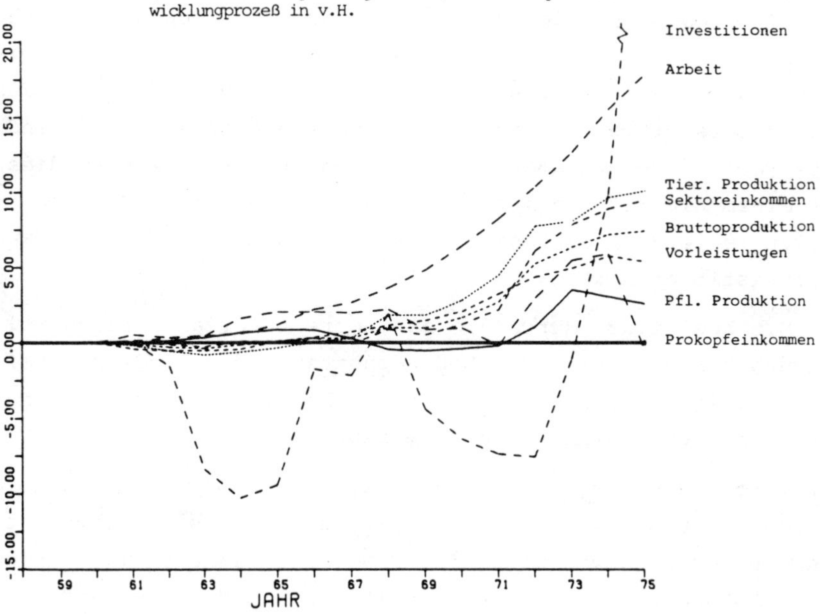

(1) Die Entwicklung der landwirtschaftlichen Produktion verläuft dem Niveau und der Struktur nach ähnlich wie bei der veränderten Arbeitsmarktsituation. Wegen der zunehmenden absoluten Unterschiede im gesamtwirtschaftlichen Pro-Kopf-Einkommen (auslösender Faktor) kumulieren sich die Wirkungen im Zeitablauf. Die Produktionsexpansion betrifft vor allem die arbeitsintensiven Verfahren der Tierproduktion.

Mengennachfrage nach der Gesamtheit aller Nahrungsmittel, Agrarwirtschaft, Bd. 26 (1977), S. 139-142.

(2) Das gleiche gilt für den Arbeitseinsatz, der anfangs relativ langsam, in der zweiten Hälfte aber wesentlich stärker ansteigt. Nach etwa 10 Jahren verringerten gesamtwirtschaftlichen Wachstums beträgt die globale Abwanderungsrate etwa 2 bis 2.5 % pro Jahr.

(3) Wie die Modellergebnisse zeigen, besteht aufgrund der veränderten Lohn- Zins-Relationen ein verminderter Anreiz zur Durchführung von Rationalisierungsinvestitionen auf höheren Technologiestufen. Dies äußert sich auch bei den aggregierten Kennziffern durch eine geringere Gesamtinvestitionstätigkeit. Aufgrund der Produktionsausdehnung werden in den letzten Jahren in verstärktem Ausmaß Erweiterungsinvestitionen notwendig. Entsprechend der veränderten Lohn-Zins-Relation werden diese auf einem niedrigeren Technologieniveau getätigt. Dennoch steigt im letzten Jahr die Investitionssumme kräftig an (Nachholinvestitionen).

(4) Mit beeinflußt durch die geringere außerlandwirtschaftliche Bodennachfrage steigt der Bodeneinsatz in der Landwirtschaft geringfügig an, wobei - ähnlich wie bei der letzten Alternative - die intensive Bodennutzung an Bedeutung gewinnt.

(5) Infolge der steigenden Produktion ergibt sich in den letzten Jahren eine Erhöhung des "Sektoreinkommens" um etwa 9 %. Die sinkenden Aufwendungen für Fremdarbeitskräfte (40 % niedrigerer Lohnsatz) und für Fremdkapital sowie die steigenden Zinseinnahmen infolge erhöhter Vermögensbildung führen in den letzten Jahren zu einer Steigerung des "verfügbaren Einkommens" um etwa 20 %. Die Pro-Kopf-Einkommen steigen jedoch aufgrund des höheren Familienarbeitskräftebestandes nur geringfügig (im Durchschnitt der 15 Jahre um etwa 2 % gegenüber dem Referenzniveau). Im Vergleich zum außerlandwirtschaftlichen Einkommensniveau ergibt sich eine Disparität zugunsten der Landwirtschaft in Höhe von etwa 10 bis 20 %.

Zusammenfassende Bemerkungen: Wenn man die Nachfragewirkungen außer acht läßt, so zeigt sich aufgrund der Modellergebnisse, daß nicht nur die Anpassungserfordernisse, sondern auch die tatsächliche Geschwindigkeit des agrarsektoralen Strukturwandels entscheidend vom gesamtwirtschaftlichen Wachstum beeinflußt wird. Dabei ist zu beachten, daß allein schon von der Angebotsseite her die Probleme auf den landwirtschaftlichen Produktmärkten (besonders auf Märkten, die ohnehin schon unter strukturellen Überschüssen leiden) erheblich verschärft werden. Nur bei der sicherlich unrealistischen Annahme, daß die Agrarpreispolitik imstande wäre, das Preisniveau der Referenzperiode aufrechtzuerhalten, ergäbe sich eine wesentlich verbesserte Einkommenssituation für die Landwirtschaft. Ausgehend von diesen Überlegungen bieten sich folgende Modellerweiterungen an:

- Iteratives Verfahren: In Abhängigkeit von den Angebotsmengen des Modells und den veränderten Nachfrageverhältnissen werden die exogenen Agrarpreise verändert und in einem neuen Modellablauf die Angebotsmengen ermittelt. Dieser Prozeß wird solange wiederholt, bis die produzierten Mengen zu den angenommenen Preisen nachgefragt werden. Dabei sind spezifische Kenntnisse über die Nachfrageverhältnisse bei den einzelnen Produkten erforderlich.
- Einkommensorientierte Preispolitik: Das Agrarpreisniveau wird in jedem Jahr so gesetzt (verändert), daß die relative Einkommensposition der Landwirtschaft aufrecht erhalten wird. Von besonderem Interesse sind dann die Modellergebnisse hinsichtlich Produktion und Faktoreinsatz.
- Marktmechanismen: Die Agrarpreise ergeben sich aus dem Zusammenwirken von Angebot, Nachfrage und Agrarpreispolitik. Diese realisistischere Annahme setzt allerdings ein explizit formuliertes Marktmodell voraus.

3.3.3 Auswirkungen einer erhöhten Inflation

Das Phänomen der Inflation, d.h. der anhaltenden allgemeinen Preissteigerung, ist in den letzten Jahren wieder in verstärktem Ausmaß festzustellen. Die Ursachen und Wirkungen der allgemeinen Preissteigerung sind vielfältiger Natur[84]. Einzelne Wirtschaftssektoren können besonders stark von der Inflation betroffen werden, während andere (vor allem bei monopolistischen Strukturen) durch die Inflation gewinnen können[85]. Der

---

84) Siehe dazu z.B. Johnson,H.G., Inflation:A "Monetarist" View, in: Johnson, H.G. Further Essays in Monetary Economics, London 1972, S. 325-337.

85) Zum Problem der Ermittlung sektoraler Inflationsbeiträge siehe etwa: Borchardt,K., Strukturwirkungen des Inflations-

Agrarsektor kann von allgemeinen inflationären Tendenzen in unterschiedlicher Weise betroffen werden. Diese Wirkungen bleiben nicht ohne Einfluß auf die Agrarpolitik, speziell auf die landwirtschaftliche Preispolitik, die die zu erwartenden allgemeinen Preissteigerungen bei der Festsetzung der administrierten Marktordnungspreise berücksichtigt[86].

Um jedoch den Einfluß einer allgemeinen Preissteigerung auf den agrarsektoralen Entwicklungsprozeß isolieren zu können,wird im folgenden (hypothetisch) von einem konstanten Agrarpreisniveau ausgegangen. Die allgemeine Preissteigerung wird pro Jahr um 2 Prozentpunkte erhöht, so daß sich im Durchschnitt des Analysezeitraums eine Inflationsrate von 5 % und ein Rückgang der realen Agrarpreise um 3.5 % pro Jahr ergibt. Bevor wir die Entwicklungslinien des Agrarsektors unter diesen Bedingungen betrachten, wollen wir kurz die Wirkungsrichtungen und spezifischen Annahmen skizzieren.

- Eine erhöhte gesamtwirtschaftliche Inflation beeinflußt die Preise der landwirtschaftlichen Vorleistungen gewerblicher Herkunft und die Preise für landwirtschaftliche Investitionsgüter. Für beide Bereiche wird ein zusätzlicher jährlicher Preisanstieg von 2 Prozentpunkten unterstellt.
- Die nominalen außerlandwirtschaftlichen Pro-Kopf-Einkommen sollen ebenfalls um 2 Prozentpunkte stärker wachsen. Für die Mobilität der landwirtschaftlichen Arbeitskräfte sind u.a. die nominalen Einkommen innerhalb und außerhalb der Landwirtschaft maßgebend.
- Der Preisindex für die Lebenshaltung steigt ebenfalls um jährlich 2 Prozentpunkte. Dieser Preisanstieg wirkt sich im Modell direkt auf die Spartätigkeit der Landwirte aus.

---

prozesses, München-Berlin 1972. Koester,U., Sektorale Preisentwicklung und Geldwertstabilität, Meisenheim 1974, Gans,O., Sektorale Inflationsprozesse: Meßkonzepte, Hypothesenprüfung und mögliche Ansatzstellen der Wirtschaftspolitik, (Schriftenreihe des Lehrstuhls für Volkswirtschaftslehre und Agrarpolitik der Universität Bonn), Bonn 1977.

86) Diesem Problem hat sich der Wissenschaftliche Beirat beim BML im Jahre 1972 in einem Gutachten gewidmet. Siehe dazu: Wissenschaftlicher Beirat beim Bundesministerium für Ernährung, Landwirtschaft und Forsten, Orientierungskriterien für landwirtschaftliche Preis- und Einkommenspolitik, in: Berichte über Landwirtschaft, Bd. 50 (1972), S. 793-808.

- Hinsichtlich der Preise für zugekaufte Kraftfuttermittel (Mischfuttermittel u.dgl.) wird vereinfachend eine Preissteigerung von 1 Prozentpunkt (konstante Rohstoffpreise, erhöhte Verarbeitungskosten) unterstellt.

Unter diesen spezifischen Bedingungen und den allgemeinen Annahmen, die dem dynamischen Sektormodell zugrundeliegen, ergeben sich die in Schaubild 87 dargestellten Entwicklungstendenzen des Agrarsektors.

Schaub. 87: Auswirkungen einer höheren allgemeinen Preissteigerung (2 Prozentpunkte pro Jahr) auf den agrarsektoralen Entwicklungsprozeß in v.H.

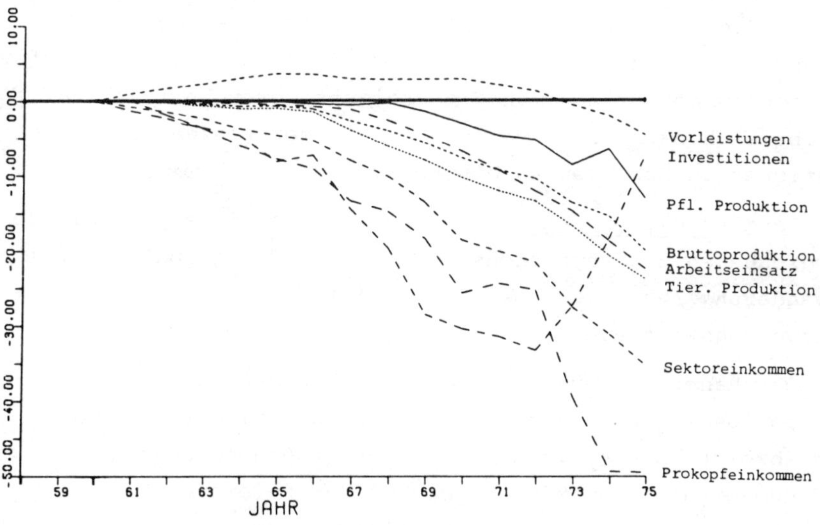

(1) Wie bei den anderen Alternativen, so zeigt sich auch hier, daß stärkere mengenmäßige <u>Produktions</u>anpassungen erst nach einigen Jahren einsetzen. Während die tierische Produktion im Durchschnitt der Beobachtungsperiode um etwa 7 % absinkt, wird die pflanzliche Produktion lediglich um etwas über 2 % eingeschränkt. Die entsprechenden Werte im Endjahr liegen bei - 23 % bzw. - 13 %. Die einzelnen Bereiche der Tierproduktion passen sich in etwa gleichem Ausmaß den veränderten Preisrelationen an. Unterschiede ergeben sich jedoch hinsichtlich der Reaktionsgeschwindigkeit, wie wir auch bei den anderen Alternativen schon gesehen haben. Auch in der pflanzlichen Produktion zeigen sich bereits bekannte Anpassungsvorgänge. Die intensiven Bodennutzungsverfahren des Hackfruchtbaus und des Sonderkulturanbaus werden zugunsten der Expansion im Getreidebau eingeschränkt.

(2) Die landwirtschaftlich genutzten Flächen werden in den letzten Jahren um etwa 10 % eingeschränkt. Dabei zeigt sich eine starke Reduzierung des Ackerlandes.

(3) Die Eigenkapitalbildung kommt in der zweiten Hälfte des Analysezeitraums aufgrund der starken Einkommenseinbußen und der höheren Lebenshaltungskosten (Tendenz zur Erhöhung der nominalen Konsumsumme) vollständig zum Erliegen. In entgegengesetzter Richtung verläuft die Fremdkapitalaufnahme, die in den letzten Jahren um etwa 60 % über dem Vergleichsniveau liegt. Diese unterschiedlichen Entwicklungstendenzen führen zu den angegebenen Abweichungen der jährlichen nominalen Investitionssumme. Bringt man die Preissteigerungen in Abzug, so ergibt sich nach 10 Jahren ein Abfall der realen Bruttoinvestitionen in Höhe von 40 bis 60 %.

(4) Beim Arbeitseinsatz zeigen sich ebenfalls explodierende Abweichungen zur Vergleichsentwicklung. Die globale jährliche Abwanderungsrate liegt bei etwa 6 % im Durchschnitt des Untersuchungszeitraums.

(5) Das Hauptinteresse richtet sich bei den unterstellten Inflationsbedingungen auf das landwirtschaftliche Einkommen. Das absolute Sektoreinkommen bleibt größenordnungsmäßig etwa auf dem Niveau von 1960. Gegenüber der Referenzentwicklung bedeutet dies einen laufenden Abfall (nach 15 Jahren - 35 %), der in etwa dem direkten Einkommenseffekt der veränderten Agrar-Betriebsmittel-Preisrelation entspricht. Die steigenden Fremdlohn- und Kapitaldienstleistungen (infolge der erhöhten Fremdkapitalaufnahme) bedeuten einen weiteren Druck auf die landwirtschaftlichen Einkommen. So liegt das "Einkommen der Landwirte" in den letzten Jahren um etwa 45 % und das "verfügbare Einkommen" um etwa 60 % niedriger. Aufgrund der erhöhten Arbeitskräfteabwanderung beträgt das "verfügbare Pro-Kopf-Einkommen" der Landwirte immerhin noch die Hälfte des Vergleichsniveaus. Durch die vollständige Verwendung des "verfügbaren Einkommens" für Konsumzwecke und durch den Abbau außerlandwirtschaftlicher Vermögensbestände (Vermögensauflö-

sung zur Finanzierung des Konsums) kann der private Pro-Kopf-Konsum in den letzten Jahren auf etwa 70 % des Vergleichsniveaus gehalten werden. Wenn man nun gleichzeitig die höheren Vergleichseinkommen berücksichtigt, so ergibt sich eine wesentliche Verschlechterung der Einkommensposition der Landwirte.

Zusammenfassend ist festzustellen: Die Auswirkungen einer höheren gesamtwirtschaftlichen Inflation kumulieren sich im Zeitablauf, wenn die Agrarpreise nicht der allgemeinen Preissteigerung angepaßt werden. Neben den nominalen Auswirkungen ergeben sich verschiedene Anpassungen der realen Strukturen, die zwar dem Einkommensabfall entgegenwirken, ihn jedoch nicht verhindern können. Aufgrund der geringeren Angebotsmengen werden zwar in einigen Bereichen die Agrarpreise steigen; eine Ausweitung der Einkommensdisparität läßt sich aber ohne eine Anpassung der Agrarpreispolitik nicht verhindern.

3.3.4 Gesamtwirkungen alternativer gesamtwirtschaftlicher Szenarien

In den letzten drei Abschnitten haben wir jeweils isoliert den Einfluß einer höheren Arbeitslosigkeit, eines abgeschwächten gesamtwirtschaftlichen Wachstums und einer höheren allgemeinen Preissteigerung auf den Entwicklungsprozeß des landwirtschaftlichen Sektors analysiert. Die Entwicklung in den letzten Jahren hat jedoch gezeigt, daß diese gesamtwirtschaftlichen Bedingungen oft gleichzeitig auftreten. Die weitverbreitete Meinung, daß Arbeitslosigkeit durch Inflation bekämpft werden kann (bzw. umgekehrt), ist inzwischen durch die Erfahrungen in verschiedenen Ländern mehr und mehr in Zweifel geraten.

Für eine rationale Gestaltung der Agrarpolitik sind differenzierte Analysen möglicher und denkbarer agrarsektoraler Entwicklungen bei veränderten gesamtwirtschaftlichen Rahmenkonstellationen und unterschiedlichen agrarpolitischen Instrumenteinsätzen erforderlich. Im folgenden soll in einem ersten Schritt die Entwicklung des Agrarsektors bei höherer

Arbeitslosigkeit (Arbeitslosenquote 5 %, Relation offene Stellen zu Arbeitslose 0.2), abgeschwächtem Wirtschaftswachstum (jährliche Wachstumsraten 3 Prozentpunkte niedriger) und höherer Inflation (jährliche Preissteigerungsrate 2 Prozentpunkte höher) mit Hilfe des dynamischen Sektormodells untersucht werden. Der agrarpolitische Instrumenteinsatz bleibt dabei unverändert. Im Vergleich zu den isolierten Analysen der Wirkungen dieser alternativen Konstellationen wollen wir hier überprüfen, ob und welche Wirkungen sich verstärken bzw. kompensieren, d.h. wir fragen nach den Gesamtwirkungen dieser Rahmenkonstellationen im Analysezeitraum. Die mit den anderen Alternativen vergleichbaren aggregierten Ergebnisse sind in Schaubild 88 angegeben

Schaub. 88: Gesamtwirkungen höherer Arbeitslosigkeit, vermindertem Wachstums und erhöhter allgemeiner Preissteigerungen auf den agrarsektoralen Entwicklungsprozeß in v.H.

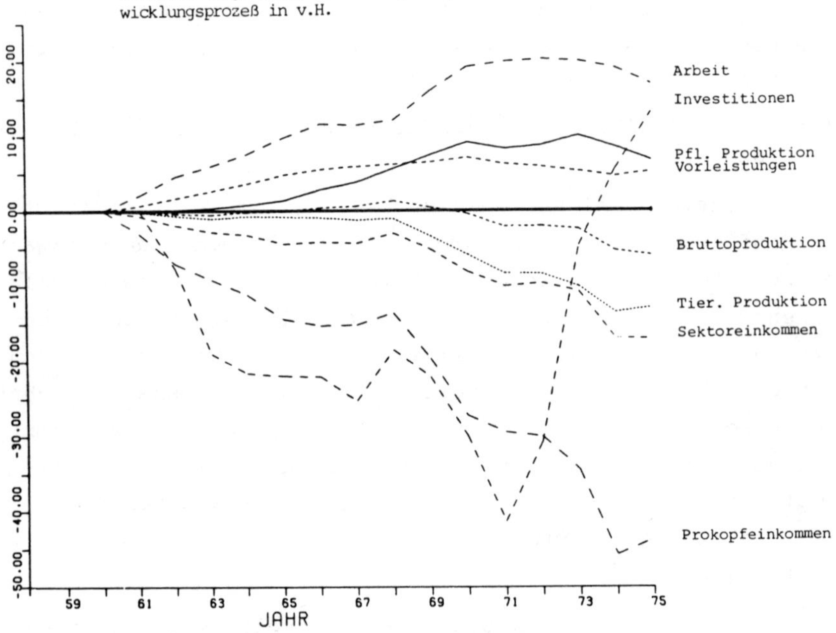

(1) Die Gesamtproduktion bleibt in den ersten 10 Jahren beinahe unverändert. Infolge der divergierenden Entwicklung zwischen den Agrarpreisen und dem allgemeinen Preisniveau (vor allem dem Vorleistungs- und Investitionsgüterpreisniveau) zeigt sich gegen

Ende des Analysezeitraums ein Produktionsrückgang. Die Verminderung der Tierproduktion (im Vergleich zur Referenzentwicklung) betrifft alle Produktionsbereiche, in besonders starkem Ausmaß aber die Schweineproduktion und den Geflügelsektor. Dagegen zeigt sich in der Bodenproduktion bei nahezu unverändertem Getreideanbau eine stärkere Ausdehnung der Hackfruchtproduktion (insbesondere Kartoffeln und z.T. Zuckerrüben) und der Sonderkulturen (insbesondere Gemüse und Obst). Eine differenzierte Analyse läßt erkennen, daß Produktionsverfahren mit hohen Vorleistungs- und Kapitalkoeffizienten an relativer Wettbewerbsfähigkeit verlieren, während Verfahren mit hohen Arbeitskoeffizienten wegen der niedrigeren Schattenpreise für Arbeit ihre Wettbewerbsstellung gegenüber der Referenzentwicklung halten bzw. verbessern.

(2) Wie zu erwarten, ist bei den Investitionen ein Rückgang zu verzeichnen. Lediglich in den letzten beiden Jahren liegt die nominale Investitionssumme über der Vergleichsentwicklung. In realen Größen ergibt sich jedoch zur Referenzentwicklung noch ein Abstand von - 20 %. Während die Eigenfinanzierung relativ kontinuierlich abfällt und gegen Ende des Analysezeitraums vollständig zum Erliegen kommt, zeigt sich bei der Fremdfinanzierung in der ersten Hälfte ein leichter Abfall und in der zweiten Hälfte des Analysezeitraums eine Ausdehnung bis auf das Doppelte des Vergleichsniveaus. Dabei werden in der zweiten Hälfte des Analysezeitraums die vorhandenen Maschinen- und Gebäudekapazitäten voll ausgelastet. Dies wiederum führt zu einem starken Anstieg der Schattenpreise für das eingesetzte Kapital.

(3) Aufgrund der gleichzeitigen Wirkung der schlechteren Arbeitsmarktsituation und der geringeren Opportunitätskosten für Arbeit wird die Mobilität der Arbeitskräfte stark reduziert, so daß bereits nach 10 Jahren der Arbeitseinsatz um etwa 20 % höher liegt. Die globale jährliche Abwanderungsrate liegt unter diesen Bedingungen bei etwa 2.5 %. Die aufgestauten Überkapazitäten an Arbeitskräften und die Einschränkung der Produktion führen schließlich dazu, daß in den letzten Jahren

trotz der ungünstigeren gesamtwirtschaftlichen Situation wieder verstärkt Arbeiskräfte abwandern. Während bei der Referenzentwicklung durchschnittlich 10 % der landwirtschaftlichen Arbeitskräftekapazität nicht ausgelastet sind, beträgt dieser Anteil bei den hier unterstellten Rahmenkonstellationen etwa 20 %. Diese geringere Auslastung wiederum hat bei den unterstellten Modellannahmen eine niedrigere modellinterne Entlohnung der Arbeit (durchschnittlich - 25 %)zur Folge.

(4) Der Einsatz an landwirtschaftlichem Boden wird lediglich in den letzten Jahren um etwa 3 - 4 % gegenüber den Vergleichswerten reduziert.

(5) Das Sektoreinkommen wird im wesentlichen von dem Anstieg der nominalen Vorleistungsaufwendungen (Inflationseffekt) betroffen. In den letzten Jahren wirkt zusätzlich der Produktionsrückgang einkommensmindernd. Die zunehmenden Aufwendungen für Fremdarbeitskräfte, in den letzten Jahren auch für das Fremdkapital, führen zu einem 30 %igen Abfall beim "Einkommen der Landwirte". Das "verfügbare Einkommen" geht in den letzten Jahren um über 35 % zurück. Wegen des höheren Arbeitseinsatzes ergibt sich beim Pro-Kopf-Einkommen der Familienarbeitskräfte ein noch ausgeprägterer Einkommensabfall. Selbst wenn man das niedrigere gesamtwirtschaftliche Pro-Kopf-Einkommen berücksichtigt, zeigt sich in den letzten Jahren eine Verschlechterung der Einkommensposition der Landwirte um etwa 30 % gegenüber der tatsächlichen Einkommenssituation im Analysezeitraum.

Die aufgezeigten Entwicklungstendenzen lassen sich nun mit den Wirkungen und Anpassungstendenzen bei partieller Variation einzelner gesamtwirtschaftlicher Variablen vergleichen. Zur Erleichterung dieses Vergleichs sind in Übersicht 53 einige durchschnittliche prozentuale Abweichungen gegenüber der Referenzentwicklung zusammengestellt. Die ausgewiesenen Zahlen sollen lediglich die Situation der Landwirtschaft in aggregierter Form kennzeichnen. Die Ergebnisse der Alternative A VIII sind dabei nicht identisch mit der Summe der Ergebnisse der Alternativen A V bis A VII. Es zeigt sich also, daß bei

Übersicht 53 : Auswirkungen unterschiedlicher gesamtwirtschaftlicher Entwicklungen auf die Landwirtschaft (Durchschnitt der jährlichen prozentualen Abweichungen gegenüber den Referenzwerten während der 15-jährigen Untersuchungsperiode)

Gesamtwirtschaftliche Bedingungen[1] / Ergebnisvariablen	Einzelwirkungen			Gesamtwirkungen
	Ungünstigere Arbeitsmarktsituation A V	Geringeres gesamtwirtschaftliches Wachstum A VI	Erhöhte gesamtwirtsch. Inflation A VII	(Arbeitslosigkeit, Inflation u. geringes Wachstum) A VIII
Bruttoproduktion[2]	1.4	1.7	- 5.2	- 0.8
Bodenproduktion[2]	2.0	0.6	- 3.3	4.7
Tierproduktion[2]	0.9	2.4	- 6.8	- 4.1
Vorleistungen[2]	0.3	1.6	1.9	4.7
"Sektoreinkommen"	2.4	1.9	- 12.0	- 6.2
"Einkommen der Landwirte"	- 2.2	4.6	- 16.5	- 11.4
"Verfügbares Einkommen"	- 1.6	7.2	- 21.0	- 13.0
"Verfügbares Einkommen je FVAK"[4]	- 8.0	1.9	- 17.2	- 19.6
"Konsumeinkommen je FVAK"[4]	- 6.9	1.1	- 7.9	- 12.2
Investitionen[2]	- 6.5	- 3.7	- 17.5	- 20.0
Eigenfinanzierung	- 5.5	11.5	- 61.3	- 52.5
Arbeitseinsatz	10.9	4.9	- 5.1	12.7
Bodeneinsatz	0.4	1.4	- 2.9	- 0.1

1) Zur Spezifizierung der Alternativen siehe Text
2) Jeweilige Preise
3) "Einkommen der Landwirte" = "Sektoreinkommen" -Fremdlöhne - Fremdzinsen
4) FVAK = Familienvollarbeitskraft

gleichzeitiger Veränderung mehrerer gesamtwirtschaftlicher Größen eine eigendynamische Entwicklung auftritt, die sich nicht additiv aus den Ergebnissen bei partieller Variation der einzelnen Größen (Alternativen) ableiten läßt. Dies bedeutet andererseits auch, daß sich die Ergebnisse nicht ohne weiteres auf künftige Umweltbedingungen übertragen lassen.

Zusammenfassend läßt sich feststellen, daß die aufgezeigten Reaktionen des Modellsystems den Erwartungen nicht zuwiderlaufen. Die diskutierten Reaktionen des Modells haben jedoch hypothetischen Charakter, da ihre Realitätsnähe nicht getestet werden kann. Aufgrund der plausibel erachteten Annahmen, der hinreichenden Realitätsnähe der ex-post-Prognose und der tendenziell plausiblen Modellreaktionen geben die Modellergebnisse einen quantitativen Einblick in den Anpassungsverlauf des Agrarsektors bei veränderten Umweltbedingungen. Im Vergleich zu aggregierten Modellen sind hier in expliziter Form verschiedene physische und monetäre Konsistenzbedingungen berücksichtigt, die die Realisierbarkeit der Ergebnisse sicherstellen sollen. In dieser Arbeit wurden die Anpassungstendenzen bei veränderten Rahmenbedingungen lediglich anhand einiger sektoraler Aggregate verdeutlicht. Nach dem vorgestellten Prinzip der hierarchischen Ergebnisauswertung lassen sich jedoch gleichzeitig die Strukturveränderungen auf tiefergegliederten Ebenen im einzelnen analysieren. Dadurch ergibt sich im allgemeinen eine bessere Basis für die Beurteilung wahrscheinlicher Veränderungen, als wenn man ausschließlich von aggregierten Größen ausgeht.

Agrarpolitische Konsequenzen: Die dargestellten Modellergebnisse zeigen deutlich die Auswirkungen einer abgeschwächten gesamtwirtschaftlichen Entwicklung auf den Agrarsektor: Die höhere Arbeitslosigkeit und die geringere allgemeine Einkommenssteigerung führen tendenziell zu einer Einschränkung der Mobilität der landwirtschaftlichen Arbeitskräfte. Gleichzeitig ist mit einer abgeschwächten Steigerung der Nachfrage nach Nahrungsmitteln und mit einem Druck auf die Agrarpreise zu rechnen. Diese Entwicklungen führen zu einem verstärkten Druck auf die landwirtschaftlichen Einkommen.

Die Möglichkeiten der Agrarpolitik zur Durchsetzung des Einkommenszieles sind unter diesen Bedingungen begrenzt, selbst wenn man berücksichtigt, daß die Anpassungserfordernisse aufgrund der abgeschwächten gesamtwirtschaftlichen Einkommensentwicklung geringer sind: Maßnahmen zur Förderung der Faktormobilität werden unter diesen Bedingungen erstens einen geringeren Erfolg aufweisen und zweitens bei verstärkter Arbeitslosigkeit einen geringeren gesamtwirtschaftlichen Nutzen bringen (geringere volkswirtschaftliche Opportunitätskosten der landwirtschaftlichen Arbeitskräfte). Eine einkommensorientierte landwirtschaftliche Preispolitik wird bei sinkender Nachfrage und geringerer Faktormobilität zu zusätzlichen Schwierigkeiten auf den landwirtschaftlichen Märkten führen. Aussagen über die künftige Gestaltung einer zielgerechten Agrarpolitik lassen sich erst dann ableiten, wenn man die Wirkungen der verschiedenen Instrumente unter Berücksichtigung der gegenwärtigen Ausgangslage und der möglichen bzw. wahrscheinlichen künftigen gesamtwirtschaftlichen Entwicklung analysiert.

ZUSAMMENFASSENDE SCHLUSSBEMERKUNGEN: POLITIKBEZOGENE MODELLANWENDUNG UND -WEITERENTWICKLUNG

In dieser Arbeit wird über erste Erfahrungen aus einem Forschungsbereich berichtet, der sich zum Ziel setzt, die vergangene und künftige Entwicklung des Agrarsektors in der Bundesrepublik Deutschland auf differenzierter Ebene bei gegebenen und alternativen Rahmenbedingungen und agrarpolitischen Instrumenten modellmäßig zu erfassen. Im Mittelpunkt dieses Forschungsbereichs steht der Versuch, auf der Grundlage von ökonomisch-basierten und an der Realität getesteten dynamischen Modellsystemen Entscheidungshilfen für die praktische Agrarpolitik zu erarbeiten.

Entsprechend orientieren sich der Aufbau und die Differenzierung des Modellsystems sowie die zugrundeliegende Analysemethode an den zentralen Aktionsbereichen der Agrarpolitik. Es wird von einem flexiblen Modellsystem ausgegangen, bei dem sich sowohl die Ziele als auch die Maßnahmen der Agrarpolitik im Zeitablauf ändern können.

Neben den Anforderungen der Agrarpolitik wird der Aufbau des Modellsystems entscheidend von der Komplexität der ökonomischen Beziehungen geprägt. Die Grundlagen für den ökonomischen Kern des Modellsystems ergeben sich aus den relevanten produktionstechnischen Zusammenhängen und den spezifischen Vorstellungen über die Verhaltensweise der Landwirte. Der zugrundeliegende aktivitätsanalytische Ansatz dient der Abbildung der Substitutionsverhältnisse bei den Produktions- und Faktoreinsatzmengen,der modellmäßigen Erfassung unterschiedlicher Wirkungen des (faktorgebundenen) technischen Fortschritts und der Berücksichtigung von scale-Effekten in der Landwirtschaft. Zur Abbildung der Verhaltensweisen der Landwirte werden Vorstellungen über die zentralen Entscheidungsvariablen und die entscheidungsrelevanten Informationen sowie über die Reaktionsweise statistischer Kollektive entwickelt, die mit Hilfe ökonomischer Methoden quantifiziert und getestet werden.

Bei der empirischen Analyse der einzelnen Problembereiche werden verschiedene Modellhypothesen konkretisiert und empirisch getestet. Dabei werden nach dem Baukastenprinzip die einzelnen Submodelle erstellt. Aufgrund der geschlossenen Betrachtung ergeben sich in unterschiedlichen Bereichen Ansatzpunkte für weitergehende Modellauswertungen und problembezogene partielle Analysen, wie in exemplarischer Weise verdeutlicht wird.

Die Synthese dient der Zusammenfassung der einzelnen Modellbausteine zu einem geschlossenen Modellsystem und dem Test des Gesamtmodells. Ein besonderes Charakteristikum des Modellsystems besteht in dem Versuch, aktivitätsanaltytische Modellansätze und ökonometrische Modelle miteinander zu verknüpfen. Diese Verbindung erlaubt eine modellmäßige Abbildung charakteristischer produktionstheoretischer und verhaltenstheoretischer Zusammenhänge im agrarsektoralen Entwicklungsprozeß. Der ökonomische Gehalt des Modellsystems ist dementsprechend an der Plausibilität und der Realitätsnähe der einzelnen Submodelle und am Zusammenwirken der einzelnen Modellkomponenten zu messen. Die Eigenschaften des vorgestellten Modellsystems ergeben sich aus der spezifischen Ausgestaltung der einzelnen Submodelle und durch die Art der Verknüpfung der einzelnen Modellkomponenten.

Die hier aufgezeigte modellmäßige Abbildung der tatsächlichen Entwicklung des landwirtschaftlichen Sektors unter den gegebenen Rahmenbedingungen der letzten beiden Jahrzehnte verdeutlicht den positiven Charakter des Modellsystems. Sowohl die formalen Testergebnisse als auch die explizite Betrachtung einzelner Entlungsphasen und Umkehrpunkte zeigen, daß die tatsächliche Entwicklung durch das Modellsystem in zufriedenstellender Weise beschrieben wird. Daneben liefert das Modellsystem eine Reihe von zusätzlichen (nicht beobachtbaren) Informationen über den agrarsektoralen Entwicklungsprozeß, die für eine problembezogene Modellauswertung von Bedeutung sind.

Die Reaktionen des Modellsystems bei alternativen Rahmenbedingungen scheinen insgesamt plausibel. Die mikroökonomischen Strukturen des Produktionsmodells gewährleisten, daß die alternativen Entwicklungsabläufe in sich konsistent und die errechneten Strukturen in der Realität zu verwirklichen sind.

Die in dieser Arbeit aufgezeigten Modellergebnisse stellen exemplarisch ausgewählte Variablen bzw. Strukturen der hierarchischen Ergebnisaufbereitung dar. Für die Beurteilung der Modelleigenschaften und für agrarpolitische Schlußfolgerungen sind aber auch die verschiedenen Einzelergebnisse und die differenzierten Informationen des Modellsystems heranzuziehen.

Die Erfahrungen beim Modellaufbau, beim Modelltest und bei den ersten Anwendungsversuchen lassen eine politikbezogene Anwendung des Modellsystems in verschiedenen Bereichen sinnvoll erscheinen. Voraussetzung dafür ist eine laufende Überprüfung der zugrundeliegenden Modellannahmen und eine kontinuierliche Aktualisierung der empirischen Basis und der Modellparameter (vor allem der Verhaltensfunktionen). Gleichzeitig zeigen sich Ansatzpunkte für die methodische und empirische Weiterentwicklung des Modellsystems sowie Möglichkeiten der Verkoppelung mit anderen Modellsystemen.

Anwendungsmöglichkeiten

Die gegenwärtig spezifizierte Version des dynamischen Analyse- und Prognosesystems läßt sich in folgenden Bereichen einsetzen:
(1) Mittel- bis langfristige Prognose der agrarsektoralen Entwicklung unter verschiedenen Rahmenbedingungen und bei unterschiedlichen agrarpolitischen Instrumenteinsätzen. Dabei wird von einem Prognosezeitraum von etwa 6-12 Jahren ausgegangen. Die Hauptprobleme betreffen die Vorausschätzung der exogenen Modellvariablen. Bei der gegenwärtigen Modellversion sind exogen vorauszuschätzen:

- die gesamtwirtschaftlichen Bedingungen, vor allem gesamtwirtschaftliches Wachstum, Arbeitsmarktsituation, allgemeines Preisniveau sowie insbesondere die Preise für landwirtschaftliche Betriebsmittel und Investitionsgüter;
- das verfügbare Technologiepotential, vor allem technische Neuerungen bei Maschinen und Gebäuden sowie ertragssteigernde bzw. leistungssteigernde Fortschritte;
- die produktionsprozeßspezifischen Input- und Outputkoeffizienten;
- die Niveaus der voraussichtlich eingesetzten bzw. der potentiellen Maßnahmen der Agrarpolitik, vor allem die Entwicklung der Agrarpreise (Marktpreise und Marktordnungspreise), der pro-

dukt- und faktorspezifischen Maßnahmen sowie der steuer-, sozial- und einkommenspolitischen Maßnahmen.

Die Prognose der künftigen Entwicklung des Agrarsektors hängt entscheidend von den Annahmen über die Entwicklung dieser modellexogenen Variablen ab. Um der allgemeinen Unsicherheit über die künftige Entwicklung Rechnung zu tragen, sollten alternative Annahmen über die exogenen Variablen überprüft werden. Aussagen über künftige Ziel-Mittel-Beziehungen lassen sich dabei durch Variation der agrarpolitischen Maßnahmen gewinnen.

(2) Laufende Situations- und Instrumentanalyse unter kurz- bis mittelfristigen Gesichtspunkten. Da sich die agrarsektoralen Rahmenbedingungen und die jeweilige Lage der Landwirtschaft infolge konjunktureller, zyklischer und zufälliger Schwankungen in nicht vorhersehbarer Weise ändern, liegt es nahe, das spezifizierte Modellsystem zur laufenden Analyse und zur kurz- bis mittelfristigen Vorausschätzung einzusetzen. Der Zeitpunkt und die Häufigkeit des Modelleinsatzes werden dabei von den agrarpolitischen Entscheidungen (z.B. Agrarpreisverhandlungen), von der Verfügbarkeit aktueller statistischer Informationen und von Besonderheiten in der welt-, gesamt- und landwirtschaftlichen Entwicklung (z.B. Wechselkursänderungen, Ernteschwankungen u.dgl.) bestimmt. Der entscheidende Vorteil eines solchen Analysekonzeptes ist darin zu sehen, daß durch die wiederholte Anwendung des Modells Erfahrungen gewonnen werden, die zu einer Verbesserung der laufenden Analyse und des Modellsystems beitragen können. Wie sich bei den verschiedenen Anwendungen eines Modells zur kurzfristigen Einkommensvorausschätzung [87] gezeigt hat, sind eine kontinuierliche Beschäftigung mit dem jeweiligen Problembereich und eine enge Zusammenarbeit mit den politischen Entscheidungsträgern eine wichtige Voraussetzung für die Einbeziehung von Modellergebnissen in den politischen Entscheidungsfindungsprozeß.

87) Dieses Modellsystem ist beschrieben in: Bauer,S., Ein kurzfristiges Vorausschätzungs- und Simulationssystem ...

Bei dem vorgeschlagenen Analysekonzept sind folgende Analysebereiche zu unterscheiden:

- laufende Analyse der ex-post-Entwicklung, vor allem Analyse der bestimmenden Kräfte sowie der Komponenten der Entwicklung sektoraler Aggregate und Strukturen;
- Erfolgskontrolle der eingesetzten agrarpolitischen Maßnahmen (Isolierung der Wirkungen der eingesetzten Instrumente);
- Bestimmung der jeweiligen Ausgangslage aus dem vergangenen Entwicklungsprozeß heraus (mit Hilfe des Modellsystems) und unter Heranziehung aktueller statistischer Informationen);
- mittelfristige Prognose (Horizont etwa 5-8 Jahre) auf der Basis der jeweiligen aktuellen Ausgangssituation, der Informationen über die Rahmenbedingungen und der absehbaren Maßnahmen der Agrarpolitik;
- Analyse der Abweichungen zwischen der jeweils vorausgeschätzten und der eingetretenen Entwicklung und Überprüfung der einzelnen Modellteile (z.B. Schätzung neuer Verhaltensfunktionen);
- laufende Analyse alternativer agrarpolitischer Maßnahmen, insbesondere der jeweils zur Entscheidung anstehenden Alternativen;
- spezielle ergänzende Analysen zu partiellen Problembereichen.

Das spezifizierte Modellsystem ist flexibel angelegt, so daß sich aktuelle (vorläufige oder endgültige) statistische Informationen laufend integrieren lassen, d.h. die jeweilige Ausgangssituation läßt sich kontinuierlich fortschreiben. Eines der Hauptprobleme bei der Erstellung aktueller kurz- und mittelfristiger Prognosen liegt in der Aktualisierung der Datenbasis. Da die verschiedenen sektoralen Statistiken (wie z.B. landwirtschaftliche Gesamtrechnung, Bodennutzungs-, Viehbestandsstatistik, Preisstatistik) nach wie vor nicht auf EDV-Trägern verfügbar sind, ist die Anwendung des Modellsystems im o.g. Sinne mit einem erheblichen Arbeitsaufwand verbunden.

Andererseits scheint das skizzierte Analysekonzept für die praktische Agrarpolitik von großem Nutzen zu sein. Gegenüber der konventionellen wissenschaftlichen Politikberatung, die sich meist auf einen einmaligen Vorschlag bezieht und häufig tiefgreifende Änderungen des agrarpolitischen Kurses fordert, ist dieses Analysekonzept als ein integraler Bestandteil des laufenden agrarpolitischen Entscheidungsbildungsprozesses aufzufassen. Da viele der Probleme der Agrarpolitik nicht durch einmalige "falsche" Entscheidungen sondern durch eine Vielzahl von Entscheidungen in "falscher" Richtung bzw. in "falschem" Ausmaß zustandekommen, entspricht dieses Konzept der Politikanalyse und -beratung eher der agrarpolitischen Realität[88].

Weiterentwicklung des Modellsystems

Das dynamische Modellsystem läßt sich in verschiedener Hinsicht weiterentwickeln. Folgende Bereiche scheinen dabei prinzipiell möglich und teilweise realisierbar:

(1) Empirische und methodische Erweiterungen des gegenwärtigen Systems. Folgende Stufen, die sich z.T. bereits in Bearbeitung befinden, sind dabei zu unterscheiden:

- Erstellung eines Marktmodells, das die Entwicklung der Agrarpreise modellmäßig abbildet. Die Hauptprobleme betreffen dabei die quantitative Erfassung der Beziehungen zwischen den verschiedenen Agrarpreisen, die problemadäquate Berücksichtigung der Agrarpreispolitik sowie die Erfassung des Einflusses, der vom Verarbeitungs- und Handelssektor ausgeht.
- Schätzung prozeßspezifischer Produktionsfunktionen zur modellendogenen Bestimmung der prozeßspezifischen Vorleistungs- und Outputkoeffizienten.

(2) Verkopplung mit anderen Modellen. Folgende Möglichkeiten bieten sich hier an:

- Verkopplung mit dem nach Betriebsgrößenklassen und Betriebssystemen differenzierten Modell zur kurzfristigen Einkommensvorausschätzung[89]. Dabei dient das dynamische Sektormodell zur Vorausschätzung wahrscheinlicher Entwicklungen auf den Produkt- und Faktormärkten, während durch das kurzfristige Einkommensvorausschätzungsmodell die daraus resultierende

88) Siehe dazu auch: Willer,H., Agrarpolitische Planung ....
89) Siehe dazu: Bauer,S., Ein kurzfristiges Vorausschätzungs- und Simulationssystem .....

Einkommensverteilung in den Betriebsgruppen ermittelt werden soll. In dieser Kombination wäre das Einkommensvorausschätzungsmodell auch für die Analyse mittelfristiger Entwicklungen einzusetzen.

- Eine ähnliche Kombination läßt sich mit dem von BAUERSACHS erstellten regional gegliederten Sektormodell[90] vorstellen. Dabei könnte das dynamische Sektormodell zur Vorausschätzung sektoraler Produktionsmengen dienen, die im Regionalmodell auf die einzelnen Regionen verteilt werden. Auf dieser Basis ließen sich die regionale Konsistenz und die Konsequenzen bestimmter sektoraler Entwicklungen für die einzelnen Regionen ermitteln. Mögliche Inkonsistenzen könnten zu Rückkopplungen führen und zur Überprüfung des Sektormodells beitragen.
- Das dynamische Agrarsektormodell ließe sich prinzipiell auch mit gesamtwirtschaftlichen Modellen, wie etwa mit dem "disaggregierten Prognosesystem für die Wirtschaft der BRD"[91] verbinden.
- Eine weitere Verkopplung läßt sich mit Agrarsektormodellen in anderen Ländern (z.B. EG-Modelle) oder mit einem Welthandelsmodell für den Agrarbereich vorstellen.

(3) Spezifizierung auf verschiedenen Ebenen. Das für den Agrarsektor der Bundesrepublik Deutschland erstellte Modellsystem könnte prinzipiell auch auf anderen Aggregationsebenen aufbauen. Folgende Ebenen kämen dabei zunächst in Frage:

- Differenzierung des Modellsystems nach einzelnen Betriebsgruppen. Die Hauptprobleme eines derartigen Vorhabens liegen in der lückenhaften Datenbasis.

---

90) Siehe Bauersachs,F., Mehrstufiges Modellsystem ...., Bauersachs,F., Regionale Anpassungserfordernisse ......

91) Zum Stand dieses Modellsystems siehe: Kübler,K., Die Unternehmen in einem disaggregierten Prognosesystem für die Wirtschaft der BRD. (Diss.) Bonn 1976, Frerichs,W., Ein disaggregiertes Prognosesystem für die BRD,1. Die Staatssektoren, Meisenheim 1975.

- Differenzierung des Modellsystems nach Regionen. Die Begenzungen eines derartigen Projekts ergeben sich ebenfalls durch die Datenbasis (keine geschlossenen Zeitreihen) und aufgrund der personellen Begrenzungen (Analysekapazität) an wissenschaftlichen Instituten.
- Erweiterung des Modellsystems auf die verschiedenen Länder der EG. Dieses Vorhaben scheint sowohl unter dem Gesichtspunkt der Politikrelevanz als auch im Hinblick auf die verfügbaren Informationen (landwirtschaftliche Gesamtrechnung) am erfolgversprechendsten, obwohl auch hier mit erheblichen Datenlücken zu rechnen ist.

Die aufgeführten Möglichkeiten der Erweiterung des Modellkonzepts sollen nun nicht bedeuten, daß es - ausgehend vom gegenwärtigen Forschungsstand - sinnvoll erscheint, die verschiedenen Projekte unmittelbar in Angriff zu nehmen. Im Hinblick auf den Beitrag der quantitativen Sektoranalyse zur praktischen Politikberatung dürfte die politikbezogene Anwendung der vorliegenden Modellversion erfolgversprechend sein. Wenn gleichzeitig die aus der Anwendung quantitativer Sektormodelle gewonnenen Erfahrungen bei der Weiterentwicklung des Modellsystems berücksichtigt werden, so kann das dynamische Analyse- und Prognosesystem zu Fortschritten in der quantitativen Sektoranalyse und in der praktischen Politikberatung beitragen.

LITERATURVERZEICHNIS

AGRARBERICHT DER BUNDESREGIERUNG, Bonn, verschiedene Jahrgänge

ALTMANN,A., PETERS,W., Auswirkungen der Konjunkturentwicklung auf den strukturellen Anpassungsprozeß der Landwirtschaft, Arbeitsbericht, Braunschweig 1976.

BALL,R. (Hrsg.), The International Linkage of National Economic Models, Amsterdam-London-New York 1975.

BAUER,S., Zur Analyse der Preis- und Einkommensentwicklung in der Landwirtschaft, in: Berichte über Landwirtschaft, Bd.55 (1977), S.249-275.

BAUER,S., Dynamische Konsistenzmodelle zur Analyse sektoraler Entwicklung im Bereich der Rindviehproduktion, Manuskript, Bonn 1976.

BAUER,S., Ein kurzfristiges Vorausschätzungs- und Simulationssystem für die Betriebsgruppen des Agrarberichts, Referat zum 5. Kontaktstudium der Landwirtschaftlichen Fakultät, Bonn 1977.

BAUER,S., BAUERSACHS,F., GOTTHARDT,F., HENRICHSMEYER,W., Entwicklung eines kurzfristigen Vorausschätzungs- und Simulationssystems für landwirtschaftliche Betriebsgruppen, (Schriftenreihe des Lehrstuhls für Volkswirtschaftslehre und Agrarpolitik der Universität Bonn) Bonn 1975.

BAUER,S., ZINTL,E., Materialien zur wirtschaftlichen Entwicklung des Agrarsektors (1955-1975). Empirische Grundlage und Ergebnisse des dynamischen Analyse- und Prognosesystems (DAPS), (Schriftenreihe des Lehrstuhls für Volkswirtschaftslehre und Agrarpolitik), Bonn 1977.

BAUERSACHS,F., Interregionaler Wettbewerb der Produktionsstandorte: Ein Versuch zur Quantifizierung der Wirkung der Standortfaktoren in der BRD, in: Andreae,B.(Hrsg.), Standortprobleme der Agrarproduktion, München-Bern-Wien 1977, S.177-197.

BAUERSACHS,F., Quantitative Untersuchungen zum langfristigen räumlichen Gleichgewicht der landwirtschaftlichen Produktion in der Bundesrepublik Deutschland (Agrarwirtschaft, Sonderheft 47), Hannover 1972.

BAUERSACHS,F., Mehrstufiges Modellsystem für regions-, betriebs- und produktspezifisch differenzierte Sektoranalysen im Agrarbereich, Forschungsbericht des DFG-SP "Konkurrenzvergleich landwirtschaftlicher Standorte", Nr. 129, Bonn 1977

BAUERSACHS,F., Regionale Anpassungserfordernisse der Landwirtschaft unter "künftigen" Bedingungskonstellationen: Ergebnisse komparativ-statischer Modellrechnungen für 1985. Forschungsbericht des DFG-SP "Konkurrenzvergleich landwirtschaftlicher Standorte" Nr.143, Bonn 1977.

BAUERSACHS,F. Zur empirischen Quantifizierung des regionalen und fruchtspezifischen Düngemittelaufwandes, Forschungsbericht des DFG-SP "Konkurrenzvergleich landwirtschaftlicher Standorte" Nr.126, Bonn 1976.

BAUERSACHS,F., HENRICHSMEYER,W. (Hrsg.), Beiträge zur quantitativen Sektor- und Regionalanalyse im Agrarbereich. (Agrarwirtschaft, Sonderhefte 76 u.77), (im Druck).

BECKER,H., Produktionstheoretische und empirische Analyse des Faktoreinsatzes im Agrarsektor unter besonderer Berücksichtigung der Beziehungen zwischen Bodenpreisen und technischen Fortschritten, (Agrarwirtschaft, Sonderheft 65), Hannover 1976.

BESCH,M., WÖHLKEN,E., Zielsetzung, Aussagemöglichkeiten und Aussagebegrenzungen von mengen- und wertmäßigen Gesamtrechnungen, (Agrarstatistische Studien, Nr. 16), Luxemburg 1974.

BIELER,U., Anwendung der Kosten-Nutzen-Analyse bei agrarpolitischen Einzelmaßnahmen, dargestellt am Beispiel der Milchmarktpolitik, in: Schmitt,G., Steinhauser,H. (Hrsg.) Planung, Durchführung und Kontrolle der Finanzierung von Landwirtschaft und Agrarpolitik, München-Bern-Wien 1978, S.283-301.

BONNIEUX,F., MAHÉ,L.P., Factors affecting potato production in France since 1950, in: European Review of Agricultural Economics, Vol.4 (1977), S.101-118.

BORCHARDT,K., Strukturwirkungen des Inflationsprozesses, Berlin-München 1972.

BRANDES,W., WOERMANN,E., Landwirtschaftliche Betriebsplanung, Bd.1: Theorie und Planung des landwirtschaftlichen Betriebes, Hamburg-Berlin 1969.

BRAUN,J.v., Zur Projektion des Arbeitskräftebestandes in der Landwirtschaft, Diplomarbeit, Bonn 1974.

BREMEN, L.v., Probleme einer prognostischen Verwendung substitutionaler Produktionsfunktionen - Dargestellt am Beispiel der CES-Funktion für den Agrarsektor der Bundesrepublik Deutschland (Agrarwirtschaft, Sonderheft 70), Hannover 1977.

BRENNECKE,R., Die Konstruktion von sozioökonomischen Großsystemen. Verknüpfung von Modellen zur Analyse wirtschaftspolitischer Prozesse, Frankfurt-New York 1975.

BRÜSE,R., Mobilität der landwirtschaftlichen Bevölkerung. Eine Analyse der Abwanderung und Statuszuweisung in der Bundesrepublik Deutschland, (Diss.) Bonn 1977.

BUDDE,H.-J., Optimale Anpassung der Schweineproduktion an zyklische und saisonale Preisbewegungen, (Diss.) Göttingen 1974.

BUHR,W., Dualvariable als Kriterien unternehmerischer Entscheidungen. Die Bedeutung der Dualitätsbeziehungen des mathematischen Programmierens für die entscheidungsbezogene Theorie der Unternehmungen. (Schriften zur wirtschaftswissenschaftlichen Forschung, Bd. 20), Meisenheim 1967.

BUNDESMINISTERIUM FÜR ERNÄHRUNG, LANDWIRTSCHAFT UND FORSTEN (Hrsg.), Arbeitsprogramm für die Agrarpolitik der Bundesregierung (Agrarprogramm), (Landwirtschaft - Angewandte Wissenschaft, Heft 134) Hiltrup 1968.

BUNDESMINISTERIUM FÜR ERNÄHRUNG, LANDWIRTSCHAFT UND FORSTEN (Hrsg.), Futterwirtschaft in der Bundesrepublik Deutschland, verschiedene Jahrgänge.

BUNDESMINISTERIUM FÜR ERNÄHRUNG, LANDWIRTSCHAFT UND FORSTEN (Hrsg.), Statistisches Jahrbuch über Ernährung, Landwirtschaft und Forsten in der Bundesrepublik Deutschland, verschiedene Jahrgänge.

CHEN,D.T., The Wharton Agricultural Model: Structure, Specification and Some Simulation Results,in: American Journal of Agricultural Economics, Vol. 59 (1977), S. 107-116.

CHOW,G.C., Analysis and Control of Dynamic Economic Systems, New York-London-Sydney-Toronto 1975.

DAMS,Th., HUNT,K.E. (Hrsg.), Decision-Making and Agriculture, Oxford 1977.

DAY,R.H., Adaptive Processes and Economic Theory, in: Day, R.H., Groves,T. (Hrsg.), Adaptive Economic Models, New York-San Francisco-London 1975, S. 1-38.

DAY,R.H., Notes on adaptive economic theory, in: European Review of Agricultural Economics, Vol.3 (1976), S. 235-264.

DAY.R.H., On Aggregating Linear Models of Production, in: Journal of Farm Economics, Vol.45 (1963), S. 797-813.

DAY,R.H., Some adaptive Models, in: European Review of Agricultural Economics, Vol.3 (1976), S. 323-348.

DAY,R.H., Recursive Programming and Production Response, Amsterdam 1968.

DAY,R.H., HEIDHUES,T., JOHNSON,G.L., RENBORG,U., PETIT,M., Agricultural Change and Economic Method, European review of agricultural economics, Vol. 3-2/3 (1976).

DILLMANN,R., Gesamtwirtschaftliche Verhaltensgleichungen und Anpassungsprozesse. Ein Simulationsmodell zur Untersuchung ihrer Auswirkungen auf gesamtwirtschaftliche Zielgrößen, Berlin 1975.

DORFMAN,R., SAMUELSON,P.A., SOLOW,R.M., Linear Programming and Economic Analysis, New York 1958.

ELTERICH,J.,Modell zur Analyse und Prognose des Schweineangebots, in: Reisch,E. (Hrsg.), Quantitative Methoden in den Wirtschafts- und Sozialwissenschaften des Landbaues, München-Basel-Wien 1967, S. 299-319.

EZEKIEL,M., FOX,K.A., Methods of Correlation and Regression Analysis, 3.Aufl., London 1959.

FOLKESSON,L.,The Role of Models in the Formulation of Agricultural Policy, in: Dams,T., Hunt,K.E.(Hrsg.), Decision-Making and Agriculture, Oxford 1977,S.88-104.

FORRESTER,J.W.,Grundzüge einer Systemtheorie, Wiesbaden 1972.

FRERICHS,W.,Ein disaggregiertes Prognosesystem für die BRD, 1. Staatssektoren, Meisenheim 1975.

FROHBERG,K.,Analyse und Projektion der Produktionsentwicklung im Kartoffelbau der BRD, in: Agrarwirtschaft, Bd. 21 (1972), S. 405-410.

GANS,O., Sektorale Inflationsprozesse: Meßkonzepte, Hypothesenprüfung und mögliche Ansatzstellen der Wirtschaftspolitik, (Schriftenreihe des Lehrstuhls für Volkswirtschaftslehre und Agrarpolitik),Bonn 1977.

GIERSCH,H., BORCHARDT,K., (Hrsg.) Diagnose und Prognose als wirtschaftswissenschaftliche Methodenprobleme, Berlin 1962.

GLASTETTER,W., Die wirtschaftliche Entwicklung der Bundesrepublik Deutschland im Zeitraum von 1950 bis 1975. Befunde und Aspekte, Berlin-Heidelberg 1977.

GOLLNICK,H.,Einführung in die Ökonometrie, Eingleichungsschätzungen. Methode der kleinsten Quadrate. Statische und dynamisch Regressionsmodelle, Stuttgart 1968.

GOREUX,L.,MANNE,A., Multi-Level-Planning: Case Studies in Mexico, Amsterdam 1973.

GRUBER,J., RING,J., Ergebnisse simultaner Nachfragevorausschätzungen. Referat zum Abschlußkolloquium des DFG-SP "Konkurrenzvergleich landwirtschaftlicher Standorte", Bonn 1977.

GRUBER,J., Ökonometrische Modelle des Cowles-Commission-Typs: Bau und Interpretation, Hamburg-Berlin 1968.

GUTENBERG,E., Grundlagen der Betriebswirtschaftslehre, Bd. 1, Berlin 1960.

GUTH,E., Analyse des Marktes für landwirtschaftliche Arbeitskräfte, (Agrarwirtschaft, Sonderheft 52), Hannover 1973.

GUTH,E., HEIDHUES,Th., Bestimmungsfaktoren der Mobilität landwirtschaftlicher Arbeitskräfte, in: Agrarwirtschaft, Bd.23 (1974), S. 1-12.

HAEN,H.de, Kapitalbildung und privater Konsum von Landwirten bei unsicheren Einkommenserwartungen in Langbehn,C., Stamer,H. (Hrsg.), Agrarwirtschaft und wirtschaftliche Instabilität, München-Bern-Wien 1976, S. 405-424.

HAEN,H.de, Dynamisches Regionalmodell der Produktion und Investition in der Landwirtschaft. Eine Studie zur Entwicklung der niedersächsischen Landwirtschaft. Agrarwirtschaft, Sonderheft 43, Hannover 1971.

HAEN,H.de, Landwirtschaftliche Strukturprojektionen mit Hilfe von Simulationsmodellen in: Agrarwirtschaft, Bd.22 (1973), S.157-173.

HAEN,H.de, BRAUN,J.v.,Regionale Veränderungen des Arbeitseinsatzes in der Landwirtschaft - Demographische Analyse und arbeitsmarktpolitische Schlußfolgerungen, in: Andreae,B. (Hrsg.), Standortprobleme der Agrarproduktion. München-Bern-Wien 1977, S.221-245.

HANAU,A., WÖHLKEN,E., Probleme der langfristigen Strukturprognose und der Branchenprognosen im Agrarsektor, in: Giersch,H., Borchardt,K. (Hrsg.), Diagnose und Prognose als wirtschaftswissenschaftliche Methodenprobleme, Berlin 1962, S. 368 ff.

HANF,C.H., DOPPLER,W., Zum derzeitigen Stand der angewandten Mobilitätsforschung, in: Schmitt,G. (Hrsg.), Mobilität der landwirtschaftlichen Produktionsfaktoren und regionale Wirtschaftspolitik. München-Bern-Wien 1972, S. 199-220.

HANF,C.H., HANF,E., Modelle zur Schätzung der Getreideproduktion in der BRD, in: Agrarwirtschaft, Bd.20 (1971), S. 331-343.

HAUSER,J., Analyse der Nutzungsmöglichkeiten von Grenzertragsflächen und der Entwicklung der Agrarstruktur in schwach strukturierten Agrarregionen. Einzelbetriebliche und regionale Planungen, Hiltrup 1975.

HAYAMI,Y., RUTTAN,W., Agricultural Development: An International Perspective, Baltimore-London 1971.

HAYEK,F.A. v., Die Theorie komplexer Phänomene, Tübingen 1972.

HEADY,E.O., u.a. (Hrsg.) Agricultural Supply Functions - estimating techniques and interpretations, Ames, Iowa 1961.

HEADY,E.O., DILLON,J.L., Agricultural Production Functions, Ames, Iowa 1961.

HEIEN,D., Price Determination Processes for Agricultural Sector Models, in: American Journal of Agricultural Economics, Vol. 59 (1977), S. 126-132.

HEIDHUES,Th., Einige agrarpolitische Krisenherde bei veränderten gesamt- und weltwirtschaftlichen Rahmenbedingungen, in: Agrarwirtschaft, Bd.25 (1976), S. 232-244.

HEIDHUES,Th., Change: A permanent phenomenon in Agriculture, in: European Review of Agricultural Economics, Vol. 3-2/3 (1976), S. 151-162.

HEIDHUES,Th., Dynamik der Anpassung in der Landwirtschaft, in: Schmitt,G. (Hrsg.), Landwirtschaftliche Marktforschung in Deutschland, München-Basel-Wien 1967, S. 85-103.

HEIDHUES,Th., Entwicklungsmöglichkeiten landwirtschaftlicher Betriebe unter verschiedenen Preisannahmen (Berichte über Landwirtschaft, Sonderheft 181), Hamburg-Berlin 1966.

HEIDHUES,Th., Ursachen und Ausmaß unzureichender Faktormobilität in der Landwirtschaft, in: Schmitt,G. (Hrsg.) Mobilität der landwirtschaftlichen Produktionsfaktoren, München-Bern-Wien 1972.

HEIDHUES,Th., TANGERMANN,S., Der Einfluß von wirtschaftlichem Wachstum, Inflation und Währungspolitik auf die Landwirtschaft unter EWG Bedingungen, in:Agrarwirtschaft, Bd.21 (1972), S. 173-182.

HELMA,G., Einstufige Entscheidungsmodelle in der Produktionsplanung, in: Henn,R. u.a. (Hrsg.) Operations-Research-Verfahren, Bd.I: Die Produktion, 13.Aufl., Meisenheim 1967, S.47 ff.

HENDERSON,J.M., The Utilization of Agricultural Land: A Theoretical and Empirical Inquiry, in: The Review of Economics and Statistics, Vol. 41 (1959), S.242-260.

HENDERSON,J.M., QUANDT,R.E., Mikroökonomische Theorie. Eine mathematische Darstellung, 3.Aufl., München 1973.

HENRICHSMEYER,W., Das sektorale und regionale Gleichgewicht der landwirtschaftlichen Produktion, Hamburg-Berlin 1966.

HENRICHSMEYER,W., Der landwirtschaftliche Sektor im wirtschaftlichen Wachstum, in: Berichte über Landwirtschaft, Bd.44 (1971), S.129-183.

HENRICHSMEYER,W., Quantitative Sektoranalysen als agrarpolitische Entscheidungshilfen, Forschungsbericht des DFG-SP "Konkurrenzvergleich landwirtschaftlicher Standorte" Nr. 140, Bonn 1977.

HENRICHSMEYER,W., Sektorale und regionale Strukturwandlungen in einer wachsenden Volkswirtschaft, in: Schmitt, G. (Hrsg.), Mobilität der landwirtschaftlichen Produktionsfaktoren und regionale Wirtschaftspolitik, München-Bern-Wien 1972, S.1 ff.

HENRICHSMEYER,W., SCHEPER,W., Ein agrarstatisches System für die EG - Überlegungen aus dem Bereich der Makroökonomie, Unveröffentliches Gutachten, Bonn 1977.

HERLEMANN,H.-H., STAMER,H., Produktionsgestaltung und Betriebsgröße in der Landwirtschaft unter dem Einfluß der wirtschaftlich-technischen Entwicklung, Kiel 1958.

HESSELBACH,J., Zur Ermittlung arbeitswissenschaftlicher Daten hochmechanisierter Ernteverfahren (Berichte über Landtechnik, Bd. 122), München-Wolfratshausen 1968.

INSTITUT FÜR LANDWIRTSCHAFTLICHE MARKTFORSCHUNG, Die landwirtschaftlichen Märkte an der Jahreswende, in: Agrarwirtschaft, verschiedene Jahrgänge, Heft 12.

JOHANSEN,L., Production Functions. An Integration of Micro and Macro, Short Run and Long Run Aspects, Amsterdam-London 1972.

JOHNSON,G.L., Contributions of Economists to a Rational Decision Making Process in the Field of Agricultural Policy, in: Dams,T., Hunt,K.E. (Hrsg.), Decision-Making and Agriculture, Oxford 1977, S. 25-46.

JOHNSON,G.L., The State of Agricultural Supply Analysis in: Journal of Farm Economics, Bd.42 (1960), S.435-452.

JOHNSON,H.G., Inflation: A "Monetarist" View, in: Johnson,H.G., Further Essays in Monetary Economics, London 1972, S. 325-337.

JÜRGING,H.-R., Analyse und Prognose von Faktormobilitäten in Ballungsrandgebieten und ländlichen Räumen, (Forschung und Beratung, Reihe B, Heft 24) Münster-Hiltrup 1975.

KARG,G., GRASER,S., Analyse der Schlachtschweineproduktion in Bayern, in: Agrarwirtschaft 26 (1977), S. 91-96.

KARG,G., LAUENSTEIN,H., An econometric model of the beef and pork market of the Federal Republic of Germany, in: European Review of Agricultural Economics, Vol.3 (1976), S. 523-548.

KEHRBERG,E., REISCH,E., Wirtschaftslehre der landwirtschaftlichen Produktion, 2.Aufl., München-Basel-Wien,1969.

KERSTEN,L., Der Eierzyklus in der BRD. Ursachen und Probleme, in: Agrarwirtschaft, Bd. 24 (1975), S. 145-157.

KERSTEN,L., MANEGOLD,D., Aktuelle Fragen der Gemeinsamen Agrarpolitik, in: Agrarwirtschaft Bd. 25 (1976), S.130-139.

KEYZER,M, Some Instruments of Agricultural Policies in a General Equilibrium Framework, International Institute for Applied Systems Analysis, Laxenburg 1977.

KÖHNE,M., Tendenzen und Interdependenzen im Angebot tierischer Erzeugnisse, in: Zapf,R. (Hrsg.), Entwicklungstendenzen in der Produktion und im Absatz tierischer Erzeugnisse, München-Bern-Wien 1970, S. 420-427.

KÖHNE,M., Theorie der Investitionen in der Landwirtschaft, (Berichte über Landwirtschaft, Sonderheft 182), Hamburg 1966.

KÖHNE,M., Ziele, Möglichkeiten und Probleme der langfristigen Vorausschätzung des Angebots von Agrarprodukten, in: Berichte über Landwirtschaft, Bd. 47 (1969), S. 241-267.

KÖNIG,H., Probleme der langfristigen Strukturporgnose und der Branchenprognose, in: Giersch,H., Borchert,K. (Hrsg.), Diagnose und Prognose als wirtschaftswissenschaftliche Methodenprobleme, Berlin 1962.

KOESTER,U., Sektorale Preisentwicklung und Geldwertstabilität, Meisenheim 1974.

KRELLE,W., Erfahrungen mit einem ökonometrischen Prognosesystem für die Bundesrepublik Deutschland (Mathematical System in Econnomics 12), Meisenheim 1974.

KRELLE,W., Ersetzung der Produktionsfunktion durch preis- und kapazitätsabhängige Produktionskoeffizienten in: Jahrbücher für Nationalökonomie und Statistik, Bd.176 (1964), S. 289-318.

KRELLE,W., Investitionsfunktionen, in: Handwörterbuch der Wirtschaftswissenschaften, Bd.4, Stuttgart-Tübingen-Göttingen 1978, S. 275-293.

KRELLE,W., Produktionstheorie, Tübingen 1969.

KRELLE,W., MARTIENSEN,K., SCHLOENBACH,K., Ökonometrische Modelle, ein Hilfsmittel wirtschaftspolitischer Entscheidungsfindung, in: Futurum. Zeitschrift für Zukunftsforschung, Bd.2 (1969), S. 538-570.

KRELLE,W., BECKERHOFF,D., LANGER,H., FUSS,H., Ein Prognosesystem für die wirtschaftliche Entwicklung der Bundesrepublik Deutschland, Meisenheim 1969.

KROMPHARDT,J., Investitionen,I: volkswirtschaftliche, in: Handwörterbuch der Wirtschaftswissenschaften, Bd. 4, Stuttgart-Tübingen-Göttingen 1978, S. 246-254.

KÜBLER,K., Die Unternehmen in einem disaggregierten Prognosesystem für die Wirtschaft der BRD, (Diss.) Bonn 1976.

KÜNZI,H.P., KRELLE,W., Einführung in die mathematische Optimierung, Zürich 1969.

KUNKEL,D.E., GONZALES,L.A., HIWATIG,M.H., Application of Mathematical Programming Models Simulating Competitive Market Equilibrium for Agricultural Policy and Planning Analysis. XVI. International Conference of Agricultural Economists, Nairobi. Contributed Paper, Group 1. 1976, S.1-22.

KURATORIUM FÜR TECHNIK UND BAUWESEN IN DER LANDWIRTSCHAFT (Hrsg.), KTBL-Taschenbuch für Arbeits- und Betriebswirtschaft. Daten für die Betriebskalkulation in der Landwirtschaft, Hiltrup, verschiedene Jahrgänge.

KURATORIUM FÜR TECHNIK IN DER LANDWIRTSCHAFT (Hrsg.), KTL-Kalkulationsunterlagen für Betriebswirtschaft, verschiedene Jahrgänge und Bände.

LEON,Y., RAINELLI,P., Savings of Farmers: A cross-section analasis, in: European Review of Agricultural Economics, Vol.3 (1976), S. 501-521.

LINDBLOM,C.E., The Science of "Muddling Through", in: Leavitt, H.J., Pondy,L. (Hrsg.), Readings in Managerial Psychology, Chicago-London 1964.

LIPSEY,R.G., An Introduction to positive Economics, 2.Aufl., London 1970.

MAITHA,J., A Note on Distributed Lag Models of Maize and Wheat Production Response in: Journal of Agricultural Economics, Vol. 25 (1964), S. 183-191.

MANEGOLD,D., Auswirkungen gesamtwirtschaftlicher Konjunkturschwankungen auf die Landwirtschaft, in: Agrarwirtschaft, Bd.25 (1976), S. 225-232.

MANETSCH,T.J., JOHNSON,G.L. u.a., A Generalized Simulation Approach to Agricultural Sector Analysis. With Special Reference to Nigeria, East Lansing 1971.

MANNE,A.S., MARKOWITZ,H., (Hrsg.) Studies in Process Analysis, New York-London 1963.

MEADOWS,D., Die Grenzen des Wachstums, Stuttgart 1972.

METZDORF,H.J., Analyse der EWG-Marktordnung für Milch und Milcherzeugnisse von 1969 bis 1971. Aufwand und Erfolg, Braunschweig-Völkenrode 1973.

METZDORF,H.J., Der Milchmarkt in der EWG - ein ausgewählter Fall, in: Schmitt,G. (Hrsg.), Möglichkeiten und Grenzen der Agrarpolitik in der EWG, München-Basel-Wien 1969.

MILLER,Th.A., Evaluation of Alternative Flexibility Restraint Procedures for Recursive Programming Models Used for Prediction, in: American Journal of Agricultural Economics, Vol.54 (1972), S. 68-76.

MÜLLER,G.P., Entwicklung einer Methode zur Vorausschätzung der Erwerbstätigen in der Landwirtschaft, unveröffentlichtes Gutachten, Frankfurt 1975.

MÜNNICH,F.E., Einführung in die empirische Makroökonomik, Berlin 1977.

NAYLOR,Th.H., FINGER,J.U. Validation, in: Naylor, Th.H., Computer Simulation Experiments with Models of Economic Systems, New York-London-Sydney-Toronto 1971, S. 153-165.

NERLOVE,M., The Dynamics of Supply: Estimation of Farmers' Response to Price, Baltimore 1958.

NERLOVE,M., Distributed Lags and Estimation of Long-Run-Supply and Demand Elasticities: Theoretical Considerations, in: Journal of Farm Economics,Vol.40 (1958), S.301-311.

NERLOVE,M., Lags in Economic Behavior, in: Econometrica, Vol. 40 (1972), S.221-251.

NERLOVE,M., Time-Series Analysis of Supply of Agricultural Products, in: Heady,E., u.a. (Hrsg.) Agricultural Supply Functions, Ames, Lowa 1958.

NEUMARK,F. (Hrsg.), Strukturwandlungen einer wachsenden Wirtschaft, Berlin 1964.

NIEHAUS,H., Der Gemeinsame Markt und die deutsche Landwirtschaft, in: Agrarwirtschaft, Bd.8 (1959), S.388-396.

NIEHAUS,H., Von der Parität zur Realität? in: Agrarwirtschaft, Bd.4 (1959), S. 81-83.

OTT,A.E., Einführung in die dynamische Wirtschaftstheorie, Göttingen 1963.

OTT,A.E., Technischer Fortschritt, in: Handwörterbuch der Sozialwissenschaften, Bd. 10, Göttingen 1959,S.302-316.

PADBERG,K., NIESCHULZ,A., Produktion, Verkaufserlöse und Betriebsausgaben der Landwirtschaft im Bundesgebiet, in: Agrarwirtschaft, Bd.5 (1956), S.1 ff.

PETER,S.H., Grundzüge sektoraler Wirtschaftspolitik, Freiburg 1971.

PETIT,M., The Role of Models in the Decision Process in Agriculture, in: Dams,T., Hunt,K.E. (Hrsg.) Decision-Making and Agriculture, Oxford 1977, S.62-76.

PLATE,R., Der westdeutscher Agrarmarkt und die Europäische Wirtschaftsgemeinschaft, in: Agrarwirtschaft, Bd.8 (1959), S. 53-64.

PLATE,R., ARNSMEYER,E.W,, Die Entwicklung des westdeutschen Pferdebestandes, in: Agrarwirtschaft Bd.4 (1955), S. 330-336.

PLATE,R., NEIDLINGER,G., Agrarmärkte und Landwirtschaft im Strukturwandel der siebziger Jahre. Analyse und Projektion für die Bundesrepublik Deutschland, Hiltrup 1971.

PLATE,R., WOERMANN,E., Landwirtschaft im Strukturwandel der Volkswirtschaft. Analyse der Nachkriegsentwicklung in der Bundesrepublik Deutschland und Versuch einer Prognose unter Berücksichtigung der Auswirkungen des Gemeinsamen Marktes. (Agrarwirtschaft, Sonderheft 14) Hannover 1962.

RAU,R., Ökonometrische Analyse der Ausgabearten des privaten Verbrauchs. Eine ökonometrische Analyse des privaten Verbrauchs nach Ausgabearten für die Bundesrepublik Deutschland 1950-1967, Berlin 1975.

RAUP,M., Möglichkeiten der Prognose der Schlachtschweineproduktion,(Diss.)Hohenheim 1973.

RAY,D.E., MORIAK,T.F., Polysim: A National Agricultural Policy Simulator, in: USDA Agricultural Economic Research, Vol.28 (1976), S. 14-21.

REICHENBACH,H., Konsumtive Bodennutzung und wirtschaftliches Wachstum, in: Zeitschrift für die gesamte Staatswissenschaft, Bd. 132 (1976), S. 105-137.

REISCH,E., Ein geschlossenes System agrartechnologischer Verfahren, Bericht zum Abschlußkolloquium des DFG-SP "Konkurrenzvergleich landwirtschaftlicher Standorte", Bonn 1977.

REISCH,E. (Hrsg.), Quantitative Methoden in den Wirtschafts- und Sozialwissenschaften des Landbaues, München-Basel-Wien 1967.

RENBORG,U., Korreferat zu Köhne,M. Auswirkungen der Faktormobilität auf den Strukturwandel der Landwirtschaft, und Lösch,R., Faktormobilität, strukturelle und sektorale Anpassung der Landwirtschaft in der EG, in: Schmitt,G.(Hrsg.), Mobilität der landwirtschaftlichen Produktionsfaktoren und regionale Wirtschaftspolitik, München-Bern-Wien 1972, S.129-139.

RÖHNER,M., Arbeitsaufwand und Kosten für Arbeitsgänge in der Rinderhaltung, Forschungsbericht des DFG-SP "Konkurrenzvergleich landwirtschaftlicher Standorte", Nr. 204, Stuttgart-Hohenheim 1974.

RÖHNER,M., SCHMID,H., Mechanisierungsstufen, Vorlage für die Diskussionsgruppe "Konkurrenzvergleich landwirtschaftlicher Standorte" der GEWISOLA-Tagung in Berlin, 1976.

RYLL,E., Ökonometrische Analyse des Schlachtschweineangebots in der Bundesrepublik Deutschland und in Schleswig-Holstein, in: Berichte über Landwirtschaft, Bd. 53 (1975), S. 398-415.

RUSTEMEYER,F.C., Produktivität der Landwirtschaft: Begriff, Messung, Anwendung (Agrarwirtschaft, Sonderheft 16), Hannover 1964.

SAHI,R.K., CRADDOCK,W.J., Estimation of Flexibility Coeffients for Recursive Programming Models - Alternative Approaches, in: American Journal of Agricultural Economics, Vol. 56 (1974), S. 344-350.

SAMUELSON,P.A., Dynamic Process Analysis, in: Ellis,H.S.(Hrsg.), A Survey of Contemporary Economics, Philadelphia-Toronto 1949, S. 352-387.

SCHÄFER-KEHNERT,W., Die Kosten des Landmaschineneinsatzes (Berichte über Landtechnik, Bd.74), München-Wolfratshausen 1963.

SCHEPER,W., The Importance of World Models for Agricultural Policy, in: Dams,T., Hunt,K.E. (Hrsg.), Decision-Making and Agriculture, Oxford 1977, S.547-577.

SCHILLING,R., Die wirtschafts- und agrarpolitische Bedeutung des Milchpreises, (Landwirtschaft - Angewandte Wissenschaft, Heft 154), Hiltrup 1971.

SCHMID,H., Arbeitsaufwand und Kosten für die Arbeitsgänge des Acker- und Futterbaus, Forschungsbericht des DFG-SP "Konkurrenzvergleich landwirtschaftlicher Standorte", Nr. 206, Stuttgart-Hohenheim 1975.

SCHMIDT,E., Dynamische Analyse und kurzfristige Prognose der Nachfrage nach einzelnen Verbrauchsgütern, dargestellt am Beispiel der Nachfrage nach Fleisch, Meisenheim 1972.

SCHMITT,G., Die Bestimmungsgründe des Angebots und Probleme der Angebotsanalyse, in: Meimberg,P. (Hrsg.), Bedeutung und Anwendung ökonometrischer Methoden in der agrarwirtschaftlichen Forschung, Hiltrup 1963.

SCHMITT,G., Johann Heinrich Thünens Beitrag zur landwirtschaftlichen Standorttheorie, in: Andreae,B., (Hrsg.) Standortprobleme der Agrarproduktion, München-Bern-Wien 1977, S. 7-22.

SCHMITT,G., Landwirtschaft in der Marktwirtschaft: Das Dilemma der Agrarpolitik, in: Cassel,D., Gutmann,G., Thieme,H.J. (Hrsg.), 25 Jahre Marktwirtschaft in der Bundesrepublik Deutschland. Konzeption und Wirklichkeit, Stuttgart 1972, S. 329-350.

SCHMITT,G., Zur Methodologie der agrarsozialökonomischen Forschung, in: Gerhardt,E., Kuhlmann,P.(Hrsg.), Agrarwirtschaft und Agrarpolitik, Köln-Berlin 1969, S. 28-57.

SCHMITT,G. (Hrsg.),Mobilität der landwirtschaftlichen Produktionsfaktoren und regionale Wirtschaftspolitik, Tagungsband der Gesellschaft für Wirtschafts- und Sozialwissenschaften des Landbaues, München-Bern-Wien 1972.

SCHNEIDER,E., Einführung in die Wirtschaftstheorie, Teil II: Wirtschaftspläne und wirtschaftliches Gleichgewicht in der Verkehrswirtschaft, 11. durchges. Aufl., Tübingen 1967.

SCHRADER,H.,Produktionsfunktionen des Agrarsektors. Konzept, Schätzung und Anwendung, Meisenheim 1973.

SCHRADER,J.V., Zyklische Veränderungen des Bestandes an trächtigen Sauen im regionalen Vergleich (Agrarwirtschaft, Sonderheft 49), Hannover 1972.

SCHULDT,J., Versuch einer Grundrentenmessung im landwirtschaftlichen Marktfruchtbau in Schleswig-Holstein, in: Berichte über Landwirtschaft, Bd.51, (1973),S.225-247.

SCHWARZE,J.,Probleme der Fehlermessung bei quantitativen ökonomischen Prognosen, in: Zeitschrift für die gesamte Staatswissenschaft, Bd.129 (1973), S.535-558.

SEIDENFUS,H., Sektorale Wirtschaftspolitik, in: Kompemdium der Volkswirtschaftslehre, Bd. 2, Göttingen 1968.

SHUMWAY,C.R., CHANG,A., Linear Programming versus Positively Estimated Supply Functions: An Empirical and Methodological critique, in: American Journal of Agricultural Economics, Vol.59 (1977), S.344-357.

SHUMWAY,C.R., TALPAZ,H., Verification of Linear Programming Solutions, with Emphasis on Supply Implications, in: Southern Journal of Agricultural Economics (1977), S.1-8.

SOHMEN,E., Allokationstheorie und Wirtschaftspolitik, Tübingen 1976.

SPITZER,H., SCHMIDT,G., Materialien zu Sonderkulturen im Konkurrenzvergleich landwirtschaftlicher Standorte, Forschungsbericht des DFG-SP "Konkurrenzvergleich landwirtschaftlicher Standorte",Nr. 120,Gießen 1977.

STATISTISCHES BUNDESAMT (Hrsg.), Landwirtschaftszählung vom 31. März 1960, Heft 11: Landwirtschaftliche Betriebe nach dem Stand der Mechanisierung (Land- und Forstwirtschaft, Fischerei, Fachserie B) Stuttgart-Mainz 1967.

STEFFEN,G., Die vermutlichen Endverfahren der landtechnischen Entwicklung und ihre arbeitswissenschaftlichen Auswirkungen,(Berichte über Landtechnik, Bd. 59),München-Wolfratshausen 1960.

TANGERMANN,S., Ein ökonometrisches Modell für den Agrarsektor der Bundesrepublik Deutschland, in: Agrarwirtschaft, Bd.23 (1974), S. 258-295.

THEIL,H., Economic Forecasts and Policy, Amsterdam 1958.

THEIL,H., Optimal Decision Rules for Government and Industry, Amsterdam 1968.

UHLEMANN,P.,Nachfrage nach industriellen Produktionsmitteln im Agrarbereich. Eine ökonometrische Studie zur Ermittlung empirischer Investitionsfunktionen. (Agrarwirtschaft, Sonderheft 32), Hannover 1968.

VOGEL,G., Ein Beitrag zur Quantifizierung der naturalen Produktionsfunktion des Stärkeeinheitenbedarfs in der Rindermast,in:Berichte über Landwirtschaft, Bd. 43 (1965), S.33-54.

WEBER,H., Die Landwirtschaft in der volkswirtschaftlichen Entwicklung. Eine Betrachtung über Beschäftigung undEinkommen, (Berichte über Landwirtschaft, Sonderheft 161), Hamburg-Berlin 1955.

WEHLAND,W., Marktinformationen und Entscheidungsverhalten von Landwirten, in: Agrarwirtschaft Bd. 20 (1971), S. 217-224.

WEINSCHENCK,G., Probleme der quantitativen Angebotsanalyse auf Agrarmärkten, Zeitschrift für die gesamte Staatswissenschaft, Bd. 120 (1964), S. 264-295.

WEINSCHENCK,G.,Marktwirtschaft und Betriebswirtschaft. Möglichkeiten der Verknüpfung von Makro- und Mikroanalyse in der quantitativen Forschung, in: Schmitt,G. (Hrsg.), Landwirtschaftliche Marktforschung in Deutschland, Wiesbaden 1967, S. 51-84.

WEINSCHENCK,G., HENRICHSMEYER,W., Zur Theorie und Ermittlung des räumlichen Gleichgewichts der landwirtschaftlichen Produktion, in: Berichte über Landwirtschaft, Bd.44 (1966), S. 201-241.

WEINSCHENCK,G.,WEINDLMEIER,H., Möglichkeiten und Grenzen der Anwendung von Systemanalyse und Simulation in der landwirtschaftlichen Sektoranalyse, Arbeitsbericht Nr. 75/1, Stuttgart-Hohenheim 1975.

WILLER,H., Agrarpolitische Planung und politisch-administrative Praxis,in: Berichte über Landwirtschaft, Bd.55 (1977), S. 177-213.

WILLER,H., Technischer Fortschritt und Landwirtschaft. Formen und Messung des technischen Fortschritts, Hamburg-Berlin 1967.

WISSENSCHAFTLICHER BEIRAT BEIM BUNDESMINISTERIUM FÜR ERNÄHRUNG, LANDWIRTSCHAFT UND FORSTEN, Orientierungskriterien für landwirtschaftliche Preis- und Einkommenspolitik, in: Berichte über Landwirtschaft, Bd.50 (1972), S. 793-808.

WISSENSCHAFTLICHER BEIRAT BEIM BUNDESMINISTERIUM FÜR ERNÄHRUNG, LANDWIRTSCHAFT UND FORSTEN, Sammelband der Gutachten von 1949 bis 1974, Hiltrup 1975.

WISSENSCHFTLICHER BEIRAT BEIM BUNDESMINISTERIUM FÜR ERNÄHRUNG, LANDWIRTSCHAFT UND FORSTEN, Zur Reform der Agrarpolitik der EWG, (Landwirtschaft - Angewandte Wissenschaft. Heft 166), Hiltrup 1973.

WÖHLKEN,E., Analyse des Marktablaufs bei landwirtschaftlichen Erzeugnissen mit vierteljährlichen und monatlichen Daten, in: Reisch,E. (Hrsg.), Quantitative Methoden in den Wirtschafts- und Sozialwissenschaften des Landbaues, München-Basel-Wien 1967, S. 343-357.

WÖHLKEN,E., MEYER,E., Elastizitäten der Mengennachfrage nach der Gesamtheit aller Nahrungsmittel, in: Agrarwirtschaft, Bd. 26 (1977), S. 139-142.

WOERMANN,E., KOCH,R., Messung des Mechanisierungsgrades landwirtschaftlicher Betriebe, in: Agrarwirtschaft, Bd. 9 (1960), S. 225-234.

WOLFFRAM,R., Die Irreversibilität von Angebots- und Nachfragefunktionen, Hamburg-Berlin 1972.

ZAPF,R., Zur Anwendung der linearen Optimierung in der landwirtschaftlichen Betriebsplanung (Berichte über Landwirtschaft, Sonderheft 179), Hamburg-Berlin 1965.

ABKÜRZUNGSVERZEICHNIS[1)]

1. Niveau der Entscheidungsvariablen (abhängige Variable)

a) Pflanzliche Produktionsprozesse (in 1000 ha)

WEIZ = Weizen
ROGG = Roggen
GERS = Gerste
HAFE = Hafer
MAIS = Körnermais
HULS = Hülsenfrüchte
KART = Kartoffeln
ZURB = Zuckerrüben
OELF = Ölfrüchte
KLEE = Klee
GMAI = Grünmais
FRUE = Futterrüben
ZWIS = Futterzwischenfrüchte
RWEG = Relativer Anteil der Weide am Grünland
GEMU = Gemüse
OBST = Obst
WEIN = Wein
SPFL = Sonstige pflanzliche Produktion

b) Tierische Produktionsprozesse (in 1000 Stck.)

FARS = Färsenaufzucht
AKUH = Altkuhschlachtungen
KMAS = Kälbermast (einschl. Export von Kälbern)
WJU2 = Aufzucht weiblichen Jungviehs (6 bis 18 Mon.)
MJU2 = Aufzucht männlichen Jungviehs (6 bis 18 Mon.)
SWZU = Zuchtsauen
HUHN = Hühner
GEFL = Geflügelmast
STIE = Sonstige tierische Produktion

c) Faktoreinsatzmengen bzw. Mobilitätsprozesse

ZFAM = Zugang männlicher Familienarbeitskräfte (in 1000 Voll-AK)
BFAM = Berufswechsel männlicher Familienarbeitskräfte (in 1000 Voll-AK)
ZFAW = Zugang weiblicher Familienarbeitskräfte (in 1000 Voll-AK)
BFAW = Berufswechsel weiblicher Familienarbeitskräfte (in 1000 Voll-AK)
AFRA = Veränderung des Fremdarbeitskräftebestandes (in 1000 Voll-AK)
EFIN = Eigenfinanzierung (in Mio. DM)
ASPA = Außerlandwirtschaftliche Vermögensbildung (in Mio. DM)
KFIN = Aufnahme kurzfristiger Kredite (in Mio. DM)
MFIN = Aufnahme mittelfristiger Kredite (in Mio. DM)
LFIN = Aufnahme langfristiger Kredite (in Mio. DM)
ACKL = Ackerland (in 1000 ha)
GRÜN = Grünland (in 1000 ha)

---

1) Die hier zusammengestellten Symbole wurden in Teil C bei der Darstellung der einzelnen Verhaltensfunktionen verwendet.

2. Erklärende Variablen[2)]

E = Ertrag, in dz, KSTE bzw. kg je Prozeßeinheit
P = Produkt- bzw. Faktorpreis je Ertragseinheit bzw. Faktoreinsatzeinheit (Marktpreis)
$\underline{D}$ = Schattenpreis, in DM je Prozeßeinheit bzw. je Faktoreinsatzeinheit
$\bar{D}$ = Verzögerter Schattenpreis, $\bar{D}_t = 1/2\ D_t + 1/3\ D_{t-1} + 1/6\ D_{t-2}$
RD = Relativer Schattenpreis[3)]
RP = Relativer Produktpreis[3)]
$\overline{RD}$ = Relativer, verzögerter Schattenpreis[3)]

AFUT = Ackerfutterfläche (in 1000 ha)
SGEN = Sektorales Gesamteinkommen der Landwirtschaft (in Mio. DM)
DEIN = Verfügbares Einkommen der Landwirtschaft (in Mio. DM)
LEIK = Verfügbares Pro-Kopf-Einkommen (in DM je Familienarbeitskräft in der Landwirtschaft)
ALEK = Außerlandwirtschaftliches Pro-Kopf-Einkommen (Bruttogehaltssumme je Erwerbstätigen)

ARLO = Arbeitslose in der BRD (in 1000)
OFST = Offene Stellen in der BRD (in 1000)
ROFA = Relation offene Stellen zu Arbeitslose (OFST/ARLO)
UALA = Unterauslastung der landwirtschaftlichen Arbeitskräfte (in 1000 Voll-AK)

P_{LEBK} = Preisindex der Lebenshaltung (1963/64 = 100)
P_{INVG} = Preisindex für landwirtschaftliche Investitionsgüter (1963/64 = 100)
P_{AGRA} = Preisindex für landwirtschaftliche Produkte (1963/64 = 100)
ZALG = Zinssatz für außerlandwirtschaftliche Guthaben
ZINL = Effektiver Zinssatz für Fremdkapital in der Landwirtschaft (unter Berücksichtigung von Zinsverbilligungsmaßnahmen)

BIP/KOPF = Bruttoinlandsprodukt (in DM je Einwohner)
LF = Landwirtschaftlich genutzte Fläche

D_i (i = GMAS, ..., GSON) = Modellinterne Kosten der Arbeitserledigung (Arbeits- und Kapitalkosten sowie Kosten der Arbeitshilfsmittel)

GMAS = Grundmaschinen- Bodenbearbeitung
MGTW = Wintergetreide
MGTS = Sommergetreide
MZRU = Zuckerrüben
MKAR = Kartoffeln
MFUS = Sommerfutter
MFUW = Winterfutter
(MGTW bis MFUW: Spezialmaschinen bzw. Spezialarbeiten)
GMIL = Milchkühe
GRMA = Rindermast
GSCH = Schweine
GSON = Sonstige Tierhaltung

TREN = Zeitvariable
DUM = Dummy-Variable

---

2) Vgl. dazu auch die in Teil B verwendeten Symbole.
3) Siehe dazu auch die unten angegebenen Definitionen.

3. Berechnung der Relativwerte

a) Relativpreise für pflanzliche Produkte

$$RP_i = P_i \;/\; P_{GETR}$$

i = WEIZ, ..., SPFL

P_{GETR} = Durchschnittlicher Getreidepreis, errechnet aus:

$$P_{GETR} = \sum_{i=WEIZ}^{MAIS} X_i \cdot E_i \cdot P_i \;/\; \sum_{i=WEIZ}^{MAIS} X_i \cdot E_i$$

b) Relativpreise für tierische Produkte

$$RP_{MKUH} = P_{MKUH} \;/\; P_{RIFL}$$

$$RP_i = P_i \;/\; P_{MKUH}$$

i = AKUH,...,VWE2

$$RP_{SWGE} = P_{SWGE} \;/\; P_{GETR}$$

$$RP_{SWKA} = P_{SWKA} \;/\; P_{KART}$$

$$RP_{EIER} = P_{EIER} \;/\; P_{GEFL}$$

$$RP_{GEFL} = P_{GEFL} \;/\; P_{EIER}$$

$$RP_{STIE} = P_{STIE} \;/\; P_{MKUH}$$

c) Relativerträge in der Futterproduktion

$$RE_{KLEE} = E_{KLEE} \;/\; E_{GMAI}$$

$$RE_{FRUE} = E_{FRUE} \;/\; E_{GMAI}$$

$$RE_i = E_i \;/\; E_{GRÜN}$$

i = GMAI, ..., WEID

$E_{GRÜN}$ = Grünlandertrag

d) Relative Schattenpreise[4)] RD bzw. $\overline{RD}$

$$RD_i = D_i \;/\; D_{GETR}$$

i = WEIZ, ..., MAIS

D_{GETR} = Gewichteter Schattenpreis für die Getreideflächen, errechnet aus:

$$D_{GETR} = \sum_{i=WEIZ}^{MAIS} D_i \cdot X_i \;/\; \sum_{i=WEIZ}^{MAIS} X_i$$

---

4) Vergleiche dazu auch die Struktur des Schattenpreissystems in Abb. 39, Abschnitt 4.2, Teil B.

$RD_i = D_i / D_{ACKL}$

i = HULS, ..., SPFL

D_{ACKL} = Gewichteter Schattenpreis für das Ackerland, errechnet aus:

$$D_{ACKL} = \sum_{i=WEIZ}^{SOPF} D_i \cdot X_i / \sum_{i=WEIZ}^{SOPF} X_i$$

$RD_{FUTT} = D_{FUTT} / D_{ACKL} \cdot 1000.$

$RD_{FERK} = D_{FERK} / D_{ZSAU}$

$RD_{KAIN} = D_{KAIN} / D_{FUTT}$

$RD_{ZSAU} = D_{ZSAU} / D_{GSCH}$

$RD_i = D_i / D_{GSON}$

i = HUHN, ..., SONT

$RD_i = D_i / D_{KAIN}$

i = KUEH, ..., AKUH

$RD_i = D_i / D_{ACKL}$

i = GMAS, ..., GSON

149 **Ziel-Mittel-Konflikte als Problem der Wirtschaftspolitik.** Von F. Mehler. 444 S. 1970. DM 93,80

150 **Das geldtheoretische und geldpolitische Werk Walter Euckens.** Von W. Folz. 221 S. 1970. DM 54,60

151 **Die Gemeinde als wirtschaftspolitisches Entscheidungszentrum.** Von R. Schneider. 275 S. 1971. DM 54,60

152 **Einführung in die Theorie der wirtschaftlichen Werbeleistungen.** Von H. Steiner. 215 S. 1971. DM 39,60

153 **Ökonometrische Modelle.** Von W. Meißner. 178 S. 1971. DM 48,—

154 **Zeitablauf und Angebotspolitik.** Von D. Eckel. 134 S. 1971. DM 29,80

155 **Geldtheoretische Analysen der Deutschen Bundesbank als Elemente einer Strategie der Überredung.** Von R. Pohl. 102 S. 1971. DM 28,60

156 **Theorie der Lohnpolitik.** Von E. R. Dall'Asta. 171 S. 1971. DM 38,60

157 **Steuerpolitische Ansatzpunkte der Anbieterinflationsbekämpfung.** Von D. Cansier. 228 S. 1971. DM 44,60

158 **Rahmenplanung des Städtebaues.** Von K. Wittkau. 133 S. 1971. DM 26,—

159 **Die Vermögensteuer im Rahmen der modernen allgemeinen Einkommensteuer.** Von B. B. Gemper. 300 S. 1971. DM 58,—

160 **Handlungs- und Wirkungsvermögen in der Wirtschaftspolitik.** Von T. Winter. 154 S. 1971. DM 29,60

161 **Ruinöser Wettbewerb.** Von M. Tolksdorf. 219 S. 1971. DM 44,60

162 **Kapital als wirtschaftliche Energie und Geld als ihr Maßstab.** Von E. Eckelt. 420 S. 1971. DM 78,60

163 **Der Funktionswandel der Genossenschaften in industriellen Marktwirtschaften.** Von W. W. Engelhardt. 127 S. 1971. DM 26,60

164 **Die Ursachen der Einkommensunterschiede in landwirtschaftlichen Betrieben und ihre Quantifizierung.** Von W. Ort. 244 S. 1971. DM 56,60

165 **Lohnbildung durch Kollektivverhandlungen.** Von G. Himmelmann. 240 S. 1971. DM 48,—

166 **Verbändelehre bei Goetz Briefs.** Von J. Niggemann. 147 S. 1971. DM 29,80

167 **Wirtschaft und Wissenschaft.** Von K. Engelmann. 269 S. 1971. DM 48,—

168 **Zur Theorie der Nachfrage.** Von R. Porstmann. 312 S. 1971. DM 58,60

169 **Die Konzentration im Bereich der deutschen Konsumgenossenschaften nach dem zweiten Weltkrieg.** Von E. Gandenberger. 161 S. 1971. DM 36,—

170 **Die volkswirtschaftliche Bedeutung und rechtliche Zulässigkeit von Verkaufssyndikaten.** Von U. Martin. 158 S. 1971. DM 33,60

171 **Produkttechnischer Fortschritt und Profite.** Von H. Bortis. 135 S. 1971. DM 39,80

172 **Koordination des Einsatzes geld- und finanzpolitischer Instrumente.** Von K. Socher. 140 S. 1971. DM 32,60

173 **Investitionstätigkeit und Investitionspolitik in der internationalen Mineralölindustrie.** Von R. B. Eich. 252 S. 1971. DM 68,—

174 **Mobilitätsorientierung und Fluktuationsbereitschaft.** Von K. Krahn. 160 S. 1971. DM 38,60

175 **Ökonomische Gesetze als Bestimmungsfaktoren von Produktion und Konsum.** Von D. Eckel. 146 S. 1971. DM 29,80

176 **Programmierte Instruktion.** Von H.-G. Braun. 165 S. 1971. DM 38,60

177 **Die ideologischen Elemente in der neoklassischen Theorie.** Von F. Romig. 68 S. 1971. DM 14,80

178 **Wohlfahrtsökonomische Aspekte der Besteuerung.** Von H. Henschel. 148 S. 1971. DM 29,80

179 **Die Fluktuation der Arbeitskräfte.** Von H. Adebahr. 262 S. 1971. DM 53,60

180 **Der flexible Wechselkurs als Instrument außenwirtschaftlicher Absicherung einer autonomen Wirtschaftspolitik.** Von W.-R. Pohlmann. 150 S. 1971. DM 29,60

181 **Unternehmenskonzentration als Ergebnis und Mittel nationalsozialistischer Wirtschaftspolitik.** Von D. Swatek. 172 S. 1972. DM 38,60

182 **Gleitende Paritäten und erweiterte Bandbreiten.** Von E. Stoffers. 128 S. 1972. DM 28,60

183 **Die Banque de France: Organisation und Operationen.** Von M. Mersch. 299 S. 1972. DM 68,60

184 **Theorie der öffentlichen Güter und optimale Struktur einer Föderation.** Von C. Liedtke. 176 S. 1972. DM 38,60

185 **Investitionskriterien und Preismechanismus in Entwicklungsländern.** Von A. Konrad. 133 S. 1972. DM 38,60

186 **Grundlagen des Debt Management.** Von G. Jurke. 150 S. 1972. DM 39,60

187 **Wachstum und Verteilung in neoklassischer und postkeynesianischer Sicht.** Von P. Kalmbach. 232 S. 1972. DM 64,60

188 **Auf dem Weg zur gemeinsamen Mineralölpolitik.** Von A. Mulfinger. 335 S. 1972. DM 66,60

189 **Das Hickssche Konjunkturmodell und seine monetäre Problematik.** Von D. Römheld. 90 S. 1972. DM 28,60

190 **Abwertung und gesamtwirtschaftliches Gleichgewicht.** Von D. Bender. 198 S. 1972. DM 48,—

191 **Italienische Agrarreform.** Von G. Giorgi. Hrsg. von A. Tautscher. 100 S. 1972. DM 19,60

192 **Grundlagen konjunkturbeeinflussender Haushaltspolitik.** Von B. Rahmann. 148 S. 1972. DM 36,60

193 **Marktstruktur und wirtschaftliche Entwicklung.** Von K. Schmidt. 211 S. 1972. DM 44,60

194 **Zur wohlfahrtstheoretischen Behandlung von Verteilungsproblemen.** Von J. Hackmann. 222 S. 1972. DM 48,60

195 **Grundlagenkritik preistheoretischer Modelle.** Von G. Gerdsmeier. 234 S. 1972. DM 56,—

196 **Preis- und Investitionspolitik für Autobahnen.** Von H.-M. Schellhaaß. 220 S. 1972. DM 58,60

197 **Siedlungsstruktur und wirtschaftliche Entwicklung.** Von U. P. Ritter. 177 S. 1972. DM 36,60

198 **Die Wettbewerbsfunktion der deutschen Sparkassen und das Subsidiaritätsprinzip.** Von B. Röper. 200 S. 1973. DM 48,—

199 **Altersstrukturveränderungen der Bevölkerung, Ersparnis und wirtschaftliches Wachstum.** Von K. Jaeger. 193 S. 1973. DM 76,—

200 **Devisentermingeschäfte als Instrument der Währungspolitik.** Von S.-T. Ehrig. 204 S. 1973. DM 56,—

201 **Wachstum und Terms of Trade.** Von M. Krüper. 136 S. 1973. DM 48,—

202 **Die Jagd nach dem künstlichen Gold.** Von R. Kerschagl. 123 S. 1973. DM 22,60

203 **Arbeitsteilung, Koordination und Wirtschaftssystem.** Von H. Immler. 244 S. 1973. DM 54,60

204 **Sozialpolitische Analyse der Konjunkturpolitik.** Von H.-D. Weger. 219 S. 1973. DM 48,60

205 **Stabilisierung des Preisniveaus.** Von H.-J. Rüstow. 54 S. 1973. DM 14,60

206 **Die Gehaltsstruktur der Angestellten in der Bundesrepublik Deutschland.** Von N. Steinebach. 314 S. 1973. DM 76,—

207 **Der technische Fortschritt in der Industrie.** Von J. Frohn, R. Krengel, P. Kuhbier, K.-H. Oppenländer, L. Uhlmann. 350 S. 1973. Lw. DM 78,66

208 **Das wirtschaftspolitische Programm der ‚Freiburger Kreise'.** Von Ch. Blumenberg-Lampe. 180 S. 1973. DM 38,60

209 **Konzentration und Wettbewerb in der Herstellung und im Vertrieb von Lastkraftwagen in der Bundesrepublik Deutschland.** Von P. Dautel. 226 S. 1974. DM 66,60

210 **Simulationsexperimente zur Einkommens- und Vermögensverteilung.** Von A. Zerwas. 149 S. 1974. DM 58,60

211 **Probleme der mehrjährigen öffentlichen Finanzplanung.** Von K. Gresser. 254 S. 1974. DM 66,60

212 **Internationale Personalorganisation.** Von G. Cisek. 143 S. 1974. DM 38,60

213 **Der Wandel der Unternehmerfunktion in der Bundesrepublik Deutschland unter dem Einfluß der Konzertierten Aktion.** Von W. Schmidt. 138 S. 1974. DM 33,60

214 **Technischer Fortschritt in Input-Output-Modellen.** Von J. Senger. 144 S. 1974. DM 58,60

215 **Erdöl in der Weltwirtschaft und Weltpolitik.** Von A. Michaelis. 240 S. 1974. DM 48,—; Lw. DM 56,—

216 **Dauerhafte Konsumgüter und „Permanent Income"-Hypothese.** Von G. Faltin. 117 S. 1974. DM 48,60

217 **Möglichkeiten und Grenzen der Entwicklung einer gesamtwirtschaftlichen Preistheorie. Von C. Baum. 174 S. 1974. DM 48,—**

218 **Theorien der Kollektivverhandlungen.** Von B. Keller. 237 S. 1974. DM 66,60

219 **Systemstabilisation durch Vermögenspolitik.** Von H.-G. Schlotter. 104 S. 1974. DM 29,80

220 **Möglichkeiten und Grenzen dezentraler Umweltschutzpolitik.** Von E. Knappe. 167 S. 1974. DM 48,60

221 **Bevölkerungswachstum und Wirtschaftsentwicklung. Von G. Steinmann. 191 S. 1974. DM 66,—**

222 **Die Wende in der Wirtschaftsentwicklung: von den ökonomischen Quanten zum Quale des Menschen. Von A. Tautscher. 94 S. 1975. DM 18,60**

223 **Öffentliche Infrastruktur oder privates Vermögen.** Von K. Bartel. 229 S. 1975. DM 68,—

224 **25 Jahre Welthandelspolitik.** Von U. Frantz. 158 S. 1975. DM 38,60

225 **Konsumentensouveränität in der Marktwirtschaft — Idee, Kritik, Realität.** Von D. Jeschke. 278 S. 1975. DM 68,—

226 **Möglichkeiten und Probleme der fiskalpolitischen Effizienzkontrolle.** Von A. Schmid. 180 S. 1975. DM 58,—

227 **Verteilung öffentlicher Tätigkeiten. Von G. Hesse. 350 S. 1975. DM 76,—**

228 **Integrierte Entwicklungsplanung.** Von H. de Haen, I. Evers, O. Gans und W. Henrichsmeyer. 182 S. 1975. DM 58,—

229 **Zur Politik flexibler Wechselkurse in Entwicklungsländern. Von H.-P. Nissen. 184 S. 1975. DM 66,—**

230 **Konjunkturpolitik mit „Staatlichen Geschenken". Von Ch. Rempel. 134 S. 1975. DM 36,—**

231 **Konjunkturtheoretische Vorstellungen des Sachverständigenrates zur Begutachtung der gesamtwirtschaftlichen Entwicklung.** Von H. G. Fabritius. 151 S. 1975. DM 58,—

232 **Kritik der traditionellen Wirtschaftstheorie und der herkömmlichen Wirtschaftspolitik.** Von P. Binder. 116 S. 1975. DM 28,60

233 **Der Zusammenhang zwischen der Höhe des Volkseinkommens und der Geldmenge.** Von G. Kulke. 216 S. 1975. DM 56,60

234 **Geldangebot und Geldbasiskontrolle in der Bundesrepublik Deutschland. Von V. Alexander. 145 S. 1975. DM 49,60**

235 **Probleme der internationalen Geldreform. Von G. N. Halm. 138 S. 1975. DM 28,60**

236 **Gesamtwirtschaftliche Verhaltensgleichungen und Anpassungsprozesse. Von R. Dill**mann. 432 S. 1975. DM 58,—

237 **Zeitraumanalyse.** Von J. Beier. 337 S. 1975. DM 96,—

238 **Erfahrung und Methode.** Von G. Scheipermeier. 275 S. 1975. DM 68,—

239 **Optimale Kapitalakkumulation.** Von E. Strigens. 102 S. 1975. DM 49,80

240 **Die Rolle der materiellen Infrastruktur im regionalen Wirtschaftswachstum. Von W. Buhr. 309 S. 1975. DM 87,—**

241 **Die klassische und die neoklassische Theorie der Genossenschaften.** Von M. Hoppe. 181 S. 1976. DM 48,—

242 **Ansatzpunkte einer allgemeinen Strukturpolitik.** Von H. Biermann. 160 S. 1976. DM 44,60

243 **Gewinne als Quelle der Vermögenspolitik?** Von U. Schillert. 270 S. 1976. DM 78,—

244 **Über die Eignung von Einkommen, Konsum und Vermögen als Bemessungsgrundlage direkter Besteuerung.** Von J. Mitschke. 233 S. 1976. DM 78,—

245 **Der Einfluß der personellen Einkommensverteilung auf den Wert des Volkseinkommens.** Von H. Runge. 139 S. 1976. DM 36,—

246 **Die Theorie der indikativen Planung. Von R. Mikus. 147 S. 1976. DM 44,60**

247 **Strategien der Verhandlungsführung. Von R. Wolters. 204 S. 1976. DM 56,60**

248 **Lohnbestimmung durch organisationspolitische Größen. Von W. Bredemeier. 375 S. 1976. DM 88,—**

249 **Kritik der postkeynesianischen Stabilitätspolitik. Von B. Großeschmidt. 221 S. 1976. DM 58,—**